疏港道路交通运行组织与控制

高云峰 著

人民交通出版社股份有限公司

北京

内 容 摘 要

本书研究了疏港道路集疏运车流顺畅运行的优化理论和方法,对于提升港口道路集疏运系统的物流效率和港口竞争力具有重要意义和价值。本书系统地论述疏港道路交通流运行组织与控制方面的关键理论和方法。全书共十六章,主要内容涉及客货车流运行组织方案设计、基于多智能体的交叉口协调控制理论、货车队列行驶速度引导方案优化、疏港道路信号控制方案优化、疏港道路信号控制与货车队列速度引导组合方案优化、疏港道路交通流运行仿真理论与方法等内容。本书研究成果为科学制定疏港道路集疏运车流的运行管理方案提供了理论和方法支撑。

本书可作为交通运输、交通工程相关专业的教学和科研参考用书,也可供道路客货交通管理与控制方面的管理人员和技术人员参考。

图书在版编目(CIP)数据

疏港道路交通运行组织与控制 / 高云峰著. — 北京:人民交通出版社股份有限公司, 2023.6

ISBN 978-7-114-18709-4

Ⅰ.①疏… Ⅱ.①高… Ⅲ.①港口—交通运输管理②港口—交通信号—自动控制 Ⅳ.①U691

中国国家版本馆 CIP 数据核字(2023)第 052030 号

Shugang Daolu Jiaotong Yunxing Zuzhi yu Kongzhi

书　　名: 疏港道路交通运行组织与控制
著 作 者: 高云峰
责任编辑: 陈力维
责任校对: 孙国靖　刘　璇
责任印制: 张　凯
出版发行: 人民交通出版社股份有限公司
地　　址: (100011)北京市朝阳区安定门外外馆斜街 3 号
网　　址: http://www.ccpcl.com.cn
销售电话: (010)59757973
总 经 销: 人民交通出版社股份有限公司发行部
经　　销: 各地新华书店
印　　刷: 北京虎彩文化传播有限公司
开　　本: 787 × 1092　1/16
印　　张: 25.5
字　　数: 609 千
版　　次: 2023 年 6 月　第 1 版
印　　次: 2023 年 6 月　第 1 次印刷
书　　号: ISBN 978-7-114-18709-4
定　　价: 68.00 元

前言 PREFACE

在我国经济发展进一步国际化、全球各地加快调整经济结构的关键阶段，港口在世界交通运输体系中作为水陆中转枢纽，也面临着更多的发展机遇和挑战，存在着更大的利润空间与潜在威胁。国内外经验表明，通畅的港口集疏运系统和高效的交通组织管理是港口生存、发展、竞争的重要因素。近年来，集装箱运输步入高速发展的阶段，日益增加的集装箱运输需求为港口集疏运系统带来了极大的挑战。而道路集疏运系统作为港口物流运输的构成部分之一，是港口集疏运系统朝着高效化、一体化发展的关键。当前，我国集装箱多式联运陆路运输结构不尽合理，普遍存在公路运输比例高、铁路运输比例低的情况，各种运输方式相对独立运行、不同方式运输组织与枢纽生产调度之间关联性不大。随着港口物流的不断发展，港城发展矛盾逐渐凸显。一方面是需求和供给的矛盾，迅猛增长的货物吞吐量使得疏港道路压力陡增，高峰时段甚至出现了过饱和现象，造成疏港道路交通堵塞严重；另一方面，由于集疏运通道布局与集疏运需求分布不完全匹配，疏港高速公路无法满足全部港口货物运输需求，使得原本就拥堵的道路更加拥堵。

本书着重于研究疏港道路集疏运车流顺畅运行的优化理论和方法。如何建立一套完整科学的疏港道路货车运行组织与管控理论和方法体系对于提升道路集疏运系统的物流效率和港口竞争力具有重要意义和价值。全书共分为十六章。第1章为绪论。第2章综述道路客货车流运行组织与控制方面已有的研究。第3章分析了疏港道路客货车流的交通特性。第4章介绍了疏港道路路段客货车交通组织的设计原则、方法、方案评价以及方案适用性。第5章介绍了疏港道路交叉口客货车交通组织的设计原则、方法、交叉口相位设计以及车道数量的确定方法，并通过实例对其进行分析。第6章建立了基于比功率法的货车队列车速引导的低碳优化模型。第7章介绍了信号配时的基本参数、相位设计、转弯车流控制模式以及信号控制评价指标等内容。第8章至第10章介绍了疏港道路交叉口的定时信号控制、感应信号控制以及动态信号控制的方案优化方法。主要包括疏港道路交叉口客货分离控制方案优化，无左转保护相位的单点交叉口信号优化，交叉口定周期信号控制多目标优化方法，基于比功率法估计信号控制交叉口排队车辆的尾气排放，感应信号控制方面的车流管控模式、相位设置、检测器布设、客货分离感应控制逻辑等，以及交叉口两难区的影响因素和交叉口信号控制参数动态优化方法。第11章建立了基于多智能体技术的分布式动态交叉口群协调控制模型。第12章介绍了疏港道路交叉口的信号协调控制方案，并对线控制相位差概率模型、交叉口群协调控制相位差优化模型、模型下绿波带宽进行了深刻研究。第13章建立了货车队列的信号优先控制模型、货车队列的车速引导与信号优先控制组合优化模型，对疏港道路信号控制与速度引导组合方案优化问题进行了研究。第14章采用实际案例和数据对车辆跟驰行为、换道行为进行了微观仿真和基于元胞传输模型对客货分道方案设计进行了宏观仿真模拟和分析。第15章简单介绍了布谷鸟搜索算法、遗传算法以及非支配排序遗传算法(NSGA-Ⅱ、NSGA-Ⅲ)。第16章是总结与展望。

本专著受到国家自然科学基金面上项目(71971136)资助，由上海海事大学高云峰副教授编著。本书主要内容为作者在疏港道路交通流运行组织与信号控制方面的研究成果。研究生魏瑗、张阿英、陈申鉴、虞瑞奇、席建伟、魏周雨、罗昊涵对相关资料进行了整理。

由于著者学识水平有限，本专著难免存在错误和不当之处，恳请广大读者批评指正。

著 者

2022年11月

目录 CONTENTS

第1章 绪论

1.1 研究背景

当今世界经济正沿着一体化、全球化的方向发展，国家间经贸往来越来越密集，国际多式联运因此发展迅速。港口是水陆联运枢纽，是货物水路运输的集散地。港口作为综合运输网络的一类重要枢纽，是支撑一个地区乃至一个国家经济发展的重要基础设施，在提升城市竞争力、增强国际竞争力、促进经济和贸易发展等方面发挥着重要作用。当前全球经济一体化的进程加快，港口间的贸易往来日益频繁，进出口贸易的快速发展对各国的港口建设起到了极大的促进作用。世界上许多国家都在不遗余力地建设与发展具有重要战略意义的大型港口。随着国际多式联运与全球综合物流服务的发展，现代港口作为全球运输网络的节点，正朝着全方位的增值服务方向发展，成为商品流、资金流、技术流与信息流的汇集中心。港口物流已经成为现代物流业发展的重要部分和区域经济发展的关键环节。随着现代进出口贸易的不断发展，港口物流逐渐形成了一个相对独立的、具有专业化特点的行业，为客户提供多样化、综合性的物流服务。港口物流为货物流通提供保障，而集疏运系统则保障港口物流最大程度地发挥其效能。多式联运系统形成以港口为端点，以内陆物流中心为集散点，以内河、沿海、大洋为骨干通道的多式联运网络体系。

集装箱多式联运已成为最普遍的国际多式联运形式。我国实行改革开放四十多年以来，经济快速发展，海上货运量迅速增长，中国各大集装箱港口的集装箱吞吐量均呈跨越式增长。我国港口集装箱吞吐量连续多年位居世界之首。2021 年全球集装箱吞吐量排名前十的集装箱港口中，中国港口占据 7 席，它们分别是上海港、宁波-舟山港、深圳港、广州港、青岛港、天津港、香港港。2000 年至 2021 年全国港口的集装箱总吞吐量如图 1-1 所示。由图可知，2000 年以来全国集装箱吞吐量大幅增加且呈上升趋势，2021 年全国港口的集装箱总吞吐量达到 28272 万 TEU。

目前，我国港口集疏运体系发展还存在一些短板，公路、铁路、内河运输方式发展不平衡、不充分问题仍然突出。集装箱水陆联运由水路运输方式和陆路运输方式共同完成全程运输过程，涉及不同运输方式的运输组织、内陆中转站和港口等枢纽节点的换装转运作业过程，运输组织过程繁杂。我国集装箱多式联运陆路运输结构不尽合理，普遍存在公路运输比例高、铁路运输比例低的情况，各种运输方式相对独立运行、不同方式运输组织与枢纽生产调度之间关联性不大。方琪根[1]从铁路货运的组织效率以及铁水衔接协调两个角度出发,通过数据分析,指出了目前我国海铁联运发展缓慢的原因——包括铁路货运组织效率低和海铁衔接不顺畅两个方面。Gumuskaya 等[2]发现,港口-腹地间多式联运系统的相关各方若在运营层面缺乏协作或协调,将导致多式联运系统效率降低,从而削弱多式联运的优势。

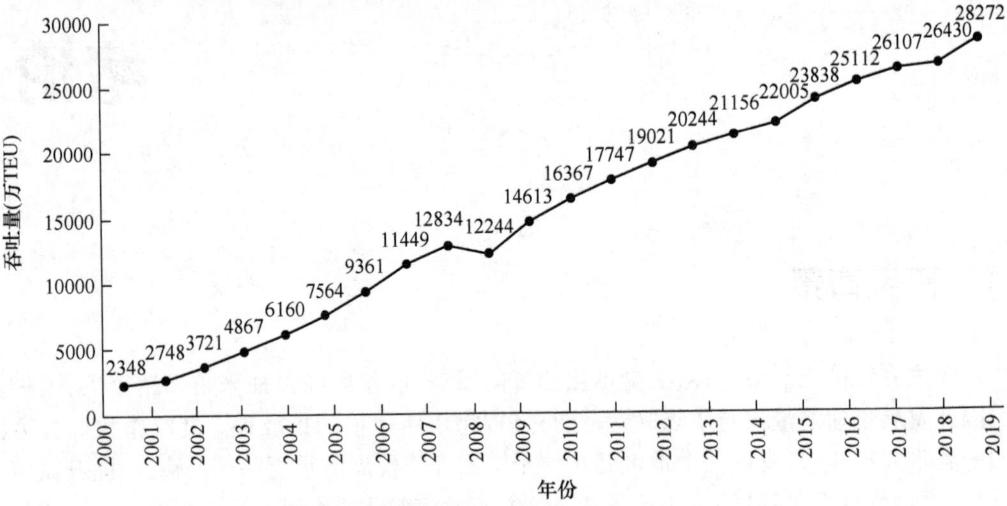

图 1-1　2000—2021 年中国港口的集装箱总吞吐量

数据来源:2000 年至 2015 年《全国交通运输统计资料汇编》和交通运输部统计数据。

我国港口现有的集疏运基础设施不能很好地满足快速增长的货运需求,港口集疏运结构不合理、集疏运网络布局不合理、多式联运组织水平低等问题日益凸显。因此,为了满足日益增长的港口集疏运需求和港城自身发展需要,必须对港口集疏运体系的未来发展作出合理规划。目前的主要问题包括:港口集疏运网络布局仍需完善,结构有待优化,互联互通和网络韧性还需增强;综合交通统筹融合亟待加强,资源集约利用水平有待提高,交通运输与相关产业协同融合尚需深化,全产业链支撑能力仍需提升;综合交通发展质量效率和服务水平不高,现代物流体系有待完善,科技创新能力、安全智慧绿色发展水平还要进一步提高;交通运输重点领域关键环节改革任务仍然艰巨。

1.2　港口集疏运系统

1.2.1　港口集疏运系统的概念

港口集疏运系统是港口与广大腹地相互联系的通道以及港口赖以存在与发展的主要外部条件。任何现代化港口都必须具有完善与畅通的集疏运系统,也只有这样才能让港口成为综合运输网络中重要的水陆交通枢纽。集疏运系统能力的不断增强也会在一定程度上弥补港口其他系统的不足,甚至达到扩大港口腹地辐射半径的目的,进而促使港口在区域经济发展中发挥更大作用。

港口集疏运系统是为港口货物提供集散服务的多模式交通运输系统。广义上,"集"是指汇集、聚集，通过各种运输方式把出口或内贸货物从发货人指定的腹地交接场站聚集到港口，集中堆放在码头堆场(或仓库)或码头附近的港外堆场(或仓库)，等待装船发运或在码头前沿直接装船；“疏”是指疏解、疏散，将进口或内贸货物从船上卸下，堆放在码头堆场(或仓库)或码头附近的港外堆场(或仓库)，或直接从船上卸载到车辆或船上，然后通过各种运输方式运至收货人指定的腹地交接场站。

因而，港口集疏运系统是港口生存和发展的关键系统之一，是其与腹地相互联系的运输通道。发达、通畅的港口集疏运系统可以扩展港口的腹地辐射范围。道路、水路、铁路等不同运输方式通过运输线路或通道，以及中转交接场站与港口互相连接。不同港口的集疏运输系统的具体特征，如集疏运线路数量、运输方式构成和空间分布等，主要取决于港口的区位特征、吞吐量及货物品类结构，以及腹地方位及运输距离。从发展趋势看，一般大型港口的集疏运系统，均应因地制宜地向多通道、多方向、多方式的方向发展。

1.2.2 港口集疏运系统的构成

港口集疏运系统通常包含三大基本要素：集疏运固定设施、集疏运移动设施以及相应的集疏运管理系统，具体如图1-2所示。

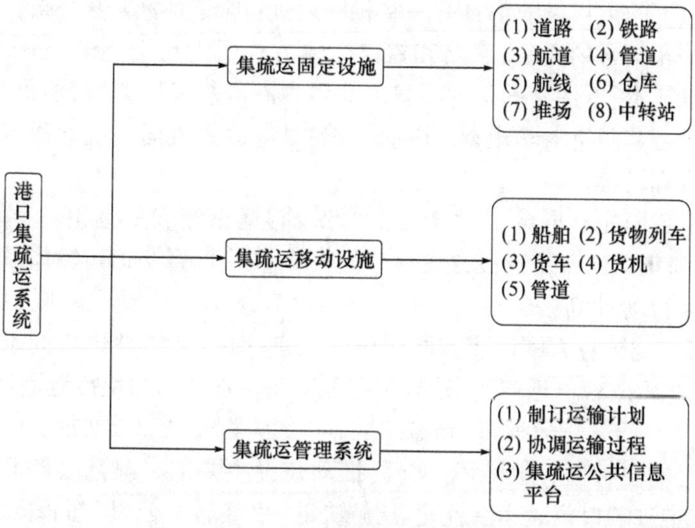

图1-2 港口集疏运系统构成

(1)集疏运固定设施

集疏运固定设施主要包括线路和中转场站两类。因为可能的集疏运方式有道路、铁路、水路、管道及航空五种方式，所以，集疏运线路的基本类型有道路、铁路、航道、管道、航线五大类。对于比较纵深的腹地，往往有多条集疏运线路或通道可供选择。这些线路或通道也往往由以上五种基本线路中的一种或多种顺序接续组成，构成多模式的集疏运线路或通道。

中转场站用于完成货物在不同方式或同一种方式的不同运输工具之间的装卸，以及临时堆存等环节。中转装卸涉及各种货物装卸机械和相应的装卸工艺流程。港口作为水陆中转场站，实现货物在水陆两类不同运输方式之间的装卸过程，包括船侧的装卸和陆侧的装卸过程。

(2)集疏运移动设施

集疏运移动设施指各种可能的集疏运方式涉及的运输工具,即货车、货物列车、货船、管道、货机五种,它们完成多模式集疏运线路或通道相应段的货物运输过程。

(3)集疏运管理系统

集疏运管理系统对于提高港口集疏运过程的组织效率发挥着重要作用。集疏运管理涉及各段承运人、中转场站、货主以及多式联运经营人等几个相关方,管理的核心内容主要包括集疏运线路规划、运输计划制订、中转场站的作业调度等,以及建设港口集疏运公共信息平台,以推进中转场站、水路、铁路、公路、航空、管道等运输环节和相关方数据互联共享。

1.2.3 港口集疏运系统的发展趋势

根据每个港口的具体特点,其集疏运系统有着不同的结构特征,包括集疏运通道、方式构成及分担率。从服务于经济发展的角度看,各港口集疏运输系统的具体特征主要由经济腹地的特征来决定。经济腹地的各类特征越复杂,港口的集疏运体系就越复杂。从国内外港口较为成熟的集疏运体系来看,一般都因地制宜地发展多式联运。

针对国内外港口的研究表明,吞吐量较大的港口普遍拥有便利的运输条件和畅通的运输路线。发展势头良好的港口目前都具有一些相同之处:进行货物运输时结合实际情况合理地使用多种运输方式相结合的方法;水路和铁路运输方式所占比例逐渐提升,公路运输适当下降;遵循高效率、低成本、低污染的宗旨。我国港口物流虽然发展较快,但仍存在诸多问题,港口集疏运系统各个环节亟待科学规划。因此,需要对港口集疏运系统做深入分析并结合各区域实际情况进行合理设计。

自2016年起,我国先后出台了《"十三五"综合客运枢纽和货运枢纽(物流园区)建设方案》《"十三五"港口集疏运系统建设方案》《"十三五"现代综合交通运输体系发展规划》《推进运输结构调整三年行动计划(2018—2020年)》等多项政策来推动水陆联运系统的建设与发展。"十三五"期间,我国各方围绕多式联运做了大量探索,坚持整体协同推进与重点领域突破相结合,取得了积极成效。近五年来,国家有关交通主管部门加快推进港口集疏运网络体系发展,陆续印发《"十三五"货运枢纽(物流园区)建设方案》《关于贯彻落实"一带一路"倡议加快推进国际道路运输便利化的意见》等文件,推动建设主要港口疏港公路和铁路集装箱中心站。此外,为加快推进港口集疏运系统建设,解决港口"最后一公里"短板问题,提升港口辐射能力和衔接转换水平,有力支撑"一带一路"建设,交通运输部、国家铁路局、中国铁路总公司联合印发《"十三五"港口集疏运系统建设方案》,明确了车购税资金支持集疏运铁路、公路建设的重点和投资标准,将重点突破铁路、公路进港"最后一公里",加快推进港口集疏运系统建设,为促进港口转型升级、多式联运发展、物流业"降本增效"以及推进交通运输供给侧结构性改革、服务"三大战略"提供支撑和保障。以加快港口多式联运发展为导向,以提升港口集疏运能力和服务水平为核心,着力完善布局、优化结构、强化衔接、提升服务,加快打通铁路公路进港"最后一公里",补齐港口集疏运基础设施短板。

但是,我国水陆联运发展仍存在体制机制不完善、基础设施衔接不顺畅、信息数据不共享、规则标准不协同等深层次问题。目前,水陆联运枢纽缺乏协同调度、枢纽集疏运结构不合理,导致运输生产资源浪费,也造成环境污染。

水路运输方式与公路运输、铁路运输方式之间的有效衔接对于构建现代、绿色、高效、综合的物流体系的意义重大。2019 年 9 月，国务院印发的《交通强国建设纲要》指出，“由各种交通方式相对独立发展向更加注重一体化融合发展转变”，要“构建安全、便捷、高效、绿色、经济的现代化综合交通体系”。2020 年 9 月，习近平总书记提出了“碳达峰”和“碳中和”的“双碳”目标。2021 年 2 月，国务院印发的《国家综合立体交通网规划纲要》指出，我国“要实现陆水空多种运输方式相互协同、深度融合”。我国需要统筹规划水路联运的组织过程、解决多式联运“最后一公里”问题，进一步完善交通管理体制、创新运输组织方式。因此，针对集装箱运输组织过程，低碳导向的水路和陆路运输方式间的紧密协同成为迫切需求。

“十四五”时期，我国综合交通运输发展面临的形势更加复杂多变。从国际看，当今世界正经历百年未有之大变局，新一轮科技革命和产业变革深入发展，新冠疫情冲击全球产业链、供应链和国际物流体系，经济全球化遭遇逆流。从国内看，我国开启以中国式现代化全面推进中华民族伟大复兴的新征程，区域经济布局、国土开发保护格局、人口结构分布、消费需求特征、要素供给模式等发生深刻变化，对综合交通运输体系发展提出新要求，交通运输行业进入完善设施网络、精准补齐短板的关键期，进入促进一体融合、提升服务质效的机遇期，进入深化改革创新、转变发展方式的攻坚期。以港口为水陆联运枢纽的综合交通运输体系的规划和建设要适应国土空间开发保护、新型城镇化建设、全面推进乡村振兴的要求。要优化发展布局，强化衔接融合，因地制宜完善区域城乡综合交通网络；要坚持以创新为核心，增强发展动力，推动新科技赋能提升交通运输发展质量效率；要增强综合交通运输体系韧性，调整发展模式，将绿色发展理念、低碳发展要求贯穿发展全过程，提高自身运行安全水平和对国家战略安全的保障能力；要将满足人民对美好生活的向往、促进共同富裕作为着力点，转变发展路径，促进建管养运并重、设施服务均衡协同、交通运输与经济社会发展深度融合，以全方位转型推动综合交通运输体系高质量发展。

《“十四五”现代综合交通运输体系发展规划》中提出，将重点突破铁路进港“最后一公里”，提升港口铁路疏港率，加快推进港口集疏运系统建设，为促进港口转型升级、多式联运发展、推进交通运输供给侧结构性改革提供支撑和保障。优先利用现有物流园区以及货运场站等设施，规划建设多种运输方式高效融合的综合货运枢纽，引导冷链物流、邮政快递、分拨配送等功能设施集中布局。完善货运枢纽的集疏运铁路、公路网络，加快建设多式联运设施，推进口岸换装转运设施扩能改造。实施邮政快递枢纽能力提升工程，加强邮政普遍服务和快递处理中心等设施建设，与铁路、公路、民航等枢纽加强统筹。

(1)强化多种方式有机衔接，优化调整货运结构

为了达到货物运输结构更加优化和货运服务更加高效、规范、经济的目的，要发挥各种运输方式比较优势，引导公路货运向铁路和水路转移，多措并举降低物流运输成本。鼓励海铁联运发展，稳定开行海铁联运班列，推动海运箱和铁路箱“互使互换”，促进海铁联运市场蓬勃发展。大力发展江海联运和江(河)海直达运输，持续推进江海直达、内河集装箱运输船型标准化，加强沿江、内河港航物流信息对接和业务协同，提升水水中转比例。依托沿江、沿海通道建设，提升铁路货物运输能力，推进大宗货物“公转铁”。支持高铁快递、电商快递班列发展，积极探索电商货物、快件等运输“公转铁”。持续推进货物运输结构调整，完善海空枢纽集疏运体系，推进大宗货物“公转铁、公转水”，加快海铁联运、水水中转业务发展。

(2)绿色低碳的港口集疏运系统

交通运输行业作为主要的碳排放源之一,是实现我国碳达峰、碳中和目标的重要发力点。港口连接陆运和水运,承担着八成以上的进出口物资的转运集散。因此,建成绿色低碳的港口集疏运系统尤为关键。要将生态文明建设和交通运输发展相融合,打造绿色高效的现代物流系统,优化运输结构,加快推进港口集疏运铁路、物流园区及大型工矿企业铁路专用线等"公转铁"重点项目建设,推进大宗货物及中长距离货物运输向铁路和水运有序转移。发挥公路货运"门到门"优势,推动铁水、公铁、公水、空陆等联运发展,推广跨方式快速换装转运标准化设施设备,形成统一的多式联运标准和规则。

(3)加快智慧港口建设

推进港口数字化转型、智慧化发展,建设港口智慧物流协同平台和多式联运公共信息平台,推进港口、航运、铁路、公路、水路等环节数据互联共享。推动船岸协同、自动化码头和堆场建设,积极推动港口装卸、库场作业等自动化和智能化运营技术研发应用,推动区块链、物联网、北斗系统等在港口生产和物流中的应用,推广应用区块链电子放货平台,打造新一代智慧港口。落实集装箱运输全场智能调度、智能闸口、智能理货和码头内无人驾驶智能引导车等场景应用。

1.3 疏港道路

港口集疏运系统的"最后一公里"若为城市干道或公路,则这种连接港区并主要承担集疏港货车流的道路可称为疏港道路。根据道路位置和类型不同,疏港道路具体可以细分为市区地面道路、市区高架道路、郊区公路、高速公路几类。疏港道路交通流运行特征受港口类型、规模、生产流程等因素影响,呈现出流量大、速度快、距离长、交通状态不确定性强、货车比例高等特点。

港口集装箱吞吐量的不断上升给港口集疏运系统的运输能力带来了愈加严峻的挑战。我国沿海沿江经济产业发达,制造业集中,集装箱货运需求相对较大,但由于集装箱运输距离相对较短,因此,公路运输方式的优势明显。对于我国沿海主要港口,在公路、铁路、水路三种集疏运方式中,公路运输方式承担的集装箱集疏运量仍然较高。随着港口物流的不断发展,港城发展矛盾逐渐凸显。一方面是需求和供给的矛盾,迅猛增长的货物吞吐量,使得疏港道路压力陡增,高峰时段甚至出现了过饱和现象,造成了疏港道路交通堵塞严重;另一方面,由于集疏运通道布局与集疏运需求分布不完全匹配,疏港高速公路无法承担全部港口货物运输需求,使得原本就拥堵的道路更加拥堵。从全程运输的角度看,虽然作为公路集疏运通道"最后一公里"的疏港道路在运输成本和运输时间上占比较小,但是公路集疏运量逐年增加导致疏港道路上的集疏运车流所带来的拥堵问题不容忽视。造成拥堵的原因主要在于疏港道路的通行能力与港口的公路集疏运需求不匹配,也与高等级公路的通行能力不匹配。港口的公路集疏运量与船舶到离港有关,大型船舶装卸产生的公路集疏运需求对疏港道路形成冲击,造成周期性道路阻塞。对于早先建设的老港区,这种情况尤其严重。另外,集疏运车流和客车流在疏港道路上相互叠加,并在交叉口上形成大量冲突。集疏运车流对疏港道路及其相交道路上的客车流的影响较大。显然,在公路集疏运量逐年增加的情况下,有必要考虑港口的公路集疏运需求特征建立疏港道路及其相交道路车流协同管理的理论和方法。因此,对疏港道路交通运行组织与控制的关键问题进行研究,具有重要的理论意义和应用价值。

1.4　研究目的和意义

本书研究疏港道路集疏运车流顺畅运行的优化理论和方法,对于提升港口的公路集疏运系统的物流效率和港口竞争力具有重要意义和价值。在我国东部各省(市)纷纷成立港口集团的现实背景下,港口集疏运系统趋于复杂化。对这一问题进行深入系统研究,显得尤为迫切和重要。

1.4.1　研究目的

现代港口城市必须突出交通运输系统的集疏运作用。港口效益主要取决于吞吐量大小,而其吞吐量不仅依赖港口本身的硬件条件,还取决于港口的集疏运能力等因素。特别是集装箱船舶大型化对港口的集疏运能力提出了更高的要求。通过对疏港道路交通运行管理问题的研究,以提高疏港道路的运行效率、消除公路集疏运瓶颈、充分发挥港口集疏运系统的效率。

本书瞄准疏港道路供需短暂或长期不匹配引起的拥堵问题,从时间资源和空间资源优化的角度建立疏港道路交通流运行管理的理论和方法体系。研究成果为科学制定疏港道路集疏运车流的运行管理方案提供理论和方法支撑。

1.4.2　研究意义

港口公路集疏运系统作为港口汇集与疏散货物的交通运输系统,是联结港口、货物生产地和货物需求地的水陆中转枢纽,是影响港口物流服务效率与效益的关键环节,在提高整个集装箱运输系统的效率、减少运输成本方面发挥着重要作用。研究疏港道路交通运行组织与控制方法,有助于提升港口集疏运系统效率和港口合理调配资源,进而可以提升港口核心竞争力。改善疏港道路交通运行状况可以帮助港口实现提高港口内各种生产要素与集疏运车辆的协作能力,进而对提升码头生产效率有积极影响。港口的生产部门可以通过相应调整生产作业计划及资源配置,减少集疏运车辆在港区排队长、集疏港难的问题,缓解港口拥堵状况,减少环境污染。

因而,研究疏港道路集疏运系统的交通运行组织和信号控制,不仅能提高港口集疏运系统整体管理水平,而且能减少集疏运过程中所消耗的时间和成本,进而有效地指导港口集疏运系统的完善,对提升港口集疏运系统的精细化管理水平,具有较强的现实意义和应用价值。

1.5　主要研究内容

本书主要分15章(第2章~第16章)对疏港道路交通运行组织进行详细描述。首先对疏港道路客货车流运行特征进行基础分析;接着对客货车在路段和交叉口上的空间资源分配进行方案设计;再对货车的时间资源分配进行优化,通过对单辆货车和货车队列的行驶速度引导方案优化来保证通行效率，提高货车在道路上行驶的安全性；然后通过对疏港道路交叉口的定时信号控制、感应信号控制、动态信号控制、信号优先控制以及信号协调控制方案优化，使得交通信号控制更加科学合理，满足各种条件下道路交通参与者的通行需要，并且降低道路路口行车延误，提高交叉口通行能力；继而对疏港道路信号控制与速度引导组合方案优化；最后根据前几章的优化设计来对交通流运行仿真，验证其合理性和有效性。

第2章

综述

2.1 客货车流交通组织

2.1.1 货运交通特性

为了研究货车对道路交通流的影响，Kong 等[3]提出了一种改进的元胞自动机模型，既考虑了客车与货车的性能差异，又考虑了客车在货车影响下的行为变化；Kong 等[4]提出一种基于车-车组合效应的改进元胞自动机模型，仿真结果表明，该模型很好地再现了客车-货车、货车-客车、客车-客车和货车-货车等车辆行驶状况，货车所占比例对拥堵率、变道率和交通稳定率都有显著的影响；Cheng 等[5]进行了实际的车辆测试，通过多元分析检测货车超车冲突时间与设计速度和交通量之间的关系，得出货车超车冲突时间与车道的交通量和设计速度呈负相关，为高速公路双车道设置辅助车道提供了参考；Li[6]采用无人机收集并分析了客车-货车交通流中的车道变换行为，发现客车比货车行驶得更积极，反应时间更短，而货车会在更长的距离上变道；杨阳等[7]通过对比大型货运车辆与客车的交通特性差异，研究了高速公路上货运车辆对其周围交通流、车辆驾驶时间的影响规律，得出大型货车比例的增加会导致车流的速度波动，增加平均行驶时间。

在道路上的货车交通特性研究方面，王京元等[8]通过对深圳市过境与疏港货运交通特性进行研究，分析了空间需求分布和交通流向分布、识别过境和疏港货运交通走廊，对存在的问题进行诊断与分析，研究成果为深圳市过境、疏港货运交通组织提供了资料基础，对其他城市的货运组织与规划也有借鉴作用；黄浩等[9]根据广西高速公路网货车七个工作日的收费数据，分析了货车交通运输的效率及货运分布情况，包括运力构成、货物运距、货车平均速度、货物吞吐量、境内及过境货运分布等，为广西高速公路的建设、管理、运营、养护等提供了参考依据；郭子坚等[10]利用计算机仿真技术，以集装箱港区水、陆作业流程为基础，采用高峰小时交通量和高峰小时系数对集装箱港区货运随机时变特性进行了分析，为集疏港货运交通规划提供了参考；朱宏佳等[11]深入研究了深港跨界公路货运交通特性，分析了货运需求时间、空间分布等，剖析得出时间效率是影响跨界货运交通组织路径选择的关键因素。

在货运交通特性研究方面，除了对一些货运交通本身的特性的分析（如货运交通流向、需求分布、平均车速等）外，还包括一些货运驾驶行为对高速道路及港口道路交通流影响的研究

(如车流速度、超车换道等),在关于货运交通流对道路通行能力影响方面的研究还比较少。

2.1.2 客货混行影响

1)对行车效率的影响

(1)国外研究

Habib[12]提出以等效流量表示交叉口延误的方法分析货车对交叉口运行效率的影响。Yoo等[13]通过模拟驾驶发现客车与货车混行时整体速度偏低,车头时距较已有研究明显偏大。Kockelman[14]研究低密度车辆时发现,货车对信号交叉口的通行能力的不利影响会随着其所占比例的增长而持续恶化。Taylor N.[15]构建了基于货车瓶颈效应的延误模型,用以分析货车引起的排队和延误现象。Washburn[16]通过改进跟驰模型研究发现,车队队首的货车的启动时间对交叉口通行能力有十分明显的负面影响。Yang等[17]通过对非均匀交通流的研究发现,不同车型的百分比是影响混合交通量稳定性进而导致通行能力下降的主要原因。Kanagaraj等[18]通过微观数据构建交叉口合流模型,该模型可用于高密度状态下混合交通流运行。Kong等[3]在分析货车对交通流的影响时发现,货车的参与会加剧道路拥挤程度。Gunes等[19]对一种允许货车使用公共汽车专用车道的车道管理策略在城市环境中进行了实证评估。

(2)国内研究

林航飞等[20]分析了货车移动瓶颈,构建瓶颈效应模型,得出高速公路运行效率与货车有着密不可分的负相关的结论。王孝坤[21]通过对客货混行交通流模型的分析发现,货车数量和停车次数等是影响路段运行速度的主要因素。段绪斌等[22]基于港区道路交通特性分析发现,货车制动性能较差,驾驶货车所需的反应时间大于客车。

2)对行车安全的影响

(1)国外研究

Garber等[23]对货车引发的事故进行调查统计,通过系统分析,将重大交通事故的起因归咎于混行车流中的大型货车。Stuster等[24]分析了客货车之间的相互干扰,发现客货混行时,客车驾驶员容易受到通行货车干扰从而导致交通事故。Thomas等[25]通过分析天气、流量及货车占比对事故造成的可能影响提出解决方案。Saunier等[26]利用货车信号优先模型,减少了货车通过交叉口的时间和停车,提高了整个交叉口的效率和安全性。Dong等[27]通过检验单变量泊松对数正态分布(UVPLN)、多变量泊松分布(MVP)等回归模型分析不同车型在交叉口的碰撞风险,发现交通事故率和货车比例成正比。Chen等[28]通过探讨货车比例对等效安全措施的影响,以研究货车比例与交通安全之间的关系。

(2)国内研究

严世同等[29]通过分析道路事故数据,发现货车相关的事故占很大比例,并针对这一现象提出解决方案。刘柏秀等[30]对货车对高速公路安全性的影响进行分析,发现混行车流中不同车辆间的速度差、载重差以及驾驶习惯等是重大事故发生的主要原因。张安霞等[31]对客货混行的事故原因进行分析,发现造成事故的主要原因是客货车速度的差异和安全距离不足。覃文文等[32]从货车驾驶员的角度,系统综述了驾驶行为辨识、危险驾驶行为与行车安全分析、货车事故致因分析等研究主题目前取得的研究进展。

2.1.3 客货分离研究

1)国外研究

Cate 等[33]通过微观仿真对比设置货车专用道前后的场景,发现上坡路段实施客货分离远比混行更安全。Moses 等[34]利用微观仿真软件 VISSIM 仿真,通过调整相关参数来评估货车车道限制的有效性,结果证明该措施可有效提升路段运行效率。Fontaine 等[35]指出客货混行所带来的安全问题的潜在解决方法是实施车道限制。Jorge 等[36]通过计算研究道路通行能力与不同车型所占比例的分布规律与函数关系,并建立客车随机干扰模型来评估货车车道限制的影响。Zhao 等[37]提出了一种货车优先的交叉口信号控制系统,以改善延误、降低停车次数并通过实例分析证明其有效性。Ni 等[38]结合层次分析法和 VISSIM 仿真对客货分离实施条件进行定量定性分析,得出在高速公路不同流量和货车比例时货车专用道实施方案。Ma 等[39]为研究客货分离系统,提出了一种新型的车辆类型划分方式。Zhou 等[40]通过对货车限制的研究发现,客货间的相互干扰会随着限速值的上升愈发严重,而实施货车限行可缓解这一现象。Das 等[41]使用立交安全分析工具 ISATe 预测有限年后车辆碰撞事故数,并采用经验法进行分析,证明实施货车车道限制(TLR)有助于提高道路安全。

目前关于货车影响的研究都侧重于路段上的通行能力、安全以及设计专用道等方面。Reich[42]等基于 GIS 软件建立起客货分离道路预判模型,通过选取货车流量、货车比例、货车事故率以及道路服务水平等交通参数,利用模型甄别筛选出可实施货车专用道的路段,然后基于该结论进行下一步研究。Burke 等[43]通过实际的公路数据证明了对货车进行限制后路段的安全性得到了较好的提升。Laval[44]利用多车道高速公路的运动瓶颈理论,建立了单一类型慢车产生的瓶颈的通行能力计算公式。Jorge[36]在此基础上研究了两种类型的货车对通行能力的影响,发现当货车的占有率不大时,依旧可以使用前者的模型,但是该模型仅适用于路段并且只考虑了对通行能力的影响。

Cate[33]等通过仿真针对设立货车专用道与不设立货车专用道的各类场景进行对比后发现:当坡度超过4%的时候,客货分离能较好地提高道路服务水平。万兵[45]通过仿真比较了在不同自然流量及货车占比下的客货混行时货车对客车的运行指标的影响,得出了双向六车道在高等级公路上的分离条件。Janson 等[46]首次提出采用计算机程序 EVFS 对货车专用车道进行评价,并基于车型对实施客货分道的可行性进行了研究,研究指出货车比例超过30%且道路上出现拥挤时,可以考虑实施客货分道行驶的管理方法。Fang 等[47]通过货车专用道预留策略研究了自动驾驶货车的运输问题,以预留车道对交通的影响为目标函数,建立了整数规划模型,旨在优化设计具有时间效率的货车路径,同时最大程度减少对整体网络性能的影响。

2)国内研究

班刚等[48]通过研究天津道路交通需求现状与未来规划,得出客货分离体系实施条件。张春生[49]对不同的转弯半径和货车比例进行仿真,总结出交叉口左转进口道客货分离设置条件。崔文霖等[50]利用 VISSIM 仿真分析货车比例变化对延误和车速带来的影响,结果表明当货车比例超过20%时需要采取客货分离措施以减少其负面影响。王新慧[51]研究了客货干扰机理,对比软隔离和硬隔离的实施条件,提出基于移动瓶颈理论的客货分离设置方法。万兵[45]为解决突出的客货混行问题,通过实例仿真,提出高等级公路的客货分离标准。蒲文培[52]提出了山地城市快速路客货分离组织技术研究,并提出交通条件、车辆组成条件、道路车道条件和道路线形条件的客货分离设置条件。何栋奎[53]在分析城市道路客货混行交通以及客货分离交通的特点和适用性的基础上,提出了城市道路客货分离改造的指标体系及最优改造方案。

2.1.4 客货分离可行性与评价体系

1)国外研究

Vidunas 等[54]使用一种用于确定客货分离实施条件的计算机程序 EVFS,对十种客货分离方案进行评估并提出建议。Battelle[55]通过研究得出了是否使用客货分道的管理方法有关的评价指标和阈值,其中包括年平均日交通量、货车事故率、货车比例、服务水平、延误时间等。Lord 等[56]通过对新泽西高速公路某路段的碰撞数据分析发现,外侧车道发生的事故往往更多,且实施客货分离能有效提高高速公路行车安全。Garber 等[57]以冲突代替事故测量,评估不同车道限制对各种场景的影响,结果的方差分析表明,车道限制对解决与货车相关的安全性问题有着显著作用。Siuhi 等[58]研究发现,在低密度或非高峰时期,实施车道限制对运行特性的影响并不显著,反而会造成道路空间资源浪费。El-Tantawy 等[59]以换道和追尾冲突为评价指标,分别模拟车道限制和货车专用道实施效果与货车比例的关系,结果表明,当货车比例超过总体的 15% 时,货车专用道效果最好。Matthew 等[60]针对 H-401 公路客货交通起讫点调查(OD)预测,以运行时间为评价指标分析客货分离实施条件。Jie 等[61]通过构建客货分离系统评价体系,证明主成分分析法在评价客货分离适用条件时相较于其余方法更有效。

2)国内研究

刘玉民等[62]研究了客货分离可行性的影响因素,结果表明客货分离是缓解交通拥堵、提升整体效率与安全性的有效措施。刘晨辉[63]选择速度和损失时间作为效率评价的指标,车均变道次数作为安全评价的指标,并从这两方面通过 VISSIM 对三类道路板块的各类限制车道方案进行仿真,得出了各种不同路段下的最优方案。柯水平等[64]提出客货分离系统评价技术,结合预判技术确定了客货分离方案的可行性。马捷等[65]以通行能力为评价指标分析客货分离方案的优化效果,通过指标权重分析得出最优方案并结合实例验证方案的有效性。Zhou[66]、SCOTT[67]等收集了大量的高速公路路段数据,并对仿真模型中的车型换算系数进行重新标定。前者通过标定后的仿真模型对车速限制、车道限制等货车对客车的影响进行了分析,后者给出了 8 辆车的队列在 4 种车型的排列队列下的启动损失时间以及 3 类货车的车型换算系数。宗二凯等[68]以宁波实际道路为例,分析设置货车专用道的可行性及布设方式,并对设置后交叉口负荷度和基本路段车辆行驶速度的改变进行量化评价。沙爱民[69]结合 5G 互联网技术,分析了客货混行所造成问题的起因,论证了客货分离系统的必要性和可行性。

2.1.5 总结

综合国内外研究来看,当前针对客货车流运行组织的研究主要聚焦于高速公路及快速路,并在实施条件和评价体系研究方面有了一定的成果。这些研究一定程度上说明了客货分离交通系统的必要性和可行性。但关于疏港道路客货分离方面的研究相对尚浅,需根据我国疏港道路实际情况进行深入研究。

(1)现有研究多关注高速公路货车交通流特征,分析货车对运行效率与安全性的影响,对疏港道路和其他车型的研究较少,且研究方式大多是针对交通冲突的改善措施,缺乏具体设计,对于我国疏港道路不具备工程价值。

(2)国内外学者所构建的跟驰和换道模型主要针对小型客车进行假设和理论研究,而在涉及除小客车以外的其他车型时,需要根据国内不同的驾驶模式进行参数矫正。

(3)研究表明车道限制对不同的车型所产生的影响差异较大,且影响的程度与车型比例有着很大关系,需细分针对不同车型的车道限制适用条件。

(4)当前针对疏港道路的客货分离研究尚处于起步阶段,考虑得并不全面,忽略车辆自身的动力和结构特性差异会导致不同货车比例下的车流运行特征不同,从而掩盖同一车型当量中不同类型车辆各自的特性。

2.2 交通信号控制研究

交通信号控制是城市交通管理的基本手段之一,其基本目的是提高路网交通流运行的安全性和通行效率。交通信号控制方案设定了不同流向的交通流在交叉口的通行时序和通行时长。Papageorgiou 等[70]概述了不同交通信号控制系统,从定时信号控制发展到感应信号控制再到自适应信号控制,从单点交叉口的信号优化发展到多个路口的信号协调。

2.2.1 定时信号控制

定时信号控制是最简单的控制策略,利用历史交通数据校准预设的信号参数,例如相位序列、周期时长、绿信比和相位差。Allsop[71]、Yagar[72]以最小化总延误或最大化交叉口通行能力为目标,计算得出最佳绿灯时长和周期时间。Park 等[73]表示由于交通需求是时变的,早高峰交通量与非高峰交通量不同,因此应针对不同的时段设置不同的信号定时计划。Yin[74]、Zhang 等[75]以最小化日常需求波动下每辆车的平均延误为目标,通过基于场景的方法确定了具有鲁棒性的最佳信号定时。以上方法通常以最小化车辆延误和最大化交叉口通行能力(或车辆吞吐量)为目标,满足欠饱和和过饱和的需求。高云峰等[76]以非饱和交叉口为研究对象建立了定周期信号控制参数的多目标优化模型,并以非支配排序遗传算法为基础建立了直接求解单个交叉口交通信号多目标控制模型的相容优化方法。Smith[77]概述了一个动态分配和控制模型,用于计算信号控制网络的阶段绿灯时间。该模型可用于设计固定时间或一天中的时间信号定时,还可用于预先准备时间,以便在发生可预测事件时快速实施。Bin Al Islam 等[78]提出了两种算法来估计城市街道网络中由联网与未联网车辆组成的混合交通流的交通状态,并将其纳入实时分布式交通信号控制方法中。Yu 等[79]提出了一种基于时隙的信号方案模型,所提出的信号方案可以生成具有不同相位结构的子周期。它优化了一个周期中的子周期数,以及每个子周期中的相序、周期时长和绿灯时长,可以在部分子周期中跳过某些阶段。

此外,定时信号控制还应该考虑排队长度。Jiang 等[80]提出了一种基于排队的交通信号配时算法,该算法可以减少主要次要交叉口的交通延误。该算法通过最小化主要道路上车辆队列移动的中断来减少交叉口的交通延误。吕斌[81]根据与期望排队长度相关的相位机动车排队长度偏差指标,考虑不同相位的权重因素,建立了交叉口信号配时优化模型,研究了相位清空可靠度与周期时长和相位绿灯时间的定量关系。Jang 等[82]开发了一种信号优化算法，旨在均衡过饱和城市道路网络中各路段的队列增长率，从而延迟网络局部路段形成的队列溢出。高云峰等[83]分别根据排队车辆的减速工况、怠速工况、加速工况，按照比功率法建立了一种新颖的反推估计方法，定量估计信号控制交叉口前排队车辆的尾气排放总量，并建立了信号控制参数优化的尾气排放评价依据。Osorio 等[84]建立了一个概率网络模型，用于分析近似子网络的平稳聚合联合队列长度分布，可用于城市交通控制。Mohajerpoor 等[85]认为最小化延误可变性和溢出概率也是信号优化的备选目标。

传统的定时信号控制方法主要依赖固定检测器（如环形线圈）采集的流量数据，然而固定检测器的安装和维护成本高、覆盖范围小。随着配备卫星导航软件的浮动车发展，其衍生出的轨迹数据包含更丰富的交通信息，为信号控制提供了新的数据源和思路。Guo 等[86]探索了车辆轨迹数据在孤立交叉口、主干道和路网信号配时中的应用，总结了基于联网与自动驾驶车辆（CAV）的交通流状态估计和交通信号配时方案优化的方法和模型。Ma[87]等通过同一时段内多个周期轨迹数据叠加的方法和等比例原则（SRPs），构建了一种基于抽样轨迹数据的双层多目标定时信号控制优化框架。模型分别以过饱和相位数量最少和车辆平均延误最小为主要和次要目标，在未饱和及过饱和状态下同时优化周期时长与绿信比。

信号交叉口内的交通动态和运动相互作用对交通信号的运行有着重大影响，研究人员开始从更微观的角度扩展元胞传输模型（CTM）。Gao 等[88]提出了一种增强的 CTM，用于在没有明确的允许左转让行规则的情况下捕获信号交叉口的交通运行情况。2019 年 Gao 等[89]提出了一种基于元胞的交叉口信号优化模型，在允许相位期间没有明确的左转让行规则，该模型有效地捕捉交通动态和允许相位期间冲突交通之间的相互作用，并设计适当的信号配时计划，以改善此类交叉口的运行性能。

2.2.2 感应信号控制

感应信号控制使用检测器收集实时交通数据，并根据实时交通状况动态调整信号定时，每个相位的绿灯时间可以延长，但受到最小和最大长度的限制。在感应控制的基础上，自适应信号控制根据实时交通测量和未来需求的实时预测动态改变信号。最广泛使用的自适应控制系统是悉尼协调自适应交通系统（SCATS）[90]和绿信比、周期、相位差优化技术（SCOOT）[91]。这些系统以预定的时间间隔更新信号计划，根据收集的数据优化或选择最接近的信号参数，以匹配流量。宋现敏等[92]以固定协调控制下绿信比确定方法及感应控制原理为基础，设计了基于逻辑规则的感应式协调控制下绿信比优化流程，提出了感应协调控制下绿灯时间实时优化方法，确定了最大弹性绿灯时间计算方法。Wang 等[93]研究了在服从泊松过程的车辆到达场景和车辆平稳到达场景下，两相位单行道的临界绿灯延长时间。罗小芹等[94]提出了以单点优化方法以及感应控制原理为基础的面向混合交通的感应式交通信号控制方法。Tonguz 等[95]提出了一种新的交叉口交通控制方案，即专用短程通信（DSRC）感应交通控制，利用了车辆中 DSRC 无线电的存在，并优先考虑配备 DSRC 的车辆的车道，减少每个排队车辆的平均等待时间。

2.2.3 动态信号控制

车车通信（V2V）和车路通信（V2I）实时将交叉口的交通信息（如信号计时或速度提示）传

达给车辆,以进行交通规划,同时收集详细的车辆轨迹数据(如速度和位置),以进行信号控制。He 等[96]根据交通控制器状态、排队长度和公交车等特殊车辆的优先级请求,确定了未来最优信号计划。Feng 等[97]提出基于互联车辆数据的实时自适应信号相位分配算法,优化了相序和持续时间 Yu[98]进行了在高交通量需求下基于先到先服务(FCFS)控制的交叉口通行能力和车辆延误的综合分析。Guler 等[99]针对不同的总需求和需求比率进行模拟,以了解改变信号最小绿灯时间和联网汽车渗透率的影响,最后观察到联网车辆技术可以显著改善信号交叉路口的交通运行。

CAV 技术的发展将车辆连接和自动化引入城市交叉口管理,为准确的交通状态感知和有效的交通控制驱动提供了强大的手段。Guo 等[100]提出了一种信号交叉口管理的实时学习和控制框架,包括信号优化和 CAV 轨迹控制。该框架包含感知、预测、规划和优化,旨在提高混合 CAV 车流在通行能力和延迟方面的效率。Liu 等[101]研究开发了一种协作式交叉口控制算法,旨在最大化交叉口吞吐量,同时提高车辆能效。它通过根据 CAV 发送的实时交通信息生成最佳交通信号相位和时间计划来实现控制目标。

2.2.4 优先信号控制

公交车与应急车辆的信号优先被广泛应用于提高道路通行能力和服务水平等方面。张卫华[102]和乔文鑫[103]等将人均延误最小化作为信号周期时长的优化目标,建立了公交信号优先配时优化模型。Li 等[104]提出了一个自适应公交信号优先权(TSP)优化模型,该模型在考虑信号控制双环结构下的安全和其他约束情况下,以公交车辆延误和其他交通延误的加权最小值为目标并连续优化三个周期的绿灯时间。马万经等[105]基于公交运行车速动态可变的运行环境,以公交运行状态最优为目标,设计了信号控制方案和最佳速度调整规则簇,建立了运行速度与优先控制方案的协调优化方法。欧诗琪等[106]为解决公交优先可能破坏干线协调并影响社会车辆行驶效益问题,建立了网联环境下配合干线信号协调的实时公交优先控制方法。Das 等[107]基于互联车辆技术的应急车辆优先级控制系统,建立了一个混合整数线性规划模型。该模型可以考虑来自多个应急车辆的优先级请求和来自可能陷入困境区的货运车辆的困境区域请求。

2.2.5 干线区域信号控制

干线协调控制是避免或缓解干线交通拥堵有效且广泛使用的方法之一。一般来说,采用两类标准进行协调配时设计:最大化绿波带宽和最小化性能指标,如延误、排队长度等。MAXBAND 模型[108,109]广泛应用于干线信号协调控制。黄玮等[110]提出了以降低危险概率和提高安全保障为目标的相位切换的逻辑判断,采取感应控制策略从信号控制角度改善信号控制交叉口两难区的交通安全问题。Zhang 等[75]考虑不同周期内,感应协调相位绿灯时长可能不同(即交通需求不同)的情况,基于经典 MAXBAND 模型建立了一种干线感应信号的鲁棒协调配时模型。丁建梅等[111](2010)以城市货运干道为研究对象,量化分析车型构成、机动性能差异及不同饱和度条件下交通组成对车流延误的影响,从黄灯时间、信号周期与相位差等参数优化入手,获得了适合城市货运干道的交通信号控制方法。Gao 等[112]开发了一个动态交叉口控制和困境区保护的信号优化模型,其中信号相位切换的决策被优化,以最小化困境区的车辆数量和交叉口排队车辆引起的延误加权。Gao 等[113]又提出了一种车道组级协调干线困境区保护模型,动态优化干线信号的定时参数。

城市路网规模的不断扩大,给城市交通控制系统带来严峻的挑战。Chai 等[114]在一个连贯的框架内,研究驾驶者的路线选择与交通信号控制之间的交互作用,提出了一种自适应路径和交通信号联合控制算法来改善交通环境。路婷等[115]对交叉口之间的交通关联关系及表征交叉口关联性的交通流参数进行了分析,从而明确了路网的拓扑结构,建立了以路网拓扑结构为基础的交叉口重要度估计模型,并根据有向深度搜索算法设计了区域信号协调优化方法。Noaeen 等[116]提出了一种解决队列溢出影响的城市路网实时分散交通信号控制方法(DESRA)。该方法是基于交通响应的,不需要交叉口控制器之间的数据通信,使用基于车道的队列测量,并以最大化整个网络的吞吐量为目标,得到各相位的最小饱和绿灯时间。卢凯等[117]以协调路径集作为区域绿波控制对象,针对双环相位结构建立了一种区域绿波协调控制模型,实现对区域绿波协调控制参数的综合优化。交通信号控制主要是根据路网中固定的交通流量对信号配时参数进行优化,交通流量分配则是在一个固定的交通信号设置下进行的,两者相互影响。交通流分配和信号控制协调优化对缓解交通拥堵非常重要。

2.2.6 信号控制的智能算法

近年来,学者们对信号控制的不同智能算法也在不断改进。高云峰等[118]以交叉口群为对象,运用多目标优化方法建立了交通信号协调控制参数的多目标优化模型,并基于非支配排序遗传算法设计了相应的多目标优化算法求解模型。Liang 等[119]提出了几种启发式求解方法,包括智能树搜索方法和几种版本的遗传算法,以确定任何控制决策中的最优相位序列及其各自的长度。Shaikh 等[120]对使用进化算法、群体智能算法和其他基于人群的元启发式算法解决交通信号控制(TSC)问题的最新研究进行了全面的文献综述。根据选定的决策变量、优化目标、问题表述(即单目标、多目标或双层)和解决方案编码,对调查工作进行比较。Wang 等[121]提出了一种深度 Q 学习(DQL)的方法来优化城市交叉口的交通信号时间,基于机器学习的方法将具有自动车牌识别(ANPR)的数据输入,得到绿灯时间。

2.2.7 无人驾驶车队的信号控制

随着 CAV 技术的快速发展,配备 DSRC 的车辆不仅可以与其他 CAV 通信,还可以与基础设施通信。车辆轨迹和交通信号的联合控制变得可行,并且可以在通行效率和环境可持续性方面实现更大的益处。Guo 等[86]综述了基于 CAV 估算交通流状态和优化交通信号定时计划的方法和模型,解释了各种基于 CAV 的控制方法的优点和缺点,并讨论了未来的研究方向。

交通信号和车辆轨迹的联合控制方法可以通过将问题投射到双层优化模型中,并利用迭代方法来解决问题。Li 等[122]对两条单行十字交叉口场景进行研究,由于信号定时只考虑了两个相位,导致场景数量有限,因此使用简单枚举法。在自动化车辆环境下假定车辆遵循信号控制器指定的优化路径,开发了一种优化算法,并设计了滚动时域方案来实现该算法并持续处理新到达的车辆。Xu 等[123]根据车辆的初始速度和位置信息优化交通信号,并逐周期计算最佳交通信号配时和车辆到达时间。Liu 等[124]提出了一种优化城市交叉口交通信号和协作车辆轨迹的综合方法——上层优化模型使用枚举确定最佳信号,下层优化模型优化每个可行信号计划下的轨迹。信号优化层中的枚举方法导致计算量庞大,这需要进一步改进。

张存保等[125]引入了预测时间窗概念,分析了交叉口区域单个车辆的运行状态,提出了单个车辆的延误和停车次数计算方法。在此基础之上,以整个交叉口延误和停车次数最小为优化目标,建立了单点信号控制参数优化模型及求解算法。张存保等[126]又提出了改进的交叉口信号控制优化流程,将相位饱和度作为表征信号控制效果的指标,在考虑速度引导对车辆运行状态影响的基础上,建立了车路协同环境下的道路交叉口信号控制优化方法和模型。Chen等[127]基于上游检测信息预测车辆到达时间后,分别考虑延误最小化、排队长度最小化和吞吐量最大化优化信号方案,基于动态规划(DP)程序制定支持美国电器制造商协会(NEMA)相位配置的实时信号控制算法。Yu 等[128]提出了一种混合整数线性规划(MILP)模型,用于在CAV 环境中单点信号交叉路口的统一框架中优化车辆轨迹和交通信号。相序、每个相位的绿色启动和持续时间以及周期时长与车辆车道变换行为和车辆到达时间一起优化,以最大限度地减少延误。Feng 等[129]将信号优化建模为 DP 问题,以最小化车辆延误为目标进行求解。戴荣健等[130]、Li 等[131]和 Liu 等[124]基于 CAV 发送的实时交通信息(例如速度和位置)采用动态规划方法来计算最优信号方案实现控制目标。Ma 等[87]基于单点信号交叉口的采样车辆轨迹优化定时信号,该框架适用于低分辨率轨迹数据。Guo 等[100]提出了一种信号交叉口管理的实时学习和控制框架,应用长期短期记忆神经网络(LSTM)学习交通模式和驾驶员行为,估计和预测只能部分观察到的微观交通状况,然后利用深度强化学习(DRL),通过学习车辆与交通环境之间的动态交互来解决信号优化问题。赵祥模等[132]提出了一种分层解耦式网联交叉口信号-车辆轨迹协同优化控制方法,其中顶层采用"作业调度"和遗传算法以最小化交叉口平均旅行时间延误为优化目标实现信号配时与相序优化。Liu 等[133]根据速度、加速度和安全跟车间隙的运动约束,采用混合整数线性规划(MILP)模型对信号相位时长和受控车队的加速度进行优化,以最大程度地提高舒适度,并最小化信号周期内的行程延误。徐洪峰等[134]综合考虑了导向车道的长度、数量以及绿灯切断决策区内网联汽车的数量、位置、车身长度、速度等因素,采用全新的方式评估机动车相位的交通需求,解释了切断机动车相位绿灯的必要性,设计了单点全感应逻辑。

由于无人驾驶车辆可以比人工驾驶车辆更有效地利用绿灯时间资源,因此不少研究优先考虑无人驾驶车辆,为其分配更长的绿灯时间。Liu 等[135]开发了一种协作信号控制算法,该算法采用协同自适应巡航控制(CACC)数据集和传统固定交通传感器收集的数据集来预测未来的交通状况。预测允许信号控制器将信号优先权分配给容纳最多 CACC 车队的交叉口引道。Yu 等[98]提出了基于预约的方法和简单的策略,如先到先服务(FCFS),以管理孤立交叉口的 CAV。此外,提出了一种优化模型,以最优地服务到达交叉口的 CAV,实现延误最小化。Rey 等[136]提出自动驾驶车辆专用车道,并将传统的绿灯信号相位与自动驾驶车辆专用信号相位(称为蓝色相位)相结合。本书提出了一种新的基于压力的分散混合网络控制策略,该策略基于混合整数线性规划的解来激活交叉口的目标流向。Hu 等[137]研究提出了一种汽车远程服务提供商(TSP)控制器,使联网和自动化的公交车能够切断交通,使 TSP 绿灯亮起。该控制器克服了传统 TSP 策略的缺点,将周围交通流的随机性视为一种概率分布,并将其转化为线性机会约束。曹宁博等[138]建立自动驾驶汽车面对行人时的通行权决策方法,模型有效降低了自动驾驶汽车的行驶时间和延误,提升了交通流量。

近年来,不少学者将研究范围从单点交叉口扩展到对干线或区域的无人驾驶车队信号控制。Islam 等[139]提出了一种新的分布式协调公式和求解技术,用于连接城市路网上的信号配时优化,绿灯时间的终止或延续决策是在交叉口级别进行的。Beak 等[140]提出了一种在互联车辆环境中集成协调和自适应信号控制的方法。该模型由两级优化组成,在交叉口层面,自适应控制算法通过使用考虑协调约束的动态规划,实时为每个相位分配最佳绿灯时间。在道路层面,基于交叉口层面的数据,制定混合整数线性规划,以优化道路沿线的相位差。Guo 等[141]提出了一种基于连接 CAV 技术的干线信号管理框架,该框架具有车辆列队和轨迹控制(SCoP-TO)功能。在此框架下,主干道车队可以在到达下游十字路口时请求延长绿灯时间,以减少不必要的停车。卢凯等[142]针对车路协同环境下的区域绿波协调控制问题,根据自动驾驶车辆车速可控的特点,提出利用绿波车速与信号配时的协同优化方法,建立一种区域绿波协调控制模型。

目前市场自动驾驶车辆的渗透率较低,未来较长一段时间内将处于人工驾驶与自动驾驶混行的交通环境。Lee 等[143]将交叉口协同车辆控制算法(CVIC)用于操纵单个车辆的机动,以便车辆能够安全地通过交叉口,而不会与其他车辆发生碰撞。通过消除来自交叉口所有冲突引道的车辆轨迹的潜在重叠,CVIC 算法为接近交叉口的每辆车辆寻求安全机动,并操纵每辆车辆。由于联网车辆的渗透率较低,Feng 等[97]开发了一种基于联网车辆数据估计未装备车辆状态的算法,以构建相位分配算法的完整到达表。Yang 等[144]认为三类车辆代表了自动驾驶技术的不同阶段——传统车辆、联网但非自动化车辆(联网车辆)和自动化车辆,并改进开发根据不同技术阶段切换信号控制的启发式算法。Guo 等[145]针对综合优化问题提出了一种可以考虑具有不同 CAV 市场渗透率水平的混合交通流场景高效的 DP-SH(以射击启发式算法为子程序的动态规划)算法。DP-SH 可以协调交叉口路段不同方向的信号相位、配时和车辆排队,同时优化行驶时间、油耗和安全性的综合性能。Hao 等[146]验证了网联车辆节能进出(EAD)信号交叉口系统在减少能耗、温室气体和其他标准污染物排放方面是有效的,对于附近没有或很少有前方车辆的畅通交通条件下更有效。Niroumand 等[147]引入新的“白色”相位,由 CAV 引导联网人工驾驶车辆(CHV)通过交叉口,所提出的方法在不同 CAV 市场渗透率和不同需求水平下成功地控制了混合 CAV-CHV 交通。Zheng 等[148]的试验结果表明,自动驾驶(AV)对混合交通流系统的不确定性和稳定性有显著影响。较大的 AV 渗透率可以降低手动驾驶(HV)行为中固有的不确定性,并显著提高混合流的稳定性。周昭明等[149]研究反映了不同类型车辆市场渗透率变化下,无人驾驶专用道优化配置和混合交通流的演化过程,为无人驾驶汽车及相关设施的投入与普及提供依据。张健等[150]面向智能网联环境交叉口,提出一种双环自适应信号控制方法,建立并标定智能网联车辆与常规车辆跟驰模型,然后以延误和停车次数为优化目标,考虑绿灯最小时长约束,使用 NEMA 双环相位结构中相位组时长为变量建模计算最优相位组时长。Ma 等[151]提出了一种混合交通环境下 CAV 专用车道与单点交叉口基于共享相位专用车道(SPDL)的交通控制模型。在建议的模型中,左转和直行 CAV 共享 CAV 专用车道,并在与 HV 共享的相位穿过交叉口,建立了三级优化模型。王润民等[152]以智能网联汽车与网联人工驾驶汽车混行的典型交通应用场景为研究对象,通过构建八相位网联信号交叉口,研究了混行环境下的交通信号和网联车辆轨迹车路协同优化控制方法。杨涛等[153]提出了基于跟驰模型和交通波理论的智能网联环境下信号交叉口全样本车辆轨迹重构模型,并采用实例数据验证了模型的有效性。

2.2.8 信号控制优化目标研究

早期的交叉口信号控制优化都是单一的目标优化,降低延误是较多研究者选择的优化目标。经典的以降低延误为目标优化的研究有:Webster[154]提出了以车辆平均延误最小作为信号控制交叉口设计与交通信号配时的评估参数,同时给出了计算最佳固定周期信号配时的方法。Miller[155]假设车流在绿灯时间内以泊松分布的模式到达交叉口,以此推导出了固定信号周期交叉口车均延误的计算公式。公路通行能力手册 HCM2000[156]给出了最佳周期时长的计算方法,该方法的目标函数为使车辆平均延误最小。与 Webster 提出的方法不同,它是基于饱和度去求解信号周期时长。Akcelik[157]给出了过饱和交通流的时变延误模型。车辆排队和停车次数的研究以 Webster 等[158]、Catling[159]、Cronje[160]的研究为代表。冉启武等[161]利用视频技术,记录每一帧画面中交叉口处的停车数量,由此计算出每一帧画面中的停车延误,从而累计得到观测时间段内的总延误。Jovanovic 等[162]利用蜂群启发式算法优化了交叉口的相位、绿灯时间以及周期等各类组合,使车流在给定时间内的平均延误最小。蒋贤才等[163]针对交叉口的左转车道进行了改进,最终减少了交叉口内的冲突数,提高了左转车道的通行能力,降低了交叉口的总延误。赵靖[164]根据排阵式交叉口内的车流运行特征,建立了排队式交叉口的车均延误模型。任其亮等[165]提出了逆向可变车道的通行能力与延误的计算方法。

随着政府不断推行可持续发展策略,交叉口处车流运行情况的优化目标也逐渐从单一目标优化转换为多目标优化。Akcelick[166]将车辆平均延误和停车次数两个指标作为优化目标,引入了"停车补偿系数",并首次提出了多目标优化的配时方法,即 ARRB 法。高云峰等[76,118]针对非饱和交叉口,利用非支配排序遗传算法先后研究了单交叉口和交叉口群交通信号多目标控制的优化方法,其研究表明多目标优化模型较单目标优化模型求解结果更好。Wang 等[167]基于车道组控制以及冲突点数与延误为目标为机动车和自行车的混行车流分配绿灯时间,使其高效并且安全地通过交叉口。Du 等[168]提出了利用实时信息来计算自动驾驶车辆到达交叉口的时间,并以此来不断优化自动驾驶车流到达交叉口的轨迹,以降低整个交通流的能耗、排放、延误以及等待时间。Ma 等[169]提出了自动驾驶车辆与人工驾驶车辆混行情况下的一个双层优化模型,用以优化自动驾驶车辆在这种环境形势下的行车轨迹,同时来降低自动驾驶车辆的换道数以及油耗。Essa 等[170]提出了一个在单个周期内基于冲突点的交叉口安全评估模型,利用视频数据将车辆尾部冲突与交通流量、最大排队长度、交通波的特性等相联系。Zhao 等[171]用启发式算法生成较低延误的信号序列,以排队长度为目标微调绿灯时间,实现货车的信号优先,减少了交叉口内车辆的延误与停车次数。Schmocker 等[172]以机动车流在交叉口上的平均延误、平均排队长度,以及过街行人在交叉口上的等候时间三个评价指标为优化目标建立了交通信号控制参数的多目标优化模型,并基于 Bellman-Zadeh 模糊逻辑将多个目标之间的冲突和支配关系转化为单个目标优化问题并应用标准遗传算法求解,交通信号控制的评价指标通过 VISSIM 交通仿真软件得到。马莹莹[173]以机动车平均延误最小、平均停车率最小,以及行人等候时间最短为优化目标建立了单个交叉口定周期信号控制时周期时长的多目标优化模型,并结合偏好信息运用加权法转化为组合优化问题,并采用蚁群优化算法求解。李瑞敏等[174]以机动车流在交叉口上的平均延误和平均停车次数作为优化目标,建立了单个交叉口信号控制参数的多目标优化模型,运用随机权重的加权方法转化为多目标组合优化模型,并利用遗传算法进行优化。曹成涛等[175]以机动车流的平均延误、平均停车次数和总通过流量为优化目标建立了具有饱和度约束的单交叉口信号控制参数加权组合多目标优化模型,并利用遗传算法对模型进行求解。

目前,许多有关交叉口信号控制优化的研究中会考虑尾气排放的影响,其中比功率法是尾气排放计算的主要方法。很多研究应用比功率法评估机动车在道路、路段、交叉口上的尾气排放量。Coelho 等[176]依据观测数据对机动车在环形交叉口上的三种速度变化模式的发生概率随交通量的变化特征进行拟合。Coelho 基于比功率法确定三种速度变化模式对应的尾气排放量,在此基础上建立了环形交叉口上车辆尾气排放的计算模型。Li 等[177]基于比功率法研究了信号配时参数对机动车在定时信号控制交叉口上的尾气排放量的影响。研究表明,在非饱和状态下,根据延误最小和停车次数最小优化得到的信号配时方案并不能使尾气排放量最小。但 Li 并未描述根据停车次数和延误如何计算尾气排放量。Lv 等[178]运用 VISSIM 与机动车排放模拟模型(MOVES)相结合的方法研究了相邻交叉口协调控制对于机动车尾气排放量的影响。仿真结果表明,协调控制能够减少尾气排放量,并且车队到达时间对于尾气排放量也有影响。Lv 等[179]研究了以尾气排放量为评价指标的信号控制参数优化方法。算例分析给出了延误与尾气排放之间的拟合函数关系。研究结果表明,延误最小化不等同于尾气排放最小化,当平均延误最小时,交叉口上的尾气排放量并未达到最小。Abou-Senna 等[180]运用 VISSIM 和 MOVES 相结合的方法研究了美国州际道路 I4 上的机动车尾气排放特征。Abou-Senna 比较了依据平均速度和瞬时速度计算尾气排放量的方法,认为平均速度忽略了加减速工况下的尾气排放变化,而瞬时速度能够较为精确地估计机动车在道路上的尾气排放量。

国内学者张滢滢等[181]对车辆在协调控制路段和无协调控制路段上加速、减速、匀速、怠速等工况下机动车尾气中 NO_x、HC、CO 排放情况进行了对比分析。宋国华等[182]以北京市快速路浮动车数据为依据,分析了不同行程速度对车辆比功率(VSP)分布的影响,建立了 VSP 分布的模型。廖瀚博等[183]利用机动车排放计算程序(COPERT Ⅳ)计算了广州市机动车尾气排放因子,分析了排放因子的速度敏感性以及不同类型机动车排放特征。董红召等[184]以杭州市城市道路浮动车数据为依据,对国际机动车排放模型(IVE)的机动车排放因子进行标定和修正,分析了机动车在不同道路类型和不同时段内的实际行驶工况,获得 VSP 分布特性,并应用修正后的 IVE 模型确定杭州市实际行驶工况下轻型车和出租车的 CO 和 NO_x综合排放因子。

国内学者大多数研究车辆在整条道路上的尾气排放量的评估方法,而研究机动车在交叉口处的尾气排放较少。国外也很少应用比功率法专门研究机动车在交叉口前排队等候绿灯时的尾气排放评估模型。已有的成果并不能直接用于评价和优化交叉口的信号控制策略和方案。

2.2.9 交叉口时空资源优化研究现状

聂磊、马万经等[185]通过等饱和度原则分配流量来确定交叉口车道的布置,从而获取交叉口布局的全局最优解。宋现敏等[186]根据预先设定的车道组合,根据交叉口的交通动态需求实时改变车道配置,以提高交叉口的时空资源利用率。梁子君等[187]提出了一种以交通流作为独立控制单元的研究方法,该方法细化分配了交叉口内机动车、公交车、非机动车与行人的路权与空间设计,降低了车辆与行人的延误。钱国敏等[188]分析了存在不同比例的智能网联汽车的道路运行情况,研究发现,当网联汽车占比较大时,将有效提高交叉口的通行能力。

Wong 等[189]提出了基于车道的交叉口优化控制方法。该方法是通过流量分配结果确定交叉口内的车道布置,给予各个车道独立的通行时间,能够拥有灵活的相位设置,从而增加交叉口的通行效率。赵靖等[190]分析了各类禁行情况与信号控制,并对禁行流向的车流、车道功能等进行优化,为交叉口需要禁行的时段提供了车道配置方案以及合理相位方案。Hao 等[191]通过动态分配公交车专用道以及一般车道,以充分利用道路的时空资源。Tang[192,193]在 C. K. Wong 的模型中加入左转禁行,减少了交叉口的冲突点以及车流在路网的出行时间。

针对左转相位时空资源的优化,成卫等[194]、A. F. Al-kaisy 等[195]对交叉口信号控制方案设置左转专用相位的方法进行了研究。根据大量的实测数据利用多变量回归技术确立了进口有专用左转车道时交叉口左转保护相位和左转许可相位转换的阈值回归关系,并通过实例对阈值模型进行了验证。刘喜明[196]从减少交叉口内部左转交通流与对向直行交通流冲突点的角度建议交叉口信号控制方案设置左转相位。McShane W. R. 等[197]提出当左转车流小时流量与对向直行车流小时流量的乘积超过 50000 时就应该设置左转相位。Nicholas F. Findler 等[198]通过仿真数据进行回归分析,得出交叉口进口没有左转相位时左转车流量和对向直行车流量、相位绿信号持续时间之间的线性关系。M. Mesterton Gibbons[199]建立了在一条主干道和一条支路相交形成的 T 形交叉口处主干道左转车流量的数学模型,并提出了设置左转车道和左转相位的条件。

针对以上文献综述,总结如下:

(1)目前大多研究将车辆轨迹与交通信号联合控制,通过建立双层优化模型求解问题。单点交叉口控制方面,根据不同的研究目标利用枚举法可以得到最佳相序与信号配时,但枚举法不适用于复杂的信号交叉口且计算量庞大。也有不少研究根据实时交通信息,例如速度与位置,采用动态规划的方法建立混合整数线性规划(MILP)模型同时优化车辆轨迹与信号方案。干线或区域控制方面,根据自动驾驶车辆车速可控的特点,绿波车速、相位差与信号配时可以协同优化。

(2)未来交通流发展趋势必然是无人驾驶与有人驾驶的混合车流,在实际设计中需考虑不同级别的 CAV 渗透率和车辆自动化技术。

(3)研究目标方面,不少研究考虑到无人驾驶车辆能更有效地利用绿灯时间,故优先保证其通行权,但这会导致对向车流的延误增加,造成更大的能耗。除了将延误与交叉口通行能力等交通效率指标作为研究目标外,通行的安全性、能源经济和减少污染同样需要考虑。

(4)车辆轨迹控制方面,目前研究大多假设所有车辆都以恒定速度行驶,而忽略了加速或减速过程,这样的做法将导致研究成果的可用性降低。考虑实际路段上无人驾驶车辆需要提前转入转弯车道而进行多车道转向、换道,未来的研究可结合交叉口多进口道流向冲突、车道间的变道行为,提高模型的适用范围。

2.2.10 交叉口两难区的影响因素

信号交叉口会由于两难区(即接近交叉口的位置)的存在而出现重大的安全问题。因为在两难区内,车辆在黄灯开始时既不能安全地通过交叉口,也不能舒适地停在停止线前,导致追尾和直角碰撞的风险增加。Gazis 等[200]首先提出了一种 I 型两难区模型,另一种是与驾驶员决策相关的两难区,即Ⅱ型两难区,由 Zegeer 等[201]提出,反映了驾驶员既能停车又能通过交叉口的两难问题。他们提出了一个选择区,其中 90% 的车辆在各种交通条件下停驶,10% 的车辆行驶。Van der Horst 等[202]通过大量的数值分析说明了驾驶员对黄灯的反应及其与相关因素的关系,包括车辆的行驶速度、与停止线的距离等。Liu 等[203,204]和 Long 等[205]通过使用专门设计的基于视频的系统,对信号交叉口两难区不同驾驶员的行为进行了一些实证研究。

1)速度与信号配时

一些研究主要通过调整车辆的行驶速度来实现两难区保护的目标。Park 等[206]提出了一个综合的两难区保护系统。该系统帮助合规的驾驶员及时调整车速,以避免追尾碰撞,并确定是否应授予全红延时请求,以防止那些激进的驾驶员或不合规的车辆发生潜在的侧角碰撞。Yang 等[207]设计了一个集成了连续车辆数据和路边传感器信息以同时满足改善城市干线安全和运输需求的系统。该系统可以计算两难区的分布,并为驶近的车辆提供速度建议,方便车辆通过交叉口。它优化了速度和偏移量,使首车在红灯时期的停车延误最小。

在交叉口层面,许多相关研究通过不同的信号重新配时来解决两难区保护的问题。常用的信号重配时方法包括修改黄灯变化区间的长度、绿灯延长和全红延长时长(Bonneson 等[208],Retting 等[209],Tarko 等[210],Chang 等[211])。后来的研究借助先进技术提出了信号相位优化方法。Feng 等[212]提出了一个利用连续的车辆数据进行自适应信号控制且考虑了两难区保护的框架。Wu 等[213]基于元胞自动机模拟,评估了一种集路面标记和闪烁黄灯于一体的两难区预警系统。该系统降低了陷入两难区的风险,提高了信号交叉口的交通安全。

2)两难区的危险性

利用模型来评估两难区分布,并结合优化模型使车辆被困在两难区的可能性降到最低。Zimmerman 等[214]提出了一种计算绿灯末两难区车辆数量的理论方法。在他们提出的模型中,车辆处于两难区是由两个原因导致的。第一个原因是单位延长绿灯时间内无车辆到达而导致相位切换;第二个原因是相位达到最大绿灯时间,并分别对这两种情况发生的概率进行了预测。两难区中的车辆数量是根据平均车辆到达率估算的。所提出的模型假设所有速度下的固定两难区宽度,其上游边界为 5.5s,下游边界为 2.5s,这与 Bonneson 等[215]的研究一致。Tarko 等[210]推导了一个困境似然函数,并提出了一种方法来确定使该可能性最小化的最优绿色扩展。在寻找最佳延长时间时,考虑了所有车辆接近交叉口的位置和速度等参数。Sharma 等[216]提出了一个经济模型来衡量陷入两难区中车辆所造成的冲突成本,使用风险函数计算被困在两难区中的车辆概率,也将延误成本化,比较了绿灯延长的两难区保护带来的效益和次干道附加的延误成本。Feng 等[212]提出了一个考虑两难区保护的框架,使用连续车辆数据进行了自适应信号控制。Machiania 等[217]提出了一种新的度量方法,称为安全代理直方图,用于捕获信号交叉口接近两难区相关冲突的程度和频率。

3)驾驶行为

Gazis 等首先定义了两难区的类型。王金梅等[218]提出了由两难区引起的无意闯红灯违规的数学描述,建立了用于城市道路交叉口闯红灯违规的模型,并利用该模型对西安部分地区的数据进行仿真和评价。Rakha 等[219]对黄灯开始时的驾驶员行为(感知反应时间以及停车和执行决策)进行了实地研究。Liu 等[203,204]和 Long 等[205]使用专门设计的基于视频的系统,对信号交叉口两难区的驾驶员行为进行了一些实证研究。Zhang 等[220]对两难区的研究进行了文献综述,总结了两难区中的相关驾驶行为。Savolainen 等[221]利用车辆轨迹和定时信号数据,研究了信号配时策略,如黄灯间隔、全红间隔、预警闪光灯和自动摄像头及其如何影响驾驶员在靠近信号交叉口时的决策。Najmi 等[222]研究了环形交叉口的两难区以及影响停车或行驶决策的驾驶行为。

4)安全性与运行效率

传统的两难区保护策略基于对信号配时参数的轻微调整,侧重于交叉口安全性的提高,而没有平衡交叉口的运行效率。但是一些研究已经将两难区保护作为交通信号优化问题的一部分,同时考虑到了交叉口的安全性和运行效率。Peterson 等[223]提出了 LHOVRA(一种针对单点交叉口的新信号控制策略)系统,以减少两难区中的车辆数量并降低信号交叉口的交通成本。虽然 LHOVRA 系统能使主干道相位越过其最大绿灯时间的阈值,但它不测量车辆的速度。Bonborg 等[224](1997)开发了 SOS(自优化信号控制)系统,作为 LHOVRA 系统的扩展,以总延误最小为目标。SOS 系统的目标是利用滚动优化技术,基于对主干道通行阶段的车辆安全性和对冲突阶段的车辆延误进行考虑,确定结束相位的最佳点。虽然作为 LHOVRA 系统的拓展,但 SOS 系统仍然不能测量车辆的速度。同样,两难区的位置是由多数车辆行驶速度决定的。Bonneson 等[215]提出并测试了一种检测控制系统,能够最大限度地减少高速交叉口的延误和碰撞频率,检测行驶车辆的长度和速度。结果表明,该系统能够在合理的速度、流速和转弯比例范围内提供相等或更低的延误。除 SOS 系统外,上述两个系统均基于感应控制逻辑。在某种程度上,它们的性能取决于最大绿灯时长和最大允许车头时距等参数的校准。例如,Feng 等[225]提出了一种用于估计两难区车辆数量的分析模型。该模型采用 Robertson's 车队离散模型预测的交通到达量,为解决信号交叉口的效率和安全问题提出了信号优化的数学框架,规定了两难区车辆的延误和数量。但该模型是针对定时信号交叉口设计的,不能应用于动态信号交叉口控制和两难区保护。Gao 等[88]开发了一种用于单点交叉口两难区保护的信号优化模型,通过该模型对信号配时进行动态优化,以交通延误和交通安全的加权组合为评价指标,使总绿灯相变成本最小。

2.2.11　多智能体系统技术应用

近年来,多智能体技术已经应用于多个领域,其中包括机器制造、过程控制、智能交通控制、电子商务、电子游戏、分布式监控与诊断、智能机器人、软件开发、信息管理领域。

下面主要介绍多智能体技术在交通控制领域的应用。国内外的研究成果主要集中在交通控制系统的结构及功能建模方面。

Szuyin Lin 等[226]提出了一种基于智能体的分散控制结构。智能体作为功能模块的集合,每个模块负责特定功能。每个智能体根据交通状况优化一个交叉口的信号控制方案,智能体都与周围相邻的智能体交换信息,使局部交通效益最大化。Szuyin Lin 采用的交通状况预测模型预测下游交叉口的到达流量与实际情况不吻合。

Weng Xiaoxiong 等[227]提出了缓解城市中央商务区(CBD)部分路段和交叉口交通拥堵的基于多智能体系统的分布控制结构。每个智能体负责一个或相邻几个交叉口信号控制方案的优化。智能体与环境以及其他智能体之间都存在信息交换。智能体之间通过协作实现整个城市 CBD 控制效益最大化。相邻智能体之间的影响作用通过连线的权表示。权的含义是交通饱和度,反映了相邻交叉口之间连线的交通拥挤程度。如果饱和度超过设定阈值则相邻智能体之间存在联系,否则不存在联系。该模型对于相邻智能体之间的作用因素考虑得过于简单,例如没有考虑排队长度变化等的动态影响。

D. Srinivasan 和 M. C. Choy[228]用 5 层人工神经网络表示每个智能体,并提出协作范围的概念,即每个智能体与周围的几个相邻智能体形成一个协作范围。每个智能体的协作范围是动态变化的,只有在协作范围内的智能体才进行协商和信息交换,每个智能体根据自己协作范围内所有智能体的信息决定最佳信号控制方案。智能体具有学习能力,历史方案以误差参数的形式由智能体的人工神经网络反向传播。所有交叉口的信号控制方案由微观交通仿真软件(PARAMICS)进行仿真。与协调控制优化软件(GLIDE)生成的信号控制方案相比,模型生成的优化方案在高峰时段能使车辆平均延误降低 35.6%。但是 D. Srinivasan 和 M. C. Choy 没有解释表示智能体间联系关系的参数的含义和误差参数的计算方法或模型。

刘小明等[229]基于智能体技术研究了城市道路网络交通流协调控制。城市道路网络的交叉口和路段分别作为交叉口智能体和路段智能体。交叉口智能体优化信号控制方案,路段智能体协调相邻交叉口智能体。路段智能体根据相邻交叉口智能体的请求(转换灯色或保持灯色)和路段交通状况两个因素协调两个相邻智能体的动作。每个交叉口智能体则根据所有相邻路段对该交叉口智能体的协调结果以代价最小为目标进行博弈。该模型没有给出交叉口智能体对相邻交叉口智能体的灯色请求依据,也没有考虑路段交通状况和交叉口交通状况的紧急或优先程度的差别。

蔡朝辉等[230]基于智能体技术对相邻交叉口的协调控制进行了研究。该模型考虑车流在交叉口进口的排队长度和交通饱和度因素将竞争机制引入交叉口绿信比分配,以连线排队长度为目标优化相邻交叉口的信号配时参数,并在路段排队长度超过阈值时引入了闸门效应(即门控制策略)。

于德新等[231]和李振龙等[232]分别提出了基于多智能体系统的递阶式控制结构。上层为区域智能体,中间层为子区智能体,底层为交叉口智能体。该模型通过再励学习修正每个交叉口的绿信比实现局部优化,通过遗传算法对信号周期时长进行全局优化。当路段排队长度超过阈值时,下游交叉口向上游交叉口发出协调请求,智能体之间按照博弈论的纳什均衡进行协调。模型中交叉口协调的影响因素过于单一,仅为交叉口进口排队长度。

承向军等[233,234]建立了交叉口智能体主题思维状态模型(BDI),提出基于多智能体的分布式城市道路网络交通流协调控制方法。交叉口智能体 BDI 模型对路段阻塞和拥挤状态进行分级,并对控制目标、控制策略、控制方案进行详细分类。承向军通过仿真试验证实这种控制方法的控制效果优于定时控制和感应控制。

2.3 车速引导研究

2.3.1 车速引导场景应用

目前,车速引导被用于三种场景。

第一种是绿波控制。绿波控制作为绿波带速,给驾驶员建议最优的路段行驶速度,以提高绿波控制的可靠性,进一步降低沿途交叉口上的停车车辆数。龙科军等[235]提出一种车联网环境下干线信号协调控制与车辆速度主动引导的协同优化方法。协同优化模型能同时调节相位差和车辆速度,增大绿波带宽,减少停车次数,能显著提高干线协调控制的效率。

第二种是车路协同场景。车路协同场景给无人驾驶车辆或车队推荐最优行驶速度,以提升车辆在交叉口和路段上的行驶效率。2016 年,Zhao 和 Li[236]分析了车速引导策略对车辆运动轨迹的影响,并证明该策略通过调整智能车辆在整个车队的比例可以提高车速引导的效益。2017 年,贾丰源等[237]针对三四线城市交叉口区域的实时车辆数据难以获取的情况提出车路协同下的车速引导策略。通过仿真试验验证得出的结果显示车速引导改善单车行程时间的效果随交通流量的增加而降低。2018 年,Tang 等[238]基于跟随模型提出了速度引导策略,在此基础上研究了具有多个信号交叉路口的单车道道路的驾驶行为和油耗。数值结果表明,所提模型能够降低油耗和平均停车时间。2019 年,Liu 等[239]搭建仿真平台创建了车路互联的环境,通过仿真得出了车速引导可以明显提高交通效率的结果,并且对于多个车辆的车速引导策略比单辆车车速引导策略更有效果。刘欢等[240]将车速引导下的车辆及其后的普通车辆视为一个车队,对车辆能够通过交叉口进行判断,从而达到车辆能够不停车通过交叉口的目的。王云鹏等[241]将驾驶员驾驶车辆与自动驾驶车辆混合在一起组成交通流,当前方同车道没有自动驾驶车辆则被视为不接受车速引导的车辆;若前方同车道有自动驾驶车辆,则与其混合组队。自动驾驶车辆将遵循最优车速引导行驶,驾驶员驾驶车辆将跟随其后行驶。在选择决策变量时,Wu 等[242]选择了车辆到达时间与绿灯起止时间,并以此达到车速引导的效果,以求克服现有交通信号控制中只能被动地适应车辆到达的缺点。2021 年,徐丽萍和邓明君[243]根据车辆跟驰行为详细划分了车速引导下,以车队为引导单元时可能出现的引导场景,并指出车速引导区间长度越长,车速引导越稳定。

第三种场景是公交优先。公交优先与信号优先相结合,提高公交车辆运行的可靠性。2013 年,马万经等[105]以最大可能优先通过和最优速度节能减排作为控制目标,通过车速引导实现在车路协同环境下对单点交叉口的公交信号优先控制。Wu 等[244]关注到了公交速度对公交优先的影响并建立了相应的优化模型,并指出未来的研究应拓展到优化信号配时和多个优先请求下的推荐速度。实时并可靠地传递公交速度和信号状态之间有技术难度,但随着车路协同的应用,这一问题得以解决。Wu 等[245]建立五种模型控制特殊车辆的运行速度与交通信号。但这些模型应用于单点交叉口,并且不考虑多条特殊车辆线路与特殊车辆车队形式。2020 年,Bie 等[246]将车速引导与信号优先等策略有效地结合以减少公交到达车头时距的偏差。Ji 等[247]所提出的方法综合了车速引导与信号优先,并认为综合方法能够通过避免不必要的绿灯延长以减少对其他车辆的负面影响。Gao 等[248]提出了一种双向的协调控制策略,并结合车速引导与信号控制达到减少交叉口延误的目的,但缺少以车队运行为对象的分析,未能沟通相邻交叉口的到达离去情况。罗浩顺等[249]结合预指令信息引导车队在适当位置处调整车速,使车辆能够推迟或者提前到达交叉口,保障信控方案有效执行。

车速引导是一种有效的管控手段。随着研究的不断发展,诸多学者在车速引导方案设计、与交叉口信号配置结合等方面取得了诸多进展与研究成果。然而在车速引导优化模型的设计中,许多学者以优先车辆不停车通过交叉口作为单独的目标,因此仅将车辆速度作为决策变量,忽略了加速度和变速决策位置对车速引导的影响,所以现阶段研究中仍需进一步探究在更多决策变量下建立车速引导优化模型。此外，诸多研究以车队首车作为主要引导对象，其余车辆将根据跟驰模型跟随首车保持车队形态。但在车路协同环境中，车队的每一辆车都能接受系统的调控，从而形成不同的组织形式。因此，需要进一步为车路协同技术下的车队组织形式进行补充和拓展。

2.3.2 无人驾驶货车及车队的车速引导

近年来，随着车辆控制技术与车-路、车-车通信技术的快速发展，网联自动驾驶车辆技术逐渐成熟，学者们对于信号交叉口网联或自动驾驶车队的速度引导和轨迹规划模型进行了进一步的研究和完善。这为提高交叉口的通行效率和安全性、降低燃油消耗和排放、保持驾驶稳定性等提供了全新的研究视角。目前有关车速引导方面的研究主要分为两类：交叉口处的车速引导控制与高速公路的车速引导控制。

在交叉口的车辆速度引导控制研究中，学者们往往从提高车辆通行效率、提升燃油经济性、降低车均延误、减少停车次数以及保障无信号交叉口处车辆安全通行的角度出发，进行车速的引导控制策略研究，具体来说可以分为如下四个方面。

(1)从提高信号控制交叉口的车辆通行效率、减少车均延误和停车次数角度。Yang等[250]根据车辆的时空轨迹和参数提出了双向通信速度引导策略。李鹏凯等[251]对此开展了进一步的研究，基于车路协同环境，在单车车速引导的基础上，提出了信号交叉口多车协同的车速引导模型。这为后续的研究提供了思路借鉴。

(2)从提高车辆行驶的燃油经济性、减少污染排放的角度。安实等[252]提出了一种基于多级可变限速的信号交叉口绿色驾驶控制方法。鹿应荣等[253]针对车联网环境提出了连续信号交叉口的车速控制方法。同时，姜慧夫等[254]提出了信号交叉口智能网联车辆时空轨迹优化控制系统，并采用改进的Pitt跟驰模型对人工驾驶车辆的时空轨迹进行了预测。Zhou等[255]提出了一种基于强化学习的车辆跟驰模型，使得网联车辆和自动驾驶汽车的油耗减少。陈壮壮等[256]通过优化头车的速度轨迹来实现无停车过交叉口以及油耗最小的目标。

(3)从无信号交叉口处车辆通行效率和通行安全的角度。Cai等[257]提出了一种基于速度引导和信息交互的协调优化控制方法，以减少路口的平均延误、停车时间和排队长度。为了对车辆进行更有针对性的控制，林培群等[258]基于交叉口交通流分区控制思想建立了系统优化的数学模型，从而对进入交叉口的每辆车的行驶过程进行控制，使各向交通流得以高效、无冲突地通过交叉口。常玉林等[259]提出一种车联网环境下的无信号交叉口控制方法。通过调整主路车流车速及车头间距，使次路车以较高的安全车速通过交叉口。Ma等[260]对车辆行为控制方法进行了优化，基于合并冲突和交叉冲突建立了车辆速度引导模型以解决车辆冲突问题。上述这些研究使得仅通过设置停车让行或减速让行规则的无信号交叉口，在车辆通行安全性和通行效率方面均得到了提升。

(4)从结合交叉口信号配时方案的车辆速度引导角度。Chen等[261]提出了一种信号协调控制模型，并动态地限制车辆在路段上行驶的速度。此后，吴伟等[262]建立了车辆的动态速度与交叉口相位差的整合优化模型。Li等[263]提出了一种基于智能网联车队的最优速度控制和分离策略，使得当原始队列无法在该绿灯相位通过时，可以分成两个新的队列单独运行。Guo等[141]提出了一种集成车辆调度、轨迹控制和延长绿灯时长三种策略的信号管理框架。在最新的研究中,刘平等[264]基于车辆特性提出了面向汽车车速控制的变权重模型预测控制方法。张建旭等[265]通过构建信号交叉口连续型元胞自动机模型,提出了考虑前车速度影响的自动驾驶速度控制策略。这些研究使得交叉口处的车辆速度控制更加精准有效。

区别于城市道路交叉口,在高速公路、城市快速路等的车辆速度引导控制研究中,学者们往往从车辆运行的安全性、稳定性以及能耗角度出发,在路段、道路进出口匝道处进行车辆速度的引导控制研究,具体来说可以分为如下三个方面。

(1)编队控制研究。Larson 等[266]试图通过使用分布式控制器来协调车辆的运行,从而能够使这些车辆以编队形式运行。然后,Li 等[267]开发了一种在线队列识别算法,这为具有队列结构的交通流的车速控制提供了一种新的方法。为了能够更高效地对车辆进行编队控制,Xu 等[268]提出了一种车辆实时合并控制算法,可以实现车辆在合并过程中的加速度最小。考虑到货车本身的特殊性,张鹏等[269]又研究了考虑换挡操作的货车车速引导模型。这些研究使对车辆进行编队运行控制更有针对性。

(2)高速公路进出口匝道的车速引导研究。薛行健等[270]研究了匝道车辆车速分布、流量与车速关系以及车道位置、车型和车道宽度对匝道合流区的合理限速值的影响。Liu 等[271]对一种包含车道变换规则和自动速度控制的算法进行了优化,以确保在高速公路入口/出口匝道区域的协同自适应巡航控制车辆(CACC)的运行更符合实际情况。为了有效提升交通效率和安全性,Wu 等[272]将匝道控制与调速控制有效结合,提出了一种用于速度引导控制的方法,使得匝道车辆的运行更加高效。

(3)卡车队列运行的安全性、减阻和能耗方面的研究。Nasri 等[273]探讨了在不确定的交通条件下自动货车(AT)的路线和速度的优化问题。郭洪艳等[274]基于道路及车辆状态信息给出了货车队列的最优燃油经济性速度曲线。Guo 等[275]综合燃料时间成本提出了高速公路上货车队列的速度规划算法。罗孝羚等[276]提出了智能网联环境下的高速匝道汇入车辆轨迹优化的两阶段模型。Xie 等[277]对货车队列的运行速度和功率分配进行了协同优化。鞠飞等[278]以燃油消耗最小为目标开展了巡航场景下的经济车速规划研究。

此外,对于货车在跟驰过程中的车速控制,学者们也进行了专门的研究,目的是提升货车编队运行时的稳定性和安全性,具体也可分为如下三个方面。

(1)在车辆跟驰场景下,以安全性和运行稳定性为目标的车速规划研究。Khondaker 等[279]通过关注单个驾驶员的驾驶行为(加速和减速)提出了一种可变速度限制(VSL)的控制算法。Jiang 等[280]通过对混合交通流中的人工驾驶车辆(HDV)、自适应巡航控制(ACC)和协同自适应巡航控制车辆(CACC)三种汽车跟驰行为的分析,建立了混合交通流元胞自动机模型的加速、减速和随机化规则。解少博等[281]提出了跟驰场景下综合考虑行车安全性、能耗经济性、气动阻力和电池老化等多个目标的速度规划和能量管理协同控制策略。洪家乐等[282]基于车辆跟驰理论建立了微观车辆速度-车头间距模型,并据此提出了一种有效提高队列行驶的稳定性、减少运行速度波动的网联车稳态控制策略。秦严严等[283]又进一步通过分析可变车头时距的车辆跟驰特性,提出了智能网联车辆的跟驰模型,并给出了达到最大通行能力时的最佳速度参考值。

(2)为了进一步提高交通流的稳定性,纪艺等[284]、史昕等[285]、吴兵等[286]研究了基于多前车的最优速度与加速度的网联车跟驰问题。

(3)不仅如此,学者们对网联车辆在跟驰过程中不同控制参数对车队运行的影响作用也进行了探究。Davis 等[287]通过数值模拟评估了队列头车位置、速度和加速度变化对后续跟驰车辆运行的影响。李林恒等[288]通过改进后的车辆跟驰模型研究了加速度参数对车辆跟驰行为的影响。Chang 等[289]研究了智能网联车辆的数量在临界速度下对混合交通流稳定性的影响以及车队规模对临界速度的影响。石琴等[290]以智能网联车车队作为研究对象,提出了固定引导时长的车辆队列的速度引导策略,并与固定引导距离的车队车速引导策略进行了对比。上述研究为后续的车辆运行控制参数的进一步优化提供了有效借鉴。

综上,国内外学者对车速优化控制领域的研究已经取得了颇丰的进展,同时也为后续车速引导理论的进一步研究打下了坚实的基础。这不仅是信息技术和智能制造技术迅猛发展的结果,同时也是人们对于交通运输领域中安全、环保、效率以及舒适性等指标有着更高期待的结果。

2.4 交通仿真研究

2.4.1 车辆跟驰模型

车辆跟驰(Car Following,CF)行为是最基本的微观驾驶行为,描述了在限制超车的单行道上行驶车队中相邻两车之间的相互作用。跟驰模型是运用动力学的方法来研究前导车(Leading Vehicle,LV)运动状态变化所引起跟驰车(Following Vehicle,FV)的相应行为,通过分析各车辆逐一跟驰的方式来理解单车道交通流特性,从而在驾驶员微观行为与交通宏观现象之间架起一座桥梁。近七十年来,学者们对跟驰理论进行细致研究且取得了大量的研究成果,为解决现实交通问题提供了理论依据。Bando 等[291]提出了最优速度(OV)模型来克服无限速度的问题。该模型可以准确描述交通流的稳定性,并且考虑了驾驶员会根据驾驶员与前方车辆之间的间隔调整自身速度的现象。Helbing 等[292]发现该模型不能描述同步流,而且仍存在与实际情况不符的加速和减速等问题,因此提出了一种考虑负速度差影响的广义力(GF)模型。在此基础上,Jiang 等[293]发现 GF 模型在预测高密度下的运动波速和汽车运动的延迟时间方面很差,因此考虑了负速度差和正速度差,提出了一种更真实的全速度差(FVD)模型。研究表明,FVD 模型比 OV 模型和 GF 模型可以更实际地反映交通流的运行规律。此后,学者们基于 FVD 模型进行了一些扩展研究。

FVD 模型考虑了空间车头时距、速度差和目标车辆的当前速度,然而跟车行为不仅取决于这三个因素,还取决于其他因素。Jin 等[294]基于 FVD 模型结合车道宽度在交通中的影响,提出了一种非车道规则的车辆跟驰模型。Yu 等[295,296]在 FVD 模型的基础上,分别提出了考虑两辆领先车加速度的扩展跟驰模型和考虑前车速度差的单车道跟驰模型。Peng 等[297]通过考虑 FVD 模型中最优速度变化与记忆的影响来构建一个新的汽车跟踪模型。Zhang 等[298]在 FVD 模型的基础上,提出了一种考虑车速不确定性的协同驾驶系统的扩展跟驰模型。Xin 等[299]基于 FVD 模型,通过考虑驾驶员期望的车间距离,提出一种改进的跟驰模型。Gong[300]和 Xu 等人[301]提出了一种考虑交通流中车辆速度差不对称特性的跟驰模型。

2.4.2 元胞传输模型

Daganzo[302]基于时空离散的思想,最早提出了运用元胞传输模型(CTM)来模拟高速公路基本路段的交通运行。随后 Daganzo[303-304]进一步发展了 CTM,使其具备模拟高速路网中车辆的分、合流行为,并可应用于高速公路的特殊车道与优先车辆的仿真中。

CTM 不仅可以对高速公路交通流进行仿真,也可模拟城市道路的交通运行。Long 等[305]采用 CTM,在微观层面上模拟了城市道路中交通拥堵的形成与消散。杨泳等[306]以元胞内车辆密度为状态变量,建立可变元胞模型,用于对城市快速路交通流的仿真。Gao 等[88]运用改进 CTM,模拟无明确左转规则的信号交叉口交通运行状况。Hadfi 等[307]提出了考虑车辆路线选择的改进随机 CTM,将随机 CTM 应用于城市路网中,并引入车辆路线选择行为,使模型更适合复杂城市路网。吕彪等[308]引入元胞状态因子,提出动态分流 CTM,来模拟重大事件扰动下的交通流,以此来评估城市道路网络韧性。

在混合交通流的仿真方面,Tuerprasert 等[309]、Tiaprasert 等[310]改进了传统 CTM,以模拟不同类型车辆所组成的混合交通流的运行。Mayakuntla 等[311]建立启发式 CTM,对无序异构交通进行仿真。随着自动驾驶技术的发展,有人驾驶与自动驾驶组成的异构交通流也成为研究的重要方向。郭宇奇等[312]将动态图混杂自动机与改进 CTM 相结合,建立了异构场景下宏观交通流模型,对人工驾驶与自动驾驶组成的异构交通场景进行仿真。Wu 等[313]以有人驾驶与自动驾驶混合交通流的堵塞特征为研究对象,提出了改进的 CTM,模拟存在自动驾驶车辆的混合交通流的运行与拥堵状况。

为了提高计算效率和建模精度, Chang[314]收集了香港城市中含有信号交叉口道路的大量行程延误数据,并验证了连续交通流模型的行程延误估计值与各种交通条件下实际现场测量结果的合理匹配值。Lo[315-317]使用连续时序模型估计总行程延误,以评估香港单向主干道的动态主干交通信号控制策略的合理性。Lin[318]应用 CTM 评估单向主干道交叉口信号配时方案的性能。为了模拟十字交叉口的交通动态,Flötteröd 等[319]通过将合并元胞和分离元胞的数量从 2 个增加到 2 个以上,对 Daganzo 的 CTM 提出了一些实际的扩展。然而,交叉口内的交通动态被简化了。Laval 等[320]提出了一种车道专用 CTM。该模型结合了车道变换行为,元胞以二维网格格式排列,用于解释高速公路车道减少时的流量减少情况以及速度与通行瓶颈之间的关系。然而,它在城市信号道路上的适用性尚未得到验证。TRANSYT[321]自第 13 版发布以来,引入了 CTM 作为现有车队分流模型的替代方案,为路段和交叉口的交通动态提供了相对更真实的建模方法。Szeto 等[322]使用 CTM 预测了信号化城市道路网络上的交通量。Karoonsoontawong 等[323]提出了一种更稳定的优化公式,可同时解决交通信号优化和动态交通分配问题;道路网络上的交通流运行采用 CTM 建模,但未提及信号交叉口内的交通状态。Rohde 等[324]应用了 Flötteröd 提出的增强型 CTM 来处理多车道信号交叉口;但交叉口内的交通运行仍被简化了。Ukkusuri 等[325]已将 CTM 嵌入到鲁棒动态系统优化模型中,用于估计道路网络上的总行驶时间、总控制延误和停车次数。Su[326]使用 CTM 模拟了信号主干道路段的交通运行情况,将干道上的交叉口视为节点,并未讨论如何对交叉口内的交通流运行进行建模。He 等[327]使用 CTM 模拟了一个信号化城市网络,其中交叉口由四相位交通信号控制,车道配置和引道渠化未被考虑。Tiriolo 等[328]将城市路段分为两个部分——合流路段和渠化路段,并基于 CTM 对每个路段的交通流运行情况进行建模以捕捉溢出效应和队列消散,同时反映了相邻车道之间的车流相互作用情况,但并未解决交叉口内的交通运行情况。

由于意识到信号交叉口内的交通流运行情况以及不同方向车流之间的相互作用对交通信

号的控制效果有重大影响,研究人员已开始扩展 CTM,并考虑更多微观因素。例如,Li[329]用子元胞模拟了城市路段的分流路段,以模拟车道阻塞对路段交通流运行的影响;但是,由于左转和交叉口内的对向直行车之间的冲突而造成的阻塞没有被讨论。Long 等[309]应用 CTM 在微观层面模拟了交通堵塞的形成和消散。同时,路段的下游进行了渠化,以表示不同方向的车流运动。Flötteröd 等[330]为一般道路交叉口开发了增量节点模型。但冲突流之间的相互作用被忽略了。Qi 等[331]已经制定了交叉口交通量与路段变道行为之间的关系。将开发的变道逻辑嵌入 CTM 中,以探索不同交通流的相互作用。与其他研究一样,该研究不涉及交叉口内交通运行的建模。

为研究 CTM 中车辆换道的问题,一些学者提出了相应的方法。Carey 等[332]考虑了多车道与车辆变道行为,通过车道变换将单车道 CTM 扩展到同方向的多个车道,并将 CTM 应用于同质车道间的车辆变道仿真。Pan 等[333]在多车道 CTM 的基础上,研究了车辆强制变道与自由变道行为,运用流量守恒的线性方程组,使模型能够同时模拟两种变道行为。Ng 等[334]开发了一套复杂城市道路下基于宏观元胞的车辆变道预测模型,并将其与 CTM 相结合,提高了宏观交通状态估计的准确性。

CTM 也被应用于信号方案的优化。Li[329]运用 CTM 模拟了过饱和条件下交叉口车辆排队情况,提出干线信号优化模型。高云峰等[118]以交叉口群为研究对象,提出了交通信号协调控制的多目标优化模型,通过改进 CTM 对信号交叉口交通流进行仿真,并得到优化目标。Wang 等[335]采用随机分布饱和流率和到达率代替恒定值模拟交通流运行,以提高 CTM 在饱和流量下对信号配时的优化能力,根据网络的平均延误,得到最优信号配时方案。Liu 等[336]将借道左转交叉口设计优化为混合整数线性规划模型,利用 CTM 识别城市交通动态,以此优化左转借道车道长度、信号相序与绿灯时间。

综上所述,CTM 的应用由最初对同质交通流在高速公路网分、合流行为的仿真,逐渐拓展至对异构交通流、城市路网等复杂情况下的仿真,用于研究在各类环境下交通流传播的规律;且部分改进 CTM 以车道宽度作为单个元胞宽度,用于模拟多车道路段和车辆换道行为,改善了传统模型以路段宽度作为元胞宽度难以模拟车辆在多车道路段中变道的问题。同时,CTM 还为交叉口信号方案的优化提供了参考依据。

第3章 疏港道路客货车流交通特征

随着港口吞吐量的增加,疏港道路的货物运载量也大大增加。相比于一般道路,疏港道路交通在交通量生成机理、变化规律、交通组成、交通行为等方面都有明显的差异。因此在评价疏港道路交通运行状态时,以疏港道路的交通特征为基础,对交通量、通行能力、行程时间这三个参数的特点进行分析。由于货运需求的强派生性,货运交通存在的同时必然诱发相应流量的客运交通。而且货车体积大,行驶速度和加速、减速性能有限,所需的安全距离也较大,所以在运行中会产生延误。

为了更好地组织和优化疏港道路的交通,下面通过一些调查数据分析疏港道路上的客货车的交通特性。首先对交叉口的交通流参数进行分析,如启动损失时间、车头时距、在不同颜色信号灯下的通行行为等,接着在路段上研究车流量、速度、车头时距及货流对路段通行能力的影响。这些数据皆来自我们课题组的实地调查。

为了增强试验结果的可靠性及代表性,对"下一代仿真(Next Generation Simulation, NG-SIM)"计划中的部分数据也进行了分析。NGSIM 计划由美国联邦公路局于 2002 年发起,统计了美国 I80、US-101、Lankershim 和 Peachtree 四条路段的车辆行驶轨迹数据,目前广泛应用于包括车辆跟驰、车辆换道、交通流特性分析以及车辆行驶轨迹预测等方面的研究。该数据库具有庞大的数据量且较为准确,车辆行驶轨迹数据类型较为全面,从中提取出不同类型的跟车对,包括小车跟驰小车、小车跟驰大车、大车跟驰小车和大车跟驰大车的跟车间距数据。

3.1 集装箱运输车在交叉口上的交通特征

3.1.1 绿末黄初期间的车辆通行率

通过分析 200 辆集装箱运输车在信号控制交叉口停止线前,绿末黄初期间的通行行为,结果统计见表 3-1。

绿末黄初期间的车辆通过率　　表 3-1

信号控制	黄灯亮起		绿灯倒计时(0~3s 内)	
	通过	未通过	通过	未通过
通过率(%)	26	74	44	56

经分析,集装箱运输车在集疏道路上,大部分的车主是谨慎驾驶的,交通行为比较安全;少部分的激进车辆驾驶行为很危险,可能会导致交通事故。

3.1.2 集装箱运输车的启动损失时间分布

$$启动损失时间 = t_1 + t_2 + t_3 \tag{3-1}$$

式中:t_1——驾驶员从绿灯亮起至脚开始移动的时间(s);

t_2——驾驶员将脚从制动踏板移动到油门踏板的时间(s);

t_3——从开始移动到车头行驶过停车线所需时间(s)。

表 3-2 反映的是不同年龄阶段的车主在遇到情况作出反应到决策再到行动所需的时间。

不同年龄段的反应时间 表 3-2

年龄段(岁)	正常反应时间(s)	脚移动时间(s)	越过停车线所需时间(s)
18 ~ 22	0.48 ~ 0.56	0.5	1.1
22 ~ 45	0.58 ~ 0.75	0.5	1.0
45 ~ 60	0.78 ~ 0.80	0.5	1.2

上表是从前研究者得到的,从中可以得出,在最理想状态下启动损失时间的范围在2.08 ~ 2.5s。由于现实中存在各种条件因素,经分析得到较为可靠数值为 2.15s。

为了分析集装箱运输车在绿灯亮起时通过停止线的时间分布情况,以 200 辆集装箱运输车为研究对象,时间跨度分为 1.5 ~ 2s、2 ~ 2.5s、2.5 ~ 3s、3 ~ 3.5s 及 3.5s 以上,分布情况如图 3-1所示。

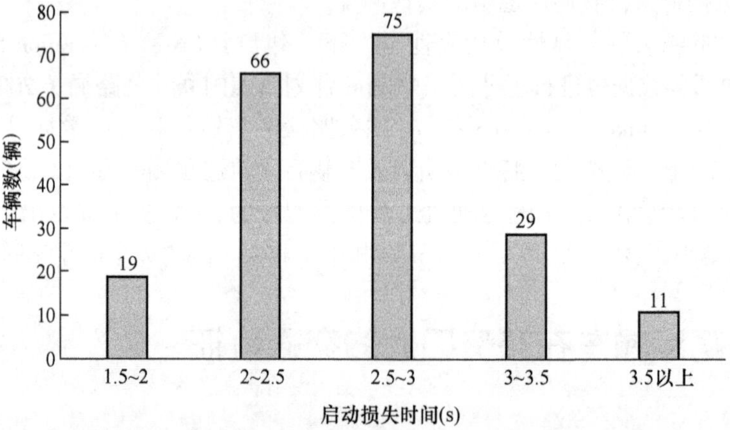

图 3-1 启动损失时间分布

有 10% 的集装箱运输车在绿灯亮起时用时短,可能存在空载行为;85% 的集装箱运输车在绿灯亮起时,车头越过信号交叉口停止线所用时间为 2 ~ 3.5s。一般情况下,交叉口第一辆车通过交叉口的时间一般保持在 2.3s。该调查中车辆通过停止线的时间属于正常范围,所以大部分的车辆在一个相对安全驾驶的车速范围内行驶。

3.1.3 集装箱运输车在黄灯结束前通过交叉口所用时间分布

在有绿灯倒计时的交叉口停止线前,调查了 200 辆集装箱运输车在黄灯结束前通过停止线所用时间,共分为 0 ~ 1s、1 ~ 1.5s、1.5 ~ 2s、2 ~ 2.5s、2.5 ~ 3s 及 3s 以上六个范围,绘制如图 3-2所示的柱状图。

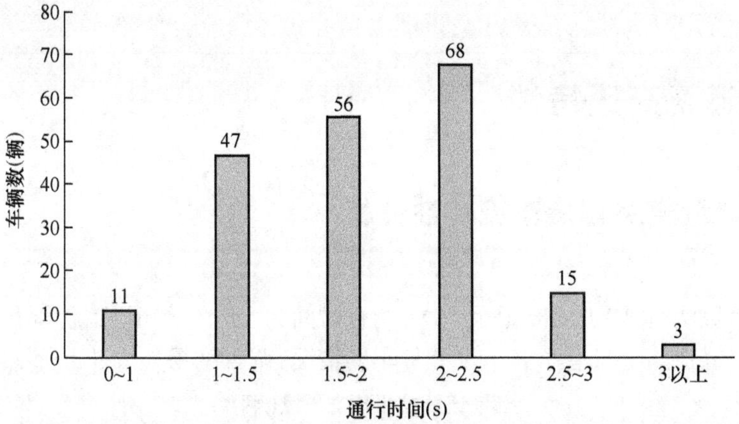

图 3-2　集装箱运输车通行时间分布

分析可得:车头在黄灯结束时越过停止线所用时间为 1 ~ 2.5s 的占比为 86%。由此可以看出,集装箱运输车驾驶员在绿灯倒计时情况下存在侥幸心理,提前准备车速,快速通过交叉口。这种行为存在安全隐患,不利于安全出行。

3.1.4　集装箱运输车在黄灯结束前在停止线前减速停车的损失时间分布

为了分析集装箱运输车在信号控制交叉口停止线前停下时剩余绿灯及黄灯的时间分布情况,对 200 例样本数据进行了分析,时间段分为 3 ~ 3.5s、3.5 ~ 4s、4 ~ 4.5s、4.5 ~ 5s 及 5s。具体数据分布如图 3-3 所示。

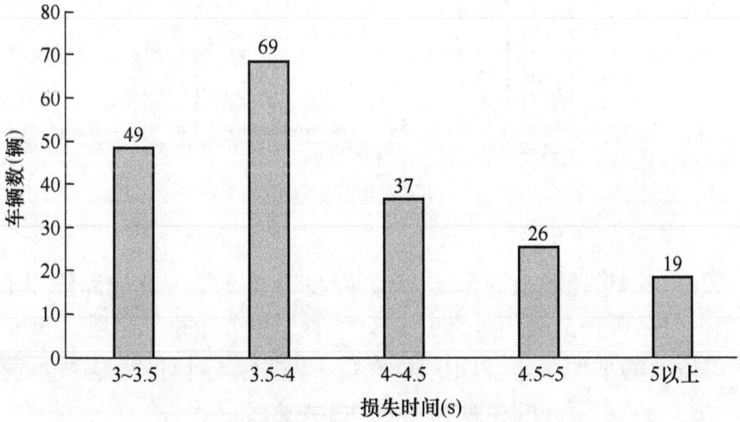

图 3-3　减速停车导致的损失时间分布

经分析,在交叉口减速停车的车辆中,损失时间在 3.5 ~ 4s 的集装箱运输车最多,其中有 78% 的集装箱运输车损失时间在 3 ~ 4.5s。推测出倒计时信号控制可以减少损失时间,使驾驶员更快地作出反应,充分利用黄灯时间通过交叉口,提高交叉口的通行效率。

综合绿灯倒计时情况下,从车辆在通过交叉口时通过时间与损失时间对比研究中,可以看出绿灯倒计时信号控制的交叉口有利有弊。一方面可以对车辆进行提示,减少启动损失时间,提高通行效率;另一方面也会使驾驶员存在侥幸心理,在绿灯即将结束时快速通过交叉口,不利于安全出行。

3.2 疏港道路交通特性

3.2.1 疏港道路客货车流特性分析

1)流量

采用人工计数法,每隔15min记录一次,调查时间为上午9点至10点和下午3点至4点,可以避免早晚高峰道路上只有小客车没有货车的情况,调查结果如表3-3所示。

疏港道路的平均交通量(辆) 表3-3

客车		货车	
交通量	比例	交通量	比例
2792	57.53%	2061	43.47%

如图3-4所示,集疏道路中集装箱运输车的交通量平均值达到2061辆,约占道路交通量的一半,所以集装箱运输车的运行特征对于集疏运道路运行状况的影响很大。

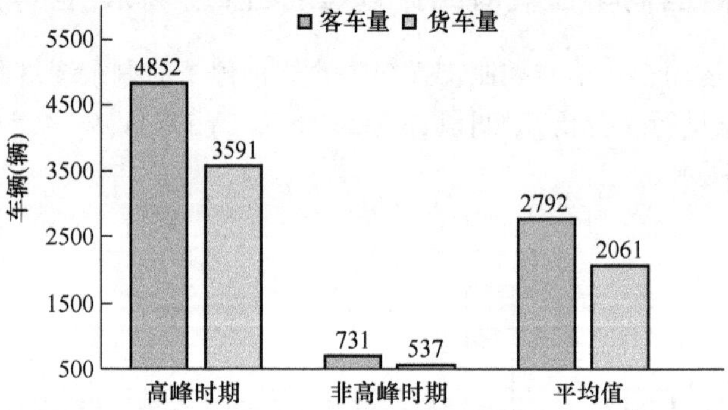

图3-4 疏港道路的交通量

2)速度

使用人工计数法来测量路段上的车速,方法为在调查路段上选取路段中心位置的一段长30m的路段,分别由两名调查员利用计数器进行计数,通过测量车辆通过30m长路段的时间得出车辆在调查路段上的平均车速,以10辆车为一组进行统计计算,结果如表3-4所示。

疏港道路不同类型车辆车速(km/h) 表3-4

速 度	车辆类别	
	客车	货车
疏港道路	39.85~54.55	31.82~37.36
速度中值	44.56	31.88
速度均值	44.84	34.56

疏港道路的客、货车车速变化和车速中值与均值，如图3-5和图3-6所示。

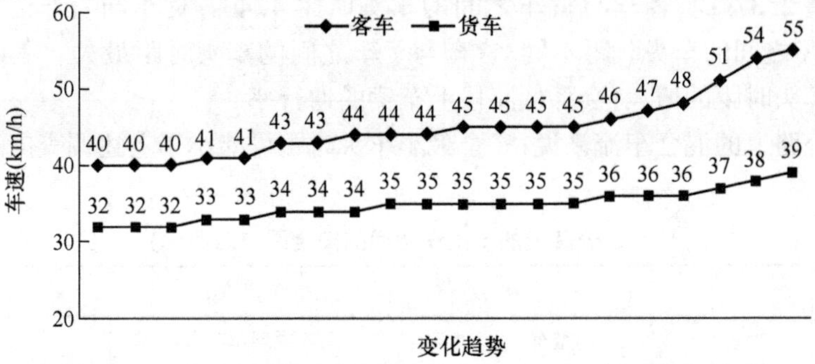

图3-5 疏港道路的客、货车车速变化

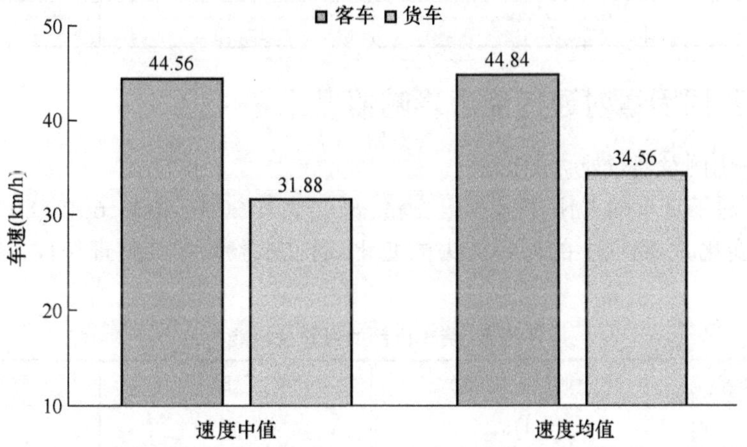

图3-6 疏港道路客、货车车速中值与均值

根据调查得出，疏港道路上的客车的速度变化范围为39.85～54.55km/h，而集装箱运输车为31.82～37.36km/h。集装箱运输车速度的平均值为34.56km/h，客车的速度均值为44.84km/h。无论是速度的大小还是速度变化的大小，集装箱运输车都比客车变化得小。可以看出集装箱运输车在路段上的运行相对于客车来说，速度更为稳定，驾驶行为更加谨慎。

3）车头时距

车头时距在计算通行能力时是一个不可或缺的重要参数，以10个样本为一组进行测试计算，结果如表3-5所示。

不同车型的平均车头时距（s） 表3-5

路段	车辆类型		
	小客车-小客车	小客车-货车	货车-货车
港城道路	2.374	4.398	9.188
同顺大道	2.37	4.40	9.19
平均值	2.37	4.40	9.19

经调查可以看出,两个路段上的不同车型车头时距基本一致。可以取小客车与小客车的车头时距平均值2.37s;小客车与货车之间的车头时距4.40s;货车与货车之间的车头时距9.19s。不同车型之间的车头时距不同,货车与货车之间的车头时距最大。在集疏道路上,由于货车之间的车头时距的增大,会降低路段上车辆的通行率。

对低等级公路上的混合车流来说,安全最小车头时距可能小于上述调查中的车头时距,见表3-6。

低等级公路上的不同车型间的安全跟车时距(s) 表3-6

前车车型	后车车型		
	小型车	中型车	大型车
小型车	1.79	2.47	3.30
中型车	2.08	2.92	3.17
大型车	2.59	2.89	3.59

3.2.2 不同因素对通行能力影响情况

1)客、货车比例对通行能力的影响

提出假设,对于货车的占比作出6组变量,分别为0、20%、40%、60%、80%、100%,来研究在货车占比变化时,路段上的通行能力的变化,通过试验数据的整理统计,结果如表3-7和图3-7所示。

不同客、货车比例的路段通行能力 表3-7

客车比例	通行能力(辆)	货车比例	通行能力(辆)
0	1187	0	2916
20%	1275	20%	2099
40%	1407	40%	1558
60%	1538	60%	1192
80%	1747	80%	936

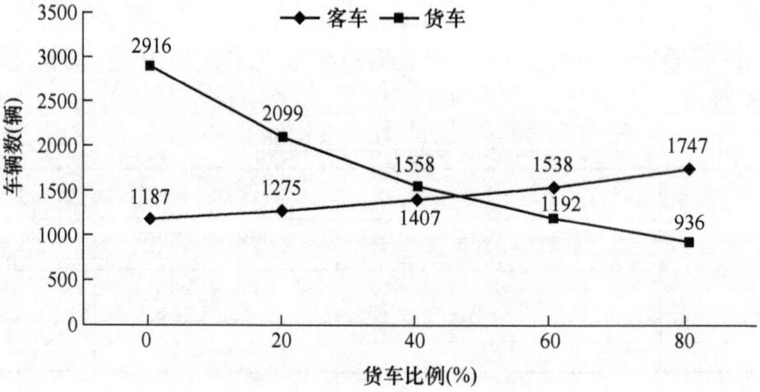

图3-7 客、货车比例对通行能力的影响

由图 3-7 可以看出,通行能力随着客车的比例增大而增大,随货车比例的增大而减小。而且货车的比例大小对道路通行能力的影响更大,因为货车与其他类型的车辆之间需要更大的车头时距。货车数量越多,路段的通行率越低,所以可以通过控制客、货车在道路上的比例来提高通行效率。

2)绿信比对通行能力的影响

如表 3-8 所示,不同绿信比下,通行能力有所不同。粗略地说,可以通过改变绿信比去提高路段通行能力。

绿信比对通行能力的影响　　表 3-8

绿信比	通行能力(辆)	绿信比	通行能力(辆)
30%	1089	45%	1635
35%	1271	50%	1817
40%	1453		

3.3　NGSIM 中的车头间距

从 NGSIM 数据集中,抽取了 I80、US101 和 Lankershim 三种类型道路进行车道间距的调查与分析,按小车跟驰小车、小车跟驰大车、大车跟驰小车与大车跟驰大车四种跟驰类型进行分类统计,其统计结果如图 3-8 所示。

图 3-8a)展示了 I80 道路上小车与小车跟驰车头时距的频数分布。

图 3-8b)展示了 Lankershim 道路小车跟驰小车车头间距的频数分布。

图 3-8c)展示了在 US101 道路上小车跟驰小车车头间距的频数分布。

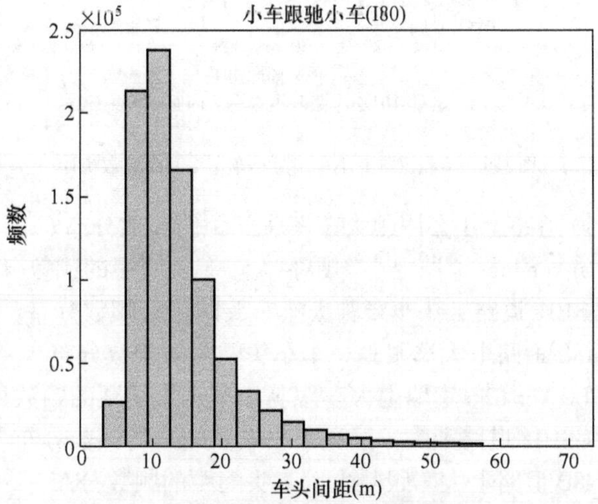

a) I80小车跟驰小车车头间距频数统计

图　3-8

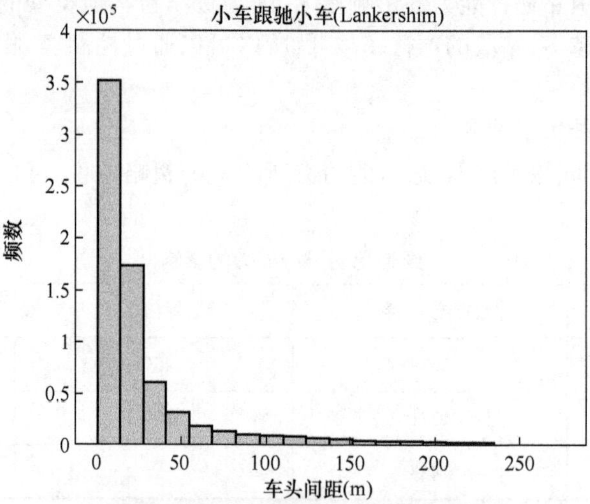

b) Lankershim小车跟驰小车车头间距频数统计

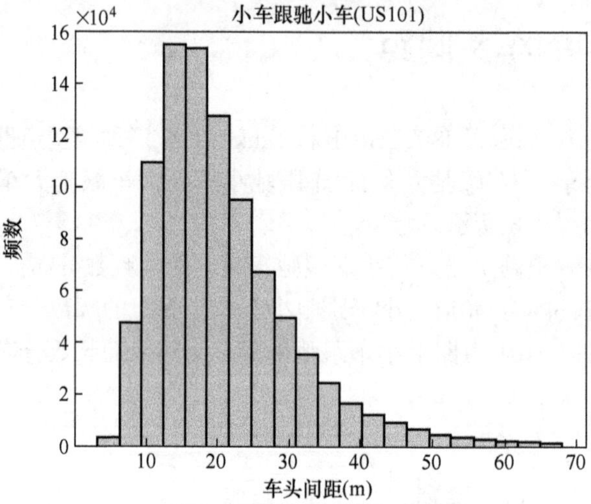

c) US101小车跟驰小车车头间距频数统计

图 3-8　不同道路上小车跟驰小车车头间距频数统计

图 3-9a)展示了 I80 道路上小车跟驰大车车头间距的频数分布。

图 3-9b)展示了 Lankershim 道路上小车跟驰大车车头间距的频数分布。

图 3-9c)展示了 US101 道路上小车跟驰大车车头间距的频数分布。

图 3-10a)展示了 I80 道路上大车跟驰小车车头间距的频数分布。

图 3-10b)展示了 Lankershim 道路上大车跟驰小车车头间距的频数分布。

图 3-10c)展示了 US101 道路上大车跟驰小车车头间距的频数分布。

图 3-11a)展示了 I80 道路上大车跟驰大车车头间距的频数分布。

图 3-11b)展示了 Lankershim 道路上大车跟驰大车车头间距的频数分布。

图 3-11c)展示了 US101 道路上大车跟驰大车车头间距的频数分布。

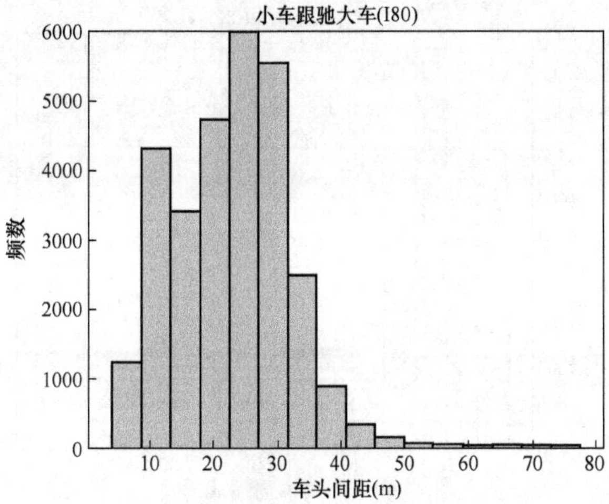

a) I80小车跟驰大车车头间距频数统计

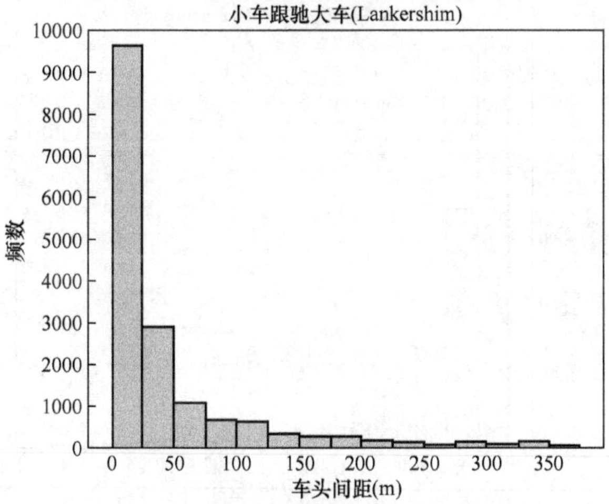

b) Lankershim小车跟驰大车车头间距频数统计

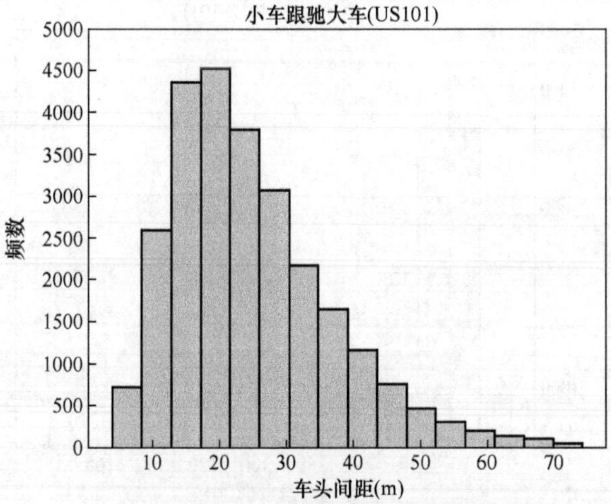

c) US101小车跟驰大车车头间距频数统计

图3-9 不同道路上小车跟驰大车车头间距频数统计

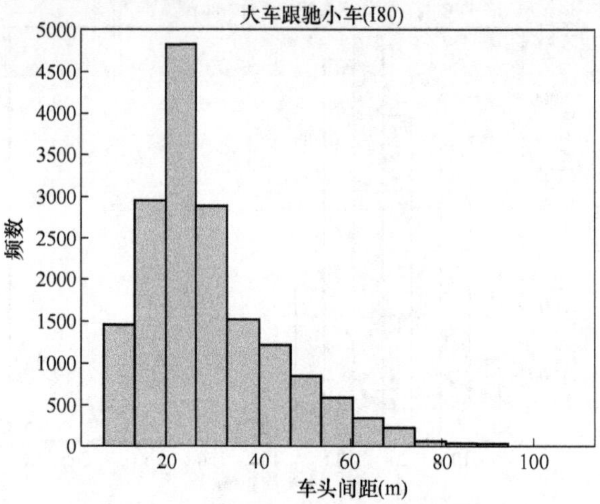

a) I80大车跟驰小车车头间距频数统计

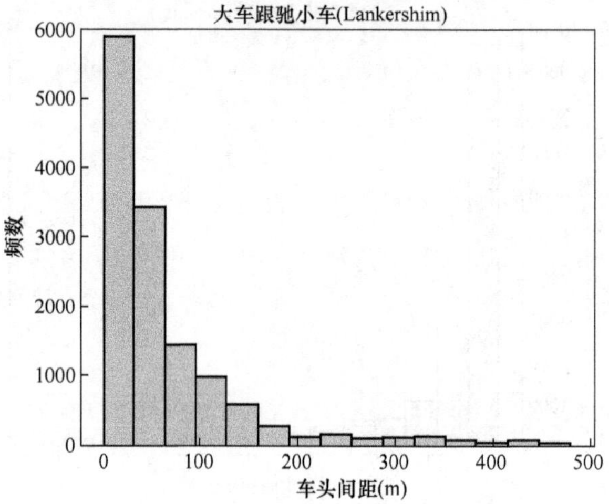

b) Lankershim大车跟驰小车车头间距频数统计

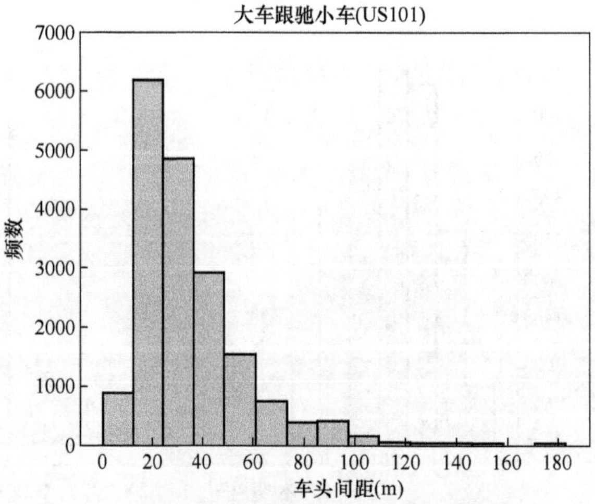

c) US101大车跟驰小车车头间距频数统计

图3-10　不同道路上大车跟驰小车车头间距频数统计

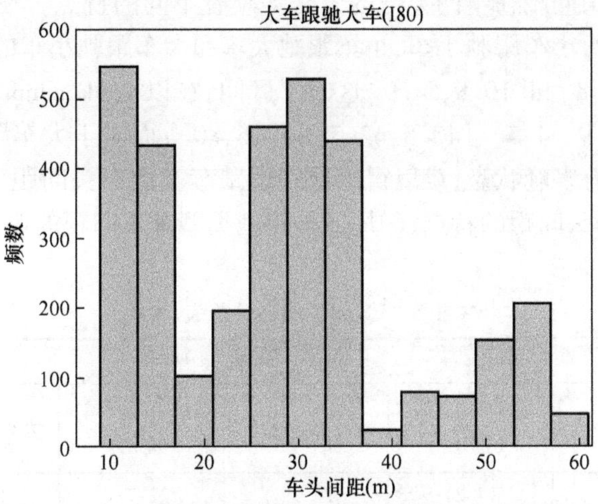

a) I80大车跟驰大车车头间距频数统计

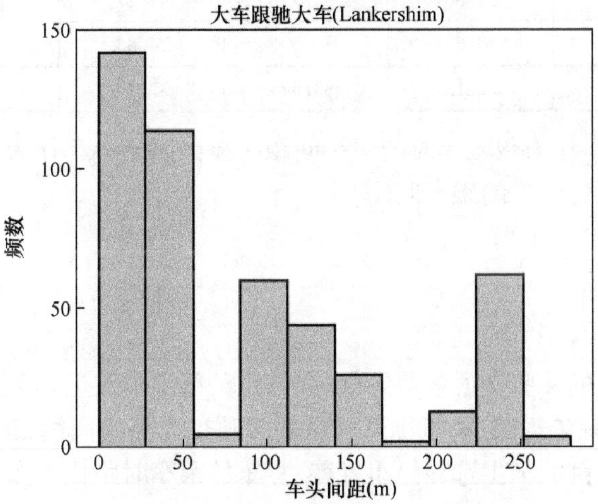

b) Lankershim大车跟驰大车车头间距频数统计

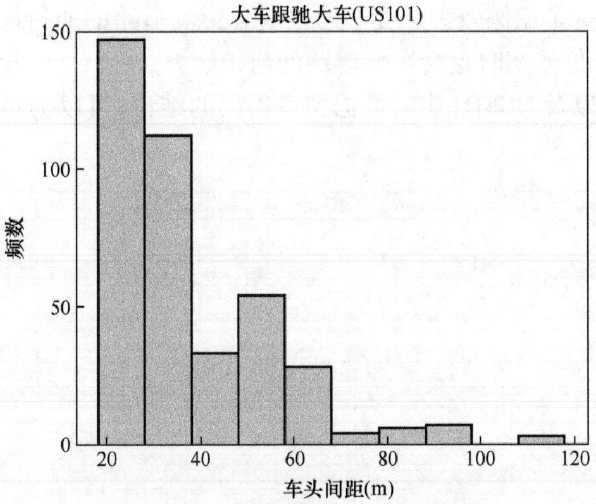

c) US101人车跟驰人车车头间距频数统计

图 3-11　不同道路上大车跟驰大车车头间距频数统计

根据统计结果,车头间距在不同类型的公路上具有不同的特点。在以 I80 和 US101 为代表的高速公路数据集中,小车跟驰小车、小车跟驰大车和大车跟驰小车的车头间距分别集中在[7.6,38.7]、[10.6,45.8]和[10.8,54.9]这三个区间;在以 Lankershim 为代表的主干道数据集中,则分别集中在[6.9,34.5]、[12.5,62.5]和[16,80];而对于大车跟驰大车,从统计结果来看,数据量较少且具有多峰状态,难以得出这一类跟车类型车头间距的特点。另外,为了集中反映四种跟驰类型车头间距的特点,采用四种跟驰类型车头间距的调和平均数表示,计算结果见表 3-9。

车头间距调和平均数计算表(m) 表 3-9

道　路	跟驰类型					
	小车跟驰小车	小车跟驰小车(优化)	小车跟驰大车	小车跟驰大车(优化)	大车跟驰小车	大车跟驰大车
I80	14.94	14.24	22.39	22.77	28.92	28.41
Lankershim	39.69	31.60	52.71	49.27	66.06	87.86
US101	21.13	20.62	25.31	24.83	34.58	37.82
总平均数	25.25	22.15	33.47	32.29	43.19	51.36

根据计算结果,大车作为跟驰车时的车头间距明显会高于小车作为跟驰车时的车头间距,表明大车跟驰时会采用更谨慎的跟车间距。

3.4 总结

通过对疏港道路上的一些交通参数的整理与分析,得出道路上相关的客货交通运行特征。

(1)在客货混行的疏港道路上,货车驾驶员的驾驶行为更为谨慎,车速普遍低于客车驾驶员。面对黄灯时更大比例的车主选择停车等待,货车的跟车时距比客车大,提高了道路交通运行的安全性。

(2)疏港道路上的货车比例较大。货车的比例会影响道路的通行能力,货车比例越大,道路的通行能力会越低。信号配时也会影响道路的通行能力。

(3)根据实地调查以及 NGSIM 中的数据整理得出的结论,可以为更好地组织疏港道路交通提供数据支撑。

第4章

路段客货车流运行组织方案设计

4.1 路段交通组织设计原则

客货车流在路段上运行时,容易受到信号控制、路段长度和车流量等因素的影响,会产生延误、车辆堆积等不良现象,严重影响交叉口的通行效率。当处于高峰时段时,较大的流量甚至会造成交叉口瘫痪,影响附近路网的运作。疏港道路货车占比较高,而货车因其车身轮廓以及启动性能对交叉口及路段的影响比客车更大。为了使客货车流在疏港道路安全有序地通行,路段交通组织应遵循以下原则。

(1)与车型组成相适应

疏港道路在不同的情况下车型比例存在着明显差异,具体情况依据其所在区域乃至沿线地区行业集聚发展等情况确定。一般情况下,客、货车道比例是不可能与实际情况中的比例完全相符的,因此在进行路段交通组织设计时,应保持客、货车道比例与车型需求比例相接近。

(2)同类车道交通量分布均衡

疏港道路车型复杂,同属于客车或者货车的不同车型比例也有着很大的差异,因此进行疏港道路交通组织的时候通常将同属于客车或者货车的某几种车型进行混合,赋予它们相同的车道通行权,同时需要尽可能使各车道的服务水平相接近,促使同类车道的交通量分布均衡,以提高道路利用率。

(3)与驾驶员的行驶习惯相适应

根据国内交通法规规定,靠内车道通常为快车道或超车道。因此速度快的车辆通常会向内侧聚集,而低速的车辆则通常使用较为外侧的车道。在制定车道功能划分的方案时,也需要严格按照这一驾驶情况进行制定。客车不论是起步时速还是平均时速都是高于货车的,因此制定时应与驾驶习惯相适应,以便驾驶员对于路段信息的理解与接受。

(4)尽可能满足所有车辆超车需求

不同车道的划分,应符合性能存在差异的车辆的行驶分离需求,但是同一条车道由于驾驶员驾驶习惯、车辆性能等情况,车道内速度也存在不同,故存在变道超车的情况。因此我们在车道功能划分中也需要对变道需求进行充分考虑。在对方案进行制定时,应当确保供每种车型行驶的车道数不小于2条,以满足超车需求。

4.2 路段交通组织方法

常见的路段组织方法有:客货混行、车道限制、专用车道、多乘员(HOV)车道及分时段限速等。本书以四车道路段为例,深入研究各种组织方法,分析其在不同车流密度和货车比例条件下的效率和安全性。

4.2.1 路段交通组织方法分类

以管制方式为划分条件将路段交通组织方法分为客货不完全分离和客货完全分离两种。

1)客货不完全分离

路段客货不完全分离交通组织,即只针对部分车道进行管制,其余车道允许客货混行。这种方法能够在一定程度上避免因客货相互干扰产生的效率和安全问题,具体方法有设置车道限制、车辆专用道等。

(1)只针对货车进行管制

只针对货车进行管制即货车设有专用车道,而客车不进行设置。当货车流量较大时,可按图4-1所示进行设置。对外侧两车道实施车道管制,其余车道为混行车道,原则上货车可以选择任意车道行驶,但并不鼓励其长时间使用内侧车道。在路段上采用虚实线分离管制路段与混行路段,且根据实际情况,限行路段的车辆有时禁止向外变道进入混行路段,限行道路的数量则通过道路需求进行判断。

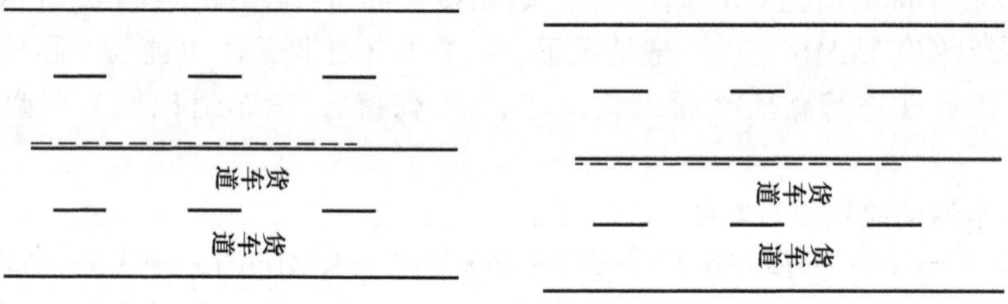

a)不可向外变道　　b)可向外变道

图4-1　货车专用道示意图

(2)客货车同时进行管制

客货车同时进行管制即客车、货车都设有专用车道。当同时设置客货车专用道时,为满足所有车辆超车需求,在只设置一条客车道或货车道时,设置一条混行车道。在货车流量较大时,可设置两条货车道(图4-2)。在路段上采用虚实线来分离管制路段与混行路段,视具体情况在上游路段车辆专用道内的车辆禁止向外侧车道进行车道变换,如图4-2a)所示。客货车同时进行管制在很大程度上避免了客货冲突,在提高路段运行效率的同时,降低了道路事故发生的可能性。客货车专用道的数量根据道路需求进行判断。

2)客货完全分离

路段客货完全分离交通组织,即通过设置专用车道,对所有客货车辆进行管制,客货车辆各行其道。这种方法多采用硬隔离方式分离同向车流,即双重车道组合,隔离物内侧为小型机动车通行道路,外侧为限制车道,可对不同类型的机动车进行通行管制。本书将外侧车道设置为货车车道，从根本上实现客货分离，最大限度地减少客货干扰，提升路段效率、安全性及舒适性。但该方法建设成本较高，不易适应交通组织的变化。当路段车流量较大、密度较高时，可采用该组织形式，具体设置如图4-3所示。

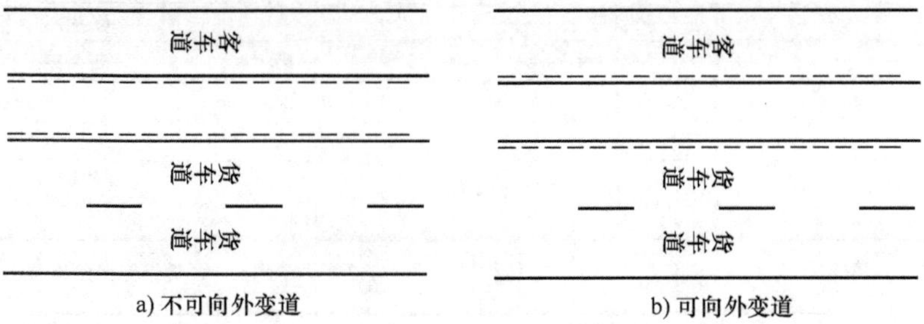

图4-2 客货专用道同时设置示意图

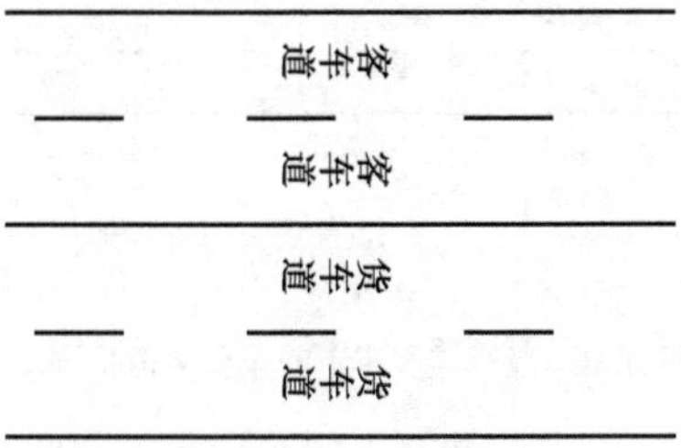

图4-3 客货完全分离示意图

4.2.2 不同路段组织衔接方式

由于实施不同的路段交通组织方法，各路段之间过渡段的交通运行特性也随之发生变化。因此根据不同的运行特性，设置相应的衔接方式，以交通标志的方式提醒道路使用者前方路段的变化，让其根据所驾驶的车型进行车道选择。

1）混行与客货不完全分离衔接方式

混行路段与客货不完全分离路段的衔接方式，以图4-4所示两种场景为例。根据车道管控方式，车辆在混行段可以自由行驶，而在分离段内受到车道限制，需根据车型选择车道行驶，因此在过渡段内会产生强制换道行为。其中需要进行强制换道的分别是：场景一中车道3、车道4的客车和场景二最内侧车道的货车和外侧两车道的客车，根据不同的路段交通组织形式，分别需要进行一到两次换道方能驶入指定车道。可以看出，衔接段运行相对简单，且客货车流不会产生交织，安全性较高。此外，在过渡段前后位置应设置车道功能标志，以告知车辆驾驶员下游的车道组成，提前进行换道决策。不同路段交通组织方式的指示标志见4.2.3路段指示标志设计。

2）混行与客货完全分离衔接方式

如图4-5所示，由混行路段向客货完全分离路段行驶的车辆中，车道1中的货车和车道4中客车至少需要进行两次换道方能进入指定车道，车道2中的货车和车道3中的货车至少需要一次换道方能进入指定车道，其中中间两车道客货车流会产生交织，对路段的效率和安全性产生不利影响。且因客货完全分离，进入分离段后无法更换客货车道，因此该方式对过渡段长度有着很高的要求。

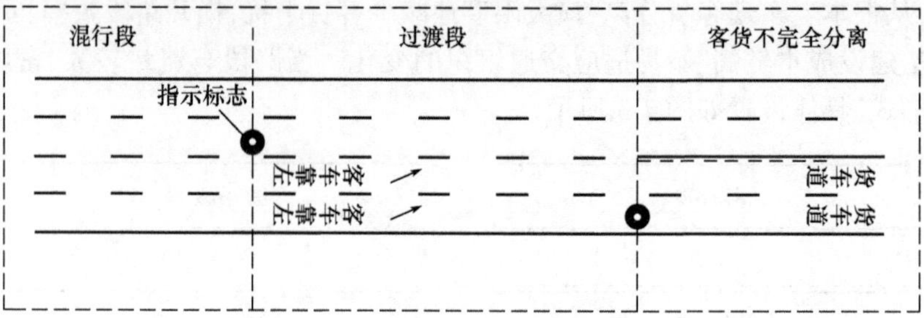

a) 场景一

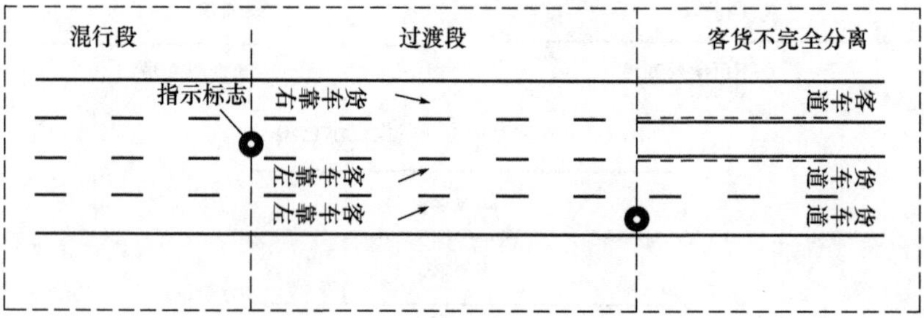

b) 场景二

图 4-4　混行与客车不完全分离衔接方式

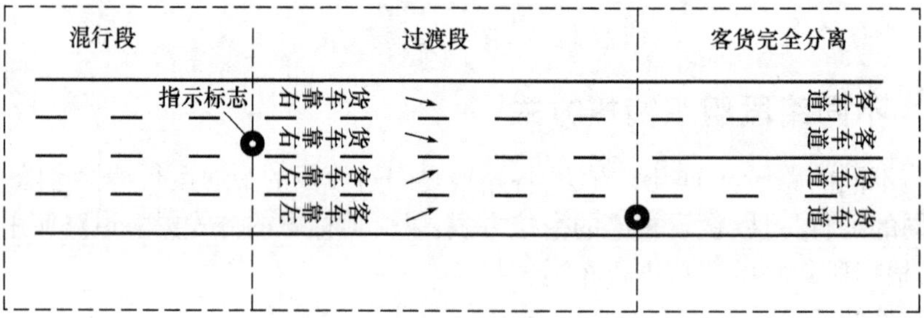

图 4-5　混行与客货完全分离衔接方式

3）客货不完全分离和客货不完全分离衔接方式

客货不完全分离之间衔接方式的复杂程度与上下游路段的交通组织方式有关，如图 4-6 所示。上游仅设置货车道，下游同时设置客车道和货车道，此时仅有最内侧车道的货车需要向外换道进入混行车道或货车道，且只产生一次强制换道行为。若上下游客货车专用道数量发生变化，则衔接的复杂程度与强制换道次数也会发生相应的改变。

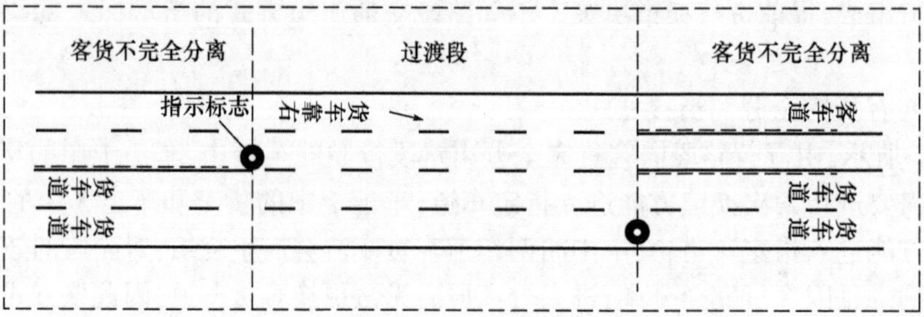

图 4-6　客货不完全分离与客货不完全分离衔接方式

4)客货不完全分离和客货完全分离衔接方式

如图 4-7 所示,场景一中的换道行为为:车道 1 的货车流为驶入指定车道先后向车道 2 和车道 3 进行变换,车道 2 的货车流换道至车道 3;场景二中的换道行为与场景一相比,货车只需进行一次强制变道,通行效率得到有效提升,具有较高的安全性,且对路段运行状态的影响较小;场景三中的换道行为与场景一类似。

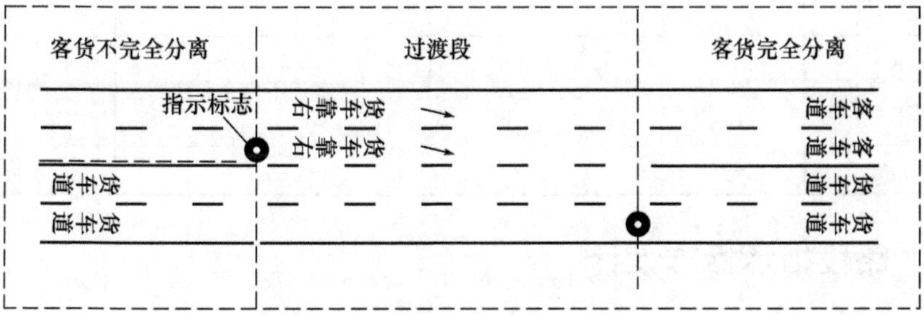

场景一

a) 仅对货车进行管制

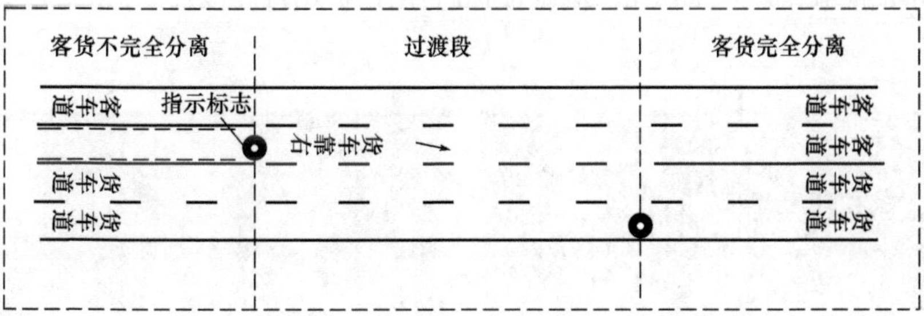

场景二

b) 对客货车均进行管制

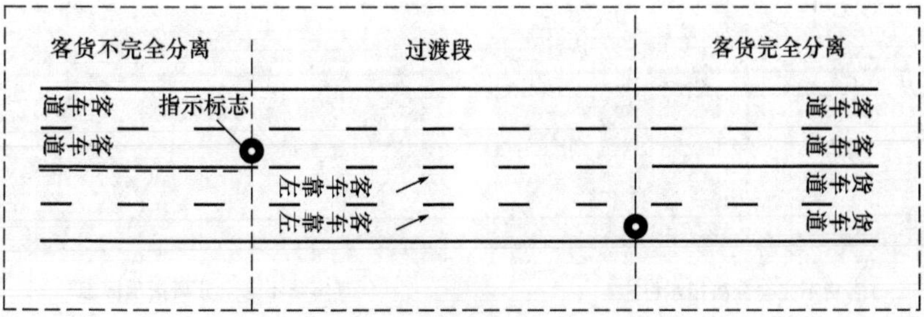

场景三

c) 仅对客车进行管制

图 4-7　客货不完全分离和客货完全分离衔接方式

在总结了不同路段组织衔接方式之后,本节还总结了在上下游路段交通组织方式确定的情况下中游路段的组织方式,如表 4-1 所示。

中游路段交通组织方式　　表4-1

下　游	上　游			
	客货混行	客货不完全分离（仅对货车进行管制）	客货不完全分离（对客货车进行部分管制）	客货完全分离
客货混行	客货混行	客货不完全分离	客货不完全分离	客货不完全分离
客货不完全分离（仅对货车进行管制）	—	客货不完全分离	客货不完全分离	客货不完全分离
客货不完全分离（对客货车进行部分管制）	—	—	客货不完全分离	客货完全分离
客货完全分离	—	—	—	客货完全分离

4.2.3　路段指示标志设计

为告知道路使用者前方车道变化，本书以交通指示牌为主、道路交通标志标线为辅，警示驾驶员前方路段组织变化情况，以便其及时作出相应的换道决策。不同路段交通组织方式的指示牌如图4-8所示。其中，图4-8e）为辅助标志，用以提示过渡段长度，并提醒道路使用者及时换道。

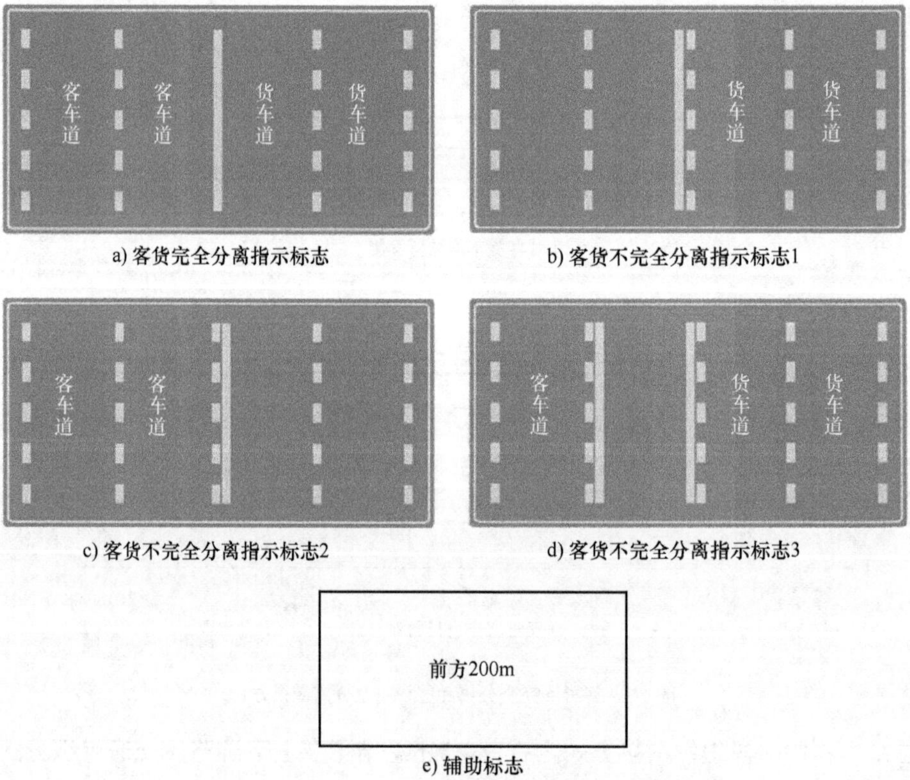

a）客货完全分离指示标志　b）客货不完全分离指示标志1

c）客货不完全分离指示标志2　d）客货不完全分离指示标志3

e）辅助标志

图4-8　不同路段组织指示牌示意图

4.2.4 衔接段最小长度研究

衔接段与交叉口非功能区相似,存在着大量的车道变换,而车辆的车道变换受到时间和长度的限制。若衔接段长度过短,车辆无法在衔接段内顺利换道驶入指定车道,因此衔接段的长度必须满足车辆进行车道变换所需的长度,而衔接段长度的最小值可以用式(4-1)计算。

$$L_{\min} = L_a + L_b + L_c + L_d \tag{4-1}$$

式中:$L_{\min}$——衔接段最小长度(m);

L_a——车辆等待换道时机时行驶的距离(m);

L_b——驾驶员调整车速准备换道时行驶的距离(m);

L_c——驾驶员反应时间内行驶的距离(m);

L_d——车辆换道横移所需的纵向距离(m)。

其中,L_a和L_b的计算方式参考东南大学提出的基于位移的负指数分布函数[338],如式(4-2)、式(4-3)所示。

$$L_a = \frac{V}{3.6} \cdot \frac{1}{\lambda}(e^{3.8\lambda} - 3.8\lambda - 1) \tag{4-2}$$

$$L_b = 0.88 \cdot \frac{1}{\lambda}(e^{3.8\lambda} - 3.8\lambda - 1) \tag{4-3}$$

驾驶员反应时间内行驶的距离,则根据道路环境计算得到。本书以最复杂环境为研究对象,计算反应时间最长时所需的衔接段长度。故 L_c 的表达式如下:

$$L_c = 4 \cdot \frac{V}{3.6} = 1.11V \tag{4-4}$$

车辆换道横移所需的纵向距离则与车辆驶入指定车道所需的换道次数有关,而车辆进行一次换道横移的时间一般为3s,故 L_d 的计算公式为如下:

$$L_d = 3 \cdot n \cdot \frac{V}{3.6} = 0.883V \tag{4-5}$$

计算结果如表4-2所示。

衔接段最小长度计算结果 表4-2

路段设计车速(km/h)	$L_{\min}$(m)
80	329 ~ 396
60	191 ~ 216
50	137 ~ 166

当两个相邻交叉口间距较小,无法满足非功能区或衔接段最小长度时,需结合下游交叉口出口道的交通组织形式,对上游交叉口进口道进行设计,尽可能使车辆在进入交叉口前避免换道,以免因衔接段长度不够导致车辆错失驶入目标车道的机会。或在上下游设置相同的组织形式,即不设置过渡段,如图4-9所示,但此方法会对下游交叉口转向车流造成限制,需根据实际情况确定。指示标志如图4-10所示。

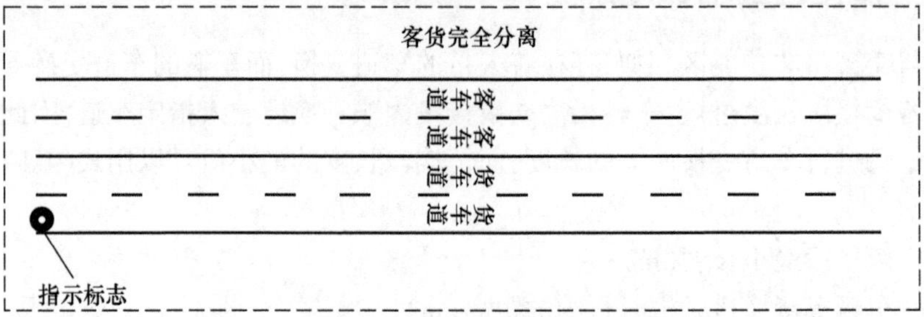

图 4-9　上下游设置相同组织形式示意图

图 4-10　指示标志示意图

4.3　路段交通组织方案评价

对于疏港道路路段而言,影响路段交通组织方案选择的主要因素是流量和货车比例。因此本节以单向四车道路段为例,考虑不同流量和货车比例下的路段交通组织方案。

4.3.1　仿真模型设置

1)仿真场景构建

利用 VISSIM 进行仿真场景构建,图 4-11 所示为混行衔接方案仿真场景。其中,原方案为全路段混行,方案一至方案三皆是上游混行、下游设置不同的车道管制形式。

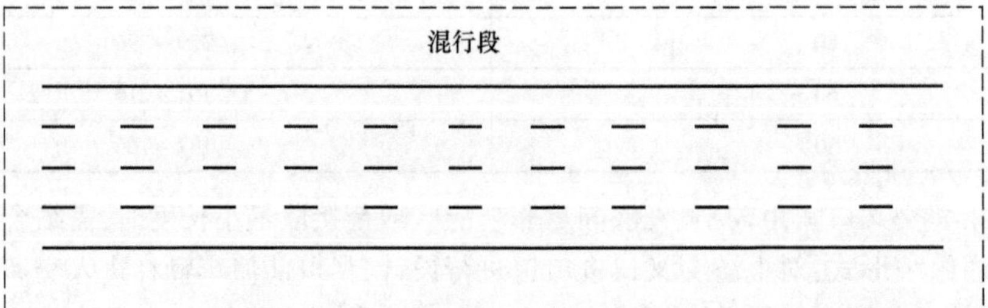

a) 原方案：全路段混行

图　4-11

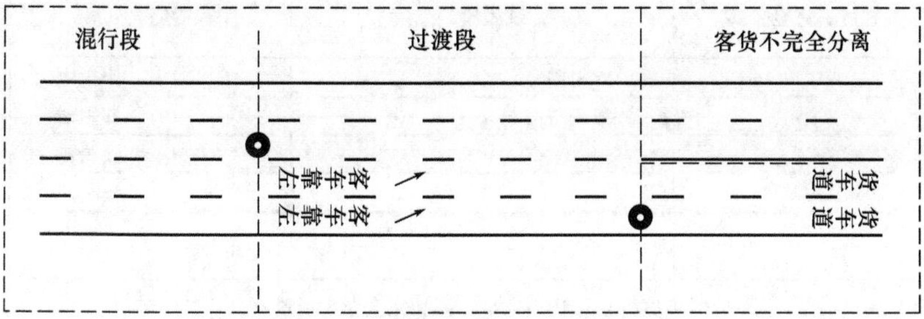

b) 方案一：混行和客货不完全分离场景1

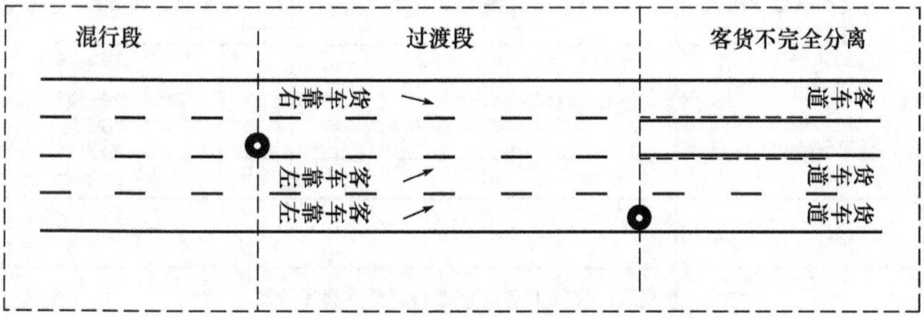

c) 方案二：混行和客货不完全分离场景2

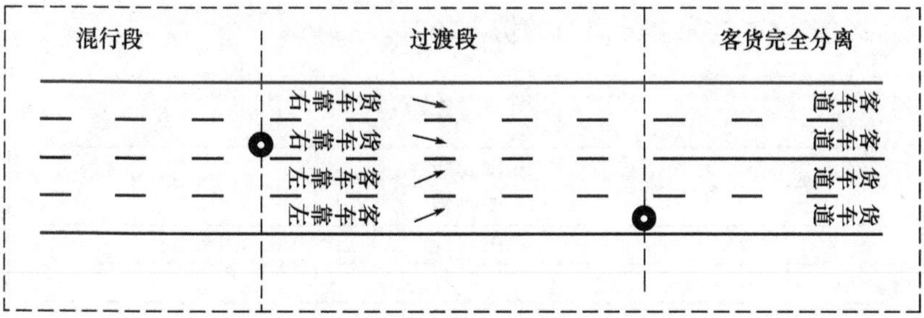

d) 方案三：混行和客货完全分离

图4-11　混行衔接方案仿真场景

两种客货不完全分离方案组合和客货不完全分离方案与客货完全分离方案之间的仿真场景则如图4-12所示。这三个方案无一例外，上游皆为客货不完全分离交通组织。

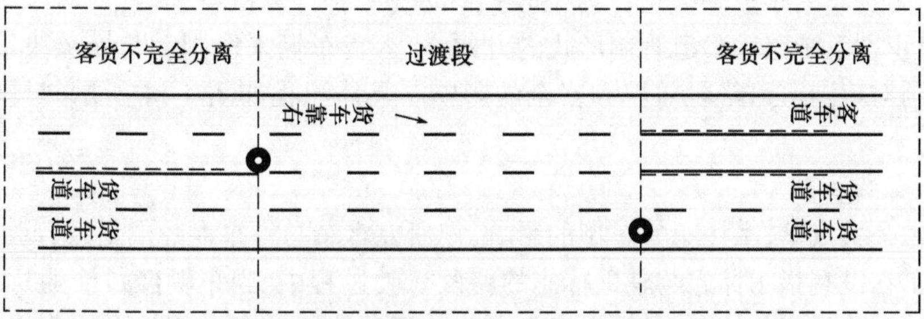

a) 方案四：客货不完全分离和不完全分离

图　4-12

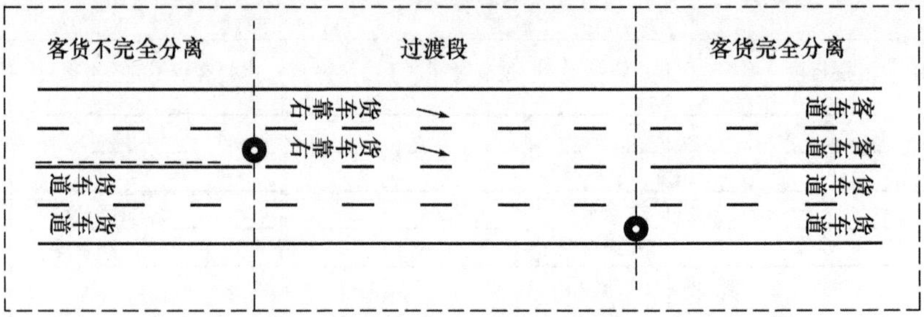

b) 方案五：客货不完全分离和完全分离场景1

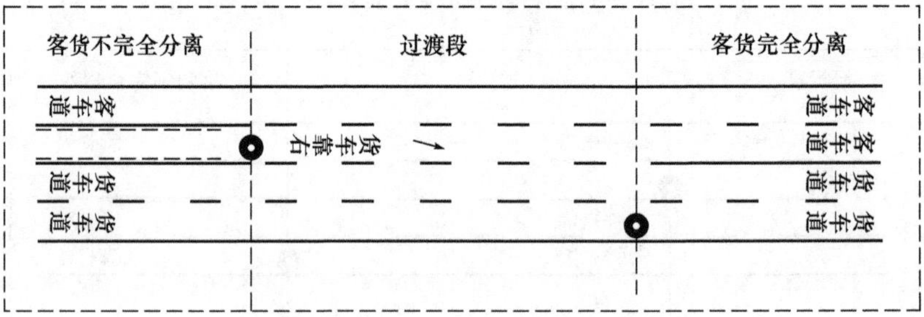

c) 方案六：客货不完全分离和完全分离场景2

图 4-12　客货不完全分离衔接方案仿真场景

图 4-13 则为全路段客货完全分离时的仿真场景。

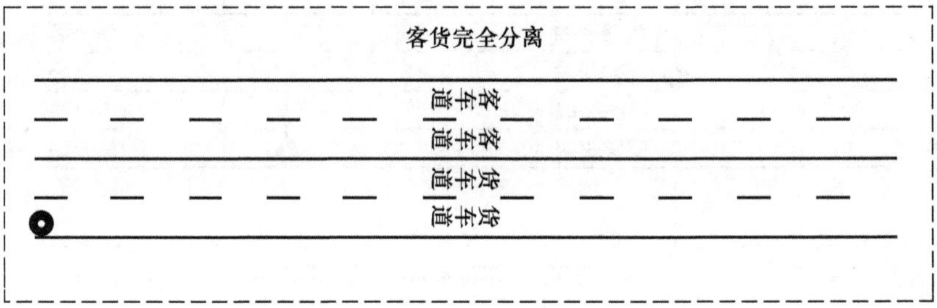

图 4-13　方案七：全路段客货完全分离仿真场景示意图

2）仿真软件设置

为研究不同路段组织方式组合对疏港道路的影响，实现不同车道管制形式路段之间的衔接，本节针对客货车的跟车和换道行为，利用 Python（一种计算机编程语言）对 VISSIM 进行二次开发，通过识别下游路段车道管制形式的方式，使客货车辆采取制动与换道决策，旨在评价不同车道管制对疏港道路路段效率和安全的影响。具体流程如图 4-14 所示。具体二次开发逻辑如下。

（1）假设条件：

①不考虑公共汽车、摩托车等车型的影响，仅研究客车与货车在疏港道路行驶情况；

②机动车在设有指示标志与辅助标志的路段行驶过程中，当车辆经过交通标志的瞬间获取前方车道管制形式变化信息，并根据自身车型与下游路段的车道管控形式作出相应的减速与换道决策；

③所有车辆都能在规定过渡段长度内完成相应的换道。

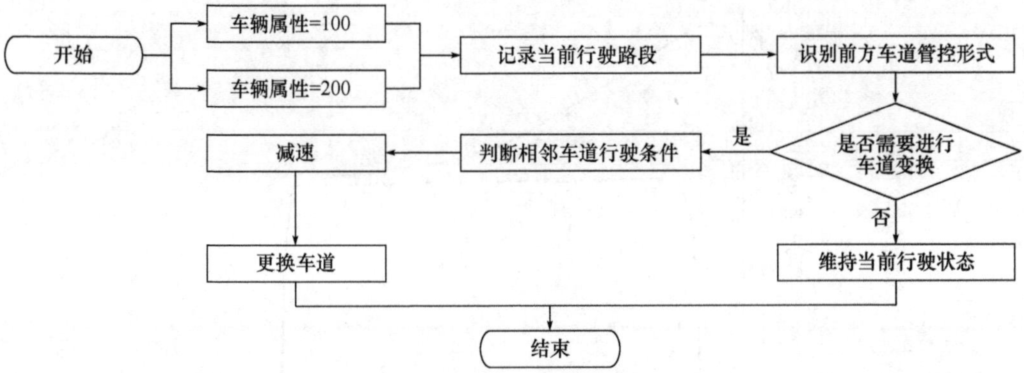

图 4-14　VISSIM 二次开发逻辑流程图

(2)对所有车辆进行位置识别,并判断其是否经过下游车道变化指示标志。

(3)驾驶员接收到车道变化信息后,立刻根据自身位置判断是否需要更换车道。若需要进行车道变换,则立刻解析相邻车道的行驶条件,如果满足换道参数条件,随即做出相应的换道措施驶入指定车道;若不需要进行车道变换,则保持当前跟车状态。

(4)若在下游路段前还有车辆未找到合适的换道时机,则进行加塞处理使其在过渡段结束前 5m 进行强制换道。

4.3.2　路段评价指标

1)效率评价指标

(1)平均车速

通过仿真模型模拟单向四车道情况下货车比例对混合车流的客货车平均车速的影响。模拟分析采用的流量数据如图 4-15 所示,将路段同向车道由内而外记为:车道 1、车道 2、车道 3、车道 4,最终分析结果如图 4-16 所示。在相同的流量条件下,随着货车比例不断增加,混合车流中的客车平均速度呈曲线下降,而货车平均车速受货车比例影响不大,下降趋势并不明显。

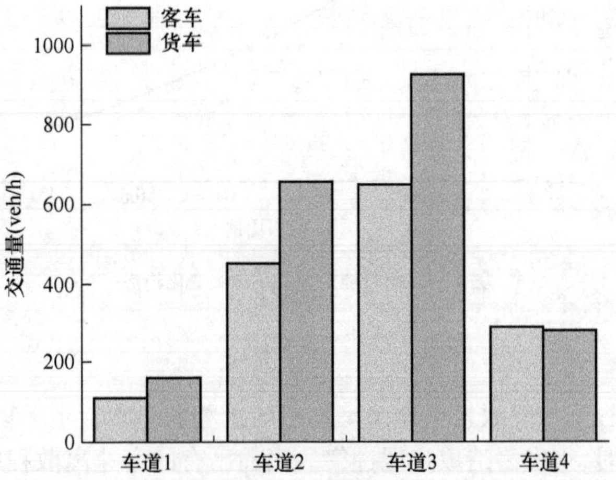

图 4-15　分车道交通量

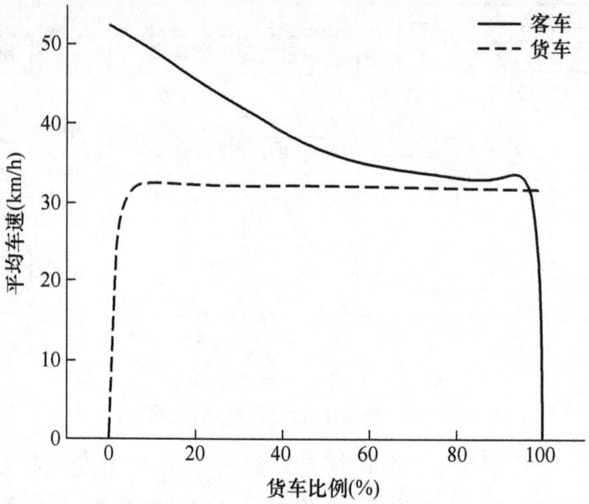

图 4-16　客货车平均速度随货车比例变化趋势

(2)通行能力

通行能力指路段所能承受的最大交通量,但路段交通组织赋予了不同车型不同的车道通行权,随着交通组成发生变化,不同车道所能承受的最大通行能力也有着很大的差异。如图 4-17所示,全是客车时的路段通行能力远远大于全是货车时的通行能力,且随着货车比例的增加,通行能力持续下降,直至达到货车比例为 1 时的货车最大通行能力。

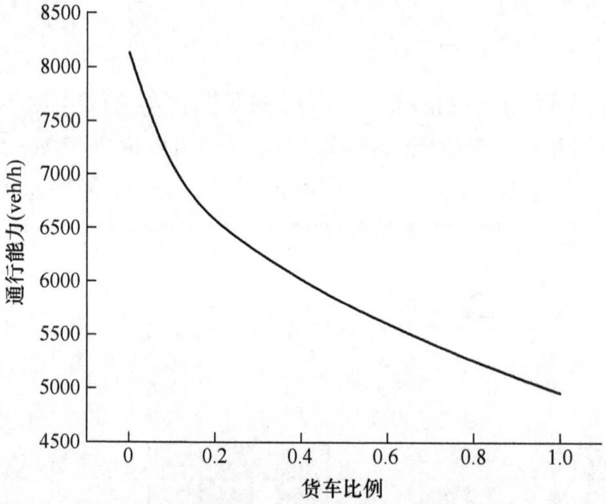

图 4-17　通行能力随货车比例变化趋势

2)安全评价指标

(1)速度标准差

车辆速度的离散程度与事故发生概率呈强烈的正相关,例如同一车道内的前后车辆的车速离散程度相差过大时,很容易造成追尾冲突。当前已有的车速离散程度的度量指标有:速度与均速差、速度标准差等。已有相关研究证明[339],速度标准差与事故率呈现如式(4-6)所示的指数关系,速度标准差越大,事故发生的可能性就越大。

$$I = 10^{0.000602\Delta v^2 - 0.006675\Delta v + 2.23} \tag{4-6}$$

式中：I——十万车公里事故率（次/十万车公里）；

Δv——速度与均速差（km/h）。

（2）每公里换道概率

汽车变道可以分成自由变道和强制变道两种，在车辆的当前车速明显低于后随车辆时，后随车辆无法以相对舒适的速度继续行驶，此时若发现相邻车道的驾驶条件优于当前车道，后随车驾驶员会产生变道动机。车辆的频繁变道不但会影响道路的正常运行，干扰相邻车道的车辆，甚至会导致交通事故。已有研究结果表明，换道次数与事故发生概率具有一定的关系。而换道次数不但与货车比例有关，不同路段长度内的换道次数也不在一个量级上，无法进行系统衡量。故将路段长度进行统一，研究每公里换道率。图4-18为每公里换道率随货车比例变化的趋势图，可以看出，随着货车比例的增大，换道率先增大后减小。原因是货车的混入催生了客车的换道行为，但随着货车越来越多，为保证自身安全，多数车辆会选择跟车行驶，而不是换道超车。

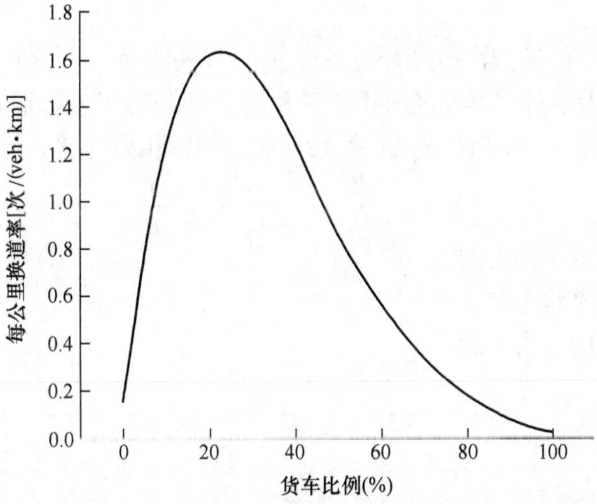

图4-18　每公里换道率随货车比例变化趋势

而每千米换道率的计算公式可以表示为：

$$\mathrm{CL} = \frac{\sum_{i=1}^{n} \mathrm{CL}_i}{n \cdot d} \tag{4-7}$$

式中：CL_i——第 i 辆车的换道次数；

n——车辆数；

d——路段长度（km）。

如图4-19所示，当遇到连续的货车流时，客车为保持理想车速，会进行多次换道，因而出现车均换道次数大于1的情况。

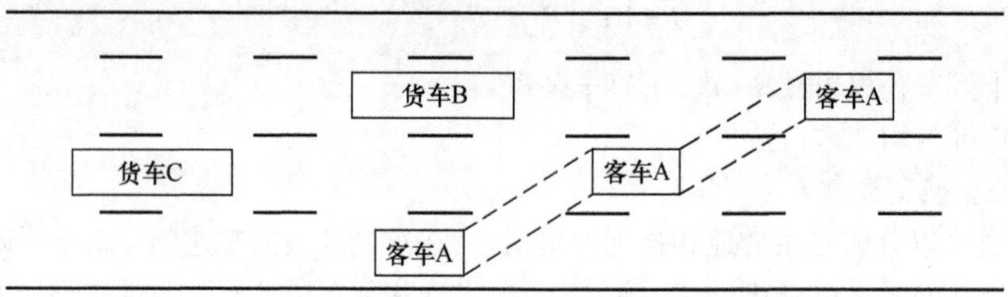

图 4-19　连续换道示意图

4.3.3　评价指标获取

为获取低密度状态下指标值，首先固定输入路段的交通量为 2000veh/h，获取不同货车比例下速度标准差、换道率、平均速度等参数；再将交通量改为 9999veh/h，获取路段的最大通行能力；最后将最大通行能力的 85% 作为高密度状态的路段输入交通量进行仿真，输出各指标值。每种情况选用不同仿真因子进行 10 次仿真，将仿真时长设置为 4200s，其中前 600s 用于预热，取第 601 ~ 4200s 的 10 次仿真结果平均值为最终结果。具体的指标获取方式如下所示。

1）效率指标获取

分别在上下游路段以及衔接段设置数据采集点，对数据采集点模块进行设置，仿真结束后提取客货车车辆数以及总体平均车速。由于采集三个部分的车速和通行能力数据，故按照路段长度对其进行加权处理，如式（4-8）所示，通行能力则以相同方式进行加权计算。

$$\bar{v} = v_1 \cdot \frac{l_1}{l_{总}} + v_2 \cdot \frac{l_2}{l_{总}} + v_3 \cdot \frac{l_3}{l_{总}} \tag{4-8}$$

式中：v_1——上游路段的平均车速；

v_2——衔接段的平均车速；

v_3——下游路段的平均车速；

l_1——上游长度；

l_2——衔接段长度；

l_3——下游长度；

$l_{总}$——总路段长度。

2）安全指标获取

从仿真文件中提取客货车的行车速度计算车速标准差。换道次数统计方式与 VISSIM 原识别方式不同，识别逻辑为：每 5 仿真步长进行每辆车的车道记录，若车道发生属性变化，则判定完成一次换道，全局换道次数加一。

4.3.4　效率性分析

1）通行能力

通过仿真得出路段最大通行能力如图 4-20 所示。

可以看出，除方案一和方案二外，其余方案的通行能力在货车比例大于 40% 时都呈下降趋势，这是由于货车自身的结构和性能因素导致混行交通最大流量降低。混行时的通行能力在各种货车比例条件下均是最大的，说明客货混行可以使得道路空间资源得到很大程度的利用。其中方案三、五、六、七的通行能力随着货车比例先增后减，而这四个方案的共同点是都在上游或下游设置了客货完全分离组织形式。说明在货车比例过多和过少的情况下设置客货完全分离均会导致道路空间资源的浪费，当货车比例处于 30% ~40% 区间内时，能使全路段完全分离的通行能力最大化。方案一和方案二为混行和客货不完全分离的组合，其通行能力与货车比例成正比，但相较于其余方案组合依旧处于劣势。

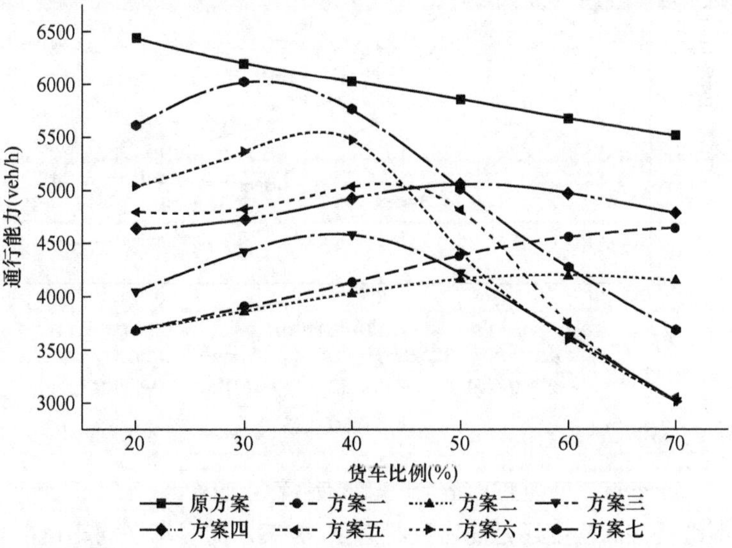

图 4-20　通行能力与货车比例关系

2)平均速度

仿真得出各方案的平均速度如图 4-21 ~ 图 4-23 所示。其中图 a)为低密度状态下的平均速度，图 b)为高密度状态下的平均速度。

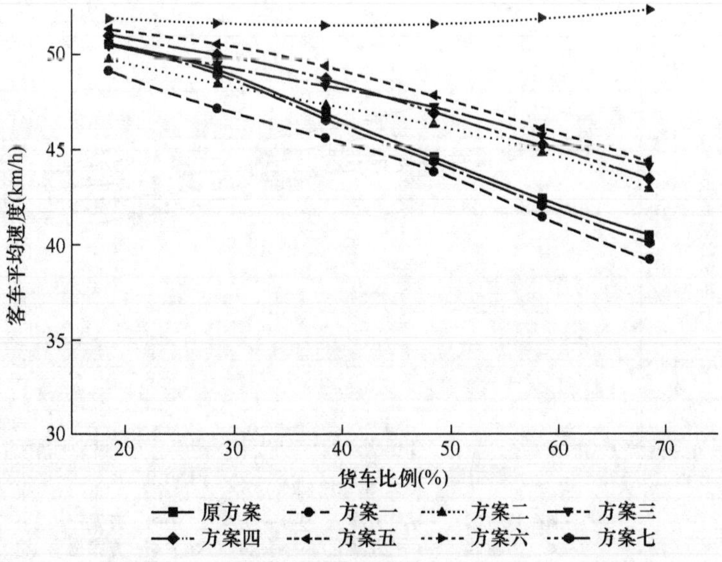

a)低密度状态

图　4-21

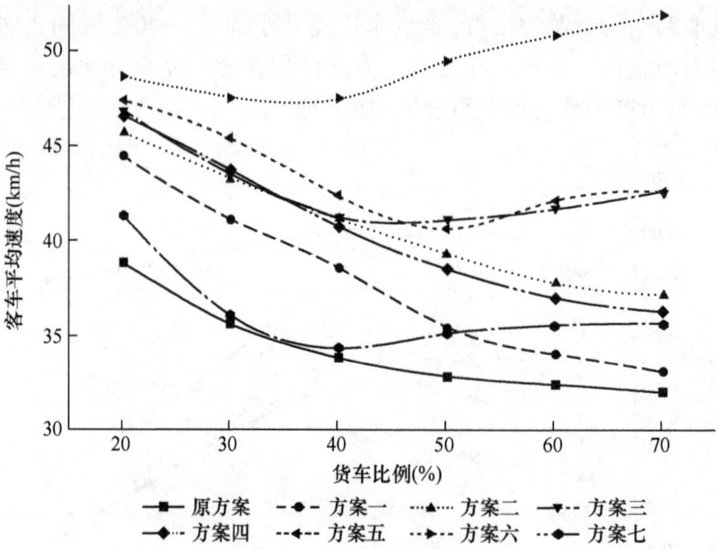

b) 高密度状态

图 4-21 客车平均车速与货车比例关系

由图可知,不论是在低密度还是高密度状态下,方案六的客车平均车速都是最大的。主要原因是客货不完全分离和客货完全分离的衔接方式较为简单,只需进行一次强制换道,且是货车流向外换道,对客车的影响较小。而客货混行的原方案,随着货车比例的上升,客车平均车速急剧下降,这种现象在高密度状态下更为明显,说明货车的混入对混行车流中的客车影响极大。不难看出,在高密度状态下,设置客货完全分离组织模式的方案,在货车比例达到一定值时,客车车速开始上升,即在车流量较大且货车占比较大的路段宜设置客货完全分离交通组织。

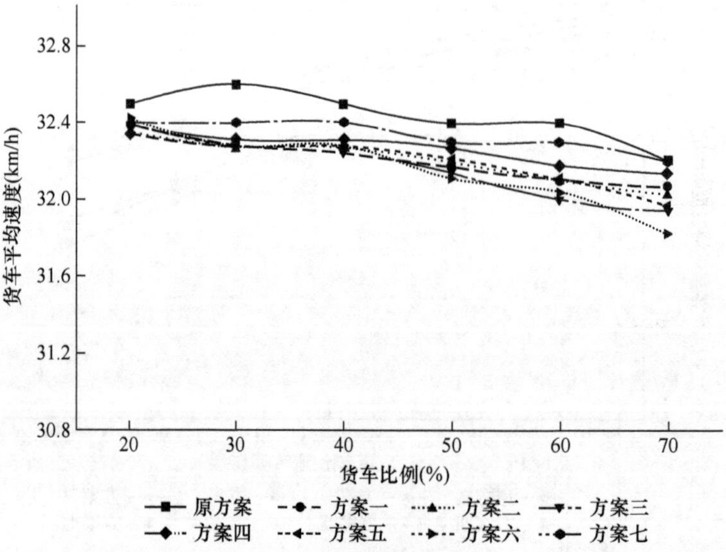

a) 低密度状态

图 4-22

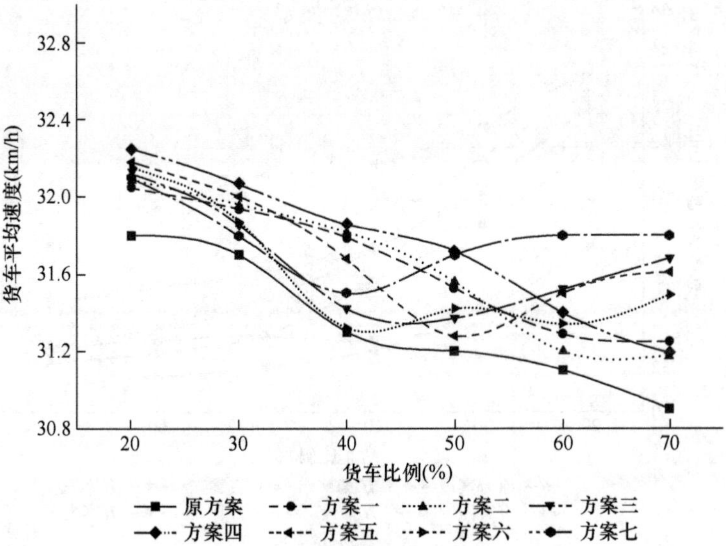

b) 高密度状态

图 4-22　货车平均车速与货车比例关系

可以看出,在低密度状态下,货车平均速度并未受到自身比例的影响,波动范围仅有 1km/h;而随着密度的增大,道路行驶环境变差,货车平均车速也随之下降。和客车相同的是,全路段客货完全分离的方案,随着货车比例的上升,货车平均车速达到一个最低值后逐渐上升,直至达到稳定的跟车速度,而这个最低值的货车比例约为 40%。

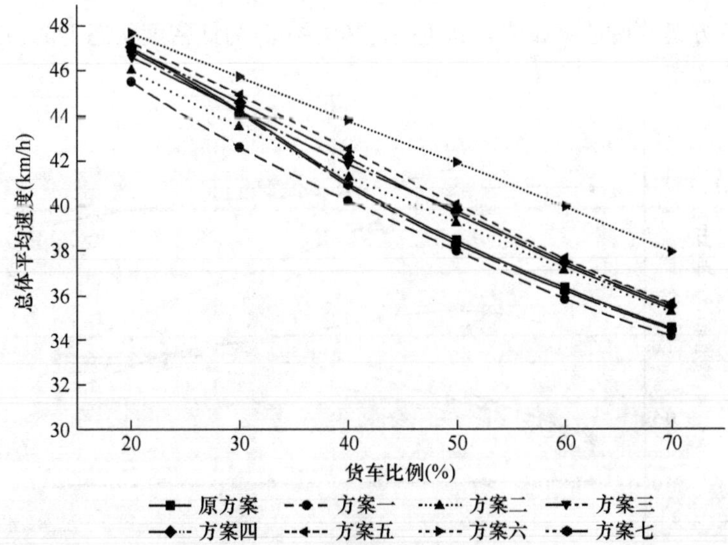

a) 低密度状态

图　4-23

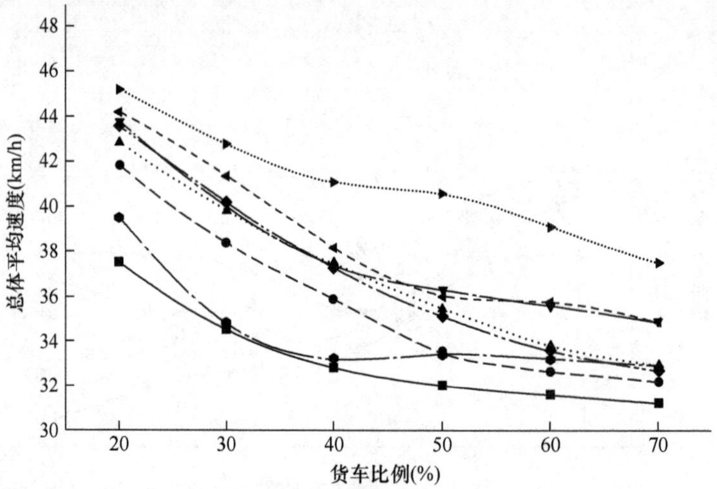

b) 高密度状态

图 4-23 总体平均车速与货车比例关系

总体平均车速的大小主要由该路段的客车速度决定,货车车速的变化对其影响相对较小。因此不论是在高密度还是低密度状态下,方案六的总体平均车速都是最大的,说明客货车专用道和客货完全分离的组合模式能够有效提升道路通行效率。

4.3.5 安全性分析

1)换道率

仿真得出各方案的换道率如图 4-24 所示,其中图 a)为低密度状态下的换道率,图 b)为高密度状态下的换道率。

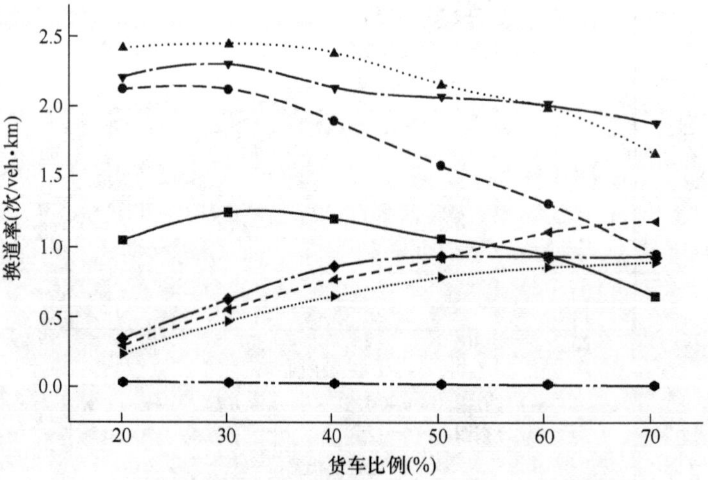

a) 低密度状态

图 4-24

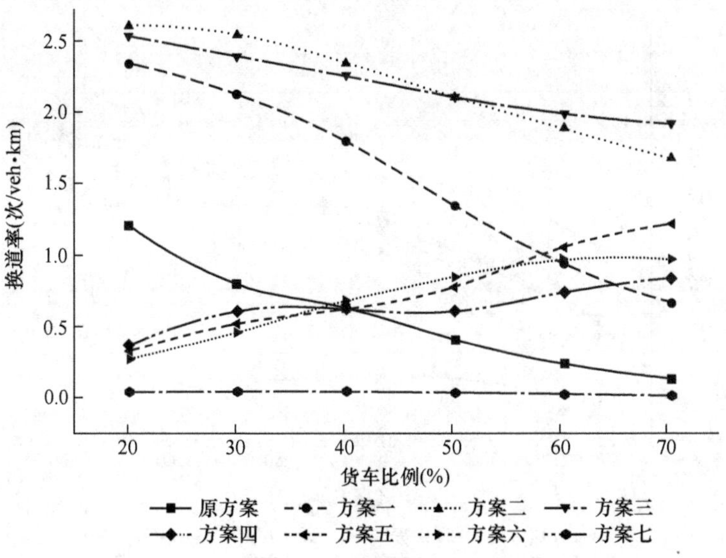

b) 高密度状态

图 4-24　换道率与货车比例关系

可以看出,方案一、二、三不论是低密度还是高密度条件下,换道率均高于客货混行。原因是在混行向客货不完全分离和客货完全分离两种组织方案的衔接段中,最外侧车流至少需要经过两次强制更换车道方能驶入指定车道,与此同时,其余自由行驶的车辆还能进行自由的车道选择,故而产生了大量的换道行为,大大影响了道路安全。方案四、五、六的换道率均随着货车比例的提高不断上升,造成这一现象的主要原因是这三个组合方案的过渡段内,需要进行强制换道的都是货车。方案七的换道率不受道路交通密度和货车比例的影响,一直处于绝对的优势,主要是因为客货车各行其道,运行状态与正常的跟车相同,不会因车速、车型等因素产生车道变换行为。这说明客货完全分离路段组织能够有效减少车辆换道率,提高道路安全性。

2)车速标准差

仿真得出各方案的车速标准差如图 4-25、图 4-26 所示,其中图 a)为低密度状态下的车速标准差,图 b)为高密度状态下的车速标准差。

可以看出,在低密度状态下,除方案六因其自身衔接方式较为简单外,其余方案客车速度标准差皆与货车比例成正比,而货车速度标准差较为平稳、受影响较小。因此,即便是在道路密度较低时,货车的混入依旧会对客车安全造成一定的影响。随着密度的增大,货车受到的影响也随之增大,除混行与客货完全分离外,其余方案货车速度标准差皆呈波动状,说明相同的方案组合形式能够使得路段事故率得到有效降低,很大程度上保证人们出行安全。当货车比例为 40% 时,高密度状态下方案三的客货车速度标准差均为所有方案中的最大值,说明产生换道交织的衔接方式所带来的危险系数是最大的。

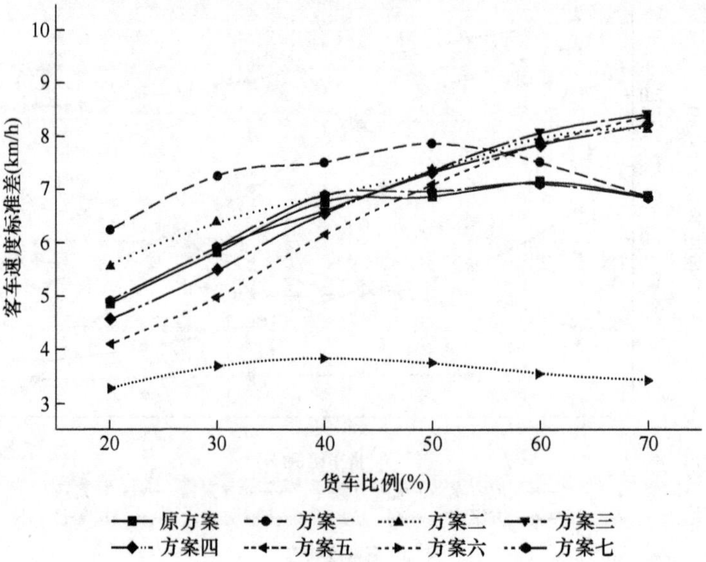

a) 低密度状态

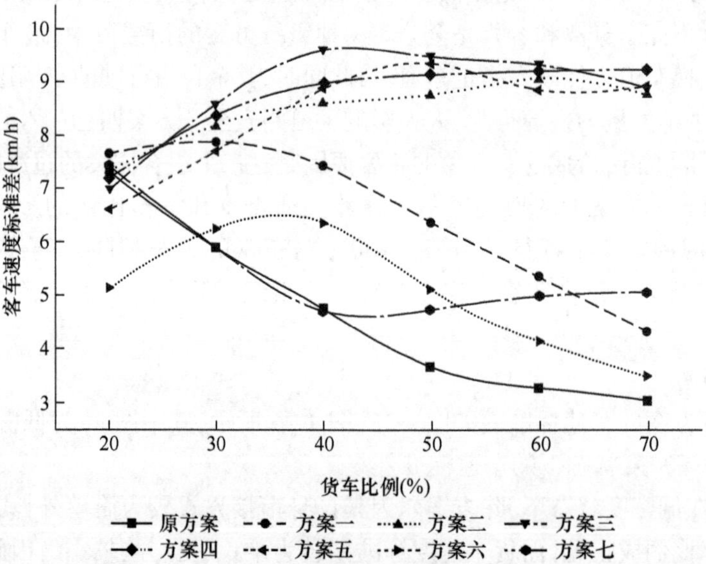

b) 高密度状态

图4-25　客车车速标准差与货车比例关系

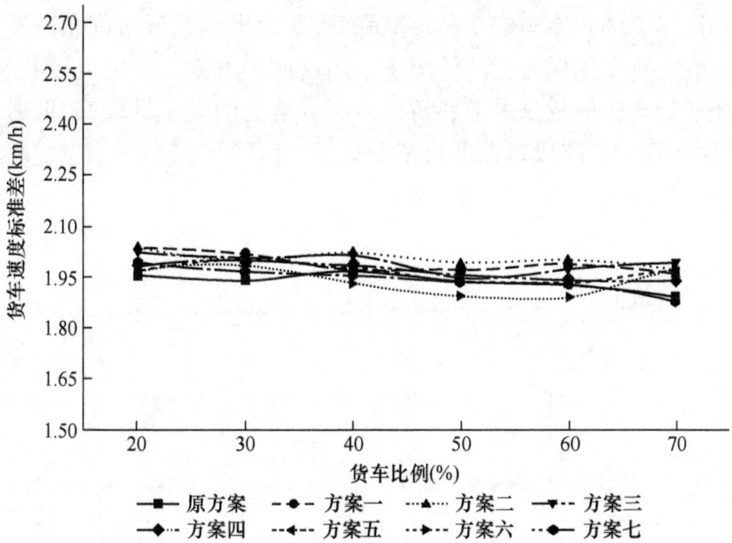

a) 低密度状态

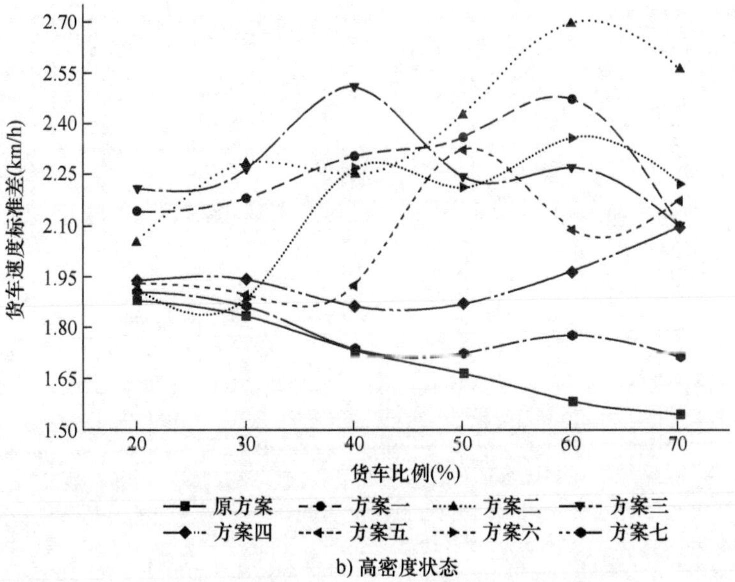

b) 高密度状态

图 4-26 货车车速标准差与货车比例关系

4.4 路段交通组织方案适用性分析

不同的上下游车道管制方式会对路段的效率与安全性造成不同的影响，因此需要对各方案的适用性做出相应的评价。其中方案一至方案三皆需在过渡段进行两次强制换道，不仅对总体行车速度造成影响，还促使了更多换道行为的产生，故这三个方案仅适用于货车比例较高但总体流量较小的道路情况。方案四和方案六衔接方式较为简单,且行车效率较高,但随着货车比例的不断上升,方案的效率与安全也逐渐降低,这种影响在低密度状态下并不明显,故当道路流量较大时,宜在货车比例较低的情况下采用这两种方案。方案五因其所需强制换道的是货车,故仅适用于货车比例较低的道路情况。而方案七的安全性较高,但通行效率均较低,故仅适用于货车比例较大的路段以保证行车安全。

第5章

交叉口客货车流运行组织方案设计

5.1 基于饱和度的车道数量确定方法

5.1.1 车道数量确定方法概述

交叉口作为城市道路交通网络中的节点,也是城市交通网络中的瓶颈。平面交叉口的安全与通畅,受各种交通管理措施的影响较大,如交通信号、单向通行、禁止左转等交通管制方式以及公共汽车停靠站的位置等。传统的交叉口规划和设计方法更多地从道路工程的角度考虑问题,从交通工程的角度考虑交叉口规划和设计问题相对不足。例如,传统方法规划和设计平面交叉口,其根本思想就是把交叉口作为两条道路的交叉,其进出口车道都按照相连路段的横断面形式和尺寸顺延,并进行适当的拓宽。规划和设计中更多关注的是交叉口的类型、几何构造、交通组织、视距、转弯半径等因素,对于车道数只进行核验,如果无法承担路段上的通行能力,则通过渠化措施进行拓宽。

在日本,交叉口规划阶段考虑的因素有设计交通量、服务水平、设计车种,以及行车速度、交叉口类型、交叉角度、交叉口间距等;设计阶段考虑的因素有几何构造(包括进出口道形状、车道宽度、左右转弯车道、车道数、渠化等)和交通管制等。可见,设计平面交叉口时,要同时考虑几何构造与交通管制两个方面的因素,且必须把两者很好地结合起来。对于如何定量确定交叉口进出口道的车道数量,一般的文献都认为平面交叉口出口道的车道数原则上应与进口道的直行车道数相等,同时进口道的车道数不少于连接路段的车道数,但是对于具体的数量却没有给出计算公式或者模型。本节则着重探讨如何定量确定路段上和交叉口进出口道上车道的数量。

5.1.2 理论分析与建立计算公式

1)理论分析

本节先讨论交叉口进口道的交通需求与其宽度和有效通行时间比三者的相对关系。其中,有效通行时间比是指某条连线上(在交叉口上或者路段上)车辆通行时间与考察时间的比值。

如图 5-1 所示的交叉口采用两相位控制,周期时长为 C,绿信比分别为 λ_1、λ_2,假设其中两

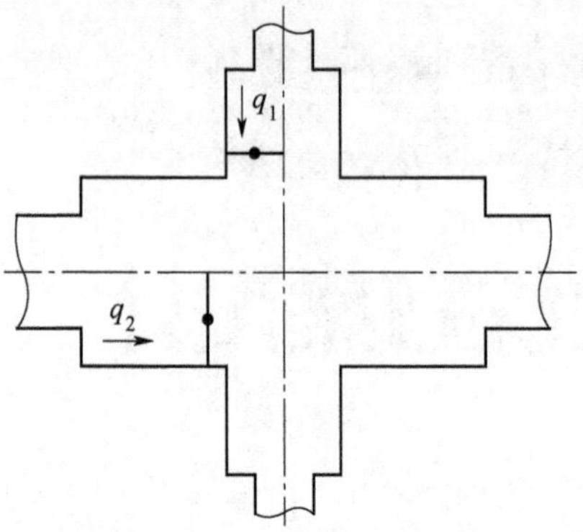

图 5-1　交叉口进口道流量和宽度示意图

个进口道上的机动车平均到达率分别为 q_1、q_2，进口道宽度分别为 w_1、w_2，进口道上单位宽度断面的饱和流率均值均为 s。如果一个周期中的绿灯时间结束时相应停车线前都没有机动车排队，那么根据 F. V. Webster 和 R. F. Newby 在 1964 年发表的研究成果，有式(5 1)成立。

$$\frac{\lambda_1}{\lambda_2}=\sqrt{\frac{q_1}{q_2}} \tag{5-1}$$

同时，略去下标，有式(5-2)成立。

$$C\cdot q=\lambda\cdot C\cdot s\cdot w\cdot \alpha \tag{5-2}$$

在上式中，如果把 s 看作每条车道的饱和流率，则 w 成为车道数，即有式(5-3)成立。

$$n=\frac{q}{\alpha\cdot s\cdot \lambda} \tag{5-3}$$

需要说明的是：式(5-1)和式(5-3)表示的关系同样适用于多相位的情况，其推导过程类似。

2）建立计算公式

对于可以双向通行的路段，连线就是其中的一个通行方向。对于单向通行的路段，连线就是这个通行方向。如图 5-2 所示的情况就是路段上没有进出交通的一条连线。

连线 $\overrightarrow{OD}$ 上的车道数 $n(\overline{OD})$ 可由式(5-4)确定。

$$n(\overline{OD})=\frac{\overline{OD}}{\alpha\cdot S\cdot \lambda} \tag{5-4}$$

式中：$\overline{OD}$——连线 $\overrightarrow{OD}$ 上的交通需求；

α——路段的设计饱和度，$0<\alpha<1$；

S——一条直行车道的饱和流量；

λ——有效通行时间比，$0<\lambda\leqslant 1$。

如果路段上存在进出交通，则存在着至少两个源，如图 5-3 所示。图 5-3 中，$Q_2=Q_1-Q_d+Q_o$。图中各个符号的意义如下：

Q_1——上游交叉口出口道的交通量；

Q_2——下游交叉口进口道的交通量；

Q_d——路段出口上的交通量；

Q_o——路段进口上的交通量。

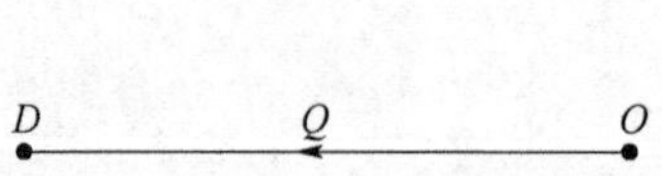

图 5-2　路段上无进出交通的连线

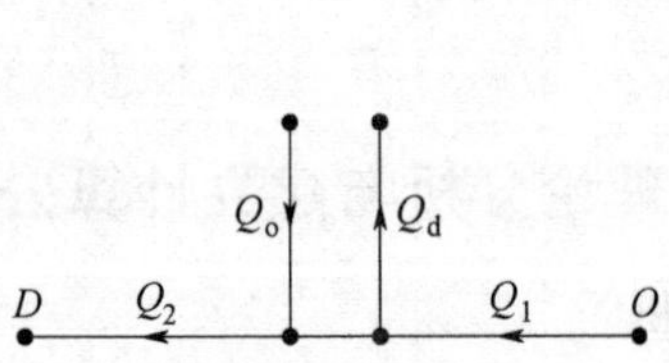

图 5-3　路段上有进出交通的连线

连线上的交通需求 Q 可由式(5-5)求得。

$$Q=\max(Q_1,Q_2) \tag{5-5}$$

所以，连线上的车道数仍然可以通过式(5-4)计算得到。

在交通节点上,交通流的流向要比连线上复杂得多。例如,一个典型的十字交叉口的机动车流向可以用图 5-4 表示。在图 5-4 中以顶点 O 表示所有的源,以顶点 D 表示所有的汇,以连线$\overrightarrow{OO_i}$($i=1,2,3,4$)表示所有的进口道,以连线$\overrightarrow{D_jD}$($j=1,2,3,4$)表示所有的出口道。

各个进口道的车道数确定方法相同。不论交叉口进口道是否渠化,都可以通过计算各条连线$\overrightarrow{O_iD_j}$($i=1,2,3,4$;$j=1,2,3,4$ 且 $j \neq i$)上的车道数确定。现以图 5-4 表示的十字交叉口的进口道$\overrightarrow{OO_1}$为例说明。对于进口道$\overrightarrow{OO_1}$,有式(5-6)成立。

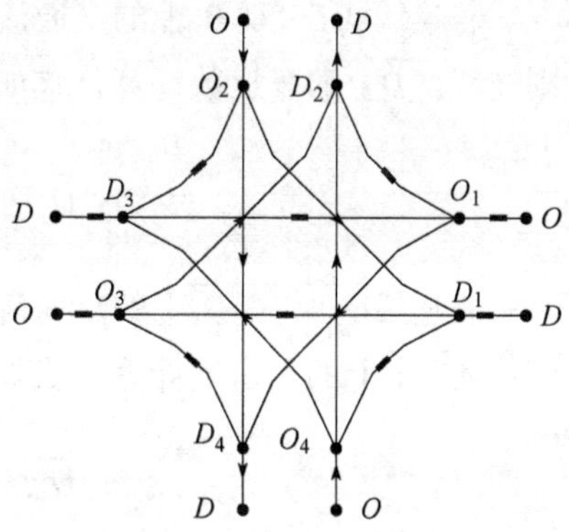

图 5-4 典型的十字交叉口的交通流图表示

$$n(\overline{OO_1}) = n(\overline{O_1D_2}) + n(\overline{O_1D_3}) + n(\overline{O_1D_4}) \tag{5-6}$$

式中: $n(\overline{OO_1})$——连线$\overrightarrow{OO_1}$上的车道数;

$n(\overline{O_1D_j})$($j=2,3,4$)——连线$\overrightarrow{O_1D_j}$上的车道数。

参数 $n(\overline{O_1D_2})$、$n(\overline{O_1D_3})$、$n(\overline{O_1D_4})$分别按照式(5-7)~式(5-9)计算。

$$n(\overline{O_1D_2}) = \frac{\overline{O_1D_2}}{\alpha \cdot S_2 \cdot \lambda_2} \tag{5-7}$$

$$n(\overline{O_1D_3}) = \frac{\overline{O_1D_3}}{\alpha \cdot S_3 \cdot \lambda_3} \tag{5-8}$$

$$n(\overline{O_1D_4}) = \frac{\overline{O_1D_4}}{\alpha \cdot S_4 \cdot \lambda_4} \tag{5-9}$$

式中:$\overline{O_1D_j}$($j=2,3,4$)——连线$\overrightarrow{O_1D_j}$上的交通需求;

α——交叉口的设计饱和度,$0<\alpha<1$;

S_j($j=2,3,4$)——连线$\overrightarrow{O_1D_j}$上每条车道的饱和流量;

λ_j($j=2,3,4$)——连线$\overrightarrow{O_1D_j}$上交通流的有效通行时间比,$0<\lambda_j<1$。

与确定进口道车道数的方法不同,确定出口道的车道数要综合考虑各条连线$\overline{O_iD_j}$($i=1,2,3,4$;$j=1,2,3,4$ 且 $i \neq j$)上交通流的通行权的组合。本书建议在道路用地许可的条件下尽可能采用车道数最多的方案,以便能够适应相位相序方案的改变。现以图 5-4 表示的十字交叉口的出口道$\overrightarrow{D_1D}$为例加以说明。

若连线$\overrightarrow{O_4D_1}$、$\overrightarrow{O_3D_1}$、$\overrightarrow{O_2D_1}$上的交通流属于同一个相位,则连线$\overrightarrow{D_1D}$上的车道数计算公式如下:

$$n(\overline{D_1D}) = \frac{\overline{O_4D_1} + \overline{O_3D_1} + \overline{O_2D_1}}{\alpha \cdot S \cdot \lambda} \tag{5-10}$$

若连线$\overrightarrow{O_4D_1}$、$\overrightarrow{O_2D_1}$上的交通流属于同一个相位,而连线$\overrightarrow{O_3D_1}$上的交通流属于另一个相位,则连线$\overrightarrow{D_1D}$上的车道数计算公式如下:

$$n(\overline{D_1D}) = \max\left(\frac{\overline{O_4D_1} + \overline{O_2D_1}}{\alpha \cdot S \cdot \lambda}, \frac{\overline{O_3D_1}}{\alpha \cdot S \cdot \lambda}\right) \tag{5-11}$$

若连线$\overrightarrow{O_4D_1}$、$\overrightarrow{O_3D_1}$上的交通流属于同一个相位，而连线$\overrightarrow{O_2D_1}$上的交通流属于另一个相位，则连线$\overrightarrow{D_1D}$上的车道数计算公式如下：

$$n(\overline{D_1D}) = \max\left(\frac{\overline{O_4D_1} + \overline{O_3D_1}}{\alpha \cdot S \cdot \lambda}, \frac{\overline{O_2D_1}}{\alpha \cdot S \cdot \lambda}\right) \tag{5-12}$$

若连线$\overrightarrow{O_3D_1}$、$\overrightarrow{O_2D_1}$上的交通流属于同一个相位，而连线$\overrightarrow{O_4D_1}$上的交通流属于另一个相位，则连线$\overrightarrow{D_1D}$上的车道数计算公式如下：

$$n(\overline{D_1D}) = \max\left(\frac{\overline{O_3D_1} + \overline{O_2D_1}}{\alpha \cdot S \cdot \lambda}, \frac{\overline{O_4D_1}}{\alpha \cdot S \cdot \lambda}\right) \tag{5-13}$$

若连线$\overrightarrow{O_4D_1}$、$\overrightarrow{O_3D_1}$、$\overrightarrow{O_2D_1}$上的交通流各属于不同的相位，则连线$\overrightarrow{D_1D}$上的车道数计算公式如下：

$$n(\overline{D_1D}) = \max\left(\frac{\overline{O_4D_1}}{\alpha \cdot S \cdot \lambda}, \frac{\overline{O_3D_1}}{\alpha \cdot S \cdot \lambda}, \frac{\overline{O_2D_1}}{\alpha \cdot S \cdot \lambda}\right) \tag{5-14}$$

式(5-10)~式(5-14)中：$n(\overline{D_1D})$——连线$\overrightarrow{D_1D}$上的交通需求；

$\overline{O_iD_1}(i=2,3,4)$——连线$\overrightarrow{O_iD_1}$上的交通需求；

α——交叉口的设计饱和度；

S——连线$\overrightarrow{O_iD_1}$上一条车道的饱和流量；

λ——连线$\overrightarrow{O_iD_1}$上对应车道的有效通行时间比。

需要指出的是，有时在进口道车道数量确定后，也可以根据通行能力匹配的原理来确定出口道的车道数量。

以上详细讨论了路段和节点的车道数量确定方法。当交通流在道路网络上运行时，可以将交通网络分解为最基本的连线和节点。这样就可以通过上面介绍的方法逐一地将整个交通网络上的所有路段和交叉口进出口道的车道数确定出来。

5.1.3 算例分析

对于如图5-4所示的典型十字交叉口，其各个方向的进口道的高峰小时交通量列于表5-1中。假设交叉口信号控制的相位相序方案如图5-5所示，图5-5中从左到右依次为相位1、2、3、4。试确定该交叉口各个方向的进出口道和连接路段的车道数。

某个十字交叉口高峰小时流量 表5-1

进口道方位	机动车流向	机动车流量(pcu/h)
东	左	156
	直	408
	右	260
西	左	340
	直	414
	右	237

续上表

进口道方位	机动车流向	机动车流量(pcu/h)
南	左	212
	直	446
	右	252
北	左	204
	直	400
	右	192

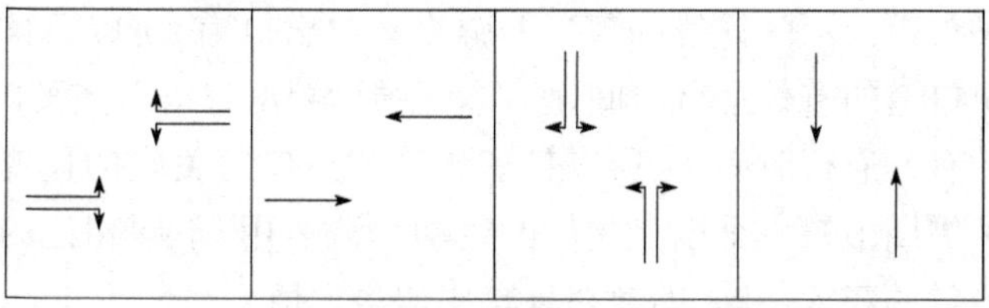

图5-5 某个十字交叉口高峰时段相位相序方案

在进行交叉口交通设计前,本书作如下三点说明:①采用等饱和度设计原则计算车道数;②忽略左转、直行、右转三种功能的车道的饱和流率之间的差别,认为它们都相同;③忽略周期损失的影响。

1)交叉口进出口道车道数量确定

由于本例中的$\lambda_1:\lambda_2:\lambda_3:\lambda_4=\sqrt{340}:\sqrt{414}:\sqrt{252}:\sqrt{446}$,同时根据假设有$\lambda_1+\lambda_2+\lambda_3+\lambda_4=1$,所以有$\lambda_1=0.2430$、$\lambda_2=0.2682$、$\lambda_3=0.2091$、$\lambda_4=0.2797$。这里假定每个车道的平均饱和流率为1800pcu/h,设计饱和度$\alpha=0.4$,则可以计算交叉口各个进口道上各个方向的车道数,列于表5-2中。

交叉口进口道车道数 表5-2

进口道方位	机动车流向	车道数(实际饱和度)
东	左	1(0.357)
	直	2(0.423)
	右	1(0.594)
西	左	2(0.387)
	直	2(0.429)
	右	1(0.542)
南	左	1(0.563)
	直	2(0.443)
	右	2(0.335)
北	左	1(0.542)
	直	2(0.398)
	右	1(0.510)

由上表可以看出，整个交叉口的实际设计饱和度为0.594，整个交叉口的总流量比Y：$Y = 0.2430 \times 0.594 + 0.2682 \times 0.429 + 0.2091 \times 0.563 + 0.2797 \times 0.443 = 0.501$。

根据通行能力匹配的原则，出口道的车道数列于表5-3中。

相位相序方案一时的交叉口出口道车道数 表5-3

出口道	车道数(实际饱和度)	出口道	车道数(实际饱和度)
东	3(0.404)	南	2(0.449)
西	2(0.537)	北	3(0.475)

2）连接路段车道数量确定

因为以交叉口进口道为汇的连线的源为上游交叉口出口道，所以这条连线的有效通行时间比为上游交叉口出口道的有效通行时间比。本书的算例没有给出交叉口的四个相邻交叉口关联方向的出口道的有效通行时间比，所以只能计算与出口道关联的连线的车道数。算例中交叉口出口道在一个周期中被一个以上相位的机动车流占用，不同相位的机动车流对出口道关联连线上的车道数量的需求不同，因此在计算中取最大值。

这里假定每个车道的平均饱和流率为1800pcu/h，设计饱和度$\alpha = 0.7$。与四个出口道关联连线上的车道数计算结果列于表5-4中。

与各个出口道关联连线上的车道数 表5-4

出口道方位	关联连线上的车道数(实际饱和度)	出口道方位	关联连线上的车道数(实际饱和度)
东	2(0.606)	南	1(0.898)
西	2(0.537)	北	2(0.686)

从上面的计算可以看出，与南出口道关联连线的实际饱和度过高，在交通设计中也可以将车道数取值为2，如果这样，出口道的实际饱和度就变为0.449。

结合表5-3的结果可以看出，交叉口的东出口道、北出口道需要拓宽一个车道，交叉口的西出口道、南出口道不需要拓宽。

5.1.4 方法总结

从上面的理论分析及实例计算看出，本书提出的基于设计饱和度概念的车道数量确定方法基于假设——信号控制的周期损失为零。从上面的实例计算和理论推导来看，这个假设使得车道数有增大的趋势。在实际的路段交通设计和交叉口交通设计中，可以通过适当降低设计饱和度的取值得到调节。通过调节该变量的取值，可以达到预先控制交叉口饱和度和总流量比的目的。同时，它还能检验所设计的相位相序方案是否合理。例如，在上例中，若将交叉口的设计饱和度改为0.8，东进口道就不存在左转专用车道，这时计算结果就和当初所设计的相位相序方案冲突，此时必须改变相位相序方案或者降低设计饱和度。

综上所述，本节提出的基于设计饱和度概念的车道数量确定方法具有一定的理论意义和实用价值。可以认为，这种车道数量确定方法将交通设计和交通控制有机结合起来，形成了一种全新的交通设计及交通信号控制设计理念。同时，它也是一种可控、可观测的设计方法，能够预先控制交叉口的服务水平和饱和度。

5.2　交叉口交通组织设计原则

交叉口是整个疏港道路路网的节点所在，其组织设计合理性与整个路网的通行能力有着密不可分的关系，因此，交叉口的交通组织设计应结合其自身的几何因素、流量因素和车型比例进行综合分析，才能避免因组织不合理产生的不良后果。交叉口交通组织应遵循以下原则。

(1)进口道车道数与路段车道数相匹配

由于车辆在路段上自由行驶，而在交叉口上受到通行权的制衡，因此相对而言，进口道的通行能力低于路段通行能力。因此通过增加车道数量的方式需确保进口道通行能力与路段通行能力相匹配，即保证进口道车道数不小于路段车道数，如式(5-15)所示。

$$n^{a} \geqslant n_{u}^{i} \tag{5-15}$$

式中：n^{a}——交叉口进口道车道数；

n_{u}^{i}——交叉口前路段车道数。

(2)进口道车道数与出口道车道数相匹配

出口道车道数应与上游各进口道同一信号相位流入该出口道的最大进口道数相匹配。因此出口必须满足车辆排放条件，至少设置两条出口车道，用以接纳直行车流或其与左右转的任意组合车流。当只有两条出口道时，不宜采用占用出口道的方式增设左转车道如式(5-16)所示。

$$n^{e} \geqslant 2 \tag{5-16}$$

式中：n^{e}——交叉口出口道车道数。

(3)进口道车道功能设计

车道功能划分应对应不同的流向和流量需求，优化分配车道资源，尽可能合理利用进口道车道资源，提高通行效率。在此基础上，如何划分左直右车道或其合用车道还应综合考虑道路条件、信号控制等因素。

(4)分离客货车流

在进行交叉口交通组织时应在满足最短通过时间的前提下尽可能消除客货干扰，通过设置不同车型的行驶专用道，完善交叉口的车流引导设施，使得客货车流各行其道，避免混合车流中客货车之间相互干扰而引起冲突与延误。

(5)合用车道设置限制

为消除潜在冲突，确保车流有序运行，一般情况下，最多设置一条合用车道；当需要设置两条合用车道时，应通过信号使其在不同相位获得通行权；避免同时设置左直右和左右合用车道；右转交通量达到一定阈值时，避免设置直右合用车道。

5.3　交叉口交通组织方法

5.3.1　客货分离设置临界条件研究

本书以单车道最大饱和流率为指标研究交叉口进口道客货分离设置条件。当一条货车专用道与一条客车专用道的最大饱和流率之和大于两条混行车道时，宜对该进口道实施客货分离,反之则判定为该进口道不符合客货分离实施条件。以左转为例,HCM2010(《道路通行能力手册》2010 版)中调整后的饱和流率的计算方法如式(5-17)所示,客货分离实施条件如式(5-18)所示:

$$s = s_0 N f_w f_{HV} f_g f_p f_{bb} f_a f_{LU} f_{LT} f_{RT} f_{Lpb} f_{Rpb} \tag{5-17}$$

$$S^{客} + S^{货} \geqslant 2S^{左混} \tag{5-18}$$

式中: s——调整后的饱和流率;

s_0——进口车道基本饱和流率;

N——车道数;

f_{HV}、f_w、f_g、f_p——大型车辆、车道宽度、坡度、停车校正系数;

f_{bb}、f_a、f_{LU}、f_{LT}——公交阻塞、面积类型、车道利用率、左转车辆校正系数;

f_{RT}、f_{Lpb}、f_{Rpb}——右转车辆、左转行人、右转行人校正系数;

$S^{客}$——一条客车专用道的最大饱和流率;

$S^{货}$——一条货车专用道的最大饱和流率;

$S^{左混}$——一条混行车道的最大饱和流率。

消除两边相同系数可得式(5-19):

$$1 + f_{HV}^{货专} \geqslant 2f_{HV}^{左混} \tag{5-19}$$

式中:$f_{HV}^{左混}$——客货混行左转车道校正系数;

$f_{HV}^{货专}$——货车左转专用道校正系数。

客货混行左转车道校正系数可由式(5-20)得到。

$$f_{HV}^{左混} = f_{HV} \cdot f_{LT} \tag{5-20}$$

其中,有左转专用相位和左转专用车道时,左转修正系数 $f_{LT} = 0.95$;货车矫正系数采用 HCM2010 中提出的计算公式,如式(5-21)所示:

$$f_{HV} = \frac{100}{100 + P_{HV}(E_T - 1)} \tag{5-21}$$

式中:P_{HV}——大型车辆所占百分比;

E_T——大型车辆折算系数,HCM2010 中推荐取 2.0。

5.3.2 交叉口交通组织形式

本书所研究的交叉口客货分离交通组织主要有两种形式:客货完全分离和客货不完全分离。

1)客货完全分离

本书所采用的交叉口处车道布置方式有两种,分别是按车种优先原则布置车道和按方向优先原则布置车道。前者采用"客内货外"的方式,尽可能将客货车辆分离开来,有混行车道除外。后者按照左转、直行、右转车道的顺序从内向外布置车道,使相同放行方向的车道相互邻近。

(1)按车种优先原则布置车道

车种划分意义上的客货完全分离,即将所有的客货车道用划线或者硬隔离的方式分隔开来。这种方法的优点是可以将客货车完全分开,从根本上解决客货干扰问题,从空间上隔离了客货冲突,安全性较高;缺点是不能一次性放行两个方向的车流,相位设计困难。该形式的具体渠化如图 5-6 所示。

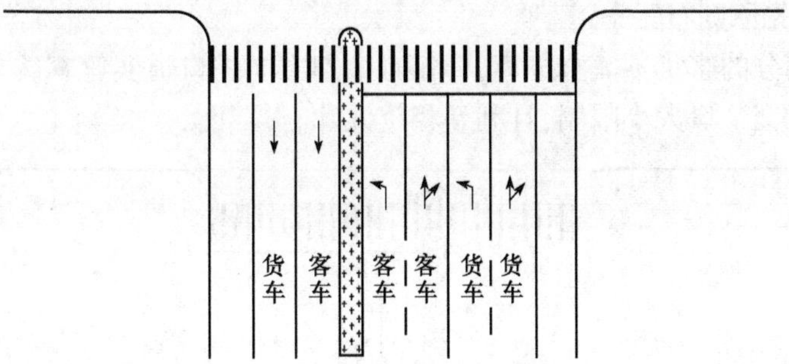

图 5-6　车种优先的客货完全分离

(2)按方向优先原则布置车道

按放行方向划分的客货完全分离,即所有方向的进口道都实施客货分离措施,但并未将所有的客货车道分隔开,如图 5-7 所示。这种方法的优点在于能够避免右转冲突,且易于进行相位设计;缺点是并未完全消除客货冲突,且不设置右转相位时,可能会造成客货车与非机动车发生碰撞。

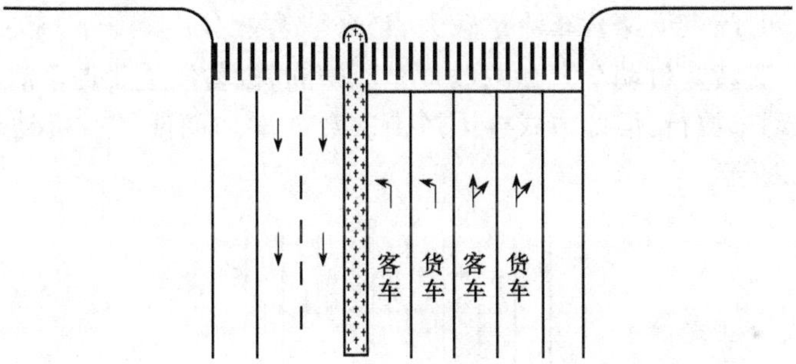

图 5-7　方向优先的客货完全分离

2)客货不完全分离

(1)按车种优先原则布置车道

车种划分意义上的客货不完全分离,即并非所有车道都进行客货分离,如图 5-8 所示。该方案设置两条混行车道:一条单独的混行直行专用道和一条混行直右专用道。货车专用道放在最右侧,允许客车通行的车道放在左侧。相位设计简单,且相较于客货完全分离能在一定程度上节约交叉口空间资源。

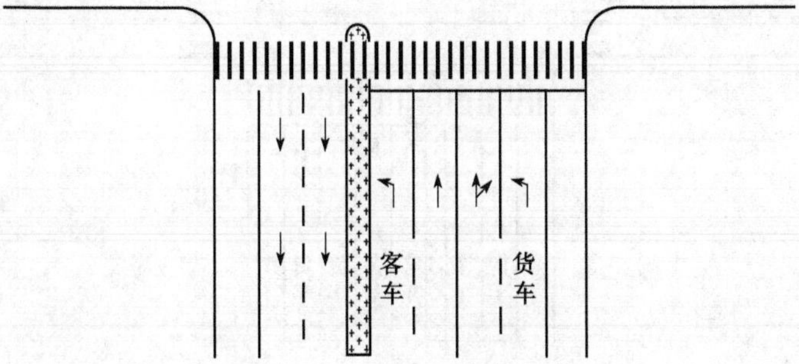

图 5-8　车种优先的客货不完全分离

(2)按方向优先原则布置车道

按放行方向划分的客货不完全分离,即仅有个别方向进口道实施客货分离设计,如图 5-9 所示。该方案不受交叉口大小限制,且利于相位设计。

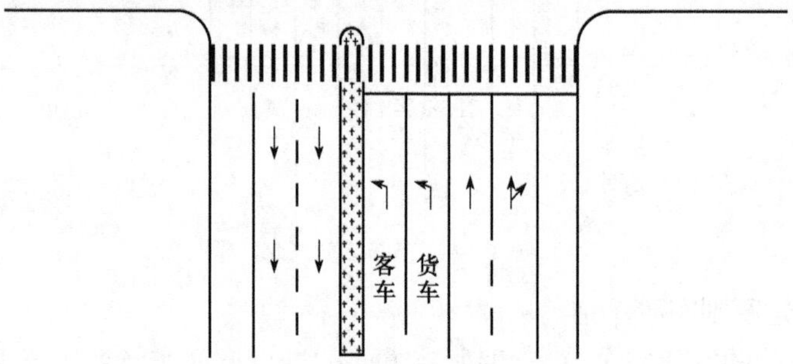

图 5-9　方向优先的客货不完全分离

5.3.3　非机动车和行人二次过街

由上文分析可知,疏港道路货车流量较大,当采取客货分离组织形式时,会导致交叉口过宽,内部流线复杂。左转非机动车夹在两股货车流中间,极易发生交通事故。故采取二次过街形式进行左转非机动车放行,但此方式会因过街次数的增加而使得非机动车延误增大。具体渠化场景如图 5-10 所示。

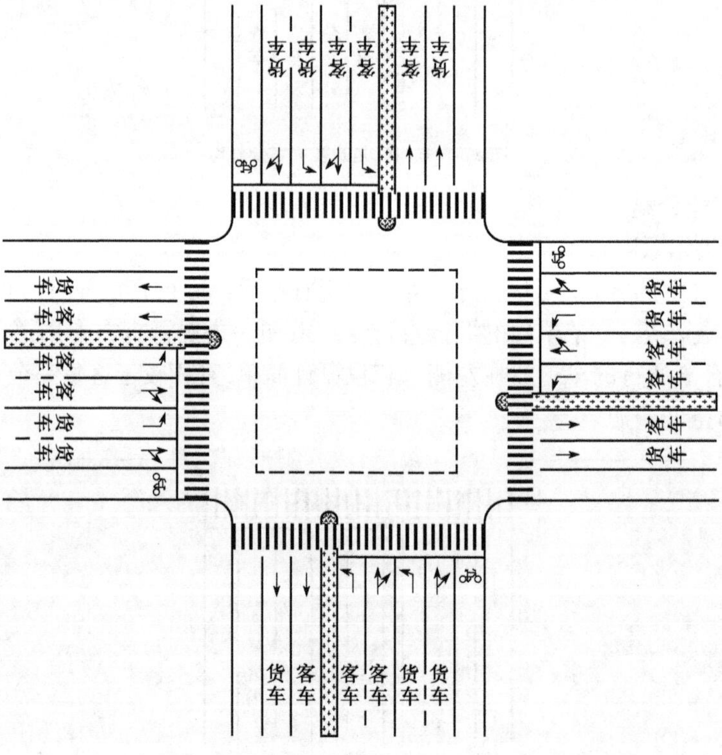

图 5-10　疏港道路交叉口非机动车二次过街渠化图

5.4　疏港道路交叉口相位设计

5.4.1　相位设计原则

进行疏港道路放行相位设计时，要以分离冲突和提高交叉口的时间、空间利用率为主要目标。基于疏港道路货车占比较大、客货混杂严重的现状，交叉口相位设计应遵循以下原则：

(1)在减少交通冲突保证交叉口运行安全的前提下，尽可能地使其运行效率最大化。

(2)在进行机动车相位设计的同时，要考虑全面，不可忽略非机动车的通行与安全。

(3)放行相位组合应相对简单，以便道路使用者理解。

5.4.2　相位设计流程

疏港道路交叉口放行相位应以消除冲突点为目标，根据交叉口中各车道的饱和流率、交叉口几何特征、车道数、不同车型的流量进行设计。具体设计流程如图5-11所示。

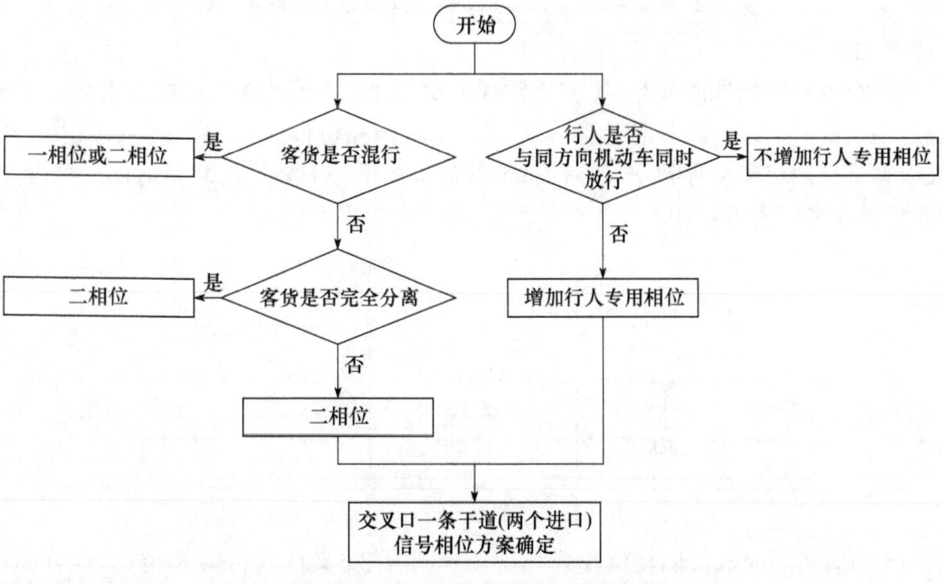

图5-11　疏港道路交叉口相位设计流程图

5.4.3　相位设计方法

1)按车种放行

按车种放行，即客货分开放行，通过时间分离的方法来分隔客货冲突。设置专门的客货车通行相位，且每个相位只能放行一种车型。这种相位方案的优点在于能够有效避免因速度、客货车性能差异等因素造成的延误和排队；缺点在于存在对向左转与直行车流的冲突，当非机动车和行人流量较高时，需要设置专门的通行相位，避免造成交通事故，如图5-12所示。若不设置专门的非机动车和行人通行相位，则非机动车和行人与同路口的客车车流同时放行，如图5-13所示。该放行策略既适用于客货分离渠化方案，也可适用于客货混行渠化方案。

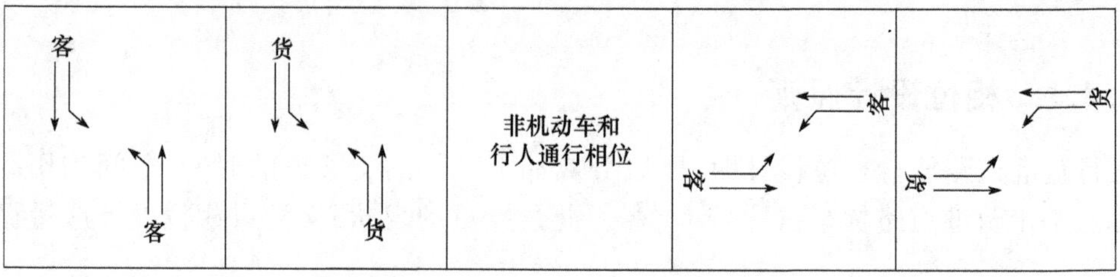

图5-12 客货分开放行相位方案

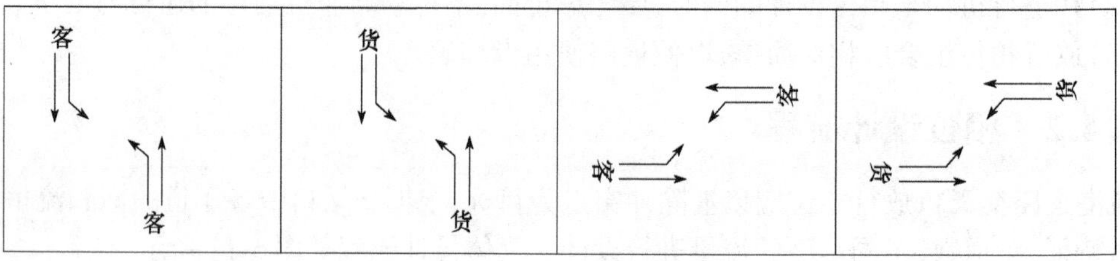

图5-13 未设置非机动车和行人相位的客货分开放行相位方案

2）按方向放行

按方向放行，即客货同时放行，类似于常规道路交叉口的信号相位方案，按照方向同时放行客车和货车，此时可以有多种相位组合方式。其中两相位模式如图5-14所示，由于相位较少，若采取客货分离组织会导致交叉口内部流线庞大紊乱，不易管控，故仅适用于混行方案，且需设置非机动车和行人专用相位。

图5-14 客货同时放行（两相位）

图5-15为客货同时放行四相位模式相位图，与传统交叉口放行模式相比，该方案在分隔客货车流的同时，能够有效避免对向车流之间的冲突。

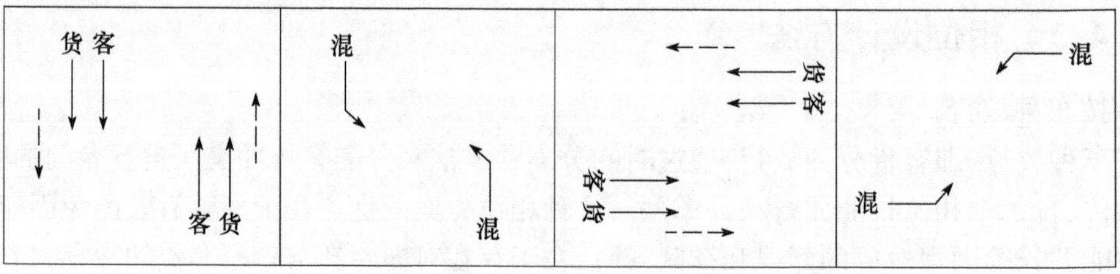

图5-15 客货同时放行（四相位）

因未设置非机动车专用相位，为保证非机动车和行人的安全，避免与右转机动车发生碰撞，采用空间分离方式，与相交道路进口道左转车流同时放行。这样效率和安全性都得到了有效提升，且方便进对称放行组织。此放行模式不但适用于客货完全分离渠化方案，也适用于客货不完全分离渠化方案。

由于客货分离本就导致同时放行时交叉口内部流线数量增加，右转车流与直行或左转同时放行，会显得交叉口内部异常拥堵。当高峰时期流量较多时，导致事故发生的可能性增加。此时可以设置右转专用相位，提升安全性，不利影响是相位数量增加会降低通行效率。五相位放行模式相位图如图 5-16 所示。

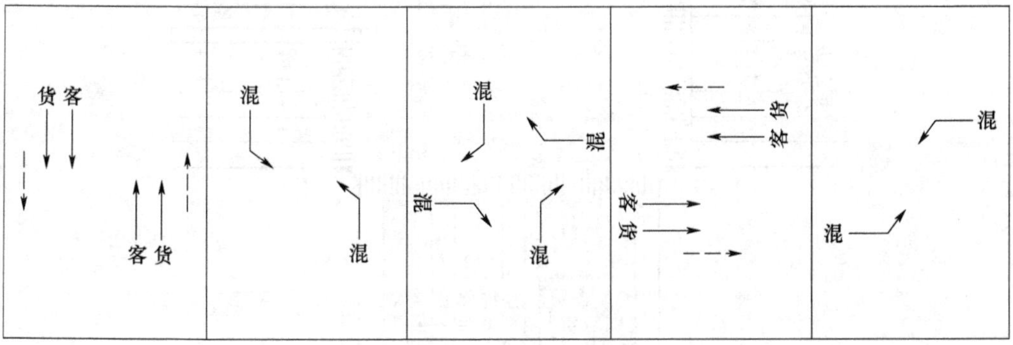

图 5-16　客货同时放行（五相位）

5.4.4　交叉口交通组织方案评价

为分析交叉口交通组织方案的效率与安全性，本书利用 VISSIM 仿真软件进行模拟，对不同交通密度条件下各进口道与出口道的组合方案进行比较。为方便研究，本书假定交叉口四个进口道与出口道的渠化方案分别一致。

1）仿真模型设置

（1）仿真场景构建

根据交叉口进口道和出口道的分离形式，构建六种不同的仿真场景，如图 5-17 ~ 图 5-19 所示。其中，方案一为进口道客货完全分离，出口道混行场景；方案二为进口道客货完全分离，出口道客货不完全分离场景；方案三为进口道和出口道皆客货完全分离场景；方案四为进口道客货不完全分离，出口道混行场景；方案五为进口道和出口道皆客货不完全分离场景；方案六为进口道客货不完全分离，出口道客货完全分离场景。

（2）信号相位设置

仿真模型的信号配时采用 Webster 法进行计算，假定交叉口进口道饱和流量的 0.15 倍为低密度状态的流量，而高密度状态的流量则为饱和流量的 0.2 倍。根据相关规定，机动车通过交叉口时的车速不超过 40km/h，故每个相位黄灯时长取 3s；由于货车行驶速度较慢，为防止其在规定的绿灯时间内无法顺利通过交叉口，设置 1s 的全红灯时间。根据 Webster 信号配时法，高密度和低密度时的绿灯时长计算结果如表 5-5 所示。

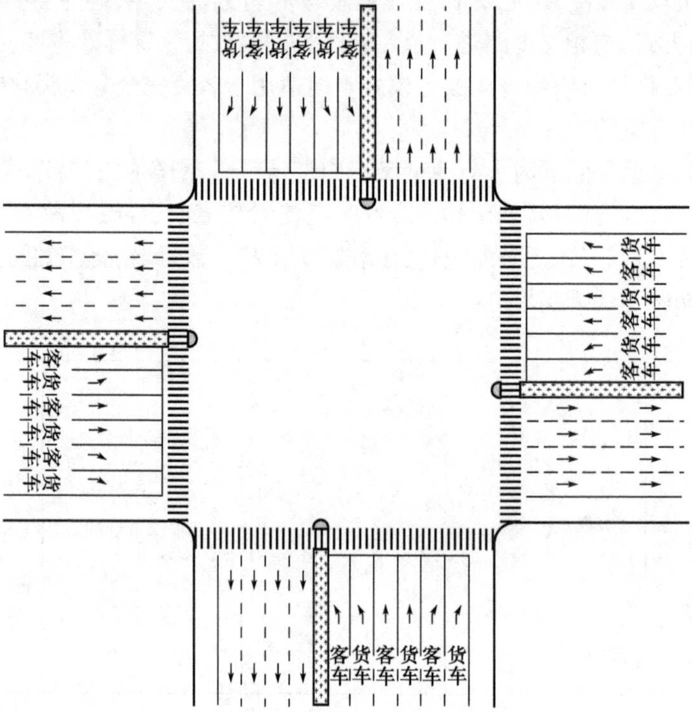

a) 方案一

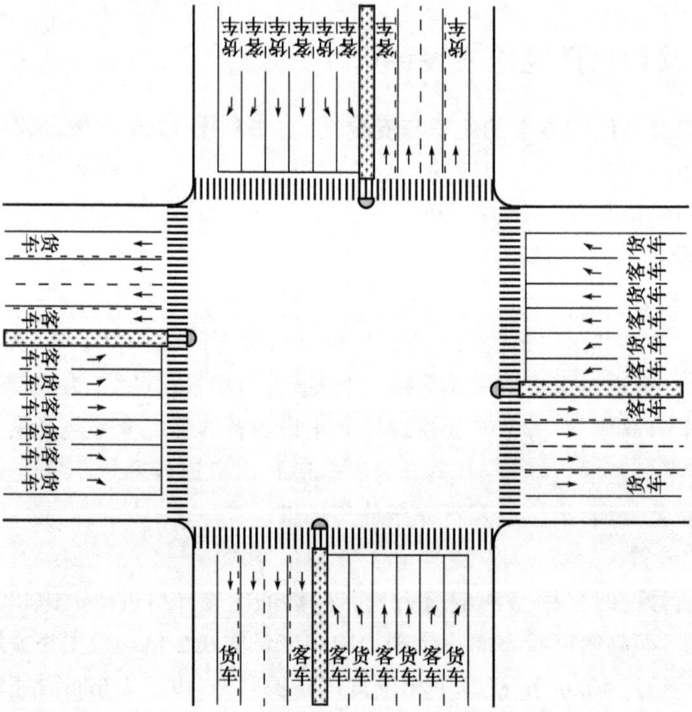

b) 方案二

图 5-17　方案一、方案二仿真场景

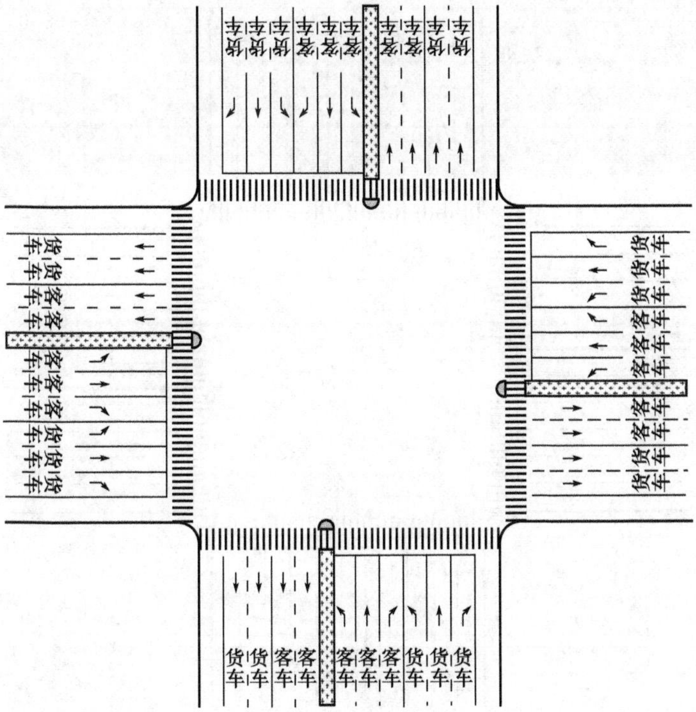

a) 方案三

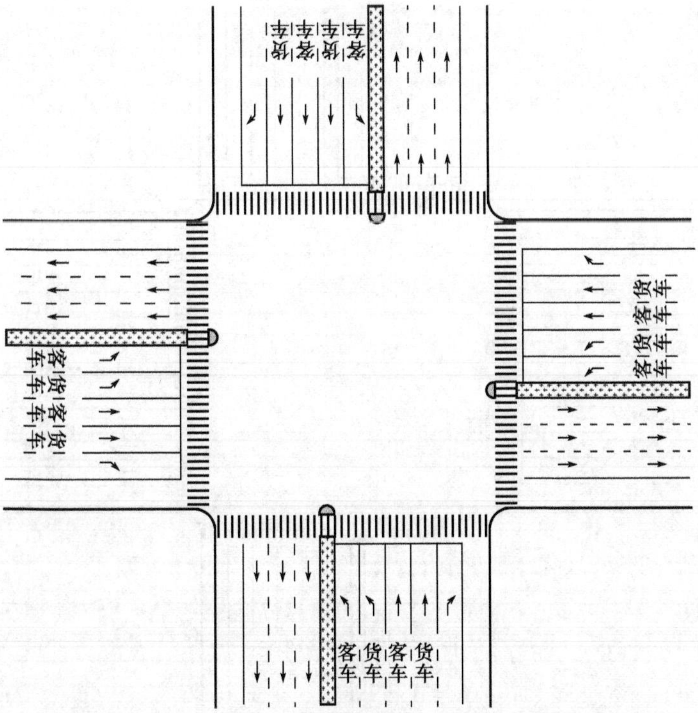

b) 方案四

图 5-18 方案三、方案四仿真场景

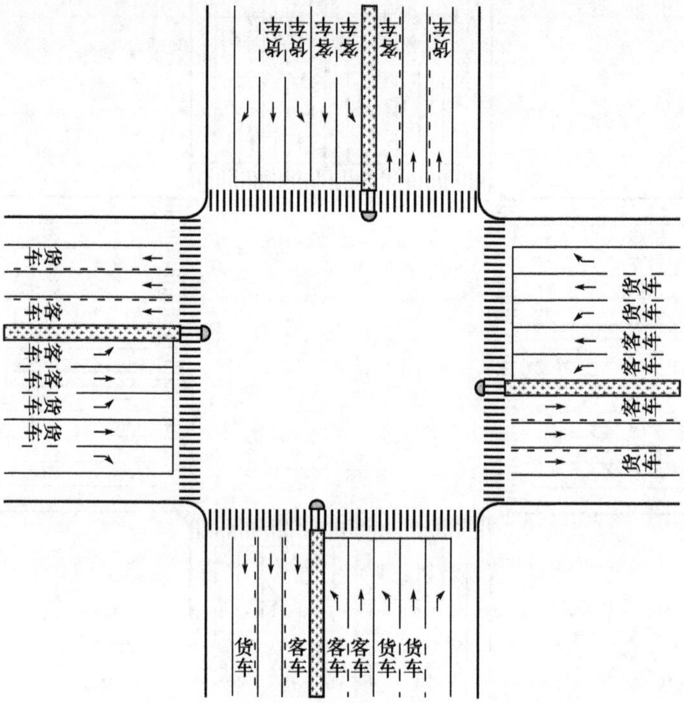

a) 方案五

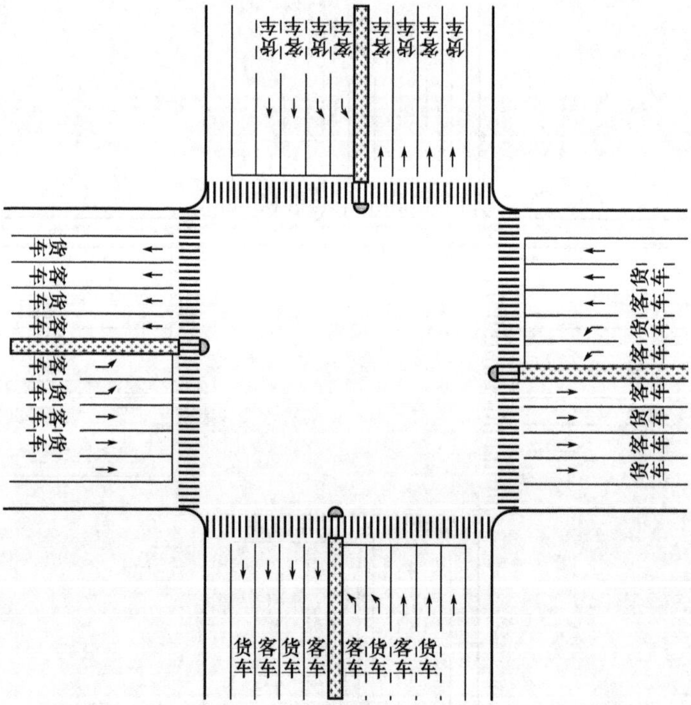

b) 方案六

图 5-19　方案五、方案六仿真场景

仿真模型信号配时　　　　表5-5

密度	周　期　数	总损失时间(s)	最佳周期时长(s)	相位绿灯时长(s)
低密度	4	16	72	14
高密度	4	16	148	33

2)交叉口评价指标

(1)效率评价指标

①平均排队长度

排队长度是拥堵程度的直观反映,因此该指标不但是评价交叉口运行状态的重要指标,很多学者进行渠化和信号优化时也以该指标为优化目标。基于不同的分布形式,可以将排队长度分为平均排队长度、任意百分位排队长度等评价参数。这些参数都可以用来量化交叉口的运行状态。这里选取平均排队长度作为交叉口效率评价指标。

②平均延误

延误的定义是假设交叉口不受信号控制时,车辆一次性通过该交叉口的时间与实际时间的差值。差值的大小与车辆到达率和交叉口本身的通行能力有关。延误的大小能够直观反映交通组织方案的质量,是交叉口评价的一个重要衡量指标。延误计算三角形如图5-20所示。

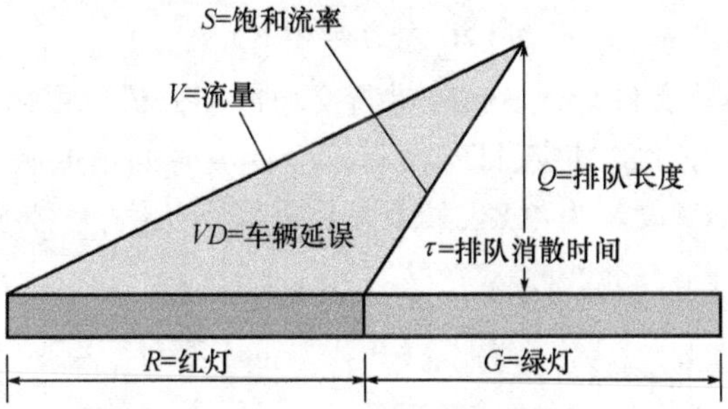

图5-20　延误与车辆到达率关系图

R-红灯时间;G-绿灯时间

根据Webster延误计算公式,可将平均延误 $\bar{t}_u$ 表达为:

$$\bar{t}_u = \frac{\sum t_u}{vC} = \frac{vsR^2}{2C(s-v)} = \frac{C(1-\lambda)^2}{2(1-x\lambda)} \tag{5-22}$$

式中:s——饱和流量;

vC——一周期内到达车辆数;

C——周期;

λ——绿信比;

x——饱和度。

(2)安全评价指标

①车速离散系数

车速离散系数反映交叉口进口道和内部车辆速度的离散程度。与路段速度标准差相同,交叉口中的车辆离散系数同样与事故发生概率呈强烈的正相关。而交叉口事故发生概率往往难以统计预测,故采用相对车速离散系数CV为交叉口安全评价指标,CV计算公式如下:

$$CV = \frac{\sigma}{\bar{v}} = \frac{\sqrt{\frac{\sum_{i=1}^{n}(v_i - \bar{v})^2}{n-1}}}{\bar{v}} \tag{5-23}$$

式中：σ——车速标准差；

n——交通量。

②冲突率

交通冲突指车辆行驶过程中与其余车辆相互接近，无法及时采取制动、换道等行为，从而造成碰撞事故发生的现象。车公里冲突数与交通事故率存在相关性，车公里冲突数越高，事故率也越高。而在仿真的过程中，事故数据往往难以预测，故以冲突率代替事故率进行交叉口安全评价。本书采用美国公路局开发的 SSAM(Surrogate Safety Assessment Model)模型进行冲突数预测，该模型的基本原理是通过冲突时间与角度以及两车遭遇时间加以特定的算法，进行冲突数识别。具体仿真流程如图 5-21 所示。

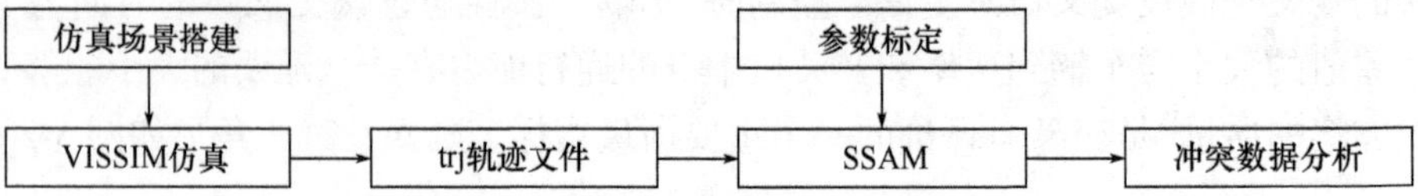

图 5-21　交通冲突仿真流程

将 VISSIM 输出的轨迹文件导入 SSAM 进行交通冲突分析。根据相关研究，将侧击冲突定义为冲突角大于 15°时所发生的冲突，即当两车发生冲突时的角度满足该阈值时，判定冲突成立。将最大冲突时间(TTC)设定为 4.8s，其余参数采取默认值，具体参数设定如图 5-22 所示。

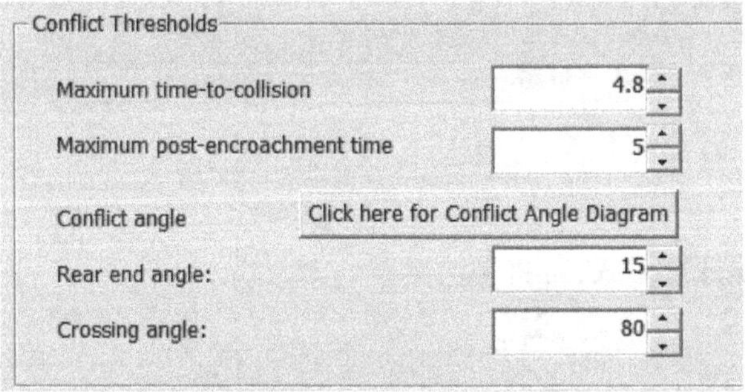

图 5-22　SSAM 参数设置

选取每小时发生的冲突数量与交通量的比值作为交叉口安全指标，表达式为：

$$f = \frac{TC}{Q} \tag{5-24}$$

式中：f——交叉口冲突率[次/(veh · h)]；

TC——冲突数；

Q——流量。

3）效率性分析

（1）平均延误

通过仿真得出交叉口平均延误如图 5-23 所示。

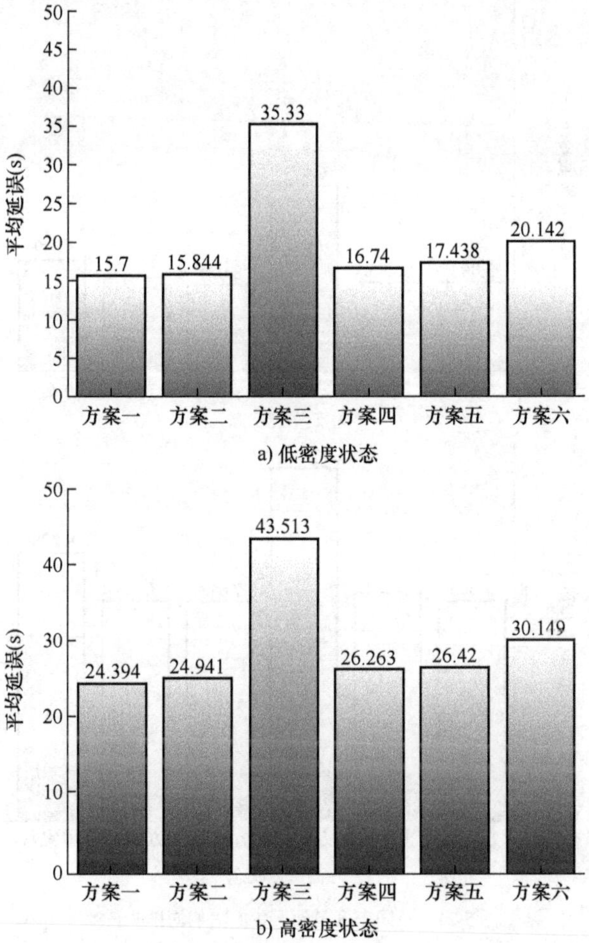

图 5-23 不同密度条件下各方案平均延误

可以明显看出,不论是低密度还是高密度状态下,方案三的平均延误都是最大的,方案六次之。这两个方案无一例外都是交叉口出口道客货完全分离。造成这一现象的主要原因是出口道的设置方式使得车辆驶入交叉口内部的流线受到限制,且因对应车型的出口车道较少,车流进入交叉口后不能很好地进行排放。进口道客货完全分离的方案相较于客货不完全分离方案平均延误较低,且相同进口道组织模式下,出口道混行和出口道客货不完全分离方案的交叉口平均延误基本相同,进口道客货完全分离和出口道混行的组合平均延误最小。

(2)平均排队长度

通过仿真得出交叉口平均排队长度如图 5-24 所示。

方案三和方案六的交叉口平均排队长度依旧是所有方案中最大的,结合上文对平均延误的分析可以说明,设置出口道客货完全分离会对交叉口的通行效率产生很大的影响。其余四个方案的平均排队长度较为均衡,进口道客货不完全分离方案的平均排队长度相较于进口道客货完全分离方案有略微优势。而在相同的进口道组织模式下,除客货完全分离以外,不同出口道组织模式对交叉口平均排队长度几乎没有影响。

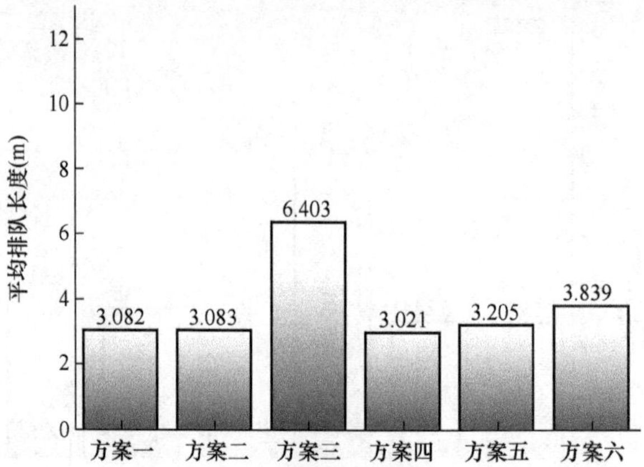

a) 低密度状态

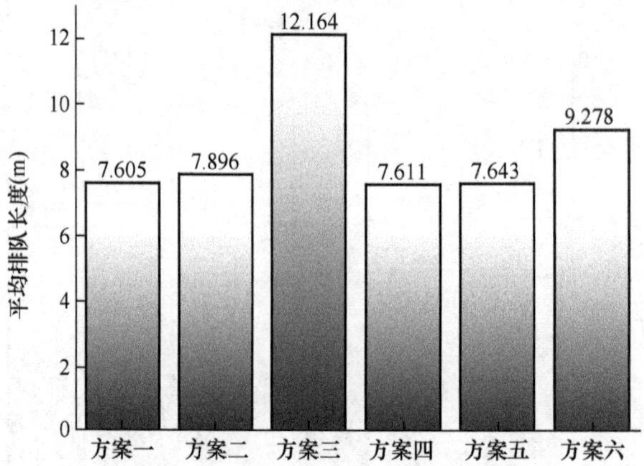

b) 高密度状态

图 5-24　不同密度条件下各方案平均排队长度

4)安全性分析

(1)车速离散性系数

通过仿真得出交叉口车速离散性系数如图 5-25 所示。

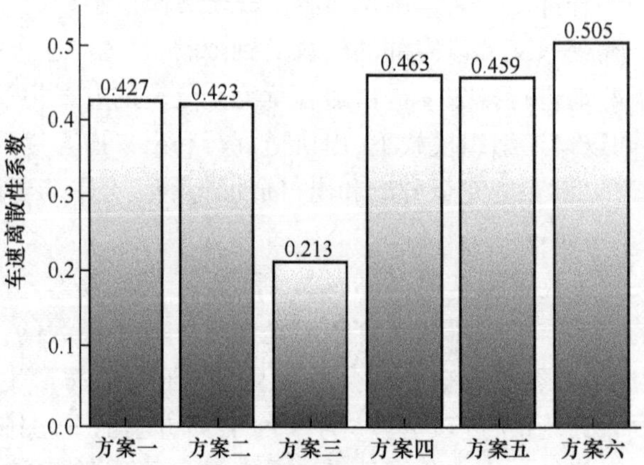

a) 低密度状态

图　5-25

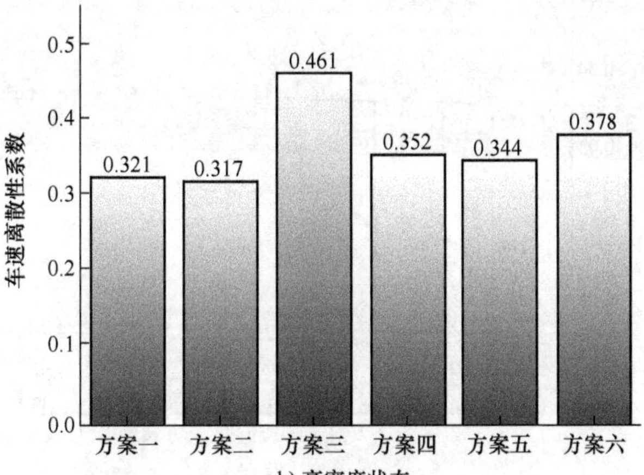

b) 高密度状态

图5-25　不同密度条件下各方案车速离散性系数

离散性系数越大,车辆发生事故的可能性越大。从上图可以看出,在低密度条件下,同时在交叉口进口道和出口道设置客货完全分离组织的方案相较于其余方案有绝对优势,能够有效降低交叉口的车速离散性系数,提高交叉口安全性,但随着车流密度的升高,该方案的安全性也急剧下降。因此,该方案仅对车流密度较低的交叉口适用性较高。其余设置出口道客货同时分离的方案,车速离散性系数都相对较高,而在相同的进口道组织模式下,对出口道实施客货不完全分离设置要略优于不对出口道实施车道管制的情况。

(2)冲突率

将仿真输出的轨迹文件导入SSAM进行冲突识别,计算后各方案的冲突率指标如图5-26所示。

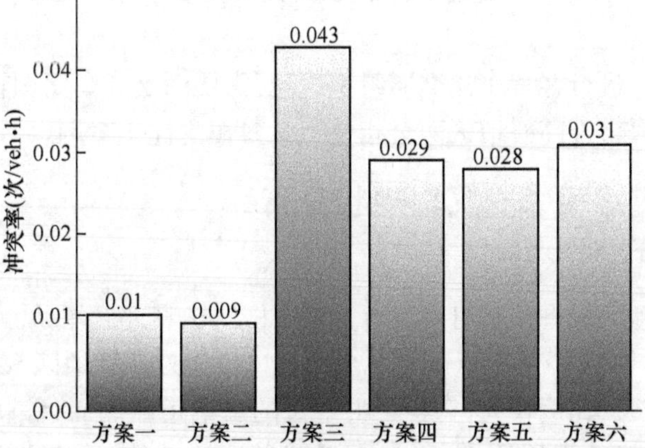

a) 低密度状态

图　5-26

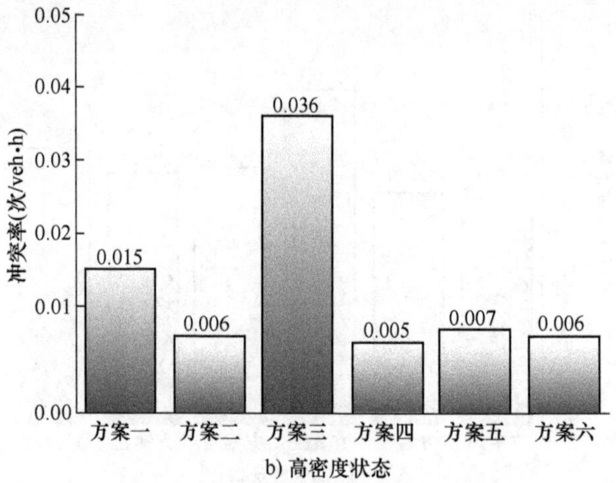

图 5-26　不同密度条件下各方案冲突率

可以看出,方案三的冲突率在低密度和高密度状态下都是最大的,结合上文对各方案效率指标的分析可以说明,同时对进口道和出口道实施客货完全分离管制的方案的效率与安全性相较于其余方案处于绝对劣势,因此适用性较差。随着交叉口车流密度的增大,除方案一冲突率有些许上升外,其余方案的指标数值都有所下降。主要是因为较大的车流密度导致车流行驶受限,行车速度较慢,所以造成交通冲突的可能性减少。

结合上文对效率与安全指标的分析,对交叉口交通组织方案的适用性进行评价:当交叉口货车数量较大时,不论是客货完全分离还是客货不完全分离方案都能够有效提升交叉口安全性能。当交叉口流量小时,客货不完全分离方案较优,而当交叉口流量较大、密度较高时,宜设置客货完全分离交通组织。

5.5　疏港道路交叉口交通组织优化实例分析

对疏港道路交叉口进行客货车流交通组织优化,需要满足货车比例较高、车流量较大等要求,因此,本节选取上海市外高桥地区两个相邻交叉口作为优化案例。

5.5.1　疏港道路相邻交叉口现状分析

1)交叉口基本情况及存在问题

本节选取外高桥地区较有代表性的两个交叉口,即杨高北路-港城路和杨高北路-海徐路交叉口作为研究对象,如图 5-27 所示。这两个交叉口位于外高桥地区 S20 外环高速与杨高北路交界处,货车数量较多、比例较大,符合本书定义的疏港道路。而且港城路和海徐路是很多物流园区和集装箱堆场的连接通道,不仅承担起通达的功能,更多的是承担起集散道路的功能。

在整个外高桥保税区的路网中,港区与 S20 外环高速的连接通道间距过大,导致港区与外界的通道较为单一,又因路网腹地狭窄,造成内部交通没有足够的缓冲条件、保障度较低等诸多问题,直接对这两个交叉口的通行效率造成了严重影响。由于受到外高桥保税区物流集疏运的影响,货车数量逐年增长,客货混杂严重,又因两个交叉口间路段长度较短,容易产生车流聚集,从而形成道路阻塞。

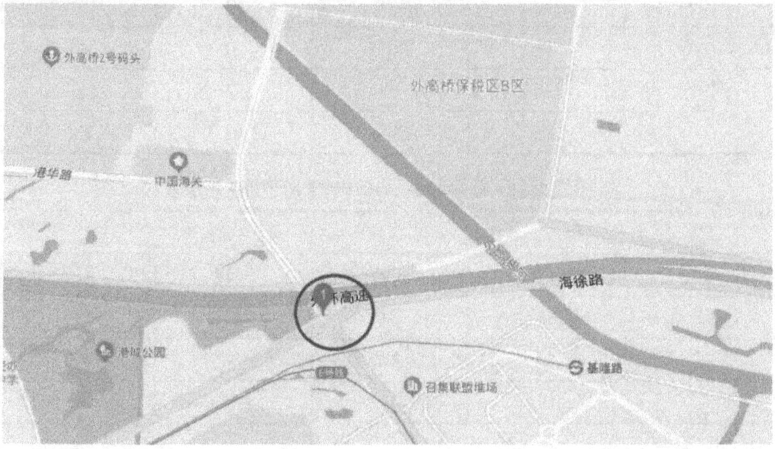

图 5-27　杨高北路交叉口位置

2)交叉口渠化现状

经调查,杨高北路-港城路交叉口东进口无右转车道,而杨高北路-海徐路交叉口东西向为单向行驶道路,具体渠化如图 5-28 所示。

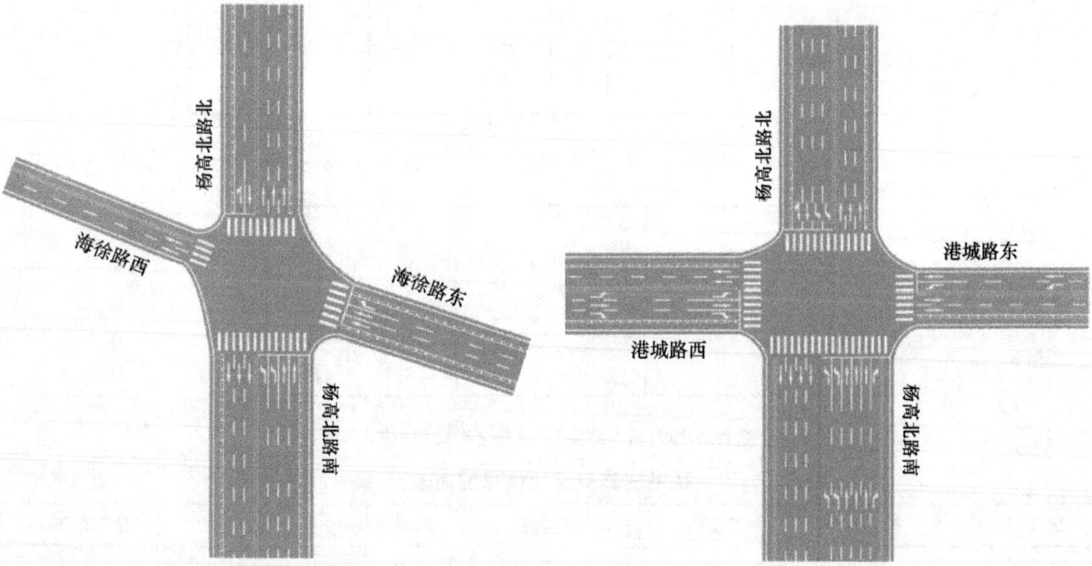

a) 杨高北路-海徐路　　b) 杨高北路-港城路

图 5-28　交叉口渠化现状图

3)交通量调查

为满足仿真需求,本书针对杨高北路-港城路和杨高北路-海徐路交叉口进行调查,获取分车型分流向的交通量数据,结果如表 5-6、表 5-7 所示。

杨高北路-港城路交叉口数据调查表(辆)　　表5-6

车型 进口道	客车			货车		
	左转	直行	右转	左转	直行	右转
南	109	353	128	59	81	28
北	4	36	198	148	40	28
东	131	115	—	37	53	—
西	75	48	367	42	260	72

杨高北路-海徐路交叉口数据调查表(辆)　　表5-7

车型 进口道	客车			货车		
	左转	直行	右转	左转	直行	右转
南	85	64	—	42	136	—
北	—	40	24	—	200	16
东	—	19	31	—	72	188

4)相位及信号配时

当前港城路交叉口采用四相位信号配时,海徐路交叉口采用三相位信号配时,皆未设置非机动车专用相位。具体的相位设置和信号配时如图5-29、图5-30和表5-8所示。

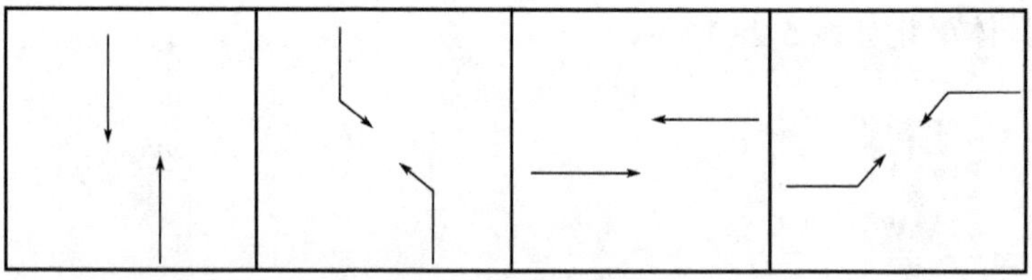

图5-29　杨高北路-港城路交叉口相位图

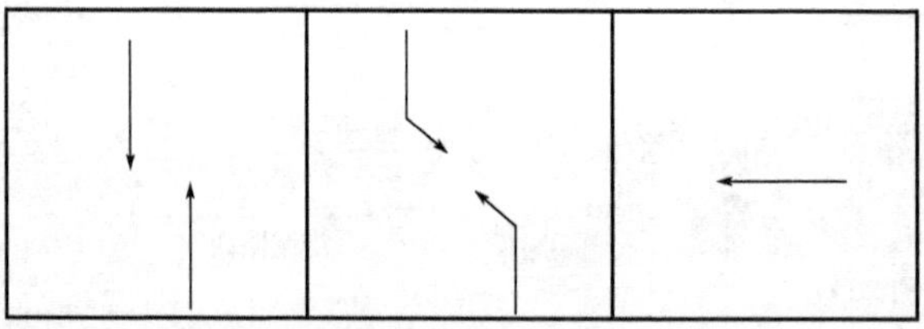

图5-30　杨高北路-海徐路交叉口相位图

疏港道路交叉口信号配时表　　表5-8

交叉口名称	第一相位	第二相位	第三相位	第四相位	黄灯时长	全红灯时间
港城路	45s	35s	42s	45s	3s	—
海徐路	105s	32s	35s	—	3s	2s

5.5.2　疏港道路相邻交叉口交通组织优化

经过实地调查发现,杨高北路-港城路和杨高北路-海徐路交叉口客货交通混杂,又因临近各集装箱堆场,导致个别流向的货车占比较大,客货干扰严重,因此需要进行客货分离设计。

1)针对交叉口的交通组织

本书研究的内容是在不进行大量施工的前提下对疏港道路交叉口进行客货分离交通组织设计,即在不改变交叉口进出口车道总数的条件下进行组织。故符合研究条件的对象为:杨高北路-港城路交叉口的南北进口和杨高北路-海徐路交叉口的南北进口。针对交叉口的交通组织优化具体方法如下。

(1)货车左转专用道

根据上文给出的货车左转专用道设置临界条件,进行进口道左转矫正系数计算,海徐路交叉口东西向为单向道路,未设置左转车道,无须进行设计。结果如表5-9所示,三个进口道皆满足式(5-18)所给出的分道条件。故对其实施客货分离交通组织,并适当将左转车道右置以增大转弯半径。

疏港道路交叉口左转车道客货分离计算结果 表5-9

交叉口名称	进口道	货车比例	左转半径(m)	混行车道矫正系数	货车专用道矫正系数	是否符合分道条件
港城路	南	35%	30	0.72460	0.66137	√
	北	97%	25	0.72469	0.66602	√
海徐路	南	34%	20	0.81799	0.69397	√

(2)直行进口道和出口道客货分离

经上文分析,同时在进口道和出口道设置客货不完全分离方案的效率和安全性都是较高的,且客货不完全分离相较于客货完全分离方案对于路段的交通组织有着很好的适应性,故对港城路和海徐路的南北出口设置客货不完全分离组织模式。直行进口道则根据客货车辆实际需求进行分配车道。

(3)非机动车和行人交通组织

①由于临近外高桥集装箱堆场,依旧有很多道路使用者采用非机动车的方式出行,因此需要设置非机动车专用道。而设置机非隔离栏的作用为在进行机非分离的同时减少大货车的视野盲区。

②由于并未设置非机动车和行人专用相位,因此非机动车通过交叉口时依然存在安全隐患,尤其是在疏港道路货车占比较大的情况下。为确保非机动车和行人的安全出行,针对非机动车与行人采用二次过街的放行模式。

2)针对路段的交通组织

杨高北路-港城路和杨高北路-海徐路交叉口间的距离较短,不易进行路段客货分离设计,但因海徐路东西向为单向道路,导致南进口无须考虑车辆右转,因此衔接方式较为简单。可将过渡段设置于道路展宽段,结合上游出口道客货不完全分离的组织模式,车辆行驶所需进行的强制换道较少。设置客货分道后,部分车辆须经过连续变道进入目标车道,对交叉口通行效率造成影响,因此需设置相应的交通标志进行提示,确保换道都在过渡段进行,具体渠化方案如图5-31所示。

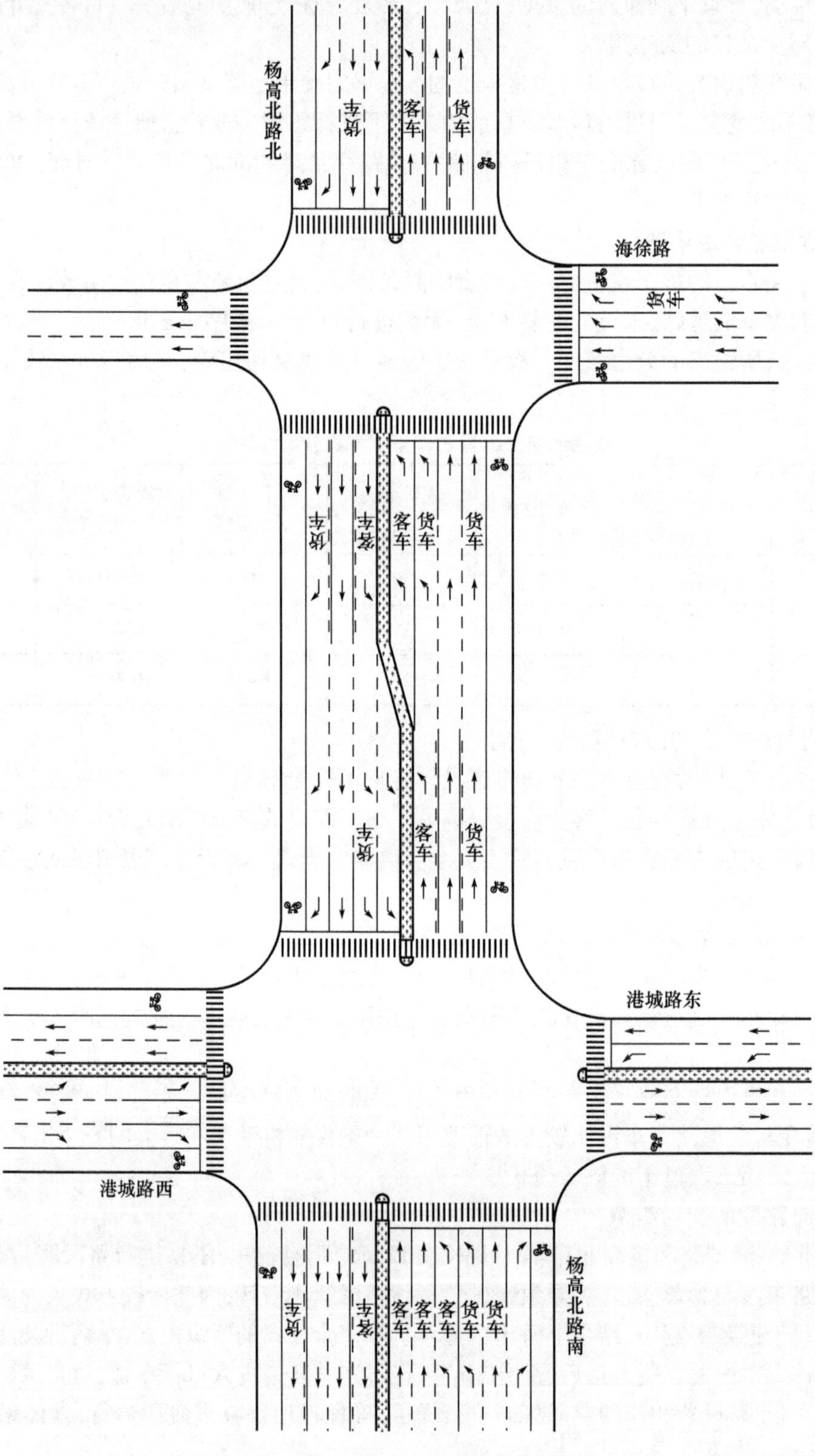

图 5-31　杨高北路-海徐路、杨高北路-港城路交叉口渠化优化方案

5.5.3 算例分析

1)仿真验证

(1)仿真模型构建

将优化前后的渠化图导入 VISSIM 作为底图,绘制疏港道路两个交叉口的仿真道路,依次设置路径、冲突域集和减速区等,驾驶行为参数与先前标定参数一致,如图 5-32 所示。让行方式与常规方式相同,右让左,左让直,机动车让非机动车。

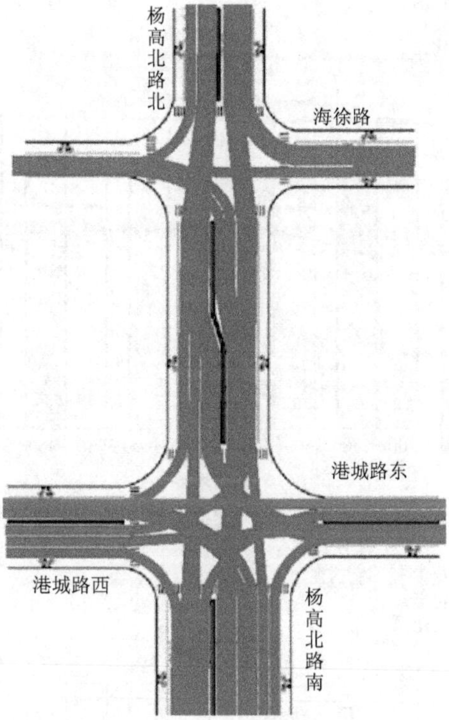

图 5-32 疏港道路仿真图

(2)仿真模型参数设置

设置车辆构成参数,具体如表 5-10 所示。交通量及组成根据上文调查的高峰时期交通量数据输入。

仿真模型车辆参数 表 5-10

车辆类型	期望车速(km/h)	左转车速(km/h)	右转车速(km/h)
客车	50	≤30	≤30
货车	30	≤20	≤30
非机动车及行人	5	—	—

设置行程时间和排队检测器,采集行程时间、延误和排队长度等数据。本书将行驶速度位于 2 ~ 5km/h 区间的车辆判定为处于排队状态,将速度小于 2km/h 的车辆判定为处于停车状态。

由于本书需求为单独评价渠化对道路交叉口的影响,因此信号相位设置仍采用原方案,即图 5-29、图 5-30 及表 5-8 所示相位与信号配时,不进行改变。

仿真时长设置为 4200s,前 600s 用于预热,采集后 3600s 数据为最终结果。

(3)仿真结果分析

VISSIM 仿真模型输出的仿真结果数据量较为庞大,因此进行汇总处理,并优化前后的比较分析。

①效率指标分析:平均延误时间和排队长度

将仿真所得延误时间按进口道进行归类,以 600s 为一个单位,得到优化前后平均延误时间对比,如图 5-33 所示。

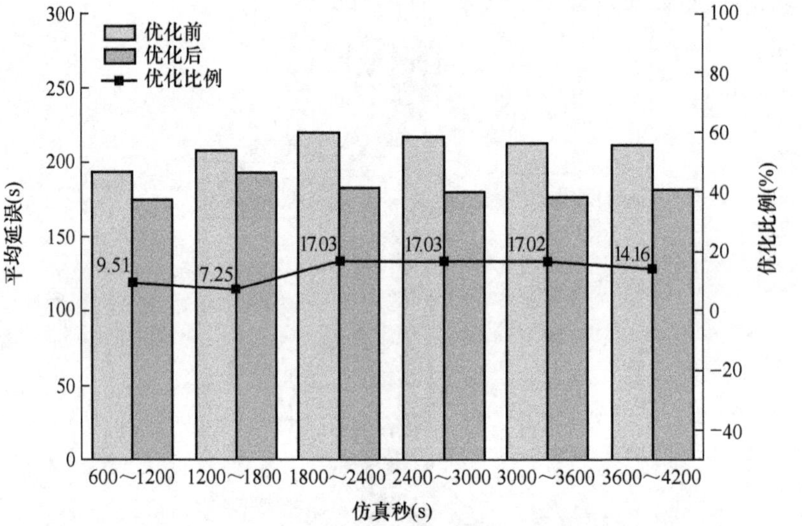

a) 港城路交叉口

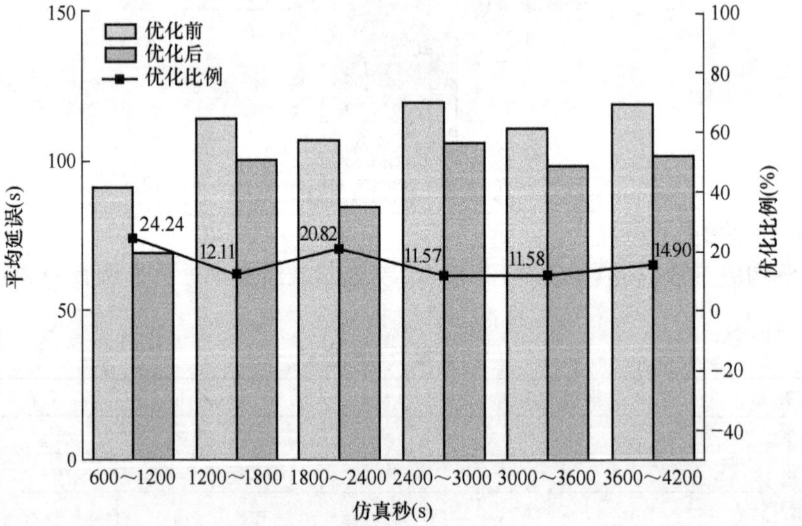

b) 海徐路交叉口

图 5-33　交叉口平均延误时间仿真结果

可以看出,经过客货分离优化后,港城路交叉口平均延误时间大约从 211.27s 下降至 182.14s,下降了约 13.67%;海徐路交叉口平均延误时间从 111.07s 下降至 93.85s,下降了约 15.87%。说明客货分离交通组织对降低疏港道路交叉口的延误时间、提升交叉口通行效率和服务水平有着显著效果。

将仿真所得排队长度按进口道进行归类，以 600s 为一个单位，得到优化前后平均排队长度和最大排队长度对比，如图 5-34 所示。

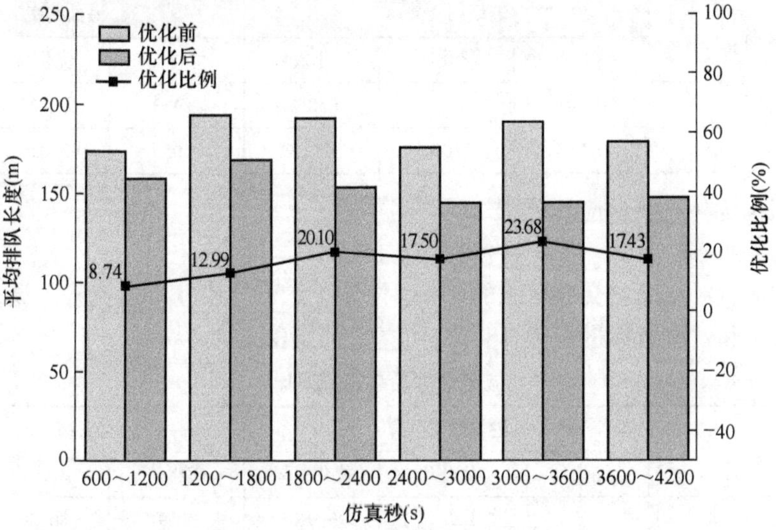

a) 港城路交叉口

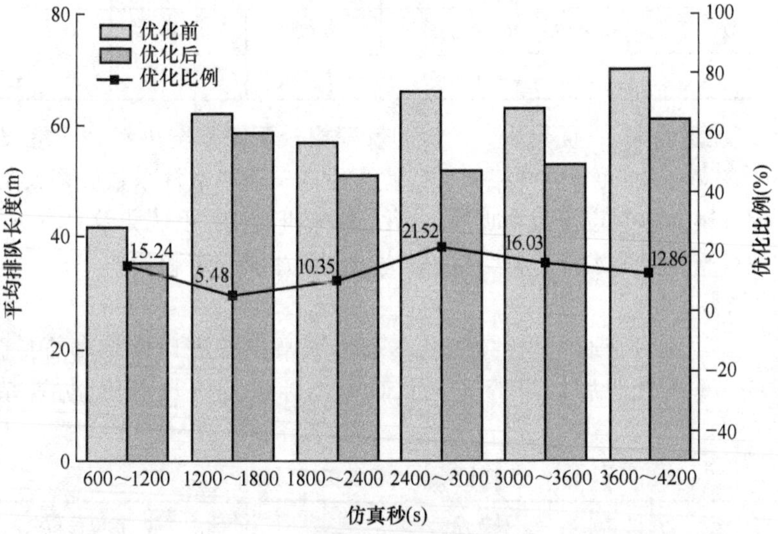

b) 海徐路交叉口

图 5-34　交叉口平均排队长度仿真结果

可以看出，经过优化，两个交叉口的平均排队长度显著降低。其中港城路交叉口效果更为明显，下降了约 16.74%；海徐路优化效果约为 13.58%。排队长度的减少，不但可以提升交叉口通行效率，还能减少对上下游相邻交叉口的影响。

②安全指标分析：车速离散性系数、冲突率

将 VISSIM 输出结果进行统计，计算得出杨高北路-港城路和杨高北路-海徐路交叉口的车速离散性系数，并将轨迹文件导入 SSAM 进行分析，得出交叉口交通冲突数量，统计结果如

表5-11所示。可以看出,经过客货车流运行组织优化后,各交叉口安全性指标均有不同程度的提升。

疏港道路交叉口优化前后各指标对比　　表5-11

安全指标	港城路交叉口			海徐路交叉口		
	优化前	优化后	优化效果	优化前	优化后	优化效果
车速离散性系数	0.381	0.378	0.8%	0.413	0.405	1.9%
冲突率(次/veh·h)	0.018	0.011	34.8%	0.055	0.050	7.9%

2)交通组织优化方案适应性分析

(1)流量影响

为了研究流量对交叉口交通组织的影响,本书将交叉口各进口道流量上调20%,对优化前后场景的安全和效率指标进行仿真对比,仿真结果如表5-12所示。

流量增加后各指标对比　　表5-12

指标	港城路交叉口			海徐路交叉口		
	优化前	优化后	优化效果	优化前	优化后	优化效果
平均延误(s)	151.7	142.75	5.9%	90.9	80.36	11.6%
平均排队长度(m)	167.5	162.5	3.0%	59	55	6.8%
车速离散性系数	0.3557	0.3558	-0.02%	0.3834	0.3795	1.02%
冲突率[次/(veh·h)]	0.0152	0.0131	13.6%	0.0417	0.0384	8%

可以看出,当流量上调后,优化后交叉口的效率相较于原方案仍然有一定程度的提升,但提升效果较小。在安全性方面,港城路交叉口优化后的车速离散性系数要稍大于原方案,但其余指标仍优于原方案。故判定流量增加后,优化方案依旧适用,但优化效果大不如前。这是由于流量的增加使得整体服务水平下降,从而对优化方案造成一定影响。

(2)货车比例影响

为了研究货车比例对交通组织的影响,本书将交叉口各进口道货车流量上调20%,客车流量下调20%,对优化前后场景的安全和效率指标进行仿真对比,仿真结果如表5-13所示。

货车比例增加后各指标对比　　表5-13

指标	港城路交叉口			海徐路交叉口		
	优化前	优化后	优化效果	优化前	优化后	优化效果
平均延误(s)	171.9	152.7	11.2%	80.5	72.0	10.6%
平均排队长度(m)	154.5	153.5	0.7%	49	47	4.1%
车速离散性系数	0.3857	0.3938	-2.1%	0.3752	0.3791	-1.03%
冲突率[次/(veh·h)]	0.0207	0.0181	12.8%	0.0553	0.0493	10.9%

可以看出,当货车比例上调后,不论是原方案还是优化方案,交叉口的效率和安全性都随之下降。其中,车速离散性系数指标的变化更为明显,优化效果为负,说明货车比例对于交通

安全的影响远远大于交通量的影响。但对其余指标来说,仍有一定程度的优化效果。

该实例以外高桥地区杨高北路-海徐路和杨高北路-港城路两个交叉口为例进行算例分析,以控制变量的方法研究在相同信号相位配时的条件下,客货分离交通组织对交叉口通行能力和安全性方面的优化程度,验证疏港道路交叉口交通组织方法的科学性。结果表明,在对两个交叉口进行了客货分离交通组织优化后,其通行效率和安全性都得到了不同程度的提升,即便是在加大流量和货车比例的情况下,优化方案也依旧适用,但优化效果有所降低。

第6章

货车队列行驶速度引导方案优化

6.1 单辆货车在下游交叉口停车状态判断

6.1.1 单辆货车停车状态分析

设路段全长 L,下游交叉口红灯剩余 r 秒,交叉口停车线前的排队货车有 n 辆,此时第 $n+1$ 辆货车驶入路段,其在路段上的行驶速度为 v,且采用恒定的加(减)速度 a_s 进行变速。第 $n+1$ 辆货车在下游交叉口停车线前的运行状态与信号灯状态和排队是否消散有关,有不停车匀速通过、完全停车但停车延误为零、完全停车且停车延误不为零和不完全停车四种可能情况。

第 $n+1$ 辆货车(本章简称“目标车辆”)在路段上以恒定速度 v 行驶至下游交叉口且排队尾并与排队尾车保持相应的安全距离。出于安全考虑,目标车辆在某些情况下需减速以防与排队尾车发生碰撞。目标车辆是否需要经历减速甚至停车才能安全通过交叉口,可以通过排队尾车从排队状态加速到速度 v 所经过的时间与目标车辆匀速行驶到下游并与排队尾车保持相应安全车头时距时所经过的时间之间的大小关系判断,具体思路如下。

从红灯剩余 r 秒开始到车队尾车加速到 v 所经过的时间 t_1 可通过下式计算得到:

$$t_1 = r + (n-1)\tau + \frac{v}{|a_s|} \tag{6-1}$$

式中:τ——车队的变速间隔,可按照式 $\tau = \frac{v}{2|a_s|}$ 计算得出;

a_s——此种情况下的加速度。

车队尾车加速至 v 时至停车线的距离 d_1 可通过下式计算得到:

$$d_1 = (n-1)l_0 - \frac{v^2}{2|a_s|} \tag{6-2}$$

式中:l_0——停车间距。

目标车辆匀速行驶到下游并与排队尾车保持安全车头时距时所行驶的距离 d_2 可通过下式计算得到:

$$d_2 = L - d_1 - l \tag{6-3}$$

式中：l——安全车头间距，可按照式 $l = l_0 + \frac{v^2}{2|a_s|}$ 计算得出。

则目标车辆匀速行驶到下游并与排队尾车保持安全车头时距时所经过的时间 t_2 可通过下式计算得到：

$$t_2 = \frac{d_2}{v} \tag{6-4}$$

当 $t_2 \geqslant t_1$ 时，目标车辆不停车以速度 v 匀速通过交叉口；当 $t_2 < t_1$ 时，目标车需减速通过交叉口。

目标车辆不停车匀速行驶到下游并与排队尾车保持安全车头间距的 v-t 图（速度变化图）和 s-t 图（距离变化图）如图 6-1 所示，其中 s-t 图的纵坐标表示距离停车线的长度。

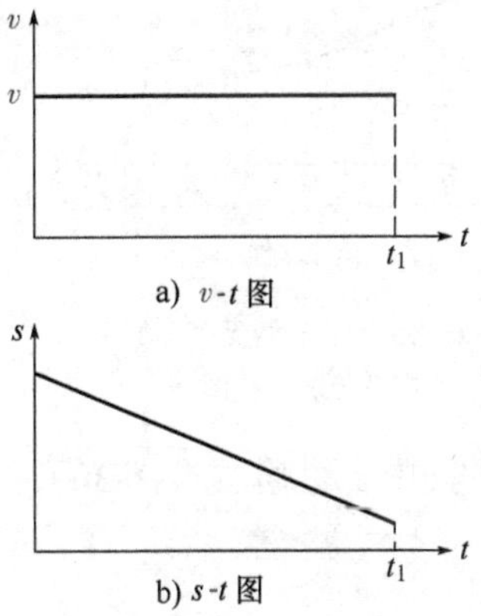

图 6-1　不停车匀速通过速度及距离变化图

目标车辆减速通过交叉口的行驶过程可分为三个阶段：以速度 v 匀速行驶的过程、由速度 v 匀减速至某一速度的减速过程、由该速度匀加速至速度 v 的加速过程。因此目标车辆是否完全停车以及是否有停车延误，都与这三个阶段的行驶距离及行驶时间有关。这三个阶段的行驶距离及行驶时间的计算方法如下。

目标车辆由速度 v 匀减速至零所用时间 t_3 以及由零匀加速至 v 所用时间 t_4 可通过下式计算得到：

$$t_3 = t_4 = \frac{v}{|a_s|} \tag{6-5}$$

目标车辆由速度 v 匀减速至零所行驶距离 d_3，以及由零匀加速至 v 所行驶距离 d_4 可通过下式计算得到：

$$d_3 = d_4 = \frac{v^2}{2|a_s|} \tag{6-6}$$

目标车辆匀速行驶到下游，减速至零并立即匀加速至 v 这一过程行驶的总距离为 d_2，则目标车辆在此过程中匀速行驶的距离 d_5 可通过下式计算得到：

$$d_5 = d_2 - d_3 - d_4 \tag{6-7}$$

则目标车辆在这个过程中匀速行驶的时间 t_5 可通过下式计算得到：

$$t_5 = \frac{d_5}{v} \tag{6-8}$$

当 $t_3 + t_4 + t_5 = t_1$ 时，目标车辆完全停车，但无停车延误。其 v-t 图和 s-t 图如图 6-2 所示。

当 $t_3 + t_4 + t_5 < t_1$ 时，目标车辆完全停车，且有停车延误。停车延误时间 D 可通过下式计算得到：

$$D = t_1 - t_3 - t_4 - t_5 \tag{6-9}$$

目标车辆完全停车且有停车延误的 v-t 图和 s-t 图如图 6-3 所示。

当 $t_3 + t_4 + t_5 > t_1$ 时，则目标车辆不完全停车，即目标车辆由 v 匀减速至某一速度 v_x（$v_x > 0$），又立即开始匀加速至 v。其 v-t 图和 s-t 图如图 6-4 所示。

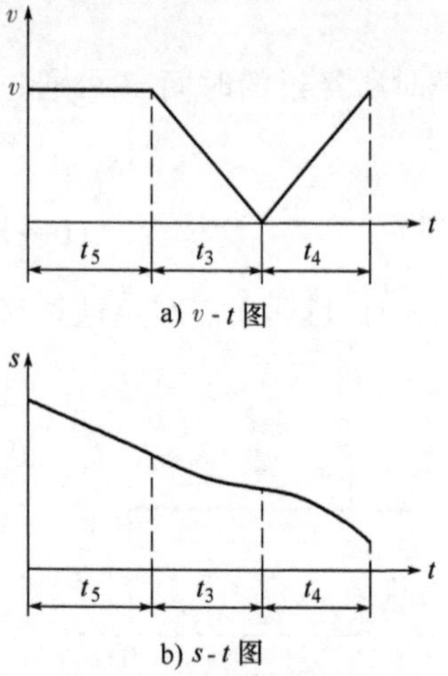

图 6-2　完全停车但无停车延误速度及距离变化图

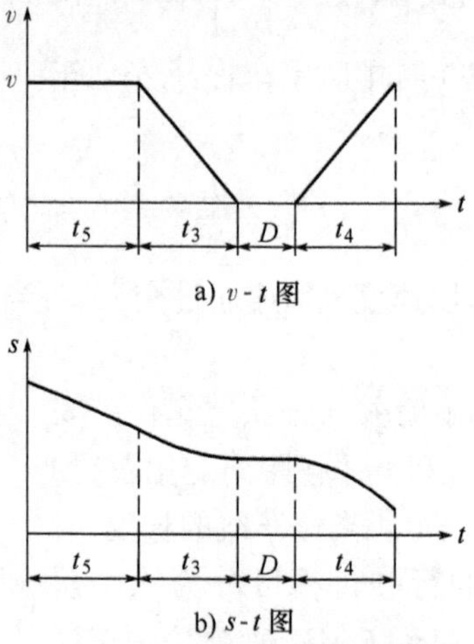

图 6-3　完全停车且有停车延误速度及距离变化图

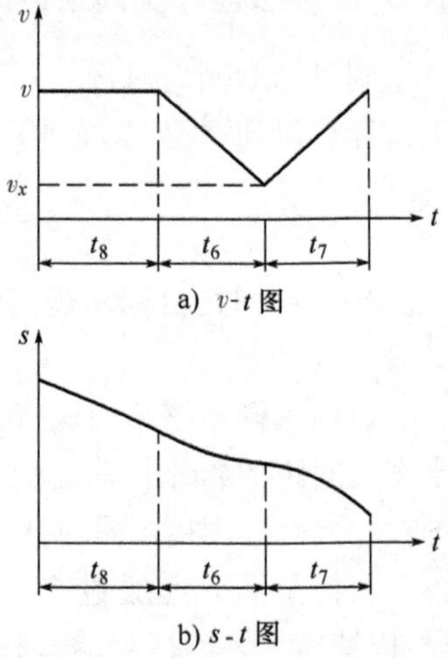

图 6-4　不完全停车速度及距离变化图

其中 v_x 可通过式(6-10) ~ 式(6-14)求解得到。

$$d_6 = d_7 = \frac{v^2 - v_x^2}{2|a_s|} \tag{6-10}$$

$$t_6 = t_7 = \frac{v - v_x}{|a_s|} \tag{6-11}$$

$$d_8 = d_2 - d_6 - d_7 \tag{6-12}$$

$$t_8 = \frac{d_8}{v} \tag{6-13}$$

$$t_6 + t_7 + t_8 = t_1 \tag{6-14}$$

可得到关于 v_x 的一元二次方程如下：

$$v_x^2 - 2vv_x + (L - n\,l_0 - rv)\,|a_s| + \frac{1-n}{2}v^2 = 0 \tag{6-15}$$

式中：t_6——目标车辆由速度 v 匀减速至 v_x 所经过的时间；

t_7——目标车辆由速度 v_x 匀加速至 v 所经过的时间；

d_6——目标车辆由速度 v 匀减速至 v_x 所行驶的距离；

d_7——目标车辆由速度 v_x 匀加速至 v 所行驶的距离；

t_8——在不完全停车这一过程中匀速行驶所经过的时间；

d_8——在不完全停车这一过程中匀速行驶所行驶的距离。

6.1.2　单辆货车在下游交叉口停车状态判断逻辑

单辆货车在路段交叉口处的运动状态逻辑分析图如图 6-5 所示。

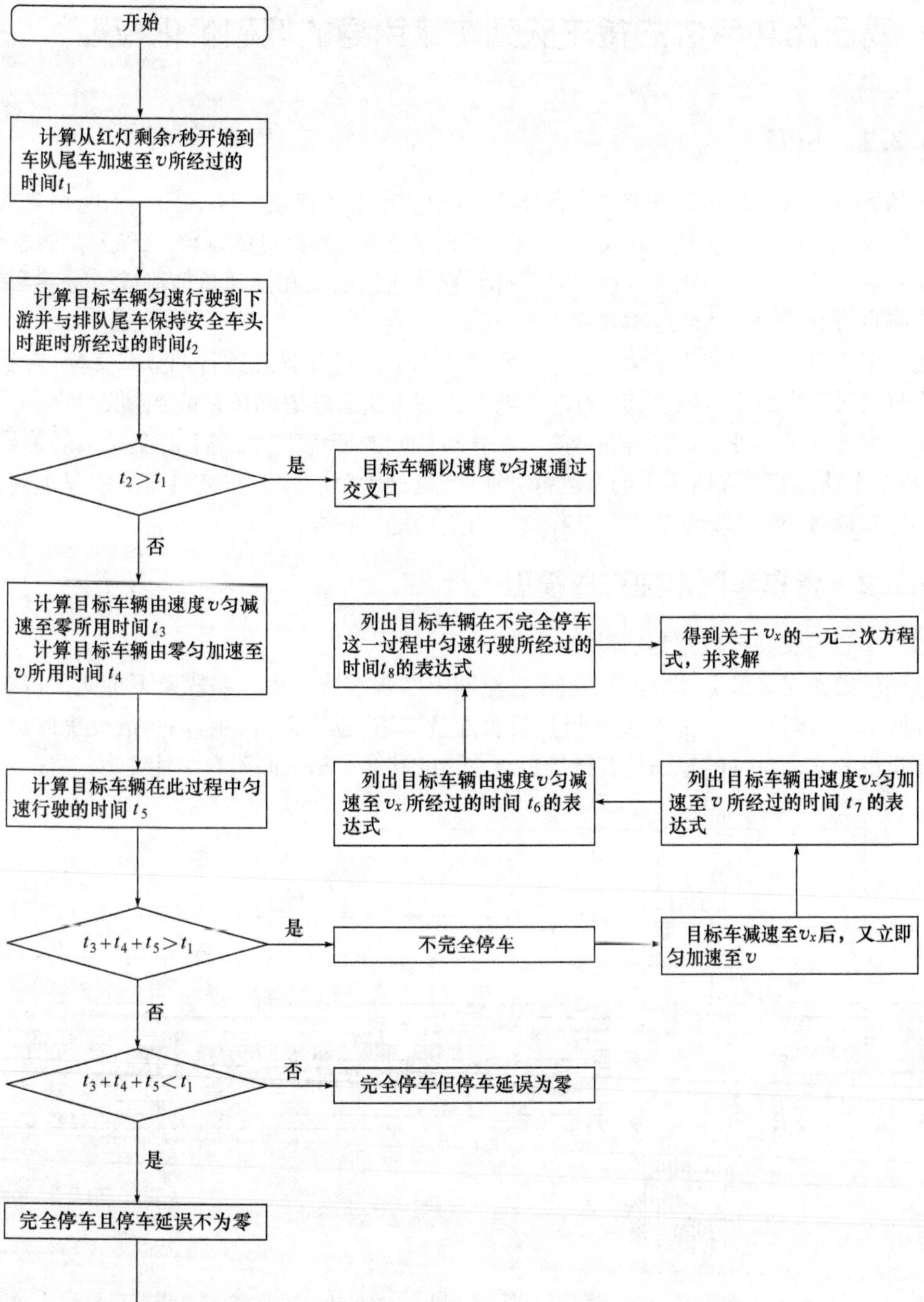

图6-5 单辆货车运动状态逻辑分析图

6.2 基于比功率法的货车队列车速引导的低碳优化模型

6.2.1 引言

在郊区低等级公路和疏港道路上,机动车流中货车占比较大。与小汽车相比,载重货车的制动性能较差,制动距离较长,在交叉口停车线前容易出现闯红灯的现象,交通安全隐患很大。并且载重货车的启动损失较大,行驶车速较低,容易在路段上和交叉口前造成缓行甚至拥堵,进而影响自身和其他车辆的运输效率。

对由多辆货车组成的货车队列在路段和交叉口上的行驶状态进行调节和管控,对于降低货车在行驶过程中的安全隐患、减少尾气排放、提高车流运输效率具有重要意义。

车速引导就是一种重要方法和措施。在车路协同的环境下,根据下游交叉口的信号灯状态,为货车车队推荐其在路段上的合适行驶速度,以最大限度减少交叉口前的停车车辆数,并借助不停车通过的形式降低货车车队在交叉口上的尾气排放。

6.2.2 货车车队车速引导模型

1)货车道与交叉口信号相位设置

在疏港道路交叉口上,设置货车道以在空间上实现客货分离。路段及下游交叉口布局如图 6-6 所示。在图 6-6 中,最左侧车道被设置成货车道,也可以将最右侧车道设置成货车道。将货车道设置在最左侧的好处是直行货车与右转的社会车辆之间不存在冲突。

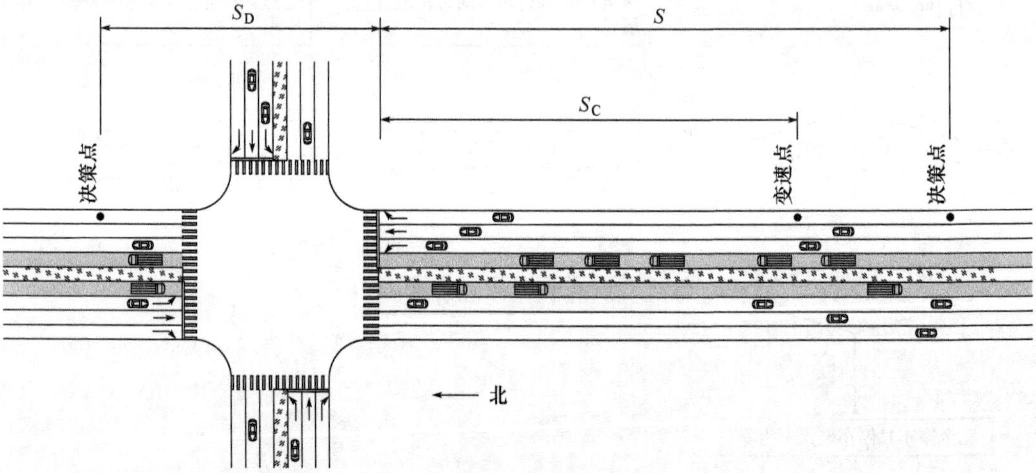

图 6-6 路段及下游交叉口布局

在图 6-6 中,决策断面距离停车线 S,变速断面距离停车线 S_C,决策断面与上游交叉口进口停车线距离 S_D。在决策断面,系统为货车车队在路段上的行驶过程进行最优决策。在变速断面,货车车队头车开始匀变速运动。

交叉口信号相位方案如图 6-7 所示,保证社会车辆和货车车队互不干扰。南北向道路上的货车车队在第一相位放行。货车车队与南北向直行的社会车辆同时获得通行权。

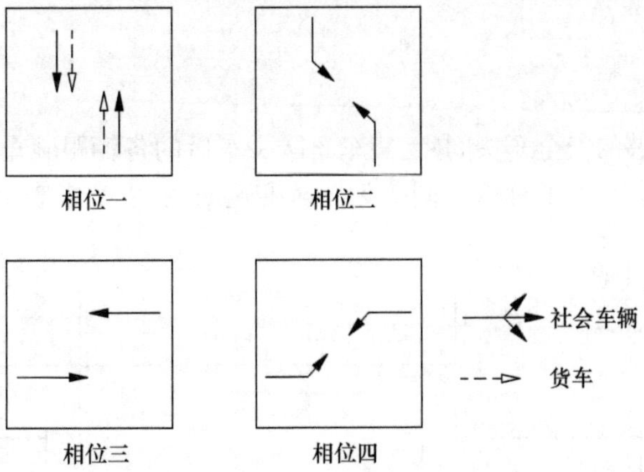

图 6-7 交叉口信号相位方案

2)货车车队车速引导策略

拟通过车速引导策略实现货车车队不停车通过交叉口。货车在变速断面至下游交叉口停车线之间的行驶状态与货车到达决策断面时下游交叉口的信号状态有关。在变速断面至下游交叉口停车线之间,货车车队可能加速、减速或匀速行驶。货车车队的车速引导策略如图 6-8 所示。

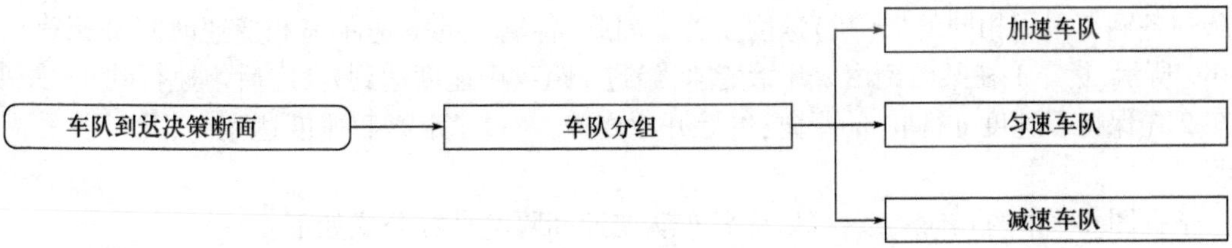

图 6-8 车速引导策略

如图 6-8 所示,加速策略和匀速策略都可实现车辆不停车通过交叉口。货车车队通过减速,尽可能不停车通过交叉口,或者在红灯期间的停车时间尽可能短。

当货车车队行驶至决策断面时,系统进行决策,为货车车队提供最优的车速引导方案,包括开始变速位置、加减速度、变速结束速度等。货车车队以指定速度 v 行驶至变速断面时开始加速或减速。变速过程结束后以变速结束时的速度 v_c 匀速驶过下游交叉口停车线,或在交叉口前减速直至停车以等候红灯,之后再在 S_D 距离内加速或减速至指定行驶速度 v。本书将下游交叉口停车线后的行驶过程称为速度恢复过程。因此,在两个相邻决策点之间的行驶过程可以分为路段上的匀速行驶过程、变速行驶过程以及交叉口上的速度恢复过程。

3)车队变速间隔的概念

在匀速行驶过程中,货车车队以同一速度和相同车头间距行驶。出于安全考虑,货车在紧急情况下需制动以防与前车追尾。则满足最小安全间距条件的车头间距 l 为:

$$l = l_0 + \frac{v^2}{2|a_s|} \tag{6-16}$$

式中：l——满足最小安全间距条件的车头间距（m）；

l_0——停车间距（m）；

a_s——减速度（m/s^2）；

v——匀速行驶速度（m/s）。

为了保证形成足够的安全车头间距，货车车队头车后的各辆跟驰车辆开始加速的时间并不同步，而是等间隔延迟，本书称这个间隔为车队变速间隔，以 τ 来表示。可以根据图 6-9 计算车队变速间隔。

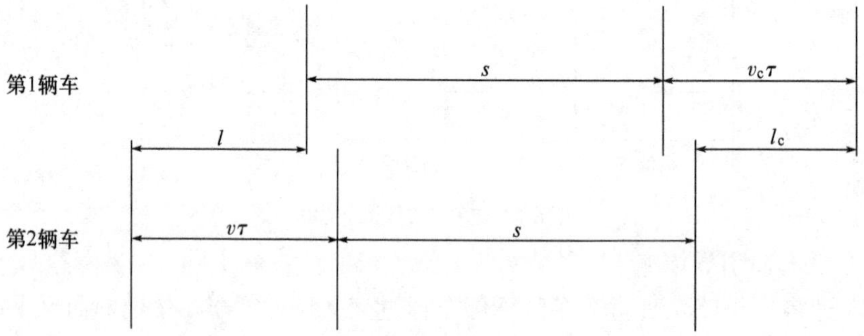

图 6-9　车队变速间隔计算原理

在图 6-9 中，货车 2 跟随货车 1 行驶。两辆货车在变速前的行驶速度为 v，对应的跟车间距为 l；变速后的行驶速度为 v_c，对应的跟车间距为 l_c。l 和 l_c 均满足式（6-1）。本书假定货车车队的各辆车采用相同的加（减）速度变速。因此，各辆车的变速距离和变速时间都相等。如图 6-9 所示，货车 1 在某时刻由 v 开始变速，经过 s 距离后速度达到 v_c，之后匀速行驶 $v_c\tau$ 距离。货车 2 先保持以速度 v 行驶 $v\tau$ 距离，然后开始变速，经过 s 距离后速度达到 v_c，此时前后辆车相距 l_c。

依据图 6-9 中的几何关系，可以推导车队变速间隔的计算公式如下：

$$\tau = \frac{v_c + v}{2|a_s|} \tag{6-17}$$

式中：τ——车队变速间隔（s）；

v_c——变速后车速（m/s）；

v——变速前车速（m/s）；

a_s——变速时的加（减）速度（m/s^2）。

4）车队运行状态分析

假设货车车队由 I 辆货车组成，以 q 表示车辆次序，$q = 1, 2, \cdots, I$。

（1）路段变速过程

车辆从速度 v 以加（减）速度 a 变速至 v_c。本书以 θ 表示车队是否变速，具体含义如式（6-18）~式（6-20）所示。

$$\theta = \begin{cases} 1 & a \neq 0 \\ 0 & a = 0 \end{cases} \tag{6-18}$$

$$t_1 = \frac{v_c - v}{a} \tag{6-19}$$

式中：t_1——变速工况的持续时间(s)。

$$s_1=\frac{v_c^2-v^2}{2a} \tag{6-20}$$

式中：s_1——变速工况持续时间内货车行驶的距离(m)。

在路段变速过程中，车队的变速间隔 τ_1 按照式(6-17)计算。

(2)交叉口前减速停车过程

由于无法匹配信号状态，减速车队应在交叉口前以减速度 a_s 从 v_c 或 v 减速至停车，以等候绿灯启亮。具体含义如下。

$$\eta=\begin{cases}1 & \text{减速停车}\\0 & \text{其他}\end{cases} \tag{6-21}$$

式中：η——第 q 辆车是否减速停车。

$$t_2=\frac{\theta v_c+(1-\theta)v}{|a_s|} \tag{6-22}$$

式中：t_2——减速工况的持续时间(s)。

$$s_2=\frac{\theta v_c^2+(1-\theta)v^2}{2|a_s|} \tag{6-23}$$

式中：s_2——减速工况持续时段内货车行驶的距离(m)。

$$\tau_2=\frac{\theta v_c+(1-\theta)v}{2|a_s|} \tag{6-24}$$

式中：τ_2——此种工况下车队的变速间隔(s)。

(3)停车线后速度恢复过程

在速度恢复过程，货车车队的各辆货车以加速度 a_s 从0(原来处于停车状态)或 v_c 变速至车队的指定速度 v，则有下式成立：

$$t_3=\frac{|v-(1-\eta)v_c|}{|a_s|} \tag{6-25}$$

式中：t_3——货车越过停车线后速度恢复过程的持续时间(s)。

$$\tau_3=\frac{v+(1-\eta)v_c}{2|a_s|} \tag{6-26}$$

式中：τ_3——货车速度恢复过程中车队的变速间隔(s)。

$$s_3=\frac{|v^2-(1-\eta)v_c^2|}{2|a_s|} \tag{6-27}$$

式中：s_3——速度恢复过程中车队中各辆车行驶的距离(m)。

(4)交叉口前怠速过程

货车车队在交叉口停车线前停车的过程中，发动机可能处于怠速运转状态。怠速过程的持续时间与信号灯状态有关，则有：

$$t_4=r_s+(q-1)(\tau_3-\tau_2) \tag{6-28}$$

式中：t_4——货车怠速时间(s)；

r_s——货车车队的头车开始怠速时红灯信号剩余时间(s)。

(5)匀速过程

货车在路段上的匀速行驶过程可能有三段。第一段是决策断面与变速断面之间以速度 v 匀速行驶的过程。货车车队头车的匀速行驶距离为 $S-S_C$。考虑到安全间距及车队变速间隔因素的影响,则有:

$$s_{51}=S-S_C+(1-\theta)(q-1)l+\theta(q-1)v\tau_1 \tag{6-29}$$

式中:$S-S_C$——货车车队头车的匀速行驶距离(m);

s_{51}——第 q 辆货车匀速行驶的距离(m)。

同时可以得到:

$$t_{51}=\frac{s_{51}}{v} \tag{6-30}$$

式中:t_{51}——货车在决策断面与变速断面之间以速度 v 匀速行驶的时间(s)。

第二段是变速断面至停车线之间匀速行驶的过程,则有:

$$s_{52}=S_C-\theta s_1+\theta(q-1)(l-v\tau_1)-\eta(s_2+nl_0)-(1-\eta)\theta(q-1)(l_c-v_c\tau_1) \tag{6-31}$$

式中:s_{52}——第 q 辆货车在变速断面至停车线之间匀速行驶的距离(m);

n——绿灯启亮时下游交叉口停车线前排队的货车车辆数(辆);

v_c——货车在变速断面至停车线之间以匀速状态行驶的速度(m/s)。

此段距离的匀速行驶时间可通过下式计算得到:

$$t_{52}=\frac{s_{52}}{\theta v_c+(1-\theta)v} \tag{6-32}$$

式中:t_{52}——货车在变速断面至停车线之间以匀速状态行驶的时间(s)。

第三段是停车线至下游路段的决策断面之间可能存在的以速度 v 匀速行驶的过程,则有:

$$s_{53}=(I-q)v[\eta\tau_3+\theta(1-\eta)\tau_1] \tag{6-33}$$

式中:s_{53}——第 q 辆货车在停车线至下游路段决策断面间以匀速状态行驶的距离(m)。

$$t_{53}=\frac{s_{53}}{v} \tag{6-34}$$

式中:t_{53}——第 q 辆货车在停车线至下游路段决策断面间以匀速状态所行驶的时间(s)。

综上,则可以得出货车在路段上的匀速行驶时的距离和时间,即下式成立:

$$s_5=s_{51}+s_{52}+s_{53} \tag{6-35}$$

式中:s_5——匀速过程的总行驶距离(m)。

$$t_5=t_{51}+t_{52}+t_{53} \tag{6-36}$$

式中:t_5——匀速过程的总持续时间(s)。

5)目标函数建模

本书模型优化车速引导方案目标为货车车队尽可能地在最短时间内不停车通过交叉口,并且在行驶过程中的尾气排放尽可能少、交叉口停车线至下游路段决策断面之间的速度恢复距离最短。

(1)货车车队的平均行程延误

货车车队在最短时间内通过交叉口即货车车队在路段上的延误最小。货车车队的平均行程延误的计算起止断面为上下游路段的决策断面,按照如式计算每辆货车的平均行程延误:

$$d = \frac{1}{I}\sum_{q}[(\theta t_1 + \eta t_2 + \theta t_3 + \eta t_4 + t_5) - \frac{\theta s_1 + \eta s_2 + \theta s_3 + s_5}{v_{\max}}] \tag{6-37}$$

式中：d——货车车队的平均停车延误(s)；

I——货车车队中的车辆数(辆)。

(2)货车车队的停车率

尽可能不停车即货车车队中停车的货车数尽可能少。则货车停车率由下式计算：

$$m = \sum_{q}\eta \tag{6-38}$$

式中：m——车队中停车的货车数(辆)。

$$p = \frac{m}{I} \tag{6-39}$$

式中：p——货车车队的停车率。

(3)速度恢复距离

交叉口停车线至下游路段决策点之间的速度恢复距离要尽可能短，以确保路段上货车车队的速度波动尽可能小，则有：

$$S_3 = \frac{1}{I}\sum_{q}s_3 \tag{6-40}$$

式中：S_3——货车车队中各辆货车的平均速度恢复距离(m)。

(4)货车车队尾气排放量

本书采用比功率法计算货车车队在路段上和交叉口前的尾气排放。比功率法建立了尾气排放与车辆工况之间的拟合关系，是被广泛应用的一种方法。车辆的比功率与瞬时速度、瞬时加速度、道路坡度有关。在不考虑坡度的影响下，孙凤[340]提供的重型车VSP一般计算公式如下：

$$\mathrm{VSP} = v(a + 0.09199) + 0.000169v^3 \tag{6-41}$$

式中：VSP——移动1t质量时车辆发动机所输出的功率(kW/t)。

根据唐天杰等提供的重型车VSP区间所对应的尾气排放率，建立了如表6-1所示的对应关系。

货车VSP区间对应的尾气排放率 表6-1

区间编号	区间范围	CO(mg/s)	HC(mg/s)	NO(mg/s)
1	(-∞，-8)	8.6786	5.0127	44.2768
2	[-8，-5)	9.0283	5.5034	43.2523
3	[-5，-2)	8.9884	5.3805	42.0335
4	[-2,1)	7.3873	5.1039	40.6007
5	[1,4)	9.2401	5.7104	44.0808
6	[4,6)	9.0259	5.9874	46.1806
7	[6,8)	10.5623	6.4208	51.5068
8	[8,11)	11.8142	6.7298	52.8005
9	[11,15)	12.7068	6.8145	52.8584
10	[15，+∞)	12.8536	6.6226	55.1278

货车车队在不同工况下的尾气排放量可按照下式计算：

$$E_x = \sum_{h=1}^{H} \left(e_h \sum_{q=1}^{I} t_{qxh} \right) \tag{6-42}$$

式中：E_x——x 工况下的尾气排放量，其中 $x=\{c,u,d,s\}$，c,u,d,s 为匀速工况、加速工况、减速工况和怠速工况；

h——比功率的区间编号，$h=1,2,...,H$；

e_h——第 h 区间的尾气排放率；

t_{qxh}——第 q 辆货车在 x 工况下处于第 h 区间的时间(s)。

因此，货车的平均尾气排放量可由下式计算：

$$e = \frac{E_c + E_u + E_d + E_s}{I} \tag{6-43}$$

式中：e——货车车队中货车的平均尾气排放量(g/s)。

(5)目标函数

对四个目标进行加权处理。因此，目标函数如下：

$$\min(\alpha \cdot d + \beta \cdot p + \gamma \cdot S_3 + \lambda \cdot e) \tag{6-44}$$

式中：α——赋予货车车队的平均行程延误的权重；

β——赋予货车车队的平均停车率的权重；

γ——赋予货车车队的平均速度恢复距离的权重；

λ——赋予货车车队的平均尾气排放量的权重。

6)决策变量

(1)变速开始位置

变速开始位置即变速断面位置，用 S_C 表示。

(2)加速度

加速度即匀变速过程的加速度，用 a 表示。正值 a_a 表示加速过程，负值 a_d 表示减速过程，为零则表示匀速行驶。

(3)变速结束速度

匀变速过程结束后货车车辆的行驶速度。匀加速过程结束时的速度用 v_{ca} 表示，匀减速过程结束时的速度用 v_{cd} 表示。

(4)加速、匀速、减速行驶的车辆数

根据如图 6-8 所示的分组策略的不同情况，货车车队可能分组为加速车队、匀速车队、减速车队，分别用 I_a、I_0、I_d 表示。这三个变量中的一个或两个取值为零，表示不存在相应的车队。

7)约束条件

(1)变速断面至停车线距离约束

变速断面至停车线距离需确保车队内的最后一辆货车能够实现预定的速度引导策略，并根据信号灯状态能在交叉口前安全停车，即：

$$\theta s_1 + s_{52} + \eta s_2 \leqslant S_C \leqslant S - s_{51} \tag{6-45}$$

(2)速度与加速度约束

考虑到车辆性能、安全性、经济性等原因，已有研究成果表明[341]，货车在路段上的行驶速度和加速度都有上下限,如式(6-46)、式(6-47)所示。

$$v_{min} \leqslant v_c \leqslant v_{max} \tag{6-46}$$

$$a_{min} \leqslant a \leqslant a_{max} \tag{6-47}$$

式中:v_{min}、v_{max}——货车车辆的最小和最大速度(m/s);

a_{min}、a_{max}——货车车辆的最小和最大加速度(m/s)。

(3)变速车辆数约束

货车车队中,加速、匀速、减速行驶的车辆数满足下列约束:

$$0 \leqslant I_a \leqslant I \tag{6-48}$$

$$0 \leqslant I_0 \leqslant I \tag{6-49}$$

$$0 \leqslant I_d \leqslant I \tag{6-50}$$

$$I_a + I_0 + I_d = I \tag{6-51}$$

加速、匀速、减速的货车车辆数可以为零,但三者之和为货车车队的规模。在序列上,第1辆至第 I_a 辆为加速货车,第 I_a+1 辆至第 I_a+I_0 辆为匀速行驶货车,第 I_a+I_0+1 辆至第 I 辆为减速货车。

(4)最后一辆货车匀速状态约束

货车车队的最后一辆货车在决策断面和变速断面之间存在匀速行驶状态,即

$$s_{51} \geqslant 0 \tag{6-52}$$

货车车队的最后一辆货车变速后的匀速行驶距离大于或等于零,以确保货车车队的最后一辆变速的货车有足够的距离变速至 v_c,即:

$$s_{52} \geqslant 0 \tag{6-53}$$

货车车队的最后一辆货车在交叉口停车线至下游路段的决策断面之间存在匀速行驶状态,以确保车队的每一辆货车的速度都恢复到 v,即:

$$s_3 + s_{53} \leqslant S_D \tag{6-54}$$

6.2.3　模型求解算法设计

本书应用遗传算法(Genetic Algorithm)求解所建立的货车车队速度引导模型。遗传算法作为一种仿生全局优化搜索算法,鲁棒性强,具有良好的并行性和通用性,被很多研究用来求解非线性规划问题。遗传算法模拟生物进化过程提出个体和种群的概念,每个个体都是问题的一个可能解,种群由若干个个体组成,是整个搜索空间的一个子集。为表征个体的优劣程度,借鉴生物个体对环境的适应程度作为衡量标准。个体与其适应度之间的对应关系被称为适应度函数。

遗传算法的基本流程主要包含三部分内容:初始化种群、评估个体适应度、遗传操作。其中,遗传操作又包含选择、交叉、变异操作。遗传操作的目的是生成子代种群。对子代种群继续评估适应度和进行遗传操作,直至达到最大遗传代数。

1)编码方案

本书采用实数编码的形式对决策变量编码。每个个体由加速车辆数 I_a、匀速车辆数 I_0、减速车辆数 I_d、决策断面至停车线的距离 S_C、加速度值 a_a、减速度值 a_d、加速结束时的速度 v_{ca}、减速结束时的速度 v_{cd} 这八个分量组成,如图6-10所示。

I_a	I_0	I_d	S_c	a_a	a_d	v_{ca}	v_{cd}

图 6-10 决策变量的个体编码方案

每个决策变量都可以在其取值范围内以相等概率取任何一个值,这可以借助服从均匀分布的随机数来实现。以加速度为例,其编码形式如下:

$$a = a_{min} + (a_{max} - a_{min}) \cdot \text{rand}() \tag{6-55}$$

式中:rand()——在[0, 1]区间内生成一个服从均匀分布的随机数。

2)评估个体适应度及遗传操作

评估个体适应度值即依据适应度函数计算每个个体的适应度大小。本书的目标函数为货车车队的平均行程延误、货车车队的平均停车率、货车车队的平均速度恢复距离、货车车队的平均尾气排放量的线性组合。很显然,每个目标变量的值越小,目标函数就越小,方案就越优。所以,本书将目标函数的倒数作为适应度函数,可得:

$$\text{Fitness}(x) = \frac{1}{\text{objective\_value}(x)} \tag{6-56}$$

式中:objective_value(x)——第 x 个个体对应的目标函数值;

Fitness(x)——第 x 个个体对应的适应度值;

x——代表第 x 个个体。

(1)选择操作

选择操作根据个体适应度的大小、按照优胜劣汰的原则筛选出更优个体进入子代种群。本书采用传统的轮盘赌法选择更优个体。轮盘赌法是一种广泛采用的方法,其基本思想在于每个个体被选择的概率与个体的适应度值大小成正比,即:

$$P(x) = \frac{\text{Fitness}(x)}{\sum_{y=1}^{\text{popsize}} \text{Fitness}(y)} \tag{6-57}$$

式中:x、y——popsize 规模大小种群中的第 x 和第 y 个个体;

$P(x)$——个体 x 被选中的概率。

(2)交叉操作

子代种群中的两个个体以一定概率进行交叉时,两个个体在相同位置分成两部分,并且两个个体的前半部分或后半部分发生互换。例如,第 1 个个体与第 2 个个体在第三和第四个基因之间进行的交叉过程如图 6-11 所示。为了便于示意,个体中每个基因(决策变量)增加了下标 1 和 2。

(3)变异操作

在交叉后的子代种群中,仿照基因突变按照一定概率对个体的某个基因进行变异处理。

$$a' = a_{min} + (a_{max} - a_{min}) \cdot [1 - \text{rand}()] \tag{6-58}$$

式中:a'——变异后的加速度(m/s)。

所有变异操作完成后,计算新的子代种群中各个个体的目标函数值和适应度值,如此循环,直至达到最大进化代数。至此,最后一代种群中的最优个体即最优解。

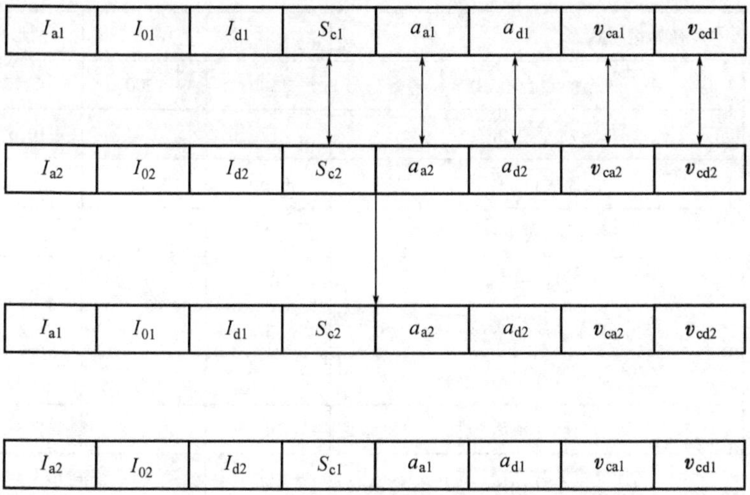

图6-11 交叉过程示意图

6.2.4 算例检验

本书采用 MATLAB 编程实现模型及求解算法,并通过算例对模型进行验证。算例涉及的路段及下游交叉口布局如图6-6所示。交叉口的信号相位方案如图6-7所示。

1)相关参数

模型涉及的参数包括遗传算法参数、交叉口几何参数及信号控制参数、货车车队参数等。

交叉口的相关几何参数主要有:决策断面与停车线之间的距离 $S=1500\text{m}$。信号灯的周期时长 $C=120\text{s}$。

根据唐天杰等人[342]的研究成果,货车车队参数主要有:车队规模 $I=10$ 辆,停车间距 $I_0=20\text{m}$,指定行驶速度 $v=10\text{m/s}$,最小行驶速度 $v_{\min}=9\text{m/s}$,最大行驶速度 $v_{\max}=12\text{m/s}$,最小加速度 $a_{\min}=-1.3\text{m/s}$,最大加速度 $a_{\max}=0.8\text{m/s}$,紧急制动加速度 $a_s=-1.3\text{m/s}$。

遗传算法参数主要有:种群大小为200个体,进化代数为50代,交叉概率为0.7,变异概率为0.25。在目标函数中,货车车队的平均停车率和平均尾气排放量的权重取值为1,货车车队的平均行程延误、货车车队的平均速度恢复距离的权重均取值为1。

2)优化结果分析

(1)不同初始信号状态下的优化结果

假定相位1(货车通行相位)的有效绿灯时长36s,则有效红灯时长为84s。这里的初始信号状态是指当货车车队头车到达决策断面时下游交叉口信号灯状态及其剩余时间。为了验证模型在不同初始信号状态下的优化结果好坏,本书设计4种初始信号状态,即4种情形。情形1为:当货车车队头车到达决策断面时下游交叉口绿灯刚启亮;情形2为:当货车车队头车到达决策断面时下游交叉口绿灯剩余18s;情形3为:当货车车队头车到达决策断面时下游交叉口红灯刚启亮;情形4为:当货车车队头车到达决策断面时下游交叉口红灯剩余42s。四种情形下的优化结果如表6-2所示。

不同的绿灯启亮时刻下车速引导模型的优化方案　　表 6-2

初始信号状态		情形 1	情形 2	情形 3	情形 4
决策变量值	变速点位置(m)	1500	1500	1172	1207
	加速后车速(m/s)	12	12	10.51	10.58
	加速度(m·s)	0.69	0.68	0.6	0.51
	减速后车速(m/s)	9	9	9	9
	减速度(m·s)	-0.29	-0.22	-1.15	-0.22
车队分队情况	加速车队车辆数(辆)	5	3	4	4
	匀速车队车辆数(辆)	1	3	3	3
	减速车队车辆数(辆)	4	4	3	3
停车情况	加速车队停车数(辆)	0	0	4	4
	匀速车队停车数(辆)	1	3	3	3
	减速车队停车数(辆)	4	4	3	3
优化结果	平均行程延误(s/辆)	58.9	81.7	132.2	90.2
	平均停车率	0.5	0.7	1	1
	平均速度恢复距离(m/辆)	27.7	32	38.5	38.5
	平均尾气排放量(g/辆)	1.82	1.95	2.39	2.08
	目标函数值	88.9	116.4	174.1	131.8

为了直观地评价优化结果,可以绘制时间-距离图表示货车车队中各车在决策断面至下游交叉口停车线间行驶轨迹。图 6-12 ~ 图 6-15 分别表示情形 1 ~ 情形 4 下根据相应的车速引导方案生成的货车车队的时间-距离图。

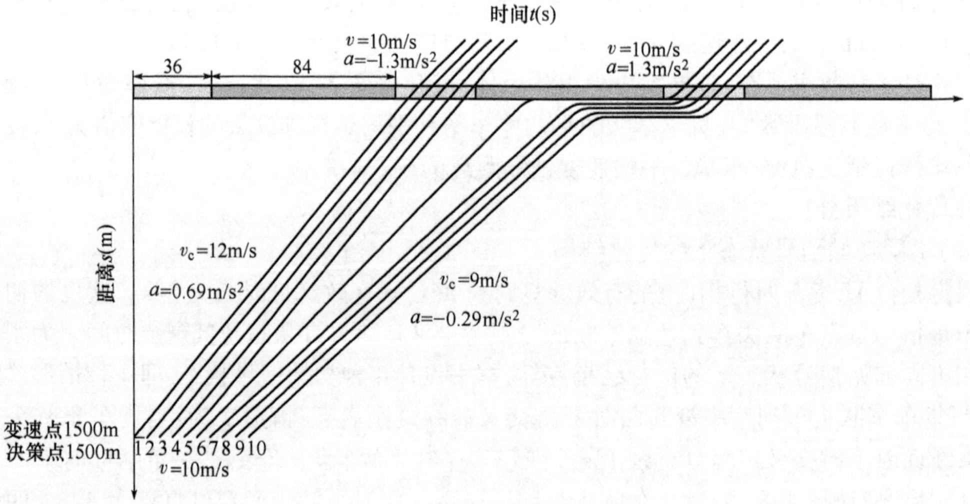

图 6-12　情形 1 下的车速引导方案生成的货车车队的时间-距离图

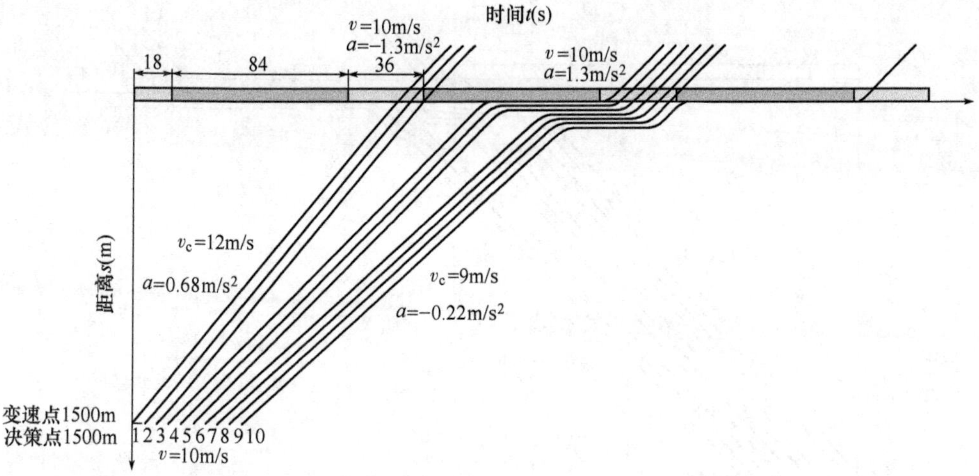

图 6-13　情形 2 下的车速引导方案生成的货车车队的时间-距离图

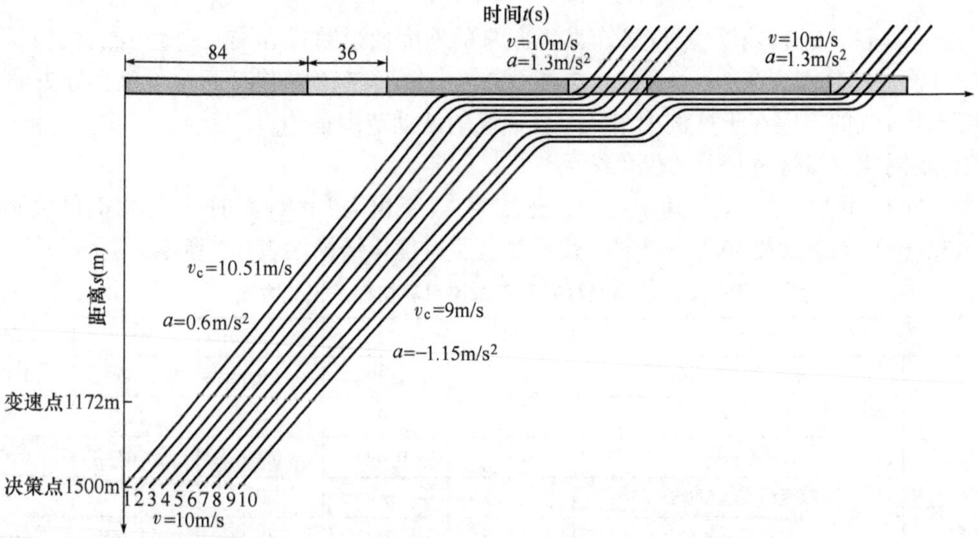

图 6-14　情形 3 下的车速引导方案生成的货车车队的时间-距离图

从图 6-12 ~ 图 6-15 可以直观地看出,变速点的位置、变速后速度、加(减)速度、停车线前货车排队车辆数对于货车车队头车到达停车线或排队尾的时间有直接影响。当排队头车的行驶轨迹确定后,车队内的后续跟驰货车的行驶轨迹也随之确定。

从图 6-12 ~ 图 6-15 可以直观地看出,绿灯启亮时间对于货车车队的停车率和停车延误有很大影响。对于情形 1 和情形 2 中的加速车队和减速车队,其停车延误较小。但对于情形 3 和情形 4,加速车队全部停车造成后续达到的匀速车队和减速车队也全部停车。由于受通行能力的限制,部分货车还经历了二次停车。

由于较多的货车停车会导致停车延误和尾气排放量增加,所以,从不同情形下的目标函数值对比看出,当全部车队中停车车辆的比例较小时,目标函数值也较小。

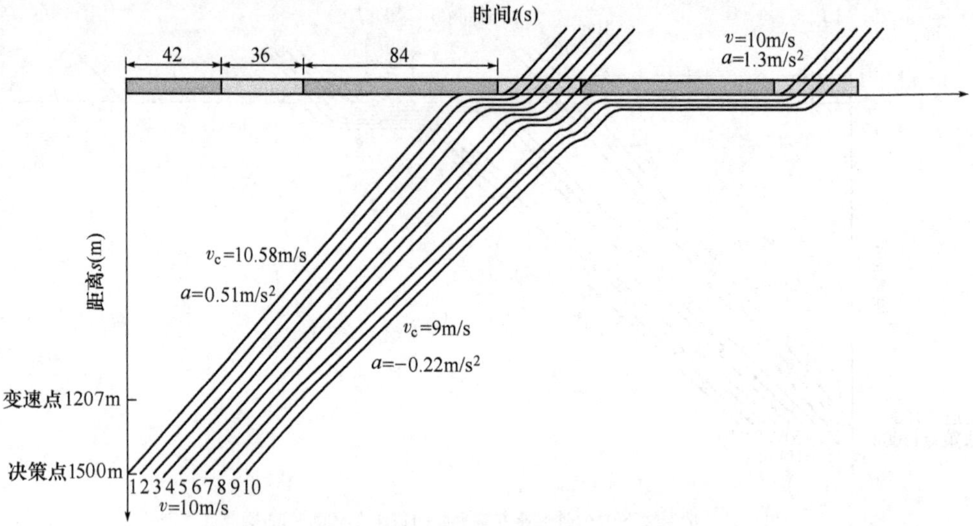

图 6-15　情形 4 下的车速引导方案生成的货车车队的时间-距离图

与货车车队不进行速度引导（即车队以原来的速度通过路段和交叉口）相比，模型目标函数值的改善程度分别为 3.2%、18%、0.2%、0.2%。情形三和情形四下的车速引导方案的改善程度不到 1% 的原因在于算例中车队行驶速度的波动范围很小。

(2)不同相位绿灯时长下的优化结果

为分析不同绿灯时长下车速引导的优化结果，改变相位 1 的绿灯时长，绿灯时间分别取值为 24s、32s、40s、48s 以及 56s，但周期时长不变。所得优化结果如表 6-3 所示。

相位 1 的不同绿灯时长下车速引导模型的优化方案　　表 6-3

相位 1 绿灯时间		24	32	40	48	56
决策变量值	变速点位置(m)	1500	1500	1500	1500	1500
	加速后车速(m/s)	12	12	12	12	12
	加速度(m/s^2)	0.69	0.69	0.29	0.68	0.69
	减速后车速(m/s)	9	9	9	9	9
	减速度(m/s^2)	−0.27	−0.27	−0.22	−1.09	−0.14
车队分队情况	加速车队车辆数(辆)	3	5	6	7	9
	匀速车队车辆数(辆)	3	1	1	0	0
	减速车队车辆数(辆)	4	4	3	3	1
停车情况	加速车队停车数(辆)	0	0	0	0	0
	匀速车队停车数(辆)	3	1	1	0	0
	减速车队停车数(辆)	4	4	3	3	1
优化结果	平均行程延误(s/辆)	111.4	58.9	46.6	35.7	18.7
	平均停车率	0.7	0.5	0.4	0.3	0.1
	平均速度恢复距离(m/辆)	32	27.7	25.5	23.4	19.1
	平均尾气排放量(g/辆)	2.20	1.82	1.76	1.75	1.79
	目标函数值	146.3	88.9	74.3	61.2	39.7

绘制各个绿灯时长下的时间-距离图如图 6-16 ~ 图 6-20 所示。

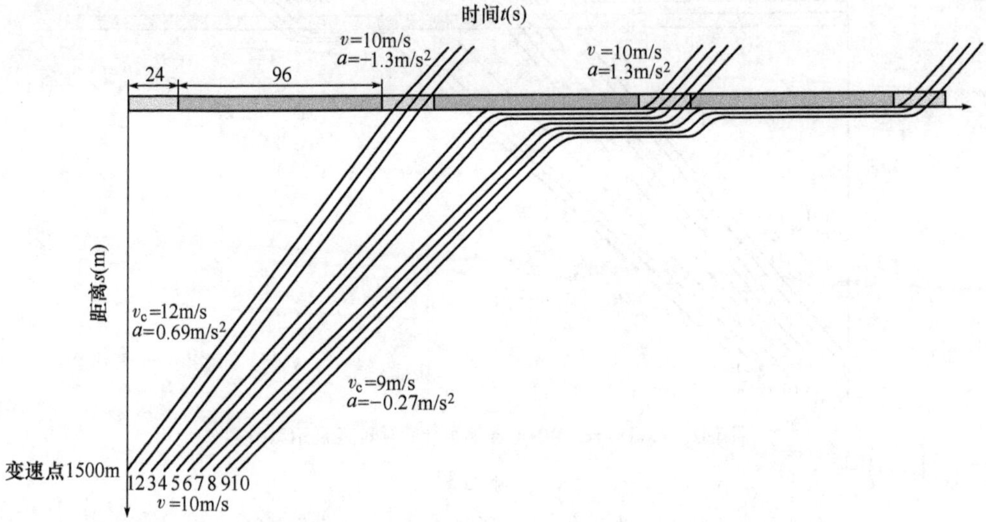

图 6-16 绿灯时长为 24s 时车速引导后时间-距离示意图

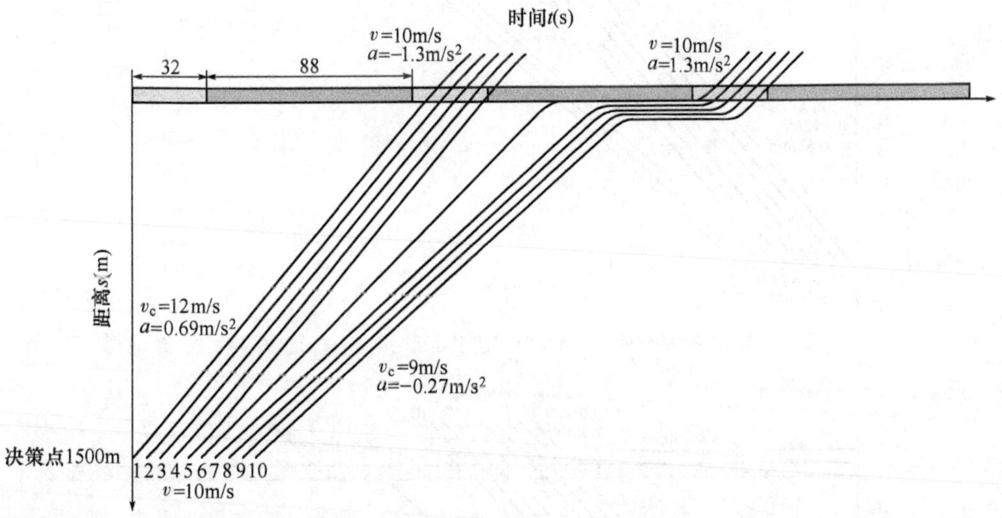

图 6-17 绿灯时长为 32s 时车速引导后时间-距离示意图

从图 6-16 ~ 图 6-20 可以直观地看出,由于周期时长不变,所以在不同的绿灯时长下,加速车队和减速车队头车在变速后的速度都相同。加速车队头车变速后的速度为 12m/s,而减速车队头车变速后的速度为 9m/s。一个周期可以通过的车辆数主要受限于绿灯时间长度。随着绿灯时间增长,车队的停车率减少,且平均停车延误和恢复至 10m/s 所需要的平均距离都随之降低。虽然每辆车的尾气排放量有变化,但是数值比较小。

与货车车队不进行速度引导(即车队以原来的速度通过路段和交叉口)相比,模型目标函数值的改善程度分别为 1.6%、3.2%、3.9%、4.5%、24.1%。

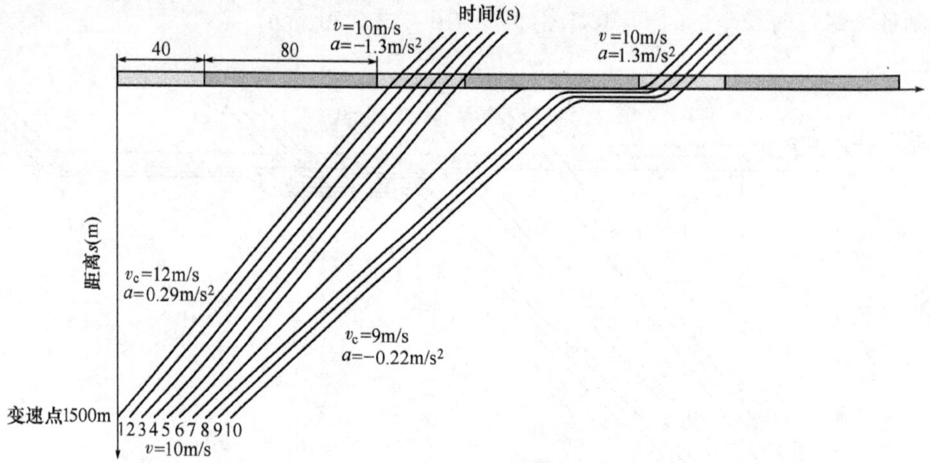

图 6-18 绿灯时长为 40s 时车速引导后时间-距离示意图

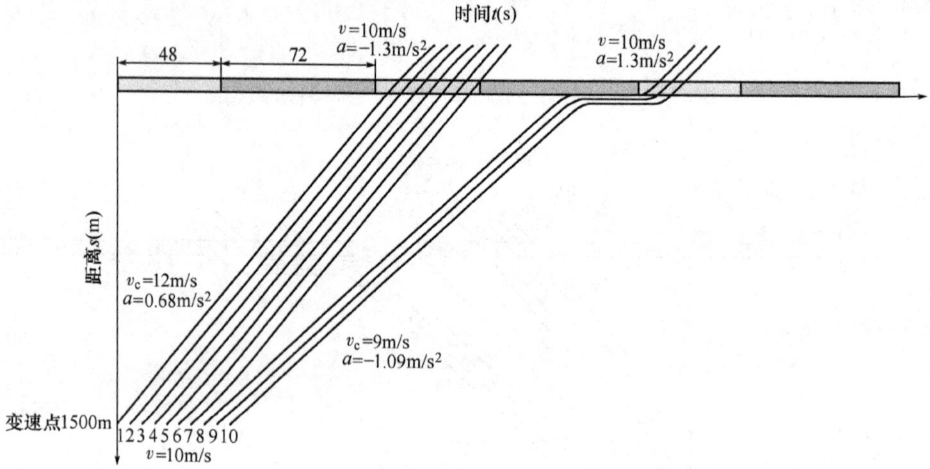

图 6-19 绿灯时长为 48s 时车速引导后时间-距离示意图

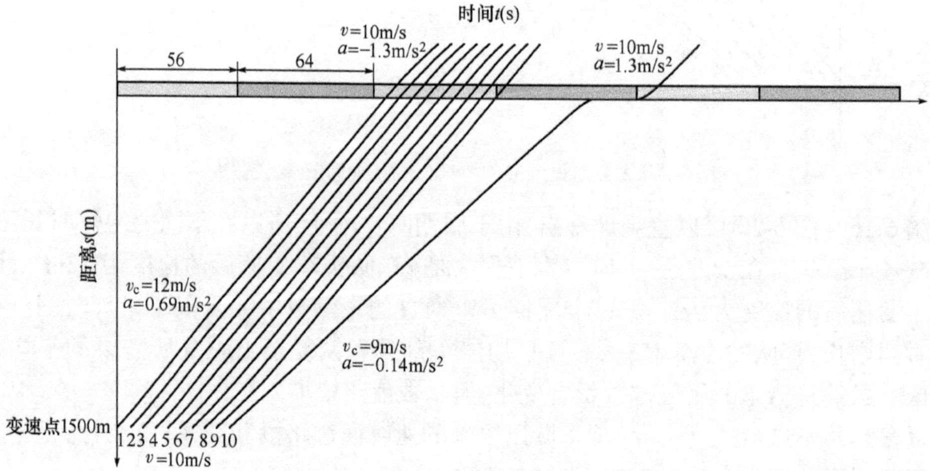

图 6-20 绿灯时长为 56s 时车速引导后时间-距离示意图

综上所述,车速引导方案能可靠地实现降低货车停车延误与停车次数的效果,且随着绿信比增加,停车车数逐渐减少,优化效果更加明显。

6.2.5　结论

本书通过调整货车车队在路段上的行驶速度以实现车队在路段上行驶和通过下游信号控制交叉口时降低停车延误和减少总排放量。研究结果表明,在采取车速引导措施时,可通过加速或减速达到减少货车停车延误与尾气排放的效果。针对不同的绿灯启亮时刻,通过优化都可以得到合理的结果。受到货车车队行驶速度上下限的制约,不同的绿灯启亮时刻对于货车车队的停车率、停车延误、尾气排放量等都有显著影响。不同绿灯时长下的优化结果表明,虽然车速引导措施能通过加减速避免部分车辆排队,但在绿信比较小的情况下,车速引导的效果受限,货车车队的停车率比较大。绿信比越大,车速引导的效果越好。

第7章 信号控制基本理论

7.1 信号配时基本参数

对于交叉口单点定时信号控制而言,最基本的配时参数为黄灯时间、全红时间、相位时间、周期时长、行人相位与损失时间。

7.1.1 黄灯时间

黄灯时间是黄灯间隔的时间量。通常,该值应设置在3~5s之间,具体取决于驶入车辆速度、交叉口宽度和当地标准。

7.1.2 全红时间

全红时间是某相位黄灯时间结束后全红间隔的时间量。全红时间应足够长,以保证在放行下一个相位前交叉口内车辆清空。

7.1.3 相位时间

最小相位时间是一个相位允许的最短时间。最小相位时间必须足够长以适应最小初始间隔加上黄灯和全红时间,这通常需要8s或更长时间。最小相位时间必须大于或等于最小初始绿灯时间加上清空时间($Y+\mathrm{AR}$)。如果此相位为行人相位,则最小相位时间应大于或等于步行时间、闪烁禁行时间、黄灯时间和全红时间的总和。

最大相位时间是一个相位能持续的最长时间,以秒为单位。在感应控制下最大相位时间为一个流向的最长相位时间。它为每个相位分配绿灯、黄灯和全红时间量。

以下是"最小相位时间"和"最大相位时间"规则的总结。如果任何不等式不满足,则生成最小误差,其中式(7-2)为有行人相位的情况。

$$\mathrm{MxS} \geqslant \mathrm{MnS} \geqslant \mathrm{Mi} + Y + \mathrm{AR} \tag{7-1}$$

$$\mathrm{MxS} \geqslant \mathrm{MnS} \geqslant W + \mathrm{FDW} + Y + \mathrm{AR} \tag{7-2}$$

式中:MxS——最大相位时间(s);

MnS——最小相位时间(s);

Mi——最小初始绿灯时间(s);

Y——黄灯时间(s);

AR——全红时间(s);

W——行走时间(s);

FDW——闪烁禁行时间(s)。

7.1.4　周期时长

周期时长为各相位信号灯轮流显示一次所需的时间总和,或者是从某主要相位的绿灯开始时刻到下次该绿灯开始的时刻所需要的时间,用 C 表示,单位为秒(s)。

7.1.5　行人相位

前面的信号配时方案的设计主要考虑的是机动车交通流的需求,然而,行人相位同样为信号配时需要考虑的部分。行人相位包括三个时间段:行人过街(行人绿灯)、行人清场(行人黄灯)及禁止通行时间(行人红灯)。

1)行走时间

行走时间为行人通过交叉口的时间。行人相位只在当相位有行人请求或有行人唤醒时存在。如果相位已经处于最大唤醒状态,且使行人通过交叉口的相位时间足够长,则可以忽略此值。

2)闪烁禁行时间

在行人信号灯闪烁时,行人不可再进入交叉口,应在斑马线后等待下一个行人相位。如果相位处于最大唤醒状态,并且使行人通过交叉口的相位时间足够长,则可以无须设置闪烁禁行时间。行人相位的绿灯时间应大于等于步行加闪烁禁行时间。清空时间不是闪烁禁行时间间隔的一部分。

一些机构可能允许使用黄灯间隔作为行人清空时间的一部分。如果是这种情况,请从所需的行人清空时间中减去黄灯时间,以便与闪烁禁行时间一起使用。例如,所需的行人过街时间为15s,黄灯时间为4s。如果黄灯时间可用于行人过街,则所需的"闪烁禁行"时间为11s。这可以缩短支路相位时间,提高运行效率。

7.1.6　损失时间

总损失时间的计算为启动损失时间加上黄灯时间加上全红时间,如下所示:

$$tL = Y_i + L_1 - e \tag{7-3}$$

式中:tL——总损失时间(s);

Y_i——黄灯加全红时间(s);

L_1——启动损失时间(s),默认2.5s;

e——绿灯延长时间(s),默认2.5s。

损失时间调整是启动损失时间减去有效绿灯延长时间。启动损失时间和有效绿灯延长的默认值均为2.5s,因此损失时间调整默认为零。有效绿灯延长时间是黄色间隔开始后车辆继续进入的时间。

$$tLA = L_1 - e \tag{7-4}$$

$$tL = Y_i + tLA \tag{7-5}$$

式中：tLA——损失时间调整(s)。

7.1.7 基本饱和流量

基本饱和流量是指单位绿灯时间(通常为1h)内，交叉口进口的一条车道上的车队能够连续通过停车线或者冲突点的折算为小客车的最大车辆数。

1)引言

饱和流量是信号控制交叉口通行能力分析、配时参数计算中一个十分重要的概念。在实际应用中可以采用两种方法：一种方法是通过实际观测饱和车流的车头时距确定；另一种方法是选用理想状况下的饱和流率，并根据实际道路条件、交通条件和环境因素对其进行修正。在第二种方法中，理想状况下的饱和流率(即基本饱和流量)都以数值范围方式给出[343]，其值的确定缺乏令人信服的理论依据。本书对这个问题进行理论上的初步探讨。

车道上处于饱和状态的交通流已经处于跟驶状态，因此可以按照车辆跟驶模型来研究车道的基本饱和流量。车辆跟驰理论是运用动力学方法，研究在无法超车的单一车道上，车辆列队行驶时，后车跟随前车行驶状态的一种理论。跟车理论试图通过观察各个车辆前后跟随的行驶方式来研究单车道交通流的特性。

从现有的文献来看，跟车模型有线性跟车模型、GM模型、生理-心理模型、基于人工智能的模型、安全距离模型等，其中最为成熟的模型当算安全间距模型[344]。本书将根据安全间距模型计算车道基本饱和流量。

2)基于安全间距的基本饱和流量计算模型

安全间距模型也称防追尾模型(Collision Avoidance Model，简称CA模型)。该模型最初是由Kometani和Sasaki提出，该模型最基本的关系并非GM模型所倡导的刺激-反应关系，而是寻找一个特定的跟车距离(通过经典牛顿运动定理推导)。如果前车驾驶员突然减速，并且后车与前车之间的跟车距离小于这个特定的跟车距离时，就可能发生碰撞。安全间距跟车模型在交通仿真中应用较多，例如NETSIM模型、FRESIM和INTRAS模型、CARSIM模型等。本书利用NETSIM模型的思想建立基本安全间距跟车情况下的基本饱和流量计算模型。

对于在图7-1中所示的车辆跟随行驶状态，作如下假设：

①前车和后车都是标准车辆，车身长度都为$l_{车}$。

②前车行驶速度为V_1，后车行驶速度为V_2。

由图7-1可以得出下式：

$$h = l + l_2 + L_2 - L_1 = l_{车} + l_{安} + V_2 t + \frac{V_2^2}{2a_2} - \frac{V_1^2}{2a_1} \tag{7-6}$$

式中：l——停车时的最小车头间距(m)，$l = l_{车} + l_{安}$；

h——行车时的最小车头间距(m)，即行车安全间距。

在饱和车流中，处于列队状态的前后两车的速度差异很小，可以认为两车速度相等，式(7-6)变为：

$$h = l + Vt + \frac{V^2}{2a_2} - \frac{V^2}{2a_1} \tag{7-7}$$

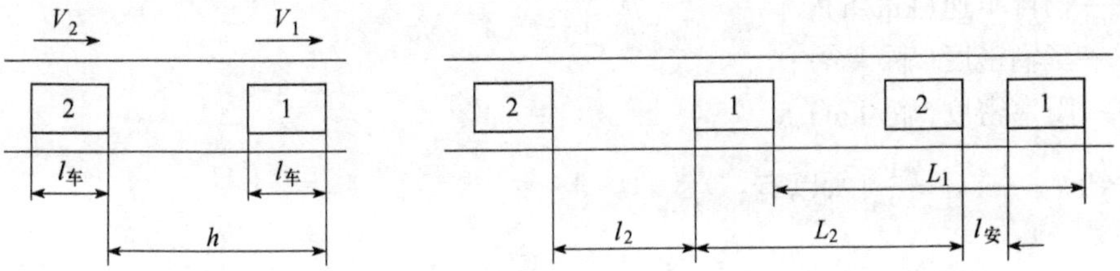

a) 前车开始减速时两车位置　　b) 停车后两车位置及行驶距离

图 7-1　跟车状态下前车制动后前后两车的间距关系

h-跟车时的最小车头间距(m)；l_2-后车的反应距离(m)，即从后车驾驶员看到前车的制动信号到他开始制动动作时所经过的这段时间内后车行驶的距离(m)，$l_2 = V_2 t$，其中 t 表示后车驾驶员的反应时间(s)；L_2-后车的制动距离(m)，$L_2 = V_2^2/(2a_2)$，其中a_2是后车的制动减速度(m/s)；L_1-前车的制动距离(m)，$L_1 = V_1^2/(2a_1)$，其中a_1是前车的制动减速度(m/s)；$l_安$-前后两车停车时的最小安全间距(m)

由式(7-7)计算出的 h 为饱和车流的一般安全间距，反映了跟车过程中的常规制动要求。考虑两种极端情况。第一种情况是前车突然紧急制动，并且$a_1 = \infty$，后车缓慢制动。为了防止前后两车碰撞，要求前车制动时车头间距满足：

$$h = l + Vt + \frac{V^2}{2a_2} \tag{7-8}$$

第二种情况是前车突然缓慢制动，后车紧急制动，并且 $a_2 = \infty$，为了防止前后两车碰撞，要求后车制动前车头间距满足：

$$h = l + Vt - \frac{V^2}{2a_1} \tag{7-9}$$

无论前车还是后车紧急制动，都将导致后随车队中车辆的紧急制动状态，驾驶员的反应时间稍长，就会引发车辆追尾事故。因此，这两种状态都会导致跟驶车队失稳，不是理想的跟驶车流运行状态。另外，从保证安全的角度讲，式(7-8)是充分安全间距，式(7-9)是必要安全间距。理想情况下，前后两车制动减速度相等，即$a_1 = a_2$，行车安全间距与车速的关系变为：

$$h = l + Vt \tag{7-10}$$

之所以称为理想状态，是因为在这种条件下，跟驶车队在碰到意外情况而头车制动时，整个车队能够保持在稳定状态。把满足式(7-10)的安全间距称为基本安全间距。在城市道路上车辆行驶速度不高，基本安全间距能够满足行车安全的基本要求。所以，可以选用基本安全间距讨论理想条件下城市道路的饱和交通流率。一般情况下，影响行车间距的因素有安全、舒适、效率等。安全、舒适的要求会使行车间距增大，而效率的要求则会使行车间距变小。当实际行车间距小于基本安全间距时，称为冒险型间距；当实际行车间距大于基本安全间距时，称为保守型间距；当实际行车间距等于基本安全间距时，称为适应型间距。适应型间距代表了理想的驾驶员条件和交通条件[345]。

根据 Greenshields 速度-密度(V-k)线性模型：

$$V = V_\mathrm{f}\left(1 - \frac{k}{k_\mathrm{j}}\right) \tag{7-11}$$

式中：V——车流速度(km/h)；

V_f——畅行车速(km/h)；

k——车辆密度(辆/km)；

k_j——阻塞密度(辆/km)。

注意到 $k=\frac{1}{h}, k_j=\frac{1}{l}$,所以有：

$$h=\frac{lV_f}{V_f-V} \tag{7-12}$$

根据交通流理论,在满足基本安全要求的前提下,一条车道上的交通量为：

$$C=VK=\frac{V}{h}=\frac{1000V}{l+\frac{Vt}{3.6}} \tag{7-13}$$

式中:V——车流速度(km/h)；

l——停车时的最小车头间距(m),$l=l_{车}+l_{安}$；

t——车辆跟随行驶时后车驾驶员对于前车制动信号的反应时间(s)；

C——一条车道的交通量(pcu/h)。

由式(7-12)可得 Greenshields 模型下的交通量为：

$$Q=\frac{V}{h}=\frac{1000V}{l}\left(1-\frac{V}{V_f}\right) \tag{7-14}$$

将式(7-13)表示的 C-V 曲线和式(7-14)表示的 Q-V 曲线画在同一个坐标系中,得到图 7-2。

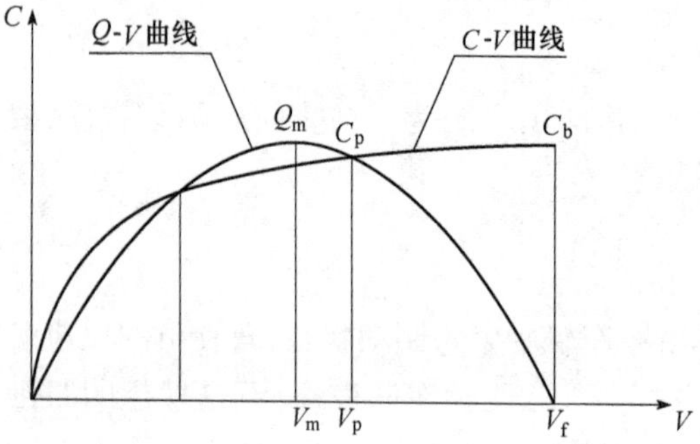

图 7-2　Greenshields 模型的交通量与理想状况的饱和流率的比较

图 7-2 中,最大交通量 Q_m 位于 C-V 曲线上方。这表明,车道上车辆之间的行车间距小于基本安全间距,不符合基本安全要求。这种情况下,只能取两条曲线的交点 C_p 作为基本饱和流量。令式(7-12)等于式(7-10),可得出对应于适应型间距的车速 V_p 为：

$$V_p=V_f-\frac{3.6l}{t} \tag{7-15}$$

将 V_p 代入式(7-13)得到基本饱和流量 C_p的表达式为：

$$C_p=\frac{1000\,V_p}{l+\frac{V_p\cdot t}{3.6}}=\frac{1000\left(V_f-\frac{3.6l}{t}\right)}{l+\frac{\left(V_f-\frac{3.6l}{t}\right)\cdot t}{3.6}}=\frac{3600}{t}\cdot\left(1-\frac{3.6l}{V_f\cdot t}\right) \tag{7-16}$$

当点(V_m,Q_m)位于 C-V 曲线上或者 C-V 曲线下方时,Q_m 就可以作为基本饱和流量。式(7-14)对 V 求导,有：

$$\frac{dQ}{dV}=\frac{1000}{l}\cdot\left(1-\frac{2V}{V_f}\right) \tag{7-17}$$

令式(7-17)右端等于零,得到：

$$V_m = \frac{V_f}{2} \tag{7-18}$$

将式(7-18)代入式(7-14),得到基本饱和流量 C_p 的表达式为:

$$C_p = \frac{250V_f}{l} \tag{7-19}$$

由式(7-15)和式(7-19)可以看出,点(V_m,Q_m)的位置取决于畅行车速 V_f 的大小,随着 V_f 的减小,点(V_m,Q_m)向原点(0,0)方向靠拢。当 $V_p = V_m$ 时,点(V_p,C_p)与点(V_m,Q_m)重合。当 V_p 继续减小时,点(V_m,Q_m)将位于 C-V 曲线的下方。令式(7-15)等于式(7-18),则有:

$$V_f = \frac{7.2l}{t} \tag{7-20}$$

当 $V_f > \frac{7.2l}{t}$ 时,点(V_m,Q_m)位于 C-V 曲线上方;当 $V_f = \frac{7.2l}{t}$ 时,点(V_m,Q_m)位于 C-V 曲线上;当 $V_f < \frac{7.2l}{t}$ 时,点(V_m,Q_m)位于 C-V 曲线下方。所以,一条车道的基本饱和流量 C_p 计算公式如下:

$$C_p = \begin{cases} \frac{3600}{t} \cdot \left(1 - \frac{3.6l}{V_f \cdot t}\right) & \left(V_f > \frac{7.2l}{t}\right) \\ \frac{250V_f}{l} & \left(V_f \leqslant \frac{7.2l}{t}\right) \end{cases} \tag{7-21}$$

对应的交通流速度为:

$$V_p = \begin{cases} V_f - \frac{3.6l}{t} & \left(V_f > \frac{7.2l}{t}\right) \\ \frac{1}{2}V_f & \left(V_f \leqslant \frac{7.2l}{t}\right) \end{cases} \tag{7-22}$$

两式中:t——车辆跟随行驶时后车驾驶员对于前车制动信号的反应时间(s);

l——停车时的最小车头间距,$l = l_{车} + l_{安}$(m),其中 $l_{车}$ 为当量小汽车的车身总长(m),$l_{安}$ 为前后两车停车时的最小安全间距(m);

V_f——相对畅行车速(km/h)。

表7-1以表格的形式给出按照公式(7-21)计算得到的基本饱和流量。计算中,驾驶员反应时间取1s,停车时最小车头时距取6.5m。

按照式(7-21)、式(7-22)计算的基本饱和流量(l=6.5m,t=1s) 表7-1

行驶速度(km/h)	10	15	20	25	30	35	40	45	50	55	60
基本饱和流量(pcu/h)	1284	1476	1669	1859	2022	2157	2271	2368	2452	2525	2589

3)结语

在交叉口通行能力分析和配时参数计算中,基本饱和流量的确定缺乏令人信服的理论依据,本书针对这一问题进行了研究,并依据安全间距的思想分析了基本饱和流量与饱和车流的速度以及驾驶员的反应时间之间的关系,建立了基本饱和流量的计算模型,并且给出了对应不同行驶速度的基本饱和流量。

7.2 交通信号相位设计

信号控制相位方案设计描述了交叉口各相位依次出现的顺序以及各相位中通行的交通流向。信号控制相位方案设计是信号控制方案设计的重要组成部分,是联系交叉口交通组织渠化设计与信号配时优化的桥梁,信号控制相位方案的确定有助于更好地交通管理与控制。

7.2.1 相位基本概念

在一个信号周期内,一股或几股车流在任何时刻都获得完全相同的信号灯色显示,那么就把它们获得不同灯色(绿灯、黄灯、全红)的连续完整信号阶段称作为一个信号相位。

7.2.2 相位相序图

相位相序图能直观地显示相序、各相位的流向与配时参数情况。如图 7-3 允许流向显示灰色,受保护流向显示黑色。相位 7 为南向左转流向,是第一个受保护相位,之后是允许相位 4。流向的图形边上是相位编号,用相位符号 ϕ 表示,相位时间以秒为单位。南向左转的流向是 $\phi7$,相位时长为 10s。

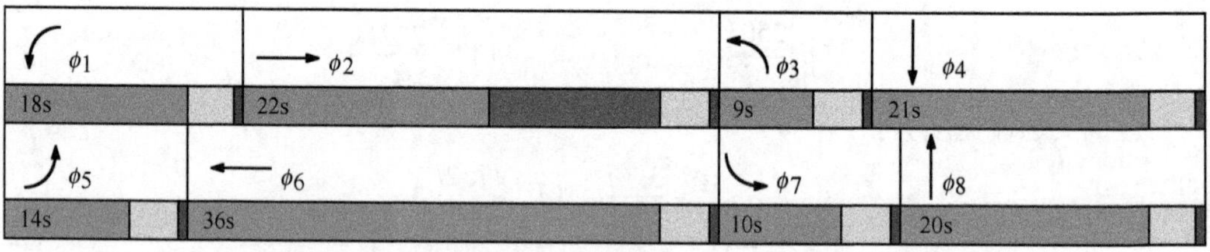

图 7-3 相位和相序图

在一个环内的相位时间不需要相加。同一界内的环时长相等,延长的相位时长在相位和相序图中显示为灰色。在图 7-3 中,$\phi2$ 有 22s,为总相位时长的一部分,还有 10s 的延长时间使环与环的时间相等,计算如下:

$$\phi5+\phi6=14\text{s}+36\text{s}=50\text{s} \tag{7-23}$$

$$\phi1+\phi2+\phi2\text{extension}=18\text{s}+22\text{s}+10\text{s}=50\text{s} \tag{7-24}$$

调整总相位中的一个相位时长数值会影响其他相位,导致周期时长的延长。可以在保证周期时长不变的情况下,调整相位时长。

多交叉口控制可用于分析复杂的交通状况,如菱形高速公路互通式立交或两个相近的交叉口。在相位和相序图上,每个交叉口都有一种关联的颜色,且在流向上方带有#符号的表示交叉口节点的编号。在图 7-4 中,建模的两个十字路口分别是 1 号交叉口和 2 号交叉口。

7.2.3 双环结构

图 7-5 为标准双环结构及其默认相位分配,使用双环结构的情况:一个控制器上控制两个或多个交叉口,如图 7-6 所示;5 条或更多的支路;超过 4 个相位的单环控制器;菱形立体交叉口;超过 9 个相位。

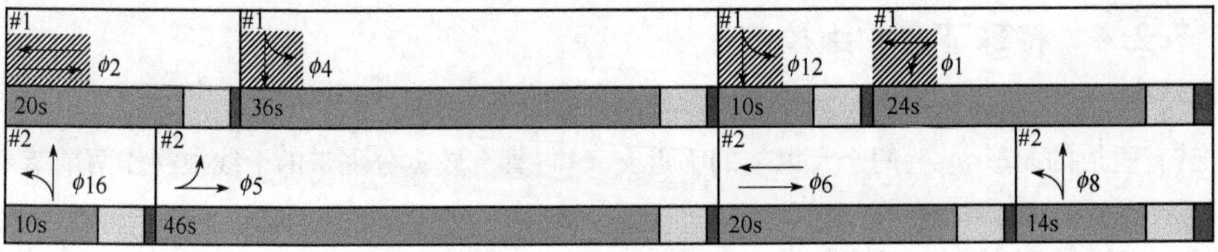

图 7-4　多交叉口控制

不可使用双环结构的情况：单边轮放；后置相位；标准 8 相位控制器；最多 4 相位的单环控制器；8 相位或 9 相位控制器；多个双交叉口控制。

	界1				界2				界3				界4			
环1	相位1	相位2			相位3	相位4			相位9	相位10			相位11	相位12		
环2	相位5	相位6			相位7	相位8			相位13	相位14			相位15	相位16		
环3																
环4																

图 7-5　双环结构中默认相位分配

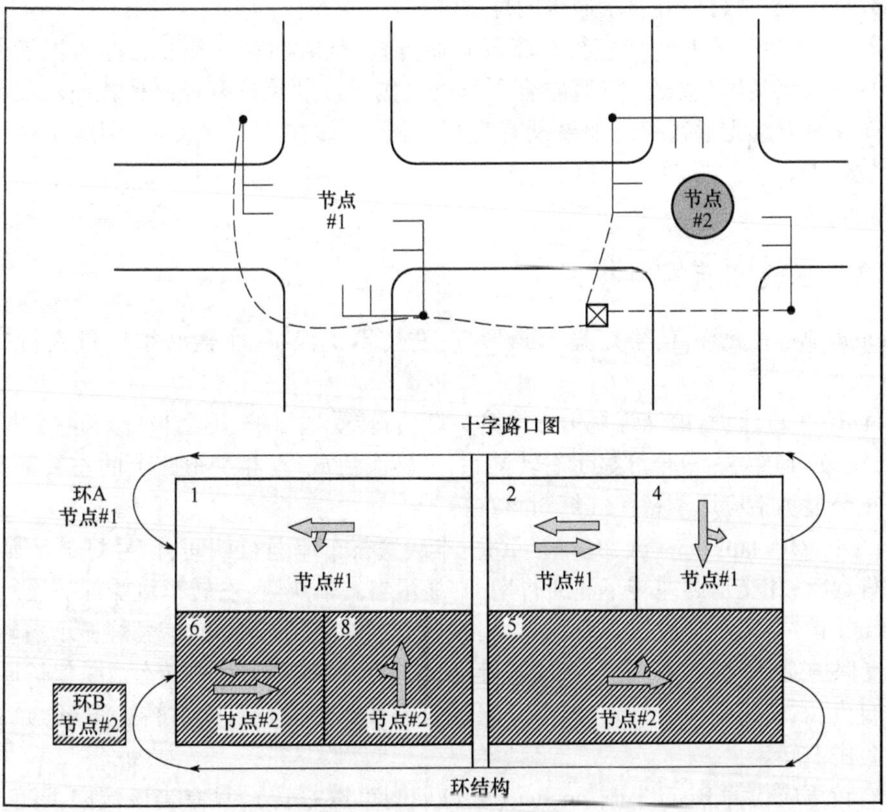

图 7-6　用双环结构控制的双交叉口逻辑图

7.2.4 特殊节点的组控制

特殊节点的组控制是指对两个或多个交叉口的控制。特殊节点的组控制可应用于：菱形立交；有匝道的菱形立交；两个及以上的临近交叉口；具有较宽分隔带的干线被视作两个节点。

7.3 转弯车流控制模式

转弯车流控制模式设置转弯车流的优先级别，并为专用转弯车道分配相位和检测器。

7.3.1 左转车流控制模式

Permitted(Perm)允许：信号灯显示圆形灯，左转车流不具有优先通行权，必须让行对向直行车辆和相交道路人行横道上的行人。

Protected(Prot)保护：信号灯显示左转箭头灯，左转车流具有优先通行权，转弯车流只能在左转箭头灯亮绿灯期间通过交叉口。

Permitted + Protected(pm + pt)允许 + 保护：信号灯显示左转箭头灯和圆形灯，左转车流在左转箭头灯显示绿灯期间具有优先通行权，在圆形灯显示绿灯期间可通行，但必须让行对向直行车辆和相交道路人行横道上的行人；Permitted Flashing Yellow(允许闪烁黄灯)在允许 + 保护左转的允许阶段，交通信号显示器将闪烁黄灯。

Split 轮放：本进口的左转和直行车流具有通行权，且对向直行和左转车流不能通行。如果左转和直行车流共用一条车道(直左合用车道)，则可以使用这种控制模式。轮放控制模式确保左转车流具有优先通行权。如果没有直行车流，例如在 T 形交叉口，则应始终对左转车流进行轮放处理。

NA：禁止左转。

7.3.2 右转车流控制模式

Permitted(Perm)允许：信号灯显示圆形灯，右转不受保护，车辆必须让行人行横道上的行人。

Protected(Prot)保护：信号灯显示右转箭头灯，右转受到保护，不会与行人冲突。

Overlap(Over)重叠：信号灯显示右转箭头，右转车流放行，相交道路上的左转箭头灯也显示绿灯。重叠显示不应用于替代红灯期间右转。

Permitted + Overlap(pm + ov)允许 + 重叠：本向直行车流通行期间，信号灯显示圆形灯，右转车流允许通行；相交道路左转车流通行期间，显示右转箭头灯，右转车流受保护通行。

Protected + Overlap(pt + ov)保护 + 重叠：本向直行车流通行期间，信号灯显示右转箭头灯，右转车流受保护通行；相交道路左转车流通行期间，显示右转箭头灯，右转车流受保护通行。

Free 自由：右转时须让行行人，但不分配任何信号相位。在自由右转设置下，允许右转自动设置为自由右转。

自由右转不应代替 Right Turn on Red(红灯期间可以右转)，只有当该流向下游有加速车道(提前右转车道)时，才可以设置自由右转。

NA(Not Applicable):禁止右转。

7.3.3 保护和允许相位

每个流向可以设置一个或多个相位。对受保护的相位,车辆可以无冲突地通过交叉口。对于允许相位,左转车流必须让行对向车流,右转车流必须让行行人。允许的左转车流与驶入同一出口道的直行车流不发生冲突。允许的直行车流与驶入同一出口道的左转车流不发生冲突。

北美的大多数信号都使用双环控制器,它可以同时服务于每个环中的相位。

相位搭接又称为相位重叠。搭接相位的总相位时间是所有相位的总和。如图 7-7 所示,WBT 流向的总相位时长为 40s,是第 1 相位 10s 的时长和第 2 相位 30s 的时长的总和。搭接相位中包含的所有相位均为检测相位。

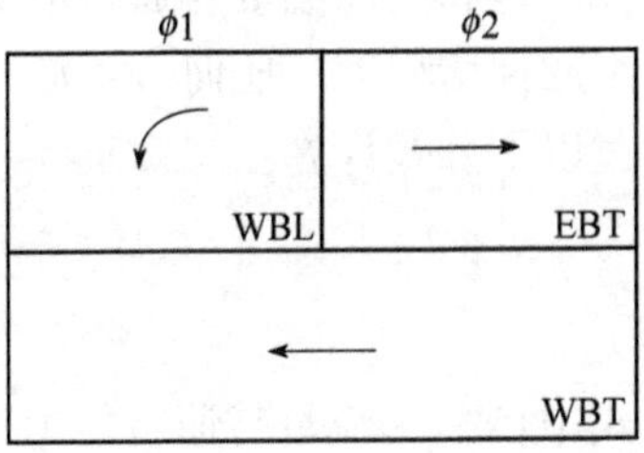

图 7-7 相位搭接

7.4 信号控制评价指标

交通信号控制评价的目的是对交通信号控制的实际运行效果进行科学合理的评估,便于后续作出客观分析。信号控制的评价指标包括:停车次数、排队长度、排放、饱和度、感应相位平均有效绿灯时间、感应相位绿灯与周期之比、延误与服务水平。

7.4.1 停车次数

车辆的停车次数是指车辆在通过交叉口时受信号控制影响而停车的次数,即车辆在受阻情况下的停车程度。

7.4.2 排队长度

排队长度为在不饱和交通流状态下,在每周期某相位绿灯开始时,停车线后面等待通过交叉口的车队长度。

第 50 分位场景下的最大排队长度是指一个典型周期的最大排队长度,第 95 分位场景下的最大排队长度是指具有第 95 大交通量场景下的最大排队长度。在许多情况下,由于上游计量,第 95 分位场景将不会出现排队。如果上游十字路口交通量达到或接近通行能力,则第 50 分位场景下的队列处于最大排队长度。同样,如果上游十字路口的 v/c 大于 0.8,最大排队长度大约等于第 50 分位场景下的排队长度除以上游 v/c。例如,如果第 50 分位场景下的排队长度为 50m,上游的 v/c 为 0.90。因此,最大可能排队长度为 50/0.90 = 56(m)。由于上游计量,第 95 分位场景下的排队长度可能小于第 50 分位场景下的排队长度。如果上游十字路口在 $v/c > 1$ 的情况下通行,计量到达率将小于该十字路口的交通量。由于仅对第 95 分位场景的队列进行计数,这会导致第 95 分位场景下的排队长度小于第 50 分位场景下的排队长度。

对于双单行道,选取第 95 分位场景下的排队长度,车道组中的任何车道排队长度都是最高的。

7.4.3 排放

排放是指交叉口内车辆运行的过程中,由于信号配时方案与交叉口设计导致车辆加速与减速产生的污染气体。

7.4.4 饱和度

饱和度即流量与通行能力之比(v/c)使用感应绿灯时间和周期时长。v/c 表示每个车道组的拥堵程度。任何 v/c 大于或等于 1 都表明该进口道交通量超过了其通行能力。该数值通过以下公式计算:

$$V_{\mathrm{m}} = X = \frac{v}{s \cdot \frac{g}{c}} \tag{7-25}$$

式中:X——流量与通行能力之比;

v——调整的车道组交通量;

s——饱和流率;

g——感应绿灯时间;

c——周期时长。

如果右转或左转车流有单独的车道组,也会显示这些车道组的 v/c。如果有左转车道,且左转控制模式不是“轮放”,则有单独的左转车道组。如果有右转车道,右转车流有单独的车道组。合用车道位于直行车道组中。对于允许加保护的流向的饱和度计算,每个饱和流率乘以其各自的感应相位平均有效绿灯时间并相加。

v/c 中的 dl 或 dr 表示实际左转或右转车道。如果有两条或两条以上直行转弯合用车道且有较大的转弯流向,则表示其中有一条实际转弯车道。如果单车道转弯流向的 v/c 大于车道组的 v/c,且 v/c 大于等于 0.85,则将其定义为实际转弯车道。设计实际转弯车道应小心,因为可能车道组的 v/c 是合理的,而转弯车道的 v/c 是不合理的。在设计交叉口车道流向时,为了更正实际转弯车道将直行车道的更改为转弯车道。通常实际左转或右转车道表示需要设置额外的专用转弯车道。

7.4.5 感应相位平均有效绿灯时间

该值表示信号在感应控制下观察到的平均绿灯时间。如果跳过或早断相位,此值可能小于最大绿灯时间。感应协调控制中的平均有效绿灯时间可能大于最大绿灯时间,具体取决于所选的浮动可越界设置和让行设置。左转有效绿灯时间还取决于左转是否受到保护、允许或两者都有(pm + pt)。

感应相位平均有效绿灯时间是 5% 分位下绿灯时间的平均值,符合以下规则。感应相位平均有效绿灯时间包括黄灯加上全红时间减去总损失时间,其计算方法如(7-26)、式(7-27)所示。

(1)百分位法

$$g' = \sum \left[\frac{g_i + \mathrm{YAR}}{C_i}\right] \cdot \frac{\sum C_i}{25} - tL \tag{7-26}$$

(跳过相位时用 0 代替 $g_i + \mathrm{YAR}$)

(2)Webster 法

$$g' = \sum\left[\frac{g_i}{C_i}\right]\cdot\frac{\sum C_i}{25} + \text{YAR} - \text{tL} \tag{7-27}$$

(如果低于0.1s,g'取0)

式中:g'——感应相位平均有效绿灯时间(s);

g_i——百分位绿灯时间(s);

C_i——百分位周期时长(s);

YAR——黄灯+全红时间(s);

tL——总损失时间(s)。

7.4.6 感应相位绿灯与周期之比

感应相位绿灯与周期之比是不同百分位场景下感应相位绿灯时间与感应周期时长比值的平均值,如式(7-28)所示。

$$g/C = \frac{\sum\left(\frac{g_i}{C_i}\right)}{5} \tag{7-28}$$

式中:g——有效绿灯时间(相位时间减去总损失时间);

C——周期时长(s);

g_i——百分位绿灯时间(s);

C_i——百分位周期时长(s)。

HCM 2000 计算公式:

$$g'/C = g'/C' \tag{7-29}$$

$$C' = \sum(g' + \text{YAR}) \tag{7-30}$$

式中:g'/C——感应相位平均有效绿灯时长与周期时长之比;

C'——感应周期时长;

g'——感应相位平均有效绿灯时间。

对于 HCM 2000 计算方式,C'始终是有效相位时间的总和(考虑到环和界规则)。计算$\sum(C_i)/5$时可能小于感应相位时间的总和,这是因为在评估其他相位时,跳过的相位不计算总损失时间。

7.4.7 延误

延误是交通信号控制中应用最为普遍的评价指标,通常是指由于道路与环境条件、交通干扰以及交通管理与控制设施等驾驶员无法控制的因素而引起的行程时间的增加。延误一般包括路段延误和交叉口延误两部分,本节主要探讨信号交叉口延误。

1)延误类型

(1)停车延误

停车延误是指车辆在等候通过交叉口的过程中处于完全停车状态时的延误时间。

(2)排队延误

排队延误是指车辆加入交叉口排队直至启动后有序通过停车线(可能并未以减速前的速

度通过停车线)的总时间。

(3)控制延误

控制延误是指由于交通控制设施(信号灯或者让行标志)引起的延误,等于排队延误与减速停车过程产生的延误之和。

(4)行程延误

车辆以自由流速度通过路段并驶出交叉口停车线所用的时间与实际行程时间二者的差值。图7-8描述了对于一辆驶向红灯的车辆,以上延误中的四类延误。

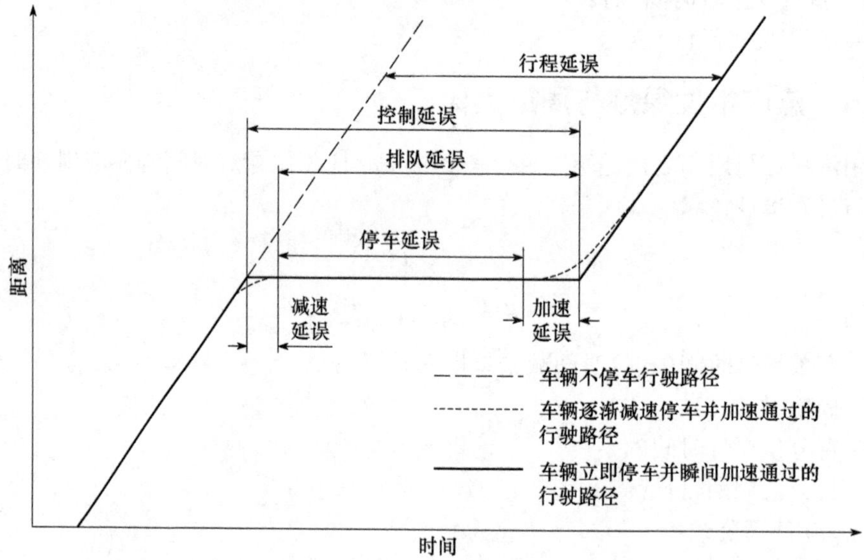

图7-8　延误示意图

(5)进口道总延误

进口道总延误是进口道上所有车道组的控制延误之和。

(6)其他延误

其他延误是对排队和对短连线和展宽车道阻塞的影响分析。此延误包括排队溢出(图7-9)、绿灯浪费(图7-10)和展宽车道拥堵的分析。

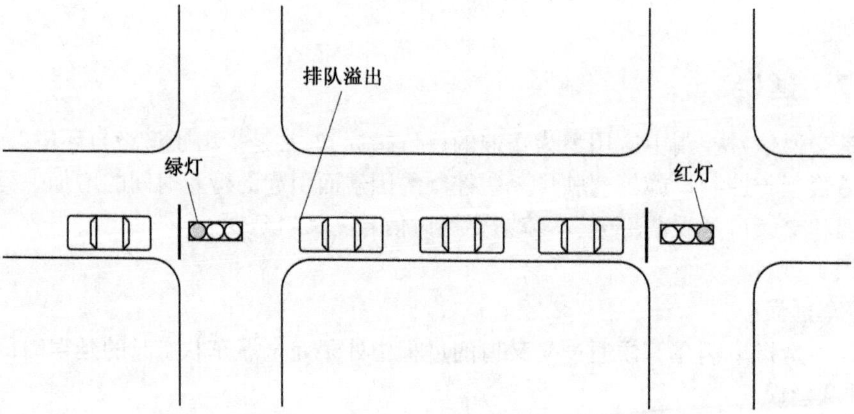

图7-9　排队溢出

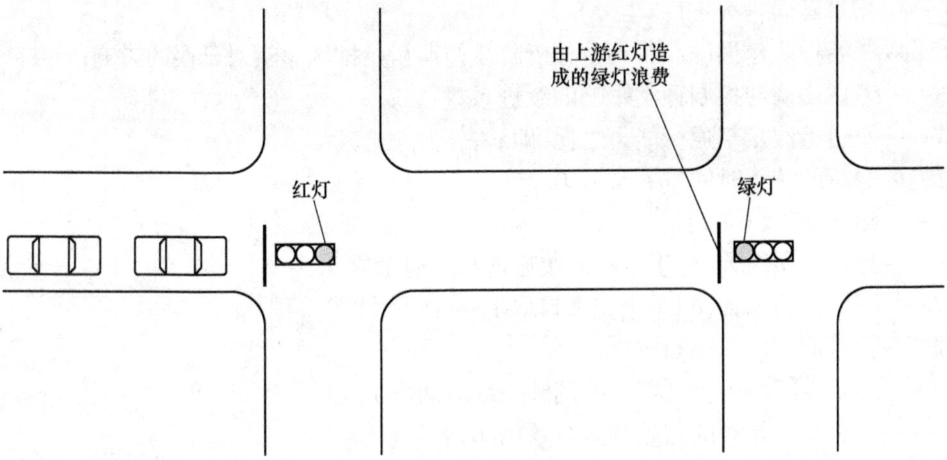

图 7-10　绿灯浪费

2)延误计算公式

本书列出计算信号控制交叉口延误的三种常用公式:HCM 延误模型、Webster 延误模型和百分位延误模型。

(1)HCM2000 延误计算

HCM 2000 延误方程可以手动计算,而第六版 HCM 和 HCM 2010 则不能。HCM2000 中的控制延误由三个部分构成:

$$D = D_1 \cdot \mathrm{PF} + D_2 + D_3 \tag{7-31}$$

$$D_1 = 0.5 \cdot C \cdot \frac{\left[1 - \left(\frac{g}{C}\right)\right]^2}{\left[1 - \left(\frac{g}{C}\right) \cdot \min(X,1)\right]} \tag{7-32}$$

$$D_2 = 900 \cdot T \cdot \left[(X-1) + \sqrt{(X-1)^2 + \frac{8 \cdot k \cdot I \cdot X}{c \cdot T}}\right] \tag{7-33}$$

$$D_3 = \frac{3600}{vT}\left(t_A \frac{Q_b + Q_e - Q_{e0}}{2} + \frac{Q_e^2 - Q_{e0}^2}{2C_A} - \frac{Q_b^2}{2C_A}\right) \tag{7-34}$$

其中:

$$Q_e = Q_b + t_A(v - C_A) \tag{7-35}$$

当 $v \geqslant C_A$ 时,

$$Q_{e0} = T(v - C_A) \tag{7-36}$$

$$t_A = T \tag{7-37}$$

当 $v < C_A$ 时,

$$Q_{e0} = 0.0\text{veh} \tag{7-38}$$

$$t_A = \frac{Q_b}{(C_A - v)} \leqslant T \tag{7-39}$$

式中:D——控制延误(s/veh);

D_1——均匀延误(s/veh);

D_2——增量延误(s/veh);

D_3——初始排队延误(s/veh),由分析阶段初期初始排队车辆对延误的影响;

PF——考虑协调和控制种类影响的续进系数;

X——车道组流量与通行能力之比,即 v/c;

T——分析的持续时间(h),默认 0.25;

c——通行能力(vph);

k——增量延误系数,对于定时或接近饱和交通量取 0.5;

I——上游过滤系数(对单个交叉口取 1.0);

v——需求流量(veh/h);

t_A——分析期间内未满足需求的调整持续时间(h);

Q_b——分析期开始时的初始排队车数(veh);

Q_e——分析期结束时排队车数(veh);

Q_{e0}——分析期结束时,当 $v \geqslant C_A$ 且 $Q_b = 0.0$ 排队的车数(veh);

C_A——平均车道组通行能力(veh/h)。

HCM 2000 使用续进系数(PF)来考虑信号协调控制的影响。Synchro 已经明确计算了具有协调效应的延误,因此 Synchro 实际上可以通过以下公式确定真实 PF 值:

$$\mathrm{PF} = \frac{\mathrm{DC}}{\mathrm{DUC}} \tag{7-40}$$

式中:DC——协调平均延误;

DUC——随机到达率下的平均延误。

总延误需要将均匀延误乘以 PF,再加上增量延误。

(2)Webster 延误计算

在车均延误模型中,最为经典的是 1958 年的 Webster 提出的延误模型,他假设车辆到达服从泊松分布,通过修正得到了延误计算模型:

$$d_i = 0.9\left[\frac{C(1-\lambda_i)^2}{2(1-\lambda_i X_i)^2} + \frac{X_i^2}{2\,q_i(1-X_i)}\right] \tag{7-41}$$

式中:d_i——车道组 i 的平均延误(s/pcu);

C——信号周期时长(s);

λ_i——绿信比;

X_i——车道组 i 的饱和度;

q_i——车道组 i 的通行能力(pcu/h)。

(3)百分位延误计算

Synchro 的核心延误计算称为百分位延误法。百分位延误计算着眼于五个级别的交通到达,以便在不同的交通负荷下评估感应信号。这使得百分位延误法能够捕获并合理建模感应信号的非线性行为。Synchro 中的百分位延误计算也是基于间隔的。每隔一段时间就要评估相邻交叉口的车辆到达情况,以确定协调的影响。百分位延误法的计算可能非常复杂,包括使用相邻信号到达模式的详细信息来评估多个间隔。

建立感应信号模型的关键是使用多种交通场景模拟交通状况。Synchro 使用百分位延误方法确定延误和绿灯时间。建模的场景有五种，即第 90、70、50、30 和 10 个百分位。每个进口道的交通量都会进行上下调整，以模拟这些百分位情景。通过调整不同场景的交通量，可以在一系列交通条件下对感应信号进行建模。

如果观察 100 个周期的交通量，第 90 个百分位将是交通量最大的第 90 个，第 10 个百分位数将是交通量最大的第 10 个，第 50 个百分位将代表平均交通量。

百分位场景可能发生在提供交通量数据的时间内，这些场景并不代表其他时间的交通状况。要在其他交通条件下对信号进行建模，需要使用适当的交通量计数重新分析信号。

定时信号控制的车道组平均延误由图 7-11 中三角形的面积表示。三角形底面的宽度等于相位的有效红色时间。左侧的斜率是每秒车辆到达率，右侧的斜率是车辆以秒为单位的出发率或饱和流率，三角形的高度是车辆的最大排队长度。因此，可以使用式(7-42)找到最大排队长度。

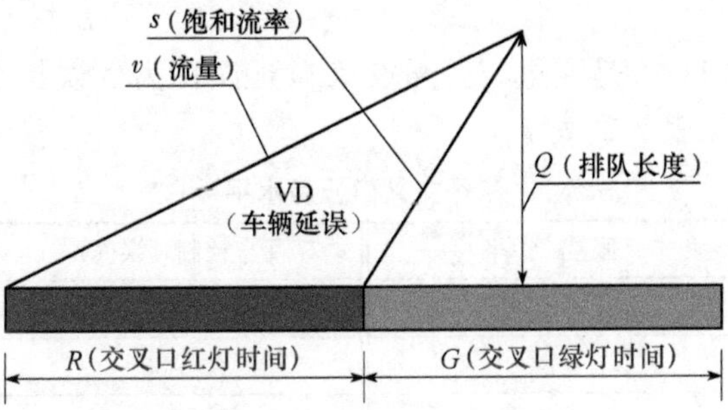

图 7-11　红灯时排队的车辆

$$Q = \frac{v}{\left(1 - \frac{v}{s}\right) \cdot 3600} \cdot R \tag{7-42}$$

式中：Q——最大排队长度；

v——交通量(vph)；

s——饱和流率(vph)；

R——红灯时间(s)。

每个周期的车辆延误是三角形的面积；每辆车的延误是三角形的面积除以每个周期服务的车辆数。

$$\mathrm{VD} = \frac{v}{\left(1 - \frac{v}{s}\right) \cdot 3600} \cdot \frac{R^2}{2} \tag{7-43}$$

$$D_{\mathrm{p}} = \frac{\mathrm{VD}}{C \cdot 3600} \tag{7-44}$$

$$D_{\mathrm{p}} = \frac{0.5}{\left(1 - \frac{v}{s}\right)} \cdot R \cdot \frac{R}{C} \tag{7-45}$$

$$X = \frac{v}{s \cdot \frac{g}{C}} \tag{7-46}$$

$$\frac{R}{C}=1-\frac{G}{C} \tag{7-47}$$

$$D_{\mathrm{p}}=0.5\cdot C\cdot\frac{\left[1-\left(\frac{g}{C}\right)\right]^{2}}{1-X\cdot\frac{g}{C}} \tag{7-48}$$

式中：VD——车延误；

D_{p}——在 p 百分位场景下的单车平均延误。

该公式与韦氏公式中对D_1的定义相同。百分位和韦氏公式计算的主要区别在于确定绿灯时间，以及处理近饱和和过饱和情况。

百分位和韦氏公式计算的主要区别在于确定绿灯时间，以及处理近饱和与过饱和情况。

7.4.8 服务水平

车道组的服务水平（LOS）是通过将信号交叉口延误视为延误长度，并将其转换为 A～F 之间的字母来计算的。见表 7-2、表 7-3。

信号交叉口服务水平 表 7-2

每车控制延误(s)	服务水平	每车控制延误(s)	服务水平
≤10	A	35～55	D
10～20	B	55～80	E
20～35	C	>80	F

无信号交叉口服务水平 表 7-3

每车控制延误(s)	服务水平	每车控制延误(s)	服务水平
≤10	A	25～35	D
10～15	B	35～50	E
15～25	C	>50	F

第8章 疏港道路交叉口定时信号控制方案优化

8.1 疏港道路交叉口客货分离控制方案优化

8.1.1 引言

在客货分离的相关研究中，国外对于客货分离管理方法的研究开始较早。20世纪20、30年代国外道路第一次实施客货分离的管理方法，即在道路上设置仅供客车和小轿车行驶的专用车道。20世纪80、90年代，国内的学者开始对客货分离方法开始大规模的研究。

交叉口是城市路网中车流集散的重要组成部分，信号配时方案以及相位方案的选择决定了这个交叉口车流的运行效率及安全性，并且单个交叉口的性能会辐射到相邻的交叉口甚至是整个区域的交通运行性能。同时由于信号交叉口的控制，车流会在交叉口处集散，这亦会导致环境问题。因此信号配时的优化目标主要为：提高通行能力、降低延误、减少油耗和排放、合理控制排队长度等。

关于交叉口时空资源优化的研究大体分为两类。一类是先确定车道分配方案，后优化信号配时方案；另一类是同时优化车道配置方案以及信号配时方案。前者是在方案确定的情况下，再进行信号配时优化；后者具有代表性的研究方向是基于车道的信号控制优化方法。

现有的研究在高速公路与路段上提升了货车的运行效率和安全；优化了交叉口的诸多种评价指标，提高了交叉口的通行能力；通过优化交叉口的时空资源配置以降低延误等取得了诸多成就。但仍存在以下不足：

(1)目前有关货车的研究对于货车的效率或者安全方面取得了诸多成果，如针对货车的特性研究：通行能力研究、车型换算系数、货车行驶轨迹等；货车的交通设施：高速公路中车道限制、交叉口的防护设施等。但这些研究大多局限于路段中，且只针对效率或者安全中的一方面。

(2)目前的交叉口信号控制研究大多集中在优化信号控制参数，如延误、通行能力、排队等，且在这些方面的研究已经相对成熟。然而对于不同车种对车流运行的影响研究较少，多数的交通流量建模都是通过车辆当量换算系数进行转化，这样会掩盖客、货之间因驾驶员、体积等因素所带来的影响。

(3)交叉口时空资源优化在单个交叉口的研究较多,多数学者对车道的数量、功能进行控制,从而实现交叉口资源的有效利用。然而大多数研究者只对车道部分进行优化改变,时间资源变化时更多考虑的是绿灯时间,较少考虑相位方案对车流运行的影响,此外,在交叉口线控制方面的时空资源优化研究也相对较少。

8.1.2 疏港道路交叉口车道布局与相位方案设计

交叉口的信号优化管理控制对于提升交叉口的通行效率与安全性具有重要意义。本节主要通过介绍传统的客货分离方法以及相位方案设计引申出本书疏港道路交叉口车道布局与相位方案设计。

1)客货分离相关概念

普通城市道路交叉口的混合车流主要指小客车和公交车的混合车型,且小客车数量远远大于公交车数量。与一般城市道路交叉口混合交通的表现不同,疏港道路车流组成主要为集装箱货车、拖挂车和小客车,且非机动车和行人数量较少。由于货车的性能受自身重量影响较大,其运行速度比小客车要低,客、货混行车流就会形成一个低速跟驰的车队,因此常常会引起移动瓶颈现象。基于此,客货分离的相关研究应运而生。

客货分离道路,即基于车型和速度两个因素来设计相对独立的行车道路。其单向货车车道至少设计 1 条、客车车道至少设计 2 条,同时采取相互分离或者强制进行隔离的断面形式,这改变了传统意义上客车和货车两者混合行驶的道路交通模式,建立起了客货各行其道的道路交通系统[346]。

2)交叉口客货分离设计

目前典型的交叉口进口道客货分离车道设计主要分为两类。一类为客货未完全分离,如图 8-1 所示。其中两条直行车道分别为客车专用道和货车专用道,左转与右转车道依旧为混行车道,混行车道上的车流依旧存在客、货车之间的相互影响;第二类为完全客货分离,如图 8-2所示。图中所有机动车道都进行客、货分道,其中货车专用左转专用道由于货车的转弯半径大,故将其设置在右侧,这增加交叉口处车辆运行的安全性。但是在满足货车较大的转弯半径的同时也增加了货车的通行时间,进而增加了延误。

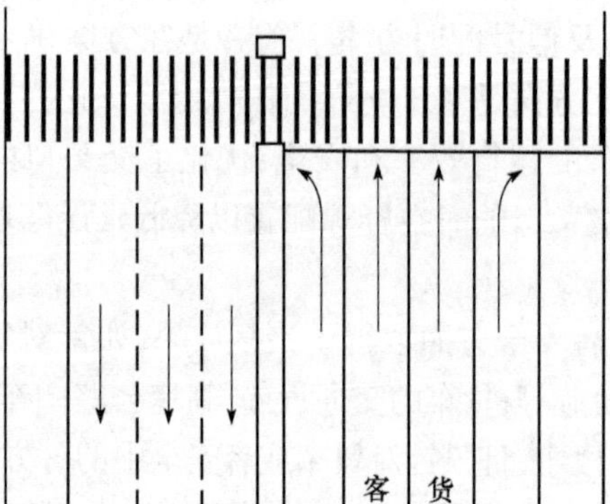

图 8-1　客货不完全分离示意图

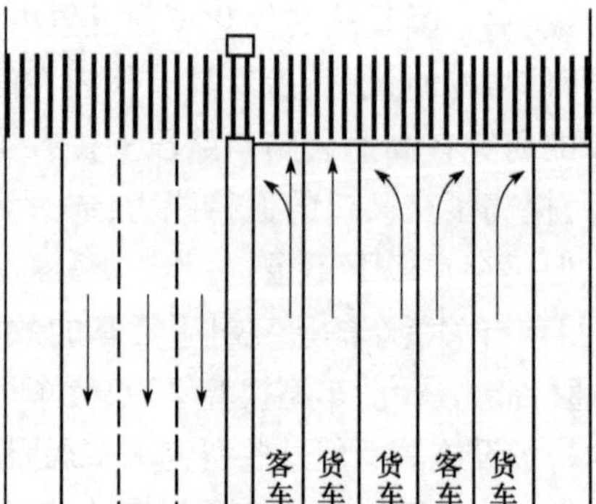

图 8-2　客货完全分离示意图

3)交叉口信号相位

交叉口时间资源的优化就是要考虑如何合理地分配时间。确定相位方案,是给予各方向车流、行人流在特定时间内通行权。即相位方案是以这些时间的和构成一个完整的信号周期。在这个信号周期中,信号灯设定不同方向的红绿灯以及亮灯时长,以此让各个方向的车辆或者行人有序、高效、安全地通过交叉口。信号灯在各个方向所显示的不同灯色的组合称为一个相位。所有信号灯的相位及顺序安排集合成一个相位方案。城市道路中常见的为两相位、三相位及四相位信号控制形式。

图8-3为一种传统的两相位方案。第一相位为东西向道路信号显示为绿灯,南北向道路信号显示为红灯,即东西向的车辆可以通行,南北向的车辆不予通过。第二相位正好相反,南北向道路信号显示为绿灯,东西向道路信号显示为红灯,即南北向车辆通行,东西向车辆禁行。

在一般情况下信号控制大多采用两相位方案。然而现实中,左转车流流率较大时对于直行车流的影响会导致交叉口运行效率降低。因此实际交叉口路口需要依据左转车流流量的大小来确定交叉口的相位数、相位类型、相序等。根据左转车流的流量大小可以考虑是否要设置左转保护相位,因此当交叉口进口道的左转流量较大时,可以采用三相位方案;若两个路段上左转流量都比较大时,可以采用四相位方案。图8-4为南北方向的左转流量较大,因此南北向保护左转流向,而东西向依旧是左转、直行一起方向,即三相位方案。其中第一相位为东西向的直行左转车流绿灯通行,第二相位为南北向的直行车流绿灯,第三相位为南北向的左转车流绿灯。而四相位方案就是南北向的直行、左转再拆开,变成两个相位,组成四相位。

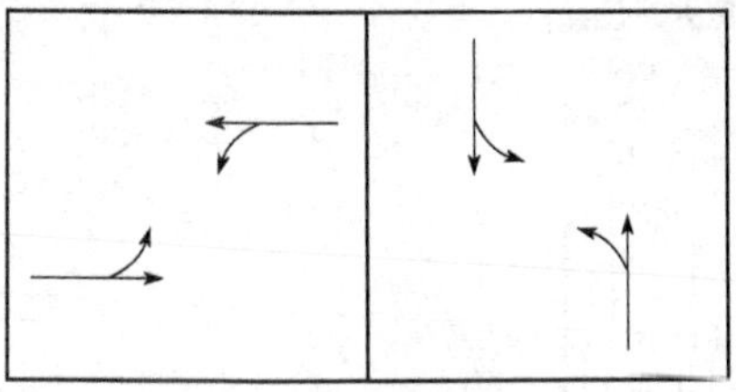

图8-3　两相位方案

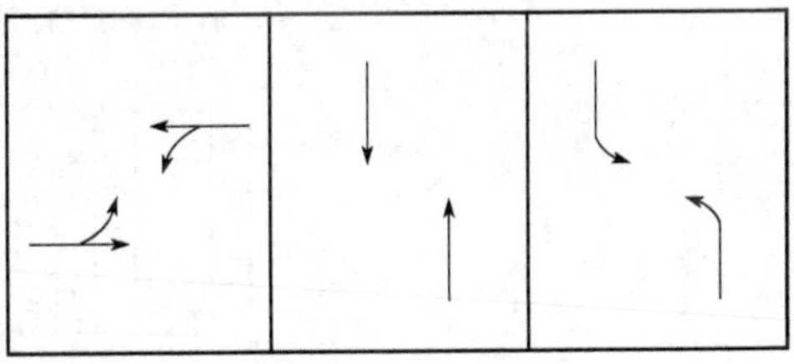

图8-4　三相位方案

4)客货分离信号相位方案设计

本书选择标准的十字形交叉口进行优化设计。由于需要避免既定方案选择的影响并获得全局最优解,则需要考虑交叉口中所有可能的车道方案组合。由于本书旨在分离客货,首先客货分道需要从空间上去分隔,就要考虑交叉口内的车道设置。考虑到两者速度差异和驾驶习惯,本书将客车道全部放在内侧,而货车道全部放在外侧。同时出口道的客、货车的行驶车道也做相同的限制。此外,本节假设疏港道路交叉口中的进、出口道不存在公交专用道。

如果客、货专用道中出现合用车道时,客、货车就需要由同一个信号灯进行控制。因此需要在同一个绿灯内放行,在这种情况下客、货车放行时必定会出现如图8-5所示的冲突点。因此需要设计客车与货车的专用信号,以此来避免不同车型之间运行轨迹的冲突。

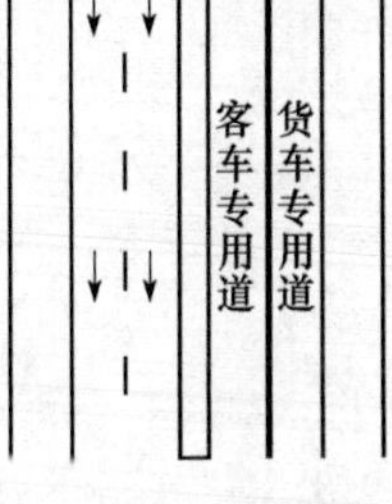

图8-5　客货车流的流向冲突

(1)客货同时放行策略

客货车流依据方向同时放行,相位方案如图 8-6a)所示。右转客车与直行、左转货车都有冲突,所以需要对右转车流进行控制。可以选择将其与相交道路的左转车流一起放行或者直行车流一起放行。在本方案中选择右转客车流与左转车流一起放行,行人流可与同方向的直行车流一同放行。

以南北方向的车流为例,车流组织如图 8-6b)和图 8-6c)所示。出口车道数量的确定原则为:进口客货直行车道总数,以及相交道路左转、右转客货车道总数的较大值作为出口道的车道数量。需要指出,客货同时放行策略只适用于专用车道情形,不适用于合用车道情形。其次,当车流通过交叉口进入出口道时,车流组织依旧遵循客车在左侧、货车在右侧行驶的原则,从而在路段上也分离两股车流,避免两股车流交织带来的事故风险。

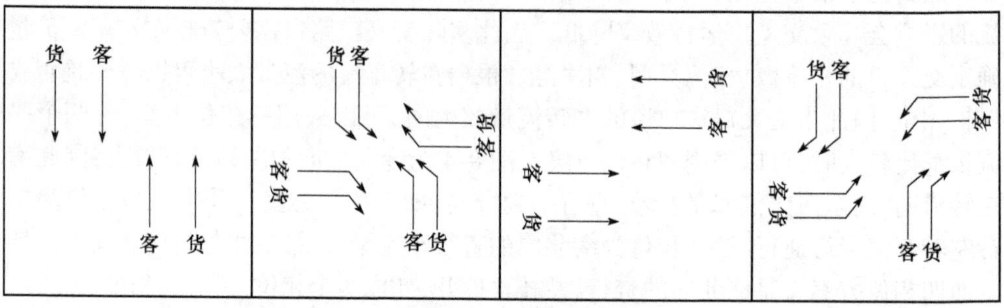

a)客货同时放行时的相位方案设计

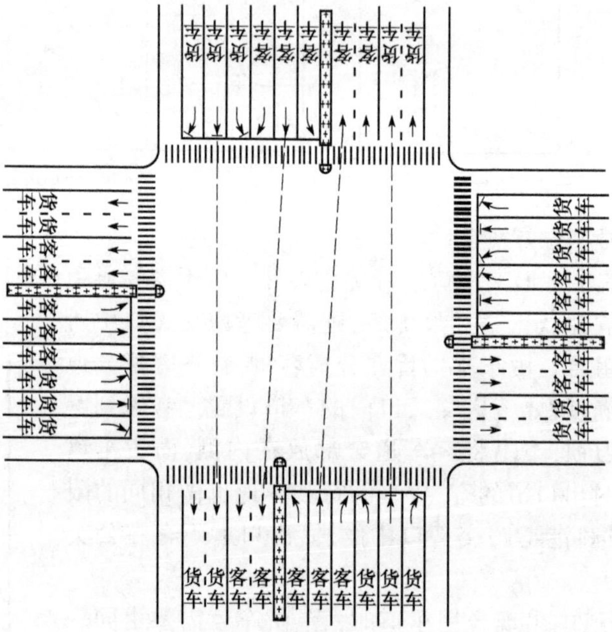

b)客货同时放行时南北向直行车流组织

图 8-6

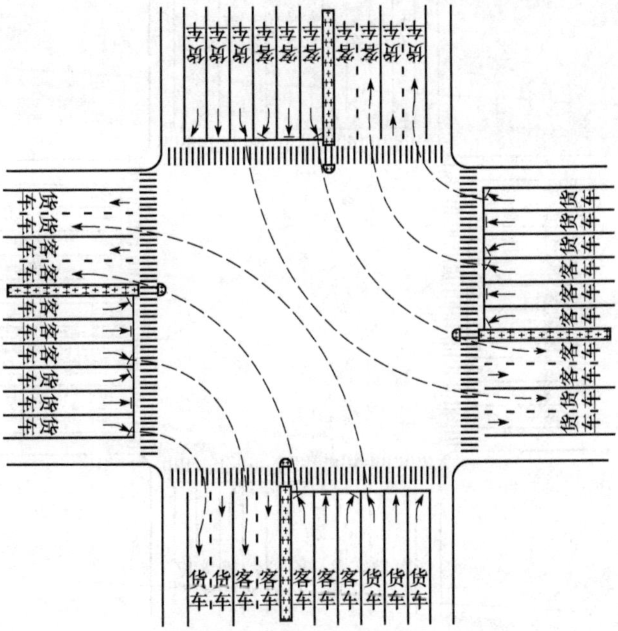

c) 客货同时放行时南北向左转车流组织

图 8-6 客货同时放行时的相位方案和交通组织

(2)客货分别放行策略

客货分别放行,即客货车流在不同相位(时间段)放行,相位方案如图 8-7 所示。在图 8-7a)中,一个相位放行一个进口上客车或货车三个方向的车流。在本方案中,行人流可与平行道路的客车流一同放行。

以南北方向的车流为例,车流组织见图 8-7b)。出口车道数量的确定原则与客货同时放行策略相同。需要指出,客货分开放行策略既可适用于专用车道情形,也可适用于合用车道情形。与前文所述的放行策略的路段车流组织相同,依旧需要在路段上保证客、货车流分离。

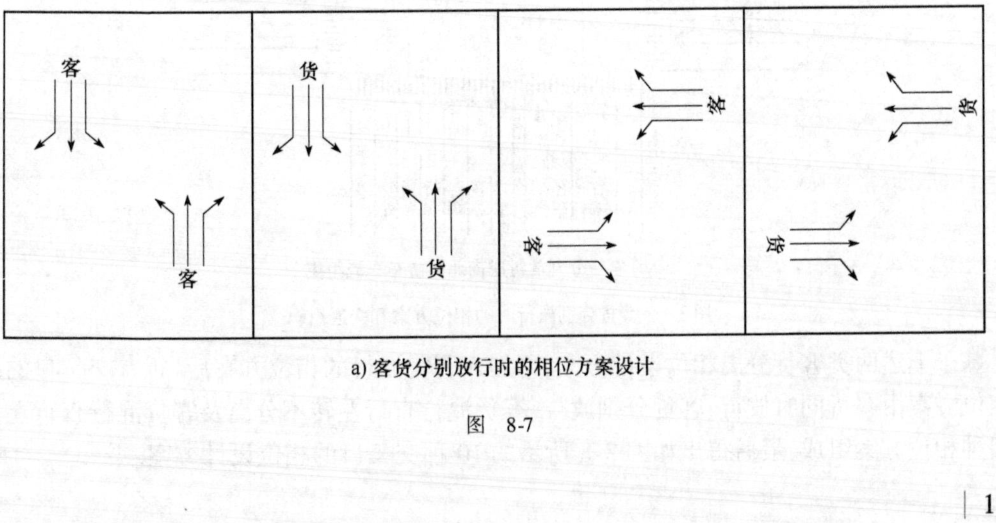

a) 客货分别放行时的相位方案设计

图 8-7

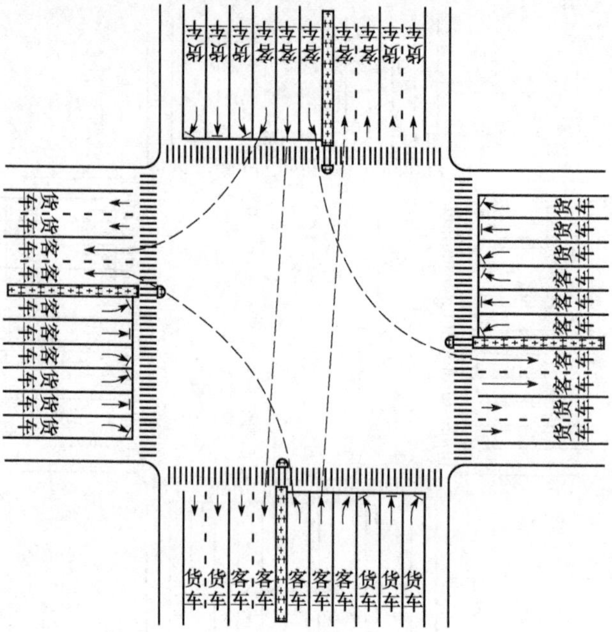

b) 客货分别放行时南北向客车车流组织

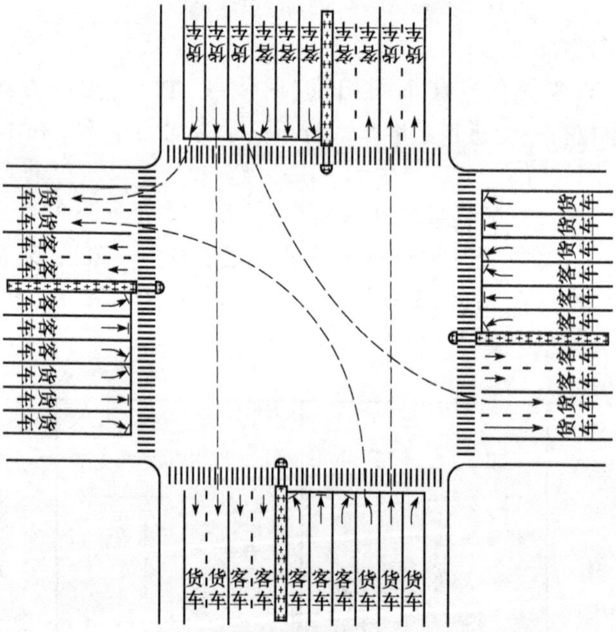

c) 客货分别放行时南北向货车车流组织

图 8-7　客货分别放行时的相位方案和交通组织

基于上述两类客货分离相位设计方案，再加入客货混行的相位方案后，所有交叉口的路段上相位方案由客货同时放行、客货分别放行、客货混行直行左转不分离及客货混行直行左转分离四种相位方案组成，最后得出如图 8-8 所示的 10 种交叉口的相位设计方案。

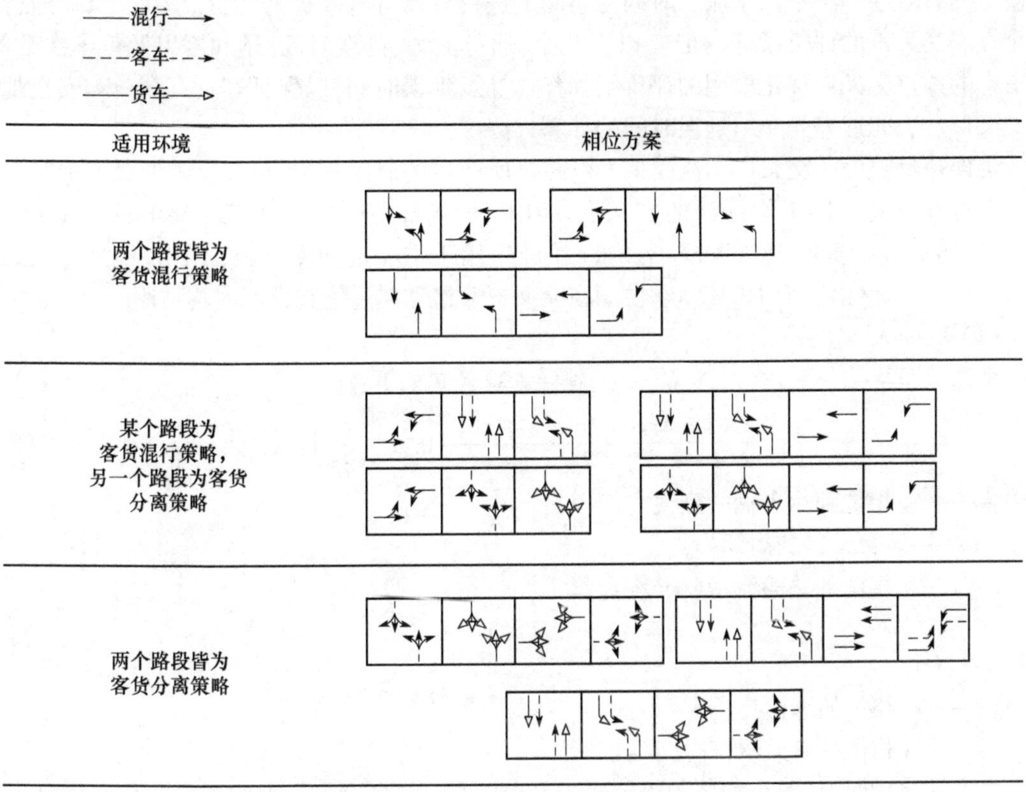

图 8-8　交叉口相位方案组合及适用环境

这 10 大类交叉口信号控制方案遵循在同一个路段上的相位方案相同，即南北进口道或者东西向进口道的放行模式相同。根据客、货分离与否可以分为混行模式以及客货分离模式；选择客货混行模式时，即传统相位方案需要考虑是否对左转相位进行保护；选择客货分离模式时，根据上文所介绍的相位方案模式应分为两类。因此，本书在一个路段上共有 4 种备选放行模式，对其加以排列组合便可以得到如图 8-8 所示这 10 大类的相位方案，各类相位方案的适用环境也如图所示。

5）小结

本章主要分为两部分。第一部分介绍客货分离、相位方案的相关概念以及常规交叉口信号相位设计方法；第二部分针对客、货车的运行特性布置车道并设计了两种交叉口客货分离的相位方案，为后文优化交叉口时空资源做铺垫。

8.1.3　疏港道路交叉口信号控制优化模型评价指标计算

本部分主要介绍了单点与协调控制下各指标计算，单点交叉口优化控制选择了以延误为评价指标，因此先介绍了典型的单点控制延误计算公式，接着推导了协调控制下的延误模型，增加交叉口冲突点数作为协调控制的安全评价指标。

1）单点交叉口延误计算

本书所建立的模型是一个非线性整数规划模型，因此需要选择一个合适的评价指标来检验模型的有效性。将不同车流从时间与空间上进行分离可有效提高客、货车在交叉口通行的安全性。交叉口的评价指标一般有以下几个：通行能力、延误时间、饱和度以及停车次数等。本书中的单点交叉口优化模型的评价指标都选择了延误时间，以保证客货车高效与安全地通过交叉口。因此这里先介绍延误时间的计算方法。

延误是反映信号交叉口车流受信号灯控制所产生的时间损失，可以反映交叉口的控制性能。现有计算交叉口车均延误的方法有 TRRL 法（Webster 法）、ARRB（Australian Road Research Bureau）法、美国 HCM 法。Webster 法较适用于中非饱和度情况；ARRB 模型在交叉口可以用作多目标优化；而 HCM2000 模型在交叉口非饱和与过饱和情况时均适用。

（1）Webster 延误公式

交叉口车辆均匀到达时，其 Webster 延误计算公式如下：

$$D_i = \frac{C(1-\lambda_i)^2}{2(1-\lambda_i x_i)} + \frac{x_i^2}{2q_i(1-x_i)} - 0.65\left(\frac{C}{q_i^2}\right)^{1/3} x_i^{2+5\lambda_i} \tag{8-1}$$

式中：D_i——i 相位到达车辆的延误时间（s）；

C——该交叉口的周期（s）；

q_i——i 相位到达的流量（pcu/s）。

$$\lambda_i = \frac{g_i}{C} \tag{8-2}$$

式中：λ_i——i 相位的绿信比；

g_i——i 相位的有效绿灯时间（s）。

在交叉口配时时，每个相位的绿信比一般根据交叉口各个方向上的流量比合理分配。

$$x_i = \frac{q_i}{S_i} \tag{8-3}$$

式中：x_i——i 相位的饱和度；

q_i——i 相位的实际流量（pcu/s）；

S_i——i 相位的饱和流量（pcu/s）。

饱和度的大小反映交叉口的服务水平，饱和度越大，交叉口服务水平越低。

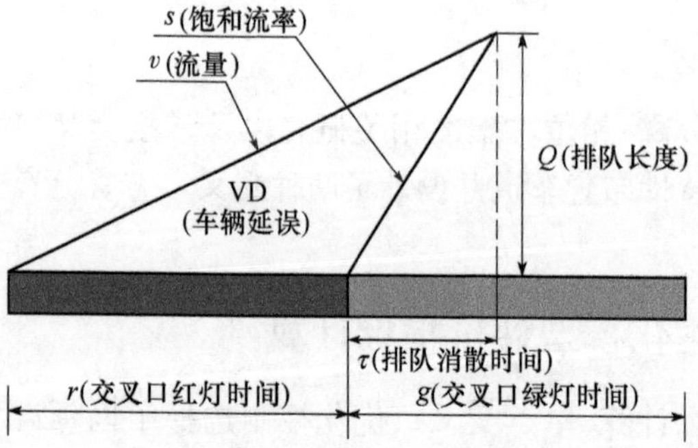

图 8-9　交叉口延误三角形

（2）延误三角形

延误三角形通过对车辆到达与离散的过程进行分析。假设车辆以一个固定的到达率 q 到达交叉口，且在绿灯时以交叉口的饱和流率 S 消散，则交叉口进口道某个周期内到达车辆的延误三角形如图 8-9 所示。

当信号由红灯转换为绿灯时，通过交叉口进口道的车辆会形成一股饱和车流及一股未饱和车流。根据车辆到达数量与驶离数量守恒的原则，可以计算得到排队消散时间。

$$\tau = q(r+\tau)/S \tag{8-4}$$

式中：τ——车队以饱和流率 S 通过交叉口的时间，即排队消散时间（s）；

r——交叉口红灯时间(s)；

q——车辆到达交叉口的流率(pcu/s)；

S——车辆离开交叉口的饱和流率(pcu/s)。

通过式(8-4)得到排队消散时间 τ 就可以计算出受阻车辆数N_0，然后通过计算车辆到达累计曲线与车辆离去累计曲线所围成的三角形面积，即当前车辆到达交叉口的均匀延误。

(3)HCM2000

考虑到所研究的疏港道路信号控制交叉口经常都处于某一车道高饱和的情况以及为了便于建模和计算，因此本书选用 HCM2000 延误模型进行分析计算，具体计算方式见式(8-5)~式(8-8)。

$$d_1 = \frac{0.5C(1-\lambda)^2}{[1-\min(1,X)]\lambda} \tag{8-5}$$

$$d_2 = 900T\left[(X-1)+\sqrt{(X-1)^2+\frac{kIX}{cT}}\right] \tag{8-6}$$

$$d_3 = \frac{1800Q_b(1-u^*)t}{cT} \tag{8-7}$$

$$D = \mathrm{PF}\cdot d_1 + d_2 + d_3 \tag{8-8}$$

式中：d_1——均匀延误(s)；

d_2——随机延误(s)；

d_3——存在初始排队的延误(s，不存在时取0)；

λ——所计算车道绿信比；

C——信号周期(s)；

X——所计算车道饱和度；

c——车道通行能力(pcu/h/ln)；

T——分析时段的时长(s)；

Q_b——初始排队长度(m)；

k——信号控制校正参数；

I——车辆到达校正参数；

PF——协调控制下的校正系数(单点交叉口分析时取1)。

交叉口的安全性评价指标主要影响因素有交通冲突点、冲突点数量以及交通量，次要因素可以分为道路条件，如路面条件、视距、渠化条件等；安全设施为道路的标志标线等；信号灯包括信号灯等相位方案、黄灯时间等。本节将选择交通冲突点数量作为交叉口的安全性评价指标。

2)单点交叉口冲突点计算

冲突点是冲突区域内来自各个行驶方向的车辆以一定的角度相互交叉、汇合和分开的轨迹交点。在交叉口、出入口匝道、交织区这些冲突点集中的区域，如果将每一可能的车流方向用一个表明方向的流线来表示，冲突点也就是冲突区域内交通流线相接的地方。冲突点的存在是交通冲突产生的根源，因此，冲突点的多少对所在区域的交通安全有很大的影响。交通冲突点越多，交叉口的安全程度越低。交通冲突点可以按以下分类来分析它对交叉口的安全影响：

①机动车与机动车的冲突点：合流冲突点、分流冲突点、交叉冲突点。

②机动车与非机动车的冲突点：左转机动车与非机动车冲突点、直行机动车与非机动车冲突点、右转机动车与非机动车冲突点。

③机动车与行人的冲突点：左转机动车与行人冲突点、直行机动车与行人冲突点、右转机动车与行人冲突点。

本节在计算交叉口冲突点上借鉴潘福全等[347]在无信号平面交叉口机动车冲突点数计算模型。由于文献中的场景为无信号平面交叉口，因此本书在计算冲突点数需要分相位计算，且只考虑交叉口内部的交叉冲突点数，不考虑分流造成的冲突点，合流的冲突点通过后面章节中对出口道的设计来避免。

根据文献计算交叉口中的虚拟车道数，虚拟车道为根据进口道上左转、直行以及右转三种方向车流的流向数目的总和。因此可以得到下列公式：

(1)直行的虚拟车道数

$$E_{i,\text{through}}^{x} = \sum_{j} n_{i,j}^{x} \tag{8-9}$$

式中：$E_{i,\text{through}}^{x}$——交叉口 x 进口道 i 的直行虚拟车道数；

$n_{i,j}^{x}$——交叉口 x 进口道 i 内转向车道为 j 的车道数，$j=\{2,3,4,6\}$ 分别代表直行左转车道、直行车道、直行左右转车道及直行右转车道。

(2)左转的虚拟车道数

$$E_{i,\text{left}}^{x} = \sum_{j} n_{i,j}^{x} \tag{8-10}$$

式中：$E_{i,\text{left}}^{x}$——交叉口 x 进口道 i 的左转虚拟车道数；

$n_{i,j}^{x}$——交叉口 x 进口道 i 内转向车道为 j 的车道数，$j=\{1,2,3\}$ 分别代表左转车道、直行左转车道、直行左右转车道。

本小节所有的相位方案中右转不存在交叉口内部的冲突点，且当交叉口 x 直行左转车流分开放行时，不存在交叉口内部冲突点。其他的相位方案，冲突点的计算公式为：

$$N_{x} = \sum_{i,\text{through}}^{x} E_{i+2,\text{left}}^{x} + E_{i+2,\text{through}}^{x} E_{i,\text{left}}^{x} \tag{8-11}$$

式中：N_{x}——交叉口 x 中的冲突点个数。

8.1.4 疏港道路单点交叉口信号控制优化模型

本书模型在车流组织确定的情况下，对车道数、车道功能、绿灯时间等进行优化，与现有的研究相比，优化模型增加了放行模式约束以及车道功能约束，这能够在给定不同的道路资源情况下对交叉口的时间、空间资源同时优化，并给出了交叉口客货分离的最优车道配置以及信号控制方案。

1)单点交叉口客货分离信号控制下的模型假设

模型在以下假设或前提下建立：

(1)本书研究的对象为疏港道路交叉口，其特点是货车流比例较大，行人与非机动车较少。本书假定道路资源充裕，机非可以分离彻底，非机动车对机动车流的运行没有影响，且交叉口进口道、出口道上不存在公交站点。行人过街对于信号控制参数优化的影响通过最小绿灯时间约束来体现。

(2)交叉口进口道有足够的空间资源以实施客货车流分离管理。

2)单点交叉口客货分离信号控制下的模型决策变量

(1)客货放行模式

用 U_i表示 i 口道客货车流放行模式。U_i为 0－1 变量,$U_i=0$ 表示 i 进口道上客货车流同时放行,$U_i=1$ 表示 i 进口道上客货车流分别放行。

(2)车道类型与数量

用 $n_{i,j,k}$表示交叉口进口道 i 内转向车道为 j 的 k 类专用车道的车道数,其中 $i=\{1,2,3,4\}$,分别代表南进口道、西进口道、北进口道、东进口道;$j=\{1,2,\cdots,6\}$,分别代表左转车道、右转车道、直行车道、左直合用车道、直右合用车道、左直右合用车道;$k=\{1,2\}$分别表示客车道和货车道。

(3)绿灯时间

g_l为 l 相位的绿灯时间,$l=\{1,2,3,4\}$。对于客货分别放行策略,分别表示南北向客车的绿灯时间、南北向货车的绿灯时间、东西向客车的绿灯时间、东西向货车绿灯时间;对于客货同时放行策略,分别表示南北向直行客货车流的绿灯时间、南北向左转客货车流的绿灯时间,东西向直行客货车流的绿灯时间、东西向左转客货车流的绿灯时间。

3)单点交叉口客货分离信号控制模型构建

(1)目标函数

以一个周期内各个方向上通过交叉口的机动车流的平均延误最小为优化目标,见下式:

$$\mathrm{Min}(\overline{D}) \tag{8-12}$$

式中:$\overline{D}$——一个周期内各个方向上通过交叉口的机动车流的平均延误(s)。

(2)车流放行模式约束

由客货车流放行策略所对应的相位方案可知客货放行模式 U_i存在式(8-13)约束,保证 i 进口道与 $i+2$ 进口道放行模式相同。

$$U_i = U_{i+2} \tag{8-13}$$

式中:U_i——客货放行模式,$i=1,2$。

(3)车道流量总量约束

用 $Q_{i,k}^d$表示交叉口进口道 i 内转向车道为 d 的 k 类专用车道的车流量,其中 $d\in D=\{L,T,R\}$,分别代表左转、直行、右转方向;用 $Q_{i,j,k}$表示交叉口进口道 i 内转向车道为 j 的 k 类专用车道的车流量。等式(8-14)表示 $Q_{i,k}^d$与 $Q_{i,j,k}$的关系。

$$\sum_{d\in D} Q_{i,k}^d = \sum_{j=1}^{6} Q_{i,j,k} \tag{8-14}$$

式中:$Q_{i,k}^d$——交叉口进口道 i 转向车道为 d 的 k 类专用车道的车流量,其中 $d\in D=\{L,T,R\}$;

$Q_{i,j,k}$——交叉口进口道 i 内转向车道为 j 的 k 类专用车道的车流量(pcu/s)。

(4)车道流量分配约束

利用等饱和度原则分配同一个相位内不同车道内的车流量。式(8-15)为两种放行策略下的等饱和度约束条件。

$$\begin{cases}\dfrac{Q_{i,j,1}}{n_{i,j,1}S_{j,1}}=\dfrac{Q_{i,j,2}}{n_{i,j,2}S_{j,2}} & U_i=0\\ \dfrac{Q_{i,j_1,k}}{n_{i,j_1,k}S_{j_1,k}}=\dfrac{Q_{i,j_2,k}}{n_{i,j_2,k}S_{j_2,k}} & U_i=1,j_1\neq j_2\end{cases} \tag{8-15}$$

式中：$S_{j,k}$——转向车道为 j 的 k 类专用车道的饱和流率(pcu/s)。

(5)车道数量约束

车道数量存在如下约束：

约束式(8-16)保证车道数为整数。

$$n_{i,j,k}\in Z \tag{8-16}$$

约束式(8-17)保证当进口道 i 无转向车道为 j 的 k 类专用车道时，$n_{i,j,k}=0$ 否则至少为 1 条。

$$n_{i,j,k}\geqslant 0 \tag{8-17}$$

约束式(8-18)保证进口道 i 内所有车道之和不大于进口道 i 内的最大车道数，由于客、货车至少都需要存在一条车道，所以 $n_{i,j,k}$ 的累计和下限是 2。

$$2\leqslant\sum_{J=1}^{6}\sum_{K=1}^{2}n_{i,j,k}\leqslant N_i \tag{8-18}$$

约束式(8-19)保证交叉口上任何合用车道都不能超过 1 条，即各个进口上客车或货车的左直、直右、左直右合用车道都不能超过 1 条。

$$n_{i,j,k}\leqslant 1,j\geqslant 4 \tag{8-19}$$

约束式(8-20)保证左直右车道不能和直行车道、左直或直右合用车道一起出现。

$$n_{i,6,k}(n_{i,3,k}+n_{i,4,k}+n_{i,5,k})=0 \tag{8-20}$$

约束式(8-21)保证车道类型与放行模式匹配，当选用客货分别放行策略时，不能存在合用类型车道；当选用客货分开放行策略时，存在合用类型车道。

$$\begin{cases}n_{i,4,k}+n_{i,5,k}+n_{i,3,k}=0 & U_i=0\\ n_{i,4,k}+n_{i,5,k}+n_{i,3,k}>0 & U_i=1\end{cases} \tag{8-21}$$

约束式(8-22)保证若任何一类车道不存在，则不能为这类车道分配车流量。

$$\begin{cases}n_{i,j,k}=0 & Q_{i,j,k}=0\\ n_{i,j,k}\geqslant 1 & Q_{i,j,k}>0\end{cases} \tag{8-22}$$

约束式(8-23)保证左转方向的车流有通行空间。

$$\begin{cases}\sum\limits_{j=1,4,6}n_{i,j,k}=0 & Q_{i,k}^{L}=0\\ \sum\limits_{j=1,4,6}n_{i,j,k}\geqslant 1 & Q_{i,k}^{L}>0\end{cases} \tag{8-23}$$

约束式(8-24)保证右转方向的车流有通行空间。

$$\begin{cases}\sum\limits_{j=2,5,6}n_{i,j,k}=0 & Q_{i,k}^{R}=0\\ \sum\limits_{j=2,5,6}n_{i,j,k}\geqslant 1 & Q_{i,k}^{R}>0\end{cases} \tag{8-24}$$

约束式(8-25)保证直行方向的车流有通行空间。

$$\begin{cases} \sum_{j=3}^{6} n_{i,j,k} = 0 & Q_{i,k}^{T} = 0 \\ \sum_{j=3}^{6} n_{i,j,k} \geqslant 1 & Q_{i,k}^{T} > 0 \end{cases} \tag{8-25}$$

式中：$n_{i,j,k}$——交叉口进口道 i 内转向车道为 j 的 k 类专用车道的车道数，其中 $i=\{1,2,3,4\}$，分别代表南进口道、西进口道、北进口道、东进口道；$j=\{1,2,\cdots,6\}$，分别代表左转车道、右转车道、直行车道、左直合用车道、直右合用车道、左直右合用车道；$k=\{1,2\}$ 分别表示客车道和货车道；

其余参数意义同式(8-14)。

(6)相位绿灯时间约束

$$g_l^{\min} \leqslant g_l \leqslant g_l^{\max} \tag{8-26}$$

式中：$g_l^{\min}$——预先给定的最小绿灯时间(s)；

g_l——预先给定的最小绿灯时间(s)；

$g_l^{\max}$——预先给定的最大绿灯时间(s)。

(7)周期时长约束

$$C = \sum_{l=1}^{4} g_l + 4\,r_i \tag{8-27}$$

$$C_{\min} \leqslant C \leqslant C_{\max} \tag{8-28}$$

式中：C——信号周期时长(s)；

r_i——进口道 i 的绿灯间隔时间(s)；

$C_{\min}$——最小周期时长(s)；

$C_{\max}$——最大周期时长(s)。

(8)饱和度约束

约束式(8-29)保证相位内任何车道的饱和度不超过1，即处于非饱和状态。其中，δ_l 为相位 l 类车的相位损失，包括前损失和后损失。l 即进口道 i 内转向车道为 j 的 k 型专用车道所对应的相位序号，下标 i、j、k 和下标 l 的对应关系由客货车流放行策略所对应的相位方案(图8-7和图8-8)确定。

$$\frac{Q_{i,j,k}}{n_{i,j,k} S_{j,k}} \leqslant \frac{g_l - \delta_l}{C} \tag{8-29}$$

式中：δ_l——相位 l 类车的相位损失(s)，包括前损失和后损失；

l——进口道 i 内转向车道为 j 的 k 型专用车道所对应的相位序号。

8.1.5 模型求解与验证

本节对优化模型进行验证分析，并且模型皆为非线性的整数规划模型。在 Visual Studio 2019 平台上实现遗传算法进行求解并对流量比例等进行分析。

1)单点交叉口客货分离模型算法

(1)初始化种群(initialization)

初始化种群主要分为两大部分。

第一部分为准备阶段：首先参数输入，主要输入各个进口道流量、最大进口道车道数、车道饱和流率、最大最小绿灯时间等。接着是筛选合理的车道组合，通过建立相应的模型约束，包括等饱和度约束、流量约束、饱和度约束等，最后通过这些约束得到基于当前输入的流量合理的车道组合解集合(solution)。

第二部分为随机赋值阶段：基于最大的车道数的约束随机给定客、货车的车道数，然后根据车道数在解集合(solution)中随机选择一个合理解作为当前进口道的车道配置，确定车道配置后根据约束 21 确定进口道的相位放行模式参数 U，再根据约束 13 确定对向的进口道相位方案，最后随机赋值最大、最小绿灯时间区间内的绿灯时间。整个初始化流程结构如图 8-10 所示。

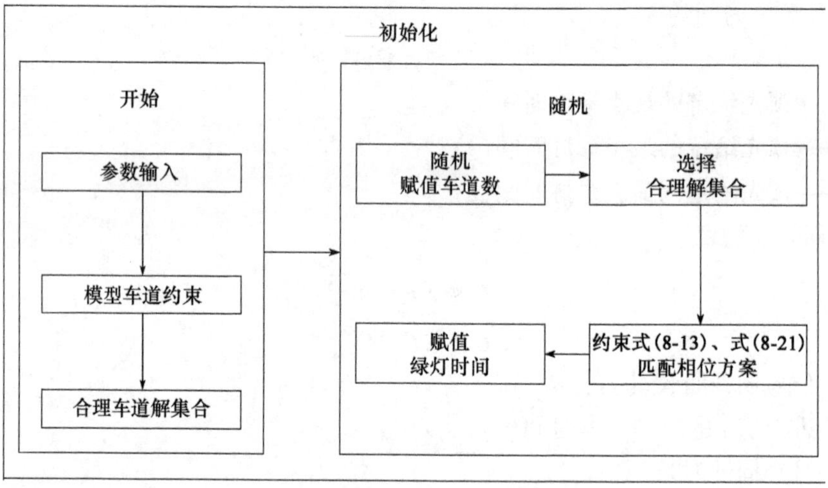

图 8-10　孤立交叉口解初始化结构流程图

根据上述初始化结构流程，循环 4 次，将 4 个进口道的车道组合成一个交叉口方案，染色体由客货车流放行模式参数、进口道两类车的车道数配置以及绿灯时间组成，图 8-11 是一个完整的交叉口染色体。

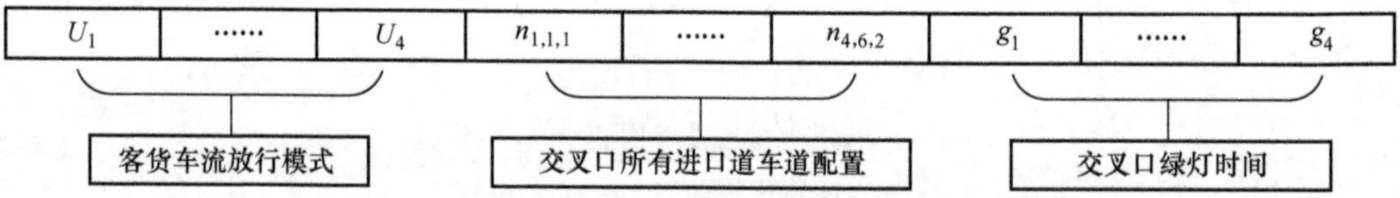

图 8-11　孤立交叉口车道配置方案和信号相位方案编码

(2)适应度值评价(evaluation)

本书选择交叉口的总延误的倒数作为可行解优劣的评价标准，即式(8-30)，每次迭代都记录所有个体的适应度值。

$$\text{Fitness} = \frac{1}{D} \tag{8-30}$$

式中：Fitness——个体的适应度值。

(3)复制(copy)

按照概率选择的方式复制个体进入下一代。选择概率大小与个体所表示的可行解对应的交叉口总延误成反比。每轮迭代都将当前的最优解复制在第一个位置，以实行精英保留策略。

(4)交叉(crossover)

交叉操作按照交叉概率随机选择两个染色体进行交叉。交叉时，交换对应进口道的车道配置和客货车流放行模式。交叉流程具体如图8-12所示。对交叉操作产生的新染色体，需按对应的约束条件集进行可行解检验。

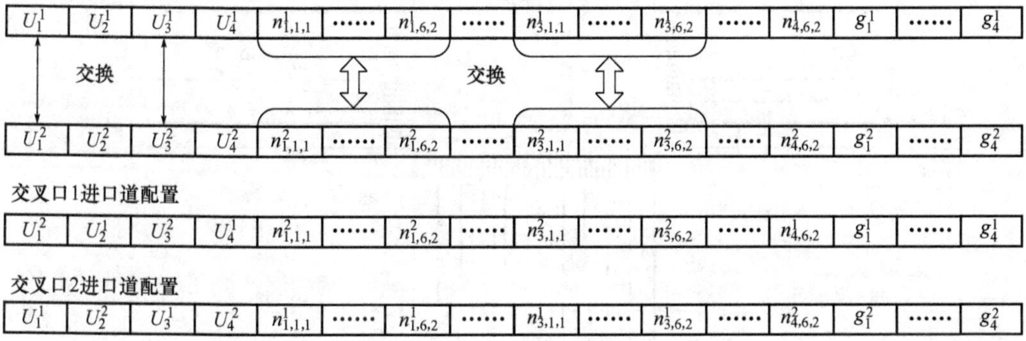

图8-12　交叉操作

(5)变异(mutation)

交叉口的进口道车道配置和相位绿灯时间都可能发生变异。因此，本书设计三种变异。一种变异仅改变进口道的车道配置，客货车流放行模式也可能随之改变，如图8-13a)所示。另一种变异仅改变相位绿灯时间，如图8-13b)所示。第三种变异同时改变进口道的车道配置和相位绿灯时间。以设定的变异概率随机选择一个染色体，以均等的机会实施这三种变异。对变异操作生成的新染色体，需按设置的约束条件集进行可行解检验。

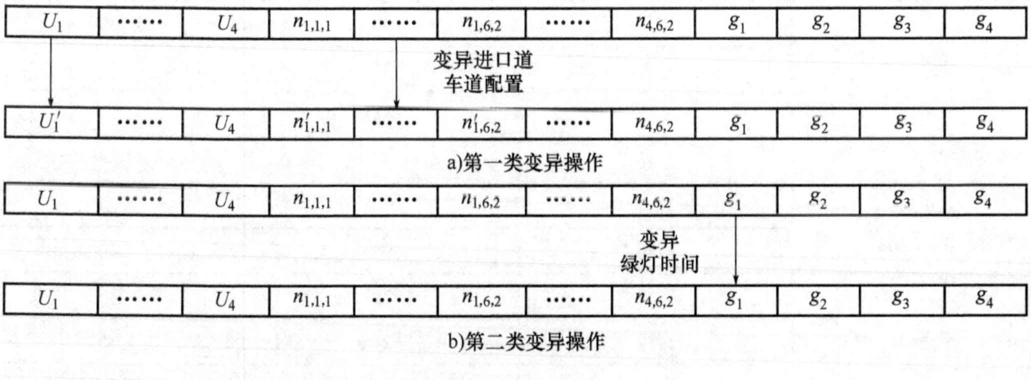

图8-13　变异操作

2)单点交叉口客货分离信号优化模型验证

本节选择上海洋山港码头附近的疏港道路上的某个交叉口。通过调查选择同顺大道、康翔路交叉口作为算例。现状交叉口的车道数、车道功能如图8-14所示。南北进、出口道都为4车道，东西向进、出口道为2车道。客、货车的交通流量以及各车道的饱和流率见表8-1、表8-2。原交叉口相位为常规两相位，周期为61s，南北向绿灯时间为28s，东西向绿灯时间为25s，黄灯3s以及全红1s。本章计算中货车、客车的启动损失分别为4s、2s。

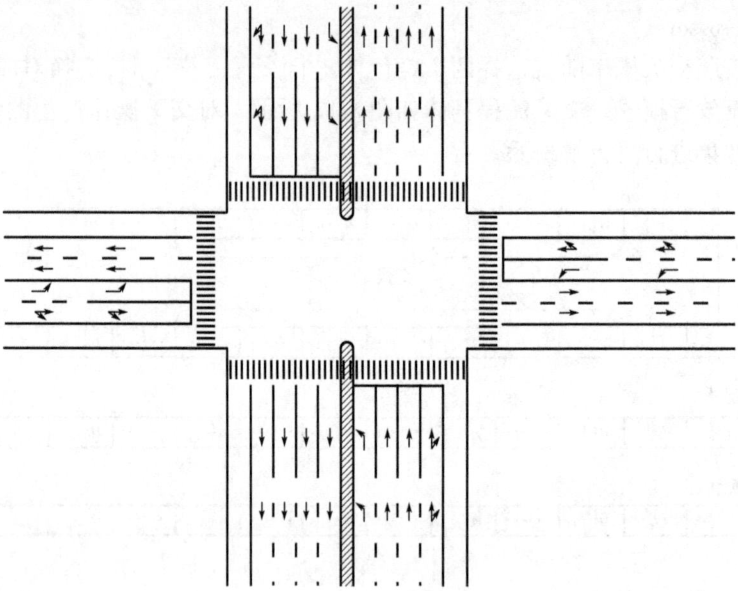

图 8-14　交叉口现状

交叉口各进口道交通量　　表 8-1

进 口 道	行 驶 方 向	货车(veh/h)	客车(veh/h)
南进口	左转	25	16
	直行	155	432
	右转	38	11
西进口	左转	90	50
	直行	28	34
	右转	100	38
北进口	左转	74	36
	直行	130	186
	右转	94	40
东进口	左转	74	48
	直行	24	36
	右转	98	50

交叉口各车道的饱和流率　　表 8-2

饱和流率(veh/h)	左转车道	左直车道	直行车道	左直右车道	左右车道	直右车道	右转车道
客车	1420	1630	1810	1680	1440	1520	1260
货车	430	560	720	560	520	660	610

使用公式(8-31)[349]计算原交叉口下混合车流各个车道的饱和流率(veh/h)。

$$Q=\frac{3600}{\bar{h}}=\frac{3600}{t_{客\text{-}客}P^2+(t_{客\text{-}货}+t_{货\text{-}客})P(1-P)+t_{货\text{-}货}(1-P)^2} \tag{8-31}$$

式中：Q——原交叉口下混合车流在各个车道的饱和流率(veh/h)；

t——客车和货车各类组合的车头时距(s)；

P——客车在客货车流中所占的百分比；

$1-P$——货车的百分比。

利用表8-2中的数据可以计算出客车与客车、货车与货车的车头时距，而客车与货车、货车与客车的车头时距经过调查分别为5.0s、7.0s。在客货车不分离条件下，通过式(8-31)计算得出左转车道的饱和流率为534veh/h；直行车道的饱和流率为842veh/h，直右合用车道的饱和流率与直行车道的饱和流率相同，为842veh/h。

(1)优化结果

①客货混行现状方案

计算原交叉口的东西方向进口道车道的饱和度大于1，南北向的进口道的饱和度约为0.69，表明原交叉口的服务水平较低，通过HCM的延误计算公式可以计算得出当前交叉口的控制延误为71.9s。

②客货混行优化方案

由于原交叉口方案的延误较大，这里选择常规的相位方案对原交叉口进行空间资源优化，交叉口混行优化布局方案如图8-15所示。

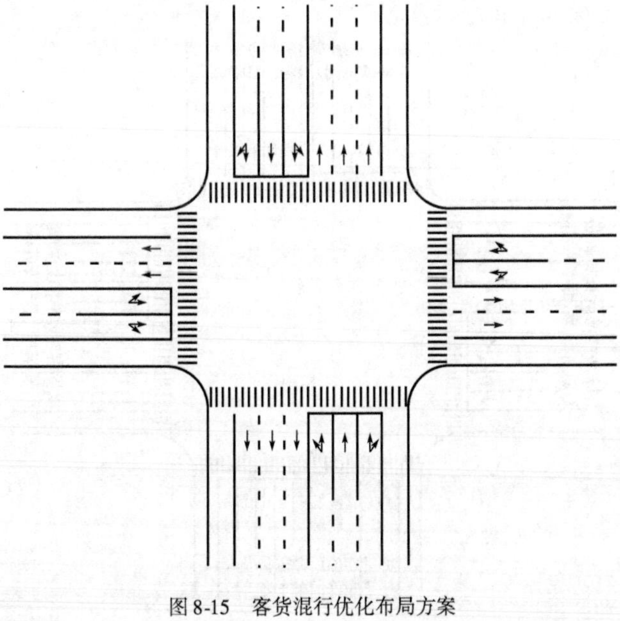

图8-15　客货混行优化布局方案

③客货分离优化方案

按本书方法求解进口道车道布置方案和信号相位方案。最大绿灯时间设定60s，最小绿灯时间设定10s，黄灯时间和全红时间与现状方案相同。遗传算法的各项参数为：初始种群规模为500,交叉概率为0.5,变异概率为0.8,最大进化代数为300,每个进口道的最大车道数设定6、5、4以及一种固定客车2车道货车4车道的配置。由遗传算法分别给出的四类情况下的客货分离的最优布局,如图8-16所示。

④结果对比分析

客货混行现状方案和客货分离优化方案对应的信号配时参数见表8-3。

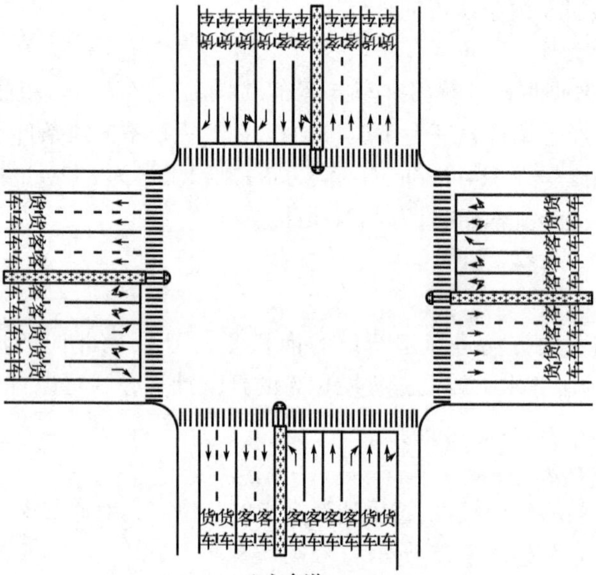

a) 六车道

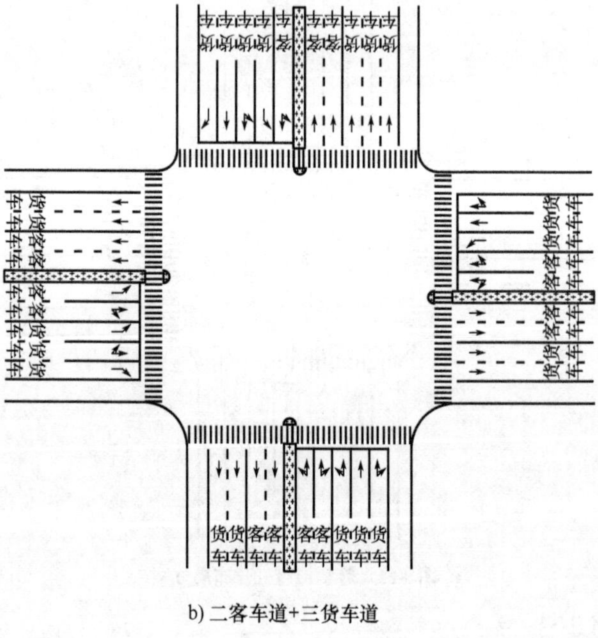

b) 二客车道+三货车道

图 8-16

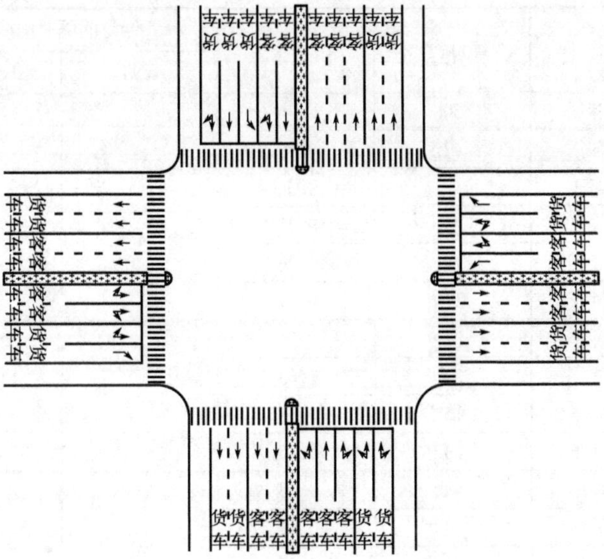

c) 五车道

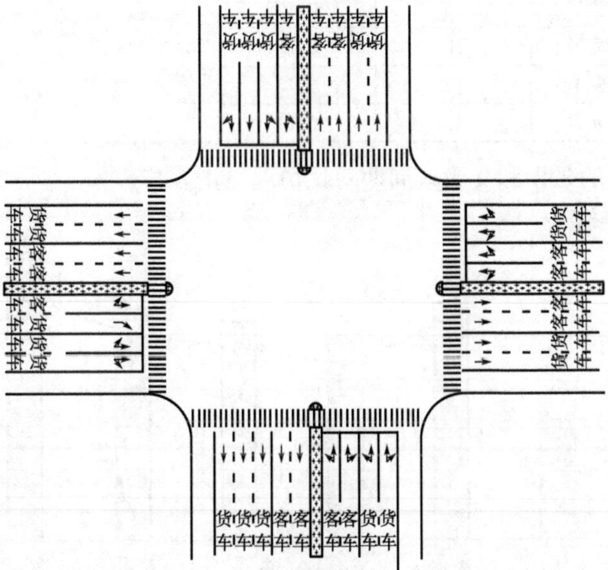

d) 四车道

图8-16　客货分离优化布局方案

交叉口的五种布局方案所对应的信号配时方案　　表8-3

车道布置	放行方向	绿灯(s)	饱和度	绿灯间隔时间(s)		周期时长(s)
				黄灯	全红	
客货混行现状方案	南北客货	28	0.69	3	1	61
	东西客货	25	1.07			

续上表

车道布置	放行方向	绿灯(s)	饱和度	绿灯间隔时间(s)		周期时长(s)
				黄灯	全红	
客货混行优化方案	南北客货	50	0.76	3	1	105
	东西客货	47	0.89			
客货分离优化方案(6车道)	南北客车	19	0.34	3	1	91
	南北货车	25	0.72			
	东西客车	14	0.26			
	东西货车	17	0.77			
客货分离优化方案(5车道)	南北客车	27	0.37	3	1	103
	南北货车	22	0.84			
	东西客车	15	0.33			
	东西货车	23	0.85			
客货分离优化方案(4车道)	南北客车	48	0.43	3	1	125
	南北货车	19	0.91			
	东西客车	21	0.42			
	东西货车	21	0.98			
客货分离优化方案(2客车道+4货车道)	南北客车	35	0.45	3	1	97
	南北货车	18	0.72			
	东西客车	13	0.46			
	东西货车	15	0.73			

6个方案所对应的延误和交叉口周期对比情况见图8-17。

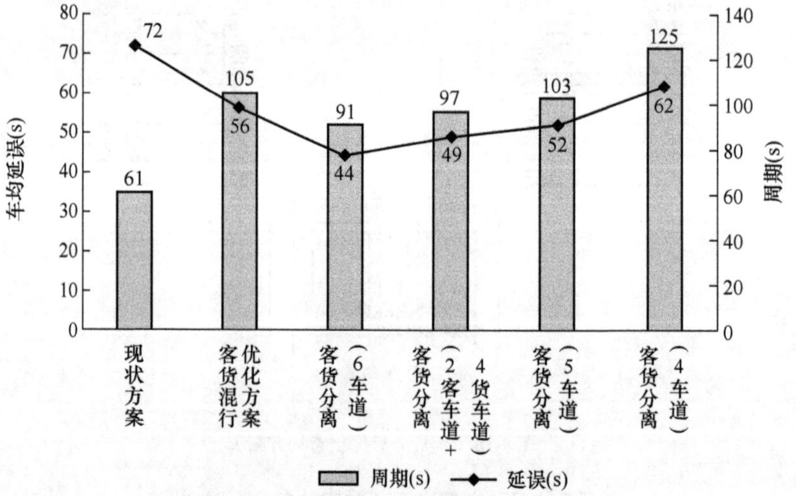

图8-17　六个方案的延误和周期对比图

在客货混行现状方案下,交叉口东西方向的饱和度为1.07,表明交叉口处于过饱和状态,一个周期内无法清空交叉口内东西向的车流,因此计算出的均匀延误要比周期大。经过客货分离后,从图8-17可以看出,延误大幅度下降。进口道为六车道的客货分离方案配置较现状方案的延误降低了38.89%。图8-16a)、c)、d)是进口道为6、5、4车道数下的最优交叉口配置图,通行能力随着车道数的下降而下降,因此延误增加。图 8-16b)因为客车流量较大,而固定的客车车道数较少,因此延误有略微上升,总体变化不大,四车道时因为通行能力下降,饱和度上升较多,因此延误增加较多。

(2)货车比例的影响

为了研究货车比例对模型的影响,本书将各个进口道客车流量减少 20%,货车流量增加 20%,使用本书方法对原交叉口进行再次优化,对比各个方案的平均延误。具体客货混行方案布局见图 8-18,客货分离优化方案布局见图 8-19,方案的信号配时参数见表 8-4。

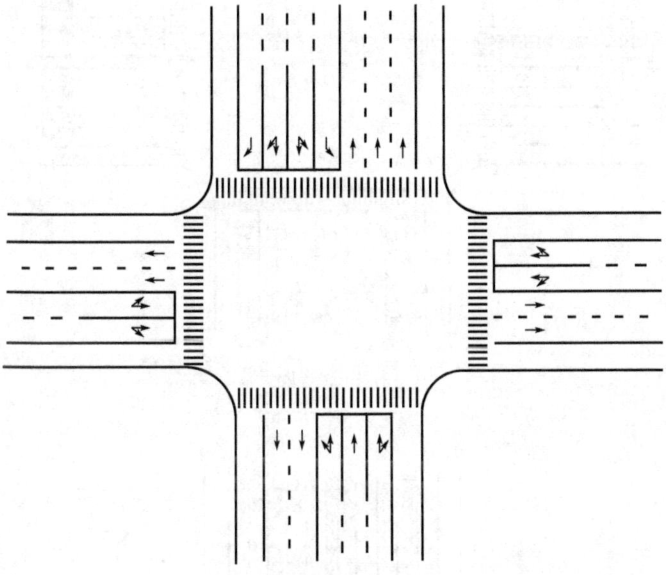

图 8-18 提高货车比例后客货混行优化布局方案

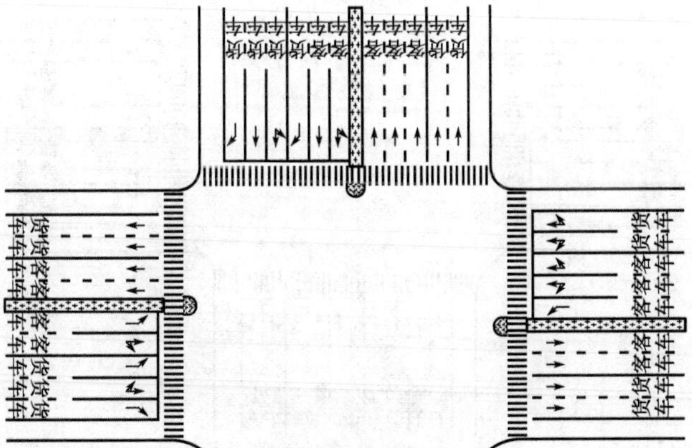

a) 六车道

图 8-19

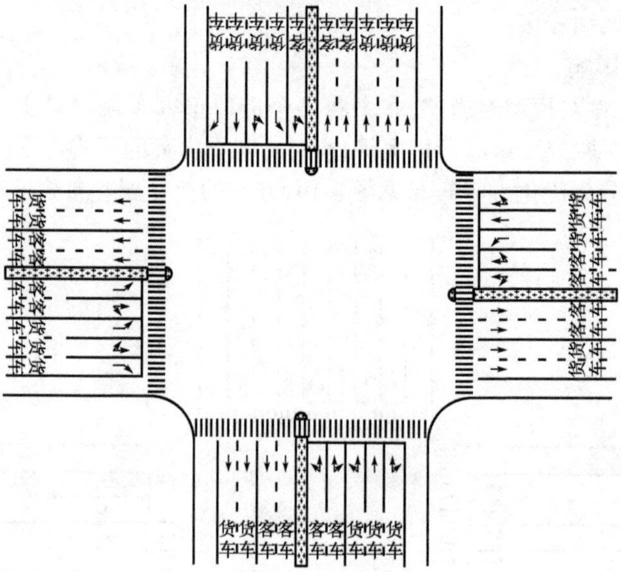

b) 二客车道+四货车道

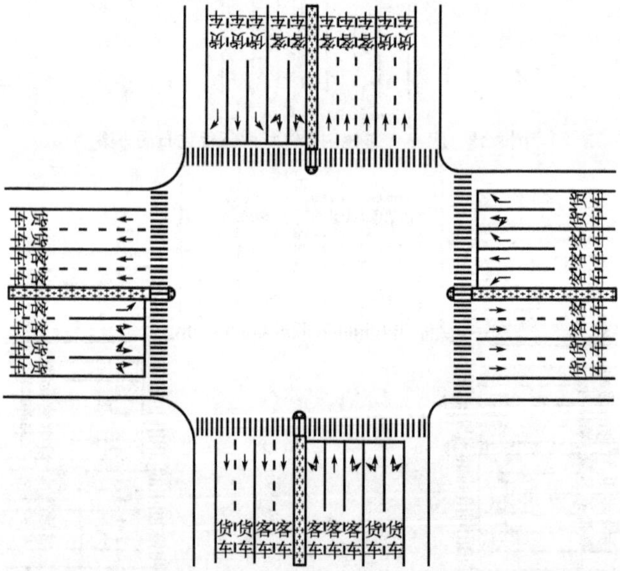

c) 五车道

图 8-19

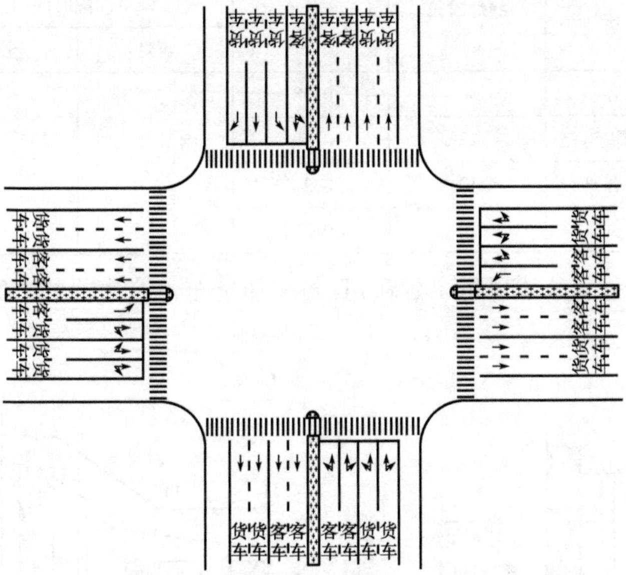

d) 四车道

图 8-19　提高货车比例后的客货分离优化布局方案

货车比例提高后的方案对比　　表 8-4

车道布置	放行方向	绿灯时长(s)	饱和度	绿灯间隔时间(s)		周期(s)
				黄灯	全红	
客货混行现状方案	南北客货	28	0.78	3	1	61
	东西客货	25	1.3			
客货混行优化方案	南北客货	47	0.81	3	1	103
	东西客货	56	0.97			
客货分离优化方案（6 车道）	南北客车	22	0.26	3	1	106
	南北货车	27	0.89			
	东西客车	14	0.20			
	东西货车	27	0.87			
客货分离优化方案（5 车道）	南北客车	23	0.37	3	1	109
	南北货车	30	0.82			
	东西客车	13	0.28			
	东西货车	27	0.89			
客货分离优化方案（4 车道）	南北客车	42	0.41	3	1	135
	南北货车	31	0.82			
	东西客车	17	0.31			
	东西货车	29	0.93			

续上表

车道布置	放行方向	绿灯时长(s)	饱和度	绿灯间隔时间(s)		周期(s)
				黄灯	全红	
客货分离优化方案(2客车道+4货车道)	南北客车	36	0.38	3	1	107
	南北货车	23	0.70			
	东西客车	12	0.34			
	东西货车	20	0.77			

通过 HCM 延误计算公式可得出延误,且与增加货车占有率前的方案相对比,如图 8-20 所示。

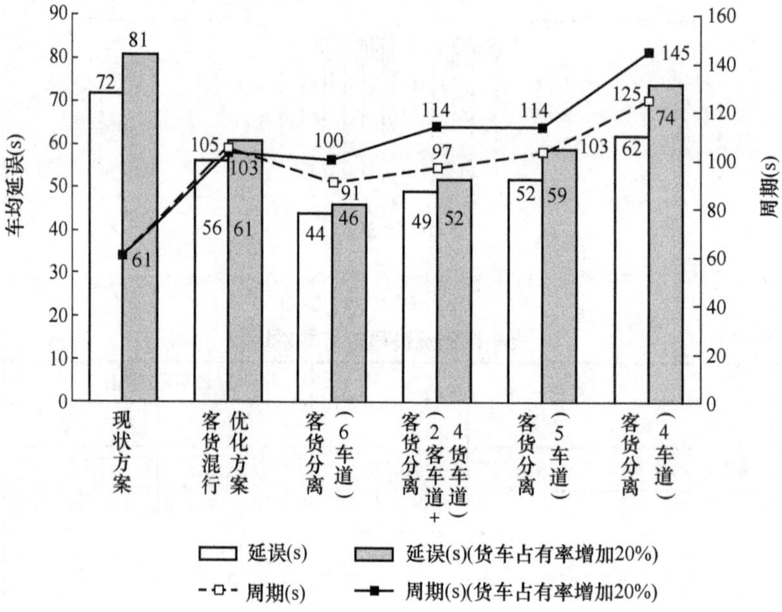

图 8-20　货车占有率增加后的平均延误对比

货车流量增加 20% 后,在客货混行现状方案下,交叉口东西向的饱和度增加到了 1.30,延误增大且依旧大于周期时长。通过图 8-20 可知,当货车增加 20% 的占有量后,原交叉口方案的延误增加 12.5%,经过本书模型优化后,进口道为六车道的交叉口客货分离配置,延误前后分别降低了 38.89%、43.21%,相差 3%,这表明较高的货车占有率延误降低率更高。其余 3 个优化方案,也都大幅度降低了现状交叉口的延误。

图 8-21 是各个优化方案下客、货车的车均延误,在提高货车 20% 的占比后,从表 8-5 可知,提高货车的占比后,客车绿灯时间变化不大,货车的绿灯时间增长,车道的配置变化不大,周期因货车的绿灯时间增长而变长,货车的绿信比增加,所以客车道的通行能力下降,客车运行延误增加。而货车道的通行能力上升,货车运行延误下降,但最后延误总体是下降的,这说明货车的延误降低量大于客车的增加量,这再次表明本书模型对于货车比例较高的交叉口的优化效果相比于客货混行方案更优。

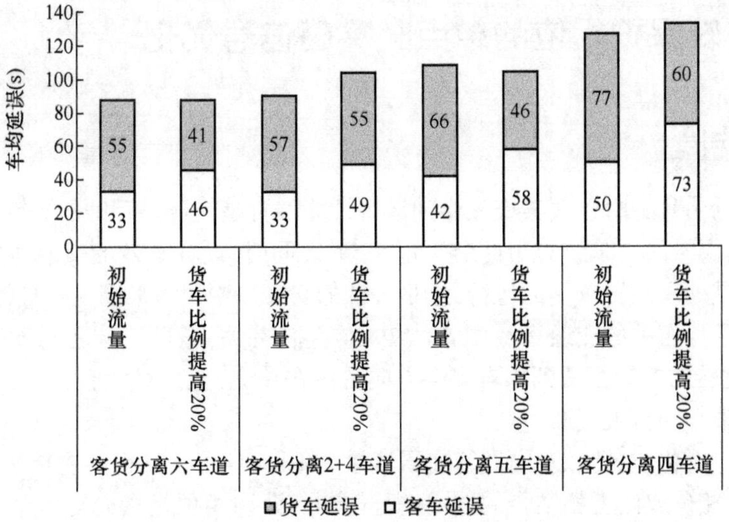

图 8-21　客、货车均延误对比

货车比例提高后的方案通行能力对比　　表 8-5

优化方案	车　型	方　向	通行能力(veh/h)	总和(veh/h)	提高货车20%占比后的通行能力(veh/h)	总和(veh/h)
六车道	客车	南北	2111	4267	1891	4102
		东西	975		973	
	货车	南北	716		685	
		东西	465		733	
客车二车道 货车四车道	客车	南北	1599	3712	1493	3607
		东西	903		579	
	货车	南北	713		877	
		东西	497		640	
五车道	客车	南北	1941	3906	1541	3532
		东西	885		736	
	货车	南北	552		753	
		东西	528		502	
四车道	客车	南北	1654	3346	1392	2920
		东西	802		644	
	货车	南北	480		632	
		东西	410		452	

8.2 无左转保护相位的单点交叉口信号优化

8.2.1 引言

设计有效的信号配时以改善交叉口的运行性能一直是交通工程师的关键任务之一。在过去的几十年里,大量的文献致力于这个问题[349-359]。同时,设计有效的交通信号灯运行方案的主要挑战之一是处理左转车辆的运行,这是公认的交叉口中风险最高的一种情况。据估计,在美国所有与交叉口相关的交通事故中,有27%与左转有关,超过三分之二发生在信号交叉口处[360]。进行左转的车辆会遇到来自多个方向的潜在冲突,包括对向直行车、同方向直行车以及相邻交叉口来车和行人交通。

根据交叉口渠化、左转和对向直行交通流量的不同,信号交叉口的左转交通通常采用左转保护相位、允许相位或两者相结合的方式进行控制。允许相位是指允许两个具有冲突的交通流同时运行,并且左转车流应让行于与之冲突的车辆或行人(在本书研究中称为明确左转让行规则)。对于大流量交叉口,设置允许左转相位通常是不现实的,但如果严格遵循明确的左转让行规则,则可以使交通流在具有低或中等交通需求的交叉口充分和安全地运行。目前已经有许多研究[361-369]讨论并制定了有效的信号配时策略,以提高允许左转相位交叉口的性能。

尽管在左转相位期间明确的左转让行规则有效,但在某些情况下也会出现左转车与对向直行车争相通过冲突点而不让行的情况。无论哪股车流率先通过冲突点,都会迫使与之冲突方向的车辆让行等待。例如,在左转车率先通过冲突点时,对向直行的冲突车流需要让行并等待一个可穿过间隙,反之亦然。这种驾驶行为在许多发展中国家的城市交叉口非常常见(图8-22),并且已经证明在无明确左转让行规则的交叉口对交通流顺畅运行有较大影响。然而在现有的交通信号设计范例中,这种情况并没有得到充分考虑。

图8-22 在允许相位期间无明确左转让行规则的真实交叉路口

为解决上述问题,本书研究将建立一个没有明确左转让行规则的两相位信号交叉口的交通信号优化模型,该模型可以在许多发展中国家实现最佳应用。

8.2.2 文献综述

回顾以往的文献,大多数关于交通信号设计和优化的研究分为两个基本类别:数学规划模型和基于仿真的模型。在数学规划模型中,文献中提出了一组混合整数线性规划(MILP)公式[370-375]旨在最大化带宽或最小化交叉口延误。Lin 等[376]提出了一种混合整数非线性规划模型,以最大化干道信号的带宽。Coll 等[377]使用线性规划方法来解决信号系统的优化问题。Li[378]最近的一项研究开发了一种两阶段方法,用于在优化时间不确定的情况下生成可靠的带宽方案。尽管这些研究作出了贡献,但大多数此类模型都没有解决不对称左转车流量的不良影响。在没有明确的左转让行规则的交叉口中,在允许通行的相位时间内,交叉口内经过冲突点的直行车流运行的延误可能很容易破坏干道信号带宽。此外,忽略这些模型中的交通动力学相互作用可能会限制其在现实世界中的适用性。

为了考虑交通流的相互作用,一些研究人员提出了基于仿真的模型,其中开发了交通流模型,以表示交通运行和交通信号参数之间的复杂相互作用,从而可以根据生成的性能指标优化信号配时。各种版本的 TRANSYT[379],TRANSYT-7F[380]及其扩展模型 [355]可能是该类别中最广泛使用的离线信号定时优化包。该软件包利用车队分散模型预测下游交叉口的交通到达。对于在线优化,此类模型已被扩展为包括实时自适应交通控制系统的仿真系统,该系统对动态交通条件作出实时反应。此类系统的例子包括 SCOOT [381]、OPAC [382]和 RHODES[383]。其他基于仿真的方法包括存储和转发模型 [384-386]、队列和耗散模型 [387-390]、随机模型[391]和离散时间运动学模型[392]。

总之,尽管上述研究在模拟交通流运动和交叉口控制变量之间的相互关系方面很有效,但这些研究都没有研究过激进左转驾驶行为对交通信号灯设计和总体交叉口性能的影响。更具体地说,这些研究没有充分讨论信号交叉口内的交通动态和运动相互作用及其对交通信号运行的影响,这限制了它们在许多发展中国家的应用。

8.2.3 模型参数

为了便于表示模型中的变量,表 8-6 列举了本书所使用的符号。

模型中的变量列表 表 8-6

参数	含义
T	优化模型计算时的总时长,$T \in N$(N 是正整数集合)
t	时间步长索引, $t = 1,2,\cdots,T$
τ	时间步长(s)
i	交叉口进口或出口索引
j	交叉口进口道或出口道索引
k	转向车道类型索引,$k \in K$
l	相位索引,$l = 1,2$
x	元胞索引
c	元胞
m_A	交叉口进口道数量,$m_A \in N$

续上表

参数	含义
m_E	交叉口出口道数量，$m_E \in N$
m_i^A	交叉口进口A_i中的车道数量，$m_i^A \in N$
m_i^E	交叉口出口E_i中的车道数量，$m_i^E \in N$
h_i^A	根据元胞z_i^A计算的A_i长度，$z_i^A \in N$
c_{ij}^E	交叉口出口E_i的第一个元胞，$i=1,2,\cdots,m_E$，$j=1,2,\cdots,m_i^E$
c_i^{AT}	从交叉口进口A_i驶入的车辆流向交叉口出口的虚拟元胞集合，$c_i^{AT}=\{c_{ik}^{AT}\}$
c_i^E	交叉口出口E_i的虚拟元胞
$A_{\bar{i}}$	A_i的对向进口车道
$\bar{k}$	行驶方向为 k 的冲突交通流流向，$\bar{k}=\begin{cases}\text{左转} & k=\text{直行}\\ \text{直行} & k=\text{左转}\end{cases}$
h_{ij}^{AH}, h_{ij}^{AT}	步骤 t 时 L_{ij}^A中车辆队列的首末位置
$Q[c,t]$	步骤 t 时元胞 c 的最大交通流量（pcu/s）
$N[c,t]$	步骤 t 时元胞 c 的最大容量（pcu）
$R[c,t]$	步骤 t 时元胞 c 可接收的最大和实际车辆数（pcu）
$S[c,t]$	步骤 t 时元胞 c 可驶出的最大车辆数（pcu）
$p^O[t]$	步骤 t 时确定的车辆让行行为的概率，$0 \leqslant p^O[t] \leqslant 1$
p_{ik}^O	A_i进口道上行驶方向为 k 的车流到达冲突点时第一辆车的让行概率，$0 \leqslant p_{ik}^O \leqslant 1$
$\delta[k]$	转向车流为 k 的临界车头时距（s）
$\delta_f[k]$	转向车流为 k 的跟驰车头时距（s）
$C_{\min}, C_{\max}$	最大信号周期时长和最小信号周期时长（s）
$C'_{\min}$	根据所有相位中最小绿灯时长计算得到的最小周期时长（s）
$g_l^{\min}, g_l^{\max}$	相位 l 允许的最小和最大绿灯时长（s）
a_l	相位 l 的黄灯时长（s）
ar_l	相位 l 的红灯时长（s）

变量	含义
$q_{ij}^A[t]$	步骤 t 时车道 L_{ij}^A 中的队列长度（pcu）
$d_{ij}^{AI}[t]$	步骤 t 时车道 L_{ij}^A中排队车辆引起的延误增量（pcu · s）
$V_i^{AI}[t]$	步骤 t 时A_i中的交通量增量（pcu）
$n[c,t]$	步骤 t 时元胞 c 中的车辆数（pcu）
$r[c,t]$	步骤 t 时流向元胞 c 的实际车辆数（pcu）
$s[c,t]$	步骤 t 时从元胞 c 驶出的实际车辆数（pcu）
$U[c,t]$	步骤 t 时元胞 c 的状态
$U_i^A[k,t]$	步骤 t 时进口道A_i中行驶方向为 k 的车流所对应的信号灯状态
$p_{ijk}^A[t]$	步骤 t 时进口道 L_{ij}^A中行驶方向为 k 的车辆比例 $0 \leqslant p_{ijk}^A[t] \leqslant 1$
$p_{ik}^E[t]$	步骤 t 时来自元胞 c_{ik}^{EF} 的车辆比例，$0 \leqslant p_{ik}^E[t] \leqslant 1$

续上表

集合	含义
A	进口车道集合，$A=\{A_i\}$，$i=1,2,\cdots,m_A$
E	出口车道集合，$E=\{E_i\}$，$i=1,2,\cdots,m_E$
K	表示车辆行驶方向的集合，$K=\{$左，直，右$\}$
L_i^A	交叉口进口A_i的车道集合，$L_i^A=\{L_{ij}^A\}$，$i=1,2,\cdots,m_A$，$j=1,2,\cdots,m_i^A$
L_i^E	交叉口出口E_i的车道集合，$L_i^E=\{L_{ij}^E\}$，$i=1,2,\cdots,m_E$，$j=1,2,\cdots,m_i^E$
c_i^{AV}	交叉口进口A_i的虚拟元胞集合，$c_i^{AV}=\{c_{ik}^{AV}\}$，$k\in K$
c_i^{AO}	交叉口进口A_i的重叠元胞集合，$c_i^{AO}=\{c_{ik}^{AO}\}$，$k\in K$
c_i^A	交叉口进口A_i的元胞集合，$c_i^A=\{c_{ijx}^A\}$，$i=1,2,\cdots,m_A$，$j=1,2,\cdots,m_i^A$，$x=1,2,\cdots,h_i^A$
c_i^{AT}	从交叉口进口A_i驶入的车辆流向交叉口出口的虚拟元胞集合，$c_i^{AT}=\{c_{ik}^{AT}\}$
决策变量	**含义**
C	时段 T 内的最佳周期时长(s)
g_l	时段 T 内相位 l 的最佳绿灯时长(s)

8.2.4 信号控制交叉口内的交通流运行状态

在信号控制交叉口，共用一条车道的左转和直行车流首先在交叉口进口道停止线处分流，然后进入设置有左转让行规则的两相位信号控制交叉口，最后从交叉口出口道合流后驶离。基于此，本书提出了一种基于车道的二维元胞传输模型，以模拟信号控制交叉口内的交通流运行状态。

1）交叉口进口道车辆的分流

为了对分流到不同交叉口出口道的车流进行建模，这里引入了虚拟元胞 $c_{i,左转}^{AV}$、$c_{i,直行}^{AV}$ 和 $c_{i,右转}^{AV}$，这些元胞位于交叉口进口A_i的停车线之后。由于进口道共用左转和直行车道，这里引入了重叠元胞 $c_{i,左转}^{AO}$ 和 $c_{i,直行}^{AO}$，该元胞位于交叉口进口 A_i的冲突点处。为了便于建模，这里还引入了重叠元胞 $c_{i,右转}^{AO}$，该元胞位于进口 A_i的右侧。借助虚拟元胞和重叠元胞，这里对进口道的分流情况进行建模，如图 8-23 所示。虚拟元胞 $c_{i,左转}^{AV}$，$c_{i,直行}^{AV}$ 以及 $c_{i,右转}^{AV}$ 把元胞 $c_{ij,h_i^A}^A$ 中的车流同时分配给重叠元胞 $c_{i,左转}^{AO}$、$c_{i,直行}^{AO}$ 和 $c_{i,右转}^{AO}$。

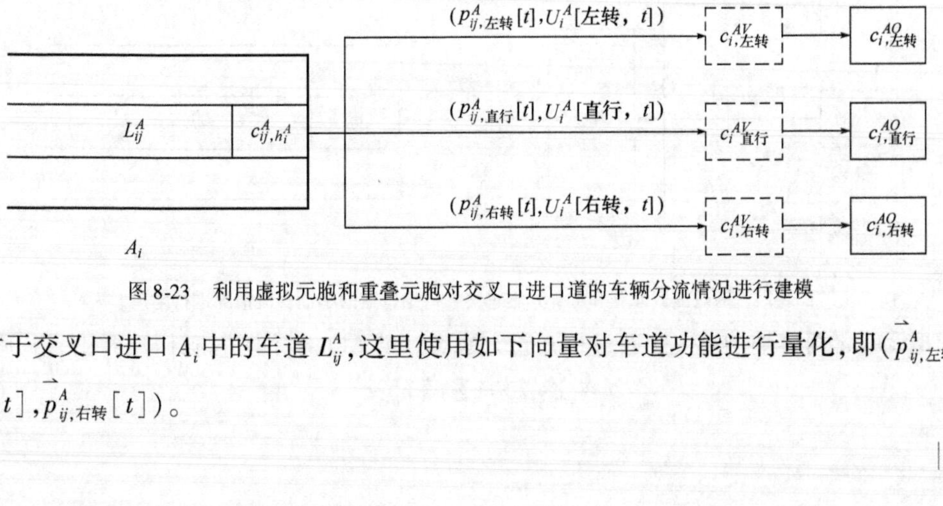

图 8-23 利用虚拟元胞和重叠元胞对交叉口进口道的车辆分流情况进行建模

对于交叉口进口 A_i 中的车道 L_{ij}^A，这里使用如下向量对车道功能进行量化，即$(\vec{p}_{ij,左转}^A[t]$，$\vec{p}_{ij,直行}^A[t]$，$\vec{p}_{ij,右转}^A[t])$。

此外，这里使用如下向量表示在步骤 t 时交叉口进口 A_i 的左转、直行和右转车道的路权：($\vec{U}_i^A$[左转,t],$\vec{U}_i^A$[直行,t],$\vec{U}_i^A$[右转,t])。

变量 $U_i^A[k,t](k\in K)$ 由下式确定：

$$U_i^A[k,t]=\begin{cases}1 & \text{步骤 } t \text{ 时信号灯色显示为绿灯}\\0 & \text{步骤 } t \text{ 时信号灯色显示为红灯}\end{cases} \tag{8-32}$$

在公式(8-32)中，黄灯被划分为有效绿灯和有效红灯。

虚拟元胞和重叠元胞的最大交通容量和流量并不是基于交叉口进口道的车辆转弯率计算的，而是根据量化的车道函数计算的。因为在某些情况下，车道之间的车流量并不平衡。计算公式如下：

$$N[c_{ik}^{AV},t]=\sum_j p_{ijk}^A[t]\cdot N[c_{ij,h_i^A}^A,t] \tag{8-33}$$

$$Q[c_{ik}^{AV},t]=\sum_j p_{ijk}^A[t]\cdot Q[c_{ij,h_i^A}^A,t] \tag{8-34}$$

$$N[c_{ik}^{AO},t]=N[c_{ik}^{AV},t] \tag{8-35}$$

$$Q[c_{ik}^{AO},t]=Q[c_{ik}^{AV},t] \tag{8-36}$$

步骤 t 时虚拟元胞中的车辆数与交叉口信号状态相关，并通过下式确定：

$$n[c_{ik}^{AV},t]=\sum_j p_{ijk}^A[t]\cdot U_i^A[k,t]\cdot n[c_{ij,h_i^A}^A,t] \tag{8-37}$$

步骤 t 时虚拟元胞实际发出的车辆数由下式确定：

$$s[c_{ik}^{AV},t]=\min(S[c_{ik}^{AV},t],R[c_{ik}^{AO},t]) \tag{8-38}$$

步骤 t 时重叠元胞实际接收的车辆数由下式确定：

$$r[c_{ik}^{AO},t]=s[c_{ik}^{AV},t] \tag{8-39}$$

式(8-32)～式(8-39)中，各参数意义见表8-6。

2)交叉口出口道车辆的合流

这里通过引入虚拟元胞 c_{ik}^{AT} 和 c_i^E 对来自不同进口车辆并最终到达交叉口出口 E_i 的合流情况进行建模，如图8-24所示。虚拟元胞 c_i^E 将从不同进口道接收到的车辆同时发送到元胞 c_{ij}^E 中。

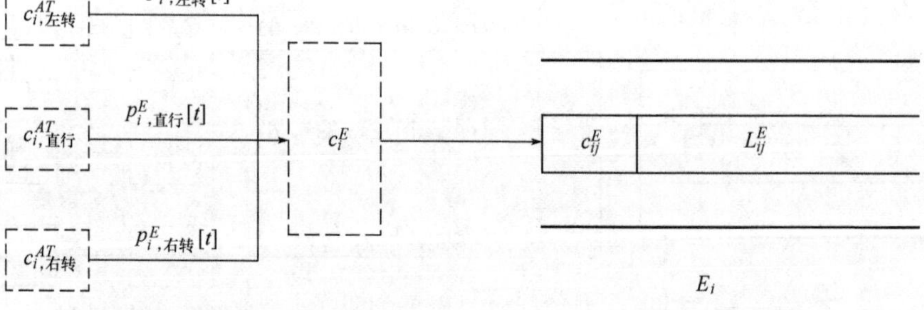

图8-24　通过虚拟元胞和重叠元胞对交叉口出口道的车辆合流情况进行建模

虚拟元胞 c_i^E 可容纳的最大交通量和流量均是基于交叉口出口道进行计算，并由下式确定：

$$N[c_i^E,t]=\sum_j N[c_{ij}^E,t] \tag{8-40}$$

$$Q[c_i^E,t]=\sum_j Q[c_{ij}^E,t] \tag{8-41}$$

步骤 t 时虚拟元胞中的车辆数由下式确定：

$$n[c_i^E,t]=\sum_j n[c_{ij}^E,t] \tag{8-42}$$

步骤 t 时重叠元胞 $c_{ik}^{EF}(k\in K)$实际发出的车辆数由下式确定：

$$s[c_{ik}^{EF},t]=\begin{cases} S[c_{ik}^{EF},t] & R[c_i^E,t]\geqslant \sum_k S[c_{ik}^{EF},t] \\ \mathrm{mid}\left(S[c_{ik}^{EF},t],R[c_i^E,t]-\left(\sum_k S[c_{ik}^{EF},t]-S[c_{ik}^{EF},t]\right),p_{ik}^E[t]\cdot R[c_i^E,t]\right) & \text{其他} \end{cases} \tag{8-43}$$

公式(8-43)中的 mid 运算是确定三个数中的中间值。Daganzo 等(1995)解释了在公式(8-43)中使用 mid 运算符的原因。如果虚拟元胞 c_i^E有足够的容量容纳所有的车辆,那么所有的车辆将从重叠元胞 c_{ik}^{EF}流向虚拟元胞 c_i^E,否则只有部分车辆会流向重叠元胞。

虚拟元胞在步骤 t 时的车辆数由下式确定：

$$r[c_i^E,t]=\sum_k s[c_{ik}^{EF},t] \tag{8-44}$$

车道 L_{ij}^E上每个元胞 c_{ij}^E中的车辆数由下式确定：

$$r[c_{ij}^E,t]=\frac{R[c_{ij}^E,t]}{R[c_i^E,t]}\cdot r[c_i^E,t] \tag{8-45}$$

式(8-40)~式(8-45)中,各参数意义见表 8-6。

3)交叉口内的冲突

介于左转允许相位运行的车流和对向直行车流之间的冲突可以通过引入重叠元胞进行建模,重叠元胞位于交叉口冲突点之前,如图 8-25 所示。其中 $A_{\bar{i}}$是交叉口 A_i的对向进口方向,并且车辆的行驶方向$\bar{k}$和 k 满足：$\bar{k}=\begin{cases}\text{左转} & k=\text{直行}\\ \text{直行} & k=\text{左转}\end{cases}$。

冲突点之前的元胞 c_{ik}^{AO}和元胞 $c_{\bar{i}k}^{AO}$中不允许同时有车辆驶出,因为冲突车流中的其中 股车流应根据可接受间隙通过冲突点。根据优先通过冲突点的车流中出现的可接受间隙的数量,可以估算出穿过优先通行车流的车辆数。在一个时间步长内,并且根据《2010 年公路通行能力手册》,可通过如下公式估算穿过冲突流的车辆数：

$$s[c_{\bar{i}k}^{AO},t]=s[c_{ik}^{AO},t]\cdot\frac{e^{-s[c_{ik}^{AO},t]\cdot\frac{\delta[\bar{k}]}{\tau}}}{1-e^{-s[c_{ik}^{AO},t]\cdot\frac{\delta_f[\bar{k}]}{\tau}}} \tag{8-46}$$

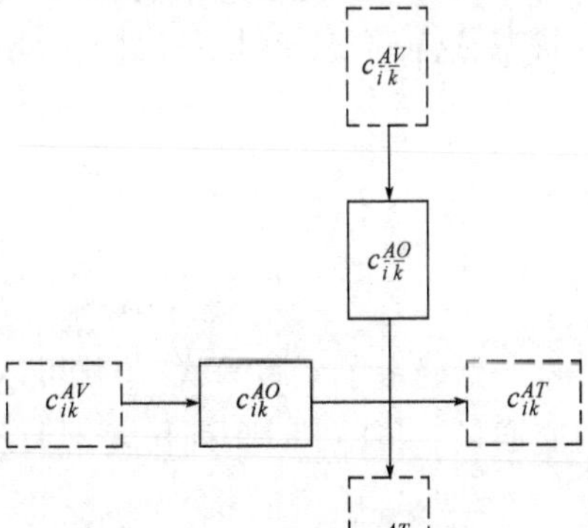

图 8-25　车流运行冲突情形建模

在公式(8-46)中,各参数意义见表 8-6,并且这里假定行驶方向为 k 的车流可优先通行,在无左转保护相位的两相位信号控制交叉口,如果两股冲突方向的车流同时出发,则冲突点将会被具有激进趋向车流的第一辆车所占据(这在许多发展中国家很普遍),因此有时候允许左转方向的车流可以优先通过。这里引入统计概率变量来确定哪个元胞优先释放车流。$p^O[t]$表示随机变量,并且 p_{ik}^O为元胞 c_{ik}^{AO}中优先通行车流的统计概率变量。如果 $p^O[t]\leqslant p_{ik}^O$,则表示 k 转向车流将在步骤 t 优先经过冲突点,并且$\bar{k}$转向车流将根据可接受间隙通过冲突点,反之亦然。

4)交叉口运行评价

图8-23～图8-25说明了两相位信号控制交叉口中的交通流从进口道到出口道的运行状态,利用基于车道的二维元胞传输模型,可以分别表示出不同车道上队列的形成和消散状态,并根据元胞状态估计队列的长度。在本书研究中,如果元胞非空并且没有车辆从此元胞驶出,那么位于车道 L_{ij}^{A} 上元胞 c_{ijx}^{A} 的状态就被定义为“排队”;否则此元胞的状态将被定义为“畅通”,即由下式确定:

$$U[c_{ijx}^{A},t]=\begin{cases}\text{排队} & n[c_{ijx}^{A},t]>0\ \text{并且}\ s[c_{ijx}^{A},t]=0\\ \text{畅通} & \text{其他}\end{cases} \tag{8-47}$$

一般而言,红色信号灯及其控制的车辆队列会使元胞 c_{ijx}^{A} 中的车流处于排队状态,基于步骤 t 中车道 L_{ij}^{A} 的元胞状态序列,车道 L_{ij}^{A} 上队列长度会动态地变化。图8-26显示了车道 L_{ij}^{A} 中队列的消散过程(以斜线表示)。队尾车辆位于元胞 $c_{ij,h_{ij}^{AT}}^{A}$ 中,队首车辆位于元胞 $c_{ij,h_{ij}^{AH}}^{A}$ 中。车道 L_{ij}^{A} 中的队列状态由下式确定:

$$U[c_{ijx}^{A},t]=\begin{cases}\text{排队} & x=h_{ij}^{AT},X_{qt}+1,\cdots,h_{ij}^{AH}-1\\ \text{畅通} & x=1,\cdots,h_{ij}^{AT}-1,h_{ij}^{AH},\cdots,h_{i}^{A}\end{cases} \tag{8-48}$$

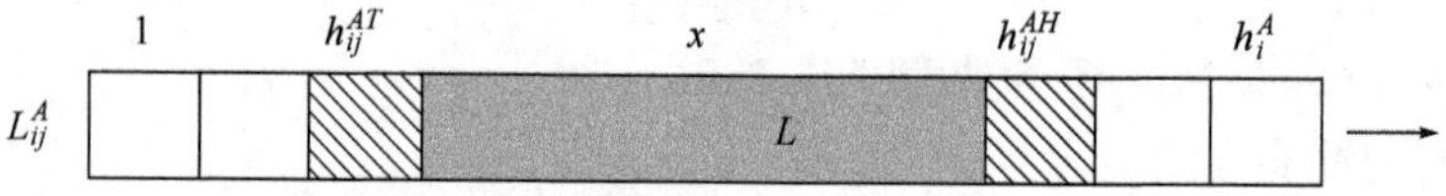

图8-26　队列长度估计

队列首末元胞中的车辆数很可能小于其最大容量,而介于首末元胞的车辆则处于完全排队状态,这种状态通过下式进行表示:

$$n[c_{ij,h_{ij}^{AT}}^{A},t]\leqslant N[c_{ij,h_{ij}^{AT}}^{A},t] \tag{8-49}$$

$$n[c_{ij,h_{ij}^{AH}}^{A},t]\leqslant N[c_{ij,h_{ij}^{AH}}^{A},t] \tag{8-50}$$

$$n[c_{ijx}^{A},t]=N[c_{ijx}^{A},t]\quad (x=h_{ij}^{AT}+1,\cdots,h_{ij}^{AH}-1) \tag{8-51}$$

一旦确定了元胞的状态,就可以表示出各项指标,例如车辆队列长度、停车延误和车道 L_{ij}^{A} 的交通量。步骤 t 时队列长度 $q_{ij}^{A}[t]$ 由下式确定:

$$q_{ij}^{A}[t]=\sum_{x=h_{ij}^{AT}}^{h_{ij}^{AH}}n[c_{ijx}^{A},t] \tag{8-52}$$

步骤 t 时由排队车辆引起的延误增量 $d_{ij}^{AI}[t]$ 可由下式确定:

$$d_{ij}^{AI}[t]=q_{ij}^{A}[t]\cdot\tau-0.5\tau\cdot(r[c_{ij,h_{ij}^{AT}}^{A},t]-s[c_{ij,h_{ij}^{AH}}^{A},t]) \tag{8-53}$$

此处假定车辆在每个时间步长内统一加入和离开队列。因此在步骤 t 中,车辆加入队列所引起的停车延误等于 $0.5\tau\cdot r[c_{ij,h_{ij}^{AT}}^{A},t]$,车辆离开队列所产生的停车延误等于 $0.5\tau\cdot s[c_{ij,h_{ij}^{AH}}^{A},t]$。因此 $d_{ij}^{AI}[t]=(q_{ij}^{A}[t-1]-s[c_{ij,h_{ij}^{AH}}^{A},t])\cdot\tau+0.5\tau\cdot(r[c_{ij,h_{ij}^{AT}}^{A},t]+s[c_{ij,h_{ij}^{AH}}^{A},t])$。因为 $q_{ij}^{A}[t]=q_{ij}^{A}[t-1]+r[c_{ij,h_{ij}^{AT}}^{A},t]-s[c_{ij,h_{ij}^{AH}}^{A},t]$,因此等式和式(8-52)以及式(8-53)成立。

鉴于只有在车辆通过冲突点后，才算完全通过交叉口，所以应在冲突点处确定交通流量。在步骤 t 时进口道 A_i 的交通量增量可由下式确定：

$$V_i^{AI}[t]=\sum_{k\in K}s[c_{ik}^{AO},t] \tag{8-54}$$

式(8-47)～式(8-54)中，各参数意义见表8-6。

8.2.5　信号优化模型及其求解算法

根据新的交通动力学公式建立基于元胞的交通流传输模型，对没有明确设置左转让行规则的两相位信号控制交叉口进行优化。

在给定的 T 时间段内，式(8-55)表示优化模型的主要目标，即最小化交叉口进口道上所有排队车辆产生的总停车延误。

$$\max\ \{1.0/\sum_{t=1}^{T}\sum_{i=1}^{m_A}\sum_{j=1}^{m_i^A}[q_{ij}^A[t]\cdot\tau-0.5\tau\cdot(r[c_{ij,h_{ij}^{AT}}^A,t]-s[c_{ij,h_{ij}^{AH}}^A,t])]\} \tag{8-55}$$

约束条件如下：

$$C\geqslant C_{\min} \tag{8-56}$$

$$C\leqslant C_{\max} \tag{8-57}$$

$$g_l\geqslant g_l^{\min},l=1,2 \tag{8-58}$$

$$g_l\leqslant g_l^{\max},l=1,2 \tag{8-59}$$

$$\sum_{l=1}^{2}g_l+\sum_{l=1}^{2}a_l+\sum_{l=1}^{2}ar_l=C \tag{8-60}$$

约束式(8-56)和式(8-57)将信号周期长度限制在最小值和最大值之间；约束式(8-58)和式(8-59)将每个相位的绿灯时长限制在允许的最小和最大绿灯时间之间。此外，交叉口所有相位的绿灯时间和绿灯间隔时间之和应等于约束条件式(8-60)所确定的信号周期时长。

本书所提出的基于元胞的优化模型是由复杂的公式组成，包括基于元胞的交通动力学公式。因此，通过传统的非线性规划方法很难找到全局最优解，所以本书采用启发式遗传算法进行求解：

步骤1：随机生成初始种群；

步骤2：根据式(8-55)计算每个个体总停车延误的倒数；

步骤3：根据总停车延误的倒数，按降序对总体进行排列；如果生成最大值，则停止并解码第一个个体作为最优解；

步骤4：根据轮盘赌策略对个体进行选择；

步骤5：对新种群进行交叉操作；

步骤6：对新种群进行突变操作，转到步骤2。

为了生成符合交通信号优化约束的控制参数，本书提出了以下编码方案。两个实数 ε_1 和 ε_2($0\leqslant\varepsilon_1,\varepsilon_2\leqslant1$)用于以下公式对两相位的绿灯时长和信号周期时长进行编码：

$$C'_{\min}=\sum_{l=1}^{2}g_l^{\min}+\sum_{l=1}^{2}a_l+\sum_{l=1}^{2}ar_l \tag{8-61}$$

$$C=C_{\min}+(C_{\max}-C_{\min})\cdot\varepsilon_1 \tag{8-62}$$

$$g_1 = g_1^{\min} + (C - C'_{\min}) \cdot \varepsilon_2 \tag{8-63}$$

$$g_2 = g_2^{\min} + (C - C'_{\min}) \cdot (1 - \varepsilon_2) \tag{8-64}$$

式(8-55)~式(8-64),各参数意义见表1。

公式(8-61)表明 $C'_{\min}$ 并不等于 $C_{\min}$,它是所有相位允许的最小绿灯时间和绿灯间隔时间的总和。公式(8-62)将随机生成的周期长度限制在最大和最小的周期时长范围内。根据求解出的周期时长,由等式(8-63)和等式(8-64)为每个相位分配绿灯时间。

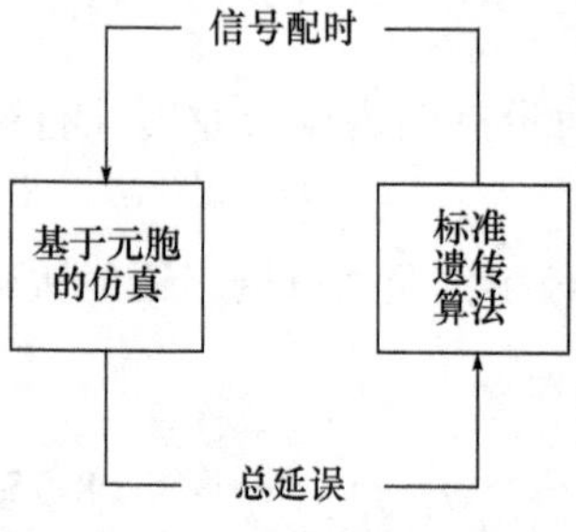

图8-27 求解算法的基本逻辑

如图8-27所示,启发式遗传算法的基本逻辑由两部分组成。标准遗传算法生成备选信号配时参数,基于元胞的仿真则利用第2.4节提出的交通流模型来评估备选信号配时方案。根据上述方案,种群中的每个个体被解码为一个信号配时组合。通过表达式(8-55)计算出在给定时间 T 内的目标值,并将其作为个体的适合度。再根据种群中个体的适应度值,执行选择、交叉和变异操作。

根据方程(8-61)~(8-64),随机生成的信号配时方案需要两个变量。因此,个体由两个随机变量 ε_1 和 ε_2 组成,它们在0~1之间均匀分布。个体编码方案如图8-28a)所示。

步骤5中的交叉操作是指交换被随机选择个体中的任意两个随机变量。以分别由 ε_{11} 和 ε_{12} 组成的个体以及由 ε_{11} 和 ε_{22} 组成的个体为例。交叉操作如图8-28b)和图8-28c)所示。在本书中,执行交叉操作1和2的概率相等。交叉的详细操作如下:

步骤5.1:初始化交叉操作集合,该集合由新种群中的个体组成;

步骤5.2:如果集合不为空,则转到步骤5.3,否则停止;

步骤5.3:从集合中随机选择两个个体,将其从集合中删除,并在新群体中进行标记;

步骤5.4:生成均匀分布的随机变量,例如 ε_1;

步骤5.5:如果 ε_1 小于预定义的交叉概率,则转至步骤5.6,否则,取消标记,然后转至步骤5.2;

步骤5.6:生成另一个均匀分布的随机变量,例如 ε_2;

步骤5.7:如果 ε_2 小于0.5,则执行交叉操作1,否则执行交叉操作2;

步骤5.8:用交叉操作生成的两个新个体替换新种群中的两个标记个体,然后转至步骤5.2。

步骤6中的突变操作是改变随机选择个体的两个随机变量中的一个。以图8-28a)所示的个体为例。突变操作如图8-28d)和图8-28e)所示,分别用 $1-\varepsilon_1$ 和 $1-\varepsilon_2$ 替换 ε_1 和 ε_2。在文中,两个随机变量 ε_1 和 ε_2 以相等的概率发生突变。突变的详细过程如下:

步骤6.1:初始化变异操作集合,该集合由新种群中的个体组成;

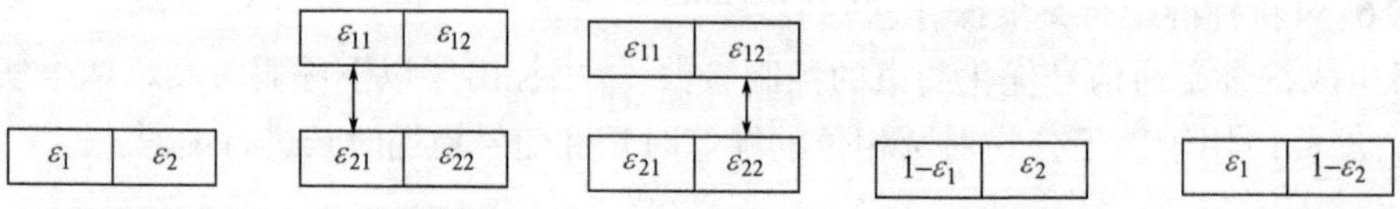

a)个体编码方案　b)交叉操作1　c)交叉操作2　d)突变操作1　e)突变操作2

图8-28 种群个体及其交叉和变异

步骤6.2:如果集合不为空,则转到步骤6.3,否则停止;

步骤6.3:从集合中随机选择一个个体,将其从集合中删除,并在新群体中标记;

步骤6.4:生成均匀分布的随机变量,例如 ε_1;

步骤6.5:如果 ε_1 小于预定义的突变概率,则转至步骤6.6,否则取消标记,并转至步骤6.2;

步骤6.6:生成另一个均匀分布的随机变量,例如 ε_2;

步骤6.7:如果 ε_2 小于0.5,则执行变异操作1,否则执行变异操作2;

步骤6.8:将突变产生的新个体替换为新群体中的个体,然后转至步骤6.2。

8.2.6　算例

1)交口实例

在本节中,通过中国上海的一个实际交叉口在不同需求场景下的现场测试和实例分析,验证了所提优化模型的适用性。图8-29显示了实例交叉口的车道配置,其中所有进口道具有相同的车道渠化:一条共用的左转和直行车道、一条直行车道和一条右转车道;所有出口都有两条车道。实例交叉口允许左转,但未设置明确的左转让行规则。图8-29还标出了左转车流和对向直行车流之间的让行区和冲突区。

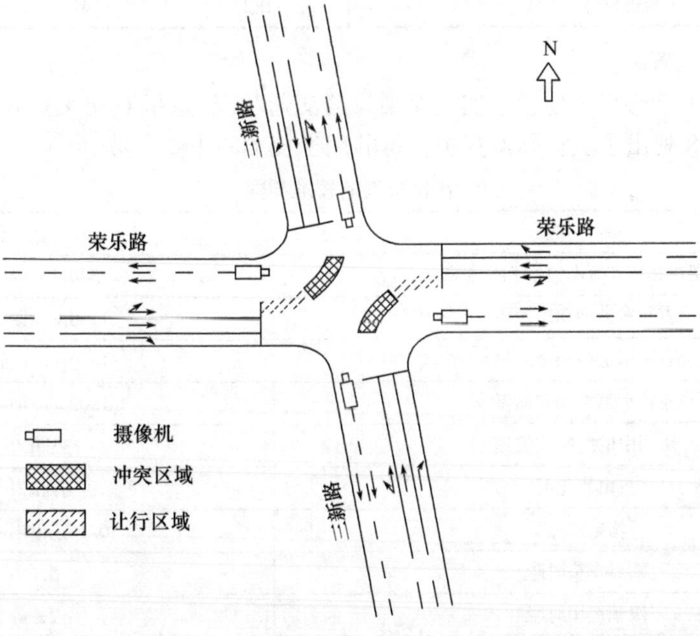

图8-29　实例交叉口布局

为了获得高分辨率的交通流数据,我们在测试交叉口安置了四台摄像机,如图8-29所示。摄像机安装在四个桅杆臂上,高度为8m,最大探测范围为停车杆外300m。有了摄像机,就可以随时捕捉到逐秒的车辆到达和离开情况,以便以后进行分析。同时可以使用专门开发的图像处理软件获得时变交通数据和运行性能,如交通量、队列长度和停车延误等。在连续两周的工作日时间段内,于上午7:00至上午9:00在测试十字路口进行基于视频的数据采集。

2)测试场景

为了验证该模型在不同交通需求水平下的性能,我们选择了从存档视频数据集中提取的两个场景。第一个场景(由场景Ⅰ表示)为轻-中等交通需求(8:00—9:00AM),第二个场景(由场景Ⅱ表示)为中-高等交通需求(7:00—8:00AM)。每个场景的数据采集持续1h。表8-7列出了两个场景下的交通量。

两种测试场景下的交叉口交通流量 表8-7

方案	方向	交通量(pcu/h)			
		左转直行共用车道		直行车道	右转车道
		左转	直行		
场景Ⅰ	东进口道	189	65	267	252
	西进口道	154	103	266	276
	北进口道	184	98	285	297
	南进口道	194	85	291	243
场景Ⅱ	东进口道	257	220	516	346
	西进口道	242	209	494	379
	北进口道	272	197	538	358
	南进口道	223	182	472	367

3)模型参数设置

为了确保模型能够可靠地模拟实例交叉口的交通状况,这里对交叉口收集的实际数据进行了校准。表8-8列出了从实际调查中获得的用于校准的主要参数。

优化模型的校准参数 表8-8

参数	参数值
共用左转和直行车道饱和交通量	1540pcu/lane/hr
直行车道饱和交通量	1760pcu/lane/hr
右转车道饱和交通量	1620pcu/lane/hr
左转车道饱和交通量	1600pcu/lane/hr
队列中的后向波波速	36km/h
自由流速度	60km/h
堵塞密度	0.16pcu/lane/m
临界车头时距	5.0s
跟驰车头时距	2.0s

对于信号配时参数的优化,周期时长限制在40s和180s之间。每个相位的最小和最大绿灯时长分别为15s和90s。每个相位的绿灯间隔时间为5s。GA优化过程设置以下参数:种群大小为100;最大迭代次数为100;交叉概率为0.65;突变概率为0.1。时间步长为1s,每个场景分析的总时间周期为1h。

使用TRANSYT-7F软件,输入两相位信号控制交叉口的配时参数,信号周期时长介于40~180s范围内。优化过程使用默认的运行控制参数,并设置网络参数值以反映实例交叉口特征。TRANSYT-7F 中的算法不一定达到全局最优；但自发布第 11 版以来，TRANSYT-7F 提供了基于遗传算法的信号周期时长、相位序列等参数计算方式。本书中采用了该算法，以便在本书所提出的优化模型和 TRANSYT-7F 所产生的参数之间进行比较。

8.2.7　结果和分析

1）评价结果

本书所提出的优化模型和求解算法用 Visual C ++ 编程语言编写，并在 Windows 10 环境下的 Intel Core i7-4900MQ 2.8GHz CPU 和 16.0G RAM 上进行测试。基于遗传算法的启发式求解算法是在 Deb 等（2002）的工作基础上实现的。

TRANSYT-7F 和本书优化模型的优化过程以 5min 的间隔运行了 1h。对于实例交叉口，基于 GA 的启发式算法在两种情况下收敛需要 90s，这比 TRANSYT-7F 长。然而对于更复杂的情况，可以使用动态规划策略求解所提出的模型，以提高计算效率。

表 8-9 列出了在不同场景下，本书优化模型和 TRANSYT-7F 产生的信号配时参数的比较。

优化模型和 TRANSYT-7F 的优化信号配时参数（s）　　表 8-9

测试场景	周期时长		绿灯时长			
			东-西		北-南	
	优化模型	TRANSYT-7F	优化模型	TRANSYT-7F	优化模型	TRANSYT-7F
Ⅰ	46	40	17	15	19	15
Ⅱ	88	54	40	22	38	22

如表 8-9 所示，从方案一到方案二，优化模型的优化运行时长从 46s 增加到 88s，而 TRANSYT-7F 的优化运行时长从 40s 增加到 54s。在当地交警部门的支持下，在十字路口实施了优化模型和 TRANSYT-7F 的优化信号配时方案。对于这两种场景（场景Ⅰ为 8:00—9:00AM，场景Ⅱ为 7:00—8:00AM），优化模型的方案在第一周实行，而 TRANSYT-7F 的方案在第二周实行（测试期间未发现交通需求和交通流运行模式的显著变化）。从现场采集的视频中提取两种场景下的停车延误和交通量数据进行比较。表 8-10 和表 8-11 列出了优化模型和 TRANSYT-7F 在测试交叉口的停车延误和交通量方面数据。表 8-10 列出了交叉口层面的比较结果，而表 8-11 列出了车道层面的对比结果。

交叉口优化模型和 TRANSYT-7F 在交叉口层面优化信号配时方案的性能比较　　表 8-10

测试场景	模型类型	停车总延误（h）	平均停车延误（s/pcu）	交通量（pcu）
Ⅰ	优化模型	9.22	15.34	2165
	TRANSYT-7F	11.63	19.36	2163
	改善值（%）	−20.72	−20.76	0.09
Ⅱ	优化模型	33.46	31.96	3778
	TRANSYT-7F	35.98	34.37	3769
	改善值（%）	−7	−7.01	0.24

注：1. 计算交叉口处的相关指标时，仅考虑了左转和直行车流的现场测试数据。

2. 改进的计算方法为 $\frac{MOE_{\text{The proposed model}} \quad MOE_{\text{TRANSYT-7F}}}{MOE_{\text{TRANSYT-7F}}} \times 100$。

车道水平上优化模型和 TRANSYT-7F 优化信号配时方案的性能比较　表 8-11

车　道	指　标	场景Ⅰ				场景Ⅱ			
		模型		误差(%)		模型		误差(%)	
		①	②	①	②	①	②	①	②
东进口左转车道	延误(s/pcu)	14.88	16.81	-8.7	-9.4	29.92	17	17.5	-54.3
	交通量(pcu)	252	251	0.8	-1.2	469	474	-0.6	0.7
东进口直行车道	延误(s/pcu)	16.31	14.97	7	-23.9	32.79	21.21	-6.9	-50.4
	交通量(pcu)	263	263	-0.4	-0.4	508	512	-0.7	0.1
西进口左转车道	延误(s/pcu)	15.98	15.78	-6.8	-12.5	21.59	18.29	-9.8	-33.2
	交通量(pcu)	257	255	0.5	0.8	439	444	0	0.2
西进口直行车道	延误(s/pcu)	16.76	15.65	0.5	-19.9	26.13	18.58	-20.5	-52.1
	交通量(pcu)	265	262	0.5	0.4	488	490	-0.4	-0.3
北进口左转车道	延误(s/pcu)	14.09	15.53	0.3	-27.2	35.94	17.07	16.9	-46.6
	交通量(pcu)	281	281	1.1	0	467	466	1	0.1
北进口直行车道	延误(s/pcu)	14.21	14.82	-2.3	-7.1	41.42	25.44	-3.3	-41.3
	交通量(pcu)	280	284	-1.4	-0.4	529	537	0.1	4.3
南进口左转车道	延误(s/pcu)	14.5	16.92	-3	-16	26.43	15.92	1	-22.8
	交通量(pcu)	276	278	-1.1	0	402	397	-0.3	-1.3
南进口直行车道	延误(s/pcu)	13.37	14.19	-5.6	-33.6	32.78	16.95	-5.6	-40.3
	交通量(pcu)	287	290	-1	1	470	469	-0.2	0

注:1. 优化模型。
2. TRANSYT-7F。
3. 误差公式:$(MOE_{Model} - MOE_{Field\ test\ data})/MOE_{Fiel\ dtest\ data}$。

如表 8-10 所示,在两种情况下所提出的优化模型在停车延误和交通量方面都优于 TRANSYT-7F。由于 TRANSYT-7F 无法识别非左转保护相位的左转车流与对向直行车流之间的冲突,因此 TRANSYT-7F 的信号周期时长更短,总停车延误更大。与 TRANSYT-7F 相比,在场景Ⅰ中,优化模型中停车延误的节省和交通量的提高分别约为 21% 和 0%,在场景Ⅱ中分别为 7% 和 0%。这可能有两个原因:一种情况是当对向冲突交通需求增加时,左转车流通过冲突点的机会减少;另一种情况是,一旦左转车辆优先通过冲突点,尽管左转车流中的停车延误可能会减少,但对向直行车流的停车延误将增加。

如表 8-11 所示,根据优化模型和现场测试的结果,左转车流的停车延误小于对向直行车流的停车延误,尤其是场景Ⅰ中来自东西方向的冲突状况和场景Ⅱ中的所有冲突运行情况。但根据 TRANSYT-7F 给出的结果,左转车流的停车延误始终大于对向直行车流的停车延误。此外,与所提出的优化模型相比,TRANSYT-7F 的优化信号配时方案可能低估车辆的停车延误,因为它忽略了两相位信号控制交叉口中的非左转保护相位情形下的车流运行情况。对比结果证实了优化模型在设计信号配时方面的有效性,并进一步验证了所提出的模型在许多发展中国家的广泛应用前景。

本书还考察了启发式求解算法的求解性能。以场景一为例,图 8-30 显示了启发式求解算法计算出最小总延误的趋势，总延误在第 15 代之后达到次优值，在第 67 代之后收敛到最小值。整个优化过程持续 44.6s。

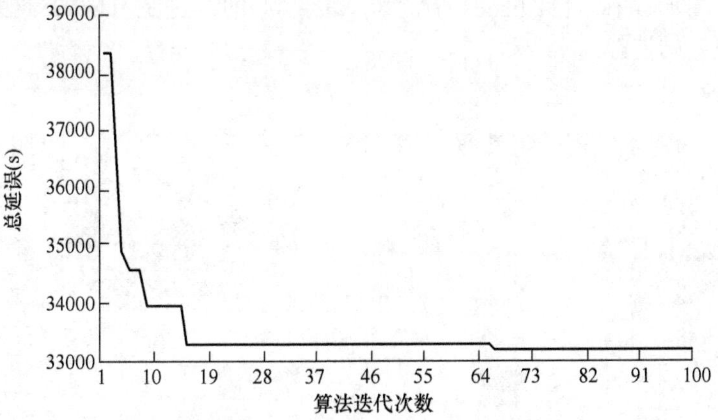

图 8-30　遗传算法的迭代过程曲线

2）灵敏度分析

本书通过灵敏度分析，进一步研究了交通需求水平、左转车百分比、左转车流让行于对向直行车流的概率等对优化模型性能的影响。

本书通过两个试验进行了灵敏度分析。第一个试验测试了交通需求水平和左转车流百分比对该模型性能的影响。在第二个试验测试了左转车流让行于对向直行车流的概率对优化模型性能的影响。

在第一个试验中，本书首先以场景Ⅱ为基准，同时改变所有方向的交通流量和左转车流百分比。与场景二相比，所有方向的交通量范围同时从 0.1 变为 1.4，增量变化 0.1；左转车流百分比范围从 0 变为 0.9，增量变化 0.1。此外，对于交通流量和左转百分比的所有组合，左转车流让行概率保持不变。其次，本书利用优化模型和 TRANSYT-7F 来获得每个组合的最佳信号配时。第三，本书比较了优化模型和 TRANSYT-7F 的两种最佳信号配时方案的性能指标，校准后利用 VISSIM 软件进行无偏估计评价。本书在 VISSIM 中设置"双优先规则"实现了不让行或争相通过冲突点的交通行为。在设置"双优先规则"的情况下，根据可接受间隙阈值和交通流冲突运行时的让行线位置，会出现左转车优先通行而冲突方向车流让行，或对向直行车流通行而左转车让行。本书在场景Ⅱ中使用现场收集的数据来校准 VISSIM。此类校准的目的是将 VISSIM 生成的平均停车延误和交通量与现场检测值之间的误差降至最低。

图 8-31 表示了在不同交通需求水平和左转车流比例情形下，优化模型车辆延误的减少量和交通量增加量均比 TRANSYT-7F 得出的值更优。交通需求水平用交通量之比（场景二中交通量的比例）表示，范围为 0.1 ~ 1.4，交通需求增量为 0.1（图 8-31 的横轴）。纵轴表示左转车流比例从 0% 到 90% 的变化。如图 8-31 所示，就车辆延误减少量和交通量增加量而言，在不同交通需求（交通量比从 0.3 到 1.4）和不同左转车流占比情形（从 0% 到 90%）的所有组合中，本书所提出的优化模型比 TRANSYT-7F 计算得出的值更优。

当交通需求处于中等水平且左转车流占比较高时，可以观察到优化模型相比于 TRANSYT-7F 对交通状况的改善程度更高。当交通需求很低时（例如，交通量比小于 0.3），则优化模型与 TRANSYT-7F 之间没有显著差异，因为存在足够的穿越间隙供车辆通行，即冲突车流可以在不等待或让行的情况下通过冲突点。当交通需求和左转车流占比都很高时，直行车流的停车延误迅速增加，因此优化模型相比 TRANSYT-7F 的改进是有限的，这些情况下设置左转保护相位是更好的选择。

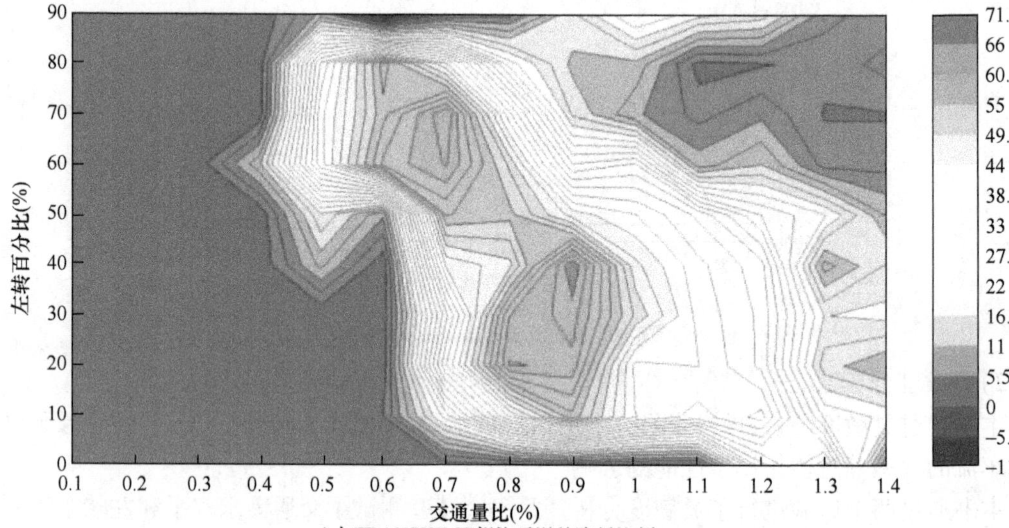

a) 与TRANSYT-7F相比延误的降低比例

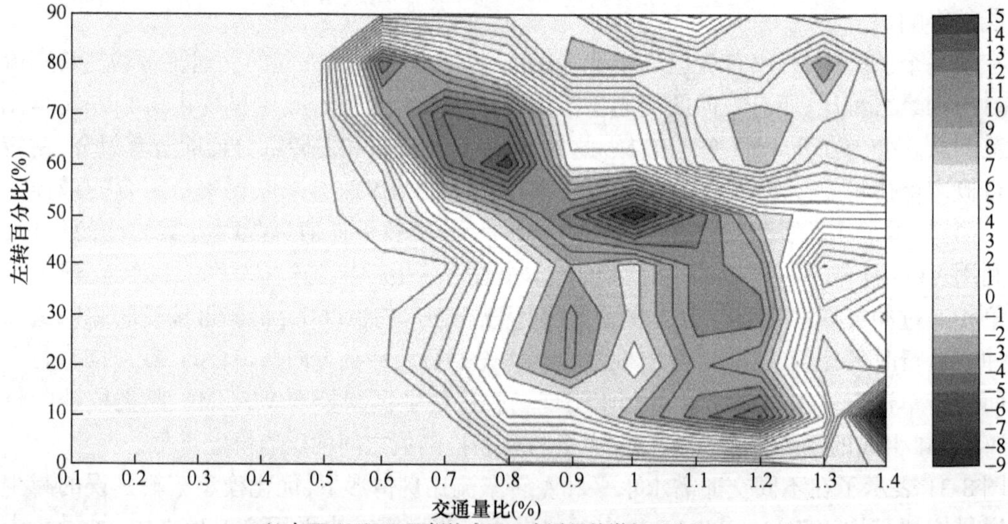

b) 与TRANSYT-7F相比交叉口交通量的增长百分比

图 8-31 优化模型与 TRANSYT-7F 的性能比较

灵敏度分析结果表明，在发展中国家，如果合理地考虑交叉口信号相位配时并合理渠化交叉口，尽管无法避免驾驶行为较为激进的左转车辆，但也不会使十字路口的性能更低。同时也进一步表明，在交通需求和交通流分布的各种组合状况下，该优化模型在交叉口性能方面要优于 TRANSYT-7F。

在第二个试验中，本书仍然使用场景Ⅱ作为基准。各车道的交通量和转弯率保持不变。唯一变化的参数是左转车让行概率 $p_{i,\text{through}}^{o}$。左转让行概率的范围为0.0～1.0，增量为0.1。对于左转让行概率的每个值，这里使用本书提出的优化模型来获得最佳信号配时方案以及交叉口停车延误和交通量的性能指标。图8-32说明了左转让行概率对优化模型的总交通量和总停车延误的影响。可以观察到，100%或0%的左转让行概率会导致更高的交叉口延误和更低的交通量。这可能是因为100%或0%的左转让行概率可能会在共用直左车道或对向直车道上造成阻塞。在场景Ⅱ下，左转交通量小于直行交通量，因此 $p_{i,\text{through}}^{o}=0$ 情况下的总停车延误远高于 $p_{i,\text{through}}^{o}=1$ 情况下的停车延误。然而，对于交叉口交通量，可以观察到相反的趋势，并且存在交叉口实现最优效率的"最佳"左转概率值（场景Ⅱ为0.6～0.7）。

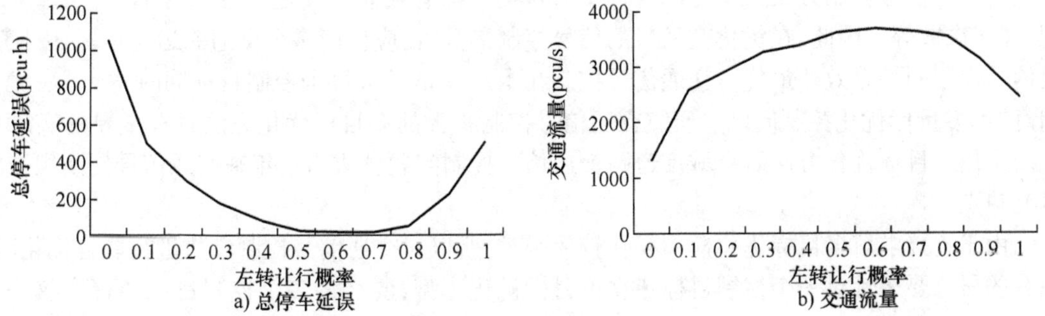

图8-32　左转车流让行概率对交叉口性能的影响

8.2.8　结语

本书致力于为两相位信号控制交叉口开发一个基于元胞的交通信号优化模型，此类交叉口没有设置明确的左转让行规则，在这种情况下，激进的左转车与对向直行交通流产生了冲突，目的是优先到达冲突点并通过交叉口。这种驾驶行为在许多发展中国家非常常见，并且已经证明对十字路口的运行性能产生较大影响，且在现有的交通信号设计范例中尚未得到充分考虑。为了在允许左转相位期间获取交通动态和冲突车流之间的相互作用，本书提出了一个二维元胞传输模型，通过引入虚拟元胞来模拟交叉口进口道的分流和出口道的合并现象，同时引入重叠元胞来模拟交叉口内的车流冲突。交叉口的性能指标可以基于元胞状态获得，并在此基础上建立数学优化模型并求解，以设计出合适的信号配时方案，从而提高此类交叉口的运行性能。

通过数值仿真和对实地测量数据的分析，本书对所提出的优化模型进行了评价，证实了优化模型相比TRANSYT-7F对两相位信号控制交叉口信号的配时设计更加有效。同时也进一步表明，在发展中国家，如果合理地考虑交叉口信号相位配时并合理渠化交叉口，尽管无法避免激进的左转车辆，但也不会使十字路口的性能更低。在类似情形下，该模型在许多发展中国家也都能取得良好的应用效果。

未来的研究可以将所提出的优化模型应用于更一般的道路网络中，并采用滚动地平线方案以提升模型的计算效率。

8.3 交叉口定周期信号控制多目标优化方法

8.3.1 引言

交通信号控制是城市交通管理的基本手段之一,其基本目的是提高路网交通流运行的安全性和通行效率。交通信号控制方案设定了不同流向的交通流在交叉口上的通行时序和通行时长。从1958年Webster建立了至今仍广泛用于非饱和交通流的稳态随机延误模型[154]起,交通信号控制方案的优化目标或控制目标大多采用机动车平均延误。以延误等单个控制目标优化交叉口信号控制方案并不能在各种交通状况下都有效兼顾其他的控制目标,例如排队长度、停车次数等。因此,在优化交叉口的信号控制参数时,应权衡多个交通流运行指标,以使交通信号控制的综合效益最优。交通信号控制在本质上是寻求每个控制目标同时达到"最优或满意"的多目标优化控制问题。研究交通信号控制参数的多目标优化方法具有重要的实际意义。采用多目标优化方法研究城市道路交通信号控制问题已成为近年来交通信号控制领域的研究热点。

由于直接求解多目标优化模型存在较大困难,所以对交通信号控制参数进行联合优化时,现有的研究要么针对一个控制目标建立单目标优化模型,要么将多个控制目标加权形成一个综合目标或者通过转约束法将其他控制目标包含在约束条件集中。从优化理论的角度看,后者仍然属于单目标优化模型。这两种建模方法均无法使多种控制目标同时达到"最优或满意",并且无法对各种控制目标之间的相关性和有效性,以及控制目标对控制参数的敏感性进行分析。因此,真正的路网交通信号多目标协调控制的建模及求解问题需得到充分重视和深入研究。

单个交叉口信号控制参数多目标优化方法将同等考虑多个交通流运行指标,建立单个交叉口信号控制的多目标优化模型,以非支配排序遗传算法NSGAII(Non-dominated Sorting Genetic Algorithm Ⅱ)[393-394]为基础建立直接求解单个交叉口交通信号多目标控制模型的动态相容优化算法。

8.3.2 控制目标选择

随着人类社会的发展,城市交通问题从交通拥堵和交通事故发展到涉及环境污染和能源消耗。交通信号控制的目标已经逐渐由单一目标向兼顾安全、效率、能源、环境等多元目标发展,其控制目标可以归为机动车效益、行人效益及环境效益三大类,具体有:机动车通行能力、延误、停车次数、排队长度,行人等候时间,机动车在交叉口上的燃油消耗、尾气排放等。由于这些控制目标都是信号控制参数的函数,它们随着信号控制参数的变化存在着或多或少的相关关系。例如,机动车在交叉口上的燃油消耗、尾气排放与机动车在交叉口上的停车延误和停车次数密切相关。

关于信号控制目标之间的关联性的研究极为鲜见。杨锦冬[395]等以两相位信号控制交叉口为对象应用灰关联分析法研究了周期时长与延误、停车率、排队长度之间的关联关系。研究结果表明,这三个指标与周期时长的关联度均较大。因此,在不考虑自行车交通流和行人交通流的前提下,可选择机动车延误、停车率、排队长度作为控制目标。

8.3.3　多目标优化模型

以机动车交通流为控制对象,选择交叉口的机动车平均延误、平均停车率、最大相对排队长度作为控制目标,以一个周期内各个方向上通过交叉口的机动车流的平均延误最小且停车次数最少,同时以各个进口道上的车辆排队长度的最小化为优化目标,建立单个交叉口信号控制参数的多目标优化模型如下:

$$\begin{cases} \min\left(\dfrac{\sum_i d_i v_i}{\sum_i v_i}\right) \\ \min\left(\dfrac{\sum_i s_i v_i}{\sum_i v_i}\right) \\ \min\left(\max\limits_i \dfrac{q_i}{q_{i\max}}\right) \end{cases} \tag{8-65}$$

$$\text{s. t.}\begin{cases} c_{\min} \leqslant c \leqslant c_{\max} \\ g_{i\min} \leqslant c\lambda_i \leqslant g_{i\max} \\ \sum_i \lambda_i = 1 - \dfrac{L}{c} \\ q_i \leqslant q_{i\max} \\ x_i \leqslant 0.9 \end{cases} \tag{8-66}$$

式中:v_i——交叉口第 i 股机动车流的流量(pcu/h);

d_i——交叉口第 i 股机动车流的平均延误(s);

s_i——交叉口第 i 股机动车流的平均停车率;

q_i——交叉口第 i 股机动车流排队尾的平均最远位置 (m);

$q_{i\max}$——交叉口第 i 股机动车流所在连线的最大排队长度[396](m);

c——交叉口信号控制周期时长(s);

$c_{\min}$——交叉口信号控制周期时长的下限(s);

$c_{\max}$——交叉口信号控制周期时长的上限(s);

λ_i——交叉口第 i 股机动车流通行权所在相位的绿信比;

$g_{i\min}$——交叉口第 i 股机动车流通行权所在相位的最小绿灯时间(s);

$g_{i\max}$——交叉口第 i 股机动车流通行权所在相位的最大绿灯时间(s);

L——周期损失(s);

x_i——第 i 股机动车流的饱和度。

在式(8-66)中,约束$x_i \leqslant 0.9$ 并不是必需的。当对非饱和交叉口进行控制时,该约束是可行的。但当控制对象为过饱和交叉口时,该约束不一定可行,此时不需要此约束。

国内外学者多采用计算机仿真方法(或数学建模方法)基于定周期信号控制方式研究延误、停车次数、排队长度等常用控制目标与交叉口信号控制参数的量化关系,其中延误得到了最为充分的研究。为了便于后续的分析,现以交叉口处于非饱和状态为前提,并主要以 Webster 建立的机动车流稳态均匀到达的分析方法给出多目标优化模型(1)中涉及的延误、停车率、排队车辆数的计算方法。

Webster 延误模型考虑了机动车流在非饱和状态下的稳态均匀到达延误和随机延误两个部分,其具体的计算公式为:

$$d_i = \frac{c\,(1-\lambda_i)^2}{2(1-\lambda_i x_i)} + \frac{x_i^2}{2v_i(1-x_i)} - 0.65\,\left(\frac{c}{v_i^2}\right)^{\frac{1}{3}} x_i^{(2+5\lambda_i)} \tag{8-67}$$

式中,各参数意义同式(8-65)和式(8-66)。

不考虑不完全停车的情形,在均匀到达情况下,一个周期内交叉口进口道上的机动车流的平均停车率可以按照 Webster 的计算方法建立平均停车率模型[397]。模型的具体形式为:

$$s_i = \frac{1-\lambda_i}{1-\lambda_i x_i} \tag{8-68}$$

式中,各符号意义同式(8-67)。

假定机动车流均匀到达交叉口进口停车线的条件下,可以按照 Webster 的稳态均匀分析方法建立机动车流的最远排队尾计算模型。模型的具体形式为:

$$s_i = \frac{cv_i(1-\lambda_i)}{1-\lambda_i x_i} \tag{8-69}$$

式中,各符号意义同式(8-66)。

从式(8-68)和式(8-69)可以看出,s_i和 q_i具有线性相关关系,似乎不能作为两个有效的控制目标。但根据式(8-65),q_i的优化目标是使$\max\limits_i \left(\frac{q_i}{q_{i\max}}\right)$最小化,$s_i$的优化目标是使线性组合$\frac{\sum_i s_i v_i}{\sum_i v_i}$最小化。此时,$\max\limits_i \left(\frac{q_i}{q_{i\max}}\right)$和$\frac{\sum_i s_i v_i}{\sum_i v_i}$并不再是线性相关关系,即由$\max\limits_i \left(\frac{q_i}{q_{i\max}}\right)$最小的 q_i所对应的 s_i计算出的$\frac{\sum_i s_i v_i}{\sum_i v_i}$并不一定是该线性组合的最小值。理由是$\max\limits_i \left(\frac{q_i}{q_{i\max}}\right)$最小化只确定了向量$(q_1,q_2,\cdots,q_n)$的其中一个分量$q_i$,而$\frac{\sum_i s_i v_i}{\sum_i v_i}$达到最小时,至少存在着一个向量$(s_1,s_2,\cdots,s_n)$,且其所有的分量完全确定。即此时的$(q_1,q_2,\cdots,q_n)$和$(s_1,s_2,\cdots,s_n)$并不一定存在着线性相关关系,以后的实例分析将证明这一点。

8.3.4 相容优化算法

从前面的理论分析看出,机动车平均延误、停车次数、排队长度随定周期信号控制参数(例如周期时长)的变化趋势并不相同(这一点将在后面的实例分析中会看到),或者可以说有些目标是相互冲突的。因此,有必要建立一种求解模型(1)的"多目标相容"优化算法,能够兼顾每一种控制目标,使多种控制目标同时达到"最优或满意"。

NSGAII(Non-dominated Sorting Genetic Algorithm Ⅱ)是直接求解多目标优化模型的有效方法。以 NSGAII 为基础,建立直接求解单个交叉口交通信号多目标控制模型的相容优化算法。算法的具体步骤描述如下:

步骤1:根据交叉口信号相位方案确定基因个数 C_{hromLen}、种群规模 P_{opuSize}、变异概率 M_{Rate}、交叉概率 C_{Rate}、进化代数 G_{eneNum};随机产生初始种群 P_0,并设定进化代数 $n=0$;

步骤2:对种群P_n执行交叉和变异操作,创建种群大小为 P_{opuSize} 的子代种群 Q_n,并计算其目标函数值;

步骤3:若满足终止条件,则算法转向步骤9,否则转向步骤4;

步骤4:合并父代种群和子代种群,得到种群规模为 $2\times P_{\text{opuSize}}$ 的新种群 $R_n=P_n\cup Q_n$;

步骤5:执行快速非支配排序算法,得到种群P_n的非支配界(non-dominated fronts) F_1, $F_2,\cdots,F_l$;

步骤6:令 $n+1$ 代的种群$P_{n+1}=\varnothing$,按照如下方法创建 $n+1$ 代的种群P_{n+1}:for $i=1,2,\cdots,l$,执行以下循环:

步骤6.1:如果$|P_{n+1}|+|F_i|\leqslant P_{\text{opuSize}}$,则$P_{n+1}=P_{n+1}\cup F_i$;

步骤6.2:如果$|P_{n+1}|+|F_i|>P_{\text{opuSize}}$,计算非支配界 F_i中的个体的拥挤距离,并按照拥挤距离的降序排序;则将 F_i中具有较大拥挤距离的$P_{\text{opuSize}}-|P_{n+1}|$个体加入种群$P_{n+1}$中;

步骤7:采用基于拥挤距离的联赛选择机制从种群P_{n+1}中选择父代个体,执行交叉和变异操作,产生种群大小为 P_{opuSize} 的子代种群 Q_{n+1},并计算其目标函数值;

步骤8:令 $n=n+1$,返回步骤3;

步骤9:绘制 Pareto 最优解分布图,保留子代种群 Q_n。

8.3.5 实例结果分析

以上海市杨浦区某个交叉口为例分析说明单个交叉口信号控制多目标优化算法的有效性。该交叉口为两条次干道相交,各个方向的进口都进行了渠化,有左转、直行、右转车道各一条,信号控制方式为四相位定周期控制,有专用左转相位。东西方向的直行和右转车辆在相位1中放行,左转车辆在相位2中放行;南北方向的直行和右转车辆在相位3中放行,左转车辆在相位4中放行。对某天上午10:00—11:00时段交叉口各个方向的机动车交通量调查如表8-12所示。

交叉口机动车交通量(pcu/h) 表8-12

进口	东			西			南			北		
流向	左转	直行	右转	左转	直行	右转	左转	直行	右转	左转	直行	右转
流量	161	476	92	133	342	281	297	358	163	113	302	247

以机动车延误、停车次数、排队长度为目标对建立定周期交通信号控制控制方案的多目标优化模型见式(8-65),各目标的计算方法均以 Webster 均匀到达分析方法为基础建立,其计算方法见式(8-66)~式(8-68),并采用多目标相容优化算法求解该模型。

设定最大进化代数为800,交叉率为0.95,变异率为0.05。当种群规模为60时,Pareto 非劣解集包含21个解;当种群规模为120时,Pareto 非劣解集包含42个解;当种群规模为600时,Pareto 非劣解集包含210个解;当种群规模为1200时,Pareto 非劣解集包含420个解。

1)控制目标的有效性

对于优化方向均为最小化的两个优化目标,如果它们之间存在着线性正相关关系,则可以认为这两个优化目标是不冲突的。在进行多目标优化时,不冲突的两个目标只有其中一个是有效的。研究优化目标的有效性可以为合理选取优化目标提供依据。

下面以种群规模为120的情况为例说明机动车延误、停车次数、排队长度之间的相关关系。

为了研究Pareto非劣解集中各个优化目标之间的变化关系或趋势,可以把Pareto非劣解集中的所有解对应的三个优化目标值中的两个表示在同一个二维坐标系上,即以一个优化目标为自变量,而以另一个优化目标为因变量。Pareto非劣解集中所有解对应的控制目标之间的相关关系如图8-33~图8-35所示。

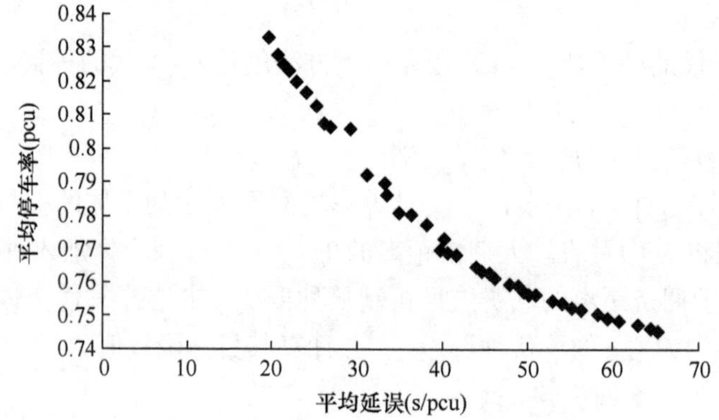

图8-33 平均延误与平均停车率之间的关系

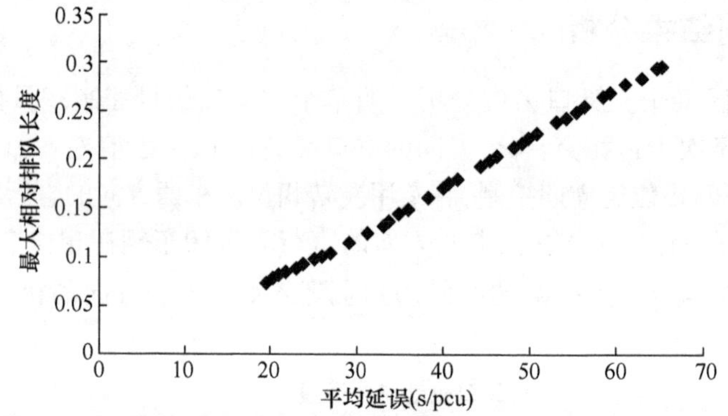

图8-34 平均延误与最大相对排队长度之间的关系

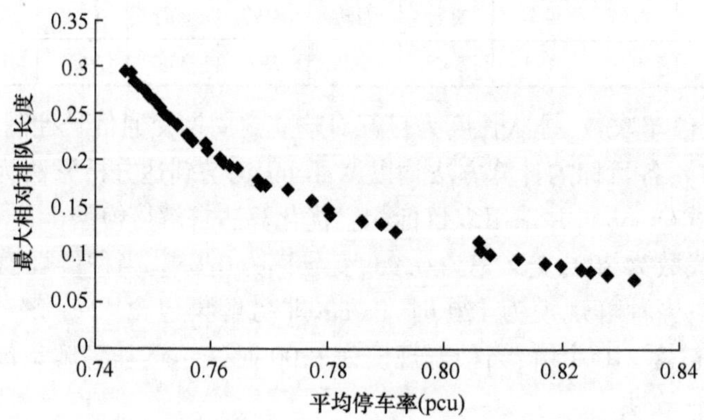

图8-35 平均停车率与最大相对排队长度之间的关系

从图8-33～图8-35看出,在假定车辆均匀达到且交叉口处于非饱和状态的条件下,对于交通信号多目标控制的非劣解集而言,停车次数与延误(或排队长度)是两个相互冲突的控制目标;而排队长度与延误并不冲突,它们近似呈线性关系。这是因为,在交叉口处于非饱和状态时排队车辆并不经历二次或以上停车。因此,对于交叉口交通信号多目标控制而言,当交叉口处于非饱和状态时,停车次数与延误、停车次数与排队长度是两组有效的控制目标,而延误与排队长度并不是一组有效的控制目标。也就是说,对于单个非饱和交叉口进行多目标优化控制时,上述两个优化目标,即交叉口上所有机动车流的平均延误最小化和最大相对排队长度最小化,不宜同时出现。

2)控制目标对于优化参数的敏感性

在单点控制中,控制参数主要包括周期时长和绿信比,其中周期时长属于战略控制参数,而绿信比属于战术控制参数[398]。因此,周期时长的优化在单点信号控制具有重要的地位。其选择是否恰当,对于单点信号控制的交通效益具有重要影响。下面以周期时长参数为例分析机动车延误、停车次数、排队长度对于周期时长参数的敏感性。Pareto非劣解集中所有解的周期时长分量与对应的控制目标之间的相关关系如图8-36～图8-38所示。

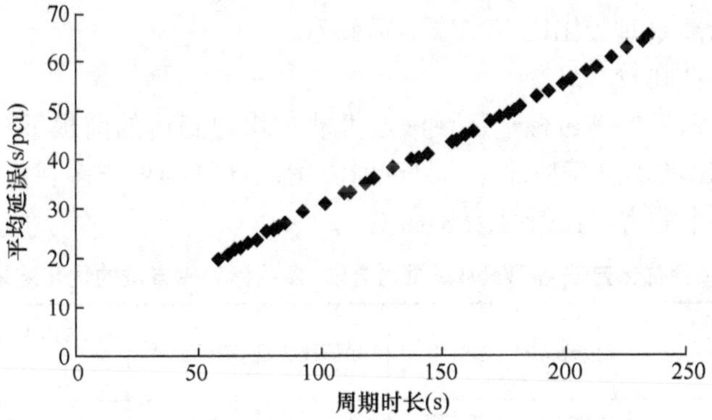

图8-36　平均延误随周期时长的变化

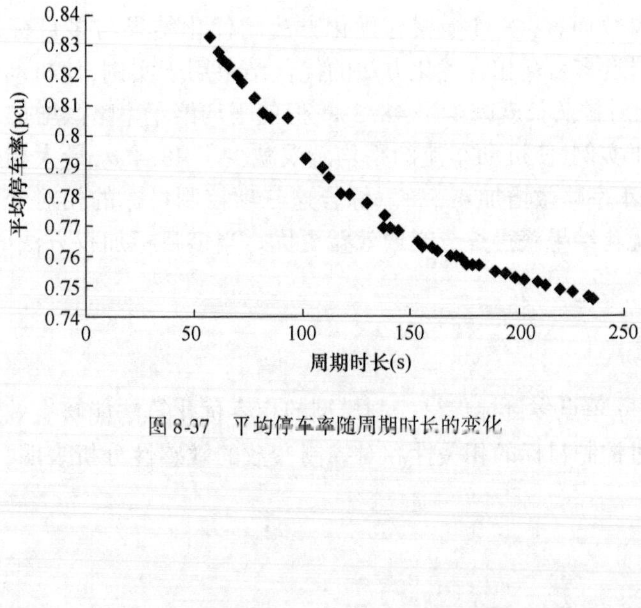

图8-37　平均停车率随周期时长的变化

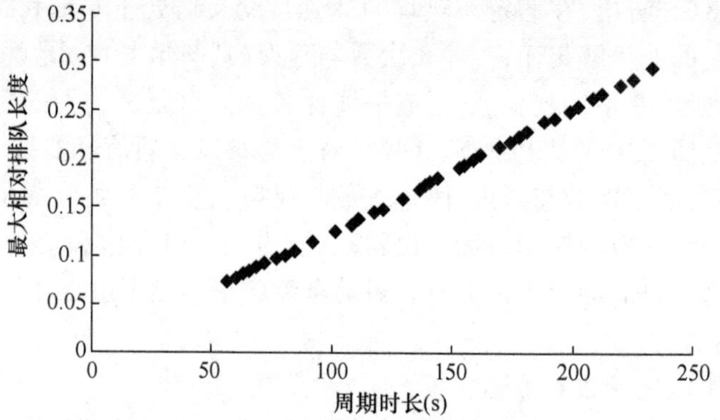

图 8-38 最大相对排队长度随周期时长的变化

Pareto 非劣解集对应的周期时长范围为[57,234]。在此范围内,随着周期时长的增加,延误与排队长度以近似线性的形式增长,而停车次数却在减少。由 Pareto 非劣解集对应的控制目标集可以得出,平均停车率的变化范围为[0.745,0.833],平均延误的变化范围为[19.5,65.2],最大相对排队长度的变化范围为[0.074,0.297]。可以认为,平均延误和最大相对排队长度对于周期时长参数的变化比平均停车率敏感。

3)与其他优化方法比较

由于实例交叉口信号控制目标过程在假定机动车均匀到达的前提下计算得到,因此实例也可以用 Webster 提出的延误模型优化信号配时方案。计算结果与多目标相容优化方法得到的 Pareto 解集中的一个非劣解比较见表 8-13。

多目标相容优化方法与 Webster 配时方法、多目标加权方法的优化结果对比 表 8-13

信号配时优化方法	周期时长(s)	绿信比 1	绿信比 2	绿信比 3	绿信比 4	平均延误(s)	平均停车率	最大相对排队长度
Webster 方法	115.8	0.304	0.116	0.2229	0.213	37.4	0.806	0.143
多目标加权方法	56.0	0.209	0.172	0.232	0.101	19.3	0.842	0.078
多目标相容优化方法	57.3	0.2665	0.1644	0.1848	0.1051	19.5	0.833	0.074

对于周期时长参数而言,多目标相容优化方法的优化结果与多目标加权方法相近。与 Webster 配时方法比较:多目标相容优化方法的优化结果用于实例,使机动车流的平均延误减少了 47.9%,最大相对排队长度减少了 48.3%,但使平均停车率略微增加 3.3%;多目标加权优化方法的结果用于实例,使机动车流的平均延误减少了 48.4%,最大相对排队长度减少了 45.5%,但使平均停车率略微增加 4.5%。综合这三项控制目标的相对变化,可以认为,多目标相容优化方法的优化结果获得综合交通效益更优。当多目标加权方法的各项权值不同时,以上数据将会不同。

8.3.6 结论

基于 NSGAII 建立单点多目标信号控制模型的相容优化算法能够有效解决多目标模型的直接求解难题。通过控制目标的相关性和对控制参数的敏感性分析表明,当交叉口处于非饱和状态时,机动车平均停车次数与延误、停车次数与排队长度是两组有效的控制目标,而平均延误与排队长度并不是一组有效的控制目标;但另一方面,平均延误和排队长度对于周期时长参数的变化比平均停车率敏感。

与单目标优化方法相比,多目标相容优化方法更能减少车辆在交叉口上的停车延误和排队长度。与多目标加权法优化方法相比,多目标相容优化方法能获得更优的综合交通效益。交叉口信号控制的多目标相容优化方法弥补了单目标优化方法和多目标加权方法的不足,避免了单目标优化方法的目标片面性和多目标加权方法的权值随意性,能有效权衡多个控制目标,满足多方面的控制要求,使每个控制目标均达到"最优或满意"。

8.4　基于比功率法估计信号控制交叉口排队车辆的尾气排放

8.4.1　引言

机动车在城市道路上行驶时产生的尾气排放主要包括两部分,一部分是在行驶过程中产生的尾气排放,另一部分是在信号控制交叉口前停车等待产生的尾气排放。由于能耗和大气污染越来越受到关注,通过信号控制手段降低机动车在交叉口上的尾气排放具有重要意义。如何评估机动车在城市道路上的尾气排放的研究也越来越多。比功率法是应用较多的一种方法,它建立了机动车尾气排放率与车辆工况之间的拟合关系,将车辆行驶工况划分成多个区间,每个区间对应一个平均排放率。依据比功率法确定尾气排放率时,主要影响因素有车辆瞬时速度、加速度、道路坡度等。美国国家环境保护局(United States Environmental Agency)针对不同车型、发动机排量、行驶里程的机动车辆进行了大量研究,形成了完备的尾气排放数据库MOVES(MOtor Vehicle Emission Simulator)。由于考虑了车辆的瞬时速度、加减速度等因素,比功率法可用于微观层面确定机动车的尾气排放量,例如机动车通过交叉口时的尾气排放。

本书基于比功率法的研究成果,专门研究机动车在信号控制交叉口前停车等待产生的尾气排放的估计模型与方法。相关的研究成果可用于信号控制方案的评价,也可直接用于信号控制策略与方案优化。

8.4.2　单辆车在信号控制交叉口前的尾气排放模型

1)车辆的尾气排放总量

车辆的尾气排放与发动机输出功率直接相关,而发动机输出功率又与车辆的瞬时速度密切相关。Frey 据此建立了比功率法确定车辆在不同工况下的 CO、CO_2、NO_x、HC 的排放率[399]。所谓比功率(Vehicle Specific Power,VSP),即某一瞬时汽车发动机输出功率与汽车质量的比值(单位为 kW/t)[400]。汽车的比功率不但与瞬时速度有关,而且与瞬时加速度、道路坡度有关。轻型车比功率按照式(8-70)计算[400]。

$$\mathrm{VSP} = v\{1.1a + 9.81\sin[a\tan(\varnothing)] + 0.132\} + 0.000302v^3 \tag{8-70}$$

式中:VSP——比功率(kW/t);

v——车辆瞬时速度(m/s);

a——车辆加速度(m/s);

$\varnothing$——道路坡度(%)。

在减速工况下,VSP 可能出现负值。例如,在下长坡时,车辆低挡位慢行即利用发动机的牵阻作用进行减速。Frey 依据排放率的平均值对比功率进行了聚类分析,将 VSP 的变化范围分成多个 VSPbin,每个 bin 称为一个 VSP 区间。有关 VSP 区间的具体划分方法详见参考文献。Frey 给出了与不同试验车辆在每个 VSP 区间下的 CO、CO_2、NO_x、HC 的尾气排放率平均值。以发动机排量小于3.5L,且行驶里程大于100000km 的小汽车为例,不同 VSP 区间对应的 CO、CO_2、NO_x、HC 等尾气排放率如表 8-14 所示。

不同 VSP 区间对应的小汽车 CO、CO_2、NO_x、HC 排放率 表 8-14

VSP 区间序号	VSP 区间划分方法	CO 排放率(g/s)	CO_2排放率(g/s)	NO_x排放率(g/s)	HC 排放率(g/s)
1	VSP < -2	0.011030	1.543686	0.001014	0.000901
2	-2≤VSP<0	0.008723	1.604406	0.001042	0.000901
3	0≤VSP<1	0.004682	1.130833	0.000423	0.000835
4	1≤VSP<4	0.012154	2.386260	0.001613	0.001027
5	4≤VSP<7	0.016731	3.210249	0.002638	0.001253
6	7≤VSP<10	0.023269	3.957732	0.003793	0.001664
7	10≤VSP<13	0.029322	4.752012	0.005098	0.002089
8	13≤VSP<16	0.036942	5.374221	0.006373	0.002332
9	16≤VSP<19	0.049513	5.940051	0.007664	0.002818
10	19≤VSP<23	0.063759	6.427506	0.009913	0.002985
11	23≤VSP<28	0.105380	7.065985	0.012685	0.003786
12	28≤VSP<33	0.247810	7.617703	0.014384	0.004573
13	33≤VSP<39	0.413069	8.322442	0.015967	0.005700
14	39≤VSP	0.624663	8.475028	0.016717	0.007164

理论上可以根据车辆处于不同 VSP 区间的时间计算车辆的尾气排放量。车辆的尾气排放量按照式(8-71)计算。

$$E = \sum_i T_i \cdot ER_i \tag{8-71}$$

式中:E——CO、CO_2、NO_x、HC 等的总排放量(g);

i——VSP 区间序号($i=1,2,\cdots,I$);

ER_i——VSP 区间 i 下的 CO、CO_2、NO_x、HC 等的排放率(g/s);

T_i——车辆处于 VSP 区间 i 的时间长度(s)。

因此,只要已知机动车在信号控制交叉口前处于不同 VSP 区间的时间,便可以根据式(8-70)计算车辆在信号控制交叉口前停车等待时产生的尾气排放量。下面着重分析如何根据车辆的加减速过程、怠速过程计算车辆的尾气排放时间。

2)车辆在不同工况下的尾气排放时间

机动车通过信号控制交叉口时有三种可能方式,即停车而后通过、减速通过、不减速通过。其瞬时速度变化曲线分别如图 8-39a)~c)所示。

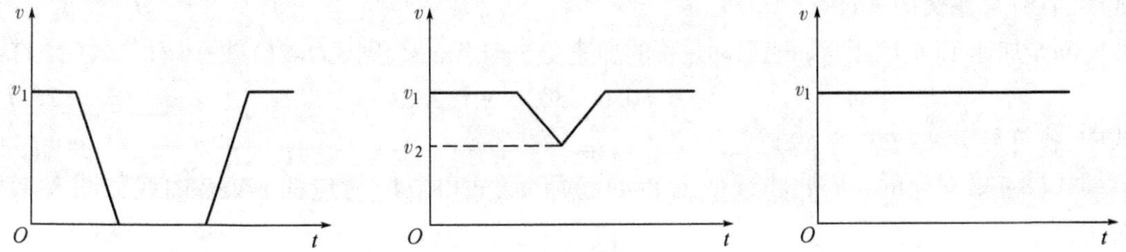

a) 停车而后通过　　b) 减速通过　　c) 不减速通过

图 8-39　在信号控制交叉口范围内车辆行驶速度的变化

车辆在交叉口范围内停车而后通过时,发动机经历了减速、怠速、加速工况。可将图 8-39a)所示的车辆瞬时速度变化情况视为车辆通过信号控制交叉口时瞬时速度变化的典型情况。不完全停车只发生在排队尾车即将启动且有后续车辆加入排队时,故每周期内不完全停车车辆数极少,因此本书忽略不完全停车情形,仅对图 8-39a)所示的完全停车情况进行研究。下面对这种情况进行详细分析。在城市道路上,可认为道路坡度$\varnothing=0$,于是式(8-70)可简化为:

$$\mathrm{VSP}=0.000302v^3+v(1.1a+0.132) \tag{8-72}$$

式中,各符号意义同式(8-68)。

对于车辆的加速和减速工况,其瞬时速度变化范围大,情况较为复杂,所对应的 VSP 值不断变化。根据汽车理论[401],对于图 8-39a)所示的车辆通过信号控制交叉口的方式,其加速度随行驶速度的变化曲线如图 8-40a)所示,其减速度随时间的变化曲线如图 8-40b)所示。在图 8-40中,v_0为车辆正常行驶速度,t_0为减速时间。虽然在理论上可根据车辆的行驶加速度曲线和制动减速度曲线计算车辆在加速工况和减速工况下的 VSP 值的变化曲线,但计算按照此思路计算信号控制交叉口的不同排队车辆的尾气排放总量不具可行性。

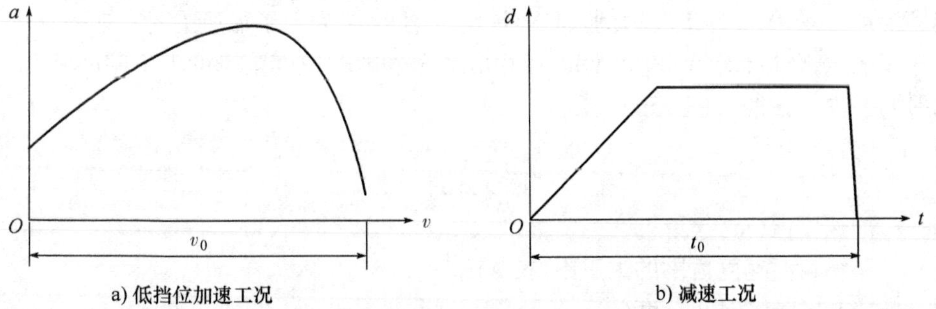

a) 低挡位加速工况　　b) 减速工况

图 8-40　车辆在加速工况和减速工况下的加速度变化趋势示意图

类似于国家标准《轻型汽车污染物排放限值及测量方法》(GB 18352.3—2005)规定轻型柴油车排放测试必须在底盘测功机上进行整车测试循环一样,本书用等效加速度或等效减速度计算排队车辆的尾气排放总量。忽略引入的误差,在实际计算时,本书取车辆在加速或减速过程的平均加速度或减速度作为等效加速度或减速度。对于车辆的减速工况,取正常减速制动过程的减速度 $a=-2.5\mathrm{m/s^2}$,则式(8-72)进一步简化为式(8-73):

$$\mathrm{VSP}=0.000302v^3-2.618v \tag{8-73}$$

式中,各符号意义同式(8-69)。

对于加速工况,取正常加速启动过程的加速度 $a=1.5\text{m/s}^2$,则式(8-71)进一步化为式(8-74):

$$\text{VSP}=0.000302v^3+1.782v \tag{8-74}$$

式中,各符号意义同式(8-69)。

式(8-73)对应的 v-VSP 曲线如图 8-41a)所示,式(8-74)对应的 v-VSP 曲线如图 8-41b)所示。

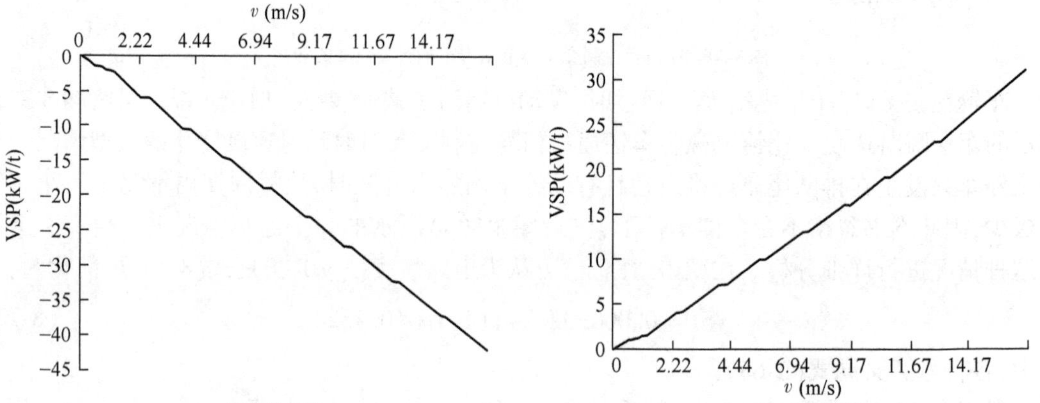

a) 减速工况　　b) 加速工况

图 8-41　加减速工况时比功率随瞬时速度的变化曲线

从图 8-41 看出,加速工况时的比功率曲线近似为直线,且单调递增。减速工况时的比功率曲线也近似为直线,且单调递减。车辆在加减速工况工作时,比功率曲线的单调特性为确定车辆所经历的所有 VSP 区间及其工作时间提供了一种简便方法。依据表 8-14 确定不同 VSP 区间所对应的瞬时速度 v 的上下限,进而可以确定车辆处于不同 VSP 区间的工作时间长度 T。下面以图 8-42 所示的加速工况为例来具体说明。图 8-42 表示了加速工况时某一 VSP 区间所对应的 VSP 范围的上下限 VSP_1 和 VSP_2 及相应的车辆瞬时速度范围的上下限 v_1 和 v_2。该 VSP 区间的时间长度 T 按照式(8-75)计算:

$$T=\frac{|v_1-v_2|}{|a|} \tag{8-75}$$

式中:a——加速度值(m/s);

v_1、v_2——车辆瞬时速度范围的上下限(m/s);

T——VSP 区间的时间长度(s)。

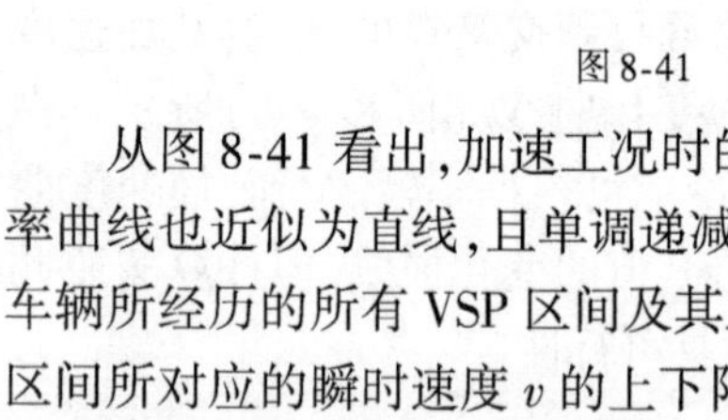

图 8-42　根据 VSP 区间反推所对应的瞬时速度的上下限

对于减速工况,式(8-74)也成立。此时,加速度 a 为负值,且 $v_1<v_2$。根据表 8-14,车辆处于减速工况时的 VSP 区间只有两种,故确定减速工况下的 VSP 区间的时间长度相对简单。

对于怠速工况,$v=0$。车辆在怠速工况工作时,VSP = 0,VSP 区间不变。可以根据车辆到达和离去情况计算每辆车的怠速工作时间。下面以图 8-43a)所示的情况进行说明。图 8-43 表示了交叉口进口一个流向的车辆到达与离去图式，$q(t)$为车辆到达率（辆/s），s为车流饱和流率（辆/s），r_e为有效红灯时间（s），g_e为有效绿灯时间（s），Q_m为一个周期内的最大停车次数。

车辆处于怠速工况的工作时间即车辆在交叉口前排队等候的停车延误，等于该辆车的离去时刻与到达时刻之差。如图8-43a）所示，车辆排队序列中第i辆车加入排队的时刻为t_i，离开排队的时刻为t_{di}，则第i辆车的停车延误$d(t_i)$为：

$$d(t_i) = t_{di} - t_i \tag{8-76}$$

式中：$d(t_i)$——第i辆车的怠速工作时间（s）；

t_{di}——第i辆车离开排队的时刻（s）；

t_i——辆排队序列中第i辆车加入排队的时刻（s）。

8.4.3 车流在信号控制交叉口前的尾气排放模型

在进行信号控制方案评价时，精确计算每辆排队车辆的尾气排放量显然是不可行的。为了达到方法可用的目的，需要按照车型估算，可以将该流向的所有车辆按照车型分类。在相同的城市道路交通流运行特征下，可认为同一类型的机动车的排放水平是一致的。这样的分类策略也被MOVES所采用。

为了分析简单起见，在计算交叉口进口道一个方向的排队车辆的尾气排放总量时，本书假定：①该方向的所有车辆均为排放率相同的小汽车；②所有车辆在进口道上的平均行驶速度相同，加减速度相同；③所有车辆的停车延误都相同，等于进口道该流向的平均停车延误。假设①代表了城市道路交通流以小汽车为主的典型特征；假设②表示了我国大城市主干道交通高峰时的交通流典型运行特征；假设③即车辆停车延误的宏观统计特征，对于单点定时信号控制交叉口，可用Webster延误模型计算。

一个周期内，进口道一个流向所有完全停车的车辆的尾气排放总量即该流向车流排队等待时的尾气排放总量。下面以图8-43为例说明计算方法。

在图8-43b）中，Δ为排队消散时间，满足式（8-77）：

$$s \cdot \Delta = \int_0^{r_e+\Delta} q(t)\,\mathrm{d}t \tag{8-77}$$

根据进口车流的实际到达和离去图式可以准确计算车辆的尾气排放量。基于式（8-71），可以构造式（8-78）计算交叉口一个方向所有排队车辆的尾气排放总量。

$$\mathrm{TE} = \sum_{i=1}^{Q_m}\sum_{j=1}^{\mathrm{VSP}_i} T_{ij} \cdot \mathrm{ER}_j \tag{8-78}$$

式中：TE——交叉口一个流向排队车辆CO、CO_2、NO_x、HC等尾气排放总量（g/周期）；

i——停车序号，$i=1,2,\cdots,Q_m$；

Q_m——最大停车次数；

j——VSP区间序号，$j=1,2,\cdots,\mathrm{VSP}$，取值见表8-15；

VSP_i——第i辆车所经历的全部VSP区间总数，根据图8-42确定；

T_{ij}——第i辆车处于VSP区间j的时间长度（s），根据式（8-75）确定；

ER_j——VSP区间i下的CO、CO_2、NO_x、HC等的排放率（g/s），取值见表8-15。

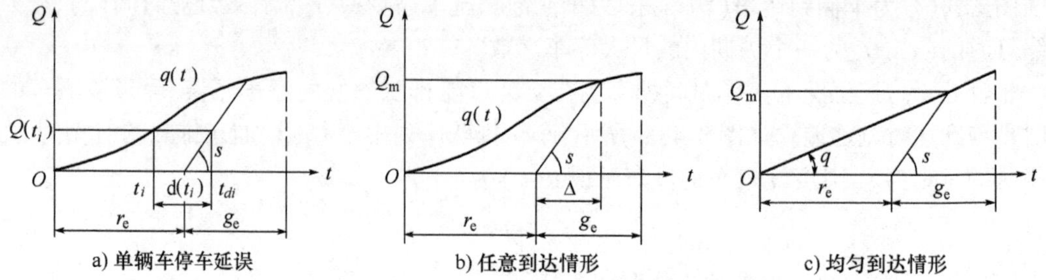

图 8-43　交叉口进口的车辆到达与离去图示

对于图 8-43 所示的非饱和情况，同质车流的总停车次数与总排队车辆数相等。在每个周期内，最大停车次数和每辆车的平均停车延误 d[s/(辆·周期)]分别按照式(8-79)和式(8-80)计算。

$$Q_{\mathrm{m}} = \int_0^{r_{\mathrm{e}}+\Delta} q(t)\,\mathrm{d}t \tag{8-79}$$

式中：Q_{m}——每个周期内的最大停车次数；

Δ——排队消散时间(s)；

r_{e}——有效红灯时间(s)；

$q(t)$——车辆到达率(辆/s)。

$$d = \frac{\int_0^{r_{\mathrm{e}}}\left(\int_0^t q(t)\,\mathrm{d}t\right)\mathrm{d}t + \int_{r_{\mathrm{e}}}^{r_{\mathrm{e}}+\Delta}\left[\int_{r_{\mathrm{e}}}^t q(t)\,\mathrm{d}t - s\cdot(t-r_{\mathrm{e}})\right]\mathrm{d}t}{\int_0^{r_{\mathrm{e}}+\Delta} q(t)\,\mathrm{d}t} \tag{8-80}$$

式中：d——每辆车的平均停车延误[s/(辆·周期)]；

其余符号意义同式(8-79)。

必须说明，用于计算尾气排放的平均停车延误与评价信号配时方案的平均停车延误不同，前者是总停车延误与最大停车次数的比值，后者是总停车延误与总到达车辆数的比值。如果同质车流服从均匀分布，即在式(8-78)、式(8-79)中，$q(t)=q$，如图 8-43c)所示。在非饱和条件下，一个周期内同质车流的最大停车次数 Q_{m} 和每辆车的平均停车延误 d 分别按照式(8-81)和式(8-82)计算。

$$Q_{\mathrm{m}} = \frac{s\cdot q\cdot r_{\mathrm{e}}}{s-q} \tag{8-81}$$

$$d = 0.5\,r_{\mathrm{e}} \tag{8-82}$$

式中：s——车流饱和流率(辆/s)；

其余符号意义同式(8-79)。

对于同质车流，式(8-78)简化为：

$$\mathrm{TE} = Q_{\mathrm{m}}\sum_{j=1}^{\mathrm{VSP}} T_j\cdot \mathrm{ER}_j \tag{8-83}$$

式中：各参数意义同式(8-78)。

在实际计算时，也可以按照减速工况、怠速工况、加速工况分别计算停车车辆的尾气排放总量，如式(8-84)所示。

$$\mathrm{TE}_{\mathrm{queue}} = \mathrm{TE}_{\mathrm{ac}} + \mathrm{TE}_{\mathrm{idle}} + \mathrm{TE}_{\mathrm{dec}} \tag{8-84}$$

式中：TE_{queue}——停车车辆的尾气排放总量(g/s)；

TE_{ac}——停车车辆在加速过程的尾气排放总量(g/s)；

TE_{idle}——停车车辆在排队等待过程的尾气排放总量(g/s)；

TE_{dec}——停车车辆在减速过程的尾气排放总量(g/s)。

在式(8-84)中，TE_{ac}、TE_{dec}、TE_{idle}根据式(8-82)计算。

8.4.4　算例分析

本书以一个十字交叉口为例，说明本书提出的排队车辆尾气排放的估计方法。某一个十字交叉口受定周期信号控制，东西方向的左转和直行车流在不同相位放行，南北方向的左转和直行车流在同一相位放行。信号周期时长为164s，信号相位方案如图8-44所示，信号配时参数列于表8-15。该交叉口各个进口的车道渠化方案如图8-45所示。经调查，某一时段的小汽车交通量如表8-16所示。

交叉口信号配时参数(s)　　表8-15

相位序号	绿灯时间	黄灯时间	全红时间
1	30	3	0
2	50	3	0
3	75	3	0

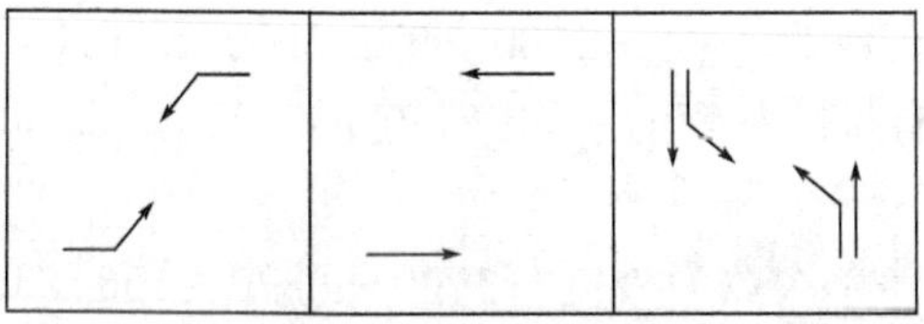

图8-44　交叉口信号相位方案

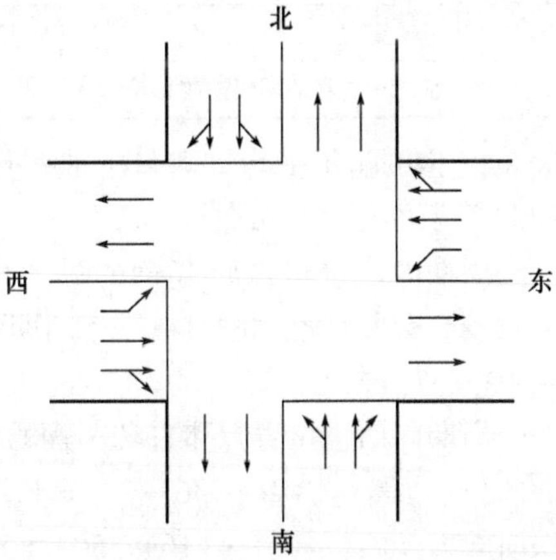

图8-45　交叉口进口渠化方案

某一时段交叉口各流向的小汽车流量(辆/h)　　表8-16

进　口	流　向	流　量	进　口	流　向	流　量
西	左转	372	南	左转	139
	直行	870		直行	627
	右转	136		右转	94
东	左转	91	北	左转	272
	直行	535		直行	572
	右转	154		右转	254

在计算时假定车辆在各个进口道上不减速通过的平均行驶速度为 40km/h，加速度为 $1.5m/s^2$，减速度为 $2.5m/s^2$；各条车道的饱和流量为 1700 小汽车/h；各个相位的有效绿灯时间等于显示绿灯时间。

当正常行驶速度为 40km/h 时，在加减速过程中经历的所有 VSP 区间的分界点有 VSP = -2，0，1，4，7，10，13，16，19。各个 VSP 分界点对应的平均行驶速度见表 8-17。

不同 VSP 区间对应的车辆行驶速度、加减速时间、尾气排放量　　表 8-17

VSP 区间序号	VSP 分界点	对应速度（km/h）	加减速时间（s）	CO 排放量（g）	CO_2 排放量（g）	NO_x 排放量（g）	HC 排放量（g）
1	-2	2.75	4.14	0.045664	6.39086	0.004198	0.00373
2	0	0	0.31	0.002704	0.497366	0.000323	0.000279
3	1	2.02	0.37	0.001732	0.418408	0.000157	0.000309
4	4	8.08	1.12	0.013612	2.672611	0.001807	0.00115
5	7	14.11	1.12	0.018739	3.595479	0.002955	0.001403
6	10	20.1	1.11	0.025829	4.393083	0.00421	0.001847
7	13	26.03	1.1	0.032254	5.227213	0.005608	0.002298
8	16	31.9	1.09	0.040267	5.857901	0.006947	0.002542
9	19	37.68	1.07	0.052979	6.355855	0.0082	0.003015
10	23	40	0.43	0.027416	2.763828	0.004263	0.001284
加减速过程的尾气排放总量				0.261197	38.1726	0.038666	0.017858

表 8-17 也列出了平均每辆车在加速工况和减速工况下的尾气排放总量，以及所经历的所有 VSP 区间下的尾气排放量。

一个周期内西进口左转车辆的最大停车次数为 $Q_{东左} = 1700 \times 372/3600 \times (164-30)/(1700-372) = 17.7$（辆/周期）。一个周期内所有排队车辆的平均停车延误时间为 $d_{西左} = 0.5 \times (164-30) = 67$（s）。

一个周期内西进口直行和右转车辆的最大停车次数为 $Q_{东直} = 1700 \times (870+136)/3600 \times (164-50)/(1700-(870+136)/2) = 45.2$（辆/周期）。一个周期内所有排队车辆的平均停车延误时间为 $d_{西直右} = 0.5 \times (164-50) = 57$（s）。

一个周期内南进口左转、直行、右转车辆的最大停车次数为 $Q_{南} = 1700 \times (139+627+94)/3600 \times (164-75)/(1700-(139+627+94)/2) = 28.5$（辆/周期）。一个周期内所有排队车辆的平均停车延误时间为 $d_{南} = 0.5 \times (164-75) = 44.5$（s）。

一个周期内，交叉口西进口和南进口的每辆车在怠速工况下的尾气排放量如表 8-18 所示。

交叉口西进口和南进口的每辆车在怠速工况下的尾气排放量　　表 8-18

流　　向	怠速时间（s）	CO 排放量（g）	CO_2 排放量（g）	NO_x 排放量（g）	HC 排放量（g）
西左	67	0.313694	75.76581	0.028341	0.055945
西直右	57	0.266874	64.45748	0.024111	0.047595
南	44.5	0.208349	50.32207	0.018824	0.037158

根据式(8-82),一个周期和一小时内,交叉口西进口和南进口的所有排队车辆的尾气排放总量列于表8-19。

交叉口西进口和南进口排队车辆的尾气排放总量 表8-19

进　口	时间段	CO排放量(g)	CO_2排放量(g)	NO_x排放量(g)	HC排放量(g)
西进口	一个周期	34.044	6655.590	4.024	4.265
	一个小时	747.315	146098.311	88.322	93.617
南进口	一个周期	13.382	2522.098	1.638	1.568
	一个小时	293.752	55363.130	35.966	34.418

本书采用VISSIM与VERSIT+相结合的方法对算例进行仿真。该方法采用VISSIM对信号控制交叉口的车流运行特征进行仿真,获取车辆在交叉口范围内的位置、时间、车型、车速、功率等实时车辆数据。将微观仿真得到的车辆运行数据导入VERSIT+模型,即可获得排队车流在交叉口的尾气排放总量。VERSIT+可以得到CO_2、NO_x、PM10的仿真结果,本书选取CO_2、NO_x进行比较。采用VISSIM与VERSIT+相结合得到的仿真结果见表8-20。

采用VISSIM与VERSIT+相结合得到的仿真结果 表8-20

进　口	时间段	CO_2排放量(g)	NO_x排放量(g)
西进口	一个小时	1.422×10	282.2
南进口	一个小时	5.396×10	86.8

比较表8-19和表8-20,可以发现:两种方法对于CO_2排放量的估计结果较接近,而NO_x排放量的估计结果相差较大。本书采用的CO_2排放因子为美国环境保护局开发MOVES的试验拟合数据,而VERSIT+模型采用的CO_2排放因子为荷兰TNO(The Netherlands Organization for Applied Scientific Research)的试验拟合数据,因此,两种仿真方法获取试验数据所依赖的道路条件和车辆条件有较大差异。这是造成CO_2排放量估计,特别是NO_x排放量估计存在较大差别的原因。

8.4.5 结论

本书建立了一种依据比功率法计算信号控制交叉口前排队车辆的尾气排放总量的估计方法。由于比功率与车辆行驶速度之间存在单调递增或单调递减的关系,车辆处于不同VSP区间对应的工作时间可通过VSP与车辆行驶速度之间的拟合关系反推出来。

本书依据上述反推思路建立了信号控制交叉口前的停车车辆在减速工况、加速工况、怠速工况下的尾气排放总量计算方法,进一步利用信号控制交叉口的停车车辆总数和平均停车延误评价指标建立了一段时间内所有停车车辆的尾气排放总量的计算方法。算例分析表明:此种方法能够估计一段时间内信号控制交叉口前排队车辆的尾气排放总量,并且计算方法简单。

本书在计算车辆在加速和减速工况下的尾气排放总量时取车辆在加速或减速过程的平均加速度或减速度作为等效加速度或等效减速度。为使本书的方法能够有效地应用于实际信号控制交叉口的评价,需要结合实测数据进一步研究由此简化过程带来的尾气排放量的估计结果的误差大小。

8.5 环形交叉口信号控制

环形交叉口是在交叉口中央位置设置圆形(也包括椭圆形或不规则圆形)中心岛,变冲突交通流为交织交通流的交叉形式,一般无信号控制。其交通特点是,不同方向的交通流直接进入环道,按一定的速度要求和统一的转向(通常是逆时针方向,也有的国家和地区按顺时针方向)绕中心岛单向行驶,进行连续的合流、交织与分流。无信号控制环形交叉口由于受环道容量的影响,当各进口道的流入交通量接近或超过环形交叉口的交织通行能力时,环道内出现交通流拥挤和阻塞,严重时整个环形交叉口死锁,并导致上游交叉口交通阻塞。

8.5.1 研究现状

国外对环形交叉口的研究主要有交通流运动特性分析和建模等方面[402-404]。在国内,杨晓光教授最早对四叉环形交叉口的信号控制方法进行了深入研究[405-409],形成了系统的理论研究成果,并且在厦门市的莲坂环形交叉口得到成功应用。在已有四叉环形交叉口信号控制理论和方法的基础上,本书将对五叉环形交叉口的信号控制方法进行深入研究。

与无信号控制四叉环形交叉口相比,无信号控制五叉环形交叉口内部的车流交织现象更严重。利用信号控制方法分离五叉环形交叉口内部的车流交织问题的难度更大,主要因为:

(1)五叉环形交叉口进口道的左转、直行标线表示的交通含义不再像四叉环形交叉口那么清楚明白,机动车驾驶员根据前进路径选择驶入的进口车道,尽量减少在环道内不必要的交织。

(2)五叉环形交叉口的环道内有五条环道停车线,受环道信号灯的影响,进入环道行驶的机动车流经历三次停车的可能性大大增加。

(3)同样的中心岛半径的情况下,五叉环形交叉口比四叉环形交叉口的环道容量更小,而五叉环形交叉口信号控制周期一般较大,因此需要更大的环道容量容纳左转车队,这个矛盾使环道信号灯之间,环道信号灯与进口道信号灯,进口道信号灯之间协调控制更为复杂。

8.5.2 五叉环形交叉口信号控制模型

1)相位相序方案的特殊考虑

对多叉环形交叉口进行信号控制,出环交通流与入环交通流在环道内的冲突与交织可通过合适的相位相序方案部分解决。在综合考虑空间资源的基础上,根据各个流向的流量状况合理设置相位相序方案。在相位相序方案设计阶段,要充分协调环道车流的交织与冲突、合理组合交通流的通行权以及相位次序,减少绿间隔时间,并尽量减少车辆在环道内三次停车的可能性。在保证安全的前提下尽可能减少关键相位数量,减少周期时长,以减少每个周期环道的排队需求。

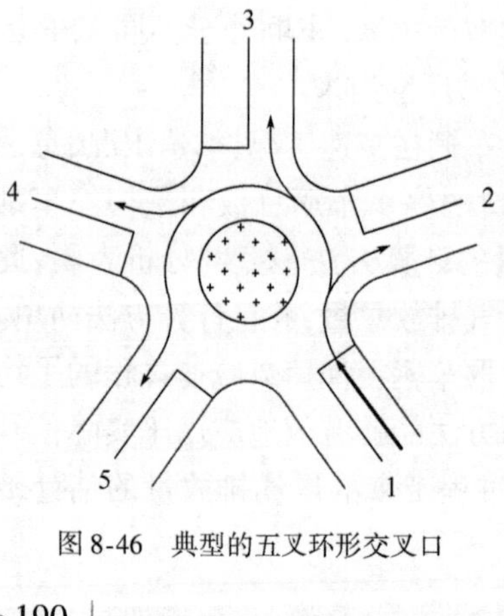

图 8-46 典型的五叉环形交叉口

在本书中,作如下约定:按照逆时针方向对五叉环形交叉口编号,如图 8-46 所示。进口道 i 流向出口道 $j(j\neq i)$ 的车流标记为流向 ij。五叉环形交叉口指示进口道车流通行权的信号灯以及指示环道车流通行权的信号灯均按照逆时针方向编号，它们的编号与相应的进口道编号相同。

2）环道容量约束

在本书研究中，对于五叉环形交叉口，根据环道车流容纳空间的不同，环道容量有两种形式。一种是指相邻两个环道停车线之间一个周期可以容纳的车辆数，另一种是指在进口道停车线至环道停车线之间一个周期能够容纳的车辆数。五叉环形交叉口信号周期时长优化时，周期时长范围的选择要满足每个周期环道车流在环道内的停车容量约束。如果一个周期内环道排队需求超过环道容量，则排队溢出到上游环道，使得下个相位的车流无法出环，从而造成死锁现象出现。

在本书研究中，两种环道容量的含义对应两种不同的计算环道容量的空间要素，如图8-47所示。在图8-47中，曲线ABC表示车辆从进口道停车线至前进方向的紧邻环道停车线之间的车辆行驶轨迹，弧AB的圆心角为α，半径为r，弧BC的圆心角为β，半径为R。曲线DE表示车辆在环道内相邻两个停车线之间的行驶轨迹，其圆心角为γ，半径为R。假设车辆的平均停车长度为l，则轨迹线ABC上的环道容量N_1由式(8-85)确定：

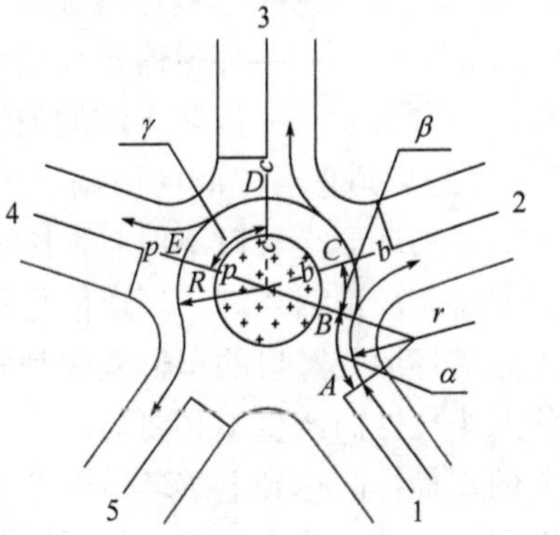

图8-47 五叉环形交叉口环道容量示意图

$$N_1 = \frac{\pi(r\alpha + R\beta)n_1}{180l} \tag{8-85}$$

式中：α——弧AB的圆心角；

β——弧BC的圆心角；

r——圆心角为α的弧AB对应的半径；

R——半径(m)；

n_1——环道ABC段上可以利用的排队空间的车道数；

l——车辆的平均停车长度(m)。

轨迹线DE上的环道容量由式(8-86)确定：

$$N_2 = \frac{\pi R\gamma n_2}{180l} \tag{8-86}$$

式中：γ——圆心角；

n_2——环道DE段可利用的排队空间的车道数。

3）信号协调控制模式及协调相位差计算

由于五叉环形交叉口一般都比较大，因此可以利用进口道信号灯之间、环道信号灯之间、进口道信号灯和环道信号灯之间的协调减少不同流向和不同相位之间的损失时间，尽可能提高五叉环形交叉口的通行能力。为了进入环道的车流能够尽快出环，尽量少停车，环道信号灯尽可能亮绿灯，增加车流连续通行的时间比例。

(1)进口道信号和环道信号协调

需要协调进口道信号灯和环道信号灯的情况有两种：①可以利用进口道停车线和环道停车线之间的空间距离形成的相位差来增加环道内排队车辆的消散时间，由于环道停车线前的排队车流到达它与进口道车流之间的冲突点的时间几乎为零，所以可以迟断环道车流的绿灯；②同时，五叉环形交叉口的信号控制方案需要协调进口道信号灯与车流前进方向的紧邻环道信号灯，以保证进口道绿灯结束时通过停车线的车辆能顺利通过前进方向的紧邻环道停车线。如图 8-47 所示，在车辆行驶的轨迹线 ABC 段上，环道灯 2 比进口道灯 1 迟断的时间 O 由式(8-87)确定：

$$O=\frac{\pi(r\alpha+R\beta)-l}{180v}-\frac{l}{v_{\mathrm{q}}} \tag{8-87}$$

式中：r、α、R、β——参数，意义同式(8-86)；

v——车辆在轨迹线上的平均行驶速度(m/s)；

l——环道停车线前的排队长度(m)；

v_{q}——排队车流的消散波速。

(2)环道信号之间的协调

五叉环形交叉口不但需要协调进口道信号灯与车流前进方向的紧邻环道信号灯，而且还需要协调环道信号灯。环道信号灯之间的协调也有两种情况：①为了一个相位绿灯结束时驶入五叉环形交叉口的车辆能顺利驶出交叉口，不至于在环道行驶过程中由于某个环道信号灯状态为红灯而产生不必要的停车延误和停车次数，需要协调环道信号灯；②当下游环道停车线前的车辆排队达到上游环道停车线位置，下游环道在消散排队时其信号状态也需要协调与上游环道的信号状态协调。如图 8-47 所示，在车辆行驶的轨迹线 DE 段上，环道灯 4 比环道灯 3 迟启的时间 O 由式(8-88)确定：

$$O=\frac{\pi R\gamma-l}{180v}-\frac{l}{v_{\mathrm{q}}} \tag{8-88}$$

式中：R、γ、v、l、v_{q}——参数，意义同式(8-87)。

4)配时参数优化模型

五叉环形交叉口的配时参数优化模型仍然可以用等饱和度思想来建立。不同的是，在建立五叉环形交叉口的配时参数优化模型时，还需要考虑环道停车空间的约束。五叉环形交叉口的周期时长和关键相位绿信比优化模型如下：

$$\min\left(\sum_{i}P_i\right)=\min\left(\sum_{i}w_i^d d_i+w_i^s s_i\right) \tag{8-89}$$

式(8-89)为五叉环形交叉口周期时长和关键相位绿信比优化的性能指标函数。

约束条件为：

$$\begin{cases} g_i\geqslant g_{i\min} \\ d_i\leqslant d_{i\mathrm{LOS}} \\ r_i\leqslant t_{wi\max} \\ x_i\leqslant 0.9 \\ l_i\leqslant l_{i\max} \\ n_i\leqslant n_{i\max} \end{cases} \tag{8-90}$$

式中：P_i——相位 i 的性能指标，它是d_i、s_i二项指标的线性组合；

w_i^d、w_i^s——对应的权重系数；

d_i——相位 i 的平均延误(s)；

s_i——相位 i 的平均停车次数；

g_i——相位 i 的有效绿灯时间(s)；

$g_{i\min}$——相位 i 的最小绿灯时间(s)；

d_i——相位 i 的平均延误(s)；

d_{iLOS}——相位 i 满足一定服务水平所允许的最大延误(s)；

r_i——相位 i 的有效红灯时间(s)；

$t_{wi\max}$——相位 i 行人所容忍的最大等待时间(s)；

x_i——相位 i 的饱和度；

l_i——相位 i 的排队长度(m)；

$l_{i\max}$——相位 i 在进口道所允许的最大排队长度(m)；

n_i——相位 i 的环道车流排队长度(m)；

$n_{i\max}$——相位 i 的环道容量(pcu)。

进行五叉环形交叉口的配时参数计算时，根据五叉环形交叉口的重要程度、实际流向流量情况，以及优化时段选择一项或两项指标进行优化，并根据实际情况选取部分约束条件。式(8-89)中的第1、2、4、6个约束是必须的。

5)相位间冲突车流的协调

当同一相位不同进口道之间的车流的流量比不均衡，或者环道内有车辆排队超过冲突点或者停车线从而影响到下一相位车流的正常通行时，为了更有效地利用绿灯时间，提高交叉口的通行能力，可采取冲突车流绿灯信号灯迟启、早断或早启、迟断措施协调。在计算迟启或早断时间时，要满足信号灯之间的协调约束关系。

在本书研究中，如果车辆排队超过冲突点或环道停车线，假设冲突点或停车线后一个车道排队的车辆数为 n，则流量比较低的环道车流的绿灯信号或进口道车流的绿灯信号迟启的时间 Δt 为：

$$\Delta t = n\delta + \sigma \tag{8-91}$$

式中：δ——饱和车流的车头时距(s)；

σ——冲突车流的安全交叉时间或者排队头车的起动损失(s)。

8.5.3　实际案例

某市市区内有五条道路小溪桥、登高东路、溪南路、登高中路、溪南南路相交形成一个五叉环形交叉口。经过交通调查，该五叉环形交叉口的高峰小时交通量见表8-21。

五叉环形交叉口高峰小时流量(pcu/h)　　表8-21

流量	小溪桥出口	登高东路出口	溪南路出口	登高中路出口	溪南南路出口	总计
小溪桥进口	—	134	128	78	42	382
登高东路进口	96	—	92	272	434	894
溪南路进口	88	126	—	384	516	1114

续上表

流量	小溪桥出口	登高东路出口	溪南路出口	登高中路出口	溪南南路出口	总计
登高中路进口	224	242	208	—	362	1036
溪南南路进口	246	446	498	104	—	1294

根据高峰期交通量调查的结果,对该五叉环形交叉口进行交通改善设计。按照本书提出的五叉环形交叉口配时参数优化模型设计相位相序方案。计算各向交通流配时参数如表8-22所示。在本周期方案的周期时长为144s。

五叉环形交叉口信号配时方案 表8-22

通行交通流	绿灯起始时间(s)	绿灯持续时间(s)
进口1	123	19
进口2	0	51
进口3	82	43
进口4	0	58
进口5	82	43
环道1	82	132
环道2	59	90
环道3	132	96
环道4	48	102
环道5	132	96

该信号控制方案在VISSIM中的仿真试验表明,车流在小溪环岛内部运行通畅。在一个周期内,环道上基本没有车辆排队,各个进口道的排队长度也很短。VISSIM仿真结果显示,整个高峰小时内进入小溪环岛的车辆的平均行程延误为65.5s,平均控制延误为49.9s,平均停车次数为1.25次。仿真界面如图8-48所示。

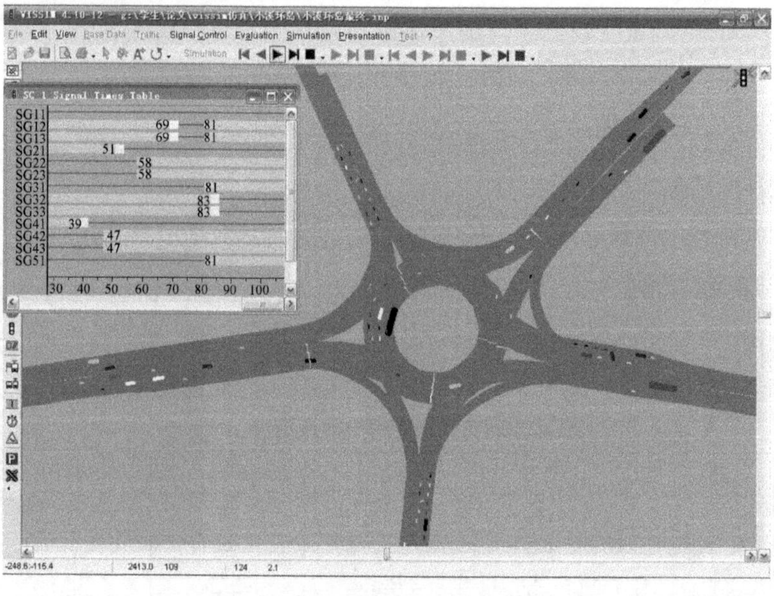

图8-48 小溪环岛仿真界面

8.5.4　结论

本书对五叉环形交叉口的信号控制参数优化模型进行了研究,对设计五叉环形交叉口的信号控制方案进行了理论上的分析和建模。最后通过实例分析和计算验证了本书提出的信号控制方案的可行性,通过 VISSIM 仿真软件评价了该信号控制方案。

第9章

疏港道路交叉口感应信号控制方案

本章介绍疏港道路交叉口感应信号控制的车流管控模式、相位设置、检测器布设、感应信号控制的基本参数、相位切换条件、复杂感应控制的具体措施，以及适用于客货分离组织模式的感应控制逻辑。

9.1 车流的管控模式

感应信号控制效果的好坏与交叉口车流的管控模式有着密切的联系。交叉口的设计确定了车道的基础属性，由此判断车道组是否可设置相位。面对无须设置信号控制的车流，通过标志标线对即将进入交叉口的车流进行管控。当车流已经进入交叉口时，不同的行驶规则可以确定车流出口道的选择。

9.1.1 车道组是否可设置相位

当车道组具有一条或多条车道时，需要讨论该车道组是否可以被视为“可设置相位”。直行、左转和掉头车道组在具有交通量或有合用车道时均可视为“可设置相位”。只有当右转车道组具有一条或多条车道时，它们才“可设置相位”，见表9-1。

车道组“可设置相位”的情况　　表9-1

车道组	转弯	左转2	左转	直行	右转	右转2
流量	√	√	√	√		
主干道	√	√	√	√	√	√
共享车道	√	√	√	√		

9.1.2 不受信号控制的车流管理

对于不受信号控制的车流，有以下三种控制管理类型：

(1)Free(不控制)：车辆不停车通过十字路口。

(2)Yield(让行)：有让行标志，减速通过，只有在必要时才停车。

(3)Stop(停车):所有车辆停车,并等待所有冲突车辆清除。

9.1.3　车流从进口到出口的行驶规则

当出口道在左侧或右侧添加一条车道,车流进口到出口的行驶规则能确定车辆对应的出口车道。如图 9-1 所示设计以下四种车流行驶规则,A 为左对齐(Left);B 为右对齐(Right);C 为左对齐,不添加车道(L-NA);D 为右对齐,不添加车道(R-NA)。图 9-2 为非标准交叉口车流行驶规则的应用。

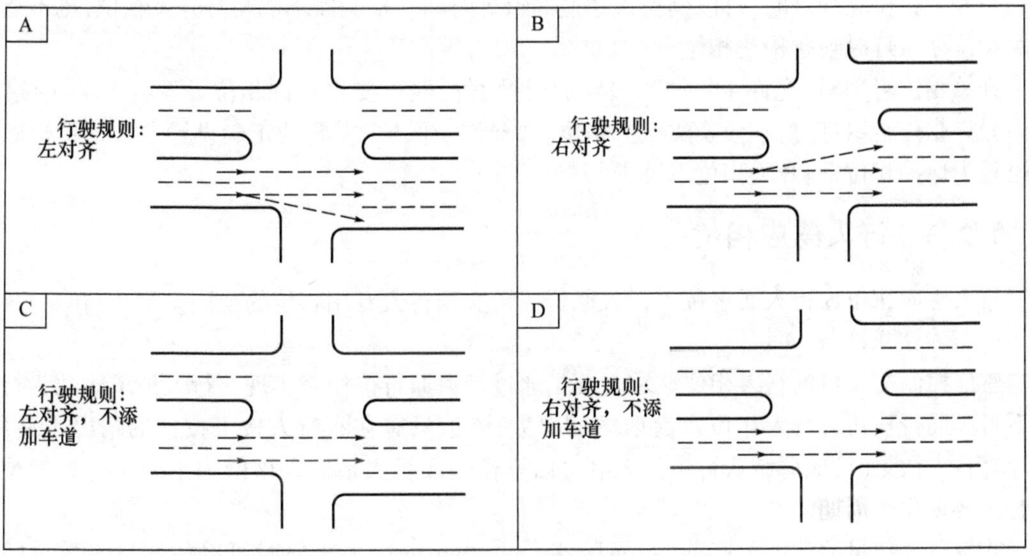

图 9-1　车流行驶规则

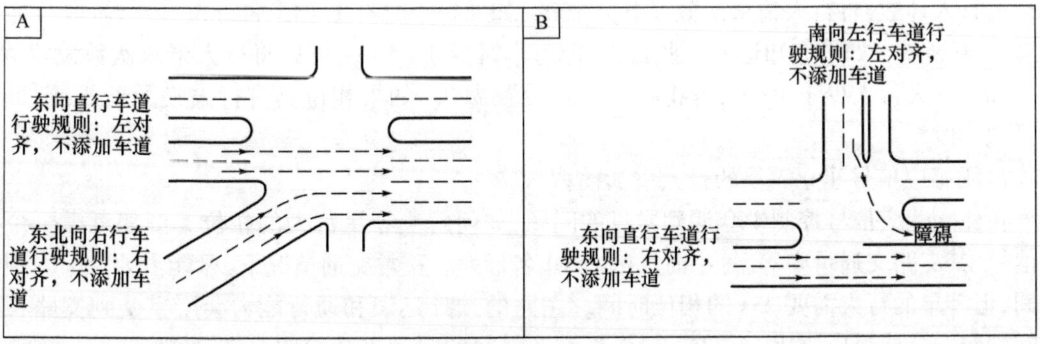

图 9-2　非标准交叉口车流行驶规则

9.2　相位设置

车流的管控模式是通过空间路权分配的方式减少交叉口冲突点的数量,而相位的设置可以通过时间路权分配的方式减少冲突点的个数。通过信号控制的相位设置可以对单点或多个的交叉口内的车流或行人分配合理的通行时间。本节主要介绍检测相位、开关相位、行人感应相位与相位唤醒模式。

9.2.1 检测相位

检测相位是指需要通过检测器来唤醒或延长相应的相位。检测相位可以是保护相位,也可以是允许相位。

9.2.2 开关相位

当开关相位亮绿灯时,可以延长该相位的绿灯时间。检测器不能唤醒开关相位,也不能在开关相位亮绿灯时唤醒检测相位。

开关相位可用于“允许+保护”左转的允许相位,但不要将允许相位设置为开关相位,因为当允许相位为绿灯时,不会唤醒保护相位。“允许+保护”左转的正确设置方法是将检测相位设置为保护相位,而开关相位不设置。

9.2.3 行人感应相位

行人感应相位为行人通过按下行人通行按钮实现行人专用相位的唤醒。

1)行人请求次数

感应控制交叉口的行人相位请求主要是通过行人通行按钮来实现。行人请求次数为行人按下行人通行按钮对行人相位发起请求的次数,该值只有在有行人按下按钮的情况下使用。在计算行人数量时,成群结队行走的人群可以算作一次行人请求。该值用于确定行人相位每小时需要多少个周期。

收集行人数量的数据可能非常耗时。以下给出了一些关于何时可以估计行人数量的指导。如果你知道每小时有100个或更多的行人发出请求,步行相位几乎总是会被请求,不需要准确的行人计数,将行人请求次数设置为100。如果每小时有1~15名行人,步行阶段可能只针对90%场景。如果您知道有一些行人,但每小时少于15人,可以将行人请求次数设定为5次。如果每天行人少于10人,请将行人请求设置为0。如果相位具有行人唤醒模式,则可以忽略此字段。

2)用感应信号建立零星的行人过街模型

在建立感应信号控制中会遇到常见的问题,如何解决零星行人的相位。例如考虑一个感应信号,其支路交通量中等,每小时大约有10名行人。正常交通情况下,可能需要15s的相位时间,但零星的行人需要25s的相位时间。主路的预计延误和通行能力会严重受到支路相位时间的影响。信号应该用15s、25s或介于两者之间的时间来建模吗?在许多情况下,这个选择可以将主路上的预计延误改变30%或更多。

Synchro对此问题的解决方案是对多个百分位场景进行建模。在本例中,90分位下将使用25s相位时间,其他场景将使用15s相位时间。在这种情况下,所产生的延误和感应控制下的交叉口通行能力是在没有行人相位的情况下数值的80%和在行人相位下数值的20%的加权。如果使用的是Synchro百分位延误,则无须对零星的行人建模进行特殊处理。

3)用其他模型建立零星的行人模型

对于传统的交通模型来说,对偶尔出现的行人建模更具挑战性。HCM 2000允许用户输入感应相位时间。该手册没有说明如何处理行人行动,但根据行人频率对有无行人的平均绿灯时间做出了合理的解释。Synchro 计算的用于 HCM 信号报告和 HCM 输入文件的感应绿灯时间是百分之五绿灯时间的平均值。一些百分比场景包括行人的时间,而另一些则不包括,这取决于行人请求的次数。一些工程师建议,仅在每天行人少于 10 人的时域,结合感应协调控制使用短相位。

9.2.4 相位唤醒模式

每个相位可以根据要求选择唤醒模式,相位唤醒模式分为以下几种:None、Minimum、Maximum、Coordinated(Maximum 或 Minimum)或 Ped。

No Recall(不唤醒):该相位可以被跳过。

Minimum Recall(最小唤醒):该相位始终处于最小值,不能跳过该相位。

Maximum Recall(最大唤醒):该相位始终处于最大值且不设检测器。该相位不能被跳过或中断也不能被延长。

Pedestrian Recall(行人唤醒):该相位始终是行人相位。该相位不能被跳过或中断直到行走和禁行间隔结束。

Coordinated Maximum(C-Max)协调最大:只有在感应协调信号控制中使用。此选项可用于在相位差设置中选择作为参考相位。相位在它设计开始的时间开始其最大时间。

Coordinated Minimum(C-Min)协调最小:只有在感应协调信号控制中使用。此选项可用于在相位差设置中选择作为参考相位。相位在它设计开始的时间开始其最小时间,且协调相位必须设有检测器。

对于全感应信号控制,所有相位设为不唤醒或最小唤醒。对于半感应信号控制,主路设为最大唤醒,支路设为不唤醒。对于感应协调信号控制,将主路相位唤醒模式设置为最小或最大协调唤醒。主路相位将接收来自支路的所有未使用时间,无须检测,始终保持最大绿灯时间。支路通常设为不唤醒。

9.3 检测器布设

信号交叉口的检测是指通过检测器获取进口道信息,检测器向信号控制机提出呼叫请求,信号控制机利用这个信息和当前配时情况来决定信号灯的显示。因此,检测器布设的位置与检测器种类对感应控制起到至关重要的作用。

9.3.1 检测器位置

检测器位置是指检测器后缘到停车线的距离。如图 9-3 所示,显示了检测器在路段上的布设情况。

1)前置检测器

前置检测器的距离是从停车线到距离停车线最远的检测器前缘的距离。对于半感应控制和感应协调的主干道,无须布设前置检测器。

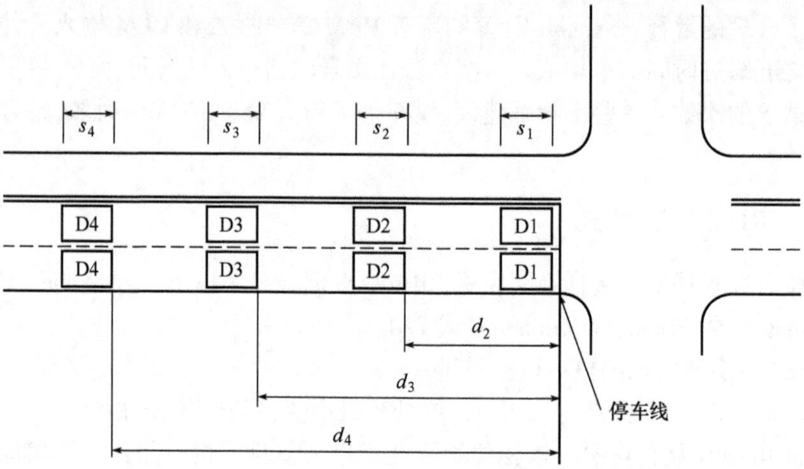

图 9-3　检测器位置

D-检测器；d-距离；s-检测器尺寸

2）后置检测器

后置检测器的距离是从停车线到距离停车线最近的检测器后缘的距离。对于半感应控制和感应协调的主干道，无须布设后置检测器。

9.3.2　检测器种类

检测器的功能包括 Calling（请求）、Extend（延长）、Cl + Ex（请求 + 延长）。当相位为黄灯或红灯时会发出一个请求，当相位为绿灯时会发出一个延长。延误、排队和延长检测器通过设置非零时间来实现这些功能。

1）延长检测器

延长检测器可应用在前置检测器上延长 3s，在停车线上延长 0s，间隙时间为 0.5s。这将允许前置检测器保持相位为绿灯，而停车线检测器则不会。

2）排队检测器

让停车线的检测器作为排队检测器，排队检测器仅在前 qs 延长相位。排队检测器有助于在清空排队车辆期间延长相位，然后允许前置检测器延长相位。

如果停车线检测器将相位延长 3s，则在最后一辆车进入交叉口后，将产生 3s 的绿灯。在清空期间，这辆车将远远驶出交叉口，但这将对相对的相位造成额外的延误。

3）延误检测器

通过输入延误时间，使停车线检测器充当延误检测器。延误检测器不会在红灯或黄灯期间发出请求，直到车辆在那里停留至少 ds。延误检测器在绿灯期间正常延长。延误检测器适用于允许红灯右转的右转车道。如果一辆车能在红灯期间（比如 10s）转弯，那就没有必要启动该相位了。

9.4　感应信号基本参数

感应信号控制的信号参数主要包括最小初始绿灯时间、最大周期时间、单位延长绿、最小间隔、临界车头时距、间隔减少前绿灯时间、间隔变化量和连续穿越车头时距。

9.4.1　最小初始绿灯时间

最小初始绿灯时间是保证相位通行的最短绿灯时间。这通常被称为感应控制中的最小绿灯时间,并保证初始绿灯时间足够长以确保相位可以通过检测器延长。

9.4.2　最大周期时间

在某些情况下,长周期有助于模拟长时间停车的虚拟交叉口。使用该方法的两个示例是在牵引桥和铁路道口。

9.4.3　单位延长绿灯时间

单位延长绿灯时间也称为最大间隔。当一辆车穿过检测器后,会通过单位延长绿灯时间延长绿灯时间。单位延长绿灯时间的数值至少与车辆从后置检测器到停车线的行驶时间一样长。

9.4.4　最小间隔

控制器会将最小间隔与流量-密度设置一起操作。如果未设置流量与密度,则该值等于单位延长绿灯时间。最小间隔的数值至少与车辆与从后置检测器到停车线的行驶时间一样长。

9.4.5　临界车头时距

临界车头时距(tC)定义为主路交通流中允许次路的一辆车通过交叉口的最小时间间隔长度。

9.4.6　间隔减少前绿灯时间

使用流量密度设置时,这是间隔时间减少前的绿灯时间。

9.4.7　间隔变化量

当使用流量密度设置时,这是从最大延时时间到最小延时时间的间隔。

9.4.8　连续穿越车头时距

连续穿越车头时距是指在次路上车辆存在排队的情况下,连续两辆车利用同一个主路车头间距通过交叉口的车头间距。

9.5　相位切换条件

相位切换条件是根据流量大小来进行切换的,具体相位切换条件见表9-2。按照流量大小分布建立五种不同场景,它们是第90、70、50、30和10个百分位。每个进口道的交通量都会进行上下调整,以模拟这些百分位情景。通过调整不同场景的交通量,可以在一系列交通条件下对感应信号进行建模。

如果观察 100 个周期的交通量,90 分位将是第 90 个最繁忙的周期,10 分位将是第 10 个最繁忙的周期,50 分位将代表平均交通量。

对于每个百分位场景和相位,会给出一个绿灯时间。每个相位的绿灯时间范围表示该相位破坏最大绿的限制、相位中断或跳过相位的频率。

相位切断条件　　表 9-2

简　称	相位切换条件
Sk	相位跳过
Mn	相位显示最小时间
Gp	车头时距大于单位延长绿灯时间
Hd	相位绿灯延长(因另一环延长)
Mx	相位达到最大绿灯时间
Pd	相位绿灯延长(行人按钮)
Mr	相位显示最大绿灯
Dw	主路亮绿灯
Cd	协调相位

9.6 复杂感应控制的具体措施

不同于一般感应控制,复杂的感应控制的具体措施主要包括相序优化、关联激活与越界设置。

9.6.1 相序优化

NEMA 双环相位结构中的前两个相位被视为相位搭档。双环相位结构中的第三和第四相位如果被使用也是相位搭档。相位后置用于交换相位搭档的顺序。八相位双环结构在第一环中提供相位搭档 1-2 和 3-4,第二环中提供相位搭档 5-6 和 7-8。后置相位可用于左转与对向直行,也可以用于反转连续相位的顺序。前置与后置相位搭档必须处于同一环和界中。对于非标准 NEMA 双环结构,可能无法前置与后置相位。

如果对向车流具有以下任何左转控制类型,则不应使用左转相位后置:允许相位;前置相位为允许 + 保护;后置控制模式为允许 + 保护相位,同时左转车流设置与对向左转车流不同的相位。

如果对向车流具有以下任何左转控制类型,可以安全地使用左转相位后置:受保护的前置相位;受保护的后置相位(如果对向左转相位时长小于等于该左转相位时长);禁止(例如如果这是一个 T 形交叉口,或者交叉口为单行道,如高速公路匝道);轮放相位。

9.6.2　关联激活

对给定的相位关联激活(Dual Entry)设置可以被设为“开”或“关”。如果一个相位没有通行需求可跳过,但选择“开”时,该相位仍会随着关联相位激活。通常偶数相位被设为“开”,奇数相位被设为“关”。请求模式在关联激活开启时具有优先级。以下是典型的八相位双环控制器示例。

相位	1	2
关联激活	关	开
请求模式	可跳过	可跳过

如果相位 1 或相位 2 可跳过,则相位 2 与相位 5 或 6 同时显示。

相位	1	2
关联激活	关	开
请求模式	最小绿灯时间	可跳过

如果相位 1 或相位 2 可跳过,则相位 1 与相位 5 或 6 同时显示。

相位	1	2
关联激活	关	关
请求模式	可跳过	可跳过

如果相位 1 或相位 2 可跳过,则没有相位与相位 5 或 6 同时显示。

9.6.3　越界设置

可否越界设置仅针对感应协调控制,非协调相位可以突破原先设置的最大绿灯时间。如图 9-4 所示,由于跳过了相位 3,相位 4 可以提前开始。如果允许越界,则相位 4 可以使用相位 3 的所有未使用的时间。否则这些时间会返还到协调相位 2 和 6。

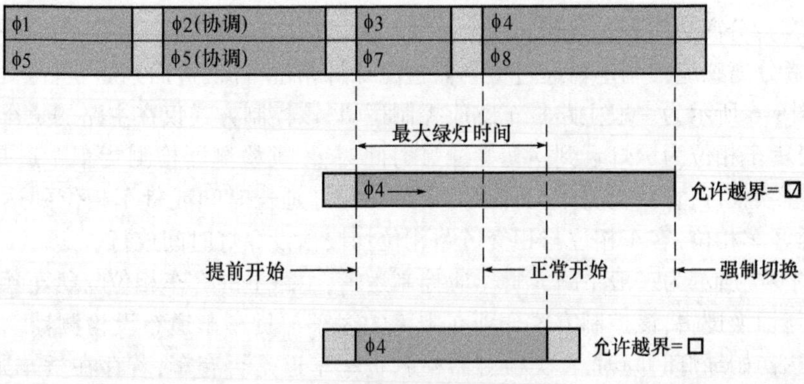

图 9-4　可否越界的例子

允许越界可为支路提供更多时间。禁止越界可以将所有额外时间返还主干道。

9.7 客货分离感应控制逻辑

9.7.1 相位方案

四路信号控制交叉口,主路设有客车与货车的专用车道,次干道为客货混行车道。按车种放行,即主路的客货车分开放行,为主路客货车流设置专门的客货通行相位,且每个相位只能放行一种车型,相位方案如图9-5所示。

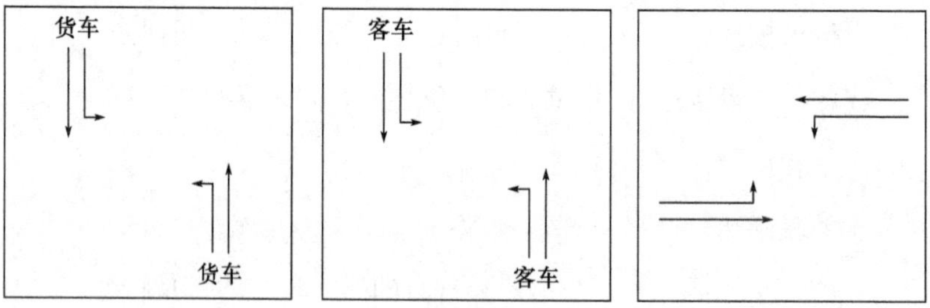

图9-5 三相位放行方案

9.7.2 检测器布设

为了能够满足感应信号控制和客货分离信号控制目标,需要分别为主路的客车与货车车道设置检测器。检测器根据布设位置与功能的不同分为以下三类:

A类检测器为延长检测器,布设于停车线上游的路段位置,用于生成绿灯延长请求。

B类检测器为延误检测器,布设于停车线的位置,检测车辆排队时间,用于生成早启相位的请求。

C类检测器为排队检测器,布设于停车线上游的路段位置,检测车辆的排队长度,用于生成早启相位的请求。

9.7.3 感应控制逻辑

1)一般客货分离感应控制逻辑

一般客货分离感应控制逻辑通过检测器检测绿灯相位车流,进而判断是否延长该相位。

(1)如图9-6所示为一般主路货车感应控制逻辑,该控制方式仅在主路的货车车道布设延长检测器,当货车相位为绿灯且到达初始绿灯时间时,A类检测器检测货车车道是否有车,若存在货车则继续放行,直到检测车头时距大于单位绿灯延长时间或货车相位到达最大绿灯时间时,切换至客车相位,客车相位与相交道路相位均按预设绿灯时间放行。

(2)如图9-7所示为一般主路客货感应控制逻辑,主路上的客车相位与货车相位具有相同的信号延长与切换逻辑,该控制方式分别在主路的客车与货车车道布设检测器。当货车相位为绿灯且到达初始绿灯时间时,A类检测器检测货车车道是否有车,若存在货车则继续放行,直到检测车头时距大于单位绿灯延长时间或货车相位到达最大绿灯时间时,切换至客车相位。客车相位为绿灯时同货车相位切换逻辑,相交道路相位按预设绿灯时间放行。

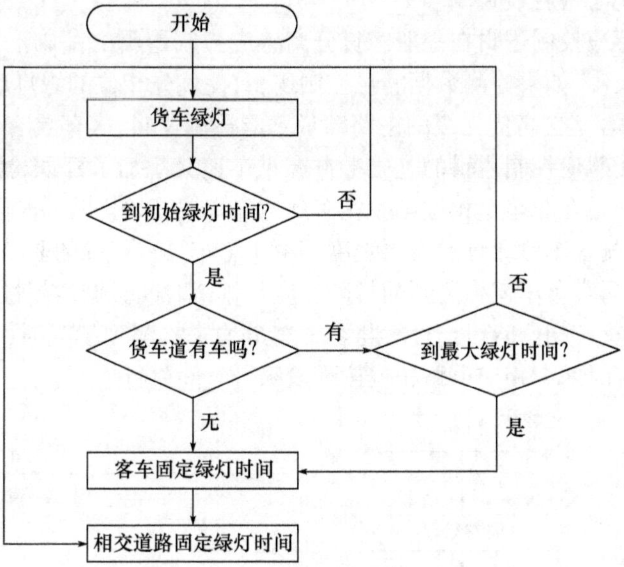

图 9-6 一般主路货车感应控制逻辑图

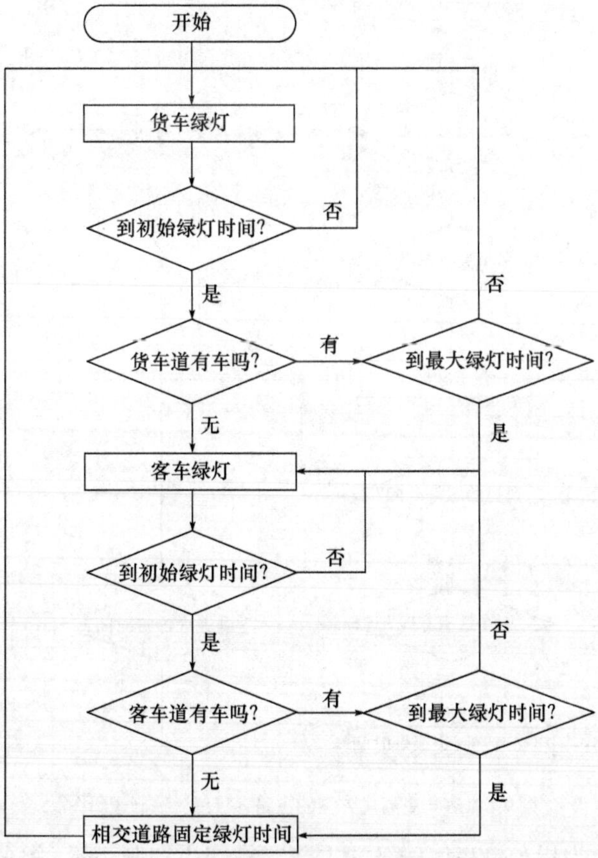

图 9-7 一般主路客货感应控制逻辑图

2)复杂客货分离感应控制逻辑

复杂客货分离感应控制逻辑在一般客货分离感应控制逻辑的基础上,还考虑了优先相位的排队时间与排队长度,如果检测数据满足控制逻辑,使优先相位的绿灯启亮时间提前。

(1)如图9-8为客车更高优先级的主路客货感应控制逻辑,客车具有优先放行权,该控制方式在一般主路客货感应控制逻辑的基础上在客车车道又添加了延误检测器和排队检测器,分别用于检测客车车道在非客车相位第一辆车到达停车线开始排队的时间与客车车道的排队长度,利用检测器检测客车对绿灯的需求强度。由于客车具有较好的驱动能力,为了减少客车相位的延误,当且仅当客车车道检测到的排队长度与排队时间数据均超过阈值时,对货车相位进行切换。此外,在货车相位阶段当货车与客车车道均未检测到车辆时,保持货车相位,直到该相位到达最大绿灯时间。相交道路相位按预设绿灯时间放行。

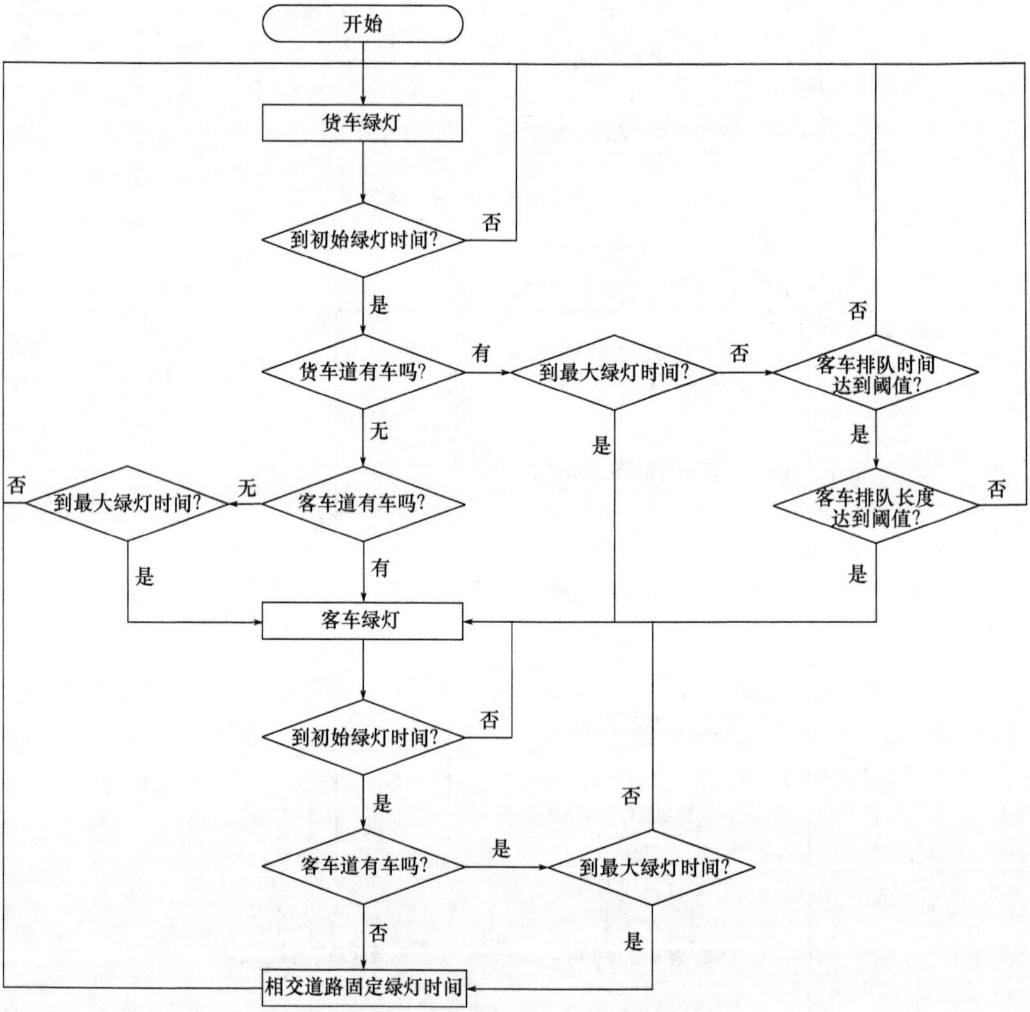

图9-8　客车更高优先级的主路客货感应控制逻辑图

(2)如图9-9所示为货车更高优先级的主路客货感应控制逻辑,货车具有优先放行权,该控制方式在一般主路客货感应控制逻辑的基础上在货车车道又添加了延误检测器和排队检测器,分别用于检测货车车道在非货车相位第一辆车到达停车线开始排队的时间与货车车道的排队长度,利用检测器检测货车对绿灯的需求强度。由于货车驱动能力较差,为了减少货车相位的延误,当货车车道检测到的排队长度或排队时间数据均超过阈值时,对客车相位进行切换。此外,在客车相位阶段,当货车与客车车道均未检测到车辆时,保持客车相位,直到该相位到达最大绿灯时间。相交道路相位按预设绿灯时间放行。

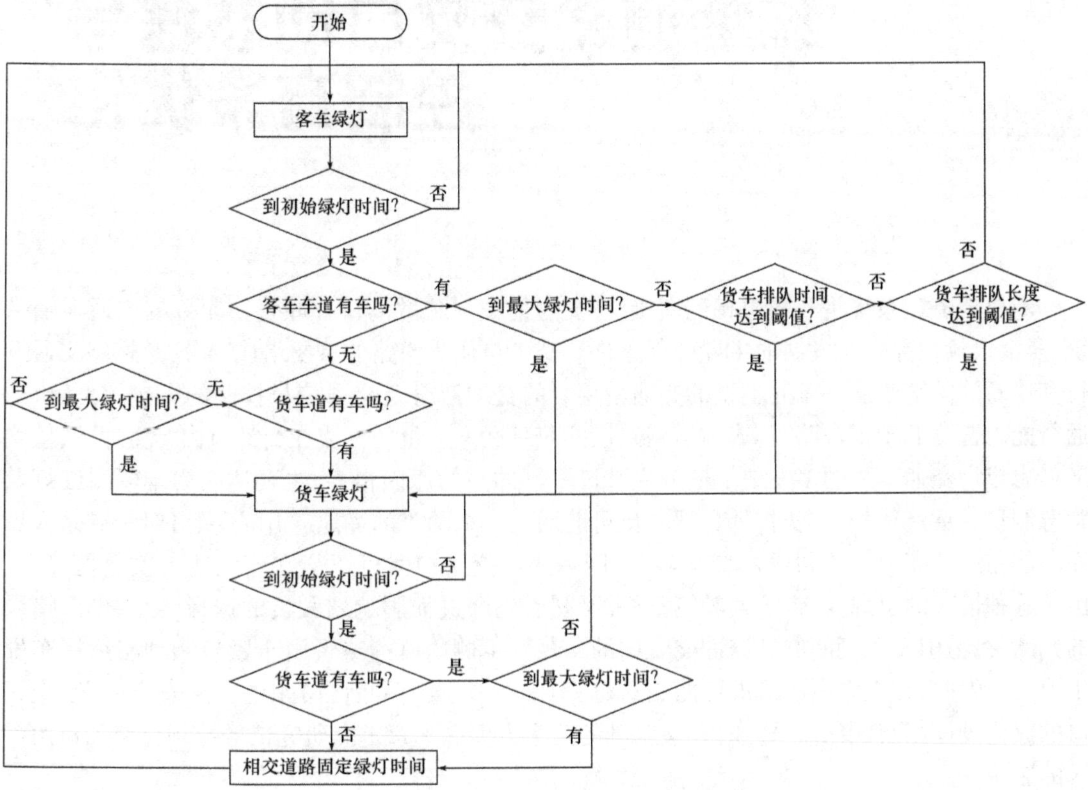

图9-9　货车更高优先级的主路客货感应控制逻辑图

第10章

疏港道路交叉口动态信号控制方案优化

港口集疏运系统是与港口相互衔接、主要为集中与疏散港口吞吐货物服务的交通运输系统,是港口赖以存在与发展的主要外部条件。交叉口作为道路的重要组成部分,是道路交通畅行和中断的关键节点。不同类型的交通使用者的交织混合及交通信号控制的影响,交叉口的通行能力普遍低于正常路段,成为道路路段的瓶颈区。大量的车流在交叉口内产生冲突,使交叉口也成为交通事故的多发地。造成交叉口车辆冲突的原因很多,主要诱因为车辆闯红灯及紧急制动。黄灯信号启亮时,部分驾驶员可能面临一个两难的境地,即由于黄灯时长剩余太短而不能在红灯亮起时顺利通过交叉口,又因为距离交叉口太近不能在停止线前安全地停车。由于这种情况的出现,会带给驾驶员不好的驾驶体验,进而影响驾驶员的选择,导致作出错误的判断,极易引发车辆闯红灯与冲突方向的车辆发生侧向碰撞或者由于紧急制动与后尾车发生追尾。因此,在规划港区疏港道路交通时,不得不考虑因两难区带来的交通安全问题,交叉口的渠化设计以及优化信号配时是最基础的两个方面。本章重点研究信号控制对交叉口两难区的影响。

10.1 补充知识

10.1.1 两难区

交叉口两难区的概念首次是由 Gazis[200] 提出的,定义为:面对黄灯时,驾驶者既不能安全通过交叉口也不能在停止线顺利停车的区域。这通常被认为是第一类两难区。1974 年,Parsonson[410] 提出了第二类两难区的概念。由 Zeeger[201] 在 1978 年的时候用定量的方法定义了二类两难区。传统的两难区常被认为是进口道上一段固定不变的区域。实际上,固定的两难区边界往往忽略了驾驶员个体之间的差异,驾驶员作为各类因素中最为活跃的因素,深刻影响着交叉口交通安全水平。而随着信号倒计时的普遍使用,当驾驶员在进口道遇到倒计时时,往往要在黄灯信号亮起前做好行停决策,而在不同时刻,距停车线不同位置做出的驾驶行为对两难区的范围会产生较大的影响。

1)第一类两难区

在有信号的干线交叉口,如果信号显示为黄灯,驾驶员必须决定通过交叉口还是停车。一般来说,如果驶近的车辆与停车线之间的距离足够长,驾驶员可以舒适地停车,如果距离太短,驾驶员将不停车直接通过交叉口。但是,在理论上存在一个范围,称为两难区,它是车道中的矩形区域,如图10-1所示,其中 x^{U} 和 x^{D} 表示两难区的上边界和下边界。

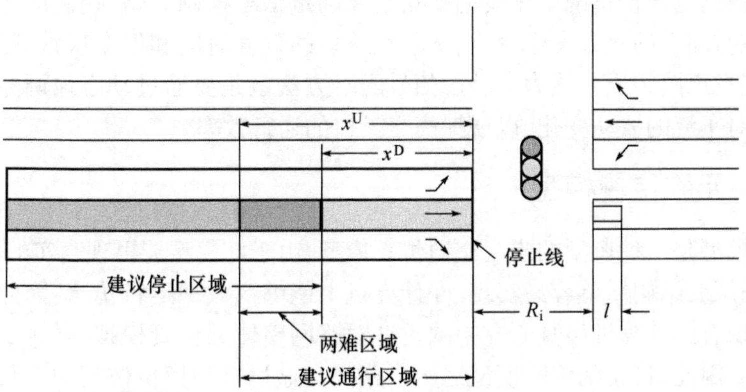

图10-1 两难区的范围

$$x^{\mathrm{U}}=v_0\delta_1+\frac{v_0^2}{2d} \tag{10-1}$$

$$x^{\mathrm{D}}=v_0\tau+\frac{1}{2}a(\tau-\delta_2^2)^2-(R_{\mathrm{i}}+l) \tag{10-2}$$

式中:x^{U}——黄灯启亮时车辆开始制动至完全停车的最小距离(最小停车距离,m);

x^{D}——黄灯间隔内能够安全通过交叉口的车辆在黄灯启亮时至停车线的最大通过距离(m);

v_0——黄灯启亮时车辆速度(m/s);

δ_1——停车感知反应时间(s);

d——最大减速度(m/s);

τ——黄灯信号时长(s);

a——最大加速度(m/s);

δ_2——行驶感知反应时间(s);

R_{i}——交叉口宽度(m);

l——车辆平均长度(m)。

2)第二类两难区

二类两难区是根据黄灯期间驾驶员减速停车的驾驶行为特性,既可能行驶也可能停下的一段两难不确定的区域。Zegeer等[201]提出二类两难区的始端和末端分别是10%驾驶员选择减速停下和90%驾驶员选择减速停车的位置。美国TTI建议二类两难区的范围定为距离停车线前2.5~5.5s的行驶路段,则二类两难区的范围表示为:

$$2.5v_0\leqslant d_2\leqslant 5.5v_0 \tag{10-3}$$

当被困在两难区时,车辆既不能安全地通过交叉口,也不能在停车线内舒适地停车。在这种情况下,突然紧急制动可能会增加追尾碰撞的风险,而紧急加速通过停止线可能会导致直角碰撞。

10.1.2 动态信号控制

动态信号控制是依据路网中车流的变化情况确定信号控制策略,控制即将通过某路口的车流,使车流在时间上的分布发生变化,车辆在路口的延误时间和停车次数减少,路网上的交通延误减小,提高道路的通行能力。动态信号配时方法就是要通过动态地调整交叉口的信号配时方案来应对车流的波动变化,以便提高交叉口的通行效率。

10.1.3 元胞传输模型

元胞传输模型是一种典型的宏观交通仿真模型,由于此模型能再现真实的交通流特性,参数较少且易于标定,结构简单容易实现,在计算机上能够高效率运行仿真,因此具有较高的应用价值。由于现有的计算机仿真研究中缺乏针对路网整体的仿真模拟,限制了人们对路网整体特性的研究。因此,将元胞传输模型运用于路网交通运行的模拟仿真中是目前交通流理论研究中的重要内容,这对加速元胞传输模型的研究步伐、改善现有的交通运输状况都有十分重要的意义。

20 世纪 90 年代,Daganzo(1995)[303]采用元胞自动机的概念建立了元胞传输模型来研究网络交通流。元胞传输模型一方面具有微观模型的特性,可以模拟激波、排队形成和消散,捕捉网络流不连续变化等交通流动力学特性;另一方面又具备宏观模型的数学解析性质。因此,元胞传输模型被广泛应用于动态交通分配中,以期获得更真实的交通流分配效果。

10.2 交叉口两难区的动态信号优化

10.2.1 基于预测控制模型的交叉口两难区动态信号优化

虽然有大量关于动态信号进展的文献,但现有的动态信号配时优化模型旨在解决干线交通运行的效率问题。动态信号配时优化的常用评价指标是绿波带宽、延误、通行能力以及停车次数,只有少数研究关注被困在干道两难区车辆的安全问题。Feng 等提出了干线信号优化的数学框架。他们为解决信号干线交叉口的效率和安全问题,提出了两难区延误和车辆数量的计算方法。但该模型是针对定时交叉口设计的,不能用于动态两难区保护。

这里我们建立了交叉口两难区保护的信号控制动态优化模型。从上面的研究中可以得出结论:通常选择两难区内的车辆数量作为大多数两难区保护策略的评价指标。延误也被大多数关于信号配时优化的研究普遍认为是有效的评价指标。对于单点的交叉口,不同的信号配时可能不会改变两难区的分布,但可能会对 NVDZ(两难区中车辆数量)产生很大的影响。与大多数相关研究一致,我们提出的模型旨在最小化陷入两难区的车辆数量以及交叉口排队车辆造成的延误。通过预测控制模型(MPC)框架求解所提出的模型,并利用元胞传输模型(CTM)构建了动态控制策略下的交通动态和运行指标。

1)模型建立

在本节中,我们提出了一个单点交叉口的预测控制模型,其中所有相位的信号指示都经过动态优化,以最大限度地提高控制时间段交叉口内车辆的安全性和通行效率。

(1)决策变量

用$u_i(t)$表示时间 t 处的相位 i,其中 $i=1,2,\cdots,I$。

$u_i(t)$取以下值:

$$u_i(t)=\begin{cases}0 & \text{当信号指示为红色时}\\ 1 & \text{当信号指示为绿色时}\\ 1.1 & \text{当信号指示为黄色时}\end{cases} \tag{10-4}$$

式中:$u_i(t)$——时间 t 处的相位 i,其中 $i=1,2,\cdots,I$。

等式(10-5)表示各相位的信号指示之间的互斥性,即在信号交叉口的任何时刻,只有一个相位指示绿灯或黄灯。

$$\begin{cases}1\leqslant\sum\limits_{i=1}^{I}u_i(t)\leqslant 1.1\\ \prod\limits_{i=1}^{I}u_i(t)=0\end{cases} \tag{10-5}$$

因此,在任一相位中分配的所有车道组都具有相同的信号指示,由下式给出:

$$u_{ij}(t)=u_i(t),\ \forall j=1,2,\cdots,J_i \tag{10-6}$$

$$\overrightarrow{u(t)}=[u_1(t),u_2(t),\cdots,u_I(t)] \tag{10-7}$$

式中:$u_{ij}(t)$——分配给相位 i 的第 j 个车道组的信号指示,j_i是分配给相位 i 的车道组数;

$\overrightarrow{u(t)}$——时间 t 处决策变量的向量。

(2)系统状态转换

设想一个交叉口,它的所有进口道上共有 $M(M=\sum\limits_{i=1}^{I}J_i)$ 个车道组,其中有 m 个直行车道组。在时间 t 时,交叉口的运行状况由 m 个两难区中的车辆数量$\overrightarrow{N(t)}$和 M 个车道组的排队延误$\overrightarrow{D(t)}$评价,由下式确定:

$$\overrightarrow{N(t)}=[N_{ij}(t)]_{1\leqslant i\leqslant I,1\leqslant j\leqslant J_i} \tag{10-8}$$

$$\overrightarrow{D(t)}=\{D_{ij}(t)\}_{\forall 1\leqslant i\leqslant I,1\leqslant j\leqslant J_i} \tag{10-9}$$

式中:$N_{ij}(t)$——在时间 t 时分配给相位 i 的车道组 j 中的 NVDZ。如果相位 i 中的车道组 j 不是直行车道组,则$N_{ij}(t)=0$;

$D_{ij}(t)$——车道组 $j(j=1,2,\cdots,M)$ 中排队车辆在时间 t 被分配到相位 i 时产生的延误。

CTM 用于估计交叉口的运行性能。根据 I 型两难区的定义(Gazis 等,1960),两难区的位置由与停止线的最小安全停车距离和与停止线的最大黄灯间隔距离决定。由于假设所有车辆在一个元胞中以相同的速度行驶,因此可以为每个元胞提供单独的 I 型两难区。被困在两难区的车辆数量可以通过检查两难区是否与元胞重叠来计算。只有当两难区与元胞重叠时,才会有车辆被困在两难区,否则没有车辆被困在两难区。

通常,如图 10-2a)～c)所示,元胞的两难区与元胞部分重叠;或完全重叠,如图 10-2d)所示;或者不与元胞重叠,如图 10-2e)所示。如图 10-2a)所示,元胞 z 在时间 t 时的 NVDZ,

$N_{ij,z}(t)$可以通过以下方式估计：

$$N_{ij,z}(t)=\left(1-\frac{l_{ij,z}^{c}}{l}-\frac{l_{ij,z}^{0}}{l}\right)\cdot n_{ij,z}(t) \tag{10-10}$$

式中：$n_{ij,z}(t)$——在时间 t 时分配给相位 i 的车道组 j 中在元胞 z 中包含的车辆数量(pcu)；

$l_{ij,z}^{0}$——相位 i 的车道组 j 中元胞 z 的两难区未覆盖的下限(m)；

$l_{ij,z}^{c}$——相位 i 的车道组 j 中元胞 z 中的两难区未覆盖的上限(m)；

l——元胞长度(m)。

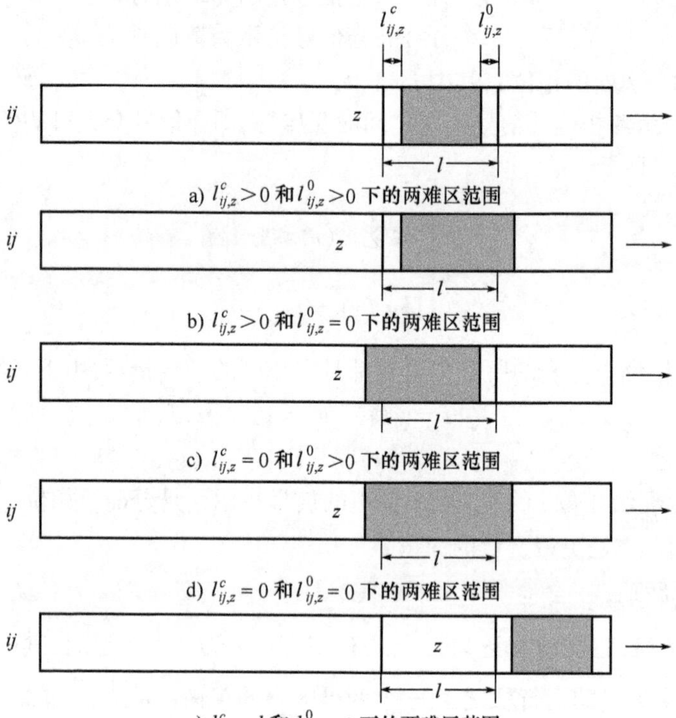

a) $l_{ij,z}^{c}>0$ 和 $l_{ij,z}^{0}>0$ 下的两难区范围

b) $l_{ij,z}^{c}>0$ 和 $l_{ij,z}^{0}=0$ 下的两难区范围

c) $l_{ij,z}^{c}=0$ 和 $l_{ij,z}^{0}>0$ 下的两难区范围

d) $l_{ij,z}^{c}=0$ 和 $l_{ij,z}^{0}=0$ 下的两难区范围

e) $l_{ij,z}^{c}=l$ 和 $l_{ij,z}^{0}=0$ 下的两难区范围

图 10-2 通过 CTM 估算的 NVDZ

等式(10-7)也可用于估计图 10-2 中其他情况下的 NVDZ。而对于图 10-2b)中的情况，$l_{ij,z}^{c}>0$ 和 $l_{ij,z}^{0}=0$；对于图 10-2c)中的情况，$l_{ij,z}^{c}=0$ 和 $l_{ij,z}^{0}>0$；对于图 10-2d)中的情况，$l_{ij,z}^{c}=0$ 和 $l_{ij,z}^{0}=0$，图 10-2e)中的情况，$l_{ij,z}^{c}=l$ 和 $l_{ij,z}^{0}=0$。

CTM 假设车辆在一个时间步长内均匀分布在一个元胞中。因此，由 $l_{ij,z}^{c}$ 和 $l_{ij,z}^{0}$ 表示的两个边界与时间 t 时相位 i 的车道组 j 在元胞 z 中的流出速度有关，可以通过下式估计：

$$v_{ij,z}(t)=\frac{s_{ij,z}(t)}{n_{ij,z}(t)}\cdot V_{ij}^{f} \tag{10-11}$$

式中：$v_{ij,z}(t)$——在时间 t 时相位 i 中车道组 j 在元胞 z 的速度(m/s)；

$s_{ij,z}(t)$——在时间 t 时相位 i 中车道组 j 从元胞 z 中驶出的车辆数量(pcu)；

$n_{ij,z}(t)$——在时间 t 时相位 i 中车道组 j 停留在元胞 z 中的车辆数量(pcu)；

V_{ij}^{f}——在相位 i 中车道组 j 的限制速度(m/s)。

因此,在时间 t 时相位 i 车道组 j 的 NVDZ,$N_{ij}(t)$ 可以通过下式估计:

$$N_{ij}(t)=\sum_{z=1}^{z_{ij}}N_{ij,z}(t) \tag{10-12}$$

根据 Lo 的研究,车辆延误也可以用 CTM 估计。在时间 t 时相位 i 中车道组 j 中车辆发生的延误$D_{ij}(t)$通过下式计算:

$$D_{ij}(t)=\sum_{z=1}^{z_{ij}}[n_{ij,z}(t)-s_{ij,z}(t)] \tag{10-13}$$

式中:$n_{ij,z}(t)$——时间 t 时相位 i 中的车道组 j 在元胞 z 中包含的车辆数量(pcu);

$s_{ij,z}(t)$——在时间 t 时在相位 i 中车道组 j 在元胞 z 中发送的车辆数量(pcu);

z_{ij}——在相位 i 车道组 j 中的元胞数。

为了便于以下讨论,将$\overrightarrow{S_{ij}(t)}=\begin{bmatrix}N_{ij}(t)\\D_{ij}(t)\end{bmatrix}_{1\leqslant i\leqslant I,1\leqslant j\leqslant J_i}$表示在时间 t 时相位 i 中车道组 j 的状态向量。因此,可以通过以下方式估计系统在时间 t 时的运行状况:

$$\overrightarrow{S(t)}=\{S_{ij}(t)\}_{\forall 1\leqslant i\leqslant I,1\leqslant j\leqslant J_i} \tag{10-14}$$

给定决策变量$u_i(t)$,让 $C[S(t),S(t+1)]$表示从 $S(t)$到 $S(t+1)$状态下的加权转换成本,对于目标交叉口,通过以下公式计算:

$$C[S(t),S(t+1)]=\sum_{i=1}^{I}\sum_{j=1}^{J_i}C[S_{ij}(t),S_{ij}(t+1)] \tag{10-15}$$

式中:$C[S_{ij}(t),S_{ij}(t+1)]$——相位 i 中车道组 j 从状态 $S_{ij}(t)$到 $S_{ij}(t+1)$的加权转换成本($)。

加权转换成本根据以下因素量化:当信号指示从绿灯变为黄灯时,车辆被困在两难区中的安全成本,以及由于在相位 i 车道组 j 中车辆排队延误而产生的运行成本,通过下式计算:

$$C[S_{ij}(t),S_{ij}(t+1)]=\begin{cases}N_{ij}(t)\cdot\alpha_N\cdot\beta_N+D_{ij}(t+1)\cdot\alpha_D\cdot\beta_D & u_{ij}(t)=1\quad(t+1)=1.1\\D_{ij}(t+1)\cdot\alpha_D\cdot\beta_D & \text{其他}\end{cases} \tag{10-16}$$

式中:$D_{ij}(t+1)\cdot\alpha_D\cdot\beta_D$——无论信号指示如何随时间变化,相位 i 中车道组 j 中车辆从时间 t 到 $t+1$ 产生的延误成本($);

$N_{ij}(t)\cdot\alpha_N\cdot\beta_N$——信号指示从绿灯变为黄灯,即$u_{ij}(t)=1$,$u_{ij}(t+1)=1.1$,通过被困在两难区的通行车辆产生的安全成本($);

β_N、β_D——目标交叉口安全性和效率的相对重要性;

α_D——两难区内车辆产生的单位延误成本($/pcu/s);

α_N——两难区内车辆的单位安全成本($/pcu)。

(3)模型的优化

为了实时应用,对所提出的模型在 MPC 框架中求解。这是一种基于在线优化的控制器设计程序,在交通控制问题中得到了很好的应用。MPC 可以通过滚动优化法来处理结构变化,例如传感器故障和系统参数的变化,其中模型和控制策略定时优化。此特性的优势在于与 CTM 更好地集成,以实时的交通动态作为控制输入。

MPC 的目标是找到最佳控制信号$\overrightarrow{u(t)}$，将给定控制时间段内的总系统状态转换成本降至最低，通过下式计算：

$$\min u(t)\sum_{t=0}^{T-H}\{C[S(t),S(t+1)]\mid W,S(0)=S(t)\} \tag{10-17}$$

式中：T——控制期的长度（以时间步长表示，s）；

W——控制期间 T 内目标交叉口所有车道组的瞬态交通需求矩阵，$W=[w(0),w(1),\cdots,w(T-1)]^T$，$\overrightarrow{w(t)}=\{w_{ij}(t)\}_{\forall 1\leqslant i\leqslant I,1\leqslant j\leqslant J_i}$为在时间 $t(t=0,1,\cdots,T-1)$时所有车道组的交通需求向量；

H——以时间步长表示的预测时间长度(s)；

$S(0)$——预测时间长度的初始系统状态。

为了计算最小化成本函数的控制信号，MPC 方法使用式(10-8)～式(10-16)中描述的模型作为预测模型。由于 MPC 方法是通用的，因此除了 CTM 之外，还可以灵活地使用其他交通流模型。

以下约束条件表示信号配时应满足的要求。约束(10-18)将周期时长限制在最小值和最大值之间，约束(10-19)要求每个相位的绿灯时长在其边界范围内。

$$c_{\min}\leqslant\sum_{i=1}^{I}\Big[\sum_{u_i(t)=1}u_i(t)+a_i+ar_i\Big]\leqslant c_{\max} \tag{10-18}$$

$$g_{i\min}\leqslant\sum_{u_i(t)=1}u_i(t)\leqslant g_{i\max} \tag{10-19}$$

式中：$c_{\min}$——最小周期时长(s)；

$c_{\max}$——最大周期时长(s)；

$g_{i\min}$——在相位 i 的最小绿灯时间(s)；

$g_{i\max}$——在相位 i 的最大绿灯时间(s)；

a_i——相位 i 的黄灯时间(s)；

ar_i——相位 i 的全红时间(s)。

MPC 使用滚动优化技术。在时间步长 t 中，式(10-8)～式(10-16)中给出的模型用于预测周期$[t,t+H]$的系统性能，其中 H 为预测时间长度。当确定最佳控制信号 $u(t)$时，最佳决策的第一步将应用于系统，预测时间长度随着这个过程的重复一步一步地向前移动。

2)实例验证

在本节中，我们将所提出的预测控制模型(MPC)与感应控制策略(AC)和定时控制策略(FC)就交叉口的安全性和运行效率方面进行了比较，并验证了所提出的预测控制模型。评价指标包括累积成本、NVDZ 和平均排队延误。这里的感应控制策略是依据标准的感应控制逻辑通过仿真实现的。如果绿灯时间达到最大值，则会切换到下一相位。相位中止逻辑是根据检测器到停车线范围内的车流密度阈值实现的。检测器设置在预先设定的矩形区域结束的位置。预先设定的矩形区域是从停止线开始由预设的间隔乘以自由流速得到的范围。定时控制策略由标准遗传算法(SGA)优化。在相同的流量需求模式下，根据这些控制策略，分别优化信号配时方案。

图 10-3 显示了位于中国上海的实验交叉口的布局和车道。荣乐路限速为 60km/h，2017 年，因两难区问题，直行车道上发生了 3 起追尾事故。从上午 10:00 到 11:00 在实验交叉口收集了一个工作日的交通量，如表 10-1 所示。

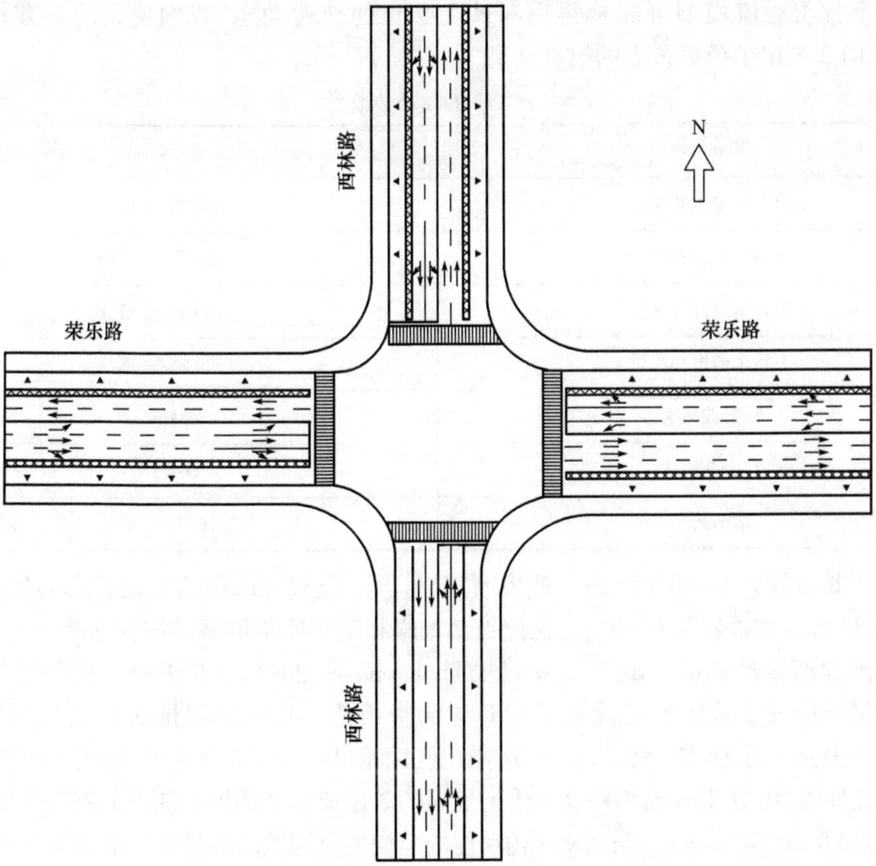

图 10-3　实验交叉口的布局

测试十字路口的交通量(pcu/h)　　表 10-1

时 间 段	西			东			北		南	
	L	T	TR	L	T	TR	LT	TR	LT	TR
A(上午 10:00 至上午 11:00)	150	162	142	127	199	174	170	163	171	165
B(上午 11:00 至上午 12:00)	121	192	167	98	187	163	185	178	196	188

注:表 10-1 中的 L、T、LT 和 TR 分别指十字路口的左转、直行、直行和左转混行车道,以及直行和右转混行车道。

在表 10-2 中列出了在感应控制策略、预测控制策略及定时控制策略下相同三相位方案的运行情况。黄灯时间和全红时间分别设置为 3s 和 2s。

测试交叉口的信号设置　　表 10-2

通　行	周期长度(s)		绿色持续时间(s)	
	最低	最大	最低	最大
东行左转/ 西行左转	60	180	15	60
东行直行/西行直行			15	60
北行左转/南行左转			15	60
北行直行/南行直行				

为了确保交通流模型可靠地再现测试交叉口的交通动态,我们使用现场数据校准了CTM。表10-3列出了模型参数的校准结果。

CTM的校准参数 表10-3

参数	流量
直左车道饱和流量	1610 辆/车道/h
直右车道饱和流量	1550 辆/车道/h
直行车道饱和流量	1780 辆/车道/h
左转车道饱和流量	1520 辆/车道/h
反向波速度	45km/h
自由流速度	60km/h
堵塞密度	0.16 辆/车道/m

时间步长设置为5s,用于评估三种控制策略。等式(10-15)中的系统状态转换成本的加权因子β_N和β_D分别设置为50和1。预测控制策略和定时控制策略的加权系统状态转移成本中的成本因素即等式(10-15)α_N和α_D中是根据Sharma等(2011)提出的经济模型确定的,其中由两难区造成的安全成本和延误成本都量化为货币值。效率是用排队延误乘以单位成本($/pcu/s)来衡量的,而安全性是用NVDZ乘以在两难区中可能发生的车辆碰撞的单位成本来衡量的。此处以20.32$/h的平均收入作为延误的单位成本。如果每辆车只有一名乘客,$\alpha_D=20.32/3600=0.00564$ $/pcu。与两难区内可能的车辆冲突相关的估计单位成本为1.13$/pcu,因此,$\alpha_N=1.13$ $/pcu。

预测控制策略的滚动时间长度设置为60s,实现预测控制策略的滚动优化设置的可行解为12。感应控制策略的单位绿灯延长时间设置为5s。定时控制策略使用的标准遗传算法的种群大小和迭代次数分别设置为50和20。

3)结果与分析

图10-4显示了定时控制策略、感应控制策略和预测控制策略下信号配时参数在控制时间段内的变化情况。可以看出,预测控制策略相位控制参数的变化与感应控制策略信号控制参数的变化不同,因为它们的相位切换决策不同。感应控制策略下的相位切换根据相位中断逻辑确定,而预测控制策略则以最低的系统状态转换成本进行相位切换。图10-4a)显示了总加权系统状态转换成本的变化,其中感应控制策略产生了最高的系统状态转换成本,预测控制策略产生了最低的系统状态转换成本。图10-4b)说明了预测控制策略相对于感应和定时控制策略随时间变化的改进趋势。如图10-5所示,可以看出,在控制期结束时,预测控制策略在系统转换成本方面分别优于感应控制策略和定时控制策略32.6%和15.3%。

图10-6进一步比较了所提出的预测控制策略与感应和定时控制策略在时变累积延误和给定比率β_N/β_D为50时的NVDZ。研究发现,与其他两种策略相比,预测控制策略在保持相似的交叉口运行效率水平的同时,显著降低了NVDZ。

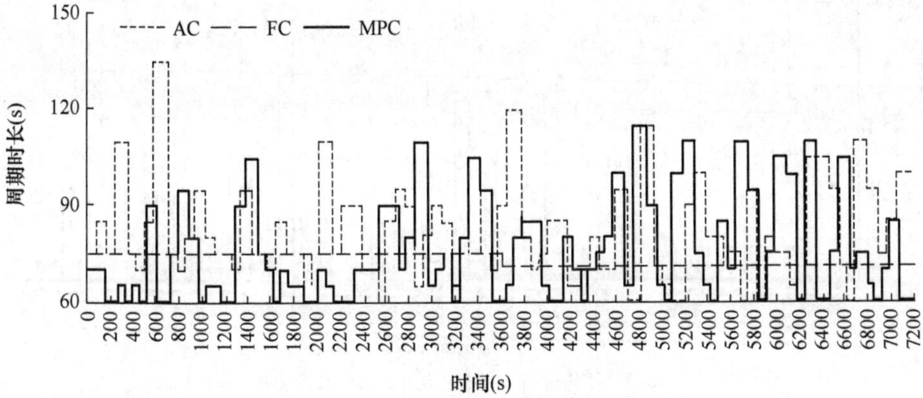

a) 不同控制策略下的周期时长变化

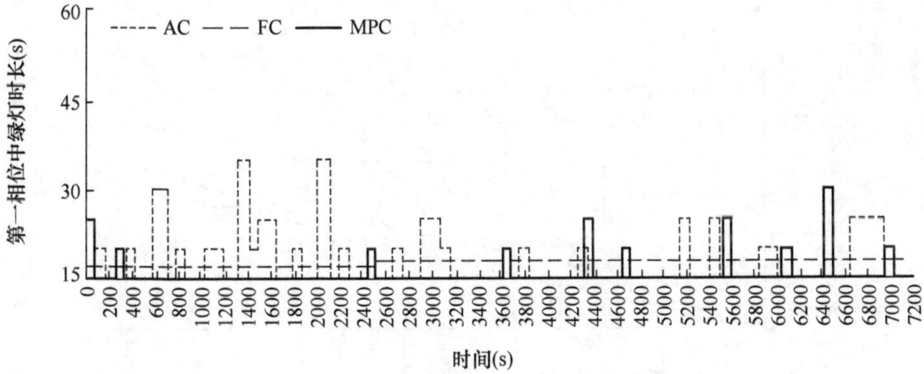

b) 不同控制策略下第一相位中绿灯时长的变化

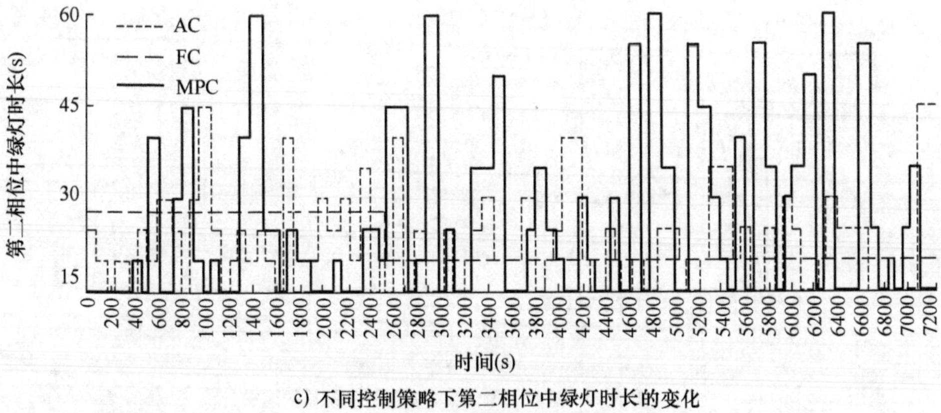

c) 不同控制策略下第二相位中绿灯时长的变化

图　10-4

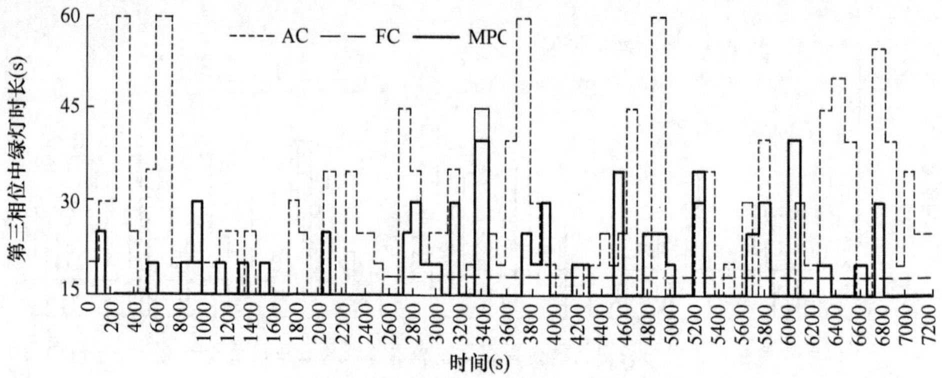

d) 不同控制策略下第三相位中绿灯时长的变化

图 10-4　不同控制策略下信号配时参数的变化

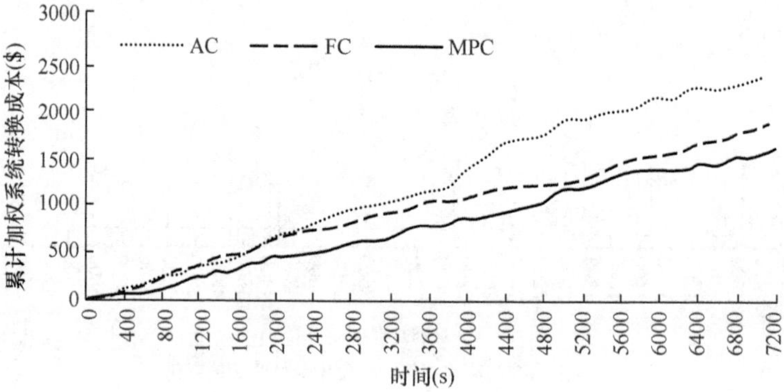

a) 不同控制策略下的累计系统转换成本变化趋势

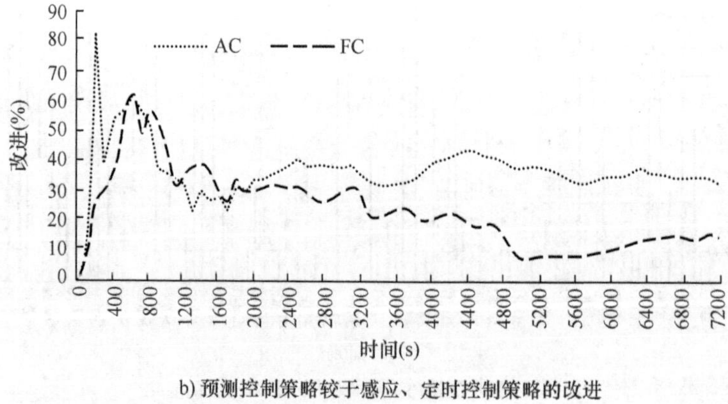

b) 预测控制策略较于感应、定时控制策略的改进

图 10-5　不同控制策略下的加权系统状态累计转换成本及预测控制策略的改进

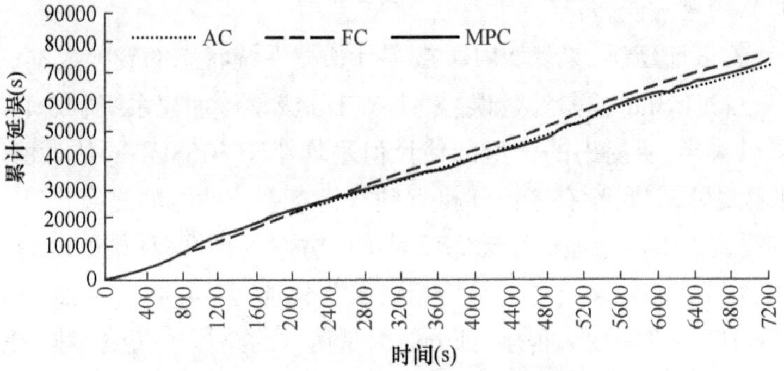

a) 不同控制策略下的累计延误

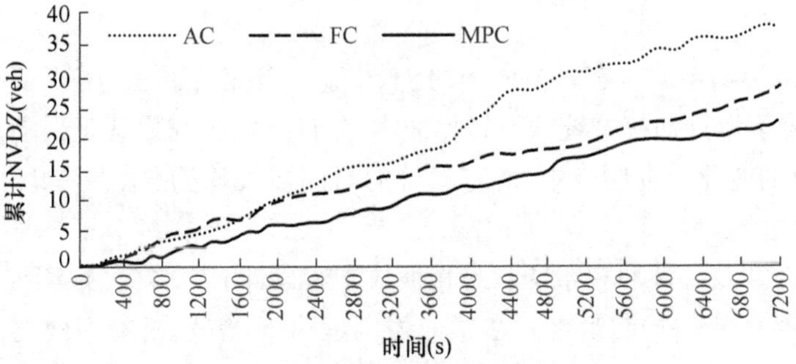

b) 不同控制策略下的累计NVDZ

图 10-6 不同控制策略下的累计 NVDZ 与累计延误

本节还选取了 VISSIM(一种可视化的微观交通仿真平台)来验证所提模型的有效性。VISSIM 是一种微观仿真工具,可以考虑复杂的驾驶行为,并逐步获取车辆的位置、速度、加速度等一些实时参数。此外,还可以借助 VAP 模块对动态信号配时方案进行评估。因此,可以获得动态信号配时方案下的 NVDZ 和延误。在比较中,为了消除车辆到达分布的影响,所提出的模型和 VISSIM 的车辆输入是相同的,具有 VISSIM 输出的时间步长的车辆输入被视为所提出模型的车辆输入。图 10-7 显示了所提出模型结果与 VISSIM 的结果在 900s 的时间间隔内的差距。

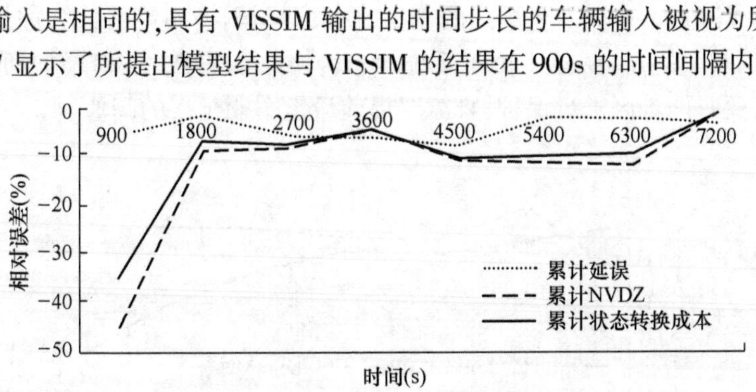

图 10-7 与 VISSIM 仿真相比的相对误差

与 VISSIM 的结果相比,累计延误、累计 NVDZ 和累计加权系统状态转换成本的相对误差由下式计算:

$$RE = \frac{x - x_{VISSIM}}{x_{VISSIM}} \times 100 \tag{10-20}$$

式中：RE——100%的相对误差；

x——估计的累计延误、累计 NVDZ 或累计加权系统状态的转换成本；

x_{VISSIM}——对来自 VISSIM 的累计延误、累计 NVDZ 或累计加权系统状态转换成本的估计。

从图 10-7 可以看出，所提出的模型的估计值平均小于 VISSIM 的估计值。这是因为元胞传输模型是一种宏观模型，它没有考虑随机驾驶行为对系统性能的复杂影响。但是，由于估计误差小，所提出的模型可以可靠地估计动态信号配时方案的性能，且精度合理。累计延误、累计 NVDZ 和累计加权系统状态转换成本的平均相对误差分别为 -4.4%、-12.7% 和 -10.6%。在前 900s 中，累计 NVDZ 的误差要大得多，部分原因是在空的路段上仿真不同模式下的车辆占用率造成的。一旦路段被车辆完全占用，相对误差就会下降到一个稳定的水平，如图 10-7 所示，相对误差在 -11.8% ~ -0.9% 之间。

（1）β_N/β_D 的影响

β_N/β_D 是可能影响系统状态转换成本的，本节进一步探讨了 β_N/β_D 对所提出模型性能的影响。图 10-7 显示了累计加权系统状态转换成本、累计 NVDZ 和累计延误随 β_N/β_D 以 10 的增量从 0 到 100 变化的变化。在调查中，所有案例的时间步长均为 5s，并考虑了表 10-1 中时间段 A 的流量数据。

可以发现，在涉及累计加权系统状态转换成本和累计 NVDZ 时，预测控制策略在所有不同的 β_N/β_D 值下都优于定时控制策略。在感应控制策略下，信号相位不根据 NVDZ 和累计时延的组合变化而变化，因此，感应控制策略不参与比较。

β_N/β_D 值表明了安全性和效率的相对重要性。在预测控制策略和定时控制策略下，更大的 β_N/β_D 值代表更多的安全性。如果 β_N/β_D 值增加，则累计 NVDZ 和累计延误将沿相反方向变化，如图 10-8a）和图 10-8b）中对数拟合曲线 Log.（MPC）所示。周期时长的增加减少了车辆被困在两难区的概率，但会导致更大的车辆延误。由于两个分量之间的数量差异很大，累计加权系统状态转换成本随比值的增加而缓慢增加，图 10-8c）中如对数拟合曲线 Log.（MPC）。因此，在实践中，为了降低两难区发生事故的概率，在根据预测控制策略计算加权系统状态转换成本时，可以采用较大的 β_N/β_D 值。由于系统状态转换成本随 β_N/β_D 值增加而增加，只有在要考虑安全时才需要对两难区进行保护，且需要提前设定车辆延误的阈值。

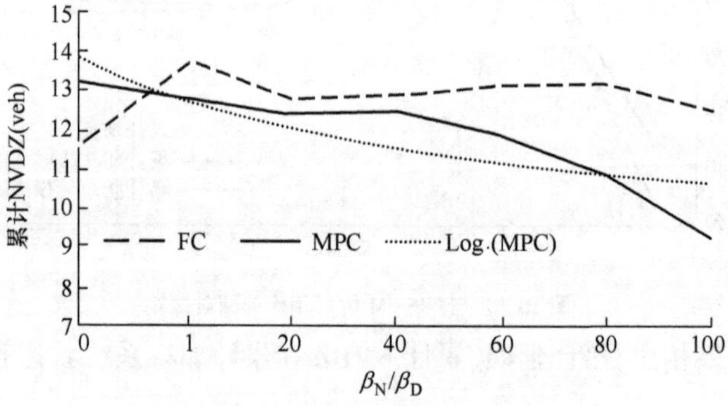

a）累计NVDZ随 β_N/β_D 变化趋势

图 10-8

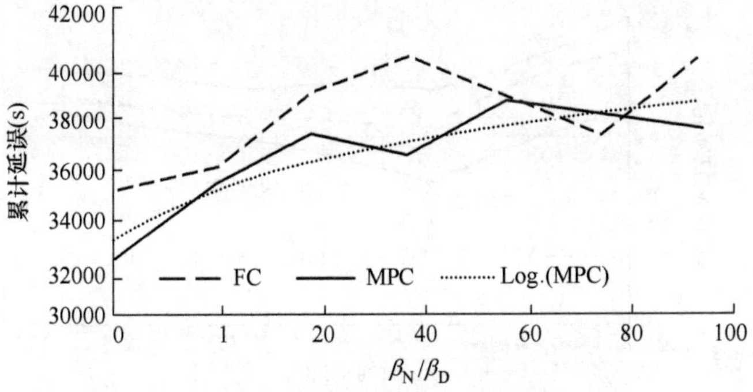

b)累计延误随 β_N/β_D 变化趋势

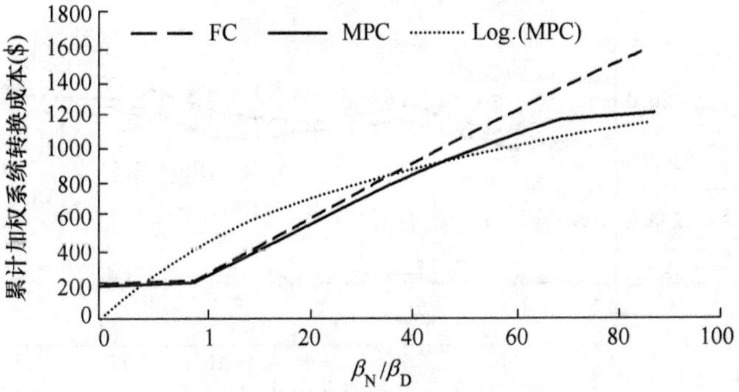

c) 累计加权系统转换成本随 β_N/β_D 变化趋势

图 10-8　不同评价指标随 β_N/β_D 比值的变化趋势

(2)时间步长的影响

我们还研究了时间步长对所提出模型性能的影响。时间步长的研究范围从 2s 变化到 15s,并在分析中不断增加。图 10-9 显示了累计加权系统状态转换成本、累计 NVDZ 和累计延误随时间步长的变化情况。在分析中,所有时间步长的比率 β_N/β_D 设置为 50,并考虑了表 10-1 中控制时段 A 的流量需求。

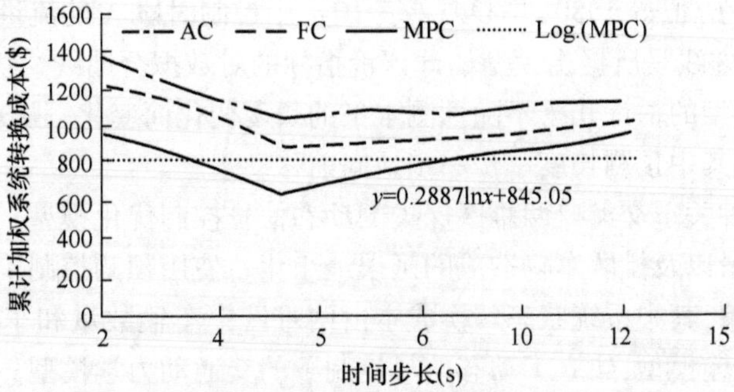

a) 累计加权系统状态转换成本随时间步长的变化趋势

图　10-9

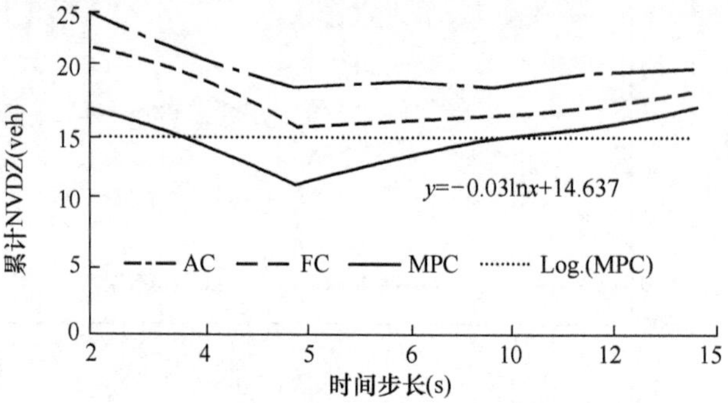

b) 累计NVDZ随时间步长的变化趋势

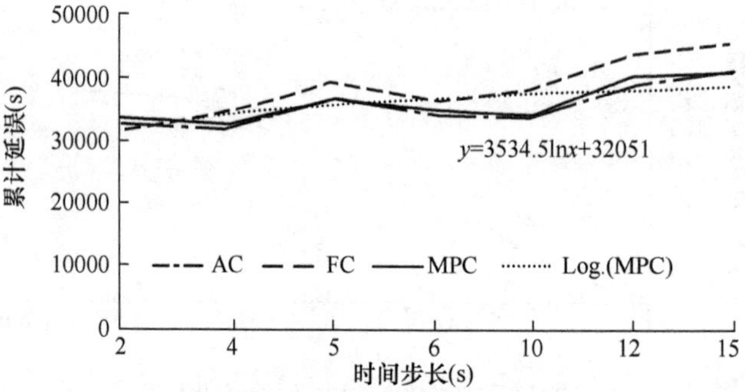

c) 累计延误随时间步长的变化趋势

图 10-9　预估的系统评价指标随时间步长的变化趋势

在图 10-9 中,预估评价指标的辅助对数拟合曲线及其函数表明,评价指标随时间步长变化缓慢。分析结果表明,较长的时间步长可能在一定程度上带来较长的最佳周期时长。图 10-9a) 和 10-9b) 进一步表明,存在一些特定的时间步长,使得累计 NVDZ 和累计加权系统转换成本达到其最小值。在我们的案例中,时间步长是 5s 且等于绿灯间隔。

(3) 预测时间长度的影响

我们还研究了预测时间长度对所提出模型性能的影响,如图 10-10 所示。在分析中,所有预测时间长度的 β_N/β_D 值等于 50,并考虑了表 10-1 中控制时段 A 的流量需求。

在图 10-10 中,虚线是所提出模型估计评价指标的对数拟合曲线。从图 10-10 的趋势曲线可以看出,所提出模型的估计几乎不随预测水平的长度变化而变化。从理论上讲,预测控制策略验证了这一发现,其中预测长度一步一步地向前移动。

这里提出了一种关于交叉口两难区保护的动态信号控制优化模型。该模型的目标是使陷入两难区的车辆数量以及排队车辆造成的延误最小化。使用预测控制策略框架求解控制期间的最佳相位切换决策,其中系统状态转换成本由两难区中车辆数量和车辆排队延误的加权组合体现,利用元胞传输模型,建立了动态信号控制下的交通动力学模型。

与感应控制策略和定时控制策略相比,预测控制策略始终产生最低的系统状态转换成本和最少的两难区车辆数量。它研究了安全和效率的相对重要性、时间步长和预测水平长度对系统性能的影响。研究表明,更长的周期时长有利于减少累计 NVDZ,但对于车辆延误则相反,更长的时间步长可能导致总 NVDZ 的减少,而预测时间长度对系统性能的影响不大。

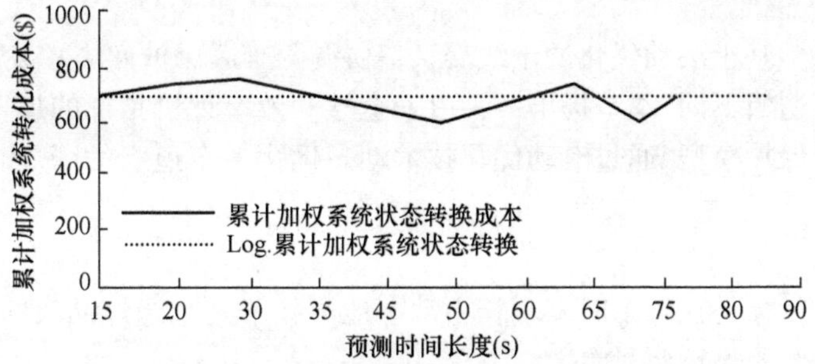

a) 累计加权系统转化成本随预测时间长度的变化趋势

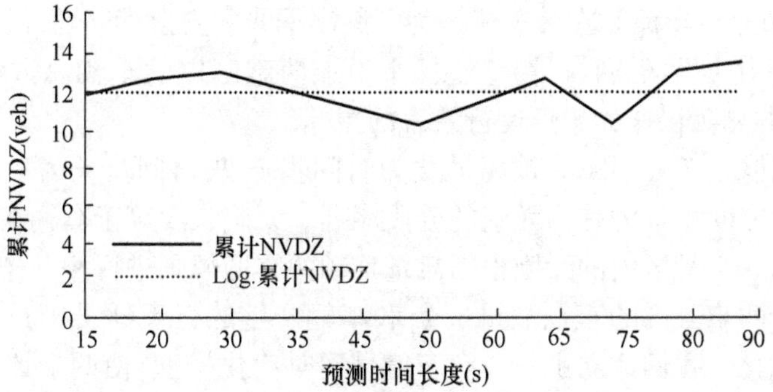

b) 累计NVDZ随预测时间长度的变化趋势

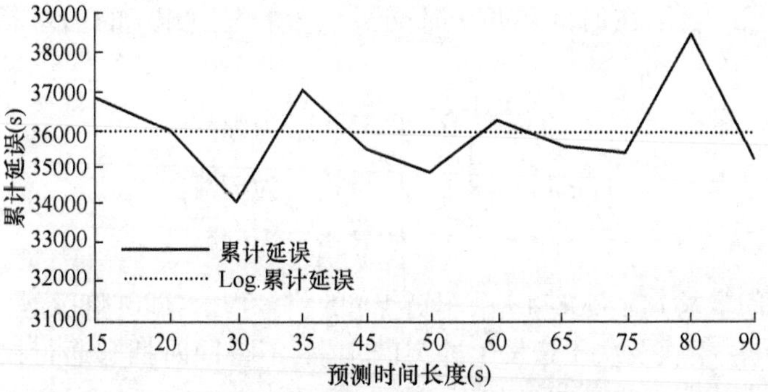

c) 累计延误随预测时间长度的变化趋势

图 10-10　具有预测时间长度的预估系统评价指标的变化趋势

10.2.2　基于滚动优化的干线交叉口两难区协调保护

在协调定时信号控制下干线上行驶的车辆,面临着陷入两难区的风险。由于行驶速度较高,郊区街道上的车辆更容易陷入两难区而发生事故。例如,从 2000 年到 2010 年,马里兰州 US-40 和 Red Toad Rd. 的交叉口发生了 89 次碰撞事故,其中 40 次是直角碰撞,这些事故可能已经在对两难区充分的保护中得到缓解(2013)。Retting 等发现闯红灯是最常见的撞车类型,这些车祸中有 39% 的伤害发生在驾驶员闯红灯或其他交通管制时。由于两难区的存在,一年内位于中国上海的测试十字交叉口发生了三起追尾事故。因此,应仔细研究信号干线上的两难区问题。

这里提出了一种基于滚动优化的干线交叉口协调两难区保护方法。与解决干线交通效率和安全问题的现有逻辑不同,本节提出一种以安全性和效率评价指标的加权组合最小为目标的协调干线两难区保护模型,通过滚动优化技术动态优化各车道组的绿灯时长来提高干线交通的安全性。

1)模型建立

由于该模型的目标是在每个时间步长中动态地寻找下一个绿灯结束的最佳时间点,因此在模型公式中采用了非循环信号参数。

假设一条主干道与 I 道路相交,一般在主干道上共有 $2I$ 条直行车流和 $2I$ 条左转车流,在次干道上共有 $4I$ 条直行车流和左转车流。为了突出干线的安全性问题,研究中仅考虑了干线上的 NVDZ(两难区中被困车辆数量)。选择主干道两难区内的车辆总数作为干道安全的指标,选择所有路段的总延误作为干道运行效率的指标。

所考虑的时间段是 $T \cdot \tau$ 秒,它被离散化为时间步长 T,时间步长为 τ 秒。主干道和所有次干道也沿着运行方向划分为称为元胞的分段序列。元胞长度等于车辆在时间步长期间以自由速度行驶的距离。交叉区内的元胞根据流量移动的交通规则进行相互作用。研究的干线系统评价指标是处于两难区内的车辆数量 $\overrightarrow{N[t]}$ 和车辆产生的行程延误 $\overrightarrow{D[t]}$。对多个混合车道的绿灯时间进行优化。我们建立了一个动态信号配时优化模型,使两个评价指标的加权组合的值达到最小。

主干道及其交叉口被视为主干道系统。干线系统中所有信号车道组的信号指示都作为决策变量。用 $u_{ij}[t]$ 表示在时间步长 t 时交叉口 i 中车道组 j 的信号指示,由式(10-21)给出:

$$u_{ij}[t]=\begin{cases}0 & \text{信号指示为绿灯}\\ 1 & \text{信号指示为黄灯}\\ 3 & \text{信号指示为红灯}\end{cases} \tag{10-21}$$

式中:$u_{ij}[t]$——时间步长 t 时交叉口 i 中车道组 j 的信号指示,即红灯、绿灯或黄灯。

出于安全原因,主干道及次干道发生冲突的车辆,不得同时拥有通行权。因此,对交叉口各车道组的信号指示进行约束。对于如图 10-11 所示的十字交叉口,其中所有进口道都有左转和直行车道,假设相位方案符合 NEMA 标准,如图 10-12 所示。在图 10-12 中,假设右转相位不受保护。

两个冲突车道组的信号不允许同时指示绿灯 (i,j_1) 或黄灯 (i,j_2),这由约束 $u_{i,j_1}[t]+u_{i,j_2}[t]>2$ 表示,因此,冲突车道组的约束由下式给出:

$$u_{i,j_1}[t]+u_{i,j_2}[t]\geqslant 3 \quad \begin{matrix} j_1\in\{1,2,5,6\} \text{ and } j_2\in\{3,4,7,8\} \\ \text{or} \\ j_2\in\{1,2,5,6\} \text{ and } j_1\in\{3,4,7,8\}\end{matrix} \tag{10-22}$$

对于由信号交叉口组成的干线系统,时间步长 t 的决策向量 I 由所有车道组的信号指示组成。

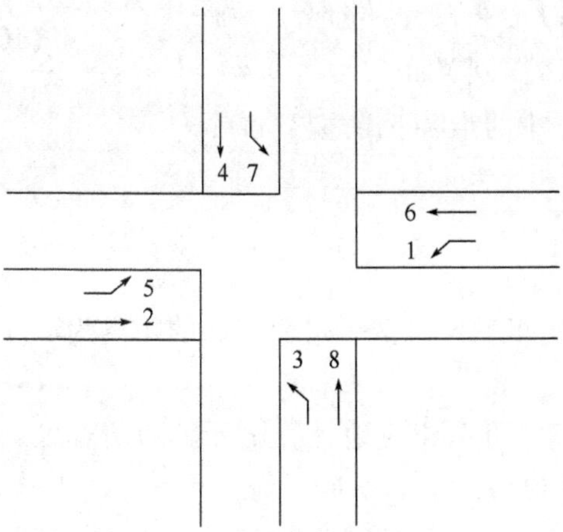

图 10-11　十字交叉口的信号运动

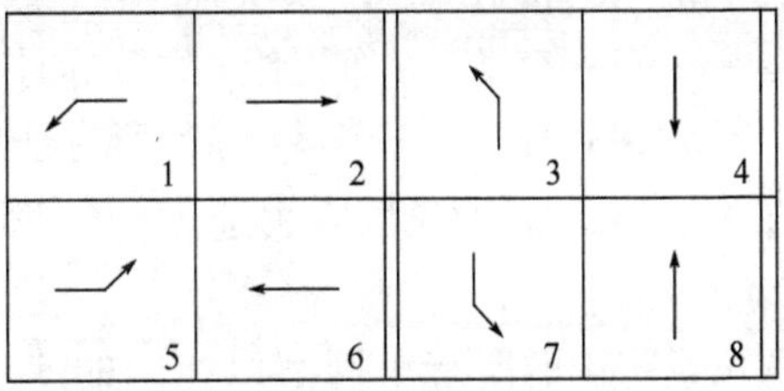

图 10-12　NEMA 相位方案

(1)两难区的车辆数量

根据 Gazis 等提出的两难区模型,两难区中的车辆数量应根据黄灯开始时驶近车辆的位置和瞬时速度来计算。

当通过 Daganzo 提出的元胞传输模型(CTM)描述交通状态时,所有车道都应划分为段(元胞),同时时间应划分为时间步长。由于 CTM 假设元胞中的流量是均匀的,因此元胞中车辆的行驶速度可以用该元胞的空间平均速度来表示。因此,可以合理地假设车辆在时间步长 t 时元胞(i,j,k)的速度$v_{ijk}[t]$。如果交通密度与平均行驶速度之间的负线性相关性成立,则 $v_{ijk}[t]$ 由式(10-23)计算:

$$v_{ijk}[t] = \left(1 - \frac{n_{ijk}[t]}{n_{\max}}\right) \cdot v_{ij}^{f} \tag{10-23}$$

式中:$v_{ijk}[t]$——在时间步长 t 时元胞(i,j,k)的速度(m/s);

$n_{ijk}[t]$——元胞(i,j,k)中的车辆数量(按时间步长 t 排列,pcu);

v_{ij}^{f}——交叉口 i 中车道组 j 的自由流速度(m/s)。

如果驾驶员决定在黄灯亮起时停车,则处于“不能停车”区域中驶的车辆无法在停止线之前以最大减速度安全停车。如果一辆汽车以$v_{ijk}[t]$速度行驶,其“不能停车”区域的上边界由下式定义:

$$x_{ijk}^{U}[t] = v_{ijk}[t] \cdot \delta_2 + \frac{(v_{ijk}[t])^2}{2\,a_2} \tag{10-24}$$

式中:$x_{ijk}^{U}[t]$——元胞(i,j,k)相关的在时间步长 t 中两难区上游边界(m);

δ_2——驾驶员的决策时间(s);

a_2——接近车辆的最大减速速率(m/s)。

如果驾驶员决定在黄灯开始时行驶,则处于“无法通过”区域中的车辆无法以最大加速率通过交叉口。汽车以 $v_{ijk}[t]$的速度行驶的最大距离等于$v_{ijk}[t] \cdot y_{ij} + \frac{1}{2}a_1 \cdot (y_{ij} - \delta_1)^2$。因此,其“无法通过”区域的下边界由下式定义:

$$x_{ijk}^{D}[t]=\begin{cases}v_{ijk}[t]\cdot y_{ij}+0.5\,a_1\cdot(y_{ij}-\delta_1)^2-(R_i+l) & ar_{ij}=0\\ v_{ijk}[t]\cdot y_{ij}+0.5\,a_1\cdot(y_{ij}-\delta_1)^2 & ar_{ij}>0\end{cases}\tag{10-25}$$

式中：$x_{ijk}^{D}[t]$——元胞(i,j,k)相关的在时间步长 t 中两难区下游边界(m)；

a_1——接近车辆的最大加速度(m/s)；

y_{ij}——交叉口 i 车道组 j 的黄灯时间(s)；

ar_{ij}——交叉口 i 车道组 j 的所有红灯时间(s)。

在黄灯开始时，两难区内由速度$v_{ijk}[t]$行驶的车辆定义两个边界之间的距离为 $x_{ijk}^{U}[t]-x_{ijk}^{D}[t]$。

假设元胞中的所有车辆都以相同的速度移动，可以相应地计算出元胞的两难区。元胞(i,j,k)在时间步长 t 中的两难区由以下等式计算得出：

$$z_{ijk}[t]=x_{ijk}^{U}[t]-x_{ijk}^{D}[t]\tag{10-26}$$

式中：$z_{ijk}[t]$——元胞(i,j,k)在时间步长 t 中的两难区范围(m)。

元胞(i,j,k)在时间步长 t 中的两难区与元胞重叠意味着元胞中的部分或全部车辆被困在两难区中。假设重叠$L_{ijk}[t]$长，处于两难区内的车辆数量$N_{ijk}[t]$由下式给出：

$$N_{ijk}[t]=\frac{L_{ijk}[t]}{\tau\cdot v_{ij}^{f}}\cdot n_{ijk}[t]\tag{10-27}$$

式中：$N_{ijk}[t]$——处于两难区内的车辆数量(pcu)；

$L_{ijk}[t]$——在时间步长 t 时与元胞(i,j,k)相关的两难区即元胞的重叠部分(m)。$0\leqslant L_{ijk}[t]\leqslant\tau\cdot v_{ij}^{f}$。

在时间步长 t 时交叉口 i 中车道组 j 在两难区中的车辆数量$N_{ij}[t]$，通过下式计算得出：

$$N_{ij}[t]=\sum_{k}N_{ijk}[t]\tag{10-28}$$

式中：$N_{ij}[t]$——时间步长 t 时交叉口 i 中车道组 j 在两难区中的车辆数量(pcu)。

用式(10-29)估计一个直行车道组中处于两难区的车辆数量时非常方便，因为不需要找出处于两难区的元胞数量。

(2)行程延误

如果使用 CTM 框架估计，车辆在时间步长 t 时元胞(i,j,k)中产生的行程延误$D_{ijk}[t]$通过下式计算得出：

$$D_{ijk}[t]=(n_{ijk}[t-1]-s_{ijk}[t])\cdot\tau\tag{10-29}$$

式中：$D_{ijk}[t]$——车辆在时间步长 t 处元胞(i,j,k)中产生的行程延误(s)。

交叉口 i 中车道组 j 的车辆在时间步长 t 中产生的行驶延误$D_{ij}[t]$通过下式计算得出：

$$D_{ij}[t]=\sum_{k}D_{ijk}[t]\tag{10-30}$$

式中：$D_{ij}[t]$——交叉口 i 车道组 j 的车辆在时间步长 t 时产生的行驶延误(s)。

(3)模型的优化

在考虑安全和效率问题时，干线系统的状态由两个部分组成，即安全和效率。安全指标是主干道上两难区中的车辆数量，由$\overrightarrow{N[t]}$表示。$\overrightarrow{N[t]}$由式(10-29)计算。效率是所有路段上车道组在时间步长 t 时的延误，用$\overrightarrow{D[t]}$表示。$\overrightarrow{D[t]}$由式(10-30)计算。在时间步长 t 时的干线系统的状态用以下向量表示：

$$\overrightarrow{S[t]}=(\overrightarrow{N[t]},\overrightarrow{D[t]}) \tag{10-31}$$

式中：$\overrightarrow{S[t]}$——在时间步长 t 时干线系统的状态；

$\overrightarrow{N[t]}$——主干道上两难区中的车辆数量(pcu)；

$\overrightarrow{D[t]}$——所有路段上车道组在时间步长 t 的延误(s)。

给定时间步长 t 处的决策变量$\overrightarrow{u[t]}$，干线系统状态从$\overrightarrow{S[t]}$转变到$\overrightarrow{S[t+1]}$。

在优化模型的成本函数中考虑了安全性和效率。这两个评价指标进一步转换为货币值。效率方面是通过总行程延误乘以单位延误成本来衡量的，安全成本是通过两难区的车辆总数乘以可能的追尾或直角碰撞的单位安全成本来衡量的。最后，作为优化目标的加权总成本通过下式计算得出：

$$C[t]=\alpha_N\cdot\sum_{t=1}^{T}(\boldsymbol{f}^N)'\cdot\overrightarrow{N[t]}+\alpha_D\cdot\sum_{t=1}^{T}(\boldsymbol{f}^d)'\cdot\overrightarrow{D[t]} \tag{10-32}$$

式中：$C[t]$——干线系统从状态$\overrightarrow{S[t]}$过渡到$\overrightarrow{S[t+1]}$的转换成本($)；

$\boldsymbol{f}^N$——主干道上两难区车辆数量的因子矩阵，$\boldsymbol{f}^N=\begin{pmatrix} f_{12}^n & f_{16}^n \\ & \vdots \\ f_{i2}^n & f_{i6}^n \\ & \vdots \\ f_{I2}^n & f_{I6}^n \end{pmatrix}$；

$\boldsymbol{f}^d$——所有路段车道组中车辆发生延误的因素矩阵，

$$\boldsymbol{f}^d=\begin{pmatrix} f_{11}^n & f_{12}^n & f_{13}^n & f_{14}^n & f_{15}^n & f_{16}^n & f_{17}^n & f_{18}^n \\ & & & & \vdots & & & \\ f_{i1}^n & f_{i2}^n & f_{i3}^n & f_{i4}^n & f_{i5}^n & f_{i6}^n & f_{i7}^n & f_{i8}^n \\ & & & & \vdots & & & \\ f_{I1}^n & f_{I2}^n & f_{I3}^n & f_{I4}^n & f_{I5}^n & f_{I6}^n & f_{I7}^n & f_{I8}^n \end{pmatrix};$$

α_N——单位安全成本($/pcu)；

α_D——单位延误成本($/pcu/s)。

其中$(\boldsymbol{f}^N)'$和$(\boldsymbol{f}^d)'$分别表示$\boldsymbol{f}^N$和$\boldsymbol{f}^d$的转置矩阵。状态转换成本 $C[t]$ 由式(10-32)表示。

优化模型旨在使干线系统从初始状态$\overrightarrow{S[0]}$到最终状态$\overrightarrow{S[T]}$的状态总转换成本最小化。设 $\boldsymbol{u}[t]$ 为时间步长 t 中的决策变量，在时间步长 t 时的干线系统状态$\overrightarrow{S[t]}$由式(10-32)决定。给定初始状态$\overrightarrow{S[0]}$优化模型的目标是：

$$\min_{\boldsymbol{u}[t]}\sum_{t=0}^{T}\{C[t]\mid \boldsymbol{w}[t],\boldsymbol{p}[t]\} \tag{10-33}$$

式中：$\boldsymbol{p}[t]$——干道 $\boldsymbol{u}[t]$ 上所有交叉口的信号指示；

$\boldsymbol{w}[t]$——给定的外源交通需求。

式(10-33)所表示的优化目标是通过动态优化干道 $\boldsymbol{u}[t]$ 上所有交叉口的信号指示 $\boldsymbol{p}[t]$，以获得给定交通需求 $\boldsymbol{w}[t]$ 下各车道组以及所有交叉口转弯比矩阵的最小总状态转换成本。随时间变化的外源交通需求 $\boldsymbol{w}[t]$ 是干线系统所有车道的交通需求。

对于由 I 个信号交叉口组成的主干道，共有 $6I+6$ 个车道组。整个优化期间的外源交通

需求由 **W** 表示。

该模型中的式(10-33)在整个时间段 T 内优化了干线系统中所有相关车道组的信号指示。

(4)约束条件

第一个约束是针对相互冲突的运行车流。交叉口两个车道组的信号指示应满足约束式(10-22)。

第二个约束是针对绿灯的持续时间。交叉口 i 中车道组 j 的绿灯时间通过下式得出:

$$g_{ij} = (t_{ij}^{ge} - t_{ij}^{gs} + 1) \cdot \tau \tag{10-34}$$

式中:g_{ij}——交叉口 i 中车道组 j 的绿灯时长(s);

t_{ij}^{gs}——交叉口 i 中车道组 j 信号开始时指示绿灯的时间(s);

t_{ij}^{ge}——交叉口 i 中车道组 j 信号结束时指示绿灯的时间(s);

τ——持续时间步长(s)。

绿灯时长应在最小和最大绿灯时间的范围内,由下式给出:

$$g_{ij}^{\min} \leqslant g_{ij} \leqslant g_{ij}^{\max} \tag{10-35}$$

式中:$g_{ij}^{\min}$——交叉口 i 内车道组 j 的最小绿灯时长(s);

$g_{ij}^{\max}$——交叉口 i 内车道组 j 的最大绿灯时长(s)。

行人过马路时间限制了相位绿灯时间的下边界。最小绿灯时长体现了对行人信号的考虑。

第三个约束是周期时长。对于图 10-12 所示的标准相位方案,周期时长由以下两个等式计算得出:

$$\sum_{j=1}^{4} g_{ij} + \sum_{j=1}^{4} y_{ij} + \sum_{j=1}^{4} ar_{ij} = c \tag{10-36}$$

$$\sum_{j=5}^{8} g_{ij} + \sum_{j=5}^{8} y_{ij} + \sum_{j=5}^{8} ar_{ij} = c \tag{10-37}$$

式中:y_{ij}——交叉口 i 车道组 j 的黄灯时间(s);

ar_{ij}——交叉口 i 车道组 j 的所有红灯时间(s)。

周期时长应在最小和最大周期时长的范围内,通过下式展示:

$$c_{\min} \leqslant c \leqslant c_{\max} \tag{10-38}$$

式中:c——周期时长(s);

$c_{\min}$——最小周期时长(s);

$c_{\max}$——最大周期时长(s)。

(5)滚动优化程序

采用滚动优化方法求解该模型。在优化方法中,时间被划分为相同长度的部分,每个部分通常持续数秒或几十秒。每个时间步长内执行一次优化。

在每个时间步长开始时,将设置一个预定义长度为 H 的时间窗口,称为时间范围。该方法在控制期内动态优化所有车道组的信号指示。在时间步长 t 内,CTM 用于预测 $[t, t+H]$ 期间干线系统中的交通状态。由于时间范围开始时的所有信号指示都是已知的,因此干线系统中每个车道组的可能相位起始点如图 10-13 所示。

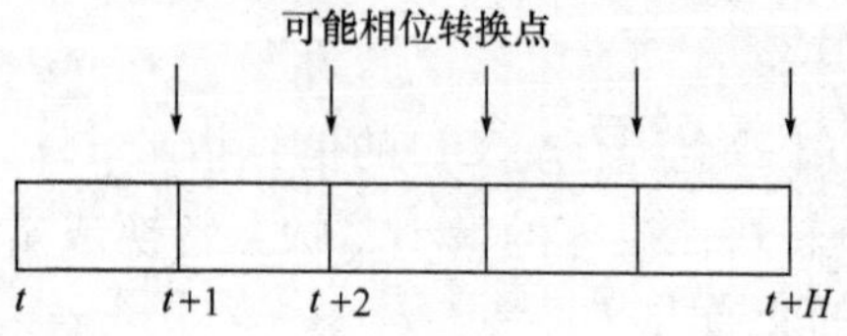

图 10-13　每个车道组的可能相位开关点

为了降低交通动态预测不准确性的影响,滚动优化程序仅在时间范围内的第一个时间步长期间对所有车道组的进行信号指示,在其他时间步长期间不进行信号指示。另一个时间范围设置在时间步长 t 的末端。通过采用这种更新机制,滚动优化根据最新的流量情况,在整个周期 T 内寻求最优策略。

可以看出,在一个时间范围内,每个车道组的可能相位起始点数等于时间范围的步长。如果主干道 I 上有信号控制,则所有车道组的可能相位起始点的组合数相等,$H\sum_{i=1}^{I}J_i$是可行解。显然,如果随着干线系统中交叉点数量的增加,使用树遍历算法来搜索最佳决策,这是非常耗时的。因此,为了提高优化效率,采用遗传算法找出每个时间步长的最优决策。在一段时间内进行优化的例程如图 10-14 所示。

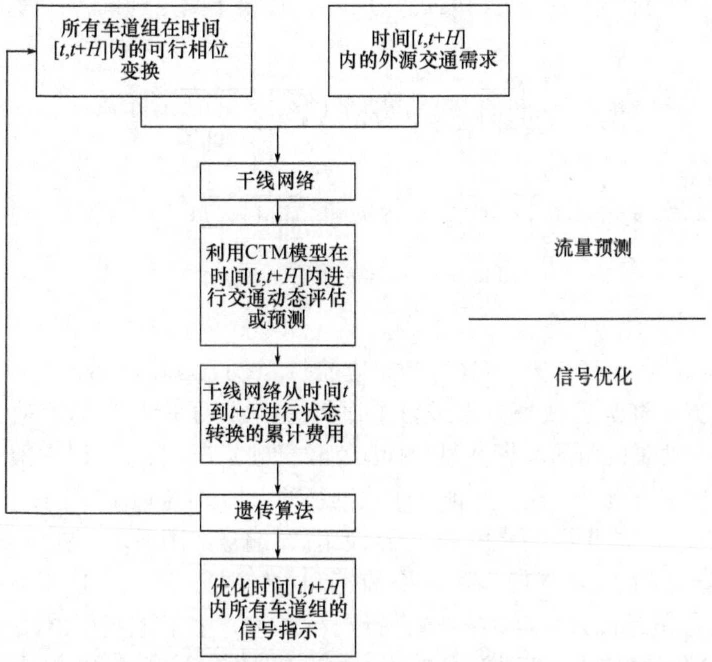

图 10-14 一段时间内的遗传优化程序

遗传优化程序包括两个子程序:流量预测和信号优化。流量预测程序获取每个可行决策下干线的交通动态和时间范围内的外源交通需求,由元胞传输模型实现。信号优化采用遗传算法实现,根据干线系统从时间步长 t 到 $t+H$ 流量预测程序获得的总状态转换成本,优化时间范围内所有车道组的信号指示。

遗传算法的工作原理如下。所有车道组在时间步长 t 上的信号指示都由矩阵 $\boldsymbol{u}[t]$ 给出,矩阵被编码为染色体。染色体的适应性是时间范围内的总系统转换成本。遗传算法的三个主要操作是选择、交叉和变异。

选择操作根据轮盘赌策略执行,一个种群中的个体被选为下一个种群成员的概率与其适应性成反比。

交叉操作仅限于在交叉口处执行,即交叉操作始终发生在信号交叉口的两个冲突车道组之间。对于如图 10-11 所示由多个交叉口组成的干线系统,交叉操作交换了标准 NEMA 结构定义的两个冲突之间的兼容车道组的信号指示，如图 10-15 所示。交叉操作生成的两个新个体应满足约束式(10-22)。如果不满足约束，则应取消交叉操作并在其他位置执行。

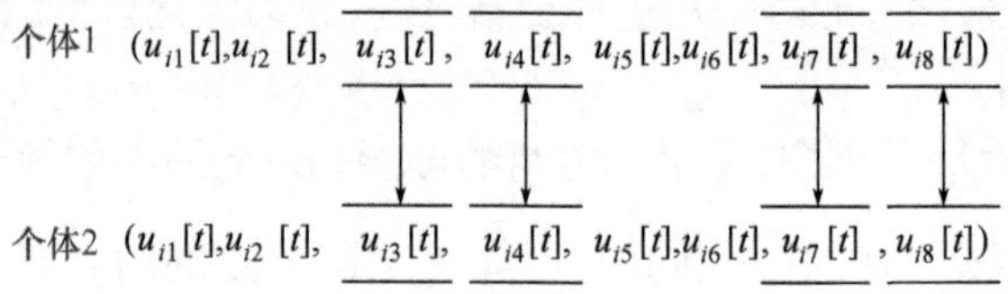

图 10-15　用于交叉点定制的交叉操作

突变操作也被定制为在交叉口处执行。突变操作改变了标准 NEMA 结构定义的两个障碍之间兼容车道组的信号指示。图 10-16 说明了由交叉口组成的干线系统的自定义突变操作。突变操作产生的新个体应满足约束式(10-22)。如果不满足约束，则应取消突变操作并在其他位置执行。

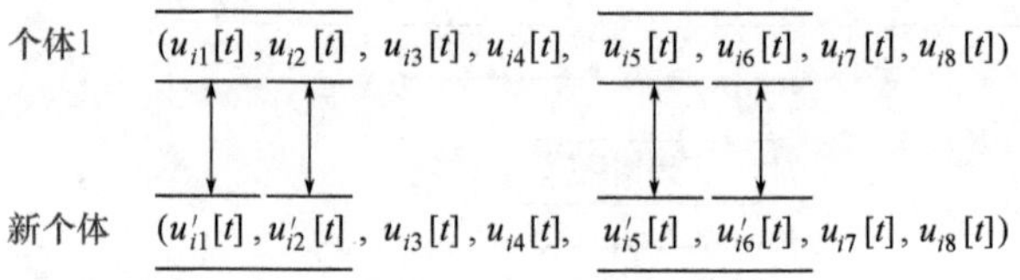

图 10-16　交叉点的自定义突变操作

2)实例验证

我们将所提出的滚动优化方法(RO)与感应控制(AC)、协调定时控制(CC)和单一定时控制(IC)就交叉口安全和运行效率方面进行了比较，并验证了所提出的滚动优化方法(RO)。评价指标包括处于两难区内的车辆数量(NVDZ)和行驶延误(TD)。以中国上海的某条郊区干道与 4 条街道相交为例进行模型验证。干线网络的布局如图 10-17 所示。四个交叉口的信号控制由 S1 到 S4 标记。干线网络由 26 个路段组成，编号如图所示。在主干道上，每个东西方向都有一条左转车道、一条直行车道、一条直行和右转混行车道，在次干道的南北方向有一条左转和直行混行车道以及一条右转与直行混行车道。主干道和所有次干道的限速均为 60km/h。自 2017 年以来，由于两难区的存在，主干道车道上发生了 12 起追尾事故。表 10-4 记录了某天工作日上午 9:30 至 10:30 的按车道移动测量的每小时交通量数据。

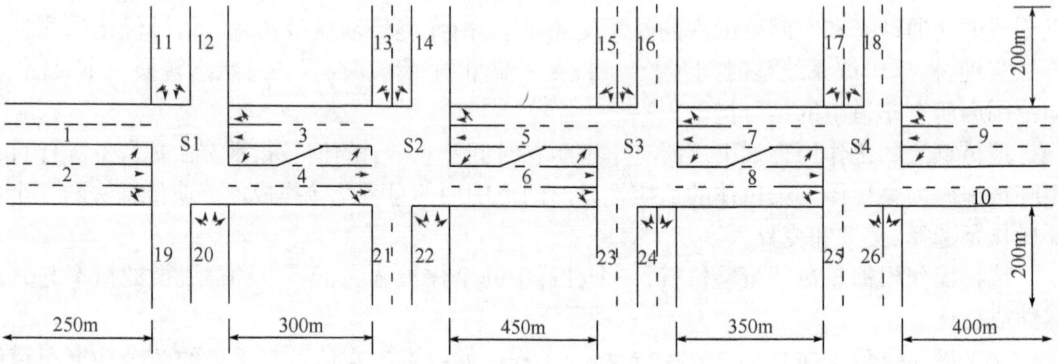

图 10-17　测试干线网络的布局

干线网络中按流向和车道划分的交通量(pcu/h)　　表10-4

车道序号		2	3	4	5	6	7	8	9
by M	L	264	165	192	119	211	185	248	187
	T	654	379	548	388	464	405	364	634
	R	230	279	174	239	169	253	215	218
by L	L	264	165	192	119	211	185	248	187
	T	475	354	388	337	340	354	311	458
	TR	409	304	334	290	293	304	268	394
车道序号		11	13	15	17	20	22	24	26
by M	L	96	188	98	144	169	193	184	100
	T	266	352	399	244	213	470	352	364
	R	203	242	157	109	164	108	265	250
by L	LT	297	411	344	261	287	406	421	376
	TR	268	371	310	236	259	365	380	338

注:by M 表示运行方向,by L 表示车道;L 表示左、T 直行、R 右、TR 直右和 LT 直左。

如图10-18所示,在目标干线路网中车道由专用元胞表示。所有车道被划分为长度相等的小元胞,时间被离散化为具有相同持续时间的序列。主干道及次干道的限制速度都为自由流速度。时间步长设置为3s,元胞长度等于50m。允许车辆在每个带有虚线车道标识路段的上游部分进行车道变换,而在每个带有实线标识的路段下游部分不允许变道。使用元胞传输模型在宏观层面上对车辆跟车行为进行建模,Laval等主要研究在宏观层面上对车道变换行为建模。主干道交叉口内的交通动态是根据Gao等的研究进行建模的,为了确保元胞传输模型精准地重现实验车辆在干线网络中的交通动态,利用现场调查收集的数据校准了几个主要参数。校准结果如表10-5所示。

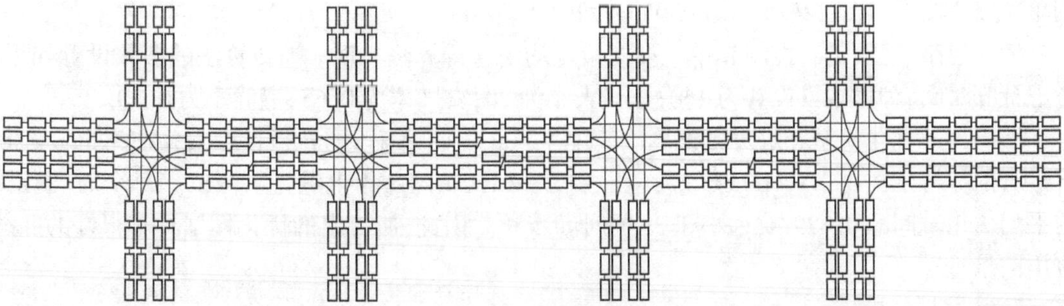

图10-18　主体主干道的元胞表示

基于CTM的流量预测的参数校准　　表10-5

参数	流量
直左车道上的饱和流速	1710辆/小时/车道
直右车道上的饱和流速	1540辆/小时/车道
直行车道上的饱和流速	1790辆/小时/车道

续上表

参　数	流　量
左转车道上的饱和流速	1620 辆/小时/车道
后波速度	30km/h
自由流速度	60km/h
堵塞密度	119.34 辆/km/车道

信号控制策略(RO、AC、CC 和 IC)均按照 NEMA 标准的相同相位方案执行。最小和最大周期时长分别为 60s 和 180s。最小和最大绿灯持续时间分别为 15s 和 60s。黄灯时间和全红时间分别设置为 3s 和 2s。在一些发展中国家的城市,管理部门和公民都觉得在拥挤的十字路口行驶时间过长。在一条干道与另一道路交叉的拥挤交叉口,左转车辆受到保护。在这种交叉口上,最佳周期时长可能超过 120s。

在相同的交通需求模式下,根据控制策略优化交通信号配时。当采用滚动策略控制时,优化时间间隔设置为 30s。当由协调策略控制时,四个干道信号是协调的,因此,偏移量也得到了优化。感应控制策略和滚动控制策略的单位绿灯延长时间均设置为 3s。这里的感应控制策略是依据标准的感应控制逻辑通过仿真实现的。相位中断是指两个相邻车辆到达的车头时距大于预定的车头时距。如果绿灯时间达到最大值,则会切换到下一相位。在这种情况下,预定义的车头时距等于单位绿灯延长时间。在停止线前面的第一个和第二个元胞之间的交界处放置一个检测器。相位切换的执行与否可以根据第二个元胞的零流量来判断。

协调定时控制和单一定时控制策略的优化目标也由式(10-35)定义的。式(10-35)中的单位成本 α_N 和 α_D 是根据 Sharma 等计算的。单位延误成本按平均收益计算,单位安全成本按追尾事故平均成本和两难区追尾碰撞发生的概率计算。在之前的研究中,平均时薪收入估计为 20.32 \$/h,追尾事故的平均成本估计为 22670 \$/pcu,车辆在两难区发生追尾事故的概率估计为 0.00005。因此,如果每辆车只有一人,则单位延误成本 $\alpha_D = 20.32/3600 = 0.00564$ (\$/pcu/s),则单位安全成本 $\alpha_N = 22670 \times 0.00005 = 1.13$ (\$/pcu)。

滚动控制、协调定时控制和单一控制策略均由遗传算法实现。遗传算法的参数设置如下:考虑计算时间,种群规模设置为 150,迭代大小为 20,交叉率为 0.65,变异率为 0.20。

所提出的优化模型和解决方案算法使用 Visual C ++ 编程语言进行编码,并在 Windows 10 下运行的英特尔酷睿 i7-4900MQ 2.8GHz CPU 和 16.0G RAM 上进行了测试。每个时间范围的平均优化时间为 0.6292s,远小于 3s 的时间步长。因此,所提出的优化模型具有很好的在线应用前景。

3)结果与分析

图 10-19 显示了三种控制策略产生的累计 NVDZ、累计延误和累计成本的变化。图 10-19 所示的折线图是根据在 1h 内整个控制期间逐步记录的多达 1200 个评价指标绘制的。结果表明,假设交通需求在整个优化周期内均匀分布时,评价指标与时间呈明显的线性关系。图 10-19a)显示了累计 NVDZ 的变化。滚动控制策略在任何时候产生的总 NVDZ 最低,而感应控制策略在四种策略中产生的结果最差。与感应控制策略相比,滚动控制策略将车辆陷入两难区的可能性降低了 74.6%,而协调定时控制策略降低了 57.6%,单一定时控制策略降低了 30.6%。

就累计延误而言，与其他三种策略相比，滚动控制策略的总延误最大。单一定时控制策略是四个策略中总延误最小的。滚动控制策略产生的总延误比单一定时控制策略多43.8%，而感应控制策略的总延误比单一定时控制策略多7.7%，协调定时控制策略的总延误比单一定时控制策略多1.1%。从图10-19a)、b)中可以推断出，NVDZ和延误是相互冲突的评价指标，这意味着这两个评价指标向的变化方向相反。图10-19c)展示了这四种策略产生的累计成本比较。据观察，协调定时控制策略产生的成本最低，而其他三种策略产生的成本较高。在这种情况下，感应控制策略和滚动控制策略产生的累计成本在任何时候都相当接近。感应控制、滚动控制和单一定时控制策略的总成本分别比协调定时控制策略高出26.7%、29.4%和9%。

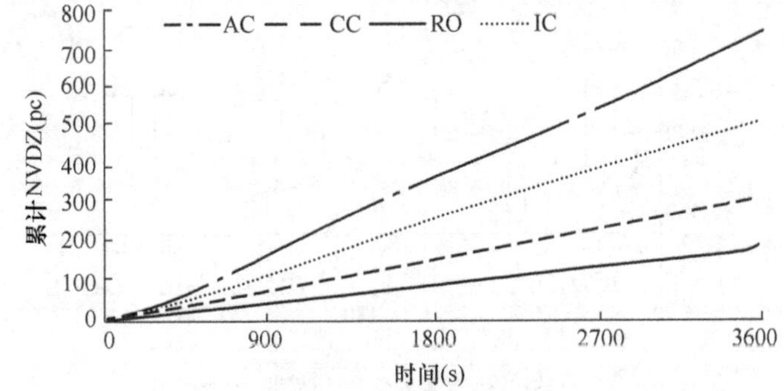

a) 四种控制策略下累计NVDZ

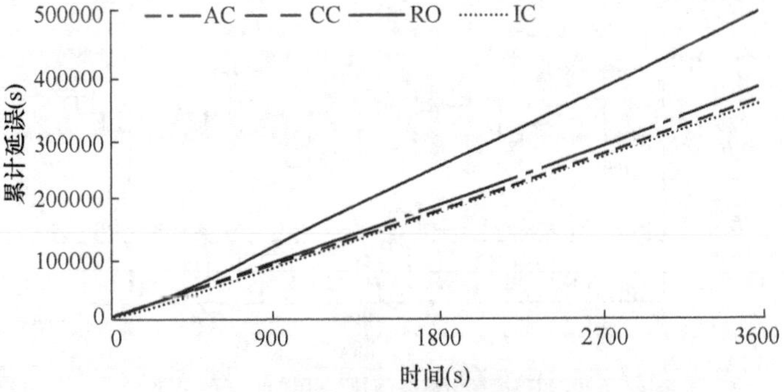

b) 四种控制策略下累计延误

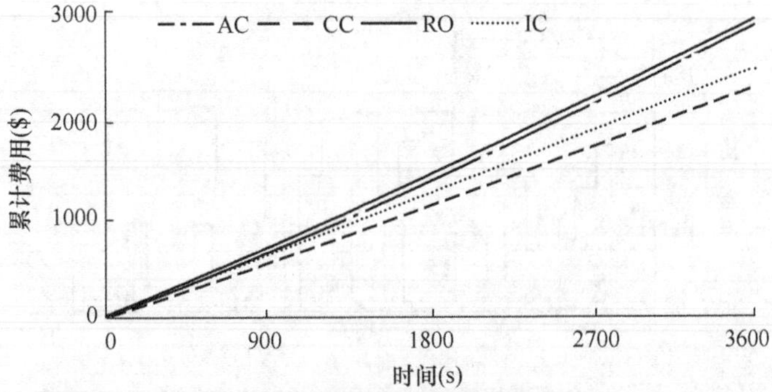

c) 四种控制策略下累计费用

图10-19 四种控制策略下评价指标的变化

干线信号的协调对提高协调定时控制策略下的运行效率有着重要的影响。协调定时控制策略在这两个评价指标上都优于感应控制策略。与协调定时控制策略相比，滚动控制策略在控制期间产生较低的累计 NVDZ，但产生的延误更多。如果信号协调一致，直行车队可能会不停车地通过中间路口，这有利于提高主干道上的交通运行效率。因此协调定时控制策略产生的 NVDZ 比单一定时控制策略少，总行车延误略有增加。但是与滚动控制策略相比，较小的周期时长会导致更多的 NVDZ。

图 10-20 显示了优化期间感应控制、协调定时控制、单一定时控制和滚动控制策略下四个信号的周期时长的变化。

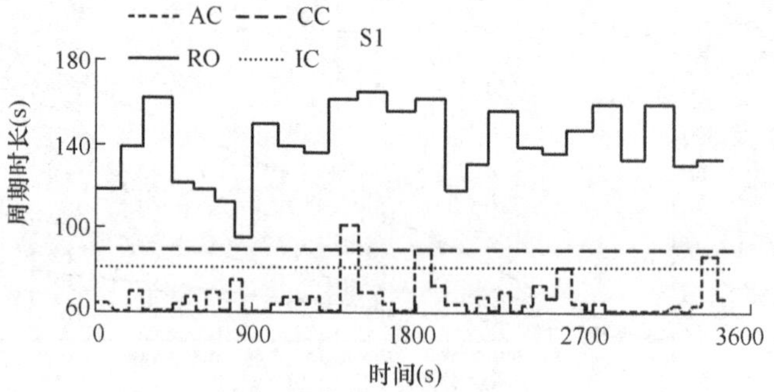

a) 四种控制策略在信号1下周期时长的变化

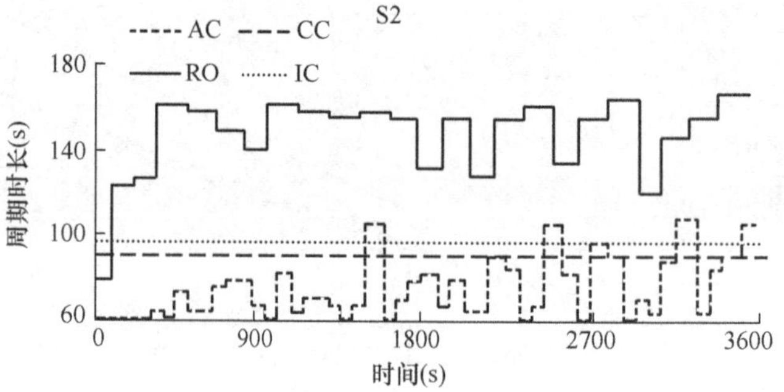

b) 四种控制策略在信号2下周期时长的变化

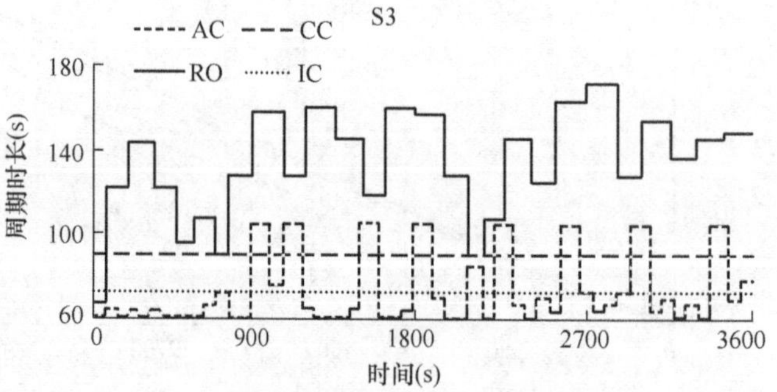

c) 四种控制策略在信号3下周期时长的变化

图 10-20

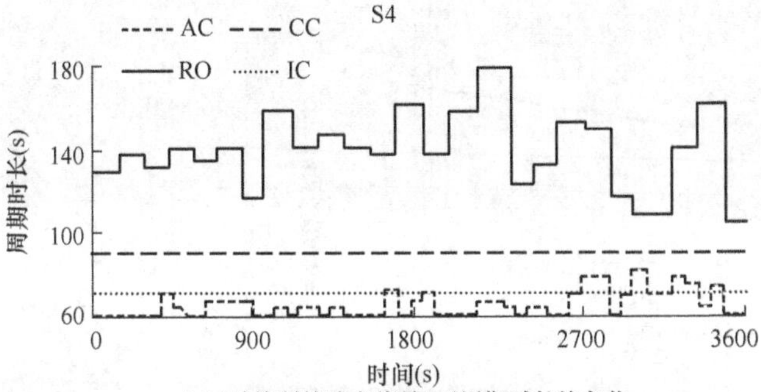

d) 四种控制策略在信号4下周期时长的变化

图 10-20 四种控制策略在不同信号下周期时长的变化

从图 10-20 中可以看出,几乎在所有时间段内,滚动控制策略下的周期时长都比其他控制策略下的周期时长要长,特别是与协调定时控制和单一定时控制策略相比。异常发生在第一个周期的两个内部信号 2 和 3 处。这是因为干线网络在第一个周期中被初始化。表 10-6 列出了四种策略下的平均周期时长及其波动。结果表明,较长的周期时长降低了两难区危险的发生。

不同策略下的平均周期时长(s) 表 10-6

信号		S1	S2	S3	S4
策略	AC	65	73	71	64
	CC	90	90	90	90
	RO	141	146	132	138
	IC	81	97	72	70

表 10-7 列出了在四种策略下每个黄灯期间陷入两难区的车辆数量。

不同控制策略下每黄灯期间的平均 NVDZ 表 10-7

策略	NVDZ(pcu)	黄灯数量	每黄灯期间的平均 NVDZ (pcu)
AC	741	422	1.7559
CC	314	320	0.9813
RO	188	204	0.9216
IC	514	364	1.4121

可以推断出滚动控制策略在四种控制策略中每个黄灯期间产生的平均 NVDZ 最低。

4)敏感性分析

为使所提方法更加切实可行和可靠,进一步分析了时间步长和交通需求变化对评价指标的影响。

(1)时间步长的影响

这节研究了时间步长对评价指标的影响。图 10-21 显示了时间步长与恒定时间范围的影响。

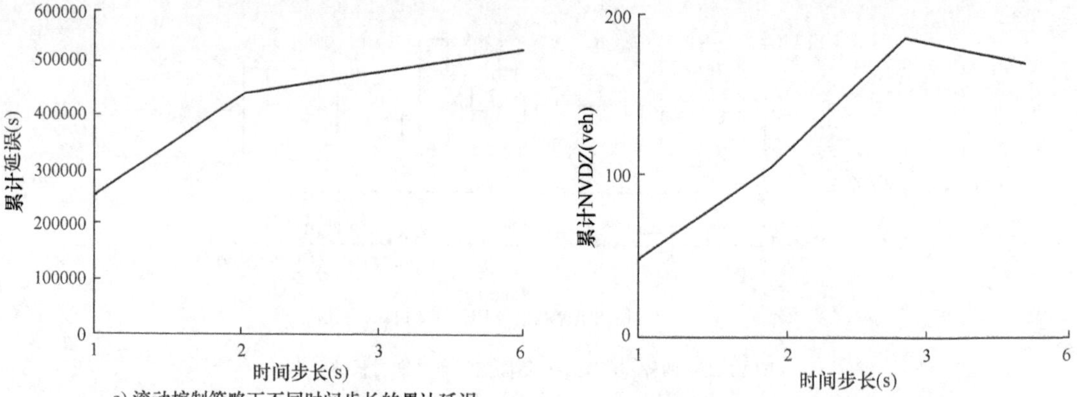

a) 滚动控制策略下不同时间步长的累计延误　　b) 滚动控制策略下不同时间步长的累计NVDZ

图 10-21　在不同时间步长下滚动控制策略的两个评价指标的变化

很明显,较小的时间步长有助于提高交通运行的效率。当以更小的时间步长实验时,三种控制策略的比较结果是什么？结果如图 10-22 所示。虽然最佳的固定信号配时产生的总成本最低,但滚动控制策略产生的 NVDZ 最低,如图 10-22b)所示。

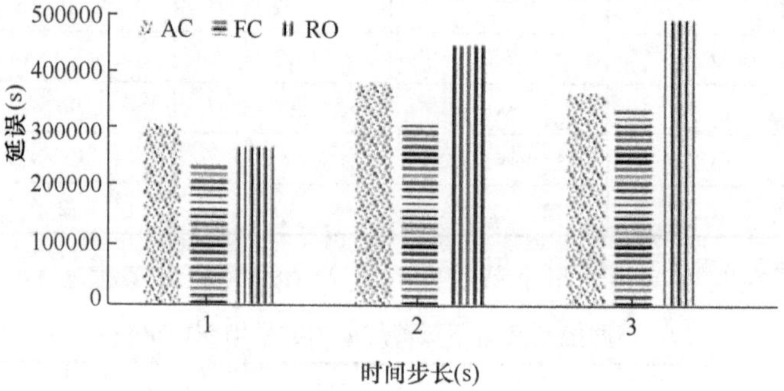

a) 不同时间步长下不同控制策略的累计延误

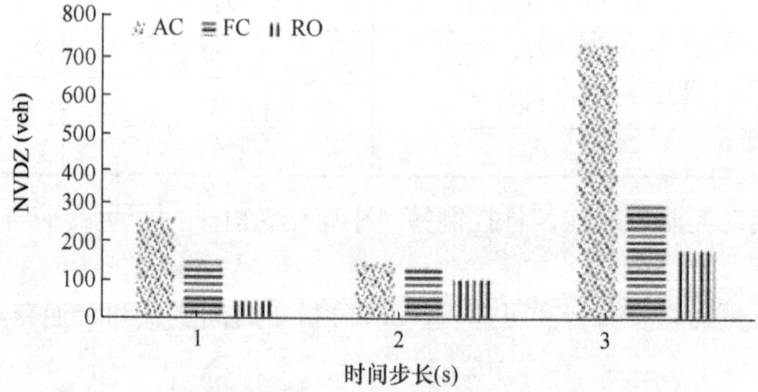

b) 不同时间步长下不同控制策略的累计 NVDZ

图 10-22　不同时间步长下三种控制策略评价指标的变化

定时控制策略可以被视为一种特殊的动态控制策略，它只有一个持续整个控制周期的时间窗。定时控制策略在整个控制期间依据较低的总成本选择更好的信号配时，不会受延误成本和安全成本比值的影响。但滚动控制策略受时间步长的影响很大，并且对延误成本与安全成本的比值非常敏感，这导致在安全成本间歇性增加而延误成本持续增加的情况下，更倾向于选择较低安全成本的信号配时作为更好的解决方案。结论的两个重要前提如下：一是提前知道网络的逐级流量需求；二是用于实现滚动控制策略和定时控制策略的遗传算法的参数一致。

（2）交通需求的变化

流量需求按6min间隔进行统计。表10-4列出了第一个间隔中每个路段的各小时流量数据，而后续间隔中的流量数据是表10-4中列出数据的倍数。后续间隔中的放大系数分别为0.6、0.9、1.3、0.5、1.5、1.1、0.6、1.04和0.5。为了强调延误成本的影响，单位延误成本乘以10倍。

图10-23显示了在四种控制策略下整个优化期间周期时长的变化。为了强调滚动控制策略下周期时长变化与交通需求变化的一致性，放大系数也如图10-23所示。可以发现，滚动控制策略下的周期时长随流量需求的变化而变化。另一个发现是，滚动控制策略和感应控制策略下周期时长的波动大于图10-20显示的。很明显，周期时长的变化是由交通需求的急剧变化引起的。

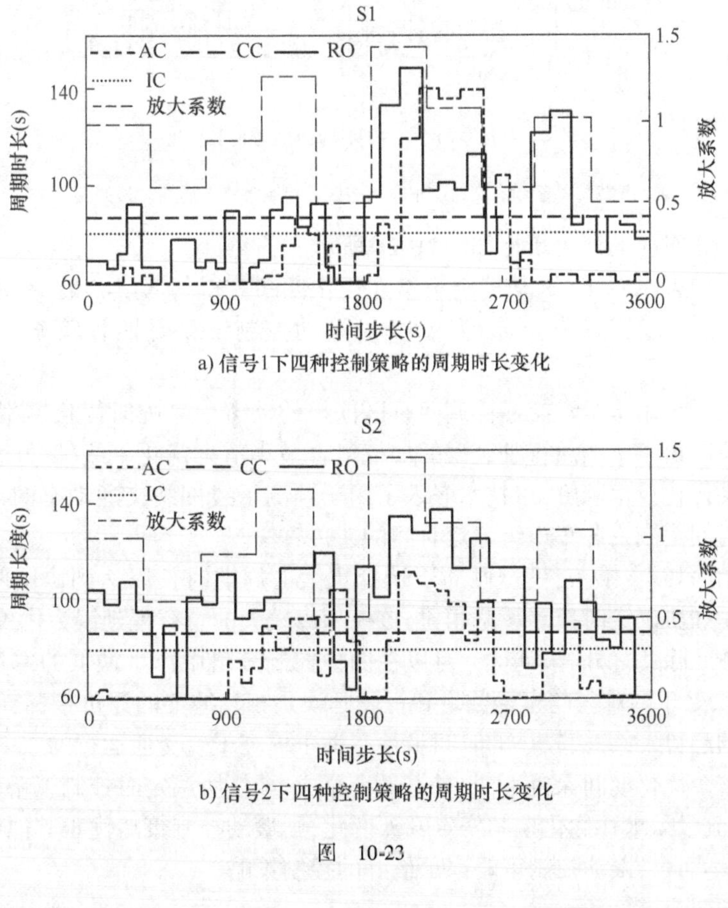

a) 信号1下四种控制策略的周期时长变化

b) 信号2下四种控制策略的周期时长变化

图　10-23

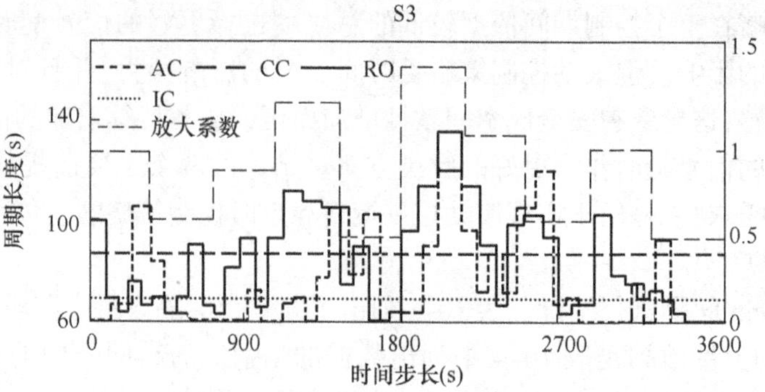

c) 信号3下四种控制策略的周期时长变化

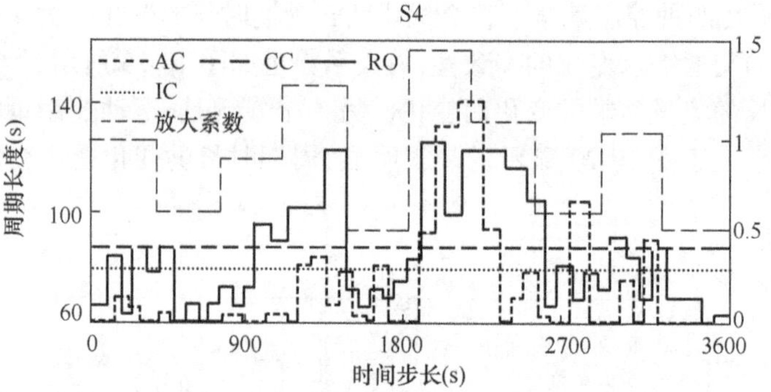

d) 信号4下四种控制策略的周期时长变化

图 10-23　基于动态交通需求输入的四种控制策略下周期时长的变化

与信号配时相对应的评价指标如图 10-24 所示。

从图 10-24 中可以看出,滚动控制策略在优化期间获得的 NVDZ 最少、延误最小且总成本最低。因此,当流量需求发生剧烈变化时,滚动控制策略是四种策略中最有效的控制策略。

这里提出的一种用于干线交通协调两难区保护的动态信号配时优化模型,通过陷入两难区车辆数量与所有道路车辆总行驶延误的加权组合最小值来优化干线信号的最佳信号配时。该模型采用滚动优化技术求解,该技术嵌入了用于预测干线网络交通动态的元胞传输模型和用于优化每个时间范围内各车道组绿灯时间的遗传算法。

主要研究结果如下:第一,模型倾向于选择更大的周期时长以达到协调两难区保护的目标。与感应控制和协调定时控制策略相比,该模型以较大的总行程延误为代价,获得更小的两难区内车辆总数。除此之外,滚动优化可以在四种控制策略中产生最低的每黄灯时长内的平均 NVDZ。第二,处于两难区的车辆数量和行驶延误是相互冲突的评价指标,因为这两个评价指标具有相反的趋势。第三,较小的时间步长有助于提高干线交通运行的效率。第四,如果平均流量需求在整个优化期间保持不变,考虑最小总成本时,协调定时控制策略是最佳的控制策略。然而,如果流量需求在优化期间发生剧烈变化,则滚动控制策略优于其他策略。在任何情况下,就安全成本而言,滚动控制策略都是最好的控制策略。

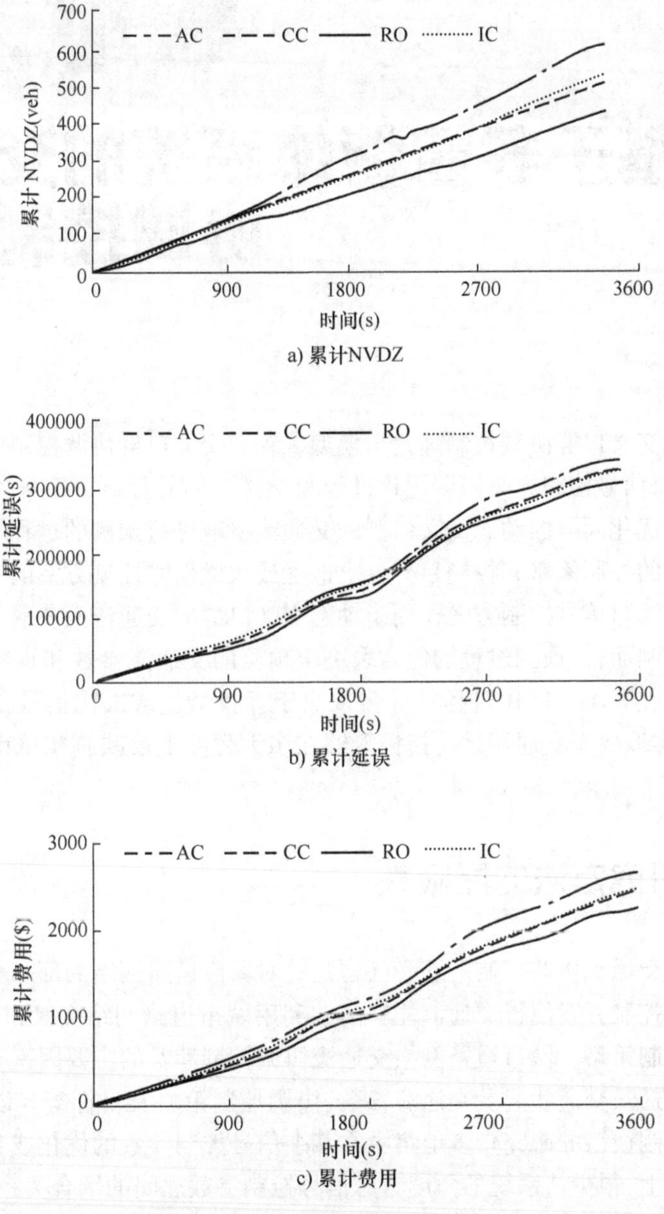

图 10-24　四种控制策略下评价指标的变化与动态流量需求输入

第11章

基于多智能体系统的交叉口协调控制理论

本章研究动态交叉口群协调控制理论与模型。动态交叉口群协调控制优化过程包括交通流预测过程、交叉口信号控制方案协调优化过程和交叉口信号控制方案评价过程。交通流预测过程即对下一个优化间隔内动态交叉口群的交通流参数进行预测的过程。信号控制方案优化过程即按照预定的控制策略和控制目标寻求最优或次优信号控制方案的过程。信号控制方案评价过程即将交叉口信号控制方案作用于动态交叉口群的交通流而获取交通流运行指标的过程。对于在线控制而言,预测过程的优劣取决于预测的交通流参数和真实城市道路网络交通流运行参数的偏差大小。优化过程的优劣取决于寻找最优或次优信号控制方案的快慢程度;评价过程的优劣取决于交通流运行指标能够在多大程度上反映真实城市道路网络交通流的实际运行情况。

11.1 以往研究方法的局限性

城市道路网络交通流协调控制的核心问题是针对城市道路网络局部和全局的动态和实时交通状况优化信号控制方案使得交通流能够高效利用城市道路网络交叉口的有限时空资源,从而实现特定的控制策略。城市道路网络交通流协调控制涉及的主要因素有城市道路网络几何要素、信号控制方案、交通状况及交通流参数、协调控制策略及目标等。以往关于城市道路网络交通流协调控制模型的研究较多地集中在某个信号控制参数的优化或者某个信号控制方案评价指标的计算上,很少从系统的角度考虑信号控制参数之间的耦合关系、信号控制参数与信号控制方案评价指标之间的耦合关系,以及协调控制系统结构对信号控制参数优化精度的影响和制约等关系因素,并在此基础上对城市道路网络交通流协调控制理论及模型展开切合实际的研究。

城市道路网络交通流协调控制涉及的主要因素及其在协调控制中的相互作用关系可以通过多智能体系统(MAS)进行很好的描述。多智能体系统是描述复杂系统中所有个体在有限资源环境中协作、协调的理论,它较适用于描述复杂系统各个要素之间的相互作用。动态交叉口群协调控制理论和方法需要新的建模方法,而多智能体系统理论和方法为描述城市道路网络交通流协调控制提供了新的建模方法。

应用多智能体系统理论与方法研究城市道路网络交通流协调控制系统理论和方法代表了城市道路网络交通流协调控制系统理论和方法研究的未来发展方向。本章将从复杂系统的角度出发,利用多智能体系统的理论和方法系统地研究城市道路网络交通流协调控制理论和模型。

11.2 多智能体系统及其在交通控制中的应用

本章对多智能体系统理论与方法,以及其在交通控制中的已有应用成果进行简要介绍。

11.2.1 多智能体系统概念

MAS(Multi-Agent System)又称为多智能体系统。它属于分布式人工智能(Distributed Artificial Intelligence,DAI)的研究范畴,是人工智能的前沿学科,是分布式人工智能的重要分支。国外对多智能体系统的研究从20世纪80年代开始,目前是分布式人工智能领域的研究热点之一。

由于单个智能体所拥有的资源有限,同时集中控制存在滞后性大、系统鲁棒性差的弊端,导致单个智能体无法解决复杂系统问题。因此,多智能体系统概念应运而生。一个多智能体系统可以定义为:为了解决超出个体能力范围的复杂系统问题而由多个相互作用的具有特定功能的个体所组成的松散耦合的分布式网络。多智能体系统具有下列特征:①系统信息分散在系统的各个部分;②每个智能体只拥有整个系统的部分信息和资源,因此知识、能力有限;③系统问题的求解过程具有异步性;④单个智能体无法对系统实施全局的集中控制和优化。

多智能体系统理论与方法的优势在于[411]:①多智能体系统能够描述复杂系统、对复杂系统进行建模;②多智能体系统能够解决由具有自我意识和相互作用的个体所组成的复杂系统问题;③每个智能体能够充分利用空间上分布在系统各个部分的局部资源和信息,并能通过多智能体系统将局部资源和信息有机联系起来;④多智能体系统能够进行分布式控制和异步操作,使系统各个部分有效协作、系统各个层次有效协调;⑤多智能体系统能够提高系统的响应能力、运行效率、可靠性、鲁棒性、灵活性、可扩展性、可维护性和可重用性。

多智能体系统的两个主要特征是协作(Cooperation)和协调(Coordination)。协作意味着资源共享和任务合作。协调意味着冲突消解和行为规划。

11.2.2 智能体概念及特征

根据Katia P. Sycara的观点[411],智能体是一系列具有冲突性质的任务的集合。一个任务是一个行动序列,在一个时刻智能体只能执行一个任务。多智能体系统的智能体具有下列性质:分布性、可靠性、鲁棒性、开放性、动态性、适应性。

智能体具有信念、目标、意图、能力、信息、资源、联系、规划、协作、协调等特征。智能体作为独立的具有知识和能力的实体,必须具有广泛的智能品质,其行为显著反映其智能特性,处在特定环境下的智能体应该具备如下几个基本特性:

1）自主性

一个智能体应具有独立的局部于自身的知识和知识处理方法，在自身的有限计算资源和行为控制机制下，能够在没有人类和其他智能体的直接干涉和指导的情况下持续运行，以特定的方式响应环境的要求和变化，并能根据其内部状态和感知到的环境信息自主决定和控制自身的状态和行为。自主性是智能体区别于其他如过程、对象等抽象概念的一个重要特征。

2）反应性

智能体在感知环境，响应环境的同时，并不只是简单被动地对环境的变化作出反应，它可以表现出受目标驱动的自发行为。智能体的行为是为了实现自身内在的目标。在某些情况下，智能体能够采取主动的行为，对周围的环境进行改变，以达到自身目标的实现。

3）社会性

智能体往往不是独立存在的，如同现实世界中的生物群体一样，在环境中经常有很多智能体同时生存，形成一个社会性的群体。智能体不但能够自主运行，同时应该具有和外部环境中其他智能体相互协作的能力，而且在遇到冲突时能够通过协调机制进行冲突消解。

4）进化性

智能体具有开放的性质，能够在交互过程中逐步适应环境，自主学习、自主进化，能够随着环境的变化不断扩充自身的知识和能力，提高整个系统的智能程度和可靠性。

11.2.3 智能体类型

根据 Katia P. Sycara 的观点，在多智能体系统中存在着三类基本智能体，它们是慎思智能体（deliberative agent）、反应智能体（reactive agent）以及混合智能体（hybrid agent）。这三类智能体具有不同的特性，分别实现不同的功能。

Katia P. Sycara 认为，具有信念（Belief）、愿望（Desire）、意图（Intension）的智能体可以称为慎思智能体。慎思智能体能够对智能体行为的非局部效应作出判断，能够预测其他智能体的行为，能够解释产生冲突和不利的相互作用的原因，并进行适当修正。

Brooks 认为[412]：①智能是智能体和环境相互作用的结果；②各个智能体在具有主从关系和层次结构的群体系统中的所进行的各种简单行为相互作用，其作用结果表现出智能特征。Brooks 对于智能体行为的评价就是反映智能体的行为特征。反应智能体只对目前的环境状况和其他智能体的行动刺激作出反应。反映智能体不考虑环境变化的历史因素，也不对将来进行规划，因此反应智能体具有鲁棒性和容错性。由于反应智能体只对局部信息作出反应，智能体本身无法预测行动的全局影响，因此仅由反应智能体构成的多智能体系统，其整体性质不稳定，对系统行为进行预测很困难。

混合智能体兼具有慎思智能体和反应智能体的特征。在现实世界中，没有一个复杂系统全部由慎思智能体或全部由反应智能体所组成。现实世界的个体在环境中与其他个体的相互作用中既表现出低级的反应特性，又表现出高级的意识特性。因此，用混合智能体描述现实世界中的复杂系统比较符合实际。

11.2.4 多智能体系统结构

大多数复杂系统可以用三层系统结构描述。复杂系统的全局性质和行为通过层与层之间的相互作用形成。每个层对复杂系统的行为和性质进行不同层次和程度的抽象。底层由反应智能体组成,对系统外界环境作出简单反应;中间层对系统外界环境的局部属性进行抽象,并应用智能体的知识体系进行加工和处理,对智能体的协作关系进行行为规划;顶层对外界环境的全局属性进行认识和处理,对智能体之间的协调关系进行目标规划。

在开放的动态系统中,系统结构的适应性至关重要。多智能体系统能够改变智能体之间的相互作用模式适应系统结构的变化。多智能体系统结构是指系统中所有智能体的能力分布模式和智能体之间的信息传递和控制关系模式,即智能体之间通过职责定义、行动目标等体现出来的相互作用关系。多智能体系统结构规定了多智能体系统的活动集合、关系集合以及目标集合。目前已经得到实际应用的多智能体系统结构有:递阶式系统结构[413-415]、分布式系统结构等[416-417]。

11.2.5 多智能体系统技术

智能体模型主要由承诺、能力、资源、信念、规划以及知识等部分组成。多智能体系统的主要技术有任务分配、行动规划、冲突消解、推理决策、联系管理、资源调度、适应学习等。

1)任务分配

任务分配是分解任务和资源,并将子任务和部分资源分配给智能体。任务分配的原则是智能体所承担任务的相互关联性最小化。这样可以减少智能体之间的通信联系,提高智能体完成任务的工作效率,并且可以减少智能体在完成子任务过程中的潜在冲突,增加任务解决方案的连贯性和一致性。

静态任务分配策略对于动态、开放、不确定的复杂系统不具有适应性和灵活性,因此动态任务分配策略是最佳方案。

2)行动规划

对于单智能体系统的行为规划即根据目标、能力、环境约束等因素规划一系列行动。多智能体系统的行为规划还要考虑智能体之间行动选择的约束关系、智能体之间的承诺对行动选择的约束、异常因素导致系统不可预见的演化等因素的影响。

多智能体系统通过协作策略引导智能体之间的交互作用提高系统性能。一种研究方向是冲突消解,这种行动规划需要智能体具有复杂的推理能力。要形成一个连贯一致的行动规划,就要尽量识别并避免子任务之间的关联性。另一种研究方向是协同作业。协同作业机制更适用于复杂系统。

3)冲突消解

协商(negotiation)是协调的一种方法,是多智能体系统消除智能体之间冲突的主要途径,是以分布方式存在的自私的智能体在有限理性和部分信息条件下解决冲突的有效形式。可以借助博弈论、人类社会学等理论构建约束松弛性质的协商策略和模型,协商考虑因素有信息不完全性、多效用目标、协调期限、违反协议后果等因素。

4)推理决策

如果智能体具有推理决策能力,则可以提高灵活性和准确性,以及完成子任务的效率。推理决策能力帮助智能体应用知识与信息解释与预测其他智能体的行动,使智能体能够主动改变与其他智能体的交互方式。

5)联系管理

在开放、动态的复杂系统中,需要协调或协作的智能体通过专门起媒介或经纪作用的智能体联系对方。媒介智能体的存在提高了多智能体系统的鲁棒性。

6)资源调度

资源调度对于复杂系统实时控制具有至关重要的意义。多智能体系统必须实现有限资源的有效分配。高效的资源调度算法包括基于运筹学的启发式分布搜索算法和基于经济学的方法。基于经济学的方法认为智能体都是自私的,在资源分配中以效用最大化为目标,所有智能体的效用最大化等价于多智能体系统性能最佳化。

7)适应学习

单个智能体行为的改变或者智能体之间交互作用模式的改变体现了多智能体系统的适应性。智能体通过不断学习改变其行为模式。若多智能体系统中所有智能体都通过学习适应周围环境,则整个系统性能接近最优。

11.3 基于多智能体技术的分布式动态交叉口群协调控制模型

从承担的任务、实现的功能、负责的范围这三个方面来看,基于多智能体技术的分布式动态交叉口群协调控制系统存在四种智能体,它们分别是区域智能体、动态交叉口群智能体、交叉口智能体以及路段智能体。这四种类型的智能体的物理原型分别是区域、动态交叉口群、交叉口以及路段,它们均为混合智能体,具有基本的信息输入接口和信息处理功能、推理决策功能、知识库、学习功能、信息输出接口,如图 11-1 所示。

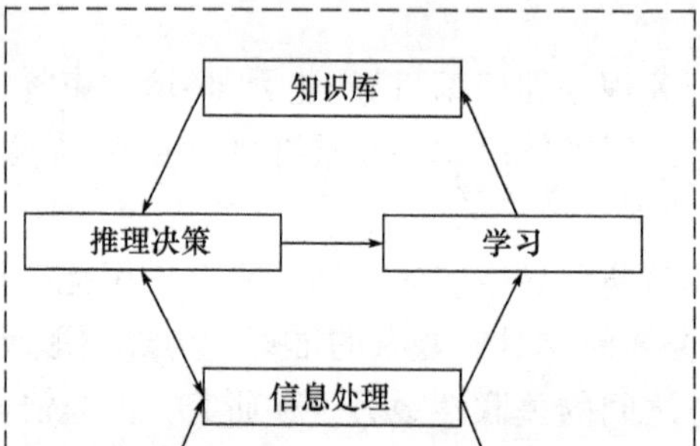

11-1　动态交叉口群协调控制混合智能体功能结构

基于多智能体技术的分布式动态交叉口群协调控制系统逻辑结构如图 11-2 所示。在图 11-2中,各类智能体之间的联系包括纵向联系和横向联系。纵向联系包括区域智能体和动态交叉口群智能体之间、动态交叉口群智能体和交叉口智能体之间的联系,横向联系即动态交叉口智能体之间、交叉口智能体之间的联系。需要说明的是,横向联系都是通过路段智能体实现的。区域智能体与动态交叉口群智能体之间、动态交叉口群智能体与交叉口智能体之间存在协调关系。相邻动态交叉口群智能体之间、相邻交叉口智能体之间存在协作关系。

图11-2 基于多智能体技术的分布式动态交叉口群协调控制系统逻辑结构

区域智能体的主要功能有:①分析区域交通流参数(例如交通流在路段的平均行驶速度、交通流在交叉口进口的转弯比例等),识别新的交通状况和交通特征,例如主干道或次干道交通流特征参数的变化或局部路段和交叉口的交通阻塞等;②按照区域内新的交通状况划分动态交叉口群,形成多个动态交叉口群智能体;③按照区域新的交通状况规划相邻交叉口智能体之间的协调关系,动态生成相邻交叉口群智能体之间的路段智能体的协调控制约束条件。

动态交叉口群智能体的主要功能有:①根据动态交叉口群的特征交通状况搜索主协调路径;②优化控制目标的各个交通控制评价指标的权重系数矩阵;③生成内部路段智能体的协调控制约束条件;④优化各个交叉口智能体的信号控制参考方案。

交叉口智能体的主要功能是基于交叉口信号控制参考方案,根据局部(交叉口与周围相邻交叉口范围)实时交通状况对信号控制参数进行实时优化,生成该交叉口的信号控制方案。

路段智能体的主要功能有:①城市道路网络交通流演化;②根据实时交通状况生成下游交叉口智能体的协调控制约束条件。

对于城市道路网络交通控制区域进行协调控制时,各个智能体的任务分配主要为:区域智能体以较长间隔动态划分交叉口群,动态交叉口群智能体以较短间隔优化交叉口信号控制参考方案,交叉口智能体在信号控制参考方案的基础上实时优化信号控制参数。

本章不对基于多智能体技术的分布式动态交叉口群协调控制系统的交通检测器布设方案进行专门讨论,需要检测的数据主要有车队在路段上的行驶速度。

11.3.1 路段智能体模型

如前所述,路段智能体描述交通流在路段的演化规律,根据实时交通状况生成下游交叉口智能体的约束条件。路段智能体主要与交叉口智能体进行信息交互,也可能与动态交叉口群智能体进行信息交互。

路段智能体模型主要描述交通流在路段的演化规律。从上游交叉口出发的车队在路段上存在离散现象。车辆到达下游交叉口进口时,如果信号状态为红信号或者存在车辆排队,则停在停车线前或者加入排队尾;如果信号状态为绿信号且不存在车辆排队,则通过交叉口停车线。

1)路段智能体结构

路段智能体由行为模块、协调模块、感知模块、通信模块、知识库以及学习模块组成。行为模块描述交通流在路段上的运行规律和路段断面的交通流特征参数。协调模块根据实时交通状况生成相邻交叉口智能体的协调控制约束条件。感知模块通过交通检测设备检测交通流特征参数。通信模块传递路段智能体与连接的交叉口智能体或动态交叉口群智能体之间的信息。知识库存储相关的路段交通参数和模型参数。学习模块根据实际交通数据修正路段智能体的路段交通参数和模型参数。各个模块之间的关系如图 11-3 中虚线框部分所示。本节后续将对行为模块和协调模块进行深入研究。

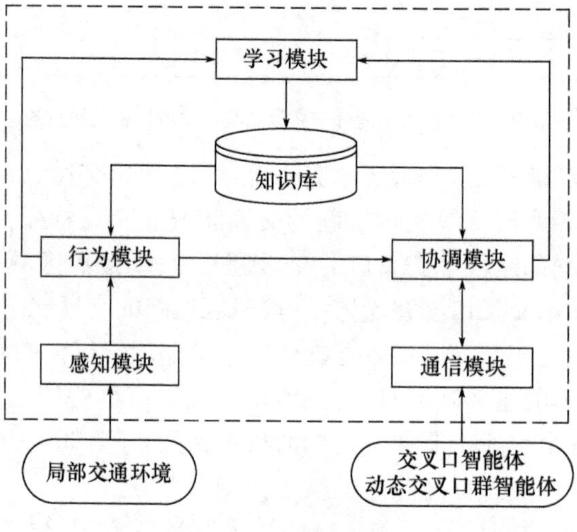

图 11-3　路段智能体结构

2）路段智能体行为模型

路段智能体行为模型描述交通流在路段的演化规律。本章对 Robertson 路段车流离散模型进行改进，并基于改进的 Robertson 车流离散模型建立路段智能体行为模型。

相邻交叉口之间的双向路段如图 11-4 所示。在图 11-4 中，A 段为展宽段，B 段为展宽渐变段，C 段为正常路段。为了研究方便，本章对于下游交叉口进口有展宽段的路段处理方法与进口无展宽段的路段的处理方法相同，路段一个方向的连线均抽象为如图 11-5 所示的情形。在图 11-5 中，路段长度 L 为实际路段上游交叉口出口至下游交叉口进口停车线之间的长度，l' 为下游交叉口进口车辆排队尾长度，q^{in} 为优化间隔内上游交叉口进入路段的车流量，q^{s} 为优化间隔内到达下游交叉口进口停车线前或者车辆排队尾的车流量，q^{out} 为在优化间隔内下游交叉口进口有车辆排队时通过停车线的车流量，q^{go} 为在优化间隔内下游交叉口进口无车辆排队时通过停车线的车流量。依据 Robertson 路段车流离散模型，t 时刻到达下游交叉口进口停车线前或者排队尾的车辆数按照式(11-1)计算。

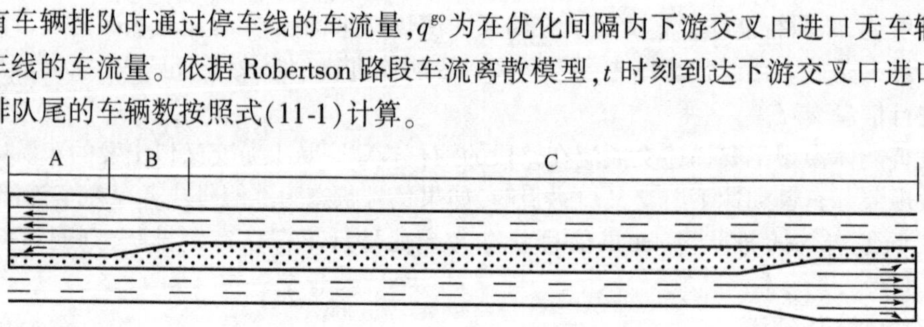

图 11-4　两端带有展宽段的双向路段

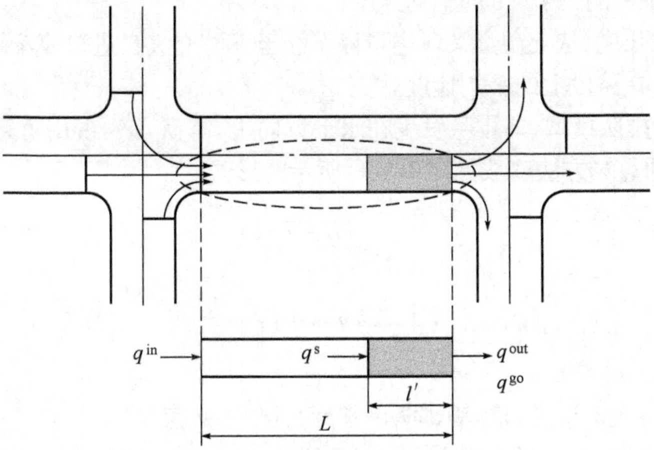

图 11-5　路段智能体行为模型

$$q^{s}(t) = Fq^{in}(t-\tau) + (1-F)\,q^{s}(t-\Delta T) \tag{11-1}$$

式中：F——平滑系数(smooth factor)，$F = \dfrac{1}{1+\alpha\cdot\beta\cdot\tau_a}$；

α——车队离散系数(platoon dispersion factor)；

β——车队行驶时间系数(travel time factor)；

τ_a——车辆在路段上的平均行驶时间，以优化间隔数表示；

τ——车辆在路段上的最短行驶时间，以优化间隔数表示，$\tau = \beta\cdot\tau_a$；

ΔT——优化间隔。

参数 α 和 β 的取值对于 *Robertson* 模型的预测精度有很大影响。一般情况下，α 可取 0.5，β 取值在[0.5,0.8]之间。实际应用时，可以根据实际路段几何条件和路段交通状况对这两个参数进行标定。标定的目标是预测流量与实际流量的偏差的平方和最小。Yu 和 Van Aerde[418] 曾对参数 α、β 以及 F 进行过标定。Rakha 和 Farzaneh[419] 针对 Yu 和 Van Aerde 标定方法的不足，提出了三种新的标定方法。

在 TRANSYT 和其他已有的一些城市道路网络交通流协调控制模型中，交叉口进口的车辆排队建模方法有两类：一类是垂直排队模型，另一类是水平排队模型。垂直排队模型意味着忽略交叉口进口的车辆排队长度，认为车辆排队发生在进口停车线上。依据垂直排队模型计算下游交叉口进口的车流到达分布时以进口停车线为基准。水平排队模型意味着交叉口进口的车辆排队发生在进口道上。依据水平排队模型计算下游交叉口进口的车流到达分布时以下游交叉口进口车辆排队尾为基准。

如果采用垂直排队模型，即排队只发生在停车线上，排队车辆并不占用道路空间，则式(11-1)中的参数 τ_a 与 τ 的计算方法如式(11-2)所示：

$$\begin{cases} \tau_a = \dfrac{L}{\overline{V}} \\ \tau = \dfrac{L}{V_{max}} \end{cases} \tag{11-2}$$

式中：V_{max}——车队头车在路段上的平均速度；

L——路段长度，从上游交叉口进口停车线至下游交叉口进口停车线的距离；

$\overline{V}$——车队在路段上的平均速度。

如果采用水平排队模型，即排队发生在水平方向上，排队车辆占用道路空间，则式(11-1)中的参数 τ_a 与 τ 的计算方法变成如式(11-3)所示的形式：

$$\begin{cases}\tau_a = \dfrac{L - l'(t)}{\overline{V}} \\ \tau = \dfrac{L - l'(t)}{V_{max}}\end{cases} \tag{11-3}$$

式中：$l'(t)$——下游交叉口进口车辆排队尾长度，其他参数意义同式(11-2)。

之所以 $l'(t)$ 表示路段车辆排队尾长度，是因为 Robertson 路段车队离散模型的有效作用空间范围为上游交叉口出口至下游交叉口进口车辆排队尾（进口有车辆排队存在）或者下游交叉口进口停车线（进口无车辆排队存在）。交叉口进口车辆排队尾长度 $l'(t)$ 的计算方法见 11.3.2。

与垂直排队模型相比，水平排队模型更符合实际，本章采用水平排队模型。

3）路段智能体行为干扰因素

为了使 2）建立的路段智能体行为模型能够实际应用于城市道路网络交通流协调控制，有必要对城市道路网络实际存在但又未纳入路段智能体行为模型的干扰因素进行分析，通过城市道路网络交通设计和城市交通系统管理技术手段尽量减少这些干扰因素的影响，从而为路段智能体行为模型的正确应用消除障碍。因此，本章将从城市道路网络交通设计和城市交通系统管理技术方面消除或规避某些干扰因素。

我国大多数城市道路网络都存在这样一些路段：或者路段中间存在行人过街横道，或者路段上没有中央隔离带或者物理隔离措施，或者路段两侧机动车与非机动车混合行驶。机动车流在这些路段上行驶时，其离散过程受到横向干扰和纵向干扰，按照路段智能体行为模型计算下游交叉口进口的车辆到达分布时存在着不可忽视的偏差。本章只提出这些干扰因素，不对这些干扰因素的影响机理进行深入研究和建模分析，只给出相应的交通改善和规避措施。本章把路段行人过街横道带来的干扰称为横向干扰，把路侧非机动车流和道路中间对向机动车流带来的干扰称为纵向干扰。

（1）路段智能体行为横向干扰

当路段上存在行人过街横道时，交通流运行规律不同于没有人行横道的情形。对于如图 11-6所示的路段行人过街横道，本章将之等同为如图 11-7 所示的交叉口。

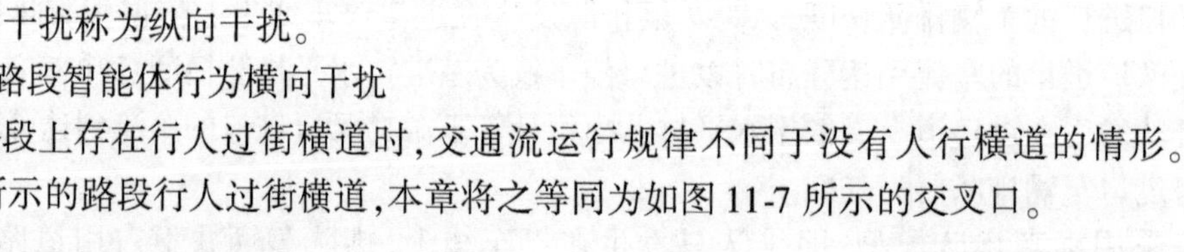

图 11-6　路段行人过街横道

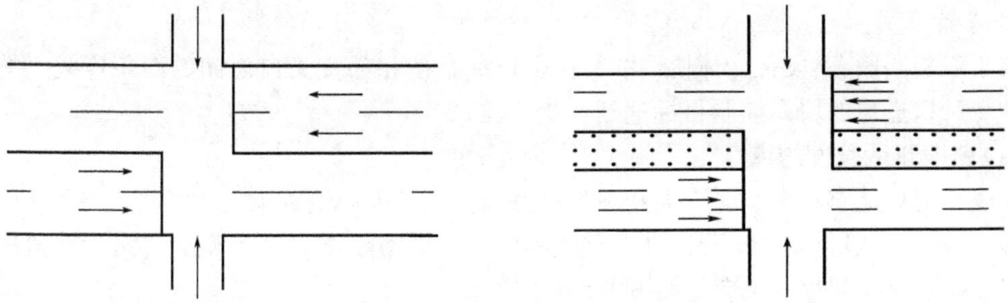

图 11-7 路段行人过街横道等效的交叉口形式

根据有无信号控制情形,分别视为有信号控制交叉口和无信号控制交叉口。交通流在路段行人过街横道前的集散情形也类似于对应类型的交叉口,相当于路段对应位置上存在一个虚拟交叉口。车流从上游交叉口出发,到达下游交叉口,如果遇到行人过街的情况,则视为两次车流离散过程;如果没有遇到行人过街,则视为正常情况下的一次车流离散过程。

还有一类横向干扰是路段出入口干扰。路段出入口对路段交通流的干扰表现为原来路段车流量在此处有增加或减少的流量变化,这种情况也会导致到达下游交叉口的车辆到达分布预测不准确。此种情况的解决方法是在影响较大的路段出入口处设置车辆检测设备,准确获取从路段进口向路段汇入或从路段向路段出口分流的交通量。

(2)路段智能体行为纵向干扰

当道路断面形式为一块板或两块板时,在路侧机动车道和(或)中央机动车道上行驶的车辆极易受到来自路侧非机动车和(或)对向机动车的纵向干扰。纵向干扰对于交通流特性的影响机理很复杂,仅靠传统的折减系数或者自行车当量小汽车系数的方法无法准确描述交通流特征参数的变化规律进而准确计算下游交叉口进口的车辆到达情况和车辆排队情况。因此,通过交通设计的方法分离纵向干扰是一种较为理想的交通管理措施[420]。具体做法如下:对于较为严重的非机动车干扰,将非机动车行驶通道和行人通道置于同一高度并统一作为慢行交通系统;对于对向机动车干扰,在条件允许情况下设置中央隔离带或者标线标示带,无条件时设置硬质隔离措施或者施划双黄线。

(3)路段智能体行为偶发干扰

还有一类干扰因素并不是时时刻刻存在,本章称为偶发干扰。偶发干扰因素的出现具有随机性。一旦偶发干扰出现,将会严重影响甚至破坏交通流的正常运行,例如突发交通事件,造成干扰源周围一定范围一定时间段内交通流的局部拥挤和堵塞,上游交叉口和下游交叉口的交通流参数发生异常变化。

偶发干扰既不能归类于纵向干扰,也无法归类于横向干扰。偶发干扰的出现使正常情况下的路段智能体行为模型几乎失效。在突发交通事件引发的偶发干扰期间,城市交通控制系统需启动异常状况下的交通管理与控制方案。

(4)路段智能体协调策略

路段智能体协调是指路段智能体根据路段上的实时交通状况主动向相邻交叉口智能体发送特定的协调请求,使相邻交叉口的信号控制方案满足特定的协调控制约束条件,以实现特定的协调控制策略,使城市道路网络交通流整体协调控制目标最佳。需要路段智能体主动发送协调请求的路段交通状况主要包括路段存在超长车辆排队以及路段发生交通阻塞等情况。

对于双向路段,路段智能体协调的另一个目标是使相邻交叉口之间的两条连线上的交通流在两交叉口进口的协调控制目标达到系统最优。

(1)路段排队长度约束

路段智能体能够根据实时交通状况生成路段排队长度协调约束。为了防止路段车辆排队发生溢出,路段车辆排队应该限制在合理范围内。如果路段长度为 L,则允许最大路段排队尾长度 l'_{max} 在任何时刻都应该满足如下条件:

$$l'_{max} \leqslant \alpha \cdot L/\overline{h_s} \tag{11-4}$$

式中:α——允许最大排队调节系数,$0.8 \leqslant \alpha < 1.0$,路段交通负荷较低时取小值,交通负荷较高时取大值;

$\overline{h_s}$——排队车辆平均车头空距,即平均饱和车头空距;

其他参数意义同式(11-3)。

(2)路段协调请求

当路段排队长度超过允许最大排队长度时,路段智能体向相邻交叉口智能体发送协调请求,使相邻交叉口智能体启动门控制策略修正信号控制方案,以达到降低路段交通负荷和防止发生排队溢出的控制目标。

当路段上有车队出现时,路段智能体也向下游交叉口发出协调请求,以使车队尽可能不停车通过下游交叉口。

11.3.2 交叉口智能体模型

交叉口智能体是基于多智能体技术的分布式动态交叉口群协调控制系统的控制级,主要负责交叉口信号控制方案的实时局部优化和执行。交叉口智能体主要与连接的路段智能体、相邻交叉口智能体、所属的动态交叉口群智能体进行信息交互。

1)交叉口智能体结构

交叉口智能体由交通状况预测模块、控制参数优化模块、单点控制模块、协调控制模块、任务调度模块、通信模块、知识库以及学习模块组成。交通状况预测模块对交叉口各个进口的交通流特征参数进行实时预测。信号控制参数优化模块在交叉口信号控制参考方案的基础上实时优化信号控制参数。当动态交叉口群只包含一个交叉口智能体时,或系统实施降级控制时,单点控制模块用于优化单点实时自适应信号控制方案,并执行交叉口单点信号控制方案。协调控制模块执行交叉口协调信号控制方案。任务调度模块根据各种情况对交叉口智能体的各个功能模块实施任务调度。知识库存储相关的交叉口交通参数和模型参数。学习模块根据实际交通状况修改交叉口智能体的模型参数和交叉口交通参数。交叉口智能体各个模块之间的关系如图 11-8 中虚线框部分所示。

下面将对单点控制模块、协调控制模块、信号控制参数优化模块的部分功能进行深入研究。交叉口智能体的协调控制模块与信号控制参数优化模块完成的协调控制功能如图 11-9 所示。

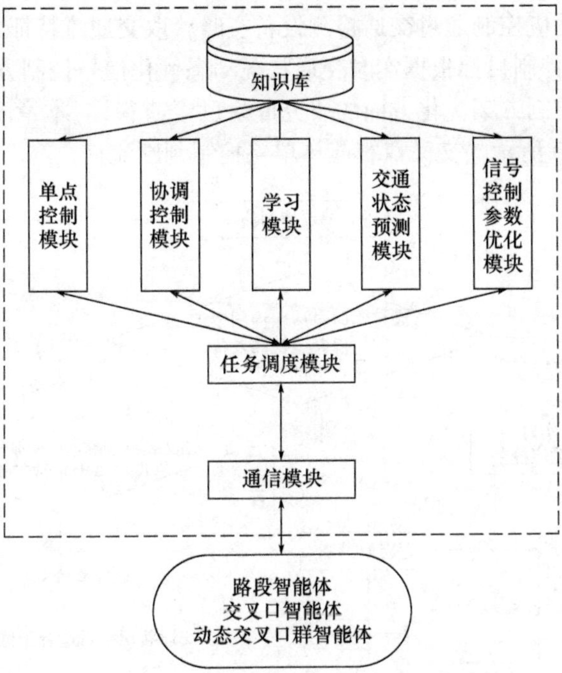

图 11-8　交叉口智能体结构

以所属的动态交叉口群智能体生成的信号控制参考方案为基础,交叉口智能体根据局部(交叉口与相邻交叉口之间的局部范围)实时交通状况对信号控制参数进行局部优化。随着交叉口和连接路段的交通状况的不同,信号控制参数优化目标和策略有所不同。

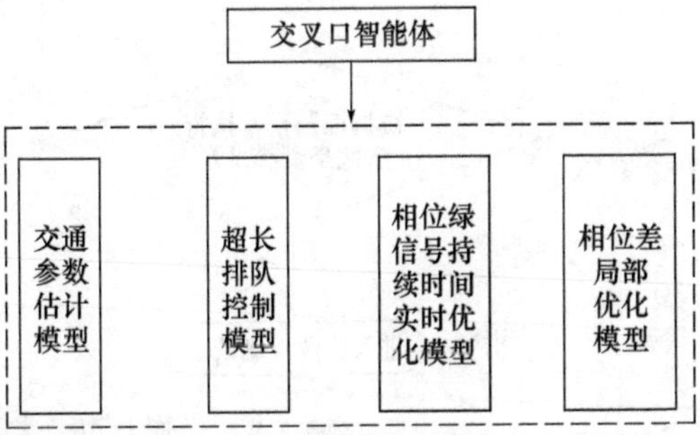

图 11-9　交叉口智能体的协调控制功能

当交叉口智能体接收到周围路段智能体的协调请求时,根据所有请求的重要性对它们进行优先级排序,协调控制模块根据优先级高低按照先后次序实施不同的控制策略,使局部交通状况影响范围较大、影响时间较长的重要协调请求能够依据控制目标最优原则得到优先响应,低优先级协调请求依据控制目标次优原则进行响应。

2)交叉口智能体单点控制流程

为了提高基于多智能体技术的分布式动态交叉口群协调控制系统鲁棒性,交叉口智能体必须具备单点控制功能以应对通信故障或其他意外因素引发的局部失效,此时动态交叉口群实施降级控制,成为单个交叉口单点控制。另一方面,当动态交叉口群只包含一个交叉口智能体时,对应交叉口也需要进行单点控制。交叉口单点控制包括定周期(单时段或多时段定周期)控制、感应(半感应、全感应)控制、实时自适应控制。定周期控制或感应控制需根据预先设定的信号控制参数或者根据历史数据定期由交叉口智能体自动选择最佳信号控制方案或信号控制参数对交叉口交通流进行控制。定周期控制和感应控制的区别在于:定周期信号控制方案只根据时段平均交通状况进行计算或选择,而感应信号控制方案则必须根据实时交通状况进行判断。实时自适应控制通过交通检测设备实时获取交通流特征参数以跟踪交通状况的实时变化,依据设定的控制目标根据实时交通状况动态优化信号控制方案。

国内外有关单点控制方案优化方面的研究成果已经有很多,本章不在这方面进行进一步研究,仅给出如图 11-10 所示的交叉口智能体单点控制判断流程。

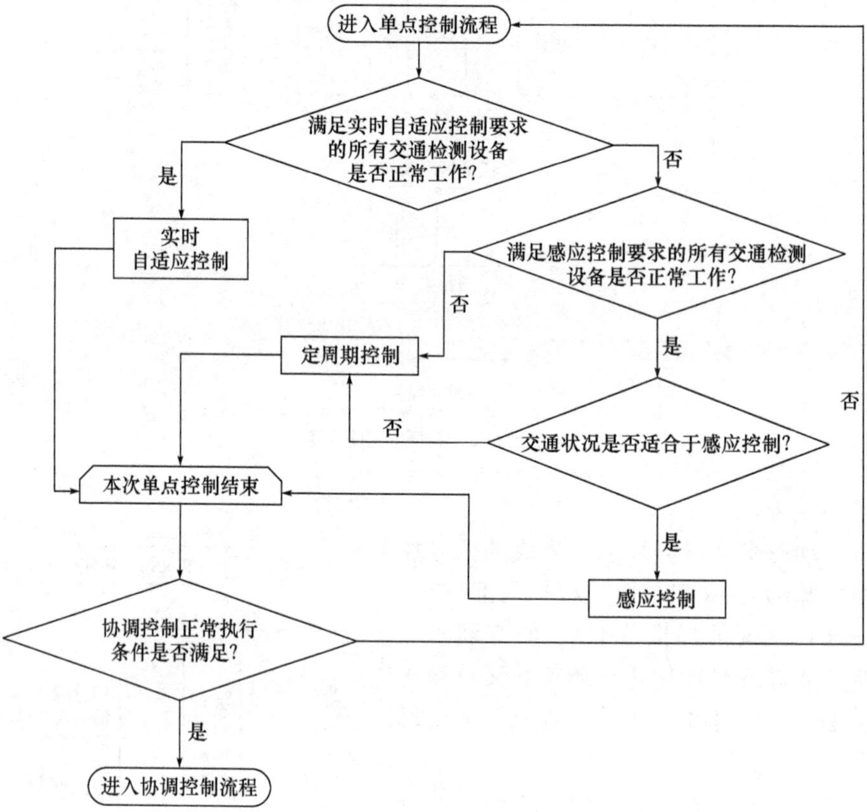

图 11-10　交叉口智能体单点控制流程

3)路段超长排队控制模型

当路段排队长度超过允许最大排队长度时,为了降低路段交通负荷和防止发生排队溢出现象,使剩余的连线空间能够动态容纳上游交叉口流入流向在剩余的相位绿信号持续时间内继续驶向下游交叉口的流量,路段智能体向相邻交叉口智能体发送协调请求。根据上游交叉口智能体和下游交叉口智能体是否响应路段智能体的协调请求,有四种可能情况:①上游交叉口智能体和下游交叉口智能体均响应请求;②上游交叉口智能体和下游交叉口智能体均不响应请求;③上游交叉口智能体响应请求而下游交叉口智能体不响应请求;④上游交叉口智能体不响应请求而下游交叉口智能体响应请求。如果下游交叉口智能体响应请求,则相应的门控制措施为延长下游交叉口对应相位的绿信号持续时间,从而增加下游交叉口的通行能力;如果上游交叉口智能体响应请求,则相应的门控制措施为缩短上游交叉口对应相位的绿信号持续时间,从而减少上游交叉口的交通需求。

本章重点以下游交叉口为例论述路段存在超长排队时相邻交叉口实施门控制策略时交叉口的信号控制参数修正模型。为了方便起见，本章把下游交叉口进口的车辆排队长度达到允许最大排队长度的流出流向所属的相位称为目标相位。假设下游交叉口信号相位序列如图11-11所示，目标相位的相位序列编号为＊所标示的相位，而下游交叉口的当前相位的相位序列编号为1，它们之间的时间差为Δt。

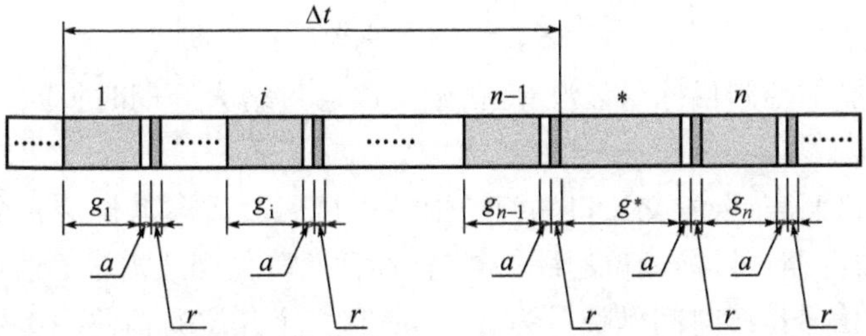

图11-11　交叉口当前相位与目标相位绿信号启亮时刻的时间差

如图11-11所示，包括当前相位和目标相位的前续相位在内，Δt时段跨越了交叉口信号相位方案的$n-1(n \geqslant 2)$个相位。如果包含目标相位的后继相位（图11-11中标示为相位序列编号n）在内的n个相位对应的进口车道都不存在排队长度超过允许最大排队长度的现象，则为了能够尽快疏散路段超长排队，必须改变交叉口信号控制策略，实施门控制策略。在这种情况下，下游交叉口的门控制目的是在尽可能不改变信号控制方案参考周期时长的前提下，按照某种控制目标，通过适当缩短这n个相位的相位绿信号持续时间，以达到最大限度延长目标相位的相位绿信号持续时间，从而提高目标相位的通行能力。

对于下游交叉口，假设第$i(i=1,2,\cdots,n)$个相位的相位绿信号持续时间缩短量为Δ_i，则所有n个相位的相位绿信号持续时间缩短量可以表示为向量$\vec{\Delta}=(\Delta_1,\Delta_2,\cdots,\Delta_n)$。

本章设置门控制的目标是这n个相位的总延误和总排队长度最小，则下游交叉口的门控制目标为：

$$\begin{cases}\min\left(\sum_i W_i \cdot Q_i \cdot d_i\right)\\ \min\left(\sum_i W_i \cdot q_i\right)\end{cases} \tag{11-5a}$$

约束条件为：

$$\begin{cases}\Delta_i \geqslant 0\\ \prod_{i=0}^{n}\Delta_i > 0\\ g_i - \Delta_i \geqslant g_{i\min}\\ g^* + \sum_{i=1}^{n}\Delta_i <= g_{\max}^*\end{cases} \tag{11-5b}$$

式中：Δ_i——第i个相位的缩短量；

W_i——第i个相位的权重，$W_i>0$；

Q_i——第i个相位的周期流量；

q_i——第i个相位的排队车辆数；

d_i——第i个相位的平均排队延误；

g_i——第 i 个相位的相位绿信号持续时间；

$g_{i\min}$——第 i 个相位绿信号最小持续时间；

g^*——目标相位绿信号持续时间；

$g^*_{\max}$——目标相位绿信号最大持续时间。

如果上述门控制的控制目标函数有解,则目标相位的相位绿信号持续时间变为：

$$g^{*'} = g^* + \sum_{i=1}^{n} \Delta_i \tag{11-6}$$

如果上述门控制的控制目标函数没有解,则可以通过增大周期时长的方法得到一组 $\vec{\Delta} = (\Delta_1, \Delta_2, \cdots, \Delta_n)$ 。

对于上游交叉口而言,上游交叉口的门控制策略是通过适当延长这 n 个相位的相位绿信号持续时间,最大限度缩短目标相位的绿信号持续时间,降低交通需求。假设第 $i(i=1,2,\cdots,n)$ 个相位的相位绿信号持续时间延长量为 Δ_i,则所有 n 个相位的相位绿信号持续时间延长量可以表示为向量 $\vec{\Delta} = (\Delta_1, \Delta_2, \cdots, \Delta_n)$ 。

本章设置上游交叉口的门控制的目标是这 n 个相位的总延误和总排队长度最小,则上游交叉口的门控制目标为：

$$\begin{cases} \min(\sum_i W_i \cdot Q_i \cdot d_i) \\ \min(\sum_i W_i \cdot q_i) \end{cases} \tag{11-7a}$$

约束条件为：

$$\begin{cases} \Delta_i \geqslant 0 \\ \prod_{i=0}^{n} \Delta_i > 0 \\ g_i + \Delta_i \leqslant g_{i\max} \\ g^* - \sum_{i=1}^{n} \Delta_i \geqslant g^*_{\min} \end{cases} \tag{11-7b}$$

式中：$g_{i\max}$ ——第 i 个相位绿信号最大持续时间；

Δ_i——第 i 个相位的延长量；

其他参数意义同式(11-5)。

本节对于式(11-6)与式(11-7)表示的多目标优化模型进行简化处理,采用遗传算法寻求最优解时可以使解先满足第二个目标,然后在满足第二个目标的基础上再满足第一个目标。如果上述门控制的控制目标函数没有解,则可以尝试通过增大周期时长的方法得到一组 $\vec{\Delta} = (\Delta_1, \Delta_2, \cdots, \Delta_n)$ 。

由于排队车流以饱和流率通过交叉口,所以在某种意义上,门控制策略提供了一种在交叉口周期时长保持不变的条件下根据交叉口进口各个方向的实时交通状况,动态调整信号控制方案各个相位的相位绿信号持续时间参数,以提高交叉口通行能力的方法。

4)交叉口交通参数估计模型

为了在动态交叉口群智能体设定的信号控制参考方案的基础上实时优化信号控制参数,交叉口智能体必须对局部(交叉口与相邻交叉口之间的范围)交通状况进行动态参数估计,包括进口微观交通状态、进出口停车线流量等。交叉口智能体估计的交通参数有交叉口微观交通状态、进出口停车线流量,以及进口交通流信号控制方案评价指标等。

图 11-12 表示一个十字交叉口，令 $i(i=1,2,\cdots,I)$ 为交叉口序号，$j(j=1,2,\cdots,J)$ 为第 i 个交叉口的进口序号，$k(k=1,2,\cdots,K)$ 为第 i 个交叉口第 j 个进口流向序号，$p(p=12,\cdots,P)$ 为第 i 个交叉口信号相位方案的相位序号。I 为动态交叉口群内的交叉口数，J 为第 i 个交叉口的进口数，K 为第 i 个交叉口第 j 个进口的流向数，P 为第 i 个交叉口的信号相位方案包含的相位数。本节的论述均以此图及相关符号为准。

下面对一些将要用到的记号形式进行说明。把第 i 个交叉口第 j 个进口用符号 j_i^I 表示，把第 i 个交叉口第 j 个出口用符号 j_i^O 表示，把第 i 个交叉口第 j 个进口第 k 个流向表示成 k_i^j，如果流向 k_i^j 流向第 i 个交叉口第 l 个出口，流向 k_i^j 也可以表示成 $\overrightarrow{j_i^I l_i^O}$ 或者 $j_i^I \rightarrow l_i^O$。

(1)进口流向信号状态

交叉口交通参数均与交叉口信号状态有关。对于交叉口进口的各个交通流向而言，信号状态分为通行和停止两种状态，可以用 1 表示通行，用 0 表示停止。

如图 11-12 所示，隶属于该交叉口第 p 个相位的流向集合可表示为：

$$M_i(p) = \{k_i^j \mid \text{流向 } k_i^j \text{在 } p \text{ 相位获得通行权}\} \tag{11-8}$$

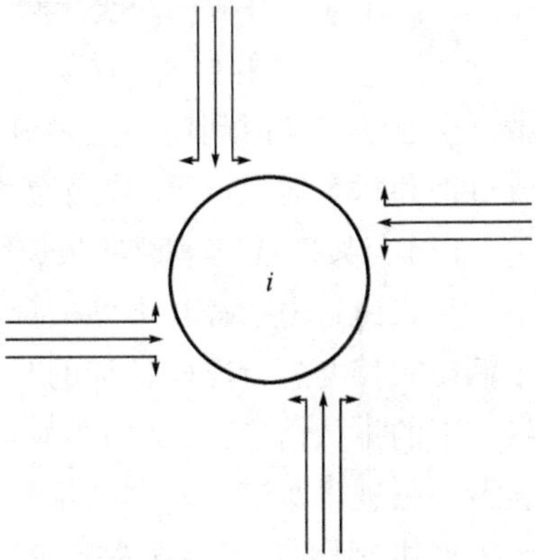

图 11-12　交叉口流向示意图

设时刻 $t=0$ 表示时间窗开始位置，在任意时刻 $t(t>0)$，时间窗处于第 p 个阶段（即第 p 个相位），则称第 p 个阶段为当前阶段（即第 p 个相位为当前相位），该交叉口第 j 个进口第 k 个流向的信号状态 $R_{ijk}(t)$ 可表示为：

$$R_{ijk}(t) = \begin{cases} 1 & k_i^j \in M_i(p) \\ 0 & k_i^j \notin M_i(p) \end{cases} \tag{11-9}$$

(2)交叉口微观交通状态

相位绿信号启亮时交叉口进口上的排队车辆以饱和状态驶过停车线，后续到达的车辆将无阻碍地驶过交叉口，直至相位绿信号持续时间结束。

在一个周期内交叉口进口受信号控制的某个流向对应的出口的交通量变化规律如图 11-13 中的粗实线所示。在图 11-13 中，横坐标为时间，纵坐标为流量，C 为周期时长，r 为有效红信号时间，g 为有效绿信号时间，$q(t)$ 为流量到达率。

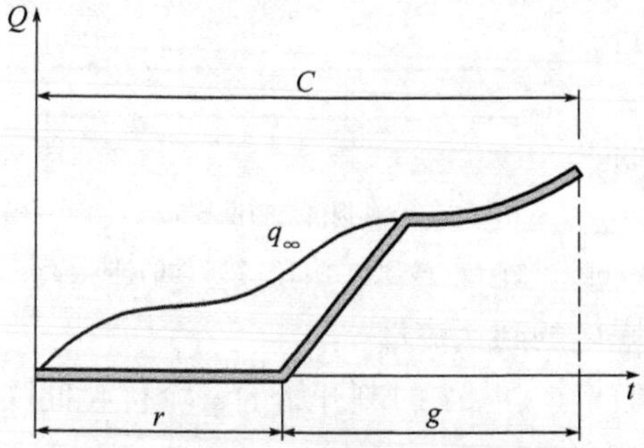

图 11-13　交叉口进口一个流向对应的出口流量周期变化规律

根据图 11-13，把交叉口进口交通状态分为三类：阻塞态(jammed)，用 0 表示；拥挤态(congested)，用 1 表示；非拥挤态(unimpeded)，用 2 表示。交叉口进口的这三种微观交通状态如图 11-14 所示（图 11-14中符号的意义同图 11-13）。从图 11-14 可看出，交叉口进口的微观交通状态取决于交叉口进口流向的信号状态和交叉口进口上该流向是否存在车辆排队，据此可构造如下的交叉口进口一个流向的交通状态函数 $s_{ijk}(t)$：

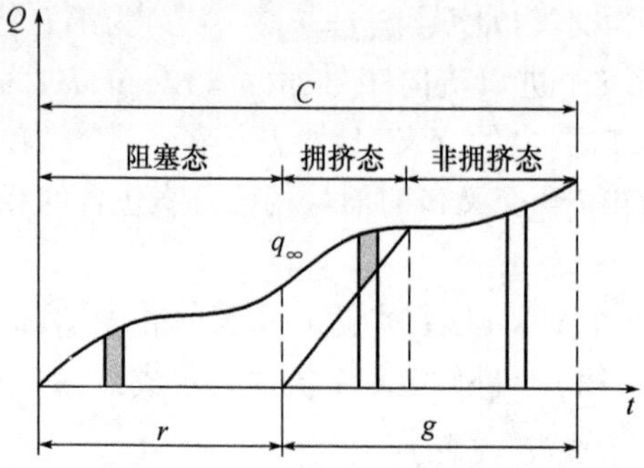

图 11-14 一个周期内交叉口进口微观交通状态转化

$$s_{ijk}(t) = \begin{cases} 0 & R_{ijk}(t) = 0 \\ 1 & R_{ijk}(t) = 1, l_{ijk}(t) > 0 \\ 2 & R_{ijk}(t) = 1, l_{ijk}(t) = 0 \end{cases} \quad (11\text{-}10)$$

式中：$l_{ijk}(t)$——t 时刻交叉口进口一个流向的车辆排队长度，其计算方法见下文，其他参数意义同式(11-9)。

交叉口进口一个流向是否处于饱和状态与交叉口进口该流向的微观交通状态具有一定关系。一个周期中交叉口进口一个流向处于非饱和状态时，进口微观交通状态从时间序列上可分为阻塞态、拥挤态以及非拥挤态；如果进口一个流向处于饱和或过饱和状态时，进口微观交通状态从时间序列上可分为阻塞态和拥挤态。

(3)交叉口进口车辆排队长度

从式(11-10)看出，准确估计交叉口进口一个流向的微观交通状态，需建立在对该流向的车辆排队长度进行准确估计的基础上。图 11-15 表示了交叉口进口一个流向在三种微观交通状态下的排队情形，分别如图 11-15a)、图 11-15b)、图 11-15c)所示。图 11-15 中的黑色矩形块表示一条进口车道上的车辆排队，如果进口车道上没有黑色矩形块，则表示不存在车辆排队。

图 11-15 中，参数 $l_{ijk}(t)$表示第 i 个交叉口第 j 个进口第 k 个流向在 t 时刻的车辆排队长度，v_1 为排队波速，v_2 为排队消散波速，方向如图 11-15 所示。对于某个优化间隔，图 11-15a)表示当交叉口进口处于阻塞态时排队开始断面静止在进口停车线，图 11-15b)表示当交叉口进口处于拥挤态时排队开始断面沿着路段不断向上游交叉口移动。

计算交叉口进口一个流向的车辆排队的传统方法如下所示：

$$l_{ijk}(t) = \max[A_{ijk}(t) + l_{ijk}(t-\Delta T) - D_{ijk}(t), 0] \quad (11\text{-}11)$$

图 11-15 交叉口进口一个流向的排队模式

式中：$l_{ijk}(t-\Delta T)$——第 i 个交叉口第 j 个进口第 k 个流向在 $t-\Delta T$ 时刻的排队长度；

$A_{ijk}(t)$——第 i 个交叉口第 j 个进口第 k 个流向在 $t-\Delta T$ 时刻开始的一个优化间隔内的到达流量；

$D_{ijk}(t)$——第 i 个交叉口第 j 个进口第 k 个流向在 $t-\Delta T$ 时刻开始的一个优化间隔内的离去流量；

ΔT——优化间隔，即优化步长。

在式(11-11)中,$A_{ijk}(t)$的计算断面为交叉口进口车辆排队尾,$D_{ijk}(t)$的计算断面为交叉口进口停车线。用传统方法计算阻塞态时交叉口进口的车辆排队长度没有理论上的误差,但是计算拥挤态时交叉口进口的车辆排队长度存在理论上的误差。这是因为当相位绿信号启亮后车辆排队以饱和流率开始消散,以交叉口进口停车线为参照断面计算车辆排队长度将排队消散断面和停车线断面之间已处于行驶状态的饱和车流都纳入车辆排队系统,导致其计算结果偏大。因此,本节采用下面的公式计算拥挤态的车辆排队长度:

$$l_{ijk}(t) = \max(l_{ijk}(t - \Delta T) + (v_1 - v_2) \cdot \Delta T/\overline{h_s},0) \tag{11-12a}$$

式[11-12a)]中,参数$\overline{h_s}$的含义同式(11-4),其他参数的意义同式(11-11)。公式[11-12a)]等同于下式:

$$l_{ijk}(t) = \max(l_{ijk}(t - \Delta T) + A_{ijk}(t) - v_2 \cdot \Delta T/\overline{h_s},0) \tag{11-12b}$$

式[11-12b)]中各参数意义同式[11-12a)]。

综上所述,交叉口进口一个流向的车辆排队长度计算方法如下:

$$l_{ijk}(t) = \begin{cases} l_{ijk}(t - \Delta T) + A_{ijk}(t) & s_{ijk}(t) = 0 \\ \max[l_{ijk}(t - \Delta T) + A_{ijk}(t) - v \cdot \Delta T/\overline{h_s},0 & s_{ijk}(t) = 1 \\ \max[A_{ijk}(t) - N_k,0] & s_{ijk}(t) = 2 \end{cases} \tag{11-13}$$

式中:N_k——交叉口进口该流向在一个优化间隔内能通过停车线的最大车辆数;

v——交叉口进口车辆排队消散速度;

其他参数意义同式[11-12b)]。

需要说明的是,交叉口进口一个流向的车辆排队长度和车辆排队尾长度并不总是相等。当交叉口进口微观交通状态为阻塞态时,车辆排队长度与车辆排队尾长度相等;当交叉口进口微观交通状态为拥挤态时,车辆排队长度与排队尾长度不相等。第i个交叉口第j个进口第k个流向在t时刻的车辆排队尾长度$l'_{ijk}(t)$按照式(11-14)计算:

$$l'_{ijk}(t) = \begin{cases} l'_{ijk}(t - \Delta T) + A_{ijk}(t) & s_{ijk}(t) = 0,1 \\ \max[A_{ijk}(t) - N_k,0] & s_{ijk}(t) = 2 \end{cases} \tag{11-14}$$

式(11-14)中,参数$l'ijk(t)$的意义同式(11-13),其他参数意义同式(11-13)。

虽然车辆排队尾长度和车辆排队长度在相位红信号时相等,但是水平排队模型[见式(11-3)]中的参数$l'(t)$实际上表示车辆排队尾长度,不是车辆排队长度。很多城市交通控制系统混淆了这两个概念,把车辆排队尾长度和车辆排队长度等同起来,在计算下游交叉口的车辆达到分布时不加区分地采用如式(11-11)所示的计算车辆排队长度的模型计算下游交叉口进口车辆排队尾长度。实际上,作为车辆排队尾长度计算方法,式(11-11)只在交叉口进口微观交通状态为阻塞态时才成立,而在交叉口进口微观状态为拥挤态时不再成立,而此时需要采用式(11-14)。虽然式(11-11)所示的计算车辆排队长度的模型的计算断面也为交叉口进口停车线,但是计算结果作为交叉口进口车辆排队尾长度,却又偏小。车辆排队尾长度的计算断面实际上为交叉口进口排队波的传播位置,它不包括车辆排队的消散情况,而式(11-11)却计入了车辆排队的消散过程(即使对于车辆排队消散过程的建模并不准确),从而导致计算结果偏小。

当交叉口进口微观交通状态为拥挤态时,车辆排队头长度$l''_{ijk}(t)$由式[11-15a)]或者式[11-15b)]计算：

$$l''_{ijk}(t) = l'_{ijk}(t) - l_{ijk}(t) \tag{11-15a}$$

$$l''_{ijk}(t) = v \cdot \Delta T/\overline{h_s} \tag{11-15b}$$

式[11-15a)]与式[11-15b)]中，参数 $l'_{ijk}(t)$ 意义同式(11-14)，其他参数意义同式(11-13)。

(4)进出口停车线流量

从图 11-5 中可以看出，在下游交叉口相位红信号或相位绿信号车辆排队消散期间，下游交叉口进口一个流向的车辆到达流量与该交叉口进口停车线车辆离去流量并不相等，因此有必要根据交叉口进口微观交通状态计算交叉口进出口停车线流量。如图 11-12 所示，设第 i 个交叉口第 j 个进口在时刻 $t-\Delta T$ 开始的 ΔT 优化间隔内到达停车线或进口车辆排队尾的流量为 $A_{ij}(t)$，第 i 个交叉口第 j 个进口第 k 个流向在时刻 $t-\Delta T$ 开始的 ΔT 优化间隔内到达停车线或进口车辆排队尾的流量为 $A_{ijk}(t)$，第 i 个交叉口第 j 个进口第 k 个流向在时刻 $t-\Delta T$ 开始的 ΔT 优化间隔内通过交叉口停车线的流量为 $Q_{ijk}(t)$，第 i 个交叉口第 j 个出口在时刻 $t-\Delta T$ 开始的 ΔT 优化间隔内通过出口停车线的流量为 $D_{ij}(t)$。

$A_{ijk}(t)$ 与 $A_{ij}(t)$ 之间存在的关系如式(11-16)所示：

$$A_{ijk}(t) = A_{ij}(t) \cdot r_{ijk}(t) \tag{11-16}$$

式中：$r_{ijk}(t)$——第 i 个交叉口第 j 个进口第 k 个流向在时刻 $t-\Delta T$ 开始的 ΔT 优化间隔内的转弯比例，该转弯比例需通过预测或估计得到。

$Q_{ijk}(t)$ 按照式(11-17)计算：

$$Q_{ijk}(t) = \begin{cases} 0 & s_{ijk}(t) = 0 \\ S_k \cdot \Delta T & s_{ijk}(t) = 1 \\ \min[A_{ijk}(t), S_k \cdot \Delta T] & s_{ijk}(t) = 2 \end{cases} \tag{11-17}$$

式中：S_k——第 k 个流向的饱和流率；

其他参数的意义同式(11-10)、式(11-16)。

设第 i 个交叉口流向第 l 个出口的流向集为 $M^i_{\to l} = \{\overrightarrow{j^I_i l^O_i} \mid \forall j^I_i\}$，第 i 个交叉口的相位集为 $P^i = \{p_1, p_2, \cdots, p_{n_p} \mid n_p$ 为相位数$\}$，第 i 个交叉口不受交通信号控制的流向集为 $M^i_{\text{nsc}} = \{\overrightarrow{j^I_i l^O_i} \mid \exists j^I_i, \exists l^O_i, \forall p \in P^i, \overrightarrow{j^I_i l^O_i} \notin p\}$。流向集 $M^i_{\to l}$ 对应的相位集为 $P^i_{\to l} = \{p \mid \forall \overrightarrow{j^I_i l^O_i} \in M^i_{\to l}, \exists p \in P^i, \overrightarrow{j^I_i l^O_i} \in p\}$。如果 t 时刻时间窗处于第 p 个阶段，则 $D_{ij}(t)$ 按照式(11-18)计算：

$$D_{ij}(t) = \begin{cases} D_{ij0}(t) & p \notin P^i_{\to j} \\ D_{ij0}(t) + \sum_l Q_{ilk}(t - \tau_{ilk}) & p \in P^i_{\to j} \text{ 且 } \exists\, \overrightarrow{l^I_i j^O_i} \in p, \overrightarrow{l^I_i j^O_i} \in M^i_{\to j} \end{cases} \tag{11-18}$$

式中：$D_{ij0}(t)$——第 i 个交叉口不受交通信号控制的流向在时刻 $t-\Delta T$ 开始的 ΔT 优化间隔内通过第 j 个出口停车线的流量，按照式(11-19)计算；

τ_{ilk}——车流在流向 k^l_i 轨迹线的平均行驶时间。

$$D_{ij0}(t) = \begin{cases} 0 & \text{不存在 } l^I_i, \text{使} \overrightarrow{l^I_i j^O_i} \in M_{i\to j} \text{ 且 } \overrightarrow{l^I_i j^O_i} \in M^i_{\text{nsc}} \\ \sum_l Q_{ilk}(t - \tau_{ilk}) & \text{存在 } l^I_i, \text{使} \overrightarrow{l^I_i j^O_i} \in M^i_{\to j} \text{ 且 } \overrightarrow{l^I_i j^O_i} \in M^i_{\text{nsc}} \end{cases} \tag{11-19}$$

式(11-19)中参数的意义同式(11-18)。

5）相位绿信号持续时间实时优化模型

交叉口智能体根据实时交通状况，每个周期每个相位每个优化间隔对相位绿信号持续时间进行一次局部优化。相位绿信号持续时间局部优化是根据交叉口各个进口交通流的实时到达情况进行实时自适应信号控制和实时微调交叉口各个方向相位差的重要手段。相位绿信号持续时间长短取决于相位包含的流向流量的大小。

（1）信号控制交通流的车队特征

从上游信号控制交叉口出发的交通流在路段上经历离散过程后，到达下游交叉口进口，在下游交叉口进口经历分流和“压缩”过程后形成各个流向的车队。可以将车队作为一个整体，用车队长度和平均行驶速度或者车队大小和平均车头时距以及车队位置（至下游交叉口进口停车线距离）描述车队的交通特征。如果图 11-5 所示的上游交叉口分别采用如图 8-3 和图 5-29所示的信号相位方案，假定车流在排队消散期间以饱和流率通过交叉口，在剩余绿信号时间以均匀流率通过交叉口，则在对应相位绿信号持续时间内各个流向的交通流在出口的理想流量变化图式如图 11-16 所示。图 11-16a）表示上游交叉口东向出口在一个周期内形成两个车队，第一个车队由第一相位的直行车流形成，第二个车队由第二相位的左转车流形成。图 11-16b）表示上游交叉口东向出口也在一个周期内形成两个车队，第一个车队由第一相位的直行车流形成，第二个车队由第四相位的左转车流形成。图 11-16 所示的两个车队在下游交叉口进口形成两个高密度的“车流脉冲”。对于相同直行车流需求或者左转车流需求，图 11-16a）的面积 A_1 或者 A_2 与图 11-16b）的面积 A_1 或者 A_2 应该相等。

车队是高密度车流，车流以车队形式通过交叉口时相位绿信号利用率较高，需要较少的相位绿信号时间。如果使上游交叉口在一个周期内到达的交通需求都能够通过下游交叉口，下游交叉口对应相位绿信号持续时间长短与到达下游交叉口的车流平均车头时距成正比。对于城市道路网络交通流协调控制而言，图 11-16b）所示的出口流量图式比图 11-16a）所示的出口流量图式更能够减少下游交叉口进口对应相位的绿信号持续时间。与两相位信号控制方案相比，四相位信号控制方案对于交叉口同一进口的直行车流和左转车流彻底分离，本向左转车流不再对对向直行车流造成干扰。因此，图 11-16b）中第一相位和第四相位的相位绿信号持续时间分别比图 11-16a）中第一相位和第二相位的相位绿信号持续时间短。因此，从协调控制的角度而言，若要使上游交叉口一个周期内到达的流量都通过下游交叉口，则上游交叉口采用图 5-29 所示的四相位信号控制方案比采用图 8-3 所示的两相位信号控制方案使下游交叉口对应相位需要更少的相位绿信号持续时间。

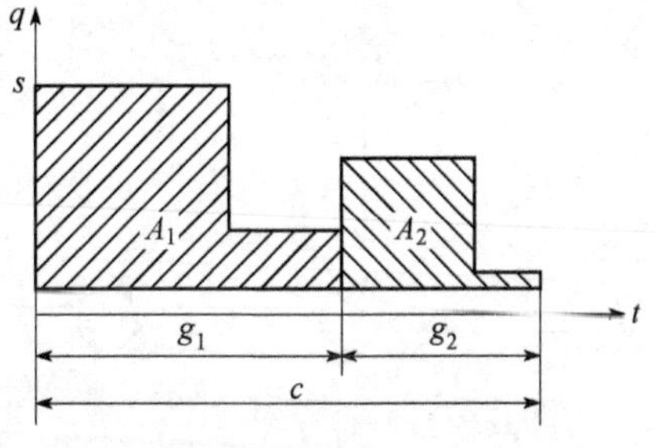

a）两相位信号控制方案的理想出口流量图式

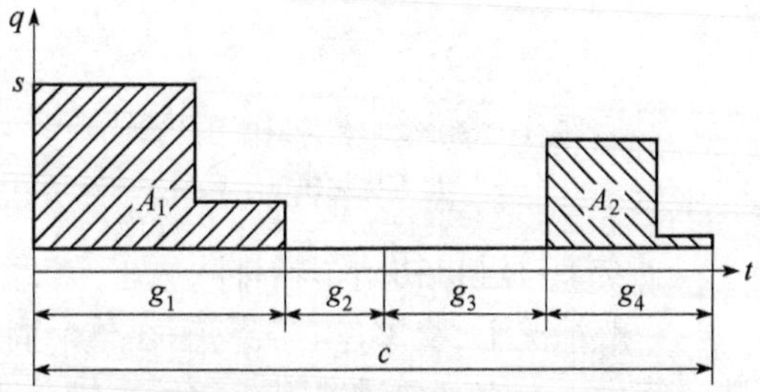

b）四相位信号控制方案的理想出口流量图式

图 11-16　信号控制交叉口出口流量的理想图式

(2)相位绿信号持续时间局部优化依据

建立交叉口相位绿信号持续时间局部优化模型时需要考虑的因素有路段上行驶的车队、交叉口进口车辆排队,以及上游交叉口各个流入流向的信号状态和车辆排队。由于相位差局部优化模型(详细论述见11.3.2)计算相位绿信号启亮时刻是以车队主体无间断通过交叉口停车线为控制目标,因此当对交叉口相位绿信号持续时间进行局部优化时下游交叉口进口的车辆排队包含了来自上游交叉口的车队主体之前的那部分车辆。交叉口相位绿信号持续时间局部优化模型示意图如图11-17所示,在优化交叉口 i 的相位绿信号持续时间时需考虑各个方向的上游交叉口流入流向的流量大小。

交叉口相位绿信号持续时间与上游交叉口信号控制方案相关。图8-3和图5-29所示的两种信号相位方案均产生两个车队。一般情况下,其中一个车队的流量较大,称为主要车队,它所属的相位即相邻交叉口协调控制时上游交叉口的对应相位;另一个车队的流量较小,称为次要车队。主要车队是优化下游交叉口相位绿信号持续时间长短的主要依据。下游交叉口相位绿信号持续时间局部优化的目的是使这个车队不停车通过下游交叉口。次要车队是优化下游交叉口相位绿信号持续时间长短的次要因素。根据次要车队流量相对于主要车队流量的相对大小,下游交叉口相位绿信号持续时间的优化结果可能使次要车队不停车通过下游交叉口,也可能使次要车队的全部或部分车辆形成下游交叉口进口的车辆排队。

对于图11-17所示的交叉口 i 的一个进口一个流向的车辆排队消散过程如图11-18所示,图中 v_w 表示消散波向上游交叉口的传播速度,v_o 表示上游交叉口主要车队主体在路段上的平均行驶速度,l 表示相位绿信号启亮时的最初车辆排队长度,L 表示路段长度。

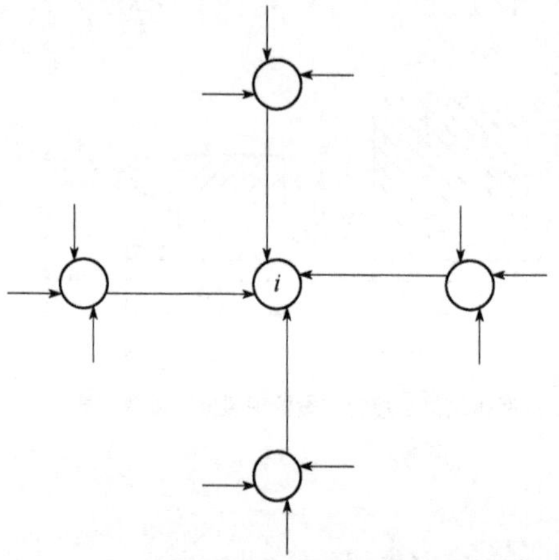

图11-17　交叉口相位绿信号持续时间局部优化模型示意图

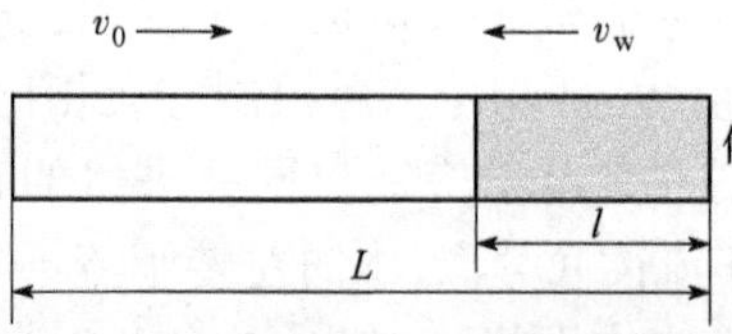

图11-18　交叉口进口一个流向的车辆排队消散过程

①交叉口进口初始车辆排队

一般情况下,交叉口右转车辆在整个周期内都可以通行,所以在对应相位的相位红信号持续时间内下游交叉口进口形成初始车辆排队。交叉口进口车辆排队通过交叉口的时间由启动波传播至排队尾所需时间和排队尾车辆通过进口停车线所需时间两部分组成。

下面计算如图11-17所示的交叉口进口车辆排队通过交叉口进口停车线的时间。相位绿信号启亮时产生的启动波传播至排队尾所需时间 t_w 如式(11-20)所示。

$$t_w = \delta_0 + \frac{l}{v_w} \tag{11-20}$$

式中：δ_0——排队头车的启动反应时间。

排队尾车辆通过进口停车线所需时间 t_q 按照式(11-21)计算：

$$t_q = \frac{l}{v_q} \tag{11-21}$$

式中：v_q——排队车辆通过进口停车线的平均速度。

则交叉口进口的初始车辆排队完全通过交叉口进口停车线的时间 T_q 为：

$$T_q = t_w + t_q = \frac{(v_w + v_q)l}{v_w v_q} + \delta_0 \tag{11-22}$$

式(11-22)中，各参数意义同式(11-20)和式(11-21)。

②上游交叉口的主要车队

由于相位差局部优化模型(详细论述见11.3.2)优化相邻交叉口的相位差时以下游交叉口车辆排队尾位置为基准断面，所以主要车队完全通过下游交叉口进口停车线的时间只指主要车队主体从排队尾位置开始完全通过交叉口的时间。主要车队主体完全通过交叉口进口停车线的行驶时间 T_{pp} 按照公式(11-23)计算：

$$T_{pp} = \frac{l + l_{pp}}{v_{pp}} \tag{11-23}$$

式中：l_{pp}——主要车队主体的长度；

v_{pp}——主要车队主体在下游交叉口进口初始车辆排队路段上的平均行驶速度。

③上游交叉口的次要车队

次要车队能否随着主要车队不停车通过下游交叉口进口停车线，取决于主要车队和次要车队之间的时距大小以及次要车队的大小。主要车队和次要车队之间的时距大小取决于上游交叉口形成主要车队的流向所在的相位与形成次要车队的流向所在的相位的绿信号启亮时刻差。次要车队的大小与上游交叉口形成次要车队的流向的流量大小和流量分布有关，特别与对应进口停车线前的初始车辆排队长度有关。如果上游交叉口对应进口停车线前没有初始车辆排队，则上游交叉口不存在次要车队。

次要车队完全通过下游交叉口进口停车线的时间由上游交叉口形成次要车队的车流所在的相位与形成主要车队的车流所在的相位的绿信号启亮时刻差 Δt_{sp}、次要车队主体从下游交叉口进口初始车辆排队尾位置完全通过下游交叉口进口停车线的时间 t_{sp} 两部分组成。

图11-19表示一个交叉口的信号相位序列，其中符号 g 表示相位绿信号持续时间，符号 a 表示相位黄信号持续时间，符号 r 表示相位全红信号持续时间。在图11-19中，相位 i 表示形成主要车队的车流所属的相位，相位 $j(i<j)$ 表示形成次要车队的车流所属的相位。则相位 i 与相位 j 的启亮时刻差 Δt_{sp} 为：

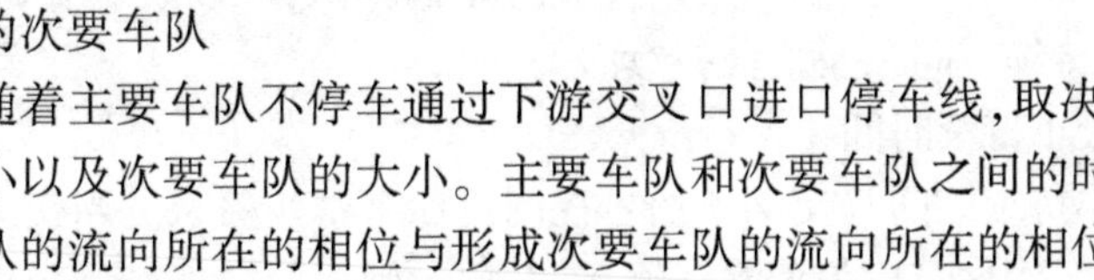

图11-19　交叉口信号相位序列

$$\Delta t_{sp}=\sum_{k=i}^{j-1}(g_k+a_k+r_k) \tag{11-24}$$

式中：g_k——上游交叉口信号相位序列中第 k 相位的相位绿信号持续时间；

a_k——上游交叉口信号相位序列中第 k 相位的相位黄信号持续时间；

r_k——上游交叉口信号相位序列中第 k 相位的相位全红信号持续时间。

Δt_{sp}时间是为了次要车队不停车通过下游交叉口而使下游交叉口对应相位绿信号持续时间必须延长的最小时间。

次要车队主体从下游交叉口进口初始车辆排队尾位置通过交叉口进口停车线的行驶时间 t_{sp}按照式(11-25)计算：

$$t_{sp}=\frac{l+l_{sp}}{v_{sp}} \tag{11-25}$$

式中：l_{sp}——次要车队主体的长度；

v_{sp}——次要车队主体在下游交叉口进口初始车辆排队段上的平均行驶速度。

所以次要车队完全通过下游交叉口进口停车线所需的时间 T_{sp} 为：

$$T_{sp}=t_{sp}+\Delta t_{sp} \tag{11-26}$$

(3)相位绿信号持续时间实时优化模型

本节采用滚动优化方法对相位绿信号持续时间进行局部优化。应用滚动优化方法对相位绿信号持续时间进行实时优化时，首先需要确定相位绿信号持续时间的合理范围。

①相位绿信号持续时间极限值

根据上下游交叉口的信号控制方案以及进口车辆排队，可以确定下游交叉口相位绿信号最小持续时间、参考持续时间以及最大持续时间。

a. 相位绿信号最小持续时间

相位绿信号最小持续时间与交叉口信号控制目标有密切关系。当交叉口进口有车辆排队时，如果信号控制方案优化目标为消除车辆二次排队，则相位绿信号最小持续时间应不小于进口车辆排队完全通过交叉口的时间 T_q。

影响相位绿信号最小持续时间的因素还有相位的行人最小过街时间 T_f，按照式(11-27)计算：

$$T_f=\frac{W}{v_f}+\delta_f \tag{11-27}$$

式中：W——路段宽度，有行人过街驻足区时取单侧宽度最大值，无行人过街驻足区时取整个路段宽度；

v_f——85%位行人过街速度；

δ_f——85%位过街行人对行人信号反应时间。

则相位绿信号最小持续时间 g_{min} 满足式(11-28)：

$$g_{min}=\max(T_q,T_f) \tag{11-28}$$

b. 相位绿信号最适持续时间

相位绿信号最适持续时间不但能够使交叉口进口的车辆排队通过交叉口，而且能够使来自上游交叉口的主要车队通过交叉口。同时相位绿信号最适持续时间不能小于最小持续时间，即相位绿信号最适持续时间满足式(11-29)：

$$g_{m} = \max(T_{q} + T_{pp}, g_{min}) \tag{11-29}$$

c. 相位绿信号最大持续时间

相位绿信号最大持续时间不但能够使交叉口进口的车辆排队和来自上游交叉口的主要车队通过交叉口,而且也能使来自上游交叉口的次要车队完全通过交叉口。同时交叉口的相位绿信号最大持续时间必须保证离去连线(与交叉口出口连接的路段)发生车辆排队溢出时交叉口不存在无效绿信号时间的现象。

交叉口的离去连线发生车辆排队溢出时交叉口存在无效绿信号时间的现象可以用图11-20解释。所谓交叉口的离去连线发生车辆排队溢出时交叉口存在无效绿信号时间,就是指从交叉口 i 出发到达下游交叉口 j 的车流由于下游交叉口 j 对应相位绿信号持续时间结束而产生的停车波传播至交叉口 i 时,交叉口 i 对应相位仍然为绿信号。图 11-20 中,o_{ij} 为相邻交叉口的相位差,g_j 为下游交叉口 j 的相位绿信号持续时间,t_{sw} 为下游交叉口对应相位绿信号结束时产生的停车波到达上游交叉口的传播时间,Δg_{ij} 为停车波到达上游交叉口时刻与上游交叉口相位绿信号结束时刻的差值。由于排队溢出,在 Δg_{ij} 这段时间内上游交叉口对应的流入流向的车辆不同通行,因此这部分绿信号时间是无效绿信号时间。

为了提高交叉口通行能力,无效绿信号时间可以通过早断措施切换到上游交叉口信号相位方案的后续相位。

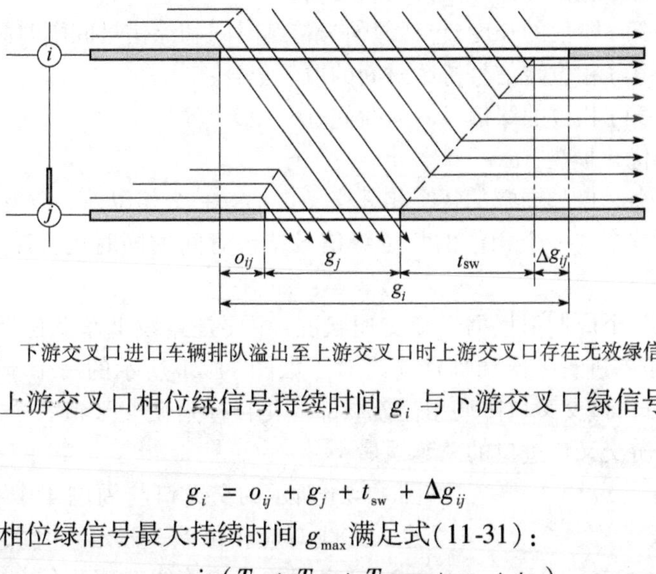

图 11-20 下游交叉口进口车辆排队溢出至上游交叉口时上游交叉口存在无效绿信号时间

按照图 11-20,上游交叉口相位绿信号持续时间 g_i 与下游交叉口绿信号持续时间 g_j 有如下关系:

$$g_i = o_{ij} + g_j + t_{sw} + \Delta g_{ij} \tag{11-30}$$

则上游交叉口相位绿信号最大持续时间 g_{max} 满足式(11-31):

$$g_{max} = \min(T_{q} + T_{pp} + T_{sp}, o + g_{d} + t_{sw}) \tag{11-31}$$

式中:t_{sw}——下游交叉口对应相位绿信号结束时产生的停车波到达上游交叉口的传播时间;

g_d——下游交叉口的对应相位绿信号持续时间;

o——该交叉口与下游交叉口之间的对应相位差。

②相位绿信号持续时间局部优化模型

滚动优化的优化间隔即步长为 ΔT_s。信号控制参考方案的周期时长作为时间窗长度,包含整数个优化步长。信号相位方案(包含 n 个相位)的每个相位作为一个阶段,其决策变量 g_j 为第 j 个相位的相位绿信号持续时间,包含整数个步长。滚动优化的状态变量 s_j 表示前 j(j =

$0,1,2,\cdots,n;s_0=0$)个阶段的总长度。信号控制方案优化的目标函数为滚动优化的值函数 $V(s_j)$,它是状态变量和决策变量的函数,即 $V(s_j)=V(s_1,g_1,s_2,g_2,\cdots,s_j,g_j)$,满足 $V(s_j)=v(s_j,g_j)+V(s_{j-1})$ 且 $V(s_0)=0$,其中 $v(s_j,g_j)$ 为第 j 个阶段的阶段指标函数。

根据已有研究成果,如果把控制延误作为相位绿信号持续时间局部优化的滚动优化目标,则滚动优化模型的阶段目标如式[11-32a)]所示:

$$D^*(s_j)=\min[D(s_j,g_j)+D(s_{j-1})] \tag{11-32a}$$

滚动优化的约束条件如式[11-32b)]所示:

$$\begin{cases} g_j\in G_j=\{0,g_{j\min},g_{j\min}+1,g_{j\min}+2,\cdots,g_{j\max}\} \\ s_{j-1}=s_j-h(g_j) \\ h(g_j)=\begin{cases}0 & g_j=0\\ g_j+\varepsilon_j & g_j>0\end{cases}\end{cases} \tag{11-32b}$$

式中:$D(s_j,g_j)$——第 j 个阶段交叉口各个进口到达流量的总控制延误;

$D(s_{j-1})$——前 $j-1$ 个阶段交叉口各个进口到达流量的总控制延误;

$D^*(s_j)$——前 j 个阶段交叉口各个进口到达流量的最小总控制延误;

$g_{j\min}$——第 j 相位绿信号最小持续时间;

$g_{j\max}$——第 j 相位绿信号最大持续时间;

$h(g_j)$——第 j 阶段的长度,包括绿信号持续时间和绿信号间隔时间;

G_j——第 j 相位绿信号持续时间的取值集合;

ε_j——第 j 相位的绿信号间隔时间。

6)相位差局部优化模型

城市道路网络交叉口与周围的每个相邻交叉口都有一个相位差。改变一个方向的相位差或者改变信号控制方案的一个相位的相位绿信号持续时间的同时也会改变另一个方向的相位差。

交叉口智能体每个周期都根据最新交通状况(主要是路段上车队位置、行驶速度以及车队大小)对协调相位差进行一次局部优化。对于如图 11-21 所示的一个十字交叉口与周围 4 个相邻的十字交叉口,该交叉口协调相位差局部优化目标是使交叉口各个方向的进入连线的主要车队主体在下游交叉口进口的总延误最小。

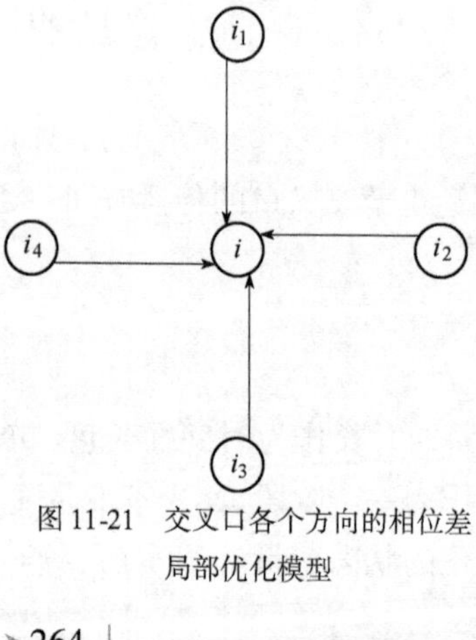

图 11-21 交叉口各个方向的相位差局部优化模型

如图 11-21 所示的交叉口与周围 4 个相邻交叉口之间存在 4 个进入连线对应相位差。假定该交叉口与相邻交叉口 i_j($j=1,2,3,4$)之间的进入连线对应相位差为 $o_{i_j\to i}$,则交叉口 i 与周围相邻交叉口的进入连线对应相位差可以表示为向量 $\vec{o}_i$,即:

$$\vec{o}_i=(o_{i_1\to i},o_{i_2\to i},\cdots,o_{i_n\to i})^{\mathrm{T}} \tag{11-33}$$

式(11-33)中,n 为周围相邻交叉口数量(在图 11-21 中,$n=4$)。每个元素 $o_{i_j\to i}(j=1,2,\cdots,n)$ 与进入连线参考对应相位差之间存在关系:

$$o_{i_j\to i}=o_{Ni_j\to i}+\Delta o_{i_j\to i} \tag{11-34}$$

式中：$\Delta o_{i_j \to i}$——交叉口 i 与周围相邻交叉口 i_j 的进入连线对应相位差与进入连线参考对应相位差之间的差值；

$o_{Ni_j \to i}$——交叉口 i 与周围相邻交叉口 i_j 之间的进入连线参考对应相位差。

由于道路等级不同，交叉口与周围交叉口之间的各条进入连线的重要性不同，因此各条进入连线在相位差局部优化时的权重也有所不同。为了反映这种差异，本节用一个权重系数向量 $\overrightarrow{W}_i$ 表示，即：

$$\overrightarrow{W}_i = (w_{i_1 \to i}, w_{i_2 \to i}, \cdots, w_{i_n \to i})^{\mathrm{T}} \tag{11-35}$$

矩阵元素 $w_{i_j \to i}$ 满足式(11-36)：

$$\begin{cases} \sum_{j=1}^{n} w_{i_j \to i} = 1 \\ 0 \leqslant w_{i_j \to i} \leqslant 1 \end{cases} \tag{11-36}$$

由于相邻交叉口 i 与 i_j 之间的进入连线参考对应相位差 $o_{Ni_j \to i}$ 与进入连线对应相位差 $o_{i_j \to i}$ 之间存在差值 $\Delta o_{i_j \to i}$，使进入连线的主要车队主体存在额外的控制延误。令进入连线主要车队的总额外控制延误为 $D_{ei_j \to i}$。下面推导 $D_{ei_j \to i}$ 的计算公式。

假设上游交叉口 i_j 的协调流向（优化相邻交叉口之间的对应相位差时上游交叉口主要车队所在的进入流向）的交通流以均匀分布到达下游交叉口进口，则交叉口 i 的流量到达图式与交叉口 i 对应相位绿信号启亮时刻之间的关系如图 11-22 所示。

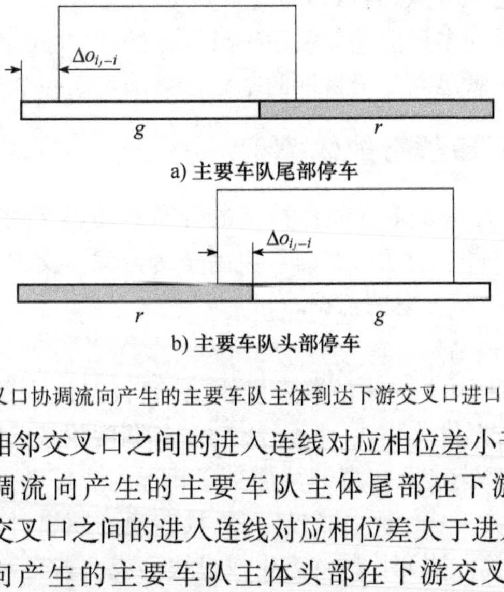

a) 主要车队尾部停车

b) 主要车队头部停车

图 11-22　上游交叉口协调流向产生的主要车队主体到达下游交叉口进口时产生的停车情况

图 11-22a) 表示由于相邻交叉口之间的进入连线对应相位差小于进入连线参考对应相位差时造成上游交叉口协调流向产生的主要车队主体尾部在下游交叉口进口形成排队，图 11-22b) 表示由于相邻交叉口之间的进入连线对应相位差大于进入连线参考对应相位差时造成上游交叉口协调流向产生的主要车队主体头部在下游交叉口进口形成排队。对于图 11-22a) 所示的情况，进入连线主要车队的总额外控制延误 $D_{ei_j \to i}$ 为：

$$D_{ei_j \to i} = \frac{Q_{i_j \to i} \Delta o_{i_j \to i}}{2 g_{i_j}^{c}} \left[(2c_{\mathrm{N}} - 2g_i^{c} - \Delta o_{i_j \to i}) + \frac{Q_{i_j \to i} \Delta o_{i_j \to i} \overline{h_{\mathrm{s}}}}{g_{i_j}^{c} v} \right] \tag{11-37}$$

式中：$Q_{i_j \to i}$——上游交叉口 i_j 协调流向的周期流量；

$g_{i_j}^{c}$——上游交叉口 i_j 对应相位（相邻交叉口协调流向所属相位）的相位绿信号持续时间；

g_i^c——下游交叉口 i 对应相位的相位绿信号持续时间；

c_N——交叉口参考周期时长，其值大小由所属的动态交叉口群确定，详细论述见式(11-49)，其他参数意义同式(11-4)、式(11-13)、式(11-34)。

对于图11-22b)所示的情况，进入连线主要车队的总额外控制延误 $D_{ei_j\to i}$ 为：

$$D_{ei_j\to i} = \frac{Q_{i_j\to i}\Delta o_{i_j\to i}}{g_{i_j}^c}\left(\frac{\Delta o_{i_j\to i}}{2} + \frac{Q_{i_j\to i}\Delta o_{i_j\to i}\overline{h_s}}{2vg_{i_j}^c} + \delta_0\right) \tag{11-38}$$

式(11-38)中，各参数意义同式(11-20)、式(11-37)。

综上所述，交叉口与所有相邻交叉口之间的对应相位差局部优化模型的控制目标如下：

$$\begin{cases}\min(\sum_j w_{i_j\to i}D_{ei_j\to i}) \\ \min(\sum_j(\Delta o_{i_j\to i})^2)\end{cases} \tag{11-39}$$

约束条件为：

$$0 \leqslant o_{i_j\to i} < c_N \tag{11-40}$$

式(11-40)中各参数意义同式(11-33)、式(11-37)。

本节对式(11-39)表示的多目标优化模型进行简化处理，在采用遗传算法寻求最优解时可使解先满足第二个目标，在满足第二个目标的基础上再满足第一个目标。

11.3.3 动态交叉口群智能体模型

动态交叉口群智能体是基于多智能体技术的分布式动态交叉口群协调控制系统的协调级，主要生成动态交叉口群每个交叉口的信号控制参考方案。交叉口信号控制参考方案是交叉口智能体实时生成信号控制方案的依据。

1)动态交叉口群智能体结构

动态交叉口群智能体由主协调路径搜索模块、交通状态预测模块、协调控制约束生成模型、交叉口信号控制参考方案优化模块、学习模块、任务调度模块、通信模块以及知识库组成。主协调路径搜索模块按照动态交叉口群的特征交通状况生成该动态交叉口群的主协调路径，使该路径上的交通流有可能形成“绿波带”。交通状态预测模块对动态交叉口群内所有交叉口的交通参数进行短时预测。协调控制约束生成模块形成动态交叉口群的内部路段智能体的协调控制约束条件。交叉口信号控制参考方案优化模块以周期为单位集中优化各个交叉口的信号控制参考方案，交叉口智能体在该参考方案的基础上实时优化交叉口信号控制参数。任务调度模块对动态交叉口群智能体各个功能模块进行任务调度。知识库存储相关的动态交叉口群交通状况特征参数和模型参数。学习模块根据实际交通状况修正动态交叉口群智能体的模型参数或交通状况特征参数。它们之间的关系如图11-23中虚线框部分所示。

动态交叉口群智能体完成的协调控制功能如图11-24所示。本节将对图11-24中的主协调路径搜索方法、信号控制参考方案优化模型、相位差协调优化模型进行深入研究。

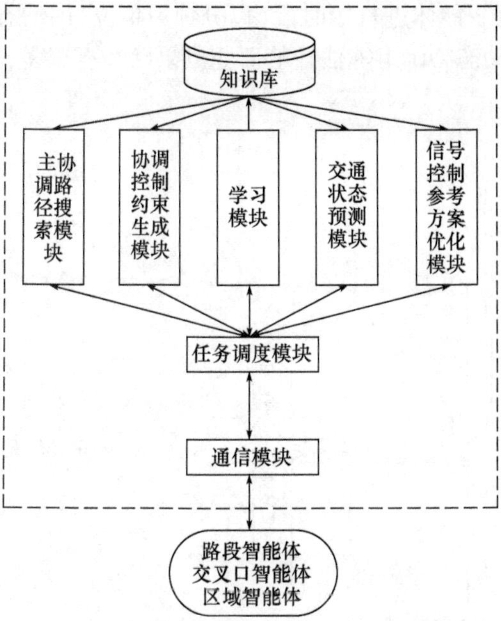

图 11-23 动态交叉口群智能体结构

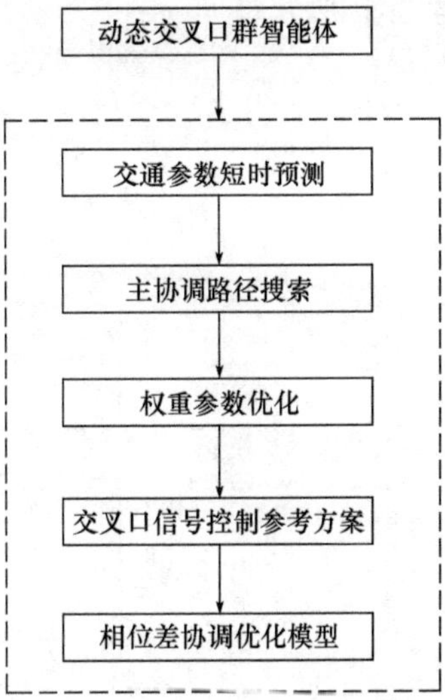

图 11-24 动态交叉口群智能体的协调控制功能

2)主协调路径搜索方法

协调路径是指计算路径上两相邻交叉口的对应相位差时所依据的交叉口协调流向组成的流向序列。本章所指的协调路径有两类。一类是相邻交叉口之间由流入流向、连线以及流出流向所形成的较短的协调路径,即相邻交叉口的协调路径;另一类是整个动态交叉口群的动态 OD 路径。

图 11-25 表示相邻交叉口之间连线的流入流向和流出流向之间的组合关系。相邻交叉口之间的一条连线的所有流入流向和所有流出流向可以在相邻交叉口之间形成多条协调路径,例如图 11-25 所示的协调路径共有 9 条。在相邻交叉口之间的多条协调路径中只有一条是主协调路径。主协调路径上的流入流向和流出流向所属的相位分别是上游交叉口和下游交叉口的对应相位。动态交叉口群智能体在每个周期内都进行相邻交叉口的主协调路径动态搜索。本章根据交通流在上游交叉口进口的流向流量比例搜索动态交叉口群内部所有相邻交叉口的主协调路径。具体方法是:对于动态交叉口群的所有内部连线,如果没有动态 OD 路径经过某条内部连线,则估计该连线所有流入流向和流出流向的流量比例,取最大的流入流向和最大流出流向形成的协调路径为相邻交叉口的主协调路径;如果有动态 OD 路径经过某条内部连线,则指定相邻交叉口之间与动态 OD 路径相重合的协调路径为相邻交叉口的主协调路径。

整个动态交叉口群范围的动态 OD 路径是指在动态交叉口群内(包括边界交叉口)从一个起点到一个讫点间存在交通需求的路径。由于城市主干道和次干道形成的城市干道网络承担了城市大部分交通流量,动态交叉口群协调控制策略应该优先在主干道或次干道上尽可能形成部分或全部路段的线协调控制。这样的主协调路径线控制策略不但减少了整个动态交叉口群交通流的总控制延误,而且降低了总停车次数。整个动态交叉口群范围的动态 OD 路径动态优化是通过动态交叉口群的动态 OD 矩阵估计实现的。在区域智能体长时段(以小时为单位)动态 OD 矩阵估计的基础上,动态交叉口群智能体进行短时段(以分钟为单位)的动态 OD 矩阵估计。由于城市道路网络交通控制区域动态 OD 矩阵估计的研究成果已经有很多,本节将不进行进一步研究[421-428]。

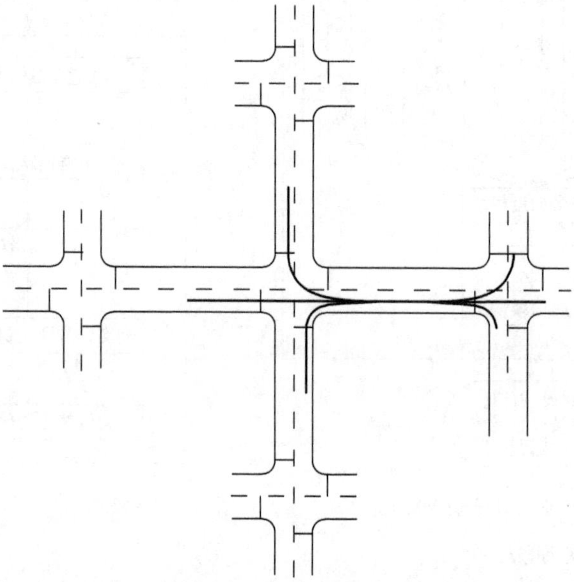

图 11-25　相邻交叉口之间连线的流入流向和流出流向之间组合关系

3)协调控制约束条件

动态交叉口群智能体生成的协调控制约束条件包括闭合路径上各个交叉口的对应相位差的闭合约束条件和协调相位差的虚拟约束条件。

(1)对应相位差的闭合约束条件

如图 11-26 所示的由 4 个十字交叉口组成的典型闭合道路网络,存在闭合的右转路径和左转路径。4 个交叉口的信号控制方案中左转车流所属相位的相位差存在下列关系:

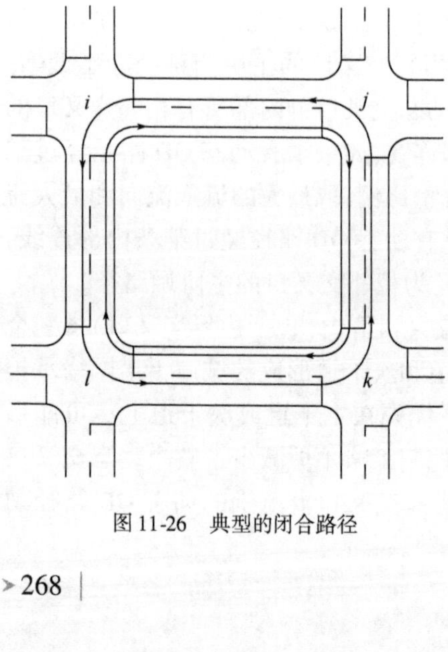

图 11-26　典型的闭合路径

$$\sum_{i=1}^{4} o_{iL} = K \cdot c_{\mathrm{N}} \tag{11-41}$$

式中:o_{iL}——闭合左转路径中的第 i 个对应相位差;

c_{N}——动态交叉口群的参考周期时长;

K——某个正整数。

如果右转车流受交通信号控制,则右转车流所属相位之间的对应相位差也满足类似关系:

$$\sum_{i=1}^{4} o_{iR} = K \cdot c_{\mathrm{N}} \tag{11-42}$$

式中:o_{iR}——闭合右转路径中的第 i 个对应相位差;

其他参数意义同式(11-41)。

(2)协调相位差的虚拟约束条件

如果规定一个时间基点,同时动态交叉口群中的每个交叉口规定一个协调相位和一个相位差,则动态交叉口群内所有两两相邻交叉口之间的协调相位差即这两个相邻交叉口的协调相位的相位绿信号启亮时刻差值。

对于图 11-26 所示的典型闭合道路网格,交叉口 i 与交叉口 k,交叉口 j 与交叉口 l 之间存在着虚拟相位差。假设四个交叉口 i、j、k 以及 l 的协调相位的绿信号启亮时刻相对于时间基点的相位差分别为 o_i、o_j、o_k 以及 o_l。则交叉口 i 与交叉口 k 之间的虚拟相位差 o_{ik} 可以表达为:

$$o_{ik} = o_{ij} + o_{jk} \tag{11-43}$$

也可以表达为:

$$o_{ik} = o_{il} + o_{lk} \tag{11-44}$$

所以,交叉口 i 与交叉口 k 之间的虚拟相位差约束条件可以表示为:

$$o_{ij} + o_{jk} = o_{il} + o_{lk} \tag{11-45}$$

同理,交叉口 j 与交叉口 l 之间也存在虚拟相位差约束条件:

$$o_{ji} + o_{il} = o_{jk} + o_{kl} \tag{11-46}$$

应该指出,式(11-45)与式(11-46)实际上是同一个等式,因此一个如图 11-26 所示的典型闭合道路网络只存在一个虚拟相位差约束。

4)交叉口信号控制参考方案优化模型

传统的子区内交叉口信号控制方案协调优化方法是将子区内饱和度最高的交叉口的周期时长作为子区内各个交叉口的共同周期时长,交叉口的相位绿信号持续时间通过等饱和度的原则确定。这样的交叉口信号控制方案协调优化方法不能保证子区的控制目标全局最优。本章按照全局最优的目标确定动态交叉口群内所有交叉口的信号控制参考方案。

对于如图 11-12 表示一个十字交叉口,每个进口各个流向的周期流量为 Q_{ijk}^p。假设给定参考饱和度为 x_{Ni}($x_{Ni} \leqslant 1.0$),则相位绿信号最小参考持续时间 g_{Nimin}^p 为:

$$g_{\mathrm{Nimin}}^{p} = \max_{j,k}\left(\frac{Q_{ijk}^{p}}{n_{ijk}} \cdot \frac{\overline{h_{\mathrm{sk}}}}{x_{Ni}}\right) \tag{11-47}$$

式中:n_{ijk}——第 i 交叉口第 j 进口第 k 流向的进口车道数;

$\overline{h_{\mathrm{sk}}}$——第 k 流向的平均饱和车头时距。

则第 i 交叉口的最小参考周期 c_{Nimin}(保证下一周期到达交叉口的预测交通需求能够在该周期内通过交叉口)为:

$$c_{\mathrm{Nimin}} = \Sigma_p g_{\mathrm{Nimin}}^p + L_i \tag{11-48}$$

式中:L_i———第 i 交叉口的周期损失。

假设动态交叉口群的最优参考周期时长为 c_{N},则 c_{N} 应满足:

$$c_{\mathrm{N}} = \max_i(c_{\mathrm{Nimin}}) + \Delta_{\mathrm{Nmin}} + \Delta_{\mathrm{N}} \tag{11-49}$$

式中:c_{Nimin}——动态交叉口群最小参考周期时长;

Δ_{N}——动态交叉口群最优参考周期时长与最小参考周期时长的差值,满足:

$$\Delta_{\mathrm{N}} \geqslant 0 \tag{11-50}$$

同理,第 i 交叉口第 p 相位的相位绿信号最优参考持续时间 g_{Ni}^p 可以表示为:

$$g_{\mathrm{Ni}}^{p}=g_{\mathrm{Nimin}}^{p}+\Delta_{\mathrm{gNi}}^{p} \tag{11-51}$$

式中：g_{Nimin}^{p}——第 i 交叉口第 p 相位的相位绿信号最小参考持续时间；

$\Delta_{\mathrm{gNi}}^{p}$——第 i 交叉口第 p 相位的相位绿信号最优参考持续时间与该相位绿信号最小参考持续时间的差值，$\Delta_{\mathrm{gNi}}^{p}\geqslant 0$。其确定方法如下：

$$\Delta_{\mathrm{gNi}}^{p}=W_{i}^{p}\Delta_{\mathrm{N}} \tag{11-52}$$

式(11-52)中，W_{i}^{p}——第 i 交叉口第 p 相位的权重系数，满足下列关系：

$$\begin{cases}0\leqslant W_{i}^{p}\leqslant 1\\ \sum_{i}W_{i}^{p}=1\end{cases} \tag{11-53}$$

若按照等饱和度原则确定 $\Delta_{\mathrm{gNi}}^{p}$，则 W_{i}^{p} 按照如下方法计算：

$$W_{i}^{p}=\frac{\max\limits_{j,k}\left(\dfrac{Q_{ijk}^{p}}{n_{ijk}S_{k}}\right)}{\sum_{p}\max\limits_{j,k}\left(\dfrac{Q_{ijk}^{p}}{n_{ijk}S_{k}}\right)} \tag{11-54}$$

式中：S_{k}——交叉口第 k 流向的单车道饱和流量；

其他参数意义同式(11-47)。

动态交叉口群信号控制参考方案的控制目标见式(11-55)：

$$\min\left(\sum_{i,j,k,p}W_{i}Q_{ijk}^{p}d_{ijk}^{p}\right) \tag{11-55}$$

式中：d_{ijk}^{p}——第 i 交叉口第 j 进口第 k 流向在第 p 相位时的平均延误，具体计算方法见式(11-56)；

W_{i}——第 i 交叉口的权重系数，$W_{i}>0$。

控制目标式(11-55)约束条件为式(11-50)。

由于不能精确获取动态交叉口群内各个交叉口进口的流量到达分布，只能对交叉口延误进行估计。式(11-55)中的参数 d_{ijk}^{p} 按照 HCM2000 提供的控制延误模型计算：

$$d_{ijk}^{p}=\frac{0.5\,c_{\mathrm{N}}\left(1-\dfrac{g_{i}^{p}}{c_{\mathrm{N}}}\right)}{1-\left[\min(1,x_{ijk}^{p})\right]\dfrac{g_{i}^{p}}{c_{\mathrm{N}}}}+\frac{c_{\mathrm{N}}}{4}\left[(x_{ijk}^{p}-1)+\sqrt{(x_{ijk}^{p}-1)^{2}+\frac{4\,x_{ijk}^{p}}{g_{i}^{p}S_{k}}}\right]+\frac{1800\,q_{ijk}^{p}(1+u)t}{g_{i}^{p}S_{k}} \tag{11-56}$$

式中：x_{ijk}^{p}——第 i 交叉口第 j 进口第 k 流向在第 p 相位的饱和度；

q_{ijk}^{p}——第 i 交叉口第 j 进口第 k 流向在第 p 相位结束时的排队车辆数；

g_{i}^{p}——第 i 交叉口第 p 相位的相位绿信号持续时间；

t——第 i 交叉口第 j 进口第 k 流向在第 p 相位存在车辆排队的时间，按照式(11-57)计算：

$$t=\begin{cases}0 & q_{ijk}^{p}=0\\ \min\left\{c_{\mathrm{N}},\dfrac{q_{ijk}^{p}}{\dfrac{g_{i}^{p}}{c_{\mathrm{N}}}S_{k}\left[1-\min(1,x_{ijk}^{p})\right]}\right\} & q_{ijk}^{p}>0\end{cases} \tag{11-57}$$

u——延误参数，按照式(11-58)计算：

$$u=\begin{cases}0 & t<c_{\mathrm{N}}\\ 1-\dfrac{g_i^p S_k}{q_{ijk}^p\left[1-\min(1,x_{jik}^p)\right]} & t=c_{\mathrm{N}}\end{cases} \tag{11-58}$$

其他参数意义同式(11-49)、式(11-54)。

(1)交叉口相位差优化模型

由于交叉口在各个方向上与相邻交叉口都具有关联性,因此改变一个方向的相位差的同时也改变了另一个方向的相位差。也就是说,一个交叉口和周围相邻交叉口的相位差是线性相关的。因此,动态交叉口群的每个交叉口只需要确定一个相对于时间基点的相位差和对应的协调相位就确定了每个交叉口与周围各个交叉口的协调相位差。如果仍然按照干道交叉口线控制相位差协调优化模型对动态交叉口群协调控制相位差进行优化,一条道路的交通状况到达预定控制目标的同时,很可能使其他相交道路的交通状况恶化。一般而言,干道交叉口线控制相位差协调优化策略无法直接应用于动态交叉口群协调控制。

(2)协调相位概念

协调相位是为确定交叉口与周围相邻交叉口的协调相位差而确定的。一个交叉口只有一个协调相位。原则上可以指定交叉口信号相位方案的任何一个相位为协调相位。交叉口协调相位的确定与动态交叉口群内的主协调路径没有必然联系。通常如果主协调路径通过交叉口,则指定流量最大的协调流向所属的相位为协调相位;如果主协调路径不通过交叉口,则指定交叉口所有进口流向流量最大的流向所属的相位为协调相位。

(3)对应相位概念

对应相位是对交叉口与某一个相邻交叉口之间的连线车流进行协调控制时上游交叉口协调流入流向和下游交叉口协调流出流向分别所属的相位。上游交叉口的协调流入流向就是相邻交叉口之间的协调路径(详细论述见11.3.3)上的流入流向,而下游交叉口的协调流出流向就是相邻交叉口之间的协调路径上的流出流向。所谓协调流入(流出)流向,就是表示产生(疏散)相邻交叉口之间连线的主要车队(详细论述见第11章)的上游(下游)交叉口的主要流入(流出)流向。

现以图11-5所示的连线为例说明相邻交叉口的对应相位。假设上游交叉口的信号相位方案如图8-3所示,下游交叉口的信号相位方案如图5-29所示。如果连线上的主要车队来自上游交叉口的直行车流,并且主要车队中的大部分车辆形成了下游交叉口进口的直行车流,则对应相位为图8-3中的相位1和图5-29中的相位1。如果连线上的主要车队来自上游交叉口的左转车流,并且主要车队中的大部分车辆形成了下游交叉口进口的直行车流,则对应相位为图8-3中的相位2和图5-29中的相位1。

一个交叉口存在多个对应相位。为了协调连线上的主要车队,所以针对对应相位的协调控制目标是使包含主要车队的控制延误、停车次数以及排队长度在内的综合评价指标最小。

(4)交叉口相位差协调优化模型

动态交叉口群智能体每个周期都根据最新交通状况对相位差进行一次协调优化。对于动态交叉口群内所有路段而言,相邻交叉口之间设置恰当的对应相位差使路段两个方向的车队在到达下游交叉口进口时的总停车车辆数和停车延误最小是动态交叉口群智能体相位差协调优化的控制目标。

以往研究表明,路段车队离散过程导致原来以饱和车头时距出发的高密度车队到达下游交叉口进口时成为平均车头时距较大且占用道路空间较长的低密度车流。路段长度越长,车队离散现象越严重。通常车队头部车辆的行驶速度高于车队主体车辆,因此车队头部先于车队主体到达下游交叉口。如果此时下游交叉口对应相位立即启亮绿信号,则由于车队头部和车队主体之间的车头时距较大,导致绿信号初期的通行能力偏低。为了避免这种现象,同时减少所需的相位绿信号时间,通过使车队头部车辆在下游交叉口进口停车线前停车的方式"压缩"松散的车队头部,重新形成近似饱和的高密度车流。因此,合适的对应相位差应该保证车队主体不停车通过下游交叉口,而不是保证车队头部不停车通过下游交叉口。

对于图11-27所示的两个相邻交叉口之间包含两条连线,相邻交叉口之间的车流协调控制意味着兼顾两个方向的车流协调控制。下面首先建立相邻交叉口之间的对应相位差和协调相位差的计算模型,然后在此基础上建立相邻交叉口对应相位差的协调优化模型。

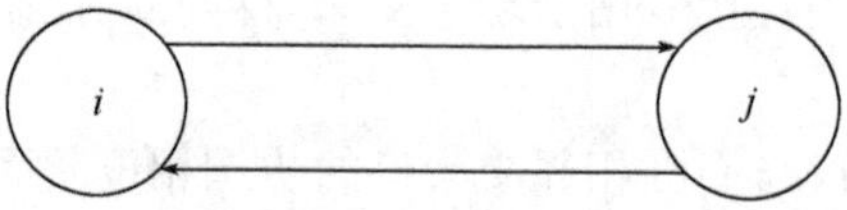

图11-27 相邻交叉口对应相位差协调优化模型

①对应相位差

对应相位差对于相邻交叉口之间的两个对应相位而言。图11-18表示交叉口进口一条车道的车辆排队情况,v_0 表示车队主体的平均行驶速度,v_w 表示车辆排队的消散波向上游交叉口的传播速度,l 表示车辆排队长度,L 表示路段长度。车队主体到达下游交叉口进口的车辆排队尾所需的行驶时间 t_p 为:

$$t_p = \frac{L - l}{v_o} \tag{11-59}$$

从相位绿信号启亮到排队尾车辆开始移动所需的排队消散时间 t_w 见式(11-20)。上游交叉口对应相位和下游交叉口对应相位之间的连线参考对应相位差(对应相位绿信号启亮时刻差的参考值),即参考对应相位差为:

$$t_o = t_p - t_w = \frac{v_w L - (v_o + v_w) l}{v_o v_w} - \delta_0 \tag{11-60}$$

如果 $t_o > 0$,则表示上游交叉口对应相位绿信号启亮时刻早于下游交叉口对应相位绿信号启亮时刻;如果 $t_o < 0$,则表示上游交叉口对应相位绿信号启亮时刻晚于下游交叉口对应相位绿信号启亮时刻;如果 $t_o = 0$,则表示上游交叉口对应相位绿信号与下游交叉口对应相位绿信号同时启亮。

②协调相位差

协调相位差对于相邻交叉口的两个协调相位而言,简称相邻交叉口的相位差。在动态交叉口群协调控制时,需要将相邻交叉口的对应相位差转换成协调相位差。

如果在交叉口信号相位方案中,对应相位的相位序列编号为 i,协调相位的相位序列编号为 j,如图11-19所示。下面以对应相位先于协调相位得到通行权的情况(即当 $i<j$)为例说明将对应相位差转换成协调相位差的方法。

对于图 11-19 所示的信号相位序列，相位 i 与相位 j 之间的启亮时刻差 Δt_{p} 为：

$$\Delta t_{\mathrm{p}} = \sum_{k=i}^{j-1}(g_k + a_k + r_k) \tag{11-61}$$

如果对应相位 i 在协调相位 j 之后得到通行权（即 $i>j$），则式（11-61）变成：

$$\Delta t_{\mathrm{p}} = \sum_{k=j}^{i-1}(g_k + a_k + r_k) \tag{11-62}$$

如果对应相位即协调相位，则有：

$$\Delta t_p = 0 \tag{11-63}$$

为了表述方便，规定对应相位先于协调相位得到通行权时对应相位与协调相位之间的启亮时刻差为正值，对应相位在协调相位之后得到通行权时对应相位与协调相位之间的启亮时刻差为负值。根据该规定，式（11-61）、式（11-62）和式（11-63）统一表达为：

$$\Delta t_{\mathrm{p}} = \begin{cases} \sum_{k=i}^{j-1}(g_k + a_k + r_k) & \text{当 } i<j \\ 0 & \text{当 } i=j \\ -\sum_{k=j}^{i-1}(g_k + a_k + r_k) & \text{当 } i>j \end{cases} \tag{11-64}$$

上游交叉口和下游交叉口的对应相位与协调相位的启亮时刻差均按照式（11-64）计算。

相邻交叉口的参考协调相位差 o_{N}（协调相位差的参考值）按照式（11-65）计算：

$$o_{\mathrm{N}} = [t_{\mathrm{o}} - (\Delta t_{\mathrm{pu}} - \Delta t_{\mathrm{pd}})]\mathrm{mod}(c_{\mathrm{N}}) \tag{11-65}$$

式中：Δt_{pu}——上游交叉口的对应相位与协调相位启亮时刻差；

Δt_{pd}——下游交叉口的对应相位与协调相位启亮时刻差；

其他参数意义同式（11-49）、式（11-60）。

③交叉口相位差协调优化

假设如图 11-27 所示的两相邻交叉口 i 与 j 之间的参考协调相位差为 o_{Nij}，这两个相邻交叉口之间的两个连线参考协调相位差分别为 $o_{Ni\to j}$ 与 $o_{Nj\to i}$，相邻交叉口之间的连线参考协调相位差可以通过式（11-65）计算得到。计算 o_{Nij} 的传统方法是由交叉口 i 与交叉口 j 之间路段的两个连线参考协调相位差 $o_{Ni\to j}$ 与 $o_{Nj\to i}$ 加权平均得到，即：

$$o_{Nij} = w_{i\to j} \cdot o_{Ni\to j} + w_{j\to i} \cdot o_{Nj\to i} \tag{11-66}$$

式中：$w_{i\to j}$——连线 $i\to j$ 方向的权重；

$w_{j\to i}$——连线 $j\to i$ 方向的权重。

参数 $w_{i\to j}$ 与 $w_{j\to i}$ 由相邻交叉口之间的两条连线的重要程度确定，需满足：

$$\begin{cases} w_{i\to j} + w_{j\to i} = 1 \\ 0 \leqslant w_{i\to j} \leqslant 1 \\ 0 \leqslant w_{j\to i} \leqslant 1 \end{cases} \tag{11-67}$$

$w_{i\to j}$ 与 $w_{j\to i}$ 的具体数值一般可以根据连线的协调流入流向的流量比确定，即按照式（11-68）计算：

$$\begin{cases} w_{i\to j} = \dfrac{Q_{i\to j}}{Q_{i\to j} + Q_{j\to i}} \\ w_{j\to i} = \dfrac{Q_{j\to i}}{Q_{i\to j} + Q_{j\to i}} \end{cases} \tag{11-68}$$

式中：$Q_{i\to j}$——连线 $i\to j$ 方向的协调流入流向的周期流量；

$Q_{j\to i}$——连线 $j\to i$ 方向的协调流入流向的周期流量。

由式(11-66)的加权平均模型描述的相邻交叉口的参考协调相位差介于这两个交叉口之间的两个连线参考协调相位差之间。因此与单向协调相比，按照式(11-66)计算得到的相邻交叉口的参考协调相位差将使较大连线参考协调相位差的连线方向的主要车队的理想到达图式如图 11-22a)所示；较小连线参考协调相位差的连线方向的主要车队的理想到达图式如图 11-22b)所示。由此可见，相邻交叉口协调控制带来两条连线的主要车队的控制延误和停车次数的增加与上游交叉口协调流入流向的车流到达下游交叉口时的流量大小与分布有关。按照传统方法计算得到的相邻交叉口的参考协调相位差对协调流入流向流量较大的连线方向有利，但是没有考虑车流到达下游交叉口时的流量分布以及车队头部停车和车队尾部停车的区别。

本节将用相邻交叉口之间的两条连线的协调流向的主要车队在下游交叉口产生的总控制延误作为控制目标建立动态交叉口群相位差协调优化模型。若动态交叉口群内有 N 条路段，则动态交叉口群内两两相邻交叉口的 N 个参考协调相位差可以表示为列向量$\overrightarrow{o_N}$，即：

$$\overrightarrow{o_N}=(\cdots\quad o_{Nij}\quad\cdots)^{\mathrm{T}} \tag{11-69}$$

式(11-69)中，交叉口 i 与 j 满足相邻关系。相邻交叉口之间的参考协调相位差 o_{Nij}满足下式：

$$0\leqslant o_{Nij}<c_N \tag{11-70}$$

式中，参数 c_N 的意义同式(11-49)。

相邻交叉口 i 与 j 之间的参考协调相位差 o_{Nij}与路段的两个连线参考协调相位差 $o_{Ni\to j}$与 $o_{Nj\to i}$之间差值 $\Delta o_{Ni\to j}$与 $\Delta o_{Nj\to i}$分别按照式(11-71)和式(11-72)计算。

$$\Delta o_{Ni\to j}=|o_{Nij}-o_{Ni\to j}| \tag{11-71}$$

$$\Delta o_{Nj\to i}=|o_{Nij}-o_{Nj\to i}| \tag{11-72}$$

则动态交叉口群内部的 n 个参考协调相位差与对应的连线参考协调相位差的偏差绝对值可以表示为矩阵$(\Delta o_N)n\times2$，即：

$$(\Delta o_N)_{n\times2}=\begin{pmatrix}\vdots & \vdots\\ \Delta o_{Ni\to j} & \Delta o_{Nj\to i}\\ \vdots & \vdots\end{pmatrix} \tag{11-73}$$

由于相邻交叉口 i 与 j 的参考协调相位差 o_{Nij}与这两个相邻交叉口之间的两个连线参考协调相位差 $o_{Ni\to j}$与 $o_{Nj\to i}$之间存在绝对差值 $\Delta o_{Ni\to j}$与 $\Delta o_{Nj\to i}$，使连线协调车流到达下游交叉口时产生额外的控制延误。令连线协调车流的总额外控制延误分别为 $D_{Nei\to j}$与 $D_{Nej\to i}$。$D_{Nei\to j}$或 $D_{Nej\to i}$的计算公式为式(11-37)或式(11-38)(详细论述见 11.3.2 节)。

则相邻交叉口 i 与 j 之间的两条连线的协调控制变量 D_{Neij}为：

$$D_{Neij}=w_{i\to j}D_{Nei\to j}+w_{j\to i}D_{Nej\to i} \tag{11-74}$$

式(11-74)中，参数 $w_{i\to j}$与 $w_{j\to i}$的意义同式(11-66)，满足式(11-67)。

动态交叉口群每个内部路段的两条连线的权重系数矩阵 $W_{n\times2}$可以表示为：

$$W_{n\times2}=\begin{pmatrix}\vdots & \vdots\\ w_{i\to j} & w_{j\to i}\\ \vdots & \vdots\end{pmatrix} \tag{11-75}$$

动态交叉口群内所有相邻交叉口之间的协调相位差的优化模型的控制目标为：

$$\min\left(\sum_{ij} w_{ij} D_{Neij}\right) \tag{11-76}$$

式中：w_{ij}——相邻交叉口 i 与 j 之间路段的重要性，满足式(11-82)：

$$\begin{cases} \sum_{ij} w_{ij} = 1 \\ 0 \leqslant w_{ij} \leqslant 1 \end{cases} \tag{11-77}$$

由于道路等级不同，以及主协调路径或临时的 VIP 路线、交通管制路线、公交优先路线等因素的影响，各个路段在动态交叉口群内的重要性有所不同，因此在动态交叉口群相位差协调优化时的权重系数不同。本章记动态交叉口群的内部路段权重系数列向量为$\overrightarrow{W_n}$，即：

$$\overrightarrow{W_n} = (\cdots \quad w_{ij} \quad \cdots)^{\mathrm{T}} \tag{11-78}$$

在式(11-78)中，参数 w_{ij}满足式(11-77)。

5)交叉口信号相位方案优化

动态交叉口群智能体的知识库存储交叉口信号相位方案的优化参数和优化原则。

现有的城市道路网络交通流协调控制系统都没有实现信号相位方案的完全优化，大致有两个原因：一是对交叉口内部所有流向根据冲突分离原则和流量匹配原则进行优化组合获得最优组合非常耗时；二是没有必要对信号相位方案进行完全优化，因为交叉口流向随意组合会破坏驾驶员的驾驶习惯，造成交通流的行驶安全性下降，车辆启动延误增加。例如下面的两个交叉口信号相位方案的优化结果不可取，如图 11-28 所示。

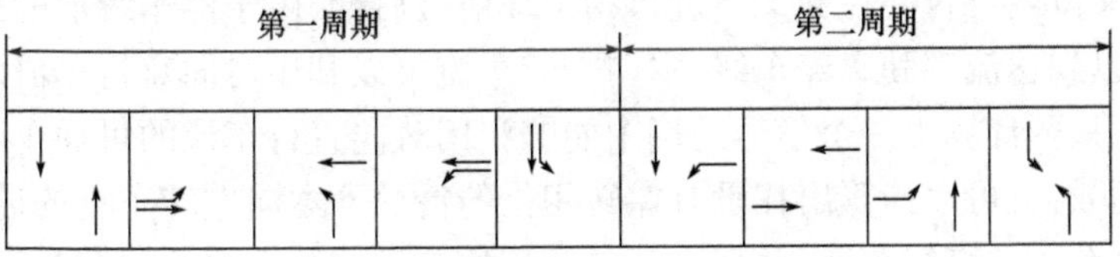

图 11-28　任意优化配置交叉口信号相位方案

动态交叉口群智能体对每个交叉口信号相位方案的优化在给定的交叉口单点控制最佳信号相位方案的基础上进行。因此，有必要研究单个交叉口的最佳信号相位方案。

交叉口不同进口的各个流向之间存在空间冲突。交叉口信号相位方案就是利用交叉口的时间资源消解空间资源的冲突矛盾。将不冲突的流向配置在一个相位，相互冲突的流向配置在不同相位，这是信号相位设计的基本原则。一般认为，交叉口信号相位方案设计还应遵循以下原则：①流量均衡原则，即相位内各流向的流量比相差不大；②安全原则，即相位内部冲突尽可能少；③效率原则，即周期损失尽可能小，有利于增大交叉口通行能力；④连续原则，即一个流向在一个周期内只能获得一次连续的通行权[429]。本节认为，交叉口信号相位方案设计还应该遵循以下原则：习惯原则，即一个进口的所有流向要分布在信号相位方案的连续序列中，这样配置相位有利于符合驾驶员的驾驶习惯。

对于十字交叉口和 T 形交叉口，优化配置信号相位方案时主要考虑的因素有如下几个方面：①是否需要左转相位；②左转相位与直行相位的先后次序；③是否需要迟启或早断措施，如果相位内部各个流向存在着流量不均衡现象，则可以利用迟启或早断措施将流量较低流向的富余通行时间分配给与本相位中的其他流向无冲突关系的前一相位或者后一相位中流量较大的流向。

下面分别对第①点和第②点进行论述。

(1)左转相位设置条件

基本的两相位信号控制方案并不总是满足一个周期内到达交叉口的左转需求。交叉口信号相位方案设计时很重要的一个方面就是左转车流的处理。交叉口进口是否需要设置左转相位取决于本向左转流量的大小、对向直行流量的大小以及进口是否设置了左转车道。左转流量小,或者没有左转车道,则无法设置左转相位。多年来,关于左转相位设置依据的研究成果有很多,但都没有一个公认标准。HCM2000 专门对两相位信号控制交叉口的左转许可相位(permitted left-turn phase)进行了研究。

左转相位的设置通常考虑三个依据:交通量依据、延误依据及历史事故资料。交通量是目前广泛使用的设置依据,相关的流量因素有左转流量、对向直行流量、左转流量和对向直行流量。还有许多研究成果指出了设置左转相位的其他判据,例如左转车辆在交叉口的平均延误、交叉口几何布局(包括左转车道数、对向直行车道数等)、对向直行车流在交叉口内部的行驶速度、左转车流和对向直行车流在交叉口内部的冲突次数等。

已有的研究结果都认为,当交叉口进口左转车流量超过交叉口两相位信号控制方案的通行能力时就应该设置左转相位。要设置左转相位,则交叉口进口必须至少有一条左转车道。本章从流量因素出发给出十字交叉口设置左转相位的条件。

在交叉口进口相位绿信号前期,对向直行车流以饱和流率驶离停车线,本向左转车流不能通行,只能在交叉口内待行。在交叉口进口相位绿信号后期,由于停车线前的排队车辆已经疏散,直行车流将以到达流率驶离停车线,本向左转车流可以利用对向直行车流之间的可插车间隙通过交叉口。只要计算出一个信号周期中能够利用对向直行车流的可插车间隙通过交叉口的本向左转车辆数,就可以计算出在没有左转相位的情况下本向左转车流的通行能力。

假设对向只有一条直行车道,并且交叉口两相位信号控制方案的周期时长为 C,左转车流所属相位的绿信比为 λ,对向直行车流的平均到达率为 Q',直行车道的饱和流率为 S。当相位绿信号启亮时,对向直行车流以饱和状态驶离停车线,进口的车辆排队消散时间为 g_f,则有下面的关系成立:

$$[C \cdot (1-\lambda)+g_f] \cdot Q' = g_f \cdot S \tag{11-79}$$

则车辆排队消散时间 g_f 为:

$$g_f = \frac{C \cdot (1-\lambda) \cdot Q'}{S-Q'} \tag{11-80}$$

非饱和绿信号时间 g_b 由下式确定:

$$g_b = \frac{C \cdot (\lambda S - Q')}{S-Q'} \tag{11-81}$$

在非饱和绿信号时间 g_b 内,左转车流等待对向直行车流的可插车间隙伺机通过交叉口的情形类似于两路停车控制交叉口上次路直行车流的通行规律。因此可以按照已有的研究成果计算一个信号周期中能够通过交叉口的左转车辆数。本节采用 HCM2000 版提供的间隙接受模型(gap acceptance model)计算左转车流的通行能力,如式(11-82)所示:

$$C_{pl} = \frac{Q_t \cdot e^{-Q_t \cdot t_c}}{1-e^{-Q_t \cdot t_f}} \tag{11-82}$$

式中：C_{pl}——本向左转车流的周期通行能力；

Q_t——对向直行车流的平均到达率；

t_c——临界间隙(critical gap)，即对向直行车流中允许本向的一辆左转车通过冲突点的最小可插车间隙；

t_f——左转车流的平均饱和车头时距，即本向进口的饱和左转车流通过交叉口冲突点的连续两辆左转车之间的平均车头时距。

两相位信号控制交叉口左转车流的通行能力 C_1 为：

$$C_1 = C_{pl}g_b = \frac{Q' \cdot e^{-Q' \cdot t_c}}{1 - e^{-Q' \cdot t_f}} \cdot \frac{C \cdot (\lambda S - Q')}{S - Q'} \tag{11-83}$$

如果一个周期中本向实际到达的左转车辆数小于 C_1，左转车流可以利用对向直行车流的可插车间隙通过交叉口，相位绿信号结束时交叉口进口没有滞留左转车辆。如果一个周期中本向实际到达的左转车辆数大于 C_1，在相位绿信号结束时交叉口内部滞留左转车辆，此时应该设置左转相位。公式(11-83)所确定的左转车流周期通行能力可以作为判断两相位信号控制交叉口设置左转相位的流量依据。

(2)信号相位序列优化方法

彭国雄等[430]研究了十字交叉口信号相位方案优化原则，并给出了如图11-29所示的交叉口信号相位选择模式。在图11-29中，内圈是基本相位，外圈是组合相位(应用迟启和早断措施生成的相位)。

王浩等[431]结合实际道路情况研究了十字交叉口一个进口的左转相位与直行相位的先后次序问题，利用左转车流和对向直行车流通过冲突点的先后次序来确定左转相位与直行相位的先后次序。王浩等把冲突时间差作为确定直行相位和左转相位先后次序的唯一判断标准欠妥，考虑因素过于单一。原因有两个：一方面，左转车流和对向直行车流的冲突时间不但与行驶轨迹长度有关，而且与这两个方向的车流的实际行驶速度有关，不能一概而论。另一方面，交叉口在一个周期中的总控制延误大小应该是判断直行相位与左转相位先后次序的最终依据。

交叉口一个进口的直行车流和左转车流行驶的先后次序的变化会影响交叉口总控制延误的大小，同时两条相交道路的车流通行次序的变化也会影响交叉口总控制延误的大小。在一个周期中交叉口各个进口各个方向的车辆到达分布不同，所以采用不同的信号相位方案产生交叉口的总控制延误不同。

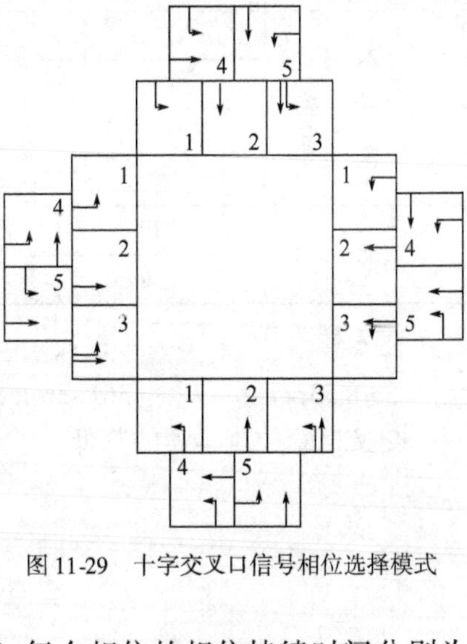

图11-29　十字交叉口信号相位选择模式

假设十字交叉口采用如图11-29所示的信号相位方案，每个相位的相位持续时间分别为 g_1、g_2、g_3 以及 g_4；一个信号周期内南北方向道路的直行车流均匀到达，周期到达流量为 V_3，饱和流量为 S_3；左转车流均匀到达，周期到达流量 V_4，饱和流量为 S_4。现在分析南北方向道路的直行车流和左转车流通行先后次序变化时交叉口总控制延误的变化。当相位1与相位2结束时，南北进口直行流向和左转流向的排队车辆数分别为 q_3、q_4，分别按式(11-84)和式(11-85)计算：

$$q_3 = \frac{g_1 + g_2}{C} V_3 \tag{11-84}$$

$$q_4 = \frac{g_1 + g_2}{C} V_4 \tag{11-85}$$

如果相位 3 先于相位 4 获得通行权，则南北方向的车流的总控制延误为：

$$D_{34} = \frac{(g_1 + g_2)^2}{2\left(\frac{C}{V_3} - \frac{1}{S_3}\right)} + \frac{g_3 V_4 [2(g_1 + g_2) + g_3]}{2C} + \frac{(g_1 + g_2 + g_3)^2 \cdot \left(\frac{V_4}{C}\right)^2}{2\left(S_4 - \frac{V_4}{C}\right)} \tag{11-86}$$

如果相位 4 先于相位 3 获得通行权，则南北方向的车流的总控制延误为：

$$D_{43} = \frac{(g_1 + g_2)^2}{2\left(\frac{C}{V_4} - \frac{1}{S_4}\right)} + \frac{g_4 V_3 [2(g_1 + g_2) + g_4]}{2C} + \frac{(g_1 + g_2 + g_4)^2 \left(\frac{V_3}{C}\right)^2}{2\left(S_3 - \frac{V_3}{C}\right)} \tag{11-87}$$

下面利用数值算例对不同的相位序列进行验证，该十字交叉口的周期到达流量和信号配时参数列于表 11-1。该信号控制方案的周期时长为 C = 62s，相位绿信号间隔时间均为 4s。

十字交叉口几何布局、各个方向的到达流量及四相位信号控制参数 表 11-1

方　向	流　向	车道数	小时流量	周期流量	绿灯时间
东	直行	3	664	11.44	11
	左转	1	215	3.70	11
西	直行	2	469	8.08	11
	左转	1	175	3.01	11
南	直行	3	576	9.92	12
	左转	2	454	7.82	12
北	直行	3	712	12.26	12
	左转	1	233	4.01	12

在本算例中，$g_1 = g_2 = 11$s，$g_3 = g_4 = 12$s。经过计算，得到一个信号周期的总控制延误 D_{34} = 330.53pcu · s，D_{43} = 361.36pcu · s。可以看出，南北方向直行车流先于左转车流通行有利于交叉口总控制延误的降低。

第12章

疏港道路交叉口信号协调控制方案优化

12.1 疏港道路交叉口信号协调控制方案

近年来随着港口的发展,疏港道路的负荷量逐年增加,交通拥堵已成为亟待解决的问题。主干道承载着路网交通的主要负荷,交叉口作为道路的节点,是造成拥堵的关键环节,其通行能力的大小影响道路的通行效率。信号协调控制已被广泛地应用在干线的交叉口。这项技术通过形成绿波带,使车辆能够以较少的停车次数或者不停车通过交叉口。大多数的协调控制研究主要关注方案优化使交通运行效率提高,而忽略了交通安全性的问题。为了有效控制疏港道路交叉口交通运行,保证车流运行畅通,提高交叉口的通行能力,保证交通安全,本章主要从交叉口协调控制和绿波协调控制等研究方面出发,分析一些协调控制的影响因素,利用一些效率、安全评价指标对不同的模型进行评价,寻找更优的理论方法。

12.1.1 协调控制下考虑车辆到达与消散的延误模型

与单一信号交叉口不同,协调信号控制下的延误模型需要考虑相位设计方案对交叉口上游主线方向车流的影响。信号灯显示为红灯时,交叉口处的实际车流会出现排队现象。当绿灯亮起时,车辆会以一个较为密集的车队出发,后来的车队会以一个相较离散的流率跟着前面的车队。因此本节假定车队一部分以饱和流率前进,另一部分以未饱和流率前进。协调交叉口协调相位车流到达情况如图12-1所示。同时本节存在以下假设:

(1)所有类型的车流都是以均速到达下一个交叉口。

(2)将协调相位的绿灯亮起时刻作为周期开始时刻,且交叉口一直处于未饱和状态。

(3)相位差中已考虑初始排队消散时间。

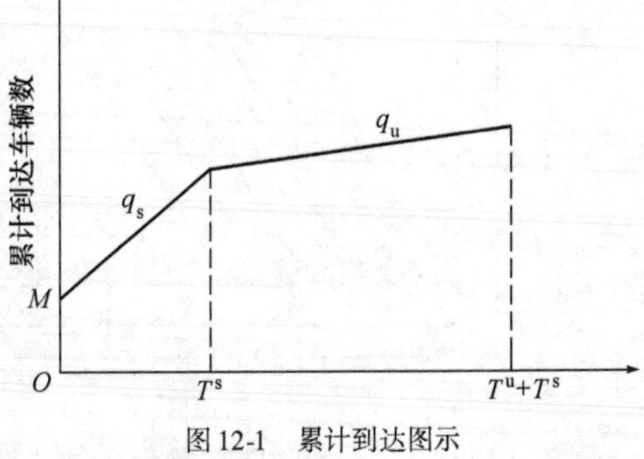

图 12-1 累计到达图示

M-初始排队车辆数;q_s-饱和流率;q_u-未饱和流率;

T^s、T^u-两股车流的持续时间

(4)非协调相位驶向干线的车流以固定的流率均匀地到达下游交叉口。

因此到达率函数可以写成下式：

$$\rho(t)=\begin{cases}q_{\mathrm{s}} & T\leqslant T^{\mathrm{s}}\\ q_{\mathrm{u}} & T^{\mathrm{s}}<T\leqslant T^{\mathrm{u}}+T^{\mathrm{s}}\end{cases}\tag{12-1}$$

式中：q_{s}——饱和流率(pcu)；

q_{u}——未饱和流率(pcu)；

T^{s}——饱和车流的持续时间(s)；

T^{u}——未饱和车流的持续时间(s)。

由于相位差中已考虑了初始排队消散时间，车流到达下游的时候已经是排队消散的状态，因此车队有四种情形：①饱和车流受阻，未饱和车流受阻；②饱和车流受阻，未饱和车流不受阻；③饱和车流不受阻，未饱和车流受阻；④两类车流都不受阻。

1)饱和车流受阻，未饱和车流受阻

车队到达下游交叉口时，饱和车队未完全通过交叉口，或完全受阻，即遇到红灯，红灯期间饱和车流全部排队，并且后来的未饱和车队受到饱和车队排队的影响。如图12-2所示，此时车队的路段行驶时间 $t_{x,x+1}$ 要满足 $\tau_{x+1}^{\mathrm{s}}+C+o_{x,x+1}\geqslant t_{x,x+1}+T_{x}^{\mathrm{s}}+\lambda C_{c}>o_{x,x+1}+g_{x+1}$，其中 λ 取0或1，因为车辆在路段上行驶时间一般在1～2个周期内，虚线代表支线车流，T_{x}^{s} 为交叉口 x 协调进口道处车队饱和流率的持续时间。

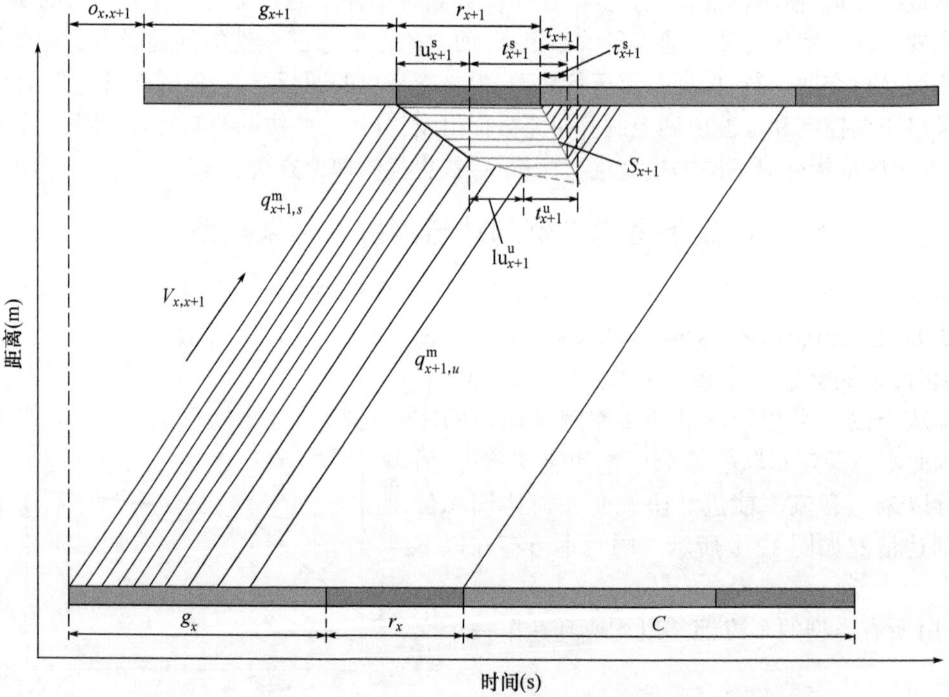

图12-2　饱和车流受阻与未饱和车流受阻图示(头车遇到绿灯)

图中，$\tau_{x}+1$、τ_{x+1}^{s}、τ_{x+1}^{u} 分别表示交叉口 $x+1$ 由上游所到达所有车队消散需要的时间、饱和车队受阻后消散需要的时间、未饱和车队受阻后消散需要的时间。t_{x+1}^{s} 表示饱和车队尾车受阻持续时间，t^{u}_{x+1}表示未饱和车队尾车受阻持续时间。$q^{m}_{x+1,s}$为主线上交叉口 x 到达下游车队的饱和流率，$q^{m}_{x+1,u}$为主线上交叉口 x 到达下游车队的未饱和流率。S_{x+1}为该车队的消散流率，虚线部分为支线车流到达情况。

根据图 12-2 和图 12-3 可知，当车队头车到达为绿灯时，有少数饱和车流通过了交叉口，剩余车流皆在红灯期间到达，剩余红灯就为 $x+1$ 交叉口的红灯时间；当车队头车到达为红灯时，$x+1$ 交叉口的剩余红灯取决于协调相位车流到达 $x+1$ 交叉口的时间点。因此协调车队到达 $x+1$ 交叉口的剩余红灯 δ^{r}_{x+1} 计算公式如下：

$$\delta^{r}_{x+1}=\begin{cases} r_{x+1} & o_{x,x+1}\leqslant t_{x,x+1}+\lambda C<o_{x,x+1}+g_{x+1} \\ C_c+o_{x,x+1}-t_{x,x+1} & o_{x,x+1}+g_{x+1}\leqslant t_{x,x+1}+\lambda C<o_{x,x+1}+C \end{cases} \tag{12-2}$$

式中：δ^{r}_{x+1}——协调车队到达 $x+1$ 交叉口的剩余红灯时间(s)；

$t_{x,x+1}$——车队路段行驶时间(s)；

C——交叉口的周期时长(s)；

g_{x+1}——交叉口的绿灯时间(s)。

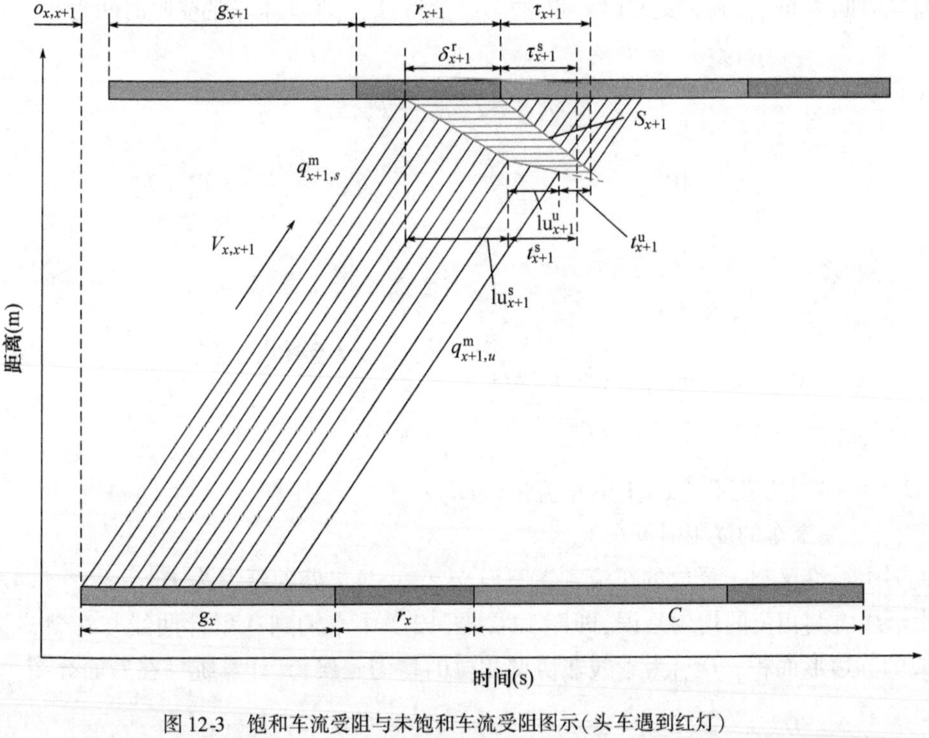

图 12-3　饱和车流受阻与未饱和车流受阻图示(头车遇到红灯)

$x+1$ 交叉口的饱和车流排队时间 lu^{s}_{x+1} 取决于协调相位车队到达交叉口时的灯色。当车队到达时，$x+1$ 交叉口为绿灯，饱和车队的排队时间为饱和车队的持续时间减掉已经通过的饱和车辆的持续时间；$x+1$ 交叉口为红灯时，饱和车队的排队时间为饱和车队的持续时间，因此可以得到式(12-3)：

$$lu^{s}_{x+1}=\begin{cases} T^{s}_{x}-(o_{x,x+1}+g_{x+1}-t_{x,x+1}) & o_{x,x+1}\leqslant t_{x,x+1}+\lambda C<o_{x,x+1}+g_{x+1} \\ T^{s}_{x} & o_{x,x+1}+g_{x+1}\leqslant t_{x,x+1}+\lambda C<o_{x,x+1}+C \end{cases} \tag{12-3}$$

式中：lu^{s}_{x+1}——$x+1$ 交叉口的饱和车流排队时间(s)；

T^{s}_{x}——交叉口 x 协调进口道处车队饱和流率的持续时间(s)。

依据交叉口排队车辆数等于消散车辆数的守恒原则，可由下式计算得到饱和车队与未饱和车队的消散时间。

$$\begin{cases}\tau^{s}_{x+1}S_{x+1}=q^{m}_{x+1,q}\mathrm{lu}^{s}_{x+1}\\ \tau_{x+1}S_{x+1}=\tau^{s}_{x+1}S_{x+1}+(\tau_{x+1}-\tau^{s}_{x+1})q^{m}_{x+1,u}\end{cases}\tag{12-4}$$

式中：τ_{x+1}——交叉口 $x+1$ 由上游所到达车流消散需要的时间(s)；

S_{x+1}——车队的消散流率。

用式(12-5)计算饱和车队尾车的受阻时间，即剩余红灯时间与饱和车队消散时间减去饱和车流的排队时间。

$$t^{s}_{x+1}=\delta^{r}_{x+1}+\tau^{s}_{x+1}-\mathrm{lu}^{s}_{x+1}\tag{12-5}$$

当车队消散的速度大于排队积累速度时，未饱和车队部分尾部车辆到达时可以直接通过交叉口；反之当车队消散的速度小于排队积累速度时，未饱和车队会全部受阻，因此未饱和车队的排队时间为 lu^{u}_{x+1}，到达交叉口 $x+1$ 的车流量为 Q_{x+1}，车队末车的受阻时间为 t^{u}_{x+1}，计算公式如下：

$$Q_{x+1}=T^{u}_{x}q_{x,u}+T^{u}_{x}q_{x,s}\tag{12-6}$$

$$t^{u}_{x+1}=\begin{cases}0 & \delta^{r}_{x+1}+\dfrac{Q_{x+1}}{S_{x+1}}>T^{s}_{x}+T^{u}_{x}\\ \delta^{r}_{x+1}+\tau_{x+1}-\mathrm{lu}^{s}_{x+1}-\mathrm{lu}^{q}_{x+1} & \text{else}\end{cases}\tag{12-7}$$

$$\mathrm{lu}^{u}_{x+1}=\begin{cases}\dfrac{q^{u}_{x+1,s}t^{s}_{x+1}}{S_{x+1}-q^{m}_{x+1,u}} & \delta^{r}_{x+1}+\dfrac{Q_{x+1}}{S_{x+1}}>T^{s}_{x}+T^{u}_{x}\\ T^{u}_{x+1} & \text{else}\end{cases}\tag{12-8}$$

式中：Q_{x+1}——到达交叉口 $x+1$ 的车流量(pcu)；

t^{u}_{x+1}——末车的受阻时间(s)。

此时上游交叉口 x 释放的车流到达下游交叉口 $x+1$ 处的延误为 $D_{x+1}=D^{m}_{x+1}+D^{b}_{x+1}$，其中 D^{m}_{x+1} 为干线协调相位的均匀延误，即图 12-2、图 12-3 中车辆到达累计曲线与车辆离去累计曲线围成的五边形面积。D^{b}_{x+1} 为干线非协调相位的均匀延误，其计算统一在后面介绍。

$$D^{m}_{x+1}=\frac{1}{2}(\delta^{r}_{x+1}+t^{s}_{x+1})S_{X+1}\tau^{s}_{x+1}+\frac{1}{2}q^{m}_{x,u}(\tau_{x}-\tau^{s}_{x+1})(t^{s}_{x+1}+t^{u}_{x+1})\tag{12-9}$$

式中：D^{m}_{x+1}——干线协调相位的均匀延误。

2)饱和车流受阻，未饱和车流不受阻

协调相位车队到达下游交叉口时，饱和车流遇到红灯受阻，且饱和车队消散完全后未饱和车流才到达不受影响，即这种情况下只需要计算饱和车流的均匀延误。如图 12-4 所示，此时车队的路段行驶 $t_{x,x+1}$ 时间要满足 $C+o_{x,x+1}+\tau_{x+1}\geqslant t_{x,x+1}+T^{s}_{x}+\lambda C>o_{x,x+1}+g_{x+1}$ 与 $S_{x+1}>q^{m}_{x+1,x}$。

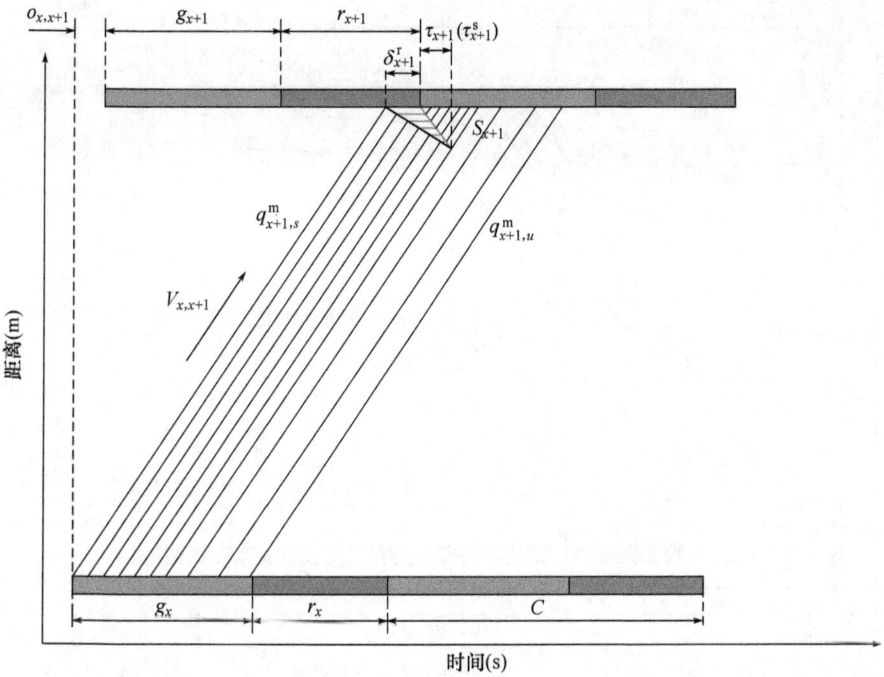

图 12-4 饱和车流受阻图示

本节中初始排队的数量不多，且交叉口状态都为非饱和状态，饱和车队持续时间不会超过红灯时间，因此出现这类情况只能是饱和车队在红灯期间到达，剩余红灯时间 $\delta_{x+1}^{r}=C_c+o_{x,+1}-t_{x,x+1}$。

由于这种情况下只存在饱和车队的延误，因此饱和流率的消散时间 τ_{x+1}^{s} 与车队消散时间 τ_{x+1} 相同，因此依据交叉口排队车辆数等于消散车辆数的守恒原则，可由下式计算得到饱和车队与未饱和车队的消散时间。

$$q_{x+1,s}^{m}(\delta_{x+1}^{r}+\tau_{x+1}^{s})=S_{x+1}\tau_{x+1}^{s} \tag{12-10}$$

此时上游交叉口 x 释放的车流到达下游交叉口 $x+1$ 处的延误为 $D_{x+1}=D_{x+1}^{m}+D_{x+1}^{b}$，其中 D_{x+1}^{m} 为干线协调相位的均匀延误，即图 12-4 中车辆到达累计曲线与车辆离去累计曲线围成的三角形面积。

$$D_{x+1}^{m}=\frac{1}{2}\delta_{x+1}^{r}S_{x+1}\tau_{x+1}^{s} \tag{12-11}$$

3）饱和车流不受阻，未饱和车流受阻

协调相位车队到达下游时，饱和车队遇到绿灯时全部通过，未饱和车流部分或者全部都遇到红灯。即这类情况下只需要计算未饱和车流的均匀延误。如图 12-5 所示，其中虚线代表支线车流，q_{x+1}^{b} 为支线车流到达 x 交叉口的到达率，此时车队的路段行驶 $t_{x,x+1}$ 时间要满足 $t_{x,x+1}+T_{x}^{s}+\lambda C<o_{x,x+1}+g_{x+1}$。

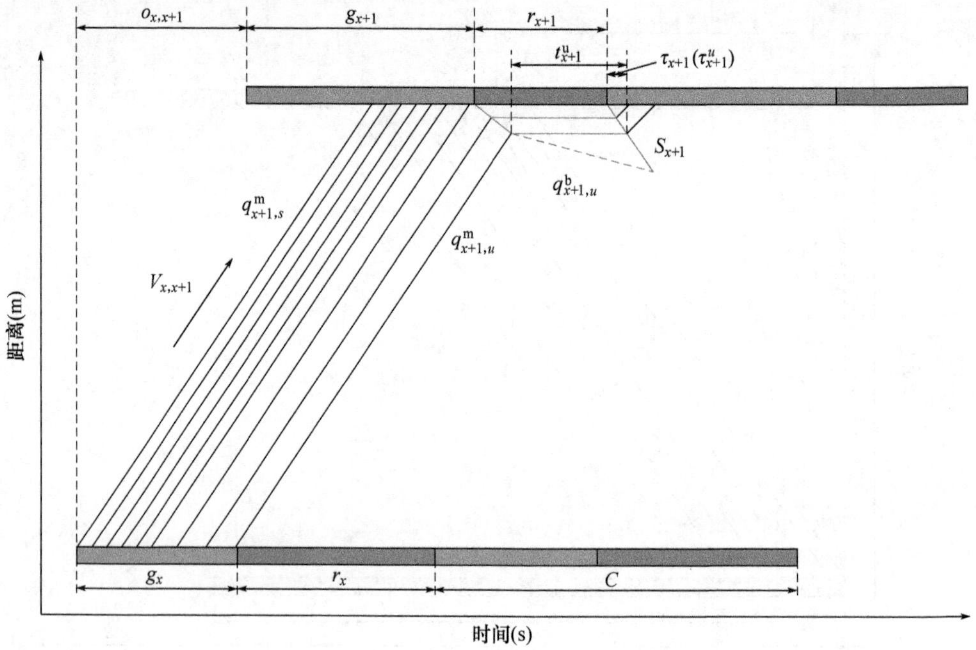

图 12-5　未饱和车流受阻图示

根据图 12-5 中可知，当未饱和车流受阻时，协调车队到达 $x+1$ 交叉口的剩余红灯 δ^{r}_{x+1} 都与 $x+1$ 交叉口的红灯时间相同，即式(12-12)：

$$\delta^{r}_{x+1} = r_{x+1} \tag{12-12}$$

$x+1$ 交叉口的未饱和车流排队时间 lu^{u}_{x+1} 取决于协调相位未饱和车队到达交叉口时的灯色。当车队到达时，$x+1$ 交叉口为绿灯，未饱和车队的排队时间为未饱和车队的持续时间减掉已经通过的未饱和车辆的持续时间；$x+1$ 交叉口为红灯时，未饱和车队的排队时间为未饱和车队的持续时间，因此可以得到式(12-13)：

$$lu^{u}_{x+1} = \begin{cases} T^{u}_{x+1} - (o_{x,x+1} + g_{x+1} - t_{x,x+1} - T^{u}_{x+1}) \\ \quad o_{x,x+1} \leqslant t_{x,x+1} + \lambda C < o_{x,x+1} + g_{x+1} \\ T^{u}_{x+1} o_{x,x+1} + g_{x+1} \leqslant t_{x,x+1} + \lambda C < o_{x,x+1} + C \end{cases} \tag{12-13}$$

当车队消散的速度大于排队积累速度时，未饱和车队部分尾部车辆到达时可以直接通过交叉口，即满足 $\tau_{x+1} + C + o_{x,x+1} \leqslant t_{x,x+1} + T^{s}_{x+1} + T^{u}_{x+1}$ 时 $t^{u}_{x+1} = 0$ 否则 $t^{u}_{x+1} = \delta^{r}_{x+1} + \tau_{x+1} - lu^{u}_{x+1}$。

依据交叉口排队车辆数等于消散车辆数的守恒原则，可由下式计算得到未饱和车队的消散时间。

$$q^{m}_{x+1,u} lu^{u}_{x+1} = S_{x+1} \tau_{x+1} \tag{12-14}$$

此时上游交叉口 x 释放的车流到达下游交叉口 $x+1$ 处的延误为 $D_{x+1} = D^{m}_{x+1} + D^{b}_{x+1}$，其中 D^{m}_{x+1} 为干线协调相位的均匀延误，即图 12-5 中车辆到达累计曲线与车辆离去累计曲线围成的四边形面积。

$$D^{m}_{x+1} = \frac{1}{2} \tau_{x+1} S_{x+1} (t^{u}_{x+1} + \delta^{r}_{x+1}) \tag{12-15}$$

4)两类车流都不受阻

这类情况下,上游到达下游的车流量全部在绿灯时间内通过,即 D_{i+1}^{m} 为 0。这种情况下只需要计算支线上到达下游的车流量延误 D_{i+1}^{b},此时 $t_{x,x+1}$ 需要满足 $o_{x,x+1} \leqslant t_{x,x+1} + \lambda C \leqslant o_{x,x+1} + g_{x+1}$ 与 $o_{x,x+1} \leqslant t_{x,x+1} + T_{x+1}^{s} + T_{x+1}^{u} + \lambda C \leqslant o_{x,x+1} + g_{x+1}$。具体到达情况见图 12-6。其中虚线代表支线车流,q_{x+1}^{b} 为支线车流到达 $x+1$ 交叉口的到达率,τ_{x+1}^{b} 为支线车队排队消散时间。通过图示可以看出其计算方法与未饱和车流受阻类似,因此这里不再赘述。

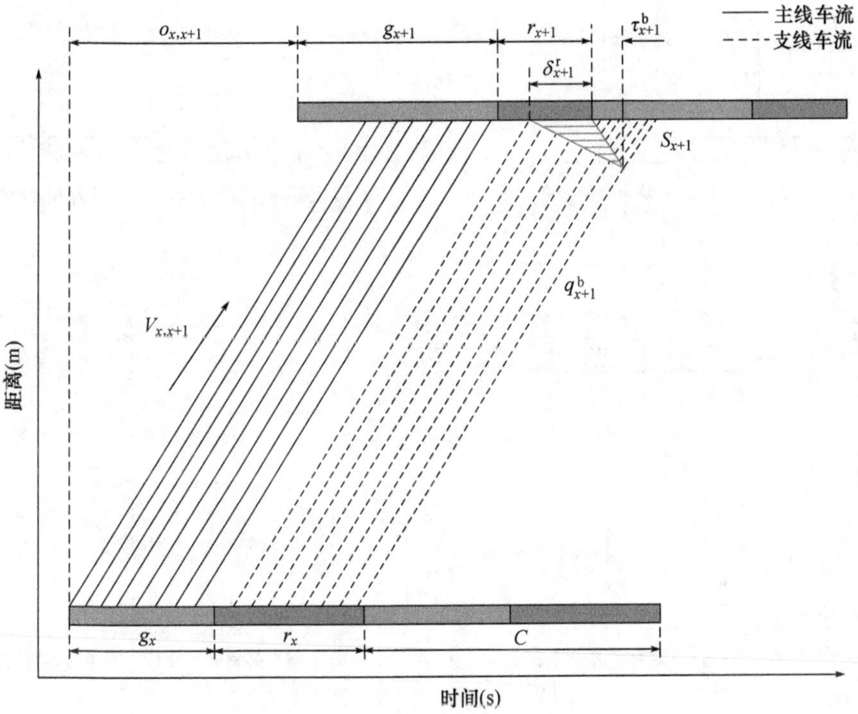

图 12-6　饱和车流与未饱和车流全部通过图示

在计算干线的延误除了要根据上述情况的区间去匹配延误计算方式外,还需要指出的是,当干线进行客货分离时,上、下游会出现 4 种情况,需要单独去计算货车的相位差。

(1)上游为客货分开放行,下游为客货分开放行

当出现情况 1 时,以上下游的客车绿灯亮起时间差 $o_{x,x+1}^{客}$ 作为标准,根据图 12-7a),可以计算得出 $o_{x,x+1}^{货} = o_{x,x+1}^{客} + g_{x+1}^{客} - g_{x}^{客} + \lambda C$。

(2)上游为客货分开放行,下游为客货同时放行

当出现情况 2 时,下游绿灯时间变为客、货共享的直行绿灯时间,因此根据图 12-7b),可以计算出 $o_{x,x+1}^{货} = o_{x,x+1}^{客} - g_{x}^{客} + \lambda C$。

(3)上游为客货同时放行,下游为客货分开放行

当出现情况 3 时,以上游直行绿灯亮起时间为起点与下游客、货车绿灯中客车的亮起时间点之间的差值作为客车的相位差,根据图 12-7c),可以计算出 $o_{x,x+1}^{货} = o_{x,x+1}^{客} + g_{x}^{客}$。

(4)上游为客货同时放行,下游为客货同时放行

这类情况与混行情况相同,不需要额外分别计算客、货单独的相位差,具体如图 12-7d)所示。

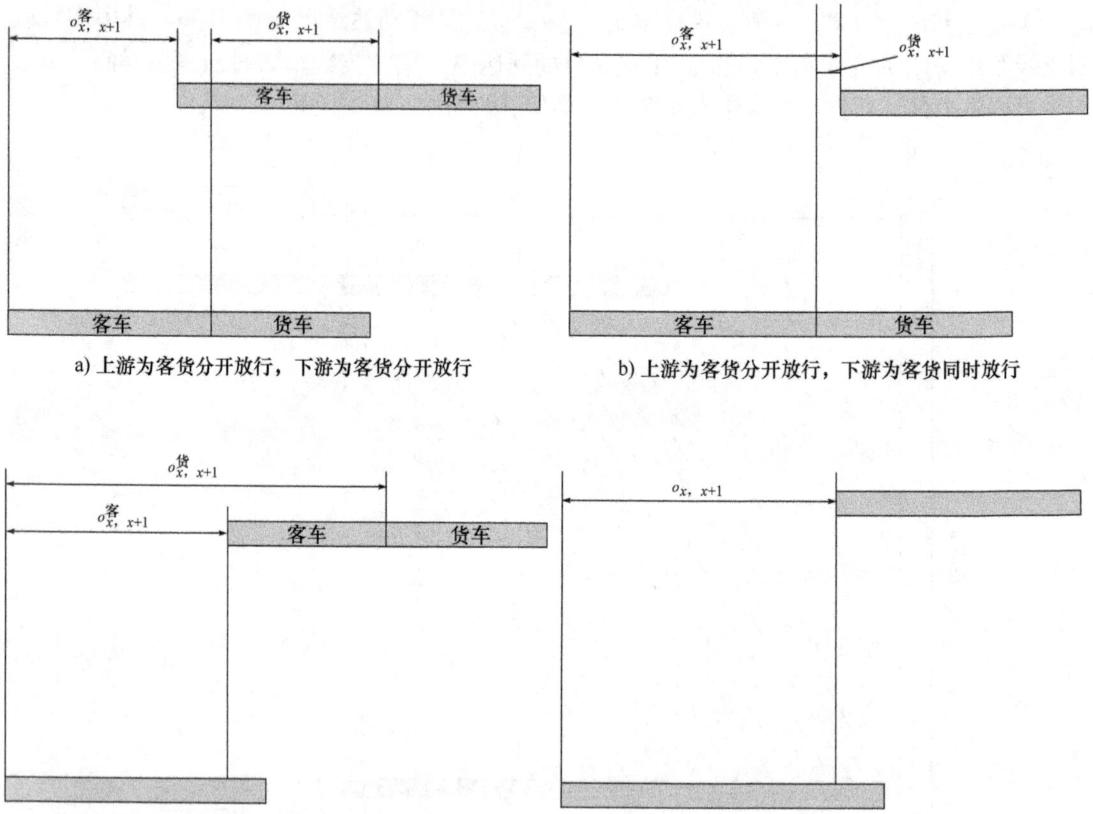

a) 上游为客货分开放行，下游为客货分开放行

b) 上游为客货分开放行，下游为客货同时放行

c) 上游为客货同时放行，下游为客货分开放行

d) 上游为客货同时放行，下游为客货同时放行

图 12-7　货车相位差计算图示

本节在考虑信号协调控制时以车辆到达累计曲线与车辆驶离累计曲线围成的形状面积作为延误,因此只考虑了均匀延误计算。

12.1.2　安全性评价指标

交叉口的安全性评价指标主要影响因素有交通冲突点、冲突点数量以及交通量,次要因素可以分为:①道路条件,如路面条件、视距、渠化条件等;②安全设施,如道路的标志标线等;③信号灯,如相位方案、黄灯时间等。本节将选择交通冲突点数量作为交叉口的安全性评价指标。

1)交通冲突点

冲突点是冲突区域内来自各个行驶方向的车辆以一定的角度相互交叉、汇合和分开的轨迹交点。在交叉口、出入口匝道、交织区这些冲突点集中的区域,如果将每一可能的车流方向用一个表明方向的流线来表示,冲突点也就是冲突区域内交通流线相接的地方。冲突点的存在是交通冲突产生的根源,因此,冲突点的多少对所在区域的交通安全有很大的影响。交通冲突点越多,交叉口的安全程度越低。交通冲突点可以按以下分类来分析它对交叉口的安全

影响[432]：

(1)机动车与机动车的冲突点：合流冲突点、分流冲突点、交叉冲突点。

(2)机动车与非机动车的冲突点：左转机动车与非机动车冲突点、直行机动车与非机动车冲突点、右转机动车与非机动车冲突点。

(3)机动车与行人的冲突点：左转机动车与行人冲突点、直行机动车与行人冲突点、右转机动车与行人冲突点。

2)交叉口冲突点计算

本节在计算交叉口冲突点时借鉴潘福全等[347]的无信号平面交叉口机动车冲突点数计算模型。由于文献中的场景为无信号平面交叉口,因此本节在计算冲突点时需要分相位计算,且只考虑交叉口内部的交叉冲突点数,不考虑分流造成的冲突点,合流的冲突点通过对出口道的设计来避免。

根据文献计算交叉口中的虚拟车道数,虚拟车道数为进口道上左转、直行以及右转三种方向车流的流向数目的总和。

(1)直行的虚拟车道数

$$E_{i,\text{through}}^{x}=n_{i,2}^{x}+n_{i,3}^{x}+n_{i,4}^{x}+n_{i,6}^{x} \tag{12-16}$$

式中：$E_{i,\text{through}}^{x}$——交叉口 x 进口道 i 的直行虚拟车道数；

$n_{i,j}^{x}$——交叉口 x 进口道 i 内转向车道为 j 的车道数；

$j=\{2,3,4,6\}$——直行左转车道、直行车道、直行左右转车道及直行右转车道。

(2)左转的虚拟车道数

$$E_{i,\text{left}}^{x}=n_{i,1}^{x}+n_{i,2}^{x}+n_{i,4}^{x} \tag{12-17}$$

式中：$E_{i,\text{left}}^{x}$——交叉口 x 进口道 i 的左转虚拟车道数；

$j=\{1,2,4\}$——左转车道、直行左转车道、直行左右转车道。

本节所有的相位方案中右转不存在交叉口内部的冲突点,且当交叉口 x 直行左转车流分开放行时,不存在交叉口内部冲突点。其他的相位方案,冲突点的计算公式为：

$$N_{x}=\sum_{i=1}^{2}E_{i,\text{though}}^{x}E_{i+2,\text{left}}^{x}+E_{i+2,\text{though}}^{x}E_{i,\text{left}}^{x} \tag{12-18}$$

12.1.3　模型效用函数

本章协调控制下目标函数为整个系统的车辆平均延误与冲突点数的加权和。

除了干线上的车流,即图12-8中车流3、5、7、11、13、15、17、19、21、23,使用12.1.1小节中的延误模型,其余车流使用HCM2000公式计算均匀延误,具体计算方式见式(12-19)～式(12-22)。

$$d_{1}=\frac{0.5C(1-\lambda)^{2}}{[1-\min(1,X)]\lambda} \tag{12-19}$$

$$d_{2}=900T\left[(X-1)+\sqrt{(X-1)^{2}+\frac{kIX}{cT}}\right] \tag{12-20}$$

$$d_{3}=\frac{1800\,Q_{\text{b}}(1-u^{*})t}{cT} \tag{12-21}$$

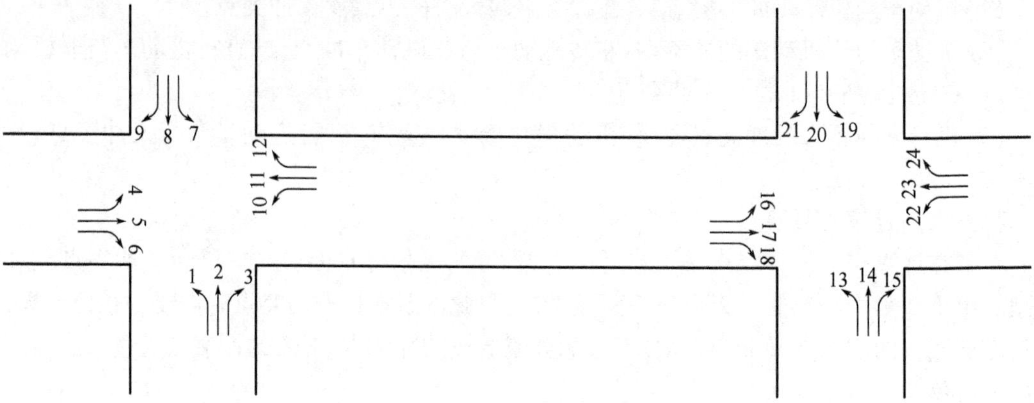

图 12-8　协调交叉口车流转向示意图

$$D = \mathrm{PF}\, d_1 + d_2 + d_3 \tag{12-22}$$

式中：d_1——均匀延误(s)；

d_2——随机延误(s)；

d_3——存在初始排队的延误(s)，不存在的取 0；

λ——所计算车道绿信比；

C——周期时长(s)；

X——所计算车道饱和度；

c——车道通行能力(pcu)；

T——分析时段的时长(s)；

Q_{b}——初始排队长度(m)；

k——信控方式校正参数；

I——车辆到达校正参数；

PF——协调控制下的校正系数，单个交叉口分析时取 1。

根据式(12-18)中的冲突点计算方法，可以得到协调控制下的目标函数公式：

$$F = \frac{\sum_{x=1}^{x} D_x}{\sum_{x=1}^{x} Q_x} + \eta N_x \tag{12-23}$$

式中：D_x——交叉口 x 的总延误(s)；

Q_x——交叉口 x 总流量(pcu)；

η——N_x 冲突点数的权重系数，本节中算例计算的均匀延误与冲突点数的数量级相近，因此本节 η 取 1。

基于前面章节中提出的交叉口信号相位方案以及车道配置方法对两个交叉口进行协调控制优化。不同于孤立交叉口的信号优化模型只考虑了客货分离的情况，本节加入了客货混行的相位方案，即传统的相位方案。在原来优化车道配置、绿灯时间的基础上增加了相位差的优化。

1)疏港道路协调交叉口协调控制模型构建

(1)目标函数

协调控制下疏港道路交叉口的指标函数选择效用函数,要使平均延误及冲突点数最小。因此目标函数为式(12-24):

$$\mathrm{Min}(F) \tag{12-24}$$

(2)车流放行模式约束

本节假设主线路段上的相位方案,即若东西向为主线,东西向的交叉口的相位方案相同。因此可以得到如下公式:

$$\begin{cases}\alpha_{1,r_{\mathrm{main}}}=\alpha_{2,r_{\mathrm{main}}}\cdots=\alpha_{x,r_{\mathrm{main}}}\\ \beta_{1,r_{\mathrm{main}}}=\beta_{2,r_{\mathrm{main}}}\cdots=\beta_{x,r_{\mathrm{main}}}\end{cases} \tag{12-25}$$

式中:$\alpha_{x,r}$——第 x 个交叉口的 r 路段是否进行客货分离,0 为客货混行,1 为客货分离;

$\beta_{x,r}$——第 x 个交叉口的 r 路段是否进行直行、左转分离,0 为直行左转不分离,1 为直行左转分离;

x——各个交叉口索引;

$r=\{1,2\}$——不同方向的路段,当 $r=1$ 代表南北向路段,当 $r=2$ 代表东西向路段。

本节在优化过程中优先确定车道,再匹配相应的相位方案。由于加入了混行车队,因此相应地会出现混行车道,当一个路段中出现混行车道时,这个路段只能使用传统相位方案。因此存在约束式(12-26):

$$\alpha_{x,r}=\begin{cases}0\sum_{j=1}^{6}n_{r,j,3}^{x}+n_{r+2,j,3}^{x}>0\\ 1\sum_{j=1}^{6}n_{r,j,3}^{x}+n_{r+2,j,3}^{x}=0\end{cases} \tag{12-26}$$

式中:$j=\{1,2,\cdots,6\}$——左转车道、右转车道、直行车道、直行左转车道、直行右转车道、直行左右转车道;

$n_{r,j,3}^{x}$、$n_{r+2,j,3}^{x}$——交叉口 x 中进口道 r 及对向进口道内转向车道为 j 的客货混行车道的数量;

$i=\{1,2,3,4\}$——南进口道、西进口道、北进口道、东进口道。

(3)车道流量总量约束

用 $Q_{i,k}^{x,d}$ 代表 x 交叉口 k 类车 i 进口道 d 方向的总流量,其中 $d\in D=\{L,T,R\}$,分别代表左转、直行、右转方向;用 $Q_{i,j,k}^{x}$ 代表交叉口 x 中进口道 i 内转向车道为 j 的 k 类专用车道的流量。用式(12-27)表示 $Q_{i,k}^{x,d}$ 与 $Q_{i,j,k}^{x}$ 的关系。

$$\sum_{d\in D}Q_{i,k}^{x,d}=\sum_{j=1}^{6}Q_{i,j,k}^{x} \tag{12-27}$$

式中:$k=\{1,2,3\}$——客车道、货车道和客货混行车道;

$Q_{i,k}^{x,d}$——x 交叉口 k 类车 i 进口道 d 方向的总流量(pcu);

$d\in D=\{L,T,R\}$——代表左转、直行、右转方向;

$Q_{i,j,k}^{x}$——交叉口 x 中进口道 i 内转向车道为 j 的 k 类专用车道的流量(pcu)。

(4)车道流量分配约束

利用等饱和度原则分配同一个相位内不同车道内的车流量。式(12-28)为两种放行策略下的等饱和度约束条件。其中，$S^x_{j,k}$表示交叉口 x 转向车道为 j 的 k 类专用道交通流的饱和流率，当这个路段为客货混行时，$k_1=k_2=3$；当这个路段为客货分离时，$k_1=1$、$k_2=2$。当 $i=1$ 或 3 时 $s=1$，当 $i=2$ 或 4 时 $s=2$。

$$\begin{cases}\dfrac{Q^x_{i,j,k_1}}{n^x_{i,j,k_1}S^x_{j,k_1}}=\dfrac{Q^x_{i,j,k_2}}{n^x_{i,j,k_2}S^x_{j,k_2}} & \beta_{x,s}=1\\ \dfrac{Q^x_{i,j_1,k}}{n^x_{i,j_1,k}S^x_{j_1k}}=\dfrac{Q^x_{i,j_2,k}}{n^x_{i,j_2,k}S^x_{j_2,k}} & \beta_{x,s}=0, j_1\neq j_2\end{cases} \tag{12-28}$$

式中：$S^x_{j,k}$——交叉口 x 转向车道为 j 的 k 类专用道交通流的饱和流率(pcu)。

(5)车道数量约束

车道数量存在如下约束：

约束式(12-29)保证各个交叉口的车道数为整数。

$$n^x_{i,j,k}\in Z \tag{12-29}$$

约束式(12-30)保证各个交叉口当进口道 i 无转向车道为 j 的 k 类专用车道时，$n_{i,j,k}=0$，否则至少为1条。

$$n^x_{i,j,k}\geqslant 0 \tag{12-30}$$

约束式(12-31)保证各个交叉口进口道 i 内所有车道的和不大于各个交叉口进口道 i 的最大车道数。当路段为客货分离时，由于客、货车至少都需要存在一条车道，所以 $n_{i,j,k}$ 的累计和下限是2；当路段为客货混行时，至少存在1条车道。当 $i=1$ 或3时，$s=1$；当 $i=2$ 或4时，$s=2$。

$$\begin{cases}2\leqslant\sum\limits_{J=1}^{6}\sum\limits_{K=1}^{2}n^x_{i,j,k}\leqslant N^x_i & \alpha_{x,s}=1\\ 1\leqslant\sum\limits_{J=1}^{6}\sum\limits_{K=1}^{2}n^x_{i,j,k}\leqslant N^x_i & \alpha_{x,s}=0\end{cases} \tag{12-31}$$

约束式(12-32)保证交叉口 x 上任何合用车道都不能超过1条，即各个进口上客车或货车的左直、直右、左直右合用车道都不能超过1条。

$$n^x_{i,j,k}\leqslant 1, j\geqslant 4 \tag{12-32}$$

约束式(12-33)保证交叉口 x 左直右车道不能和直行车道、左直或直右合用车道一起出现。

$$n^x_{i,6,k}(n^x_{i,3,k}+n^x_{i,4,k}+n^x_{i,5,k})=0 \tag{12-33}$$

约束式(12-34)保证交叉口 x 若任何一类车道不存在，则不能为这类车道分配车流量。

$$\begin{cases}n^x_{i,j,k}=0 & Q^x_{i,j,k}=0\\ n^x_{i,j,k}\geqslant 1 & Q^x_{i,j,k}>0\end{cases} \tag{12-34}$$

约束式(12-35)保证交叉口 x 左转方向的车流有通行空间。

$$\begin{cases}\sum\limits_{j=1,4,6}n^x_{i,j,k}=0 & Q^{x,L}_{i,k}=0\\ \sum\limits_{j=1,4,6}n^x_{i,j,k}\geqslant 1 & Q^{x,L}_{i,k}\geqslant 0\end{cases} \tag{12-35}$$

约束式(12-36)保证交叉口 x 右转方向的车流有通行空间。

$$\begin{cases}\sum\limits_{j=2,5,6} n_{i,j,k}^{x}=0 & Q_{i,k}^{x,R}=0\\ \sum\limits_{j=2,5,6} n_{i,j,k}^{x}\geqslant 1 & Q_{i,k}^{x,R}\geqslant 0\end{cases} \tag{12-36}$$

约束式(12-37)保证交叉口 x 直行方向的车流有通行空间。

$$\begin{cases}\sum\limits_{j=3}^{6} n_{i,j,k}^{x}=0 & Q_{i,k}^{x,T}=0\\ \sum\limits_{j=3}^{6} n_{i,j,k}^{x}\geqslant 1 & Q_{i,k}^{x,T}>0\end{cases} \tag{12-37}$$

(6)相位绿灯时间约束

交叉口 x 的相位绿灯时间只能在预先给定的最小绿灯时间 $g_{x,l}^{\min}$ 和最大绿灯时间 $g_{x,l}^{\max}$ 区间内变化。

$$g_{x,l}^{\min}\leqslant g_{x,l}\leqslant g_{x,l}^{\max} \tag{12-38}$$

式中：$g_{x,l}^{\min}$——交叉口 x 的相位最小绿灯时间(s)；

$g_{x,l}^{\max}$——交叉口 x 的相位最大绿灯时间(s)。

(7)周期时长约束

周期时长等于所有绿灯时间时长加上绿灯间隔时间。

$$C_x=\sum_{l=1}^{\mathrm{NP}_x} g_l+\mathrm{NP}_x\times r \tag{12-39}$$

式中：r——绿灯间隔时间(s)；

NP_x——第 x 个交叉口的相位数。

在交通信号协调控制配时设计中，为使相邻交叉口之间的交通信号保持协调，通常要求协调控制范围内的各个交叉口必须执行相等的信号周期时长，即公共信号周期。公共信号周期的选取既要确保满足各个交叉口的交通需求，又要兼顾提高各股车流的通行效率。多数情况下，设计者可以先分别计算出各个交叉口所需的信号周期时长，然后从中选出最大值作为整个协调控制区域的公共信号周期，并将所需信号周期时长最大的那个交叉口标识作为关键交叉口。

本节公共周期的确定是通过随机给定各个交叉口的绿灯时间，接着计算周期从中选出最大的周期作为整个疏港道路交叉口协调控制区域的公共信号周期。

$$C_{\mathrm{c}}=\max\{C_1,C_2,\cdots,C_x C_1,C_2,\cdots,C_x\} \tag{12-40}$$

式中：C_{c}——整个疏港道路交叉口协调控制区域的公共信号周期(s)。

通过式(12-40)确定公共周期后，将所有交叉口的周期都设定为公共周期 C_{c}，如公式(12-41)。设定完所有交叉口的周期后，交叉口需要重新分配绿灯时间。

$$C_1=C_2=\cdots=C_x=\cdots=C_{\mathrm{c}} \tag{12-41}$$

(8)相位差约束

$$o_{x,x+1}+o_{x+1,x}=C_{\mathrm{c}} \tag{12-42}$$

式中：$o_{x,x+1}$——上行的相位差；

$o_{x+1,x}$——下行的相位差。

本节对称放行，对双向的客货车流进行相位差优化，因此需要满足上、下游相位差的和为周期的条件，同时相位差时长应在 0 至公共周期时长 C_{c} 范围内。

$$0\leqslant o_{x,x+1}\leqslant C_{\mathrm{c}} \tag{12-43}$$

2)交叉口信号协调控制模型算法

(1)初始化种群(initialization)

与孤立交叉口模型算法相同的是都分为了两大阶段——准备阶段及随机赋值阶段;不同的是模型增加了相位差的优化,初始化过程中需要保证各交叉口的周期相同以及满足主线的放行模式相同,即约束式(12-25)。因此在初始化的准备阶段,得到的车道合理解集合分为 solution_0 客、货专用车道的解集合以及 solution_1 货混行车道的解集合。

赋值阶段,首先要确定主线上是否进行客货分离,即确定参数 $\alpha_{x,r}$。初始化过程中随机给定,但要满足约束式(12-25),然后再随机给定支线的相位放行模式参数。确定是否进行客货分离后,随机给定车道数,根据车道是否是客、货专用道或者混行车道在不同的解集合中选择进口道车道配置。最后根据车道配置随机匹配相位方案,随机给定绿灯时间,计算周期。

由于是协调控制,因此,在这里还需要对所有交叉口的周期进行周期的统一。利用上面公共周期的确定方法,选择所有交叉口中周期最大值作为公共周期,其余重新匹配绿灯时间。本节使用传统的韦伯斯特信号配时方法,绿灯时间由道路的流量比(道路流量的饱和度)确定。

$$g_{x,l}=\frac{\max\limits_{x\in NP_x} q_{x,h}/S_{x,h}}{\sum\limits_{x=1}^{NP_x} q_{x,h}/S_{x,h}}(C_{\mathrm{c}}-L_x) \tag{12-44}$$

式中:$q_{x,h}$——第 x 个交叉口的第 h 个相位的实际车流量(pcu);

$S_{x,h}$——第 x 个交叉口的第 h 个相位的饱和车流量(pcu);

L_x——第 x 个交叉口的损失时间(s)。

根据上述流程循环生成 x 个交叉口的时间、空间资源配置染色体,染色体主要包括相位方案参数、车道配置参数、绿灯时间以及相位差,其中相位差的随机取值为[0,C_{c}]。具体染色构造见图 12-9。

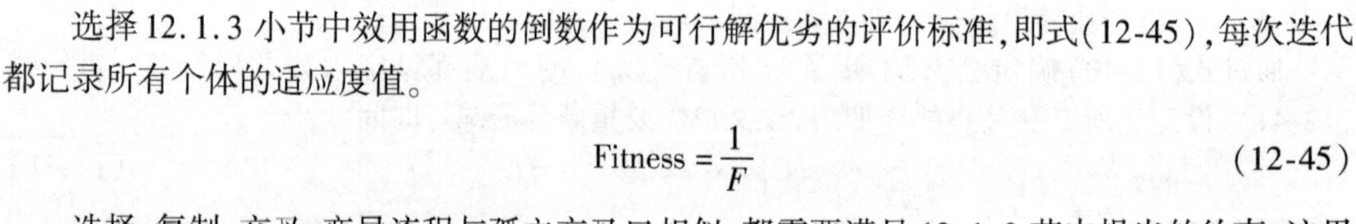

图 12-9　协调交叉口车道配置方案和信号相位方案编码

(2)适应度值评价(evaluation)

选择 12.1.3 小节中效用函数的倒数作为可行解优劣的评价标准,即式(12-45),每次迭代都记录所有个体的适应度值。

$$\mathrm{Fitness}=\frac{1}{F} \tag{12-45}$$

选择、复制、交叉、变异流程与孤立交叉口相似,都需要满足 12.1.3 节中提出的约束,这里不再赘述。

12.1.4 交叉口信号协调控制优化模型验证

本节选择上海洋山港码头附近的疏港道路上的两个交叉口作为协调控制的实例分析。通过调查选择申港大道、沪城环路交叉口以及申港大道、茉莉路交叉口。其中干线为东西向的申港大道。交叉口现状布局如图 12-10 所示。两个交叉口间距为 870m，交叉口流量采用人口计数调查方式，在晚高峰时间段对两个交叉口的车流量进行调查，具体流量数据及信号配时数据见表 12-1 ~ 表 12-3，其中上下游相位差为 0。各车道的饱和流率与表 8-2 中的数值相同。路段上客车的设计速度为 60km/ h，货车的设计速度为 40km/h，客货混行的设计速度为 50km/h。给定各路段上初始排队，客车专用道初始排队为 5veh，货车专用道同样为 5veh。在计算客货混行车队车流量时，使用乘车当量换算系数(其值为2)，因此客货混行车道初始排队为 15pcu。

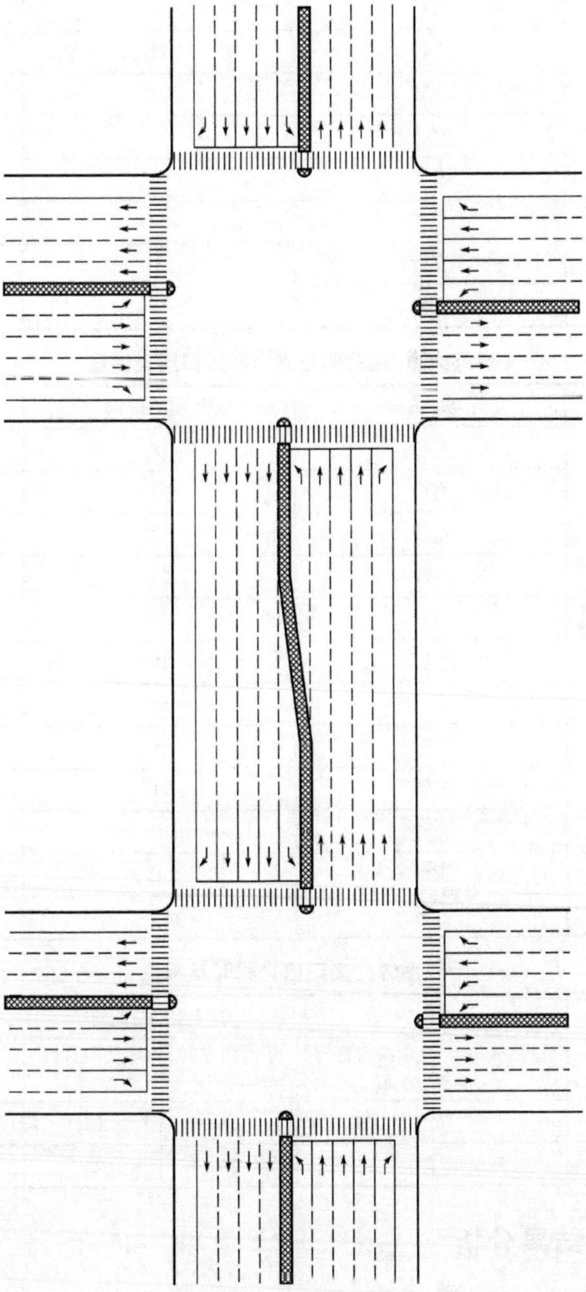

图 12-10　原交叉口配置图

申港大道、沪城环路交叉口各进口道交通量 表 12-1

进　口　道	行 驶 方 向	货车(veh/h)	客车(veh/h)
南进口	左转	76	190
	直行	62	156
	右转	13	18
西进口	左转	28	71
	直行	45	114
	右转	12	15
北进口	左转	19	22
	直行	37	92
	右转	12	14
东进口	左转	24	61
	直行	151	379
	右转	16	15

申港大道、茉莉路交叉口各进口道交通量 表 12-2

进　口　道	行 驶 方 向	货车(veh/h)	客车(veh/h)
南进口	左转	18	46
	直行	64	159
	右转	12	13
西进口	左转	24	60
	直行	43	108
	右转	16	11
北进口	左转	10	24
	直行	35	89
	右转	11	27
东进口	左转	10	27
	直行	145	362
	右转	13	16

晚高峰交叉口信号配时及相位 表 12-3

交叉口	周期(s)	黄灯时间(s)	信号相位与配时				相位差(s)
			东西向直行(s)	东西向左转(s)	南北向直行(s)	南北向左转(s)	
沪城环路	145	3	49	25	25	34	0
茉莉路	145	3	54	22	26	31	

12.1.5 优化结果分析

本节将四种设计方案与原方案对比,以此证明本节方法的有效性。四种方案分别是:优化时空资源并进行协调控制、运用数解法对模型进行求解、优化时间资源但不优化车道配置、优化时空资源但不进行协调控制。

(1)客货混行现状方案

原方案中相位差为0,将相位差带入12.1.1节的延误模型中,混行车队速度为50km/h,通过程序计算得到平均延误为64.8s。

第二个方案利用数解法对原方案进行优化,其结果为:相位差为47s,绿波带宽为38.69s,平均延误58.2s。

第三个方案接着沿用原方案的车道配置,利用本节的优化方法仅优化时间资源,并进行协调控制,最后得到的时间配时见表12-4,相位差取55s,车辆平均延误为56.1s。

仅优化时间资源交叉口信号配时方案 表12-4

交叉口	周期(s)	黄灯时间(s)	信号相位与配时				相位差(s)
			东西向直行(s)	东西向左转(s)	南北向直行(s)	南北向左转(s)	
沪城环路	115	3	21	29	21	32	55
茉莉路	115	3	26	26	22	29	

第四个方案优化原交叉口的时空资源,但是不进行协调控制。均匀延误使用式(12-19)进行计算优化。最后得到的车道配置如图12-11所示,时间配时方案见表12-5。由于本节算例中流量降低,对给定六车道的道路资源进行优化时,交叉口饱和度较低,同时使用客货混行策略时,周期较短。因此在不协调控制时,两个交叉口都采用客货混行策略。

仅优化时空资源不进行协调控制信号配置方案 表12-5

交叉口	周期(s)	黄灯时间(s)	全红时间(s)	信号相位与配时		相位差(s)
				南北向	东西向	
				客货直行、左转(s)	客货直行、左转(s)	
沪城环路	53	3	1	25	20	16
茉莉路	53	3	1	15	30	

(2)本节优化方案

按本节方法求解进口道车道布置方案和信号相位方案。最大绿灯时间设定60s,最小绿灯时间设定10s,黄灯时间与现状方案相同。遗传算法的各项参数为:初始种群规模为300,交叉概率为0.6,变异概率为0.8,最大进化代数为200,给定最大进口车道数为6、5、4,通过程序求解得到不同道路资源下的最优解,以研究不同道路资源对优化结果的影响以及本节方法适用环境。本节这里只给出六车道的最优解配置图,如图12-12所示,信号配时见表12-6,六车道的最优解延误为27.3s,较原方案降低了57.87%。在协调控制时使用的是客货分离策略,而在不协调控制时使用的是客货混行策略。分析结果说明,本节方法在协调控制上具有优越性。

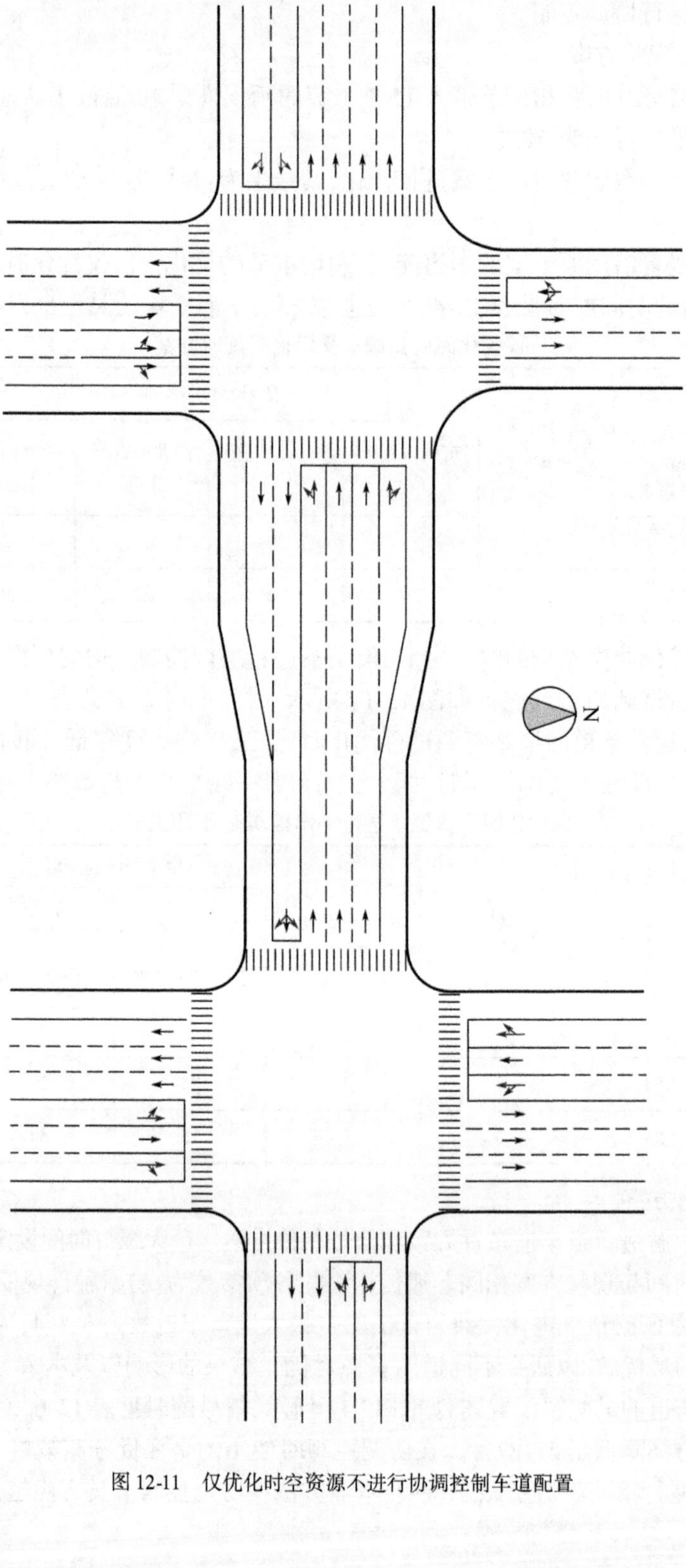

图 12-11　仅优化时空资源不进行协调控制车道配置

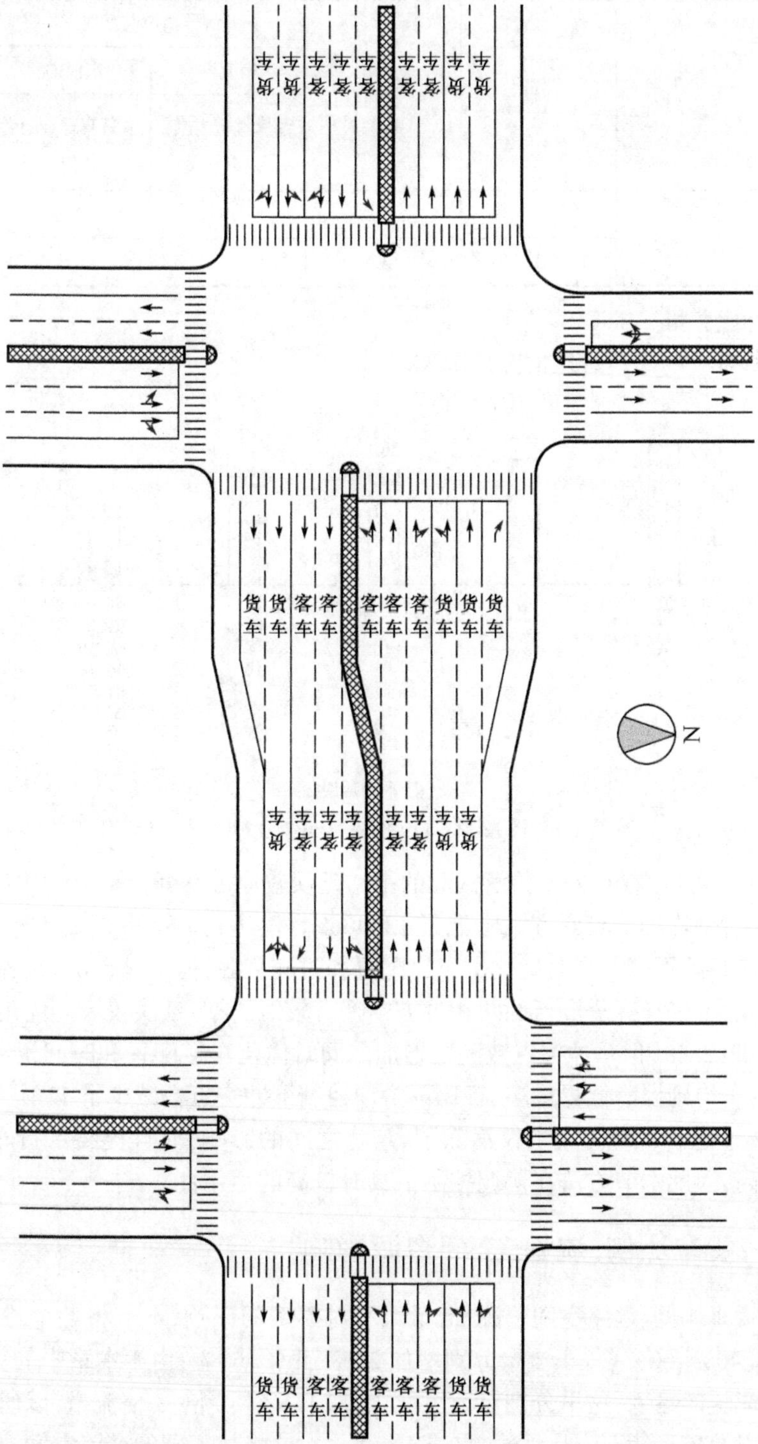

图 12 12　六车道最优交叉口配置图

六车道最优时间资源配置 表 12-6

交叉口	周期（s）	黄灯时间（s）	全红时间（s）	信号相位与配时		相位差（s）
				南北向	东西向	
				客货直行、左转（s）	客货直行、左转（s）	
沪城环路	82	3	1	29	20	9
茉莉路	82	3	1	33	12	

（3）结果对比分析

5 个方案所对应的延误对比情况见图 12-13。

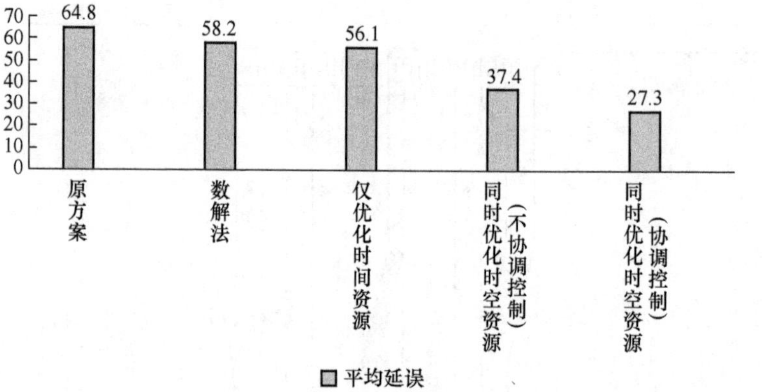

图 12-13　5 个方案的延误对比图

从图 12-13 中可以看出，采用数解法时的平均延误较原方案降低了 10.19%。在仅优化时间资源的情况下，平均延误较原方案降低了 13.43%。仅优化时间资源的方案与采用数解法求解的优化效果相差不多。同时优化了车道配置和时间资源，但不进行协调控制的情况下，由于交叉口流量较少，选择客货混行的两相位方案拥有较短周期，延误较短。优化后的延误值较原方案降低了 42.28%，但是冲突点数随之增加。同时优化车道配置和时间资源，且进行协调控制的情况下，车均延误降低得最多，且比不协调控制下冲突点数减少了 12 个，延误较原方案降低了 48.92%。这种优化方案不仅消除了客、货之间的影响，而且提高了行车安全性，延误的降低率也最高，因此本节方法在协调控制下具有较高的适用性。

12.1.6 货车比例、流量、空间资源影响

为了研究货车比例、道路空间资源、流量大小对模型的影响，本节将各个进口道客车流量分别减少 20%、40%、60%，货车流量分别增加 20%、40%、60%；由于本章中的算例流量较少，所以此处增加流量的输入，这里分别对客、货车增加 1.5 倍、2 倍、3 倍流量，以研究本节模型在较高车流量下以及较高货车占比下模型的适用性。本节将从不同的道路空间资源下对不同流量下的疏港道路交叉口协调控制优化方案进行对比与分析。

客货车流量占比如图 12-14 所示。

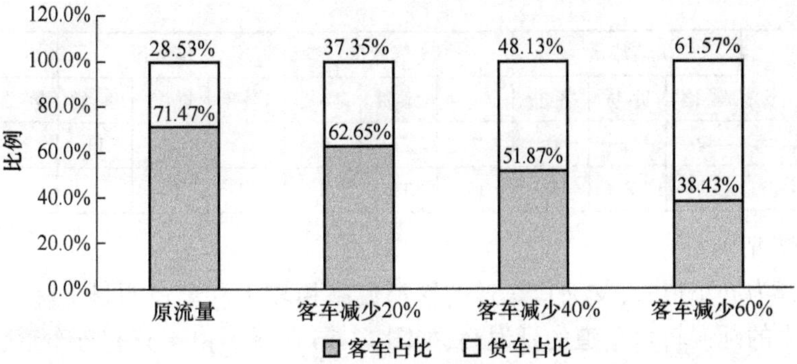

图 12-14　客、货车比例

1)六车道情况

当进口道皆为六车道时,各流量情况所产生的延误如图 12-15 所示。从图中可以看出,当车流量上升时延误增大,因为流量增多,导致饱和度降低;同时,货车流量增加,货车的占比升高,进而导致混行车道的饱和流率下降,周期增长,从而使延误增加。同等的流量下,货车的占有率增加,延误的变化较显著。由于道路资源丰富,车道组合较多,因此不同流量下的车队组合的延误变化较为显著。

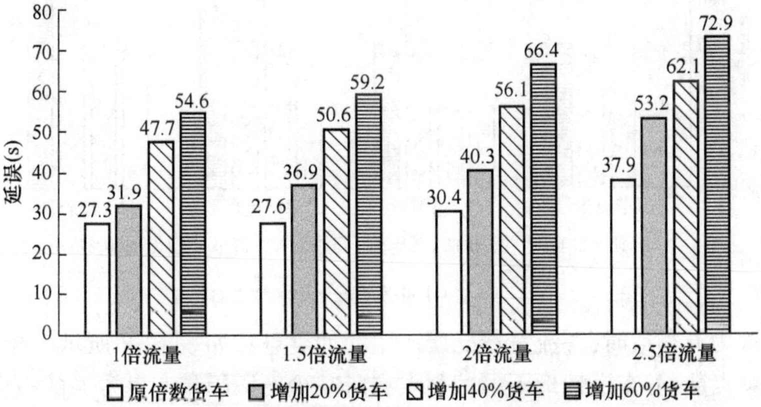

图 12-15　六车道各流量下延误对比图

当进口道皆为六车道时,各流量情况所产生的冲突点数如表 12-7 所示。由于本节算例流量的影响,信号配时方案将不会出现客、货车流同时放行的情形。因此冲突点仅会有三种情况:客车与客车的冲突点、货车与货车的冲突点以及客车与货车的冲突点。当出现客、货冲突点时,说明放行策略选择了客货混行策略。在 1 倍流量、提高 40% 货车占有率的情况下,不使用客货混行策略时,本节方法对有较高货车占有率的情形也具有较高的适用性。

六车道各流量下冲突点数对比表　　表 12-7

六　车　道	1 倍流量			1.5 倍流量			2 倍流量			2.5 倍流量		
	客-客	货-货	客-货	客-客	货-货	客-货	客-客	货-货	客-货	客-客	货-货	客-货
原倍货车	10	8	9	9	10	10	8	8	5	10	10	13
增加 20% 货车	7	8	11	10	9	5	7	8	11	9	9	9

续上表

六车道	1倍流量			1.5倍流量			2倍流量			2.5倍流量		
	客-客	货-货	客-货	客-客	货-货	客-货	客-客	货-货	客-货	客-客	货-货	客-货
增加40%货车	11	12	0	7	9	9	6	11	11	11	13	13
增加60%货车	7	8	9	13	11	0	14	14	4	9	16	6

2)五车道情况

当进口道皆为五车道时,交叉口车道的饱和流率相较于六车道明显下降。因此五车道下不同流量所产生的延误较六车道的延误高,如图12-16所示。由于只有五车道,客货同时放行的策略不能使用。道路资源为五车道时,合理车道配置的选择较少,因此图中延误变化不显著。当为2.5倍流量且增加60%的货车占比时,由于货车及车流量的大幅度增加,使交叉口饱和度上升显著,进而导致延误大幅上升。在同比例流量下,货车的增加量所带来的延误增加量较低,说明本节方法在较高货车占比下具有较强的适用性。相较于六车道的情况,五车道资源减少,通行能力降低,饱和度上升,因此本节方法更适用于高饱和度的交叉口。

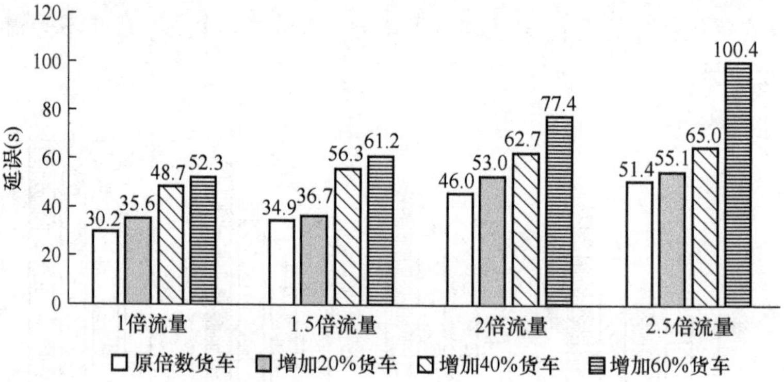

图12-16　五车道各流量下延误对比图

当进口道皆为五车道时,各流量情况所产生的冲突点数如表12-8所示。相较于六车道不同流量下的冲突点数,五车道情形下的冲突点有所减少。原因是车道资源的减少,使得交叉口内部的流线减少,因此冲突点数减少。但是与六车道各流量下的冲突点的变化趋势相同,即冲突点数总体随总流量的增加而增加。

五车道各流量下冲突点数对比表　　表12-8

五车道	1倍流量			1.5倍流量			2倍流量			2.5倍流量		
	客-客	货-货	客-货	客-客	货-货	客-货	客-客	货-货	客-货	客-客	货-货	客-货
原倍货车	6	9	8	6	7	9	8	6	9	8	10	11
增加20%货车	7	7	8	7	6	11	7	13	12	7	10	11
增加40%货车	8	7	3	5	8	10	8	14	0	8	11	10
增加60%货车	7	7	10	9	13	0	7	9	11	7	13	15

3)四车道情况

当进口道皆为四车道时,此时同五车道情况配置,但相较于六、五车道,交叉口车道的饱和流率下降,因此四车道下的流量产生的延误较六、五车道的延误较高,如图12-17所示。在相同流量下,延误随着货车比例的增加而增加;在相同货车比例下,流量越多,延误越大。与五车道相同,四车道资源较少,使得可选择的合理解减少,但由于车道数的减少,而流量不变,导致饱和度上升,因此四车道的延误较五车道变化较显著。在流量增加到2.5倍时,由于进口道资源较少为四车道,整个交叉口的饱和度增加,因此在增加货车比例时,延误会有大幅上升。

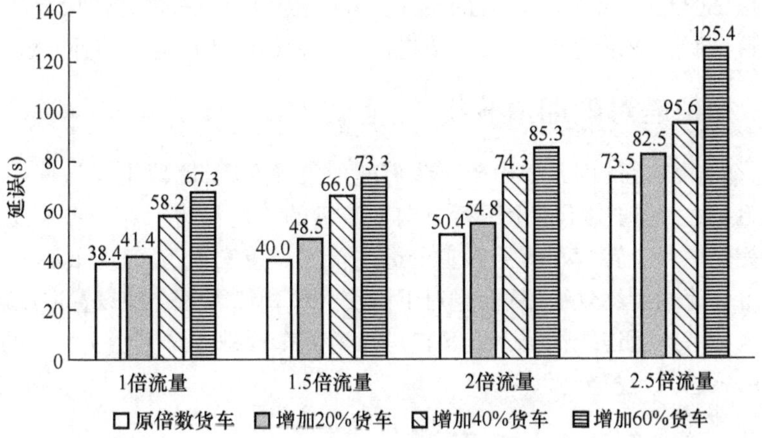

图12-17　四车道各流量下延误对比图

当进口道皆为四车道时,不同流量情况所产生的冲突点数如表12-9所示。相较六车道、五车道,四车道的冲突点数下降得较多,且车道配置重复度也较高。说明四车道情况符合情况的合理解较少,且冲突点数总体也随着总流量的增加而增加。

四车道各流量下冲突点数对比表　　表12-9

四　车　道	1倍流量			1.5倍流量			2倍流量			2.5倍流量		
	客-客	货-货	客-货	客-客	货-货	客-货	客-客	货-货	客-货	客-客	货-货	客-货
原倍货车	7	5	8	7	5	9	7	6	10	5	7	11
增加20%货车	5	6	15	5	6	8	6	8	10	5	5	7
增加40%货车	5	7	7	7	5	10	5	9	7	6	6	7
增加60%货车	5	6	8	5	8	10	8	10	9	6	7	13

本节对多个交叉口下不同的信号控制优化模型进行验证,将传统的相位方案加入相位备选方案中,考虑车辆的到达与消散来建立干线车流的延误模型,并增加冲突点数量作为安全性的评价指标,并通过实例计算论证了流量、货车占比及进口道空间资源对模型的影响,说明本节所用的方法具有较好的适用性及优越性。

12.2　线控制相位差概率模型研究

在城市道路交通网络中,大部分交通流运行在由主干道所组成的城市主干交通网络上。因此,对主干道的各个交叉口实施协调控制对于整个道路交通网络的有效控制显得尤为重要[433]。主干道上各个交叉口协调控制时最重要的参数是相位差,求解相位差的模型主要有两大类[434]:第一类模型以车流在主干道上行驶的平均延误和停车次数最小为目标[435-438],第二类模型以车流在主干道上行驶的通过带宽度最大为目标[433,439-440]。这两类模型的性能指标殊途同归,实质上都是使车辆在主干道上行驶时停车延误最小,停车次数最少。

建立相位差优化模型时,对相位差影响最大的因素是车流行驶速度。众所周知,车流行驶速度是一个变量,不是常数。但是,通常在建立相位差优化模型时,总是假定车流在路段上的行驶速度为常量,这与实际不符。已有的研究文献指出[441-443],车流在路段上的行驶速度服从正态分布。在这个研究成果的基础上,本节提出另一种相位差优化思路,即概率统计思想。

12.2.1 相位差影响因素分析

下面分析影响相位差的因素。由于车队离散现象等原因,路段上车流速度的分布范围比交叉口进出口道更大,同时主干道上下行方向上流量的不均衡也对相位差有影响。已有模型和算法未考虑相交道路上转弯车流汇入主干道的情况。事实上,这部分转弯车流改变了下游交叉口进口道上车流的到达规律,从而也对下游交叉口相位差的合理设置造成影响。同样,已有模型和算法也未考虑短连线情况下交叉口进口道上车辆排队对上游交叉口的影响。本节着重对这些影响因素进行定量分析。

1)路段上车流速度变化

大量的实测表明,车流的行驶速度 v 服从正态分布 $N(u,\sigma^2)$,则车速分布密度为:

$$f(v)=\frac{1}{\sqrt{2\pi}\sigma}e^{-\frac{(v-u)2}{2\sigma^2}},0\leqslant v\leqslant v_f \tag{12-46}$$

式中:v_f——主干道上车辆的自由行驶速度(m/s)。

对于车队,其行驶速度 v 的分布密度函数也可以进一步写成:

$$f(v)=\frac{1}{\sqrt{2\pi}\sigma}\mathrm{e}^{-\frac{(v-u)2}{2\sigma^2}},v_{min}\leqslant v\leqslant v_{max} \tag{12-47}$$

式中:v_{min}——车队中尾车的行驶速度(m/s);

v_{max}——车队中头车的行驶速度(m/s)。

设置相位差须保证从上游交叉口出发的下行车队在下游交叉口的停车比例不超过 $x\%$ $(0<x\leqslant100)$。对于车队头停车,车队中某一辆车必须有一个合适的行驶速度 $v(v_{min}\leqslant v\leqslant v_{max})$ 使得下式成立:

$$\frac{x}{100}\geqslant\frac{1}{\sqrt{2\pi}\sigma}\int_{v}^{v_{max}}\mathrm{e}^{-\frac{(v-u)2}{2\sigma^2}}\mathrm{d}v \tag{12-48}$$

对于车队尾停车,车队中某一辆车必须有一个合适的行驶速度 $v(v_{min}\leqslant v\leqslant v_{max})$ 使得下式成立:

$$\frac{x}{100}\geqslant\frac{1}{\sqrt{2\pi}\sigma}\int_{v_{min}}^{v}\mathrm{e}^{-\frac{(v-u)2}{2\sigma^2}}\mathrm{d}v \tag{12-49}$$

可以看出,这辆车的行驶速度 v 就是计算下游交叉口相对于上游交叉口的相位差的计算速度。

2)主干道上下行流量不均

一般情况下,主干道上下行流量不等,特别是双向流量具有潮汐特性的主干道。在这类主干道上实施线控制时,必须考虑双向流量不均的特点,计算相位差要优先考虑交通量较大的方向,并把这个方向称为下行方向。假设主干道下行方向上两个相邻交叉口之间的路段长度为L,上游交叉口的有效绿灯时间为g_{e0},下游交叉口的有效绿灯时间为g_{eI},相对相位差为o。下行路段的流量为q_0,上行路段的流量为q_I。下行车流的速度服从正态分布$N(u_0,\sigma_0^2)$,上行车流的速度服从正态分布$N(u_I,\sigma_I^2)$。设置相位差时要求下行车队在下游交叉口的停车比例不超过$x\%$,同时要求上行车队在上游交叉口的停车比例不超过$y\%$。要使通过每个交叉口的车辆数尽可能多,即使下式成立:

$$\max[q_0(1-x\%)+q_I(1-y\%)] \tag{12-50}$$

式中:q_0——下行路段的流量(pcu);

q_I——上行路段的流量(pcu);

$x\%$——设置相位差时,下行车队在上游交叉口的停车比例;

$y\%$——设置相位差时,上行车队在上游交叉口的停车比例。

本节采用极小极大的思想减少停车车辆的总延误。极小极大思想认为,为了使服从相同规律的受控群体的性能指标在总体上最小,其充分条件就是使群体中性能指标值最大的个体的值最小。很显然,欠饱和状态的信号交叉口的停车延误适合这个规律,只要使红灯期间到达的第一辆车的延误最小,则整个排队系统中所有车辆的总延误必然最小。对于下行车停车的情况,其最大停车延误$d_{0\max}=\left(\dfrac{L}{v_0}-\dfrac{L}{v_{0\max}}\right)\mathrm{mod}(C_a)$。

式中:v_0——路段下行车队中某一辆车的合适的行驶速度(m/s);

$v_{0\max}$——路段下行方向的车队头车的行驶速度(m/s)。

上行车队头车到达上游交叉口停车线所需时间为$\dfrac{L}{v_{I\max}}$,上行车队尾车到达上游交叉口停车线所需时间为$\dfrac{L}{v_{I\min}}$,令$t_{I\min}=\left(\dfrac{L}{v_{I\max}}\right)\mathrm{mod}(C_a)$,$\Delta t_I=\left(\dfrac{L}{v_{I\min}}-\dfrac{L}{v_{I\max}}\right)\mathrm{mod}(C_a)$。通过分析,可以得上行车队的最大延误$d_{I\max}$和停车比例$y\%$各有如下关系:

$$y\%=\begin{cases}0 & \max(g_{eI},C_a-t_{I\min})\leqslant o\leqslant g_{eI}+C_a-t_{I\min}-\Delta t_I\\ \dfrac{1}{\sqrt{2\pi}\,\sigma_I}\displaystyle\int_{v_{I\min}}^{\frac{L_I}{g_{eI}+(n+1)\cdot C_a-o}}e^{-\frac{(v_I-u_I)^2}{2\sigma_I^2}}\mathrm{d}v_I & o\geqslant\max(g_{eI},C_a-t_{I\min})\text{ 且 }o>g_{eI}+C_a-t_{I\min}-\Delta t_I\\ \dfrac{1}{\sqrt{2\pi}\,\sigma_I}\displaystyle\int_{\frac{L_I}{(n+1)\cdot C_a-o}}^{v_{I\max}}e^{-\frac{(v_I-u_I)^2}{2\sigma_I^2}}\mathrm{d}v_I & g_{eI}\leqslant o<C_a-t_{I\min}\text{ 或者 }g_{eI}-t_{I\min}\leqslant o<g_{eI}\\ \dfrac{1}{\sqrt{2\pi}\,\sigma_I}\displaystyle\int_{v_{I\min}}^{\frac{L_I}{g_{eI}+n\cdot C_a-o}}e^{-\frac{(v_I-u_I)^2}{2\sigma_I^2}}\mathrm{d}v_I & o<g_{eI}-t_{I\min}\end{cases} \tag{12-51}$$

$$d_{I\max}=\begin{cases}0 & \max(g_{eI},C_a-t_{I\min})\leqslant o\leqslant g_{eI}+C_a-t_{I\min}-\Delta t_I\\ C_a-o-t_{I\min} & g_{eI}\leqslant o<C_a-t_{I\min}\text{ 或者 }g_{eI}-t_{I\min}\leqslant o<g_{eI}\\ C_a-g_{eI} & o<g_{eI}-t_{I\min}\text{ 或者 }o\geqslant\max(g_{eI},C_a-t_{I\min})\text{ 且 }o>g_{eI}+C_a-t_{I\min}-\Delta t_I\end{cases} \tag{12-52}$$

式中：g_{eI}——下游交叉口的有效绿灯时间(s)；

o——相对相位差；

d_{Imax}——上行车队的最大延误(s)；

Δt_I——上行车队头车与尾车到达上游交叉口停车线所需时间差(s)；

n——车辆行驶速度 v_I 和连线长度 L_I 共同决定的某个合适的非负整数。

在式(12-50)成立的情况下，要使总停车延误最小，等价于上下行方向的最大停车延误最小，即下面两式成立：

$$\begin{cases}\min(d_{Omax})\\ \min(d_{Imax})\end{cases} \tag{12-53}$$

3)相交道路转弯车流

交叉口上相交道路的转弯车流影响主干道下游交叉口相位差的因素有两个。第一个因素是相交道路转弯车辆放行的时序，即相交道路转弯车辆在一个周期中的开始放行时刻，这个因素与交叉口的相位相序方案有关。第二个因素是转弯车流量的大小。转弯车流量的大小直接影响下游交叉口相位差的大小。从以上的分析可以看出，上游交叉口的相位相序方案中没有专用的转弯相位时下游交叉口的停车比例大于有专用的转弯相位的情形。

假设某个交叉口主干道方向的直行车辆放行前相交道路转弯车辆汇入下行方向的流率为 q_c。则下游交叉口的停车比例中应该计入这部分转弯车辆。相位差提前量 Δ_O 按照下面的公式计算：

$$\Delta_O=\begin{cases}\dfrac{q_c}{S_I-q_c}\times(C_a-g_{eI})+\Delta, 当 q_c<q_O\cdot x\%\\ \dfrac{q_O\cdot x\%}{S_I-q_c}\times(C_a-g_{eI})+\Delta, 当 q_c\geqslant q_O\cdot x\%\end{cases} \tag{12-54}$$

式中：Δ——排队车流的起动损失(s)；

S_I——下游交叉口进口道的饱和流量(pcu)。

如果相交道路转弯车辆在该交叉口主干道方向的直行车辆放行后放行，则相位差不提前，此时可令 $q_c=0$。

4)短连线上车辆排队

对于短连线，可能出现上游交叉口直行车流放行之前，在下游交叉口停车线前等候的车辆已经排队至上游交叉口出口道，从而使上游交叉口发生交通阻塞的情况。如果 $L<L_{min}$，则要求下游交叉口停车比例不超过$\dfrac{3600\,q_{max}n}{q(C_a-G_e)}$。其中，$L_{min}$ 为允许的最短路段长度(m)；q_{max} 为允许的最大排队长度(m)；n 为排队车道数；q 为路段上的流量(pcu)；G_e 为下游交叉口的有效绿灯时间(s)。

12.2.2　实例验证

为了验证所提出模型的正确性以及优化效果，本节利用参考文献中[444]的计算范例作为仿真算例。四个交叉口之间的间距如表 12-10 所示。

交叉口间距（m）　　表 12-10

间距序号	1-2	2-3	3-4
间距	340	340	130

各个交叉口的进口车道功能、数量、流量以及所属相位列于表 12-11 中。

交叉口进口车道功能、数量、流量和所属相位　　表 12-11

交叉口	进口	车道功能	车道数量	流量	所属相位
1	东	左	1	61	1
		直	1	350	1
		直右	1	309	1
	西	左直	1	277	1
		直	1	289	1
		右	1	307	1
	南	左	1	273	2
		直右	1	154	2
	北	左直右	1	288	2
2	东	左	1	68	1
		直	1	370	1
		直右	1	306	1
	西	左	1	77	1
		直	1	520	1
		右	1	122	1
	南	左直右	1	449	2
	北	左直右	1	400	2
3	东	左	1	31	1
		直	1	588	1
		右	1	93	1
	西	左直	1	269	1
		直右	1	333	1
	南	左直右	1	141	2
	北	左直右	1	159	2
4	东	左	1	54	1
		直	1	262	1
		直右	1	244	1

续上表

交叉口	进口	车道功能	车道数量	流量	所属相位
4	西	左	1	132	1
		直	1	657	1
		右	1	144	1
	南	左直	1	141	2
		直右	1	150	2
	北	左直右	1	199	2

计算时，相关参数设定为：①允许的最短路段长度为150m，路段长度未达到规定最短长度时允许的最大排队车辆数为17pcu；②每个交叉口的周期损失均为10s，排队头车的起动损失均为2s；③在下行方向当上游交叉口直行车流开始放行时下游交叉口进口道上停车数为0pcu/h，在上行方向当上游交叉口直行车流开始放行时下游交叉口进口道上停车数也为0pcu/h；④采用HCM1985中的延误模型优化周期时长和绿信比；⑤车流在路段上下行方向的行驶速度范围为30～40km/h；⑥允许车流在下游交叉口上全部停车情况的出现。从表12-11可以看出，每个交叉口均采用2相位控制，相位1为协调相位，根据流量情况确定西向东方向为下行方向。将上面表12-10和12-11中的数据输入验证程序中，得出的优化结果如表12-12所示。

利用本节模型优化结果 表12-12

交叉口				1		2		3		4
是否关键				否		是		否		否
公共周期时长				80						
相位号			1	2	1	2	1	2	1	2
绿信比			0.620	0.255	0.453	0.423	0.721	0.154	0.691	0.184
相对相位差			0		38		28		9	
优化目标	总延误最小	总计(s/h)*		1877.5		1925.6		不存在解		
		平均(s/pcu)*		1.3		1.4				
		停车比例(%)	上行	100.0		100.0				
			下行	19.0		27.5				
		设计速度(km/h)	上行	30.0		30.0				
			下行	30.6		30.6				
	总停车比例最小	总计(pcu/h)		720.0		744.0		0.0		
		平均(%)		50.0		55.3		0.0		
		停车比例(%)	上行	100.0		100.0		0.0		
			下行	0.0		0.0		0.0		
		设计速度(km/h)	上行	30.0		30.0		30.0		
			下行	40.0		40.0		30.0		

说明：本例中主干道直行相位绿灯启亮时在下游交叉口进口道上没有车辆排队。

可以看出，本节的优化方案比文献的优化方案产生的延误和停车次数都少。究其原因，本节在优化信号配时方案时从微观上考虑了车辆在路段上的行驶规律和在交叉口上的停车情况。

本节引入概率统计思想建立了主干道线控制时相位差的优化模型，建立模型时综合考虑了路段上车流行驶速度波动因素、路段上下行方向车流量不均因素、相交道路转弯车流的影响，以及短连线情况下连线上排队长度约束等实际交通情况。计算相邻交叉口的相对相位差时，首先给出路段下行车流满足条件的停车比例，在考虑上述四方面因素的前提下计算相应的相位差和总延误，根据计算结果和上行车流的行驶速度，同样在考虑上述四方面因素的前提下最后计算上行车流的停车比例和总延误，能使路段上下行车流的总停车比例和总延误达到最小的相位差作为优化结果。为了验证本节提出的相位差优化模型，作者编写了相应的优化软件。通过算例，首先证实了模型的可用性。由于计算时将上下行车流的速度范围作为变量，所以软件计算的实时性不理想，这需要在今后的进一步研究中对优化算法加以改进。

12.3　交叉口群协调控制相位差优化模型研究

交叉口是城市道路网络的瓶颈，信号控制是解决车流在交叉口上的空间冲突、提高通行安全和效率的主要手段。以交叉口群为单位进行协调控制，有利于减少车队的控制延误和停车次数，并且协调控制更为灵活。相位差是交叉口群协调控制中最重要的控制参数。由于车队在连线上的离散现象，交通流到达下游交叉口具有随机性，因此给相位差的优化带来困难。传统相位差优化方法难以准确地描述这种随机过程，从而影响了优化结果的可靠性和有效性。本节考虑了车队在路段上行驶的随机性质，从提高整个控制系统可靠性的角度出发，以交叉口群内车流的停车次数和控制延误为优化目标，对交叉口群协调控制相位差优化模型进行了研究。

12.3.1　交叉口群协调控制基本问题分析

交叉口群最简单的形式是由一个路段及其两端的交叉口所组成的系统，如图 12-18 所示。整个交叉口群可以分解成许多这样的子系统。

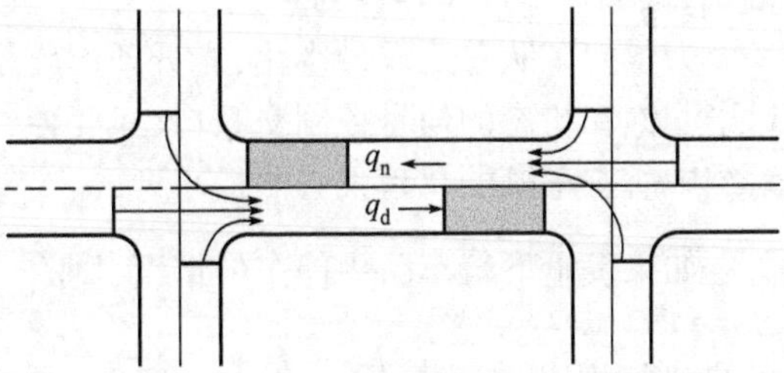

图 12-18　最简单的交叉口群

对路网以交叉口群为单位进行协调控制，合适的相位差能够保证上游交叉口出发的车队在下游交叉口的绿灯期间通过。在理想情况下，车队到达下游交叉口的时刻与下游交叉口信号状态间的关系有六种情况，如图 12-19 所示。在对相位差进行优化时，最理想的情况是车队在绿灯期间通过下游交叉口，如图 12-19b）所示的情形，次理想的情况是图 12-19e）和 f）所示的情形，即车队通过下游交叉口时存在车队头停车或车队尾停车。

路段上下行方向车流量不均衡会影响两个相邻交叉口之间的相位差。对于一条离去连

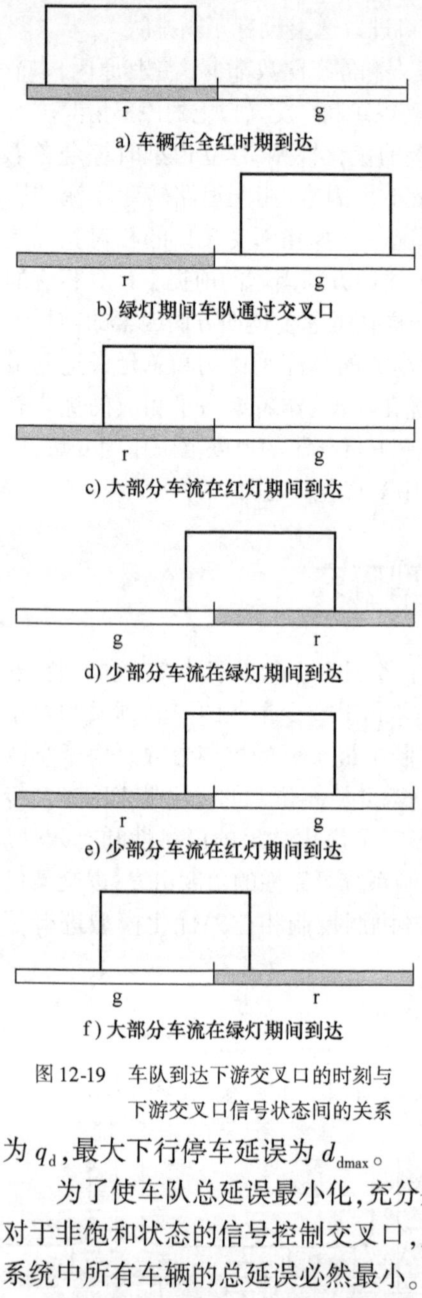

a) 车辆在全红时期到达

b) 绿灯期间车队通过交叉口

c) 大部分车流在红灯期间到达

d) 少部分车流在绿灯期间到达

e) 少部分车流在红灯期间到达

f) 大部分车流在绿灯期间到达

图 12-19　车队到达下游交叉口的时刻与下游交叉口信号状态间的关系

线，进入流量由上游交叉口的左转、直行、右转三种车流组成，如图 12-18 所示。这三种车流进入连线的时序，即上游交叉口的相位相序方案，也会对两个相邻交叉口之间的相位差产生影响。此外，车流在连线上的离散现象，即车辆行驶速度的差异，以及下游交叉口进口道上的车辆排队，也是相位差的影响因素。本节着重从可靠性方面对这些影响因素进行定量分析。

1）连线车队离散的可靠性分析

大量的实测表明，连线上车流中车辆的行驶速度 v 服从正态分布 $N(u,\sigma_2)$[440,441,445]。在这个前提下，连线上车速分布密度函数如 12.2.1 节中的式（12-46）、式（12-47）。

本节优化相邻交叉口之间的相位差必须保证从上游交叉口出发的车队在下游交叉口的停车次数不超过 $x\%$（$0<x\leqslant100$）。对于车队头停车或者车队尾停车，车队中必然存在一辆车，它有一个合适的行驶速度 $v(v_{\min}\leqslant v\leqslant v_{\max})$ 满足式（12-48）和式（12-49）。

由式（12-48）或式（12-49）计算得到的车队中某辆车的行驶速度 v 就是计算下游交叉口相对上游交叉口相位差的计算速度。本节利用这种方法，能够准确计算车队在连线下游的停车次数。

2）路段协调方向与优化目标计算模型

如图 12-18 所示，交叉口群协调控制时，计算相位差要优先考虑交通量较大的方向，并把这个方向定义为该路段的协调方向，或者下行方向。上游交叉口的有效绿灯时间为 g_u，上行连线的流量为 q_u，最大上行停车延误为 d_{umax}；下游交叉口的有效绿灯时间为 g_d，下行连线的流量为 q_d，最大下行停车延误为 d_{dmax}。

为了使车队总延误最小化，充分条件就是使车队中延误最大车辆的延误最小化。很显然，对于非饱和状态的信号控制交叉口，只要使红灯期间到达的第一辆车的延误最小，则整个排队系统中所有车辆的总延误必然最小。

如果发生下行车队头停车的情况，则 $d_{\text{dmax}}=\left(\dfrac{L}{v_o}-\dfrac{L}{v_{\text{dmax}}}\right)\text{mod}(C)$；如果发生下行车队尾停车的情况，则 $d_{\text{dmax}}=\left(\dfrac{L}{v_{\text{dmin}}}-\dfrac{L}{v_o}\right)\text{mod}(C)$。

上行连线的车队头车到达上游交叉口停车线所需时间为 $\dfrac{L}{v_{\text{umax}}}$，上行连线的车队尾车到达上游交叉口停车线所需时间为 $\dfrac{L}{v_{\text{umin}}}$。令 $t_{\text{umin}}=\left(\dfrac{L}{v_{\text{umax}}}\right)\text{mod}(C)$，$t_{\text{umax}}=\left(\dfrac{L}{v_{\text{umin}}}\right)\text{mod}(C)$。本节通过

分析，得到上行车队的最大延误 d_{umax} 具有如下关系：

$$d_{umax}=\begin{cases}0 & \max(g_u, C-t_{umin})\leqslant o\leqslant g_u+C-t_{umax}\\ C-o-t_{umin} & g_u\leqslant o<C-t_{umin}\text{或者}g_u-t_{umin}\leqslant o<g_u\\ C-g_u & o<g_u-t_{umin}\text{或者 }o\geqslant\max(g_u, C-t_{umin})\text{且 }o>g_u+C-t_{umax}\end{cases}\tag{12-55}$$

上述式中：L——两个相邻交叉口间距(m)；

v_o——相位差计算的速度(m/s)；

g_u——上游交叉口的有效绿灯时间(s)；

v_{umax}——上行连线车队头车行驶速度(m/s)；

v_{umin}——上行连线车队尾车行驶速度(m/s)；

d_{umax}——最大上行停车延误(s)；

v_{dmax}——下行连线车队头车行驶速度(m/s)；

v_{dmin}——下行连线车队尾车行驶速度(m/s)；

d_{dmax}——最大下行停车延误(s)。

要使总控制延误与总停车次数最小，即使下式成立：

$$\begin{cases}\min\ (d_{dmax})\\ \min(d_{umax})\end{cases}\tag{12-56}$$

3)协调路径与协调相位

当城市交通主干道穿越交叉口群或在交叉口群内存在交通走廊时，交通主干道或交通走廊形成协调路径，协调路径上的连线成为协调连线。在交叉口上，协调路径上的流向所属的相位为协调相位，该流向成为协调流向。上游交叉口的非协调车流对下游交叉口相位差的影响因素有两个：第一个因素是上游交叉口非协调车流放行的时序，即非协调车流在一个周期中开始放行的时刻，该因素与上游交叉口的相位相序方案有关；第二个因素是非协调流向的车流在下游交叉口形成的排队长度。

如图 12-20 所示，对于图 12-18 所示的基本交叉口群，连线下游交叉口没有长度为 l 的车辆排队时，相位差为 o'；有长度为 l 的车辆排队时，相位差为 o。

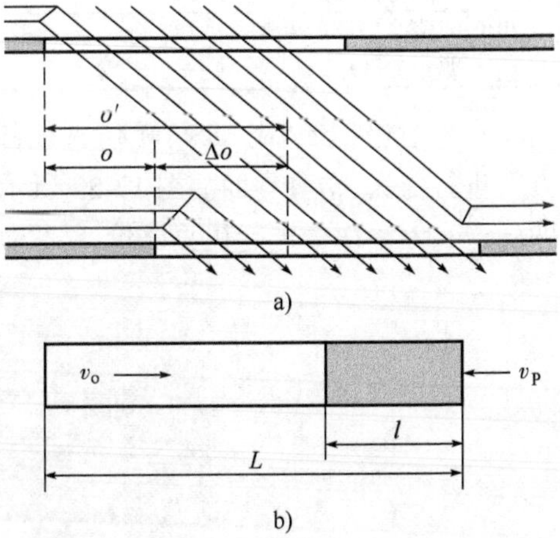

图 12-20　连线下游有车辆排队时相位差计算方法

设 v_p 为排队消散速度(根据波动理论确定)，则相位差提前量 Δo 可按照式(12-57)计算：

$$\Delta o=l\left(\frac{1}{v_o}+\frac{1}{v_p}\right)\tag{12-57}$$

12.3.2　实例验证与结果分析

1)算例

利用参考文献中的计算范例作为仿真算例。该算例为某市主干道上的四个交叉口,它们之间的间距如图 12-21 所示。各个交叉口进口道的车道功能、数量、流量见参考文献[444]。

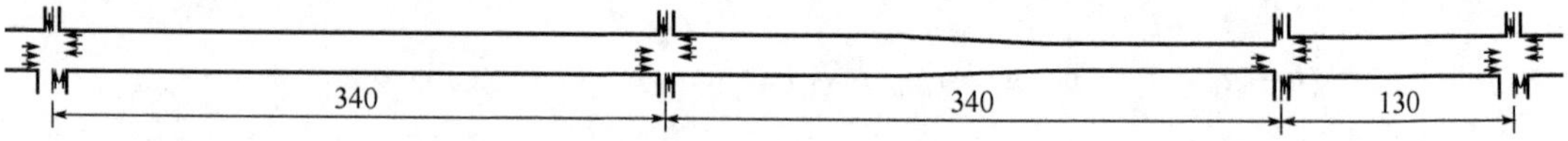

图 12-21　某市的四个协调控制交叉口(尺寸单位:m)

2)优化计算及仿真评价

运用 Visual C + +2005 语言编程计算模型的优化结果。在本算例中,相关参数设定为:①允许的路段最大排队车辆数为 15 辆/车道;②每个交叉口的周期损失均为 7s,排队头车的起动损失均为 2s;③车流在路段上下行方向的行驶速度范围为 30 ~ 40km/h。每个交叉口均采用 2 相位控制,相位 1 为协调相位,根据流量情况确定西向东方向为下行方向。将数据输入优化计算程序中,得到的优化结果如表 12-13 所示。

利用本节模型优化结果　　表 12-13

交叉口	1		2		3		4	
是否关键	否		是		否		否	
公共周期时长	71							
相位	1	2	1	2	1	2	1	2
绿信比	0.615	0.260	0.452	0.423	0.718	0.157	0.691	0.184
相位差(完全以延误最小为目标)	0		38		5		14	
相位差(完全以停车次数最小为目标)	0		28		56		65	

在本节中,分别用 VISSIM 仿真软件对本模型优化出的配时方案和文献给出的优化配时方案进行仿真,仿真界面如图 12-22 所示;并对车流在交叉口 1 和交叉口 4 之间的两条路径上的延误和停车次数进行仿真评价,结果如图 12-23 所示。

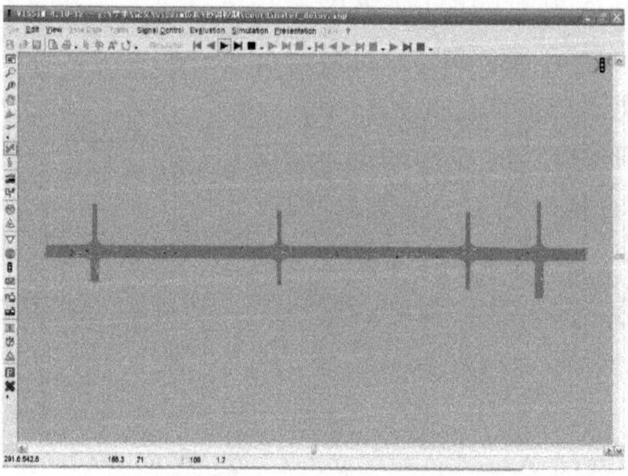

图 12-22　算例仿真分析界面

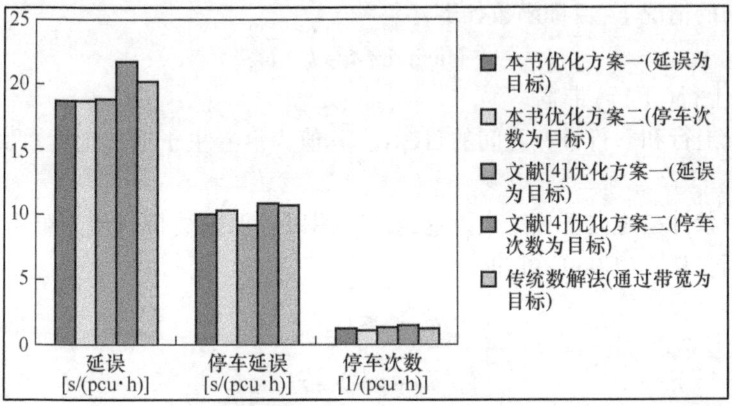

图 12-23　不同方案之间的仿真结果比较

可以看出，由本节模型计算得到的优化配时方案比文献的优化配时方案所产生的延误和停车次数都小。究其原因，本节在建立相位差优化模型时从微观上考虑了车辆在路段上行驶过程的随机性以及其他影响相位差设置的因素。

本节引入系统可靠性思想建立了交叉口群协调控制相位差多目标优化模型，模型考虑了车队在连线上的速度差异、路段上下行方向车流量不均衡、相邻交叉口的相位相序方案以及连线下游的车辆排队等实际交通情况。为了验证提出的相位差优化模型，我们编写了相应的优化计算软件，并对文献中的实例进行求解。通过用 VISSIM 仿真软件对求解得到的优化配时方案与文献中的优化配时方案分别进行仿真和对比评价，从而证实了所提出模型的有效性和实用性。

12.4　绿波带宽优化的模型

Gartner 在 MAXBAND 模型基础上，考虑到不同路段提出了 MULTIBAND 模型。

均匀带宽模型的几何关系如图 12-24 所示。在一个主干道上有 n 个交叉口。以 S_i 表示主干道上第 i 个交叉口的信号，以 L_i 表示主干道上，位于信号交叉口 i 和 $i+1$ 之间的第 i 条路段，其中 $i=1,2,\cdots,n_j$。以信号周期时长作为所有时间变量的单位。

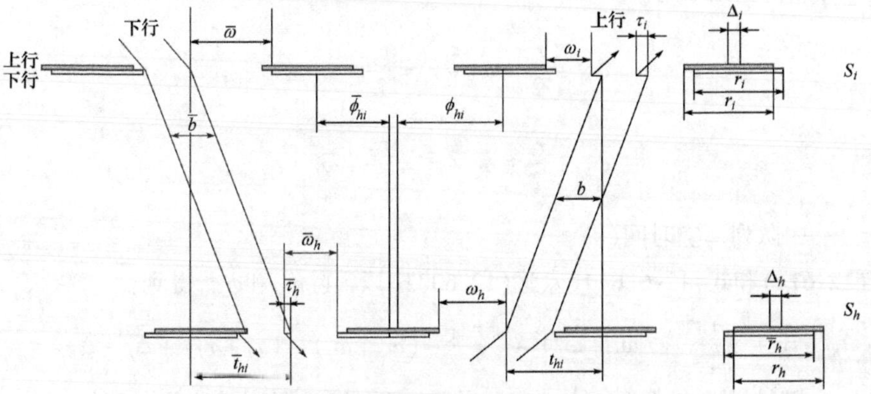

图 12-24　混合整数线性规划模型下时空分布图

在带宽均匀的情况下，目标函数如下：

$$\text{Maximize } b + k \cdot \bar{b} \tag{12-58}$$

式中：$b(\bar{b})$——上行(下行)带宽。

其中 k 表示上行和下行带宽之间的目标比，其值为沿着主干道的上行总交通量和下行总交通量的比率。

第一组约束条件是定向干扰约束。这组约束用以确保绿波带只使用可用的绿灯时间，而不通过红灯时间。从式(12-59)可知：

$$\omega i + b \leqslant 1 - r_i \tag{12-59a}$$

$$\bar{\omega}_i + \bar{b} \leqslant 1 - \bar{r}_i \tag{12-59b}$$

式中：$r_i(\bar{r}_i)$——S_i 处上行(下行)红灯时长(s)；

$\omega_i(\bar{\omega}_i)$——干扰变量，从 S_i 红灯右侧(左侧)边缘到上行(下行)绿波带左侧(右侧)边缘的时间差(s)。

计算主干道闭环整数约束(arterial-loop integer constraint)。这个约束基于主干道信号同步，即它们在同一公共周期时间内运行。如果从 S_i 处的上行红灯中间开始，并沿着由以下要点组成的循环进行：

S_i 处的上行红灯中间→

S_i 处的下行红灯中间→

S_i 处的下行红灯中间→

S_i 处的上行红灯中间→

必须在一个点结束，这个点从出发点移除整个循环。从数学角度总结适当的节点间相位差和沿循环方向节点相位偏移，可得到：

$$\phi_{hi} + \bar{\phi}_{hi} + \Delta_h - \Delta_i = v_{hi} \tag{12-60}$$

式中：$\phi_{hi}(\bar{\phi}_{hi})$——节点间相位差，从 S_h 处上行(下行)红灯时间中心到 S_i 处上行(下行)红灯时间中心的时间(s)；

Δ_i——定向节点相位偏移，从 $\bar{r}_i$ 中心到最近的 r_i 中心的时间(s)；

v_{hi}——相应的循环整数变量。

从图中可以得到以下结果：

$$\phi_{hi} + \frac{r_i}{2} + \omega_i + \tau_i = \frac{r_h}{2} + \omega_h + t_{hi} \tag{12-61a}$$

$$\bar{\phi}_{hi} + \frac{\bar{r}_i}{2} + \bar{\omega}_i + \bar{\tau}_i = \frac{\bar{r}_h}{2} + \bar{\omega}_h + \bar{t}_{hi} \tag{12-61b}$$

式中：$\tau_i(\bar{\tau}_i)$——队列清空时间(s)。

将式(12-61a)和式(12-61b)代入式(12-60)中以消除ϕ_{hi}和$\bar{\phi}_{hi}$，得到：

$$t_{hi} + \bar{t}_{hi} + \frac{\bar{r}_h + r_h}{2} + (\omega_h + \bar{\omega}_h) - \frac{\bar{r}_i + r_i}{2} - (\omega_i + \bar{\omega}_i) - (\tau_i + \bar{\tau}_i) + \Delta_h - \Delta_i = v_{hi} \tag{12-62}$$

以上为止，都是假设 S_i 在上行方向紧随着 S_h，但是这个限制并非是必须的。令 x 表示任一

变量 t、$\bar{t}$、v、ϕ、$\bar{\phi}$，确定了以下关系：

$$x_{hj} = x_{hi} + x_{ij} \tag{12-63}$$

因此，通过设定 $h=j$，得到 $x_{hi}=-x_{ih}$。因此式(12-60)和式(12-61)满足任意的 S_h 和 S_i。

为简化表示形式，将沿上行方向的信号按照顺序从 1 到 n 进行编号，并定义 $xi = xi, i+1$。则式(12-62)可再化为：

$$t_i + \bar{t}_i + \frac{\bar{r}_i + r_i}{2} + (\omega_i + \bar{\omega}_i) - \frac{\bar{r}_{i+1} + r_{i+1}}{2} - (\omega_{i+1} + \bar{\omega}_{i+1}) - (\tau_{i+1} + \bar{\tau}_i) + \Delta_i - \Delta_{i+1} = v_i \tag{12-64}$$

公共周期时间 C(单位为 s)，和路段指定绿波速度 $v_i(\bar{v}_i)$(单位为 m/s)也是可优化的变量。这将为最佳主干道绿波计算提供相当大的灵活性。每个变量都有上限和下限。另外，从一个路段到另一个路段的车速变化也有限制。这些限制如下：

为获取决策变量中的线性约束，定义周期时长的倒数，即周期频率 $z=1/C$，如此得：

$$\frac{1}{C_1} \leqslant z \leqslant \frac{1}{C_2} \tag{12-65}$$

绿波速度和速度变化量也以它们的倒数表示：

$$\frac{1}{f_i} \leqslant \frac{1}{v_i} \leqslant \frac{1}{e_i} \text{和} \frac{1}{\bar{f}_i} \leqslant \frac{1}{\bar{v}_i} \leqslant \frac{1}{\bar{e}_i} \tag{12-66}$$

$$\frac{1}{h_i} \leqslant \frac{1}{v_{i+1}} - \frac{1}{v_i} \leqslant \frac{1}{g_i} \text{和} \frac{1}{\bar{h}_i} \leqslant \frac{1}{\bar{v}_{i+1}} - \frac{1}{\bar{v}_i} \leqslant \frac{1}{\bar{g}_i} \tag{12-67}$$

令 $d_i = d_{i,i+1}$，得到：$t_i = \frac{d_i}{v_i}z$ 和 $\bar{t}_i = \frac{\bar{d}_i}{\bar{v}_i}z$，替换以上的表达式并操控变量，得到：

$$\frac{d_i}{f_i}z \leqslant t_i \leqslant \frac{d_i}{e_i}z \text{ 和} \frac{\bar{d}_i}{\bar{f}_i}z \leqslant \bar{t}_i \leqslant \frac{\bar{d}_i}{\bar{e}_i}z \tag{12-68}$$

$$\frac{d_i}{h_i}z \leqslant \frac{d_i}{d_{i+1}}t_{i+1} - t_i \leqslant \frac{d_i}{g_i}z \text{ 和} \frac{\bar{d}_i}{\bar{h}_i}z \leqslant \frac{\bar{d}_i}{\bar{d}_{i+1}}\bar{t}_{i+1} - \bar{t}_i \leqslant \frac{\bar{d}_i}{\bar{g}_i}z \tag{12-69}$$

式中：C_1、C_2——周期长度的下限和上限(s)；

e_i,f_i——上行速度 $v_i(\bar{v}_i)$ 的下限和上限(m/s)；

$\bar{e}_i$,$\bar{f}_i$——下行速度 $v_i(\bar{v}_i)$ 的下限和上限(m/s)；

g_i,h_i——上行速度 $v_i(\bar{v}_i)$ 变化值的下限和上限(m/s)；

$\bar{g}_i$,$\bar{h}_i$——下行速度 $v_i(\bar{v}_i)$ 变化值的下限和上限(m/s)。

因此，t_i,$\bar{t}_i$ 和 z 是决策变量，这些变量将决定绿波的速度。

完整的混合整数线性规划模型如下：

$$\text{Maximize } b + k \cdot \bar{b}$$

$$
\text{s. t.}\begin{cases}
\dfrac{1}{C_1}\leqslant z\leqslant\dfrac{1}{C_2} \\
\omega_i+b\leqslant 1-r_i,\bar{\omega}_i+\bar{b}\leqslant 1-\bar{r}_i,i=1,\cdots,n \\
t_i+\bar{t}_i+\dfrac{\bar{r}_i+r_i}{2}+(\omega_i+\bar{\omega}_i)-\dfrac{\bar{r}_{i+1}+r_{i+1}}{2}-(\omega_{i+1}+\bar{\omega}_{i+1})-(\tau_{i+1}+\bar{\tau}_i)+\Delta_i-\Delta_{i+1}=v_i \\
i=1,\cdots,n-1 \\
\dfrac{d_i}{f_i}z\leqslant t_i\leqslant\dfrac{d_i}{e_i}z \text{ 和 } \dfrac{\bar{d}_i}{\bar{f}_i}z\leqslant\bar{t}_i\leqslant\dfrac{\bar{d}_i}{\bar{e}_i}z,i=1,\cdots,n-1 \\
\dfrac{d_i}{h_i}z\leqslant\dfrac{d_i}{d_{i+1}}t_{i+1}-t_i\leqslant\dfrac{d_i}{g_i}z \text{ 和 } \dfrac{\bar{d}_i}{\bar{h}_i}z\leqslant\dfrac{\bar{d}_i}{\bar{d}_{i+1}}\bar{t}_{i+1}-\bar{t}_i\leqslant\dfrac{\bar{d}_i}{\bar{g}_i}z,i=1,\cdots,n-1 \\
b,\bar{b},z,\omega_i,\bar{\omega}_i,t_i,\bar{t}_i\geqslant 0 \text{ 且 } v_i \text{ 是整数}
\end{cases}
\tag{12-70}
$$

除了带宽和干扰变量,这个程序还能计算最佳信号周期长度($1/Z$)和绿波速度。为计算相位差,需要给予绿信比,或者,用户可以为每个交叉口提供交通量和通行能力,程序将计算绿信比。混合整数线性规划模型基本上是 Little 等人开发的 MAXBAND 程序版本。其涉及($11n-10$)个约束和($4n+1$)个连续变量和 $n-1$ 个不受限制的整数变量,而不计算松弛变量。另外,如果激活了相位排序的选项,则可能需要额外的 $2n$ 个整数变量和约束。

第13章

疏港道路信号控制与速度引导组合方案优化

13.1 货车队列的信号优先控制模型

13.1.1 交叉口及路段布局

疏港道路交叉口及路段布局见图6-6。货车沿着南北方向道路直线行驶，货车道设置在道路最左侧。货车与直行客车在同一相位通过交叉口。定义该相位为货车优先相位。

在决策断面上，收集货车车队的行驶速度和车队规模等信息，并根据收集到的信息给出货车车队行驶速度建议和对下游交叉口信号控制方案进行调整，形成货车车队的优先控制方案。决策断面与下游交叉口停车线距离为 S。

13.1.2 信号优先策略对延误的影响分析

1)信号优先措施

通过“绿灯延长”“红灯早断”，或“相序翻转”措施为货车车队在交叉口上提供优先通行权。当货车优先相位的绿灯即将结束时，货车到达交叉口，此时可以通过延长绿灯时间来实现货车不停车通过交叉口。而当货车在红灯期间即将到达交叉口时，可以通过提前启亮绿灯的方式来实现货车不停车通过交叉口的目的。前一种措施即绿灯延长，后一种措施即红灯早断。

相序翻转措施涉及三个相位，三个相位显示的先后顺序如图13-1所示，其中相位3为货车优先相位。当货车在相位1绿灯时间末尾到达交叉口前时，可以通过调换相位2和相位3的显示次序来实现货车不停车通过交叉口的目的，即信号灯先显示相位3的绿灯，待相位3绿灯结束后再显示相位2的绿灯。

实施绿灯延长措施将影响下一相位，导致下一相位的红灯时间增加。实施红灯早断措施将影响上一相位，导致上一相位的绿灯时间缩短。

2)延误分析

在信号控制交叉口上实行货车优先通行时，各相位车辆的延误会有变化。可以通过解析法分析货车信号优先交叉口上车辆的延误变化。图13-2示意了机动车延误三角形。图中横轴为时间,纵轴为到达或离去的车辆数。在一个周期中最大排队车辆数设为 N_s。其中,车辆到达流流量为 Q_p,车辆驶离时为饱和流量 Q_a,R 为有效红灯时间。

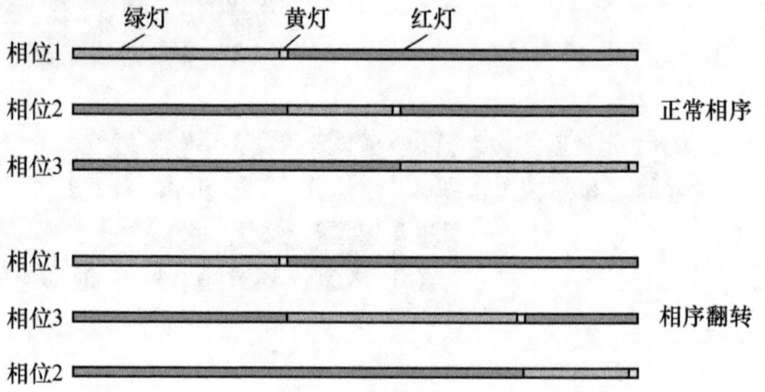

图 13-1　相序翻转示意图

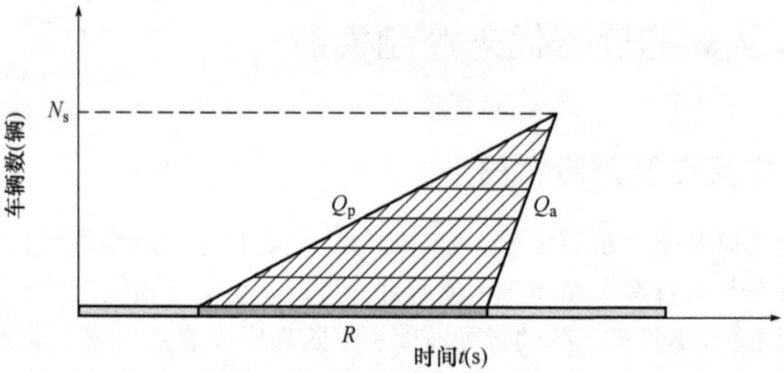

图 13-2　延误三角形

假定车辆到达服从均匀分布,则图中阴影面积为一个周期内的总停车延误,设为 D_s,计算公式如下:

$$D_s = \frac{R^2 \cdot Q_p \cdot Q_a}{2(Q_a - Q_p)} \tag{13-1}$$

式中:D_s——一个周期内的总停车延误(s);

Q_p——车辆到达流流量(pcu/s);

Q_a——车辆驶离时的饱和流量(pcu/s);

R——有效红灯时间(s)。

当实施绿灯延长措施后,货车优先相位与下一相位的延误变化如图 13-3 所示。设绿灯延长量为 Δ,下一相位的车辆到达流流量为 Q'_p,车辆驶离时为饱和流量 Q'_a。

从图 13-3 看出,实施绿灯延长措施后,在货车优先相位通行的货车和其他机动车辆的总延误将减少,减少的总延误为多边形 $ABCFED$,而在下一相位通行的机动车的总延误将增加,增加的总延误为多边形 $B'C'E'D'$。根据图 13-3,则有下式成立:

$$\Delta D = \frac{Q_p \cdot Q_a}{2 \cdot (Q_a - Q_p)}(2R\Delta - \Delta^2) \tag{13-2}$$

式中:ΔD——货车优先相位的总延误的减少量(s);

Δ——绿灯延长量(s)。

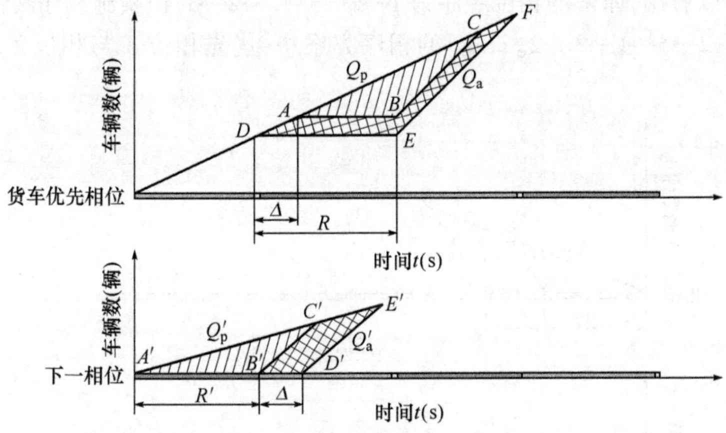

图 13-3 实施绿灯延长措施后货车优先相位与下一相位的延误变化

$$\Delta D' = \frac{Q'_p \cdot Q'_a}{2 \cdot (Q'_a - Q'_p)}(2R'\Delta - \Delta^2) \tag{13-3}$$

式中：$\Delta D'$——下一相位的总延误的增加量(s)；

Q'_p——下一相位的车辆到达流流量(pcu/s)；

Q'_a——车辆驶离时为饱和流量(pcu/s)。

当实施红灯早断措施后，上一相位与货车优先相位的延误变化如图 13-4 所示。

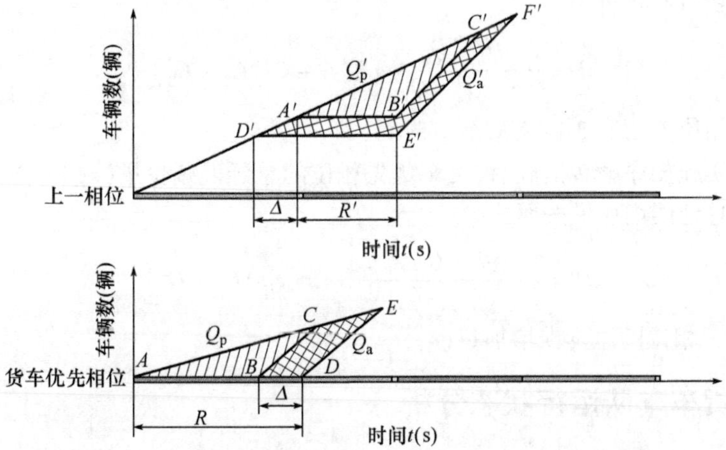

图 13-4 实施红灯早断措施后货车优先相位与上一相位的延误变化

从图 13-4 看出，实施红灯早断措施后，在货车优先相位通行的货车和其他机动车辆的总延误将减少，减少的总延误为多边形 *BCED*，而在上一相位通行的机动车的总延误将增加，增加的总延误为多边形 *A′B′C′F′E′D′*。对比图 13-3 可以看出，实施红灯早断措施和绿灯延长措施都使上一相位和下一相位的总延误增加，但具体形式有所不同。前者延误增加由红灯前部增长引起，后者延误增加由红灯尾部增长引起。

根据图 13-4，可得货车优先相位的总延误的减少量仍然可用式(13-2)表示，而上一相位的总延误的增加量仍然可用式(13-3)表示。

从图 13-2 可以看出，原来的相位顺序为 1→2→3→1→2→3，但实施相序翻转措施后，新的相位顺序变为 1→2→3→1→3→2。在新的相序方案中，优先相位 3 与相位 2 的延误变化如图 13-5 所示。

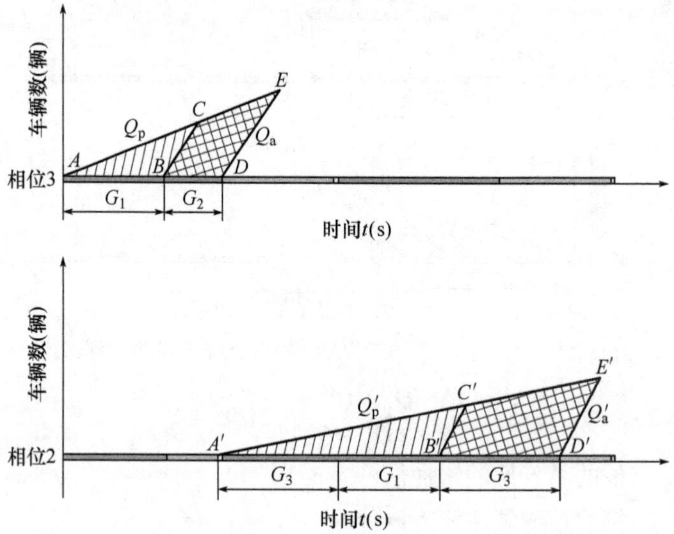

图 13-5　实施相序翻转措施后货车优先相位与上一相位的延误变化

在图 13-5 中，相位 3 为货车优先相位，上一相位为相位 2。可以看出，货车优先相位的总延误减少量根据式(13-4)计算：

$$\Delta D = \frac{Q_p \cdot Q_a}{2 \cdot (Q_a - Q_p)}[2(C - G_3)G_2 - G_2^2] \tag{13-4}$$

式中：G_2、G_3——相位 1、2 和 3 的有效绿灯时间(s)；

ΔD——实施相序翻转措施后，货车优先相位的总延误减少量(s)。

上一相位的总延误增加量按照式(13-5)计算。

$$\Delta D' = \frac{Q'_p \cdot Q'_a}{2 \cdot (Q'_a - Q'_p)}[2(C - G_2)G_3 + G_3^2] \tag{13-5}$$

式中：$\Delta D'$——上一相位的总延误增加量(s)。

13.1.3　货车车队运行状态分析

货车车队在长度为 S 路段上以预先指定速度 v 行驶到下游交叉口。货车车队在交叉口范围内存在两种状态，即在绿灯期间不停车通过以及由于红灯或剩余货车排队的影响而停车。处于这两种状态的货车车辆数分别设为 I 辆车与 M 辆车。

对于不停车通过的货车，车辆只进行匀速运动，因此行驶时间只包含匀速工况时间。可得车辆匀速工况时间 $t_{cq}(q = 1, 2, \cdots, I)$：

$$t_{cq} = \frac{S}{v} \tag{13-6}$$

式中：t_{cq}——不停车通过货车的匀速工况时间(s)；

S——路段长度(m)；

v——货车车队预先指定的行驶速度(m/s)。

对于排队停车的车辆,其行驶工况还包含在交叉口停车线前的加减速以及怠速工况。车辆减速工况时间由下式确定:

$$t_{dq} = \frac{v}{|a_s|} \tag{13-7}$$

式中:t_{dq}——车辆的减速工况时间,$q = 1,2,\cdots,M$。

各排队车辆的怠速工况时间可由排队头车开始排队的时刻推导得到。假设货车车队头车进入下游路段时红灯启亮,则可得货车车队头车在交叉口停车线前排队等候绿灯期间的怠速工况持续时间,由下式确定:

$$t_{s,1} = R - \frac{S}{v} - \frac{v}{2|a_s|} \tag{13-8}$$

式中:$t_{s,1}$——货车车队头车在交叉口停车线前排队等候绿灯期间的怠速工况持续时间(s)。

排队中的其他货车的怠速工况时间由下式确定:

$$t_{sq} = t_{s,1} + (q-1) \cdot \left(\frac{1}{Q_a} - \frac{1}{Q_p}\right) \tag{13-9}$$

式中:t_{sq}——排队中的其他货车的怠速工况时间,$q = 1,2,\cdots,M$。

车辆加速工况时间由下式确定:

$$t_{uq} = \frac{v}{a_r} \tag{13-10}$$

式中:t_{uq}——车辆的加速工况时间,$q = 1,2,\cdots,M$。

13.1.4 信号优先控制模型

货车队列的信号优先控制将使尽可能多的货车不停车通过交叉口,并减少车队通过路段和交叉口时的尾气排放总量,同时将信号优先措施对交叉口上的客车造成的不利影响减至最低程度。

1)决策变量

决策变量为信号优先措施的类型(红灯早断、绿灯延长、相序翻转),以及实施“红灯早断”或“绿灯延长”时优先相位的绿灯时长增量 Δg_1。

2)目标函数

(1)优先相位控制延误变化量

实施信号优先措施后,在优先相位通行的货车车队和小汽车车流的总控制延误将减少。本书以总控制延误的减少量 ΔD 作为评价目标之一。ΔD 可由式(13-2)或式(13-4)计算。

(2)受影响相位控制延误变化量

对货车车队实施信号优先措施后,受影响相位(上一相位或下一相位)的小汽车车流的总控制延误将增加。本书以受影响相位的总控制延误的增加量 $\Delta D'$ 作为评价目标之一。$\Delta D'$ 可由式(13-3)或式(13-5)计算。

(3)货车车队尾气排放总量

采取比功率法计算货车车队的尾气排放总量,计算方式同式(8-70)。因此,货车车队在所有工况下的尾气排放总量 E 由下式计算:

$$E = E_c + E_u + E_d + E_s \tag{13-11}$$

(4)目标函数

将上述三个目标变量加权相加，取优先相位控制延误变化量的权重为α，受影响相位控制延误变化量的权重为β，货车车队尾气排放总量的权重为γ，可得目标函数为：

$$\min(-\alpha \cdot \Delta D + \beta \cdot \Delta D' + \gamma \cdot E) \tag{13-12}$$

3)约束条件

在实施信号优先措施时，要保证受影响相位的绿灯时长满足最小绿灯时间约束。

$$0 \leqslant \Delta g_1 \leqslant G - G_{min} \tag{13-13}$$

式中：G_{min}——受影响相位的最小绿灯时间(s)；

Δg_1——优先相位的绿灯时长增量(s)。

同时，优先相位的绿灯时长始终满足其最大绿灯时间以避免信号实施优先措施而过度挤占受影响相位的绿灯时间：

$$G_1 + \Delta g_1 \leqslant G_{1max} \tag{13-14}$$

式中：G_{1max}——优先相位绿灯时长的最大绿灯时间(s)。

13.1.5 算例验证

采用遗传算法求解模型。遗传算法设计思路及相关参数参考第6章6.2.3节和6.2.4节。本书采用实数编码的形式对决策变量编码。每个个体由信号优先控制措施的类型P($P=1$表示红灯早断，$P=2$表示绿灯延长，$P=3$表示相序翻转)、实施“红灯早断”或“绿灯延长”时优先相位的绿灯时长增量Δg_1，如图13-6所示。

P	Δg_1

图13-6 决策变量的个体编码方案

算例中所需的参数中包括遗传算法的参数、交叉口的环境参数、货车车队到达情况参数，参数均与车速引导模型选取相同的值。

对上海市港城路与杨高北一路交叉口进行数据调查，获得流量数据见表13-1。

交叉口流量数据 表13-1

进口道	转向	所属相位	社会车辆流量(辆/h)
南进口道	直行	相位1	353
	左转	相位2	164
东进口道	直行	相位3	168
	左转	相位4	168
北进口道	直行	相位1	198
	左转	相位2	92
西进口道	直行	相位3	193
	左转	相位4	117

每个信号周期内从北进口驶入的货车车队为5辆。相位2和相位4的最小绿灯时间设为10s，相位1的最大绿灯时间设为50s。为尽量减少对除货车车队外的其他机动车辆的不利影响，将受影响相位与货车优先相位置于同等重要的地位。因此，取 α 为1、β 为1、γ 为1。信号配时参数见表13-2。

信号配时参数　　表13-2

相　位	绿灯时间(s)	黄灯时间(s)	全红时间(s)
1	42	3	1
2	19	3	1
3	23	3	1
4	20	3	1

13.1.6　优化结果

这里的初始信号状态是指当货车车队头车到达决策断面时下游交叉口信号灯状态及其剩余时间。为了验证模型在不同初始信号状态下的优化结果好坏，本书设计4种初始信号状态，即4种情形。情形1为：当货车车队头车到达决策断面时下游交叉口绿灯刚启亮；情形2为：当货车车队头车到达决策断面时下游交叉口绿灯剩余21s；情形3为：当货车车队头车到达决策断面时下游交叉口红灯刚启亮；情形4为：当货车车队头车到达决策断面时下游交叉口红灯剩余39s。四种情形下的优化结果见表13-3。

计算 ΔD_{SA} 下优化结果　　表13-3

初始信号状态		情形1	情形2	情形3	情形4
决策变量值	“红灯早断”时长(s)		8	8	8
	“绿灯延长”时长(s)	8			
货车车辆停车情况	不停车通过车辆数(辆)	4	0	0	0
	停车车辆数(辆)	1	5	5	5
优化结果	优先相位其他车辆控制延误减少量(辆·s)	72.2	72.2	72.2	72.2
	优先相位货车控制延误减少量(辆·s)	90.5	40.0	40.0	40.0
	受影响相位控制延误增加量(辆·s)	42.6	43.2	43.2	43.2
	货车车队尾气排放总量(g)	17.7	21.6	20.2	15.5

根据上表绘制了相位一的信号优先方案所对应的时间-距离图，如图13-7～图13-10所示。

当货车车队头车在下游交叉口绿灯刚启亮到达决策断面时，最优方案提供8s的“迟启”绿灯优先时长，但并提供更多的优先时长。此时，前两辆车可以不减速直接通过交叉口，而后续的三辆车必须减速停车等待下一个绿时信号通过交叉口。若提供更多优先时长，虽然第三辆车能够在绿灯时间内通过，但由于目标函数考虑到了货车的排放量和其他社会车辆的延误，当提供更多优先时长时，导致货车的排放量或者社会车辆停车延误增大，目标函数值也随之增大，不能达到最优结果。优化过程以获得最优目标函数值为目的，因此，仅提供8s的优先时长，由表13-3可知，信号优先相位的货车延误减少量较为明显。这是因为实行绿灯延长措施后，第二辆货车可以不减速通过交叉口，同时也使得其他车辆有了更少的等待时间。

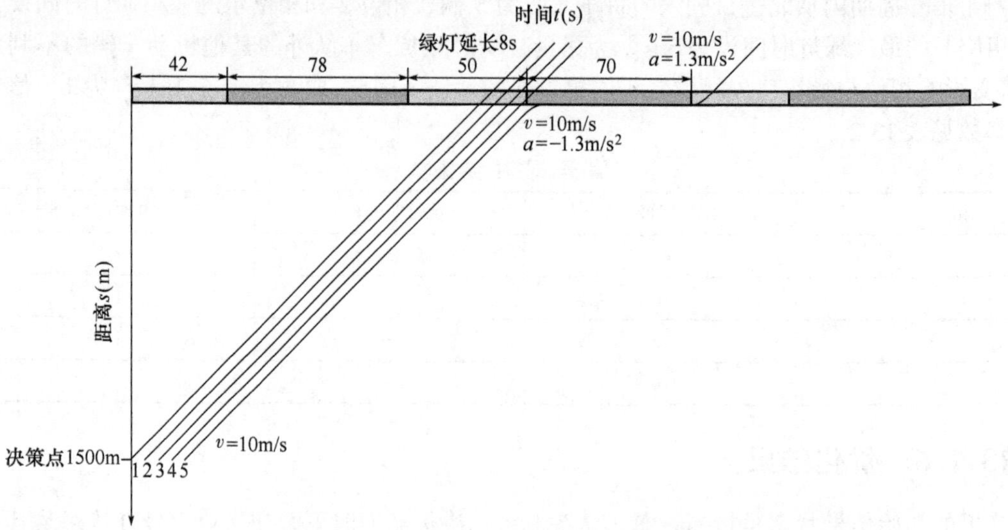

图 13-7　到达时刻为下游交叉口绿灯刚启亮时信号优先后时间-距离示意图

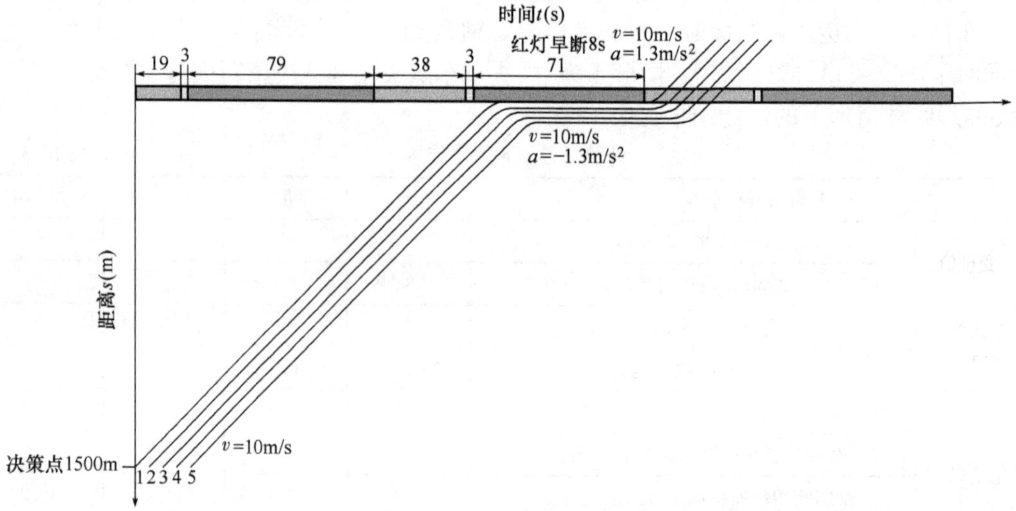

图 13-8　到达时刻为下游交叉口绿灯剩余 19s 时信号优先后时间-距离示意图

当货车车队头车在下游交叉口绿灯剩余 19s 到达决策断面时，最优方案提供了 8s 的"早断"时长。这种情况下货车均需要减速停车，但红灯"早断"策略不仅减少了货车的停车延误，而且使得所有车辆可以在下一个绿灯时间一次性通过交叉口。但由于目标函数考虑到了货车的排放量和社会车辆的停车延误，当提供更多优先时长时，导致货车的排放量或者社会车辆停车延误增大，目标函数值也随之增大，不能达到最优结果。

当货车车队头车在下游交叉口红灯刚启亮到达决策断面时，最优方案同样也提供了 8s 的"早断"时长，货车车队到达交叉口时都需要减速停车，通过实行红灯"早断"措施尽量使得车队在绿灯时长内全部通过，这种情况下对其他车辆的延误影响同情形二。货车到达交叉口的红灯剩余时间略小于情形二，因此，货车车队的尾气排放总量也略微小于情形二。

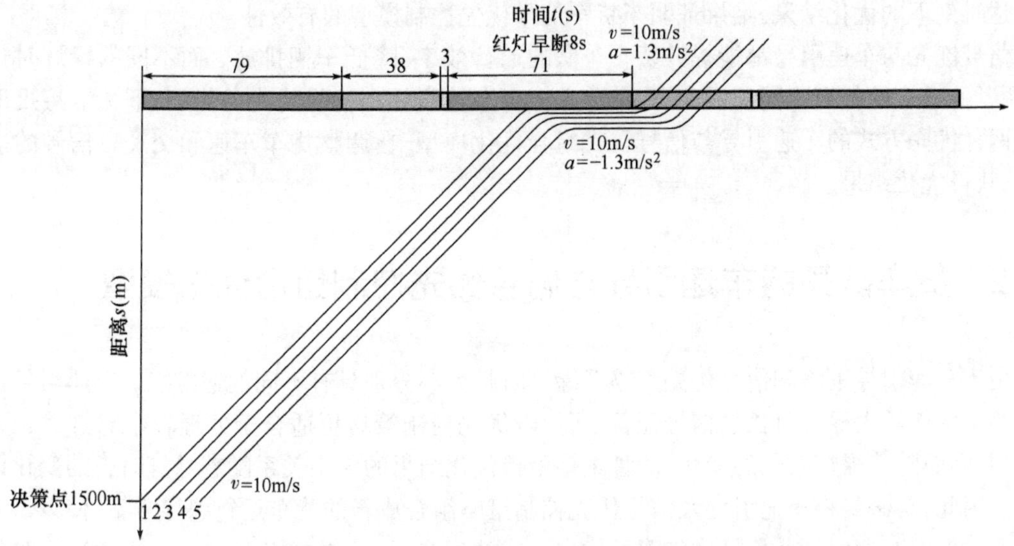

图 13-9　到达时刻为下游交叉口红灯刚启亮时信号优先后时间-距离示意图

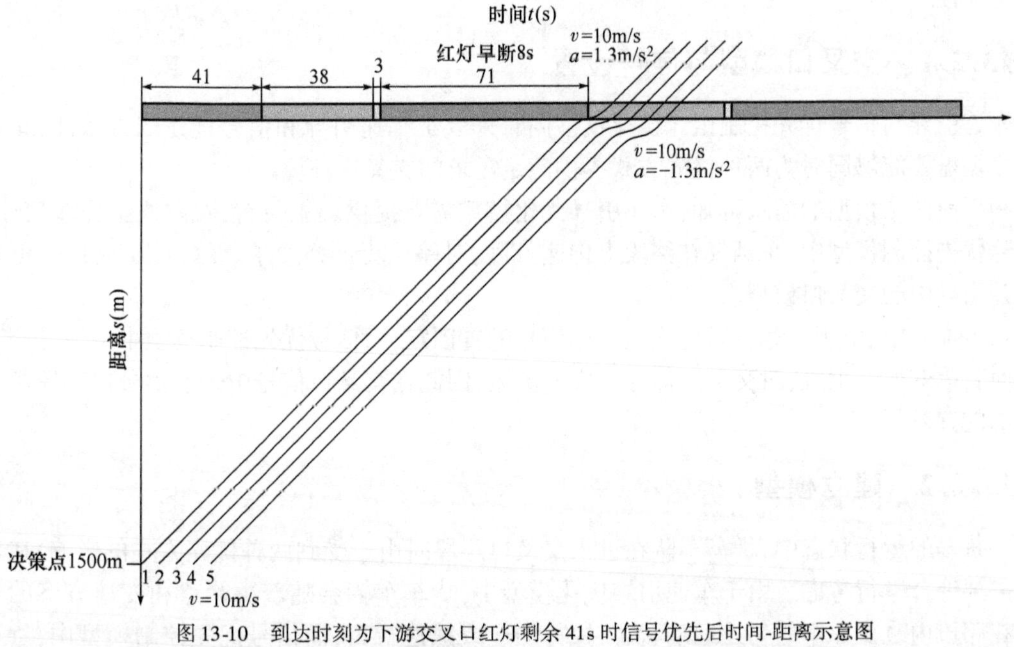

图 13-10　到达时刻为下游交叉口红灯剩余 41s 时信号优先后时间-距离示意图

当货车车队头车在下游交叉口红灯剩余 41s 到达决策断面时，实行 8s 的“早断”优先时长策略，可以使得车队头车进行短暂的停车等待便可以通过交叉口，而其余车辆则无须停车，这极大地减小了货车的停车延误。由于“早断”策略与情形二、情形三相同，因此这种情况对其他社会车辆的延误影响情况与之相同。

13.1.7　小结

信号优先的方式下，货车车队所在信号相位绿灯时间得以拓展，从而使得绿灯时长内通过的车辆增多，排队时间减少。建立信号优先模型并进行算例检验，分析了在四种不同的货车车队到达时刻下的优化结果,结果证明了货车信号优先控制模型的有效性。

信号优先与车速引导都能提升货车车队的通行效率,降低车辆排放。而不同的绿灯时长下,两者的适应性各有不同。因此,为充分发挥合车速引导和信号优先的优势,下一节将提出结合两种优先方式的车速引导与信号优先组合优化模型,在调整货车车速和交叉口信号的措施下,获得优化结果。

13.2 货车队列的车速引导与信号优先控制组合优化模型

由于车速引导策略和信号优先策略对绿灯时长大小分别具有不同的适应性。车速引导优化策略适用于较大绿灯时长的信号配置,而信号优先控制策略更适合于处理较小绿灯时长下的情况,因而随着绿灯时长的变化,两种策略所得优化结果的大小关系随着绿灯时长的变化而变化。因此,有必要将车速引导及信号优先控制策略组合成新的货车运行引导方案,使得该方案同时发挥出车速引导及信号优先两种优先方式的优点,从而提高组合方案在任意绿灯时长下的适应性。

13.2.1 交叉口模型与信号设置

车速引导与信号优先控制组合优化模型同时采取了车速引导和信号优先的方法,因此交叉口模型需要能够同时为两种优先方式提供满足需求的交叉口环境。

根据前两个模型的需求可知,车速引导优化模型需要提供决策位置,在路段上完成变速。而信号优先控制模型中,车辆仅在路段上匀速行驶,对路段无严格要求。综合以上要求,可采取车速引导中的交叉口模型。

信号配置中,由于车速引导优化模型内信号配置固定,而信号优先控制模型中会通过调节优先时长改变信号配置,对交叉口信号的影响更大,因此在交叉口信号中采取信号优先控制模型中的配置。

13.2.2 建立模型

在货车的运行状态中,货车车队在进入交叉口路段时由于受到两种优先方式的影响,在运行时需要综合进行考虑。由于车速引导优化模型中,货车车辆会随着决策点和变速方案的确定而在路段内改变原本的匀速运动状态,执行加速或减速行为,而信号优先控制模型中,货车在路段内一直保持匀速运动。因此,当组合车速引导优化模型及信号优先控制模型时,所有车队在路段内将按照车速引导优化模型中的运行状态进行车速控制,以充分体现速度引导的效果。

在车速引导优化模型中未对信号配置进行变动,仅讨论了货车队列在不同初始信号状态以及不同的相位绿灯时长情境下的车速引导优化方案,而信号优先控制模型则将给予信号优先方案,从而使得交叉口信号发生变动。因此,模型中的信号配置参数将遵守信号优先控制模型中的策略发生变化。

综合以上分析,可得到车速引导与信号优先控制组合优化模型。

1)决策变量

(1)变速开始位置

变速开始位置即变速断面位置,用 S_c 表示。

(2)加速度

加速度即匀变速过程的加速度,用 a 表示。正值 a_a 表示加速过程,负值 a_d 表示减速过程,为零则表示匀速行驶。

(3)变速结束速度

匀变速过程结束后货车车辆的行驶速度。匀加速过程结束时的速度用 v_{ca} 表示,匀减速过程结束时的速度用 v_{cd} 表示。

(4)加速、匀速、减速行驶的车辆数

根据如图 6-8 所示的分组策略的不同情况,货车车队可能分组为加速车队、匀速车队、减速车队,分别用 I_a、I_0、I_d 表示。这三个变量中的一个或两个取值为零,表示不存在相应的车队。

(5)信号优先类型

信号优先控制措施的类型用 P 表示。其中,$P=1$ 表示红灯早断,$P=2$ 表示绿灯延长,$P=3$表示相序翻转。

(6)绿灯时长增量

实施“红灯早断”或“绿灯延长”时优先相位的绿灯时长增量用 Δg_1 表示。

2)目标函数

在目标函数中,车速引导优化模型中选取降低货车车队的平均行程延误 d、平均停车率 p、平均速度恢复距离 S_3 以及车均尾气排放量 e 作为目标。

其中,货车车队的平均行程延误由下式确定:

$$d=\frac{1}{I}\sum_{q}\left[(\theta t_1+\eta t_2+\theta t_3+\eta t_4+t_5)-\frac{\theta s_1+\eta s_2+\theta s_3+s_5}{v_{\max}}\right] \tag{13-15}$$

式中:d——货车车队的平均停车延误(s);

I——货车车队中的车辆数(辆);

q——车辆次序。

平均停车率由下式确定:

$$p=\frac{m}{I} \tag{13-16}$$

式中:m——车队中停车的货车数(辆);

p——货车车队的停车率。

平均速度恢复距离由下式确定:

$$S_3=\frac{1}{I}\sum_{q}s_3 \tag{13-17}$$

式中:S_3——货车车队中各辆货车的平均速度恢复距离(m);

q——车辆次序。

车均尾气排放量由下式确定:

$$e=\frac{E_c+E_u+E_d+E_s}{I} \tag{13-18}$$

式中：e——货车车队中货车的平均尾气排放量(g/s)。

信号优先控制模型以降低优先相位控制延误的变化量、受影响相位控制延误的变化量 $\Delta D'$ 以及尾气排放总量 E 作为目标。

其中，优先相位控制延误的变化量由下式确定：

$$\Delta D=\frac{Q_p\cdot Q_a}{2\cdot(Q_a-Q_p)}[2(C-G_3)G_2-G_2^2] \tag{13-19}$$

式中：ΔD——优先相位控制延误的变化量(s)。

受影响相位控制延误的变化量由下式确定：

$$\Delta D'=\frac{Q'_p\cdot Q'_a}{2\cdot(Q'_a-Q'_p)}[2(C-G_2)G_3+G_3^2] \tag{13-20}$$

式中：$\Delta D'$——受影响相位控制延误的变化量(s)。

因此，在车速引导与信号优先控制组合优化模型的目标选取中，选取降低货车车队的平均行程延误 d、平均停车率 p、平均速度恢复距离 S_3、车均尾气排放量 e、优先相位控制延误的变化量 ΔD 以及受影响相位控制延误的变化量 $\Delta D'$ 共同作为优化目标，目标函数如式(13-21)所示。

$$\min(\alpha\cdot d+\beta\cdot p+\gamma\cdot S_3+\lambda\cdot e-\mu\cdot\Delta D+\varphi\cdot\Delta D') \tag{13-21}$$

3)约束条件

由于车速引导与信号优先控制组合优化模型同时采取了两种优先方式，而两种模型的约束条件互不冲突，因此可同时将两者中的约束条件加入组合模型的约束条件中，以此既能满足车速引导又能满足信号优先下的运行要求。

则有变速断面至停车线距离约束如式(13-22)所示：

$$\theta s_1+s_{52}+\eta s_2\leqslant S_c\leqslant S-s_{51} \tag{13-22}$$

速度与加速度约束如式(13-23)～式(13-24)所示：

$$v_{\min}\leqslant v_c\leqslant v_{\max} \tag{13-23}$$

$$a_{\min}\leqslant a\leqslant a_{\max} \tag{13-24}$$

变速车辆数约束如式(13-25)～式(13-28)所示：

$$0\leqslant I_a\leqslant I \tag{13-25}$$

$$0\leqslant I_0\leqslant I \tag{13-26}$$

$$0\leqslant I_d\leqslant I \tag{13-27}$$

$$I_a+I_0+I_d=I \tag{13-28}$$

最后一辆货车匀速状态约束如式(13-29)～式(13-31)所示：

$$s_{51}\geqslant 0 \tag{13-29}$$

$$s_{52}\geqslant 0 \tag{13-30}$$

$$s_3+s_{53}\leqslant S_D \tag{13-31}$$

优先时长的约束如式(13-32)~式(13-33)所示:

$$0 \leqslant \Delta g_1 \leqslant G - G_{\min} \tag{13-32}$$

$$G_1 + \Delta g_1 \leqslant G_{1\max} \tag{13-33}$$

13.2.3　算例验证

1)求解算法设计

以遗传算法求解,遗传算法设计思路及相关参数参考第 6 章的第二小节设置。根据第 6 章的第二节和第 13 章的第一节中的决策变量,创建的种群为:

$$\text{pop} = [S_c, a_a, a_d, v_{ca}, v_{cd}, I_a, I_0, I_d, P, \Delta g_1] \tag{13-34}$$

逐步编码后求解。

2)不同到达时刻下的优化结果

算例所需的参数包括遗传算法参数、交叉口环境参数、货车车队到达情况参数、社会车辆流量参数,均与信号优先控制模型选取相同的值。

为了反映出各种货车车队首车到达时刻下模型都能给出合理的优化结果,调整车队的到达时刻,得出优化结果如表 13-4 所示。

不同到达时刻下车速引导与信号优先控制组合优化模型优化结果　　表 13-4

初始信号状态		情形 1	情形 2	情形 3	情形 4
决策变量值	变速点位置(m)	1500	1500	1500	441
	加速后车速(m/s)	12	12		
	加速度(m·s)	0.1	1		
	减速后车速(m/s)			9	9.47
	减速度(m·s)			-0.1	-0.1
"红灯早断"时长(s)				8	8
"绿灯延长"时长(s)		8	8		
车队分队情况	加速车队车辆数(辆)	5	5	0	0
	匀速车队车辆数(辆)	0	0	0	0
	减速车队车辆数(辆)	0	0	5	5
停车情况	加速车队停车数(辆)	0	1	0	0
	匀速车队停车数(辆)	0	0	0	0
	减速车队停车数(辆)	0	0	5	0
优化结果	平均行程延误(s/辆)	7.4	20.9	95.0	32.4
	平均停车率	0	0.2	1	0
	平均速度恢复距离(m/辆)	16.9	21.2	38.5	4.0
	平均尾气排放量(g/辆)	1.50	1.59	1.79	1.68
优先相位其他车辆控制延误减少量(辆·s)		72.2	72.2	72.2	72.2
受影响相位控制延误增加量(辆·s)		42.6	42.6	43.2	43.2

根据优化结果绘制货车车队的时间-距离图,结果如图 13-11 ~ 图 13-14 所示。

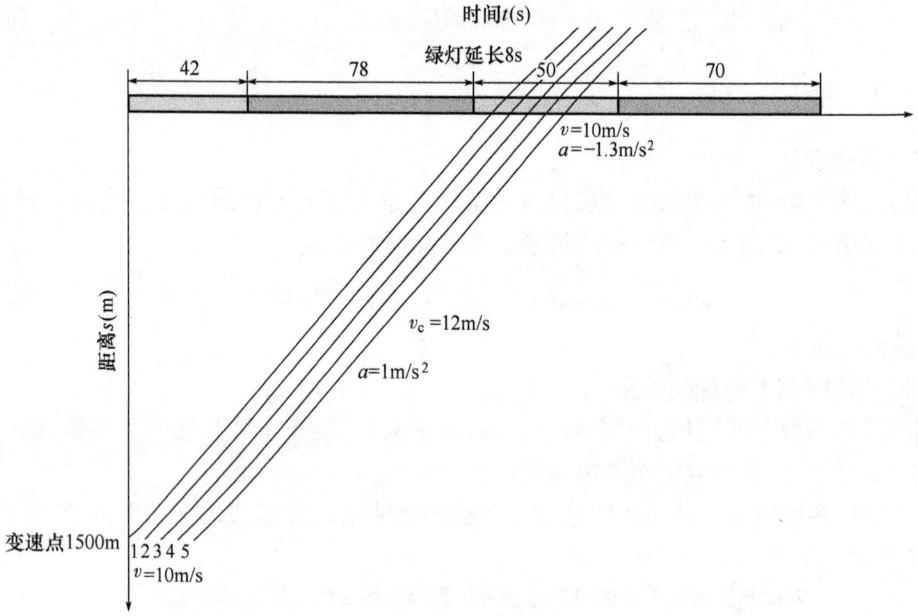

图 13-11　情形 1 状况下货车车队的时间-距离图

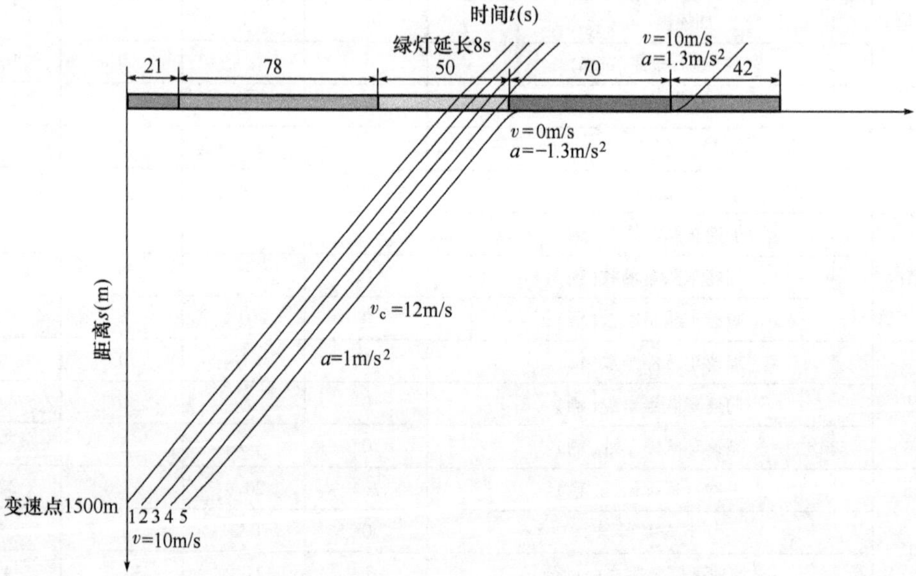

图 13-12　情形 2 状况下货车车队的时间-距离图

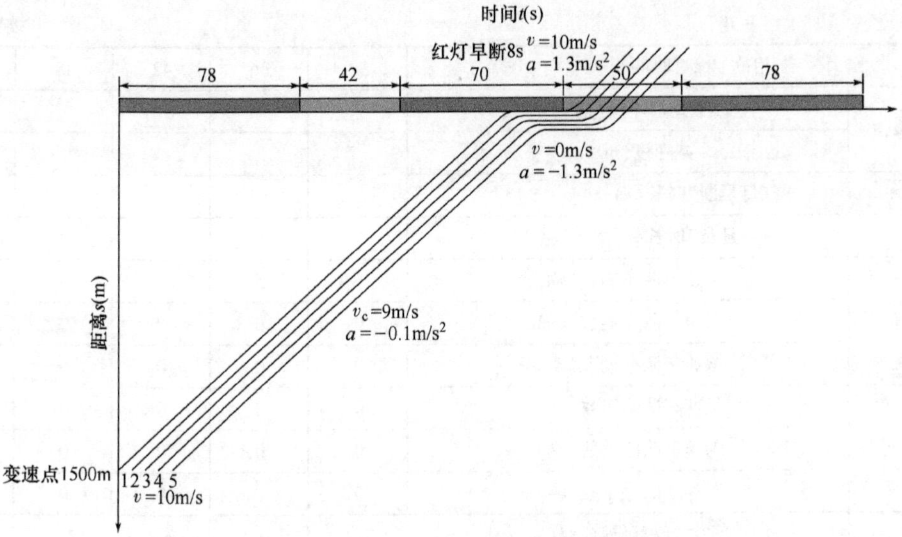

图 13-13　情形 3 状况下货车车队的时间-距离图

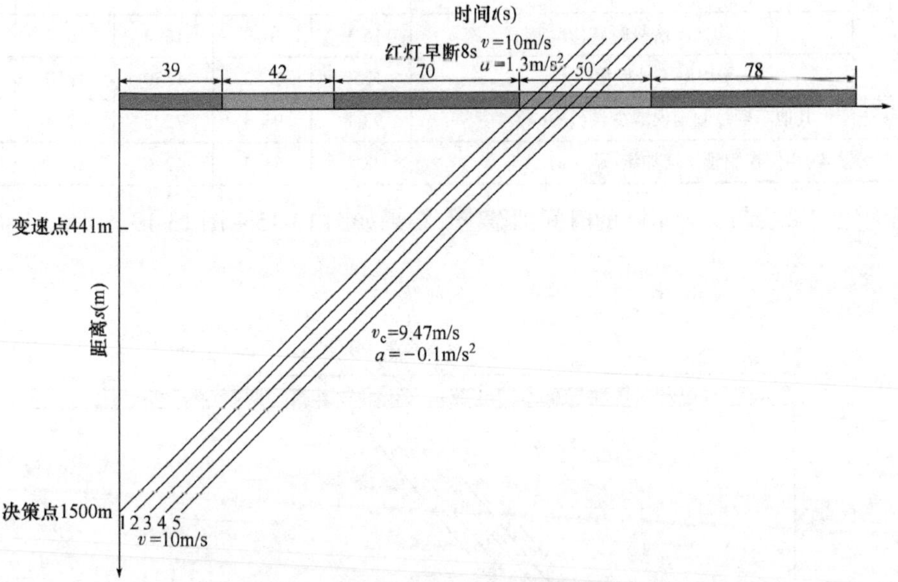

图 13-14　情形 4 状况下货车车队的时间-距离图

13.2.4　不同相位绿灯时长下的优化结果

为探究相位一,即货车所在相位的不同绿灯时长配置下车速引导与信号优先控制组合优化模型的适应性,取货车车速引导模型相同的绿灯时长变化量,可得优化结果如表 13-5 所示。

不同相位 1 绿灯时长下优化结果　　表 13-5

相位 1 绿灯时间		30	36	42	48	54
决策变量值	变速点位置(m)	1500	1342	1500	1500	1500
	加速后车速(m/s)	12	12	12	12	12
	加速度(m · s)	0.1	0.1	0.1	0.1	0.1

续上表

相位1绿灯时间		30	36	42	48	54
决策变量值	减速后车速(m/s)					
	减速度(m·s)					
"红灯早断"时长(s)			10			
"绿灯延长"时长(s)		9		8	2	
车队分队情况	加速车队车辆数(辆)	5	5	5	5	5
	匀速车队车辆数(辆)	0	0	0	0	0
	减速车队车辆数(辆)	0	0	0	0	0
停车情况	加速车队停车数(辆)	0	0	0	0	0
	匀速车队停车数(辆)	0	0	0	0	0
	减速车队停车数(辆)	0	0	0	0	0
优化结果	平均行程延误(s/辆)	7.4	10.1	7.4	7.4	7.4
	平均停车率	0	0	0	0	0
	平均速度恢复距离(米/辆)	16.9	16.9	16.9	16.9	16.9
	平均尾气排放量(g/辆)	1.50	1.52	1.50	1.50	1.50
优先相位其他车辆控制延误减少量(辆·s)		93.8	96.3	72.2	17.3	
受影响相位控制延误增加量(辆·s)		48.1	54.5	42.6	10.3	

根据优化结果绘制货车车队的时间-距离图,结果如图13-15~图13-19所示。

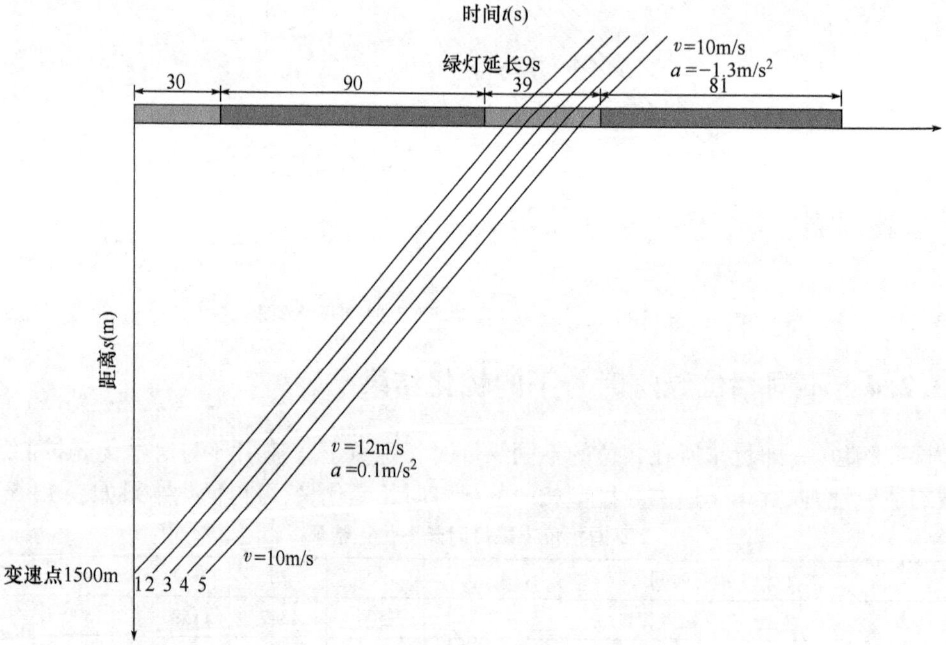

图13-15 绿灯时间为30s时货车车队的时间-距离图

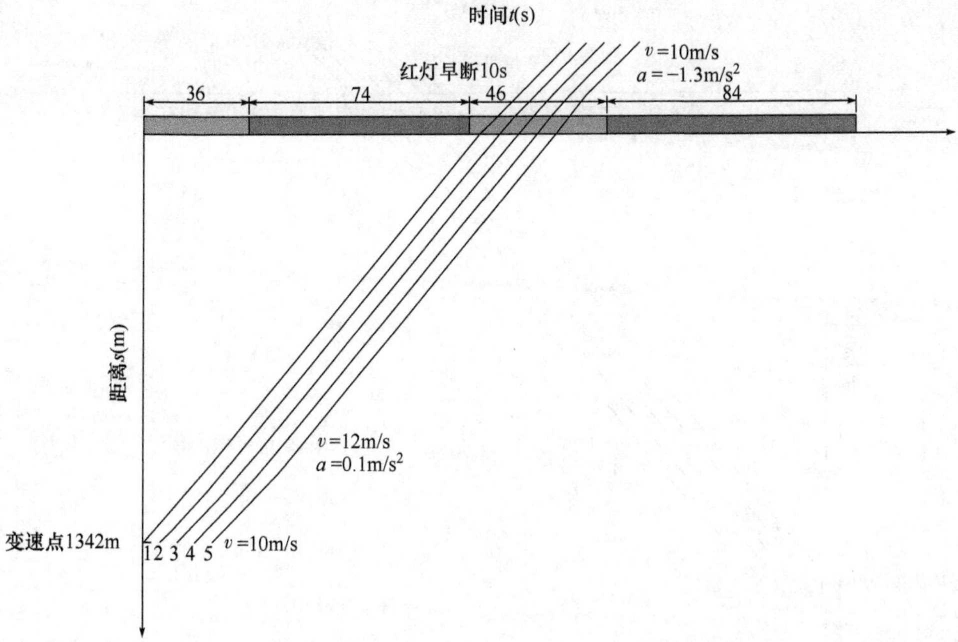

图 13-16 绿灯时间为 36s 时货车车队的时间-距离图

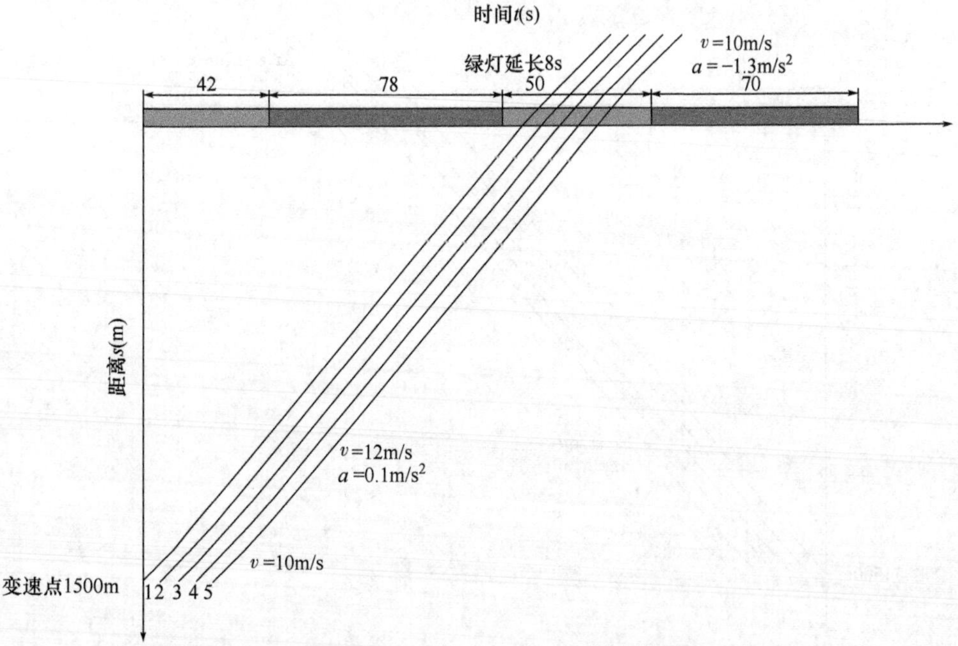

图 13-17 绿灯时间为 42s 时货车车队的时间-距离图

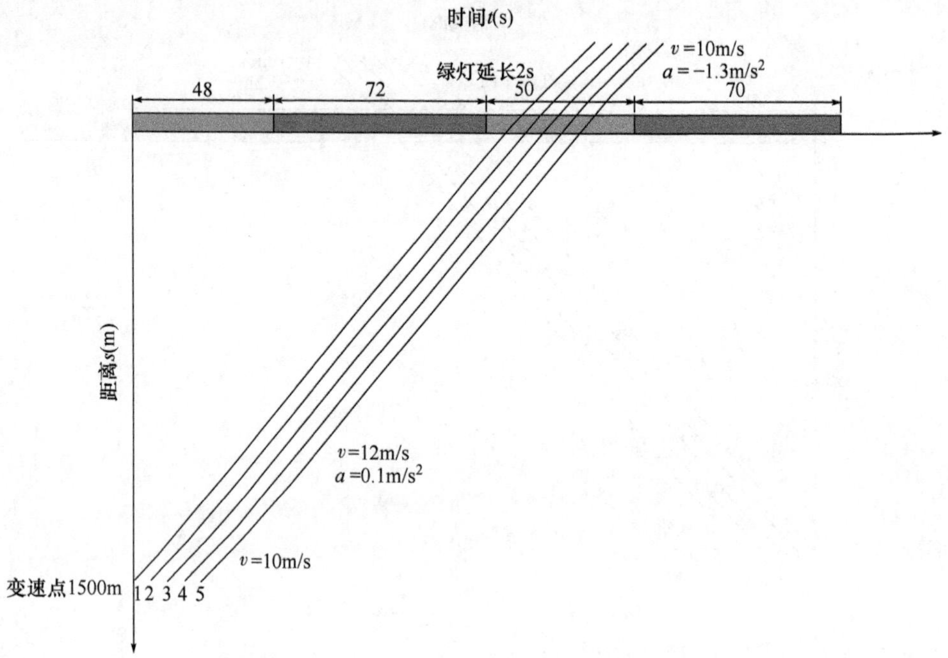

图 13-18 绿灯时间为 48s 时货车车队的时间-距离图

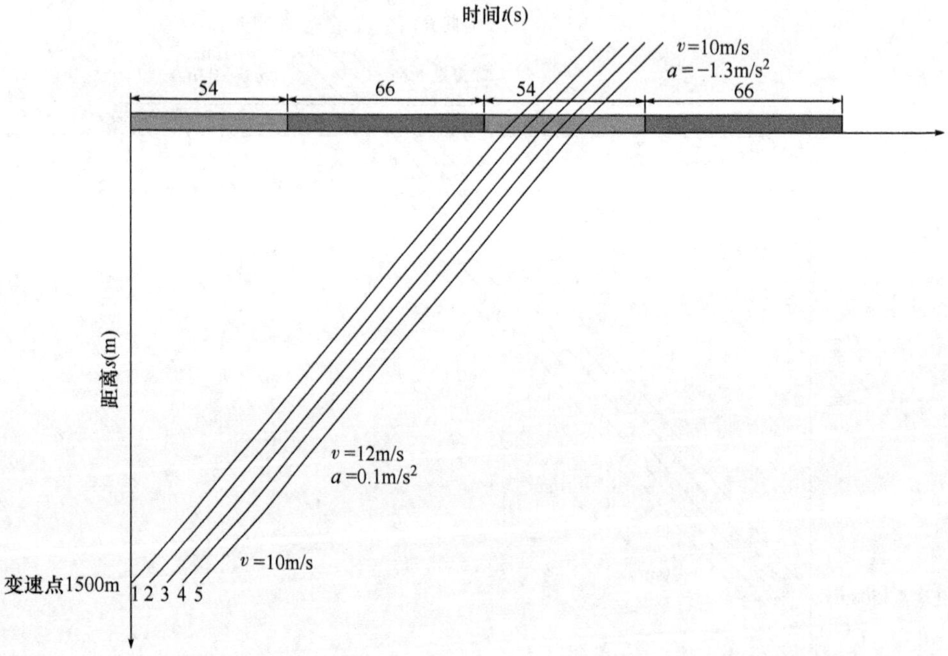

图 13-19 绿灯时间为 54s 时货车车队的时间-距离图

由上述优化结果可知，本节所提出的信号控制与速度引导组合优化模型可以为在专用车道行驶的货车队列提供较为合理的运行控制方案。

13.2.5　小结

车速引导与信号优先控制组合优化模型结合了车速引导和信号优先的调控方法及优势，不仅实现了货车的优先通行及排放的减少，也减少了对社会车辆的负面影响。通过分析不同到达时刻下的优化结果证明了模型的可靠性，并通过分析不同绿灯时长下的优化结果得知车速引导与信号优先控制组合优化模型可以很好地适用于任何绿灯时长下的场景。通过对不同到达时刻及绿灯时长下三种模型所得结果进行对比分析，得出结论为车速引导与信号优先控制组合优化模型在任何到达时刻和绿灯时长的交叉口环境都能获得最优的结果，相较于采取单独任何一种模型更优。

13.3　算例验证及分析

13.3.1　交叉口模型及参数

1）干道交叉口模型及行驶路线

对上海市环东一大道与杨高北一路交叉口和港城路与杨高北一路交叉口进行交通调查，分别以交叉口一、交叉口二命名。根据调查数据，在保留交叉口特点后进行合理改造，铺设货车专用道并建立的交叉口模型如图13-20所示。

交叉口一，即环东一大道与杨高北一路交叉口中南北方向为主路，东西方向为支路，且该支路为单行设计，货车及社会车辆由东向西行驶。

交叉口二，即港城路与杨高北一路交叉口中南北方向为主路，东西方向为支路，如图13-21所示。

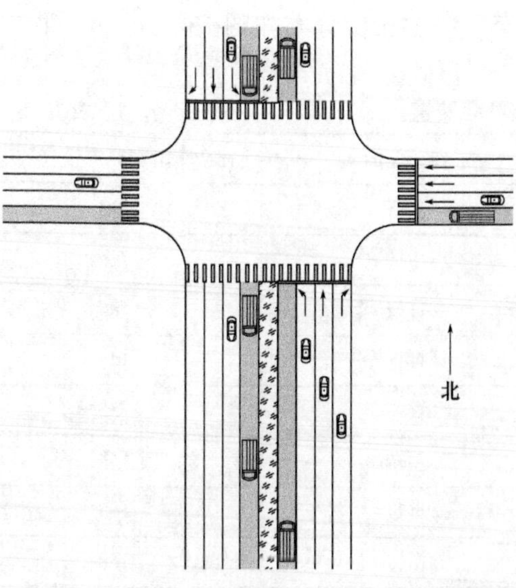

图13-20　交叉口一模型

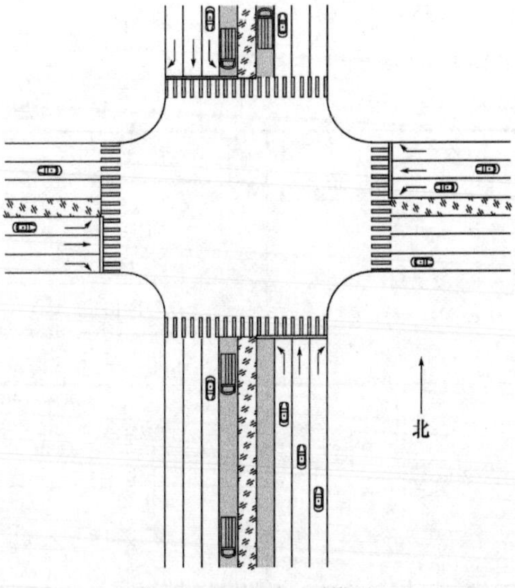

图13-21　交叉口二模型

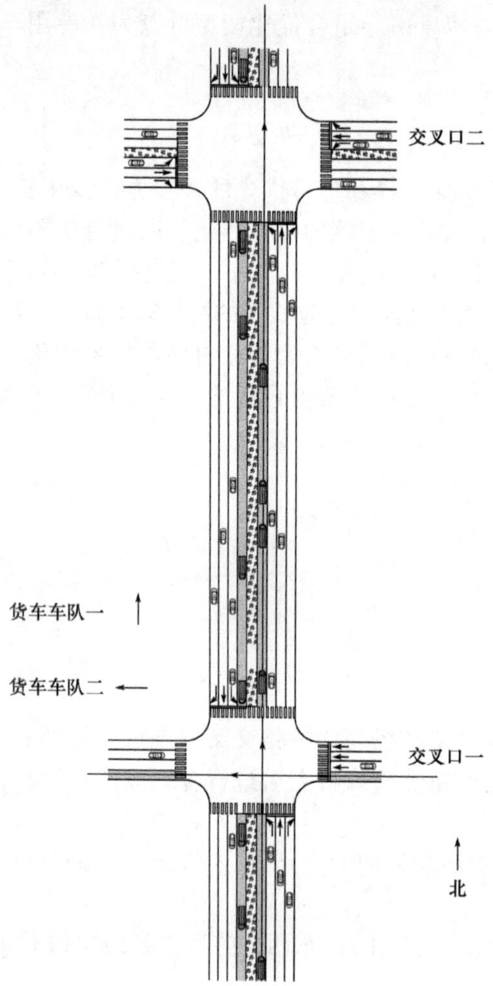

图 13-22 货车车队行驶路线示意图

在疏港道路的主路上铺设货车专用道，两条支路与主干道相交形成两个相邻的交叉口。经调查，两交叉口间距为 120m，交叉口配置红绿灯实现信号控制。

两组车队将运行在主路交叉口内，其中货车车队一将沿着主路自南向北方向行驶，货车车队二在交叉口一处自东向西穿过交叉口，行驶路线示意图如图 13-22 所示。因此，两组车队的行驶路线将造成冲突，在交叉口一的信号配置中将分隔两个相位的通行时间，避免货车车流发生冲突。

2）各进口道流量

根据调查数据及货车车队的两条行驶路线，得到两个交叉口中各进口道的社会车辆流量如表 13-6 所示。

另根据饱和车头时距得社会车辆左转饱和流量为 1136 辆/h，社会车辆直行饱和流量为 1385 辆/h。

3）协调信号配置

调查两个交叉口的信号后，根据原有信号进行协调控制优化。为使货车车队一能够尽可能多地在绿灯时间内连续通过两个交叉口。因此，沿着货车车队一的行驶方向为其提供绿波带，使得两个交叉口之间实行绿波控制。第一个交叉口的相位分布如图 13-23 所示、第二个交叉口相位分布见第 6 章图 6-7。

交叉口各进口道社会流量 表 13-6

交 叉 口	进 口 道	转 向	社会车辆交通流量(辆/h)
交叉口一	南进口道	直行	333
		左转	99
	东进口道	直行	8
	北进口道	直行	145
交叉口二	南进口道	直行	353
		左转	164
	东进口道	直行	168
		左转	168

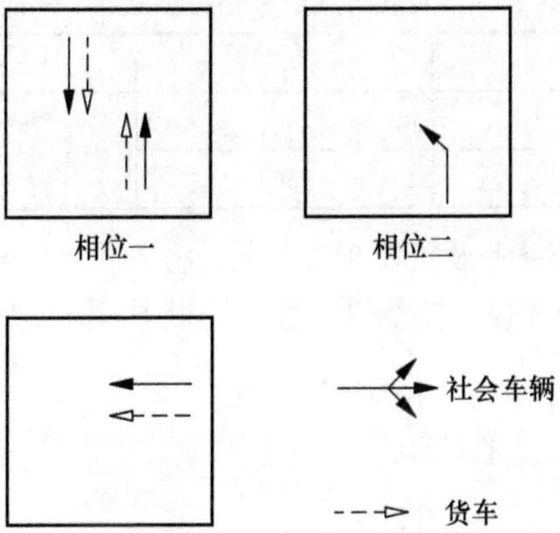

图 13-23　交叉口一信号相位

信号配置方案如表 13-7 所示。

交叉口信号配置方案　　表 13-7

交叉口编号	相位一绿灯时间（s）	相位二绿灯时间（s）	相位三绿灯时间（s）	相位四绿灯时间（s）	黄灯时长（s）	周期时长（s）
交叉口一	103	31	43		4	189
交叉口二	58	32	45	38	4	

为货车车队一行驶路线方向提供绿波带，已知两个交叉口的间距为 120m，货车车速为 35km/ h。数解法是确定干道协调控制系统相位差的一种方法，其通过使系统中各个实际信号位置距离理想的信号位置之间的最大挪移量最小以获得最优相位差。根据数解法取得相位差 τ 为 23s。

13.3.2　目标函数及货车车队参数

1）目标函数

根据以上各节的算例检验中，已证明车速引导与信号优先控制组合优化模型能提供最优的结果，因此，采用车速引导与信号优先控制组合优化模型在交叉口一处施行货车优先。由于交叉口一中存在两个货车行驶路线，当两个方向的货车同时到达时，应提供给主路货车车流更多的优先权，但在车速引导与信号优先控制组合优化模型的配置下，交叉口信号的变动会影响到支路货车车流的停车延误与排放。为权衡两者，避免支路货车车流过度让步，车速引导与信号优先控制组合优化模型目标函数将采用两队货车延误 D_E 之和及排放量 E 之和作为目标变量。此外，在协调控制的交叉口下，货车车队一所得延误及排放应为驶离交叉口二停车线时刻前的结果，从而得以避免货车虽然在交叉口一取得优先，在交叉口二却获得更多的停车延误及排放的情况发生。社会车辆的停车延误变化量 ΔDSA 则为优化后两个交叉口的停车延误变化量，目标函数如式（13-21）所示。

2）车队到达信息

两组货车车队先后被检测到，其相关参数如表 13-8 所示。

两队到达货车相关参数 表 13-8

车队编号	Q	t_b	Q_a	v
货车车队一	9 辆	248s	832 辆/h	35km/h
货车车队二	6 辆	256s		

根据信号配置易知,货车车队一及货车车队二预计将于同一信号相位到达停车线前,且此时信号对货车车队一为红灯,对货车车队二为绿灯。在此场景下,通过遗传算法获得算例优化结果。

13.3.3 结果与分析

1)算例优化结果与分析

通过遗传算法计算所得算例优化结果如表 13-9 所示。

算 例 优 化 结 果 表 13-9

决策变量值	决策点位置(m)	802.09
	加速后车速(m/s)	
	加速后车速(m/s)	
	减速后车速(m/s)	8.33
	减速度(m·s)	-0.06
	"早断时长"(s)	0
	"迟启时长"(s)	0
货车车队一在交叉口一分队情况	不停车通过车数(辆)	5
	停车排队车数(辆)	4
货车车队一在交叉口二分队情况	不停车通过车数(辆)	7
	停车排队车数(辆)	2
货车车队二分队情况	不停车通过车数(辆)	4
	停车排队车数(辆)	2
优化结果	货车停车延误(s/辆)	12.72
	排放量(g/辆)	6.53
	社会车辆停车延误变化量(s/辆)	0
	目标函数值	6.75

根据优化方案,绘制出货车车队一的时间-距离图如下,标示出首车到达时刻 248s、绿灯启亮和结束时刻以及红绿灯时长:

根据图表可知,货车车队一首车在 248s 时到达检测点,此时虽然交叉口一货车行驶方向为绿灯,但受限于最大速度,第 1 辆车加速至最大速度后依旧会在红灯时间内到达停车线,因此第 1 辆车必然需要停车。

在交叉口一处,货车车队第 1 至第 4 辆货车需要排队等待,第 5 至第 9 辆车在排队结束后能够跟随前车不停车通过停车线。而车队在到达交叉口二处时,由于相位差的设置,货车车队第 1 辆车再次遭遇红灯,需要减速停车,第 2 辆车受到排队影响短暂停车,而后续 7 辆车可以不停车通过交叉口。整个优化方案下,没有给予信号优先,因此,社会车辆停车延误变化量为

0。由于在此算例中,若执行信号优先将极大地增加整个交叉口系统内的社会车辆停车延误以及对货车车队二的影响,优化模型在综合平衡各个目标下,不为货车车队一提供信号优先。

2)不同到达车队规模下优化结果

为探究在货车车队一处于不同车队规模下对决策方案的影响,分别选取5辆车、9辆车、13辆车进行优化计算,所得结果如表13-10所示。

货车车队一不同车队规模下算例优化结果　　表13-10

货车车队一车队规模(辆)		5	9	13
决策变量值	决策点位置(m)	921.50	802.09	867.11
	加速后车速(m/s)			
	加速度(m·s)			
	减速后车速(m/s)	9.08	8.33	8.33
	减速度(m·s)	-2.88	-0.06	-0.05
	"早断时长"(s)	0	0	0
	"迟启时长"(s)	0	0	0
车队一在交叉口一分队情况	不停车通过车数(辆)	0	5	10
	停车排队车数(辆)	5	4	3
车队一在交叉口二分队情况	不停车通过车数(辆)	3	7	11
	停车排队车数(辆)	2	2	2
货车车队二分队情况	不停车通过车数(辆)	4	4	4
	停车排队车数(辆)	2	2	2
优化结果	货车停车延误(s/辆)	19.03	12.72	9.89
	货车排放量(g/辆)	7.13	6.53	6.63
	社会车辆停车延误变化量(s/辆)	0	0	0
	目标函数值	8.33	6.75	5.72

绘制货车车队一在不同车队规模下通过交叉口的时间-距离图,车队规模为9辆车时如图13-24所示,其余车队规模下的时间-距离图如下。

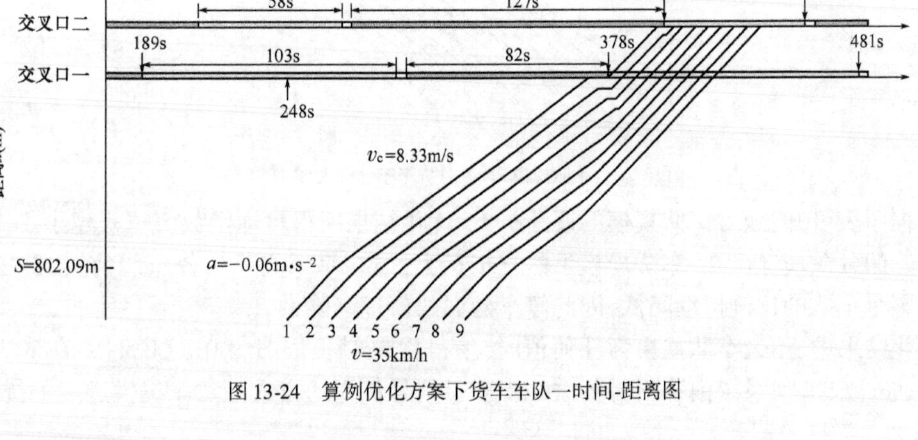

图13-24　算例优化方案下货车车队一时间-距离图

当车队规模减小为5辆时,第1辆车依旧无法加速后驶离第停车线,因此在优化方案中,整个车队都接受减速引导,在交叉口一的信号红灯末期到达停车线前并排队等待。在交叉口二由于相位差的设置,第1至第2辆车需要再次停车,而其余车辆可不受影响地通过。如图13-25所示。

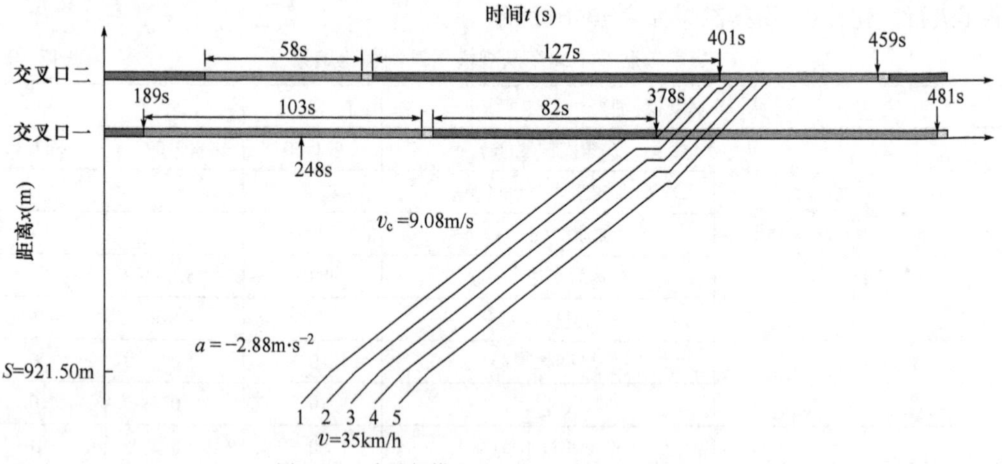

图13-25　车队规模为5时货车车队一时间-距离图

如图13-26所示,由于车队规模较大,为保证车队尽可能多地在绿灯时期内通过,优化方案提供车速引导策略。第1辆车至第3辆车减速后,在交叉口一处遭遇红灯,红灯结束后驶至交叉口二。由于相位差的设置,第1辆车与第2辆车再次排队停车,第3辆车则可以直接通过。第4辆车至第11辆车为避免和前车追尾减速跟车,随后再次加速跟随前车组成稳定车队,匀速通过两个交叉口。第12辆车与第13辆车无须变化车速,可直接匀速通过两个交叉口。

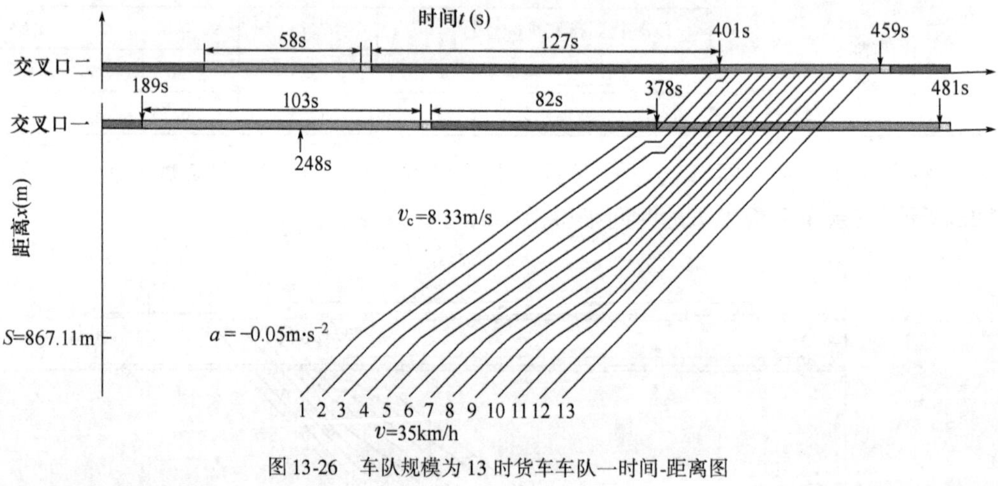

图13-26　车队规模为13时货车车队一时间-距离图

根据图表可知,随着车队规模的逐渐扩大,优化结果所得目标函数值越来越小。由表中货车车队一的分队情况可知,车队规模虽然逐步扩大,但在每个交叉口停车线前,排队停车的车数所占整个车队的比例持续降低,因此停车延误的值逐渐降低。

优化结果中,不论车队规模为任何值时,信号优先时长依旧为0,这说明了在最大绿波带带宽下,整个交叉口系统内都不需要进一步通过信号优先的方式为货车提供过度的优先,避免了采取信号优先后造成社会车辆停车延误的增长而导致目标函数值升高,无法取得最优结果。综上所述,在干线协调信号为货车车队一提供最大的绿波带宽度条件下,货车车队规模越大,优化效果越好。

3)不同绿波带宽度下优化结果

在实际应用中,绿波带带宽对于主线车辆的连续通行起到了重要的作用,带宽越大,可在前后两个交叉口的绿灯时间内通行的车辆数越多。但在现实的干线配置中,有时难以取得优先车辆的最大绿波带带宽,因此,研究绿波带宽度变化下模型所得解的变化十分必要。为探究不同绿波带宽度下对优先方案的影响,调整相位差使得货车车队一行驶方向的绿波宽度不断减少至38s、18s,即每次约减少原绿波带带宽的三分之一。优化结果如表13-11所示。

不同绿波带带宽下算例优化结果 表13-11

绿波带宽度(s)		58	38	18
决策变量值	决策点位置(m)	802.09	919.86	995.89
	加速后车速(m/s)			
	加速度(m·s)			
	减速后车速(m/s)	8.33	8.33	8.33
	减速度(m·s)	-0.06	-0.05	-0.05
	"早断时长"(s)	0	0	1
	"迟启时长"(s)	0	0	2
车队一在交叉口一分队情况	不停车通过车数(辆)	5	6	6
	停车排队车数(辆)	4	3	3
车队一在交叉口二分队情况	不停车通过车数(辆)	7	9	4
	停车排队车数(辆)	2	0	5
货车车队二分队情况	不停车通过车数(辆)	4	4	4
	停车排队车数(辆)	2	2	2
优化结果	货车停车延误(s/辆)	12.72	11.71	51.15
	货车排放量(g/辆)	6.53	7.1	11.25
	社会车辆停车延误变化量(s/辆)	0	0	-23.64
	目标函数值	6.75	6.29	18.84

根据优化结果绘制货车车队一时间-距离图,其中绿波带宽度为58s时的时间-距离图如图13-24所示,其余绿波带宽度下时间-距离图如图13-27所示。

绿波带宽度为38s时,优化方案仅为货车提供了减速下的车速引导,为平衡社会车辆的停车延误,无优先时长。如图可知,交叉口二于370s时亮起绿灯,而交叉口一在378s红灯结束,因此交叉口一的绿灯启亮时刻晚于交叉口二的绿灯启亮时刻8s。

货车车队一首车依旧无法在绿灯时期内加速驶离交叉口一,因此接受优化方案降低车速至停车线前停车等待。第1至第3辆车停车等待红灯结束后驶离交叉口一,第4至第9辆车减速跟车,最后在匀速下驶离交叉口一。

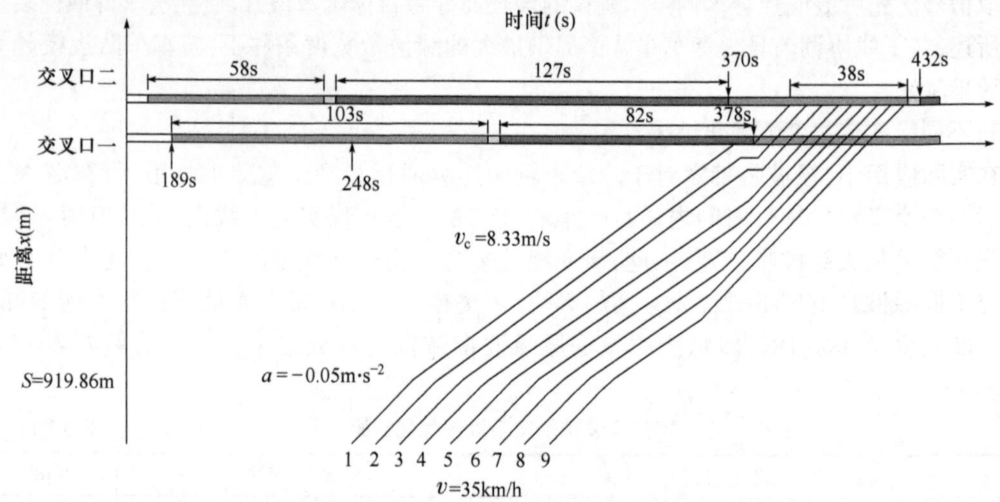

图 13-27　绿波带宽度为 38s 时货车车队一时间-距离图

交叉口二处,由于 38s 的绿波带宽度足够 9 辆车在绿灯时间内匀速驶离交叉口二,因此交叉口二处无停车车辆。

当绿波带宽度为 18s 时,如图 13-28 所示,交叉口二 349s 时绿灯启亮,根据优化方案可知,由于“早断”优先时长为 1s,结合图 13-24 可知,信号优先执行前,交叉口一将在 378s 时绿灯启亮,因此交叉口一的绿灯启亮时刻相对于交叉口二的绿灯启亮时刻晚启动 29s。信号优先执行后,交叉口一绿灯于 377s 时启亮,比交叉口二的绿灯启亮时刻晚 28s。

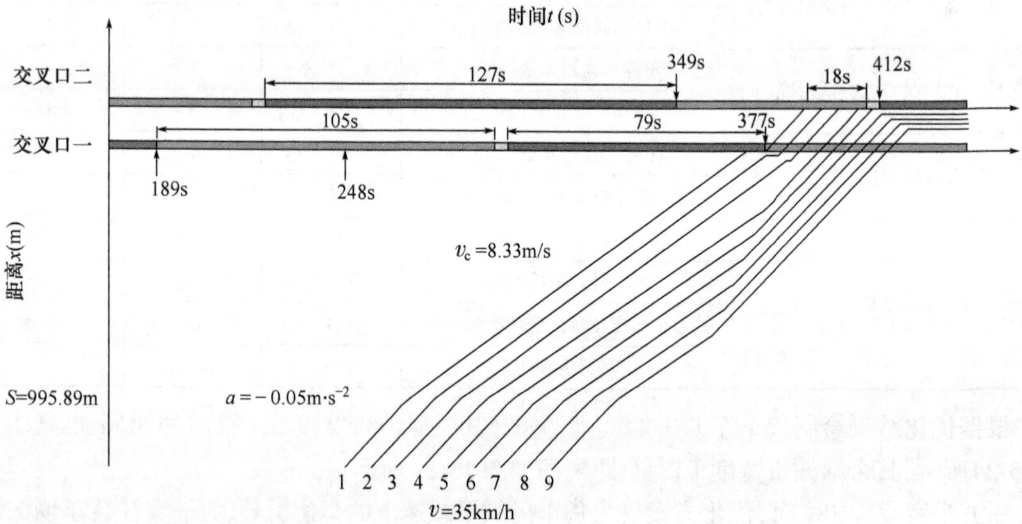

图 13-28　绿波带宽度为 18s 时货车车队一时间-距离图

货车车队第 1 辆车依旧无法通过加速驶离停车线,优化方案给予了货车较低的车速,引导车辆在停车线前减速停车。由于停车排队影响,第 1 至第 3 辆车停车后启动驶离交叉口一,第 4 至第 9 辆车减速跟车一段时间后加速追赶前车,驶离交叉口一。

交叉口二处，由于绿波宽度仅有18s，第1至第4辆车虽然可以在交叉口二的绿灯时期内通过，第5至第9辆车到达停车线前时，绿灯已经结束，因此在交叉口二处停车等待，在下一个绿灯启亮时刻离开。

绿波带宽度仅有18s时，货车车队一在交叉口二处会有较多的车辆排队，与58s绿波带宽度下相比，货车停车延误与排放量都会显著提升，目标函数值明显升高。优化方案为获得最优结果，采取信号优先，提供了1s的“早断”优先时长和2s的“迟启”优先时长。由于计算两个交叉口的平均停车延误变化量，虽然优先时长较短，但会使得社会车辆停车延误变化量迅速减少，与货车车队较大的停车延误及排放量达到平衡。

综上所述，随着货车车队一行驶方向的绿波带带宽逐渐减小，车队通过绿波带的车数也越来越少，优化方案及结果也随之变化。当绿波带宽度减小至38s时，此时的绿波带宽度依旧能为货车车队一提供在交叉口二不停车通过的条件，因此货车停车延误得以下降，而目标函数值依旧保持较小值。当绿波带宽度减小至18s时，连续在两个交叉口都需要停车排队的车辆数目增多，此时货车车队一的停车延误值剧烈增大。为了避免目标函数值过大，模型提供了信号优先时长，为货车车队一提供了信号时长并降低了社会车辆停车延误变化量，从而降低了目标函数值，得出最优的优化结果。

综上所述，模型能在任何绿波带宽度下提供可靠的优先方案，且始终保持较小的目标函数值。当选择不同的绿波带带宽时，模型更适合应用于绿波带宽度较大的协调信号下干线货车通行。

13.3.4　小结

通过对上海市疏港道路上两条相邻交叉口进行调查，对速度引导与信号优先控制模型在现实道路环境的干线协调信号下进行算例验证。通过调整货车车队规模与绿波带带宽，优化结果显示模型能稳定地使目标函数值保持较低水平，充分认证了模型的可靠性和有效性。通过分析，可知模型在应对大规模货车车队的情况下效果更加明显，模型能合理地平衡货车和社会车辆所受的影响，提供最佳的车速引导及信号优先方案。通过对不同绿波带宽度下的优化结果对比，证明模型更适合较大绿波宽度的干线协调环境中。因此，模型可以为货车规模较大、充分实现绿波处理的疏港道路货车优先通行提供可靠且有效的优化方案。

第14章

疏港道路交通流运行仿真

针对疏港道路交通流，必须采用计算机技术和数学模型的结合以再现复杂交通现象，确定交通分析技术方法。当前常用的疏港道路交通流仿真包括微观仿真和宏观仿真两种，前者主要为车辆跟驰行为和车辆换道行为，后者为元胞传输模型。

14.1 微观仿真

14.1.1 车辆跟驰行为

1）跟驰模型介绍

车辆跟驰(Car Following,CF)行为是最基本的微观驾驶行为，描述了在限制超车的单行道上行驶车队中相邻两车之间的相互作用。跟驰模型是运用动力学的方法来研究前导车(LeadingVehicle,LV)运动状态变化所引起跟驰车(Following Vehicle,FV)的相应行为，可以从微观层面解释交通流的机理。近七十年来，学者们对跟驰理论进行细致研究且取得了大量的研究成果，为解决现实交通问题提供了理论依据。1995 年，Bando 等[291]提出了最优速度(OV)模型来克服无限速度的问题。Helbing 等[292]发现该模型不能描述同步流，而且仍存在与实际情况不符的加速和减速等问题，因此提出了一种考虑负速度差影响的广义力(GF)模型。在 GF 的基础上，Jiang 等[293]发现 GF 模型在预测高密度下的运动波速和汽车运动的延迟时间方面很差，因此考虑了负速度差和正速度差，提出了一种更真实的全速度差(FVD)模型。研究表明，FVD 模型比 OV 和 GF 模型可以更实际地反映交通流的运行规律。

FVD 模型被视为许多关于单个前车对后车行为影响的研究的主要参考，许多现有文献研究了多辆前车对跟车过程的影响，以解决仅考虑一辆前车的 FVD 模型局限性。然而，很少有人将车头间距作为自变量来考虑跟车模型，在实际交通流中，后车会根据与前车的车头间距来判断是否需要通过改变加减速的大小和持续时间来调整车头间距，而 FVD 模型对车头间距的考虑只有最优速度生成的一个自变量，在某些特定情况下，FVD 可能就不能够满足车流条件。因此本书将基于 FVD 模型进行改进，考虑车头间距作为自变量的车辆跟驰模型。

2）模型建立

1995 年，Bando 等首次提出了最佳速度(OV)模型来描述单车道公路上的车辆跟驰行为。

运动方程如下：

$$\frac{\mathrm{d}v_n(t)}{\mathrm{d}t}=k[V(\Delta x_n(t))-v_n(t)] \tag{14-1}$$

式中：$x_n(t)$,$v_n(t)$——第 n 辆车在时间 t 的位置和速度；

$\Delta x_n(t)$——两辆连续车辆的车头时距，$\Delta x_n(t)=x_{n+1}(t)-x_n(t)$；

$V(\Delta x_n(t))$——第 n 辆车的最佳速度，取决于车头时距 $\Delta x_n(t)$。

该模型的基本思想是第 n 辆车的加速度由速度 $v_n(t)$ 和车头时距决定 $\Delta x_n(t)$。

然而，研究数据表明，OV 模型可能出现过高的加速度和不切实际的减速。为了克服这一不足，Helbing 等人引入了广义力(GF)模型来解决这个问题，当目标车辆的速度高于前一车辆的速度时，将速度差添加到 OV 模型中。GF 模型如下：

$$\frac{\mathrm{d}v_n(t)}{\mathrm{d}t}=k[V(\Delta x_n(t))-v_n(t)]+\lambda\theta(v_n(t))\Delta v_n(t) \tag{14-2}$$

式中：λ——速度差的响应因子；

θ——是 Heaviside 函数。

而 GF 模型仅考虑跟随车辆的速度大于领先车辆的速度的情况，基于此，Jiang 等发现正速度差和负速度差都会影响车辆跟随行为，因此提出了全速度差(FVD)模型，将前车和后车之间的相对速度考虑为：

$$\frac{\mathrm{d}v_n(t)}{\mathrm{d}t}=a[V(\Delta x_n(t))-v_n(t)]+\lambda\Delta v_n(t) \tag{14-3}$$

式中：$\Delta v_n(t)$——连续两辆车的速度差，$\Delta v_n(t)=v_{n+1}(t)-v_n(t)$。

结果表明，与 OV 和 GF 模型相比，FVD 模型能够更真实地反映交通流的运行情况，但 FVD 模式中也会出现高减速。

在实际交通流中，后车会根据与前车的车头间距来判断是否需要通过改变加减速的大小和持续时间来调整车头间距。假设两车在限速为 v 的同一车道内行驶，如图 14-1 所示，两前后车的理想间距为 L，前后车车头间距较大为 L_1，前后车车头间距较小为 L_2。

而 FVD 模型对上面的场景无法建模。由上面的模型可知，FVD 模型对车头间距的考虑只有最优速度生成的一个自变量，在实际交通流中，可能会存在这一车头间距下，最优速度与实际速度之间的差值很小，则两者的速度差 $V(\Delta x_n(t))-v_n(t)$ 近乎为 0，那么 FVD 模型的第一项对加速度的影响就很小了。在这一基础上，若出现图 14-1a) 两车保持理想车头间距 L，以速度 v 行驶，不需要加减速；图 14-1b) 两车的车头间距 L_1 较大，冒险型驾驶员为缩短车头间距以防止邻车道上的前车

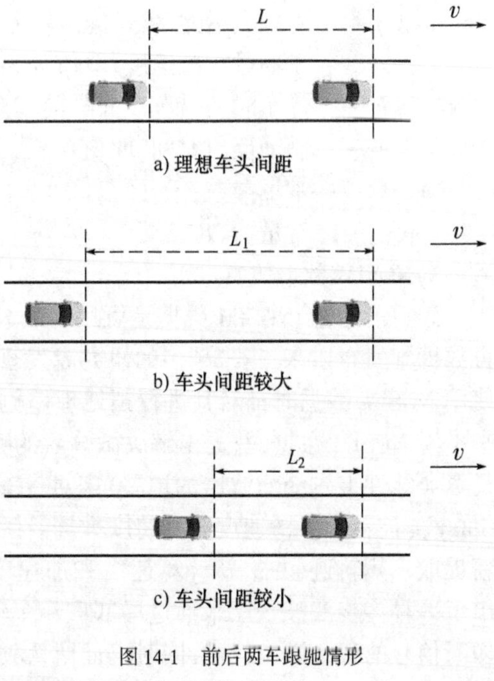

图 14-1　前后两车跟驰情形

可能会并入当前车道,先加速后减速,最后保持速度 v 行驶;c)两车的车头间距 L_2 较小,温和型驾驶员为保持较为安全的行驶距离以防止前车发生紧急情况突然制动,先减速后加速,最后保持速度 v 行驶。以上的三种情况都会导致 $\Delta v_n(t)$ 近似为 0,则 FVD 模型的第二项两车的速度差也较小,那么根据 FVD 模型,加速度应该近乎为零,但是保守型/冒险型的驾驶员会因为车头间距的影响,产生不符合 FVD 模型的加速度,此时 FVD 模型就无法很好地描述以上的情形。正因为如此,现在已经有学者对车头间距进行研究,如 Li[446] 和 Kuang[447] 在 FVD 模型基础上,考虑了车头间距对两车行车状态的影响。因此我们有必要增加一项车头间距和理想车头间距的差值项来对 FVD 模型进行改进。

根据上述原因,我们基于 FVD 模型进行改进,提出了一个扩展的全速度差车辆跟随模型,通过考虑前方车辆的车头间距来模拟道路交通流。模型的动力学方程如下:

$$a_n(t)=\frac{\mathrm{d}v_n(t)}{\mathrm{d}t}=k[V(\Delta x_n(t))-v_n(t)]+\lambda\Delta v_n(t)+\mu[\Delta x_n(t)-H_n(t)] \tag{14-4}$$

$$V(\Delta x_n(t))=V_1+V_2\tanh[C_1(\Delta x_n(t)-l_{n-1})-C_2] \tag{14-5}$$

$$H_n(t)=h_s+l_{n-1}+V_n(t)\tau_r+\frac{1}{2}\frac{V_n^2(t)-V_{n-1}^2(t)}{a_m} \tag{14-6}$$

式中:$a_n(t)$——跟驰车 n 在 t 时刻的跟驰加速度(m/s);

$v_n(t)$——跟驰车 n 在 t 时刻的速度(m/s);

$\Delta v_n(t)$——t 时刻跟驰车 n 与前车 $n-1$ 的速度差(m/s);

$V(\Delta x_n(t))$——速度优化函数,即 t 时刻车辆 n 的最优速度;

$\Delta x_n(t)$——t 时刻跟驰车 n 与前车 $n-1$ 的车头间距;

$H_n(t)$——t 时刻跟驰车 n 与前车 $n-1$ 的理想跟车间距;

l_{n-1}——前车 $n-1$ 的车长;

k,λ,μ——驾驶员敏感系数、速度差系数及跟车间距系数;

a_m——车辆最大减速度,取值为 8m/s;

h_s——停车时的后车车头与前车车尾之间的安全距离,取值为 1.5m;

τ_r——制动反应时间,取值 0.8s;

V_1,V_2——常量参数;

C_1,C_2——常量参数。

3)NGSIM 数据仿真

到目前为止,NGSIM 数据是可用的最大微观交通数据集,尽管 NGSIM 数据被广泛使用,但自数据集发布以来,越来越多的研究者发现 NGSIM 数据中存在许多错误,因此众多学者们在使用 NGSIM 数据时都对其进行预处理。例如 Thiemann 等[448] 使用对称指数移动平均滤波器来平滑 NGSIM 数据,并提出解决微分后的噪声放大问题。Ma 等[449] 使用卡尔曼平滑算法(它是经典线性卡尔曼滤波器的扩展)来对 NGSIM 数据进行预处理。Wang 等[450] 采用了 Savitzky-Golay 滤波器来平滑速度和加速度数据。Coifman 等[451] 对 NGSIM 数据集的一部分进行手动重新提取车辆轨迹,并重新计算速度和加速度。Montanino 和 Punzo[452] 采用多步滤波方法来提出了一种多步滤波程序来通过局部重建车辆轨迹来消除产生非物理加速度值的异常值,以及切断信号的残余随机扰动,同时仍保留驾驶动力学。

通过计算机数值模拟仿真来进一步对 FVD 和改进后的 FVD 模型进行分析验证。参考 Li 等[453]在模型仿真验证的方法,将模拟道路设为单车道环形公路,路段长度 $L=1500\text{m}$,车辆总数 $N=100$,单辆车长 $l=5\text{m}$,常量参数设置为 $v_1=6.75\text{m/s}$,$v_2=7.91\text{m/s}$,$C_1=0.13\text{m/s}$,$C_2=1.57\text{m/s}$,对于所有车辆的初始位置设置见下式:

$$\begin{cases} x_n(0)=1500-15(n-1),n=2,3,\cdots,100 \\ x_1(0)=1499 \end{cases} \tag{14-7}$$

其中,第一辆车的位置设置为 1499m 而不是 1500m,是因为在计算机仿真中需要一个初始扰动。对于车辆的初始速度,由于将初始参数与位置带入到最优化速度函数后得到的最优速度为 4.6647m/s,因此将该值作为所有车辆的初始速度。在计算机仿真过程中,迭代的时间步长 $\Delta t=0.1\text{s}$,迭代总时间设为 3600s,并选取了最后 400s 作为仿真结果的输出,迭代过程中,加速度由改进后的 FVD 模型实时计算,位置与速度的更新方程见下式:

$$v_n(t+\Delta t)=v_n(t)+a_n(t)\Delta t \tag{14-8}$$

$$x_n(t+\Delta t)=x_n(t)+\Delta t\frac{v_n(t+\Delta t)+v_n(t)}{2} \tag{14-9}$$

4)仿真结果

在仿真中,根据 Jiang 等[293]和王雪松等[294]的研究,将跟驰模型中的参数 k 与 λ 分别设置为 0.41 与 0.5,在 4 组不同的跟车间距系数 μ 中,通过车辆的加速度、速度及车头间距三个变量来反映改进后的 FVD 模型的特性,仿真结果见图 14-2 ~ 图 14-4。

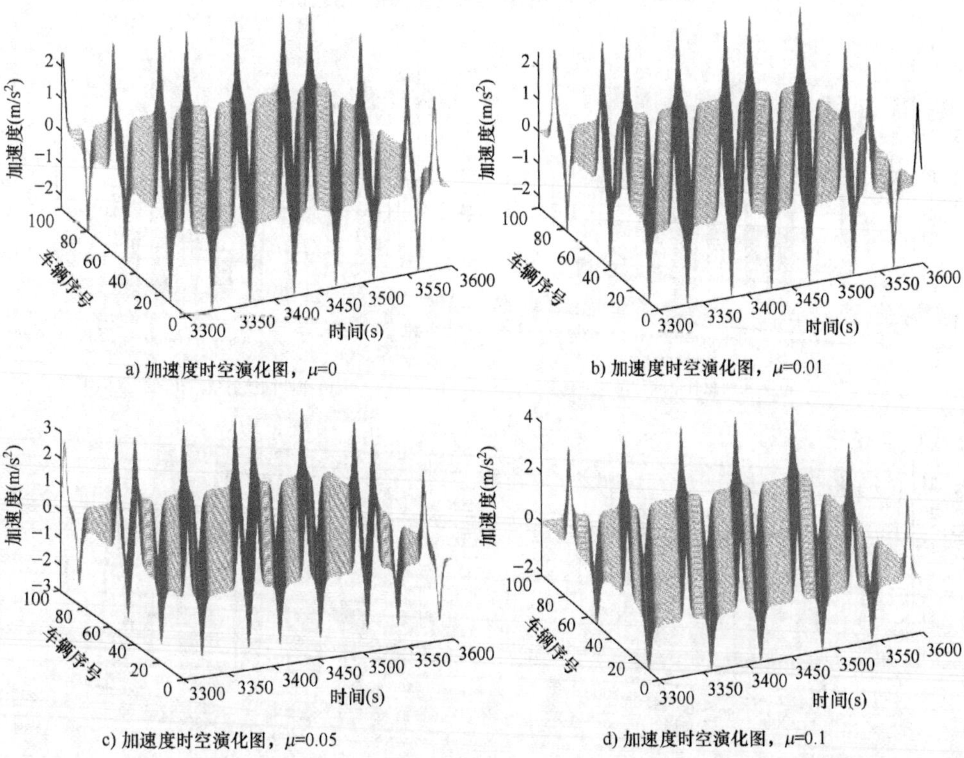

a) 加速度时空演化图,μ=0

b) 加速度时空演化图,μ=0.01

c) 加速度时空演化图,μ=0.05

d) 加速度时空演化图,μ=0.1

图 14-2 不同 μ 情况下加速度时空演化图

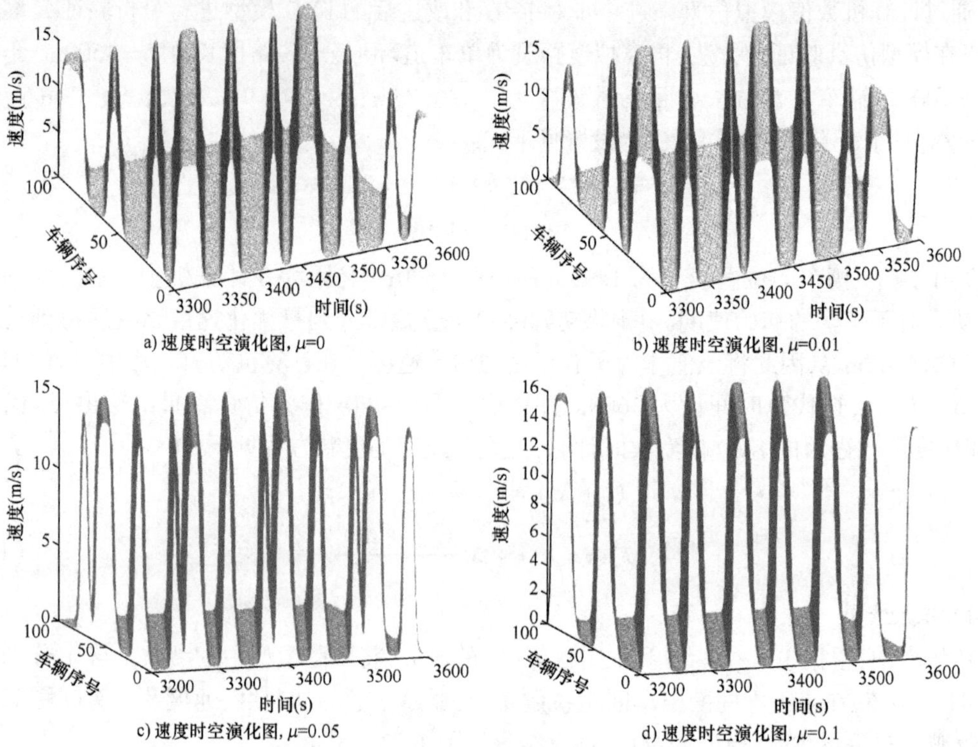

a) 速度时空演化图, μ=0

b) 速度时空演化图, μ=0.01

c) 速度时空演化图, μ=0.05

d) 速度时空演化图, μ=0.1

图 14-3 不同 μ 情况下速度时空演化图, $\mu=0.1$

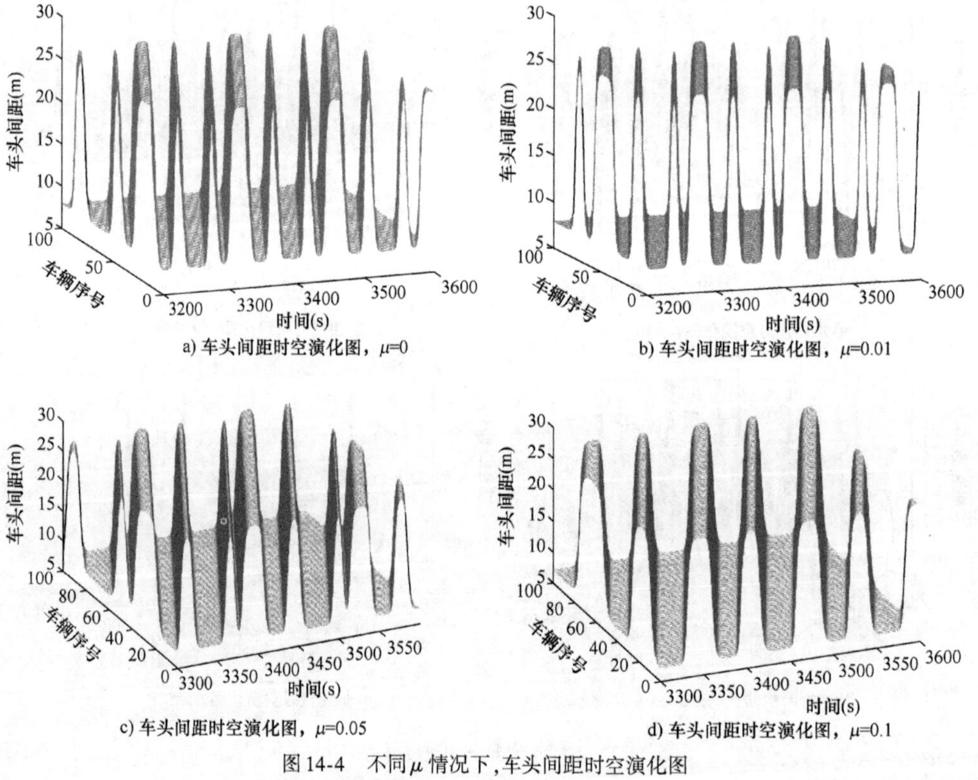

a) 车头间距时空演化图， μ=0

b) 车头间距时空演化图， μ=0.01

c) 车头间距时空演化图， μ=0.05

d) 车头间距时空演化图， μ=0.1

图 14-4 不同 μ 情况下，车头间距时空演化图

当$\mu=0$时，模型为原跟驰模型，因此从仿真结果图中可以看出，改进后的FVD模型在加速度、速度和车头间距上同样能形成走走停停的波动，不会出现发散情况，且在选取的四组参数中，$\mu=0.1$时，整体的波动更为平滑与稳定。

车头间距与速度的迟滞回线同样可以反映仿真过程中车流的演变状态，对于四组参数的迟滞回线，结果见图14-5。

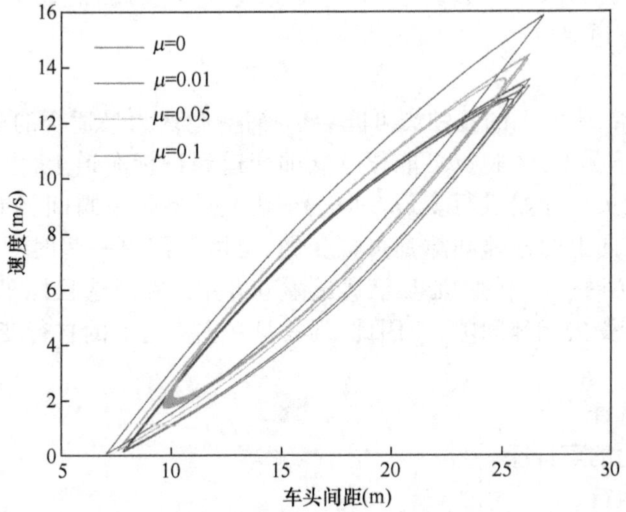

图14-5　车头间距与速度的迟滞回线图

从结果中可以看出，所有的车头间距均大于5m，说明在仿真过程中没有出现车辆碰撞现象。

14.1.2　车辆换道行为

车辆换道是指车辆从一条车道转移到另一条相邻车道的行为，车辆的变道对交通流有着十分重要的影响。车辆换道模型作为微观交通仿真中的重要组成部分之一，它越来越成为交通领域应用在运营层面上的首选工具。由于对当前车道内车辆的行为只需要考虑前车的速度和位置，因此建模时相对简单，而由于变换车道取决于很多因素，且有时这些因素可能会发生冲突，所以车辆换道建模更为复杂。间隙接受模型用于模拟车辆换道行为，间隙可以根据车头时距或车头间距来定义。它将可用车头间距与最小可接受车头间(时)距[临界车头间(时)距]进行比较，如果可用车头间(时)距较大，则进行车道变换。

最早对车辆换道行为进行系统研究的是澳大利亚人Gipps，P. G.，本书称之为Gipps模型[455]。在这一模型的基础上许多学者对换道模型进行了研究，目前应用比较多的模型有MITSIM模型、CORSIM模型、SITRAS模型等[456-458]。当然还有许多其他模型，如AIMSUN2模型、HUTSIM模型以及基于行为阈值、模糊数学和神经网络等理论的换道模型[459-462]，但目前这些模型的应用范围相对较窄。在此只针对较为常用的Gipps模型进行详细论述。

1)换道模型分类

根据车道变换的情况，车辆换道的类型可以分为两类，分别为强制换道(MLC)和自由换道(DLC)。

强制换道(MLC)即当车辆需要转弯、上下匝道、避障绕行等,驾驶员为了完成其正常行驶目的而必须采取的换道行为。假设驾驶员想在下一个十字路口右转,他会变到最右侧的车道,这称为强制变道。

自由换道(DLC)即驾驶员为了追求更快的车速、更自由的驾驶空间而发生的车道变换行为。当驾驶员认为一条车道能够提供更好的交通条件时,他会进行自由换道,并且会尝试达到期望的速度,避免发生车辆跟车、并线等问题。如果驾驶员感觉到相邻车道的驾驶条件更好,那么他会进行自主车道变换。

2)任意变道过程

考虑到各种因素,干线上的驾驶员可能会选择他/她认为最适合的车道。然而,在没有可接受车头间距的情况下,驾驶员可能很难立即变道到目标车道上,但是一旦有了可接受的车头间距时,驾驶员就开始进行变道。但是车辆换道不是一瞬间就能够完成的,也就是说,即使目标车道方向上的相邻间隙是可接受的,也可能需要一些时间才能移动到目标车道。当车辆成功变道时(车辆的中心点已通过车道边界),在所选目标车道的方向上观察到车道变更(存在可接受的相邻间隙)。因此,驾驶员在主干道上的自行变换车道行为可以分为三个步骤:

①目标车道的选择。

②检查换道行为的可行性。

③车辆换道的执行。

车辆变道过程如图14-6所示。车道2的目标车辆决定考虑变道,然后选择目标车道,该目标车道可以是车道1或车道3。然后检查变道的可行性。现在,该目标车辆接受目标车道上的间隙以进行车道变换。

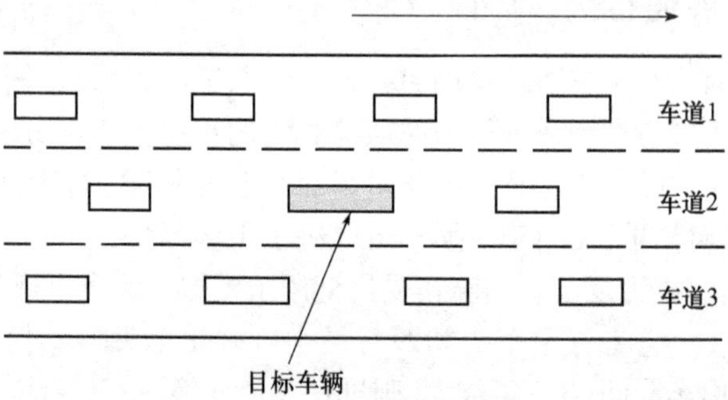

图14-6　车辆换道过程

3)目标车道的选择

在任意变道条件下,可能由于多个因素去决定是否改变车道,但基本上驾驶员所考虑的应该是在目标车道上有更高的效用,例如更高的速度。这里,我们使用Gipps模型(1986)来确定驾驶员是否有可能在其车辆与当前车道上的前车之间的现有车头间距内达到其期望的速度。Gipps模型假定司机行为是理性的,据此重点分析了潜在冲突影响下的换道决策过程。该模型认为车辆是否换道主要取决于以下6个因素:①换道是否安全、可行,能否避免碰撞发生,目标车道上是否存在可接受的换道间隙;②障碍物的位置,距离前方障碍物越近,则相应地,该车道的优越性就越低；③公交专用车道的存在，除特殊情况外，如前方是公交专用道，则必须换道；④驾驶员前方的转向计划；⑤重型车的出现；⑥当前车道和目标车道的相对速度优势。换道是否安全可行由换道所需的减速度 $\left(\frac{[v_n(t+T)-v_n(t)]}{T}\right)$ 是否大于可接受的减速度（一般假定为 $-\frac{4m}{s^2}$）。$v_n(t)$ 为车辆 n 在 t 时刻的速度，而 $v_n(t+T)$ 由下式决定：

$$v_n(t+T)=b_nT+\sqrt{{b_n}^2T^2-b_n[2x_{n-1}(t)-2x_n(t)-2s_{n-1}-v_n(t)T-\frac{v^2_{N-1}(t)}{\widehat{b}}]} \tag{14-10}$$

式中：$v_n(t+T)$——车辆 n 在 $t+T$ 时刻相对于前车的最大安全速度；

$v_{N-1}(t)$——第 $N-1$ 辆车的速度；

$b_n(<0)$——车辆 n 能接受的减速度；

T——速度和位移的计算步长；

$x_n(t)$——车辆 n 在 t 时刻的位置；

s_{n-1}——车辆 $n-1$ 的有效长度；

$\widehat{b}$——b_{n-1} 的一个估计值。

4）检查换道行为的可行性

如果能够避免目标车道中的目标车辆在前车后方发生碰撞的可能性和目标车道中后车在目标车辆后方发生碰撞，则认为车辆换道是可行的。为了检查目标车辆是否会与目标车道上的前车后方发生碰撞，将目标车辆视为 n，将目标车道中的前车视为 $n-1$，然后，将等式(14-10)中的值代入。如果在时间 T 内可以达到最大的安全速度，并且减速小于车辆的最大可能减速度，则认为变道是可行的。

为了检查后方车辆在目标车道上看到目标车辆后，是否会与目标车道的目标车辆后方发生碰撞。为此，将后方车辆视为 N，目标车道中的目标车辆视为 $N-1$。此外，还必须考虑到在车辆变道过程中，两辆车都会移动一段距离，导致车头间距也会改变，然后将等式(14-10)中的值代入。如果后车在时间 T 内能够达到最大安全速度，且减速度小于车辆的最大可能减速度，就认为变道是可行的。

5）可接受车头间距

在车头间距接受阶段，驾驶员评估目标车道方向上的相邻间隙，并决定是否可以在所选方向上进行车道变换。目标车道上的相邻间隙由该车道上的前车和后车定义，如图 14-7 所示。可接受车头间距受目标车辆与相邻车道上的前车和后车之间相互作用的影响，这可以通过一些变量来体现，例如目标车辆相对于前车和后车的相对速度、后车的类型等。它还会受到车道变化紧急性的影响，到达强制变道点的剩余距离可以用作变道紧急程度的指标。

驾驶员将可用的前车和后车的车头间距与相应的临界车头间距进行比较，临界车头间距是最小可接受的车头间距。如果可用的车头间距大于临界车头间距，则可用车头间距是可接受的。建模时，将临界车头间距视为随机变量，其均值是解释变量的函数，并假设其遵循对数正态分布，以确保它们始终是非负的。临界间隙函数可表示如下：

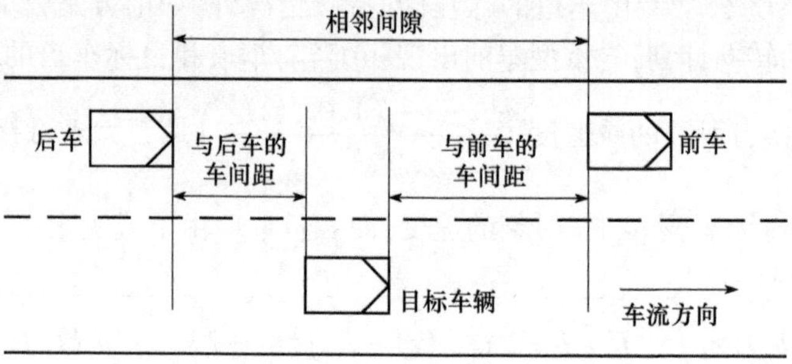

图 14-7　相邻间隙的定义

$$G_{\mathrm{lnt}}^{g,\mathrm{cr}}=\exp(\beta^{T}X_{\mathrm{lnt}}^{g}+\alpha^{g}v_{n}+\varepsilon_{\mathrm{lnt}}^{g})\quad g\in\{\mathrm{lead},\mathrm{lag}\}\tag{14-11}$$

式中：$G_{\mathrm{lnt}}^{g,\mathrm{cr}}$——目标车道 1 方向的临界间隙 g，以距离单位（例如米）测量；

X_{lnt}^{g}——影响目标车道 1 方向临界间隙 g 的解释变量；

β——解释变量系数；

α^{g}——间隙接受的个体特定潜在变量系数；

$\varepsilon_{\mathrm{lnt}}^{g}$——随机项：$\varepsilon_{\mathrm{lnt}}^{g}\sim N(0,\sigma_{g}^{2})$。

间隙接受模型假设驾驶员必须同时接受该车与前车的车头间距和与后车的车头间距才能考虑进行车辆变道。接受相邻间隙的概率，取决于单个特定项 v_n，因此所选择的目标车道如下所示：

$$\begin{aligned}P_{n}(i_{t}=1\mid l_{t},v_{n})&=P_{n}(\mathrm{accept\ lead}\mid l_{t},v_{n})P_{n}(\mathrm{accept\ lag}\mid l_{t},v_{n})\\&=P_{n}(G_{\mathrm{lnt}}^{\mathrm{lead}}\geqslant G_{\mathrm{lnt}}^{\mathrm{leadcr}}\mid l_{t},v_{n})P_{n}(G_{\mathrm{lnt}}^{\mathrm{lag}}\geqslant G_{\mathrm{lnt}}^{\mathrm{lagcr}}\mid l_{t},v_{n})\end{aligned}\tag{14-12}$$

基于临界车遵循对数正态分布（$\varepsilon_{\mathrm{glnt}}$ 是正态分布），间隙 $g\in\{\mathrm{lead},\mathrm{lag}\}$ 可接受的条件概率由下式给出：

$$\begin{aligned}&P_{n}[G_{\mathrm{lnt}}^{g}>G_{\mathrm{lnt}}^{g,\mathrm{cr}}(v_{n})]\\&=P_{n}[\ln(G_{\mathrm{lnt}}^{g})>\ln(G_{\mathrm{lnt}}^{g,\mathrm{cr}}(v_{n}))]\\&=\varphi\left[\frac{\ln(G_{\mathrm{lnt}}^{g})-(\beta^{T}X_{\mathrm{lnt}}^{g}+\alpha^{g}v_{n})}{\sigma_{g}}\right]\\&\varepsilon_{\mathrm{lnt}}^{g}\sim N(0,\sigma_{g}^{2})\end{aligned}\tag{14-13}$$

式中：φ——累积标准正态分布。

14.2　宏观仿真

14.2.1　传统元胞传输模型

元胞传输模型（Cell Transmission Model，CTM）是一种宏观交通仿真模型，Daganzo 在传统的一阶流体动力学模型——LWR（Lighthill-Whitham-Richards）模型的基础上，从时空维度对原流量-密度关系进行分段化线性处理，建立了元胞传输模型。元胞传输模型适用于描述交通流中流量-密度-速度的基本关系，经过多年的发展完善，模型已被应用于高速公路、城市路网等多种环境的仿真当中。

元胞传输模型将研究道路分为若干段，其中每一个路段即一个元胞，同时将研究时段 T 划分为多个长度为 T_s 的时间段。元胞的长度为车辆在一个时间步长 T_s 内，以自由流车速 v_f 所行驶的距离（$l=v_f \cdot T_s$）。元胞传输模型中研究路段上交通流量 Q 与车辆密度 ρ 满足图 14-8 所示的梯形关系，即 $Q=\min\{\rho \cdot v_f, Q_{max}, w(\rho_j-\rho)\}, 0 \leqslant \rho \leqslant \rho_j$，当路段中车辆密度低于车道临界密度 ρ_c 时，车辆以自由流车速 v_f 向前行驶，并在车辆密度达到 ρ_c 时，流量到达饱和流量 Q_{max}；而当路段中车辆密度不断增高，元胞的流入量持续高于流出量，使路段发生拥堵，产生的向后传播的反向波，波速为 w，且流量随密度增加而减少，直到密度达到阻塞密度 ρ_j 时，流量变为 0。

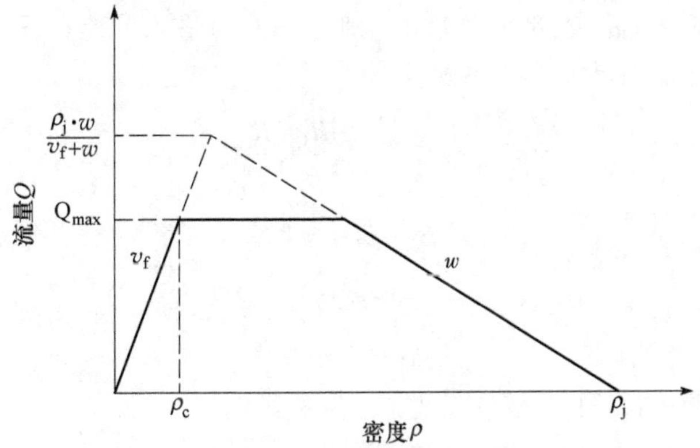

图 14-8 流量-密度关系图

路段中的元胞每隔一个时间步长 T_s，根据其上下游元胞的状态信息，对自身状态进行更新，并向下游元胞发送相应车数。

普通连接元胞示意图如图 14-9 所示，i 表示元胞编号，元胞 $i-1$ 与元胞 i 在没有分流与合流的情况下简单连接。其中，元胞 i 为元胞 $i-1$ 下游元胞，元胞流量传输满足如下关系式：

$$S_{i-1}^t=\min[n_{i-1}^t, Q_{i-1}] \tag{14-14}$$

$$R_i^t=\min\left[\frac{w(N_i-n_i^t)}{v_f}, Q_i\right] \tag{14-15}$$

$$v_i^t=\min[S_{i-1}^t, R_i^t] \tag{14-16}$$

式中：S_{i-1}^t——元胞 $i-1$ 在 t 时刻能够发送的最大车辆数（pcu）；

R_i^t——元胞 i 在 t 时刻能够接收的最大车辆数（pcu）；

v_i^t——元胞 $i-1$ 在 t 时刻向元胞 i 发送的实际车辆数（pcu）；

n_i^t——t 时刻时元胞 i 中存在的车辆数（pcu）；

Q_i——元胞 i 的最大流量（pcu）；

N_i——元胞 i 的最大容量（pcu）；

w——排队消散波的波速（m/s）；

v_f——自由流速度（m/ s）。

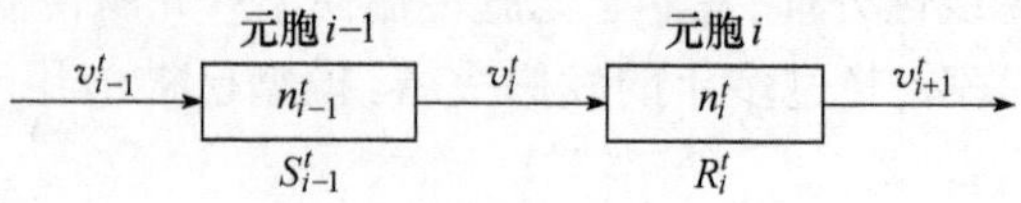

图 14-9　普通连接元胞示意图

式(14-14)表示上游发送元胞 $i-1$ 最大可输出量为元胞 $i-1$ 内的车辆数与可发送数的最小值;式(14-15)表示下游接收元胞 i 最大可接收量为元胞 i 的流入能力与空余承载能力间的最小值;式(14-16)表示元胞 $i-1$ 向元胞 i 发送的实际车辆数为元胞 $i-1$ 最大可发送量与元胞 i 最大可接收量间的最小值。在一个时间步长后,元胞 i 内的车辆数由 n_i^t 变为 n_i^{t+1},$n_i^{t+1}=n_i^t+v_i^t-v_{i+1}^t$。

分流连接元胞示意图如图 14-10 所示,j 表示车道编号,上游元胞$(i-1,j)$同时连接元胞(i,j)与$(i,j+1)$,形成分流路段,部分车辆由元胞$(i-1,j)$进入元胞(i,j),其余车辆进入元胞$(i,j+1)$。元胞流量传输满足如下关系式:

$$v_i^t=\min\left[S_{i-1,j}^t,\frac{R_{i,j}^t}{\beta_j^t},\frac{R_{i,j+1}^t}{\beta_{j+1}^t}\right] \tag{14-17}$$

$$\beta_j^t+\beta_{j+1}^t=1 \tag{14-18}$$

$$v_{i,j}^t=\beta_j^t\cdot v_i^t \tag{14-19}$$

$$v_{i,j+1}^t=\beta_{j+1}^t\cdot v_i^t \tag{14-20}$$

式中:β_j^t——t 时刻时元胞$(i-1,j)$流向车道 j 的流量比例;

β_{j+1}^t——t 时刻时元胞$(i-1,j)$流向车道 $j+1$ 的流量比例。

合流连接元胞示意图如图 14-11 所示,上游元胞$(i-1,j)$与$(i-1,j+1)$合流于元胞(i,j),形成合流路段,上游两元胞内车辆根据规则合流进入下游元胞(i,j)。假定车道 j 为主路,车道 $j+1$ 为匝道,当元胞(i,j)拥有充足空间,可以容纳元胞$(i-1,j)$与$(i-1,j+1)$发送的车数,即 $R_{i,j}^t\geqslant S_{i-1,j}^t+S_{i-1,j+1}^t$时,元胞流量传输满足如下关系式:

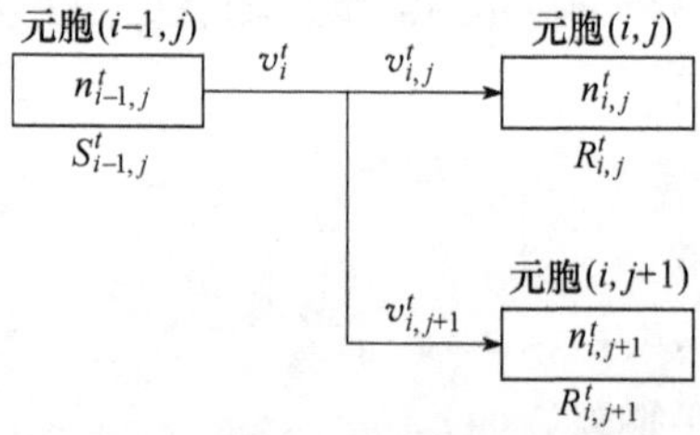

图 14-10　分流连接元胞示意图

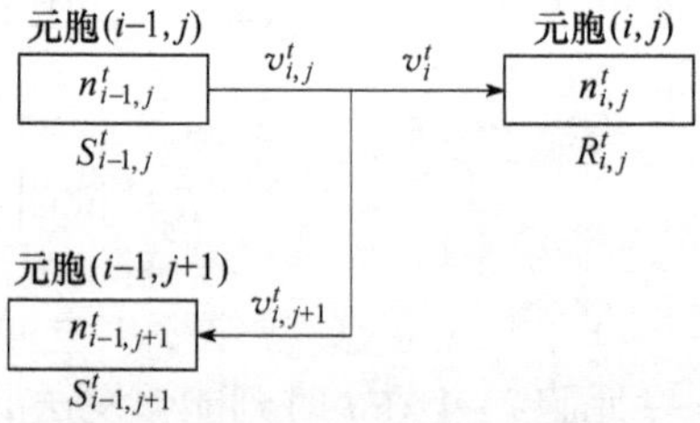

图 14-11　合流连接元胞示意图

$$\begin{cases}v_{i,j}^t=S_{i-1,j}^t\\v_{i,j+1}^t=S_{i-1,j+1}^t\\v_i^t=v_{i,j}^t+v_{i,j+1}^t\end{cases} \tag{14-21}$$

当元胞(i,j)中的容量无法满足元胞$(i-1,j)$与$(i-1,j+1)$发送的车数,即 $R_{i,j}^t<S_{i-1,j}^t+S_{i-1,j+1}^t$时,则上游元胞$(i-1,j)$与$(i-1,j+1)$实际发送车辆数需根据主路与匝道的优先通行权进行确定,元胞流量传输满足如下关系式:

$$\begin{cases} v_{i,j}^t = \mathrm{mid}[S_{i-1,j}^t, R_{i,j}^t - S_{i-1,j+1}^t, \gamma R_{i,j}^t] \\ v_{i,j+1}^t = \mathrm{mid}[S_{i-1,j+1}^t, R_{i,j}^t - S_{i-1,j}^t, (1-\gamma) R_{i,j}^t] \\ v_i^t = v_{i,j}^t + v_{i,j+1}^t \end{cases} \tag{14-22}$$

式中：mid——取除最大值与最小值之外的中间值；

γ——交通流合并系数，若取 $\gamma=1$，则主路车辆享有通行优先；若取 $\gamma=0$，则匝道车辆享有优先通行权；若取 $\gamma = S_{i-1,j}^t/(S_{i-1,j}^t + S_{i-1,j+1}^t)$，则主路元胞 $(i-1,j)$ 与匝道元胞 $(i-1,j+1)$ 根据各自发送车辆数占两元胞所需发送车辆数之比向下游元胞 (i,j) 发送车辆。

在元胞 (i,j) 中的容量无法满足元胞 $(i-1,j)$ 与 $(i-1,j+1)$ 发送的车数情况下，假设主路与匝道享有同等通行权，即按照如下规定：

(1) 主路元胞 $(i-1,j)$ 与匝道元胞 $(i-1,j+1)$ 可发送车辆数 $S_{i-1,j}^t$ 与 $S_{i-1,j+1}^t$ 均超过下游元胞 (i,j) 可接收车辆数的一半 $R_{i,j}^t/2$ 时，元胞 $(i-1,j)$ 与元胞 $(i-1,j+1)$ 向下游元胞 (i,j) 实际发送车辆数为 $R_{i,j}^t/2$，元胞流量传输如下式：

$$\begin{cases} v_{i,j}^t = \dfrac{R_{i,j}^t}{2} \\ v_{i,j+1}^t = \dfrac{R_{i,j}^t}{2} \end{cases} \tag{14-23}$$

(2) 若主路元胞 $(i-1,j)$ 与匝道元胞 $(i-1,j+1)$ 中任意一个元胞可发送车辆数 $S_{i-1,j}^t$ 或 $S_{i-1,j+1}^t$ 少于下游元胞 (i,j) 可接收车辆数的一半 $R_{i,j}^t/2$ 时，则将多余容量分给另一元胞，元胞流量传输如下式：

$$\begin{cases} v_{i,k_1}^t = S_{i-1,k_1}^t \\ v_{i,k_2}^t = R_{i,j}^t - S_{i-1,k_1}^t \end{cases} \tag{14-24}$$

式中：k——车道位置，假设元胞 $(i-1,k_1)$ 可发送车辆数少于下游元胞 (i,j) 可接收车辆数的一半，k_2 为另一条车道，满足 $k_2 = \begin{cases} j, & k_1 = j+1 \\ j+1, & k_1 = j \end{cases}$。

14.2.2　客货分道方案设计

1) 客货分道

客货完全分道是一种对路段中的车道进行管制的措施，一般使用实线或分隔带的形式，将客货车流分离，使客车与货车各行其道，减少客货之间的干扰，以此提升路段通行效率与安全性，客货分离设置形式见图 14-12。

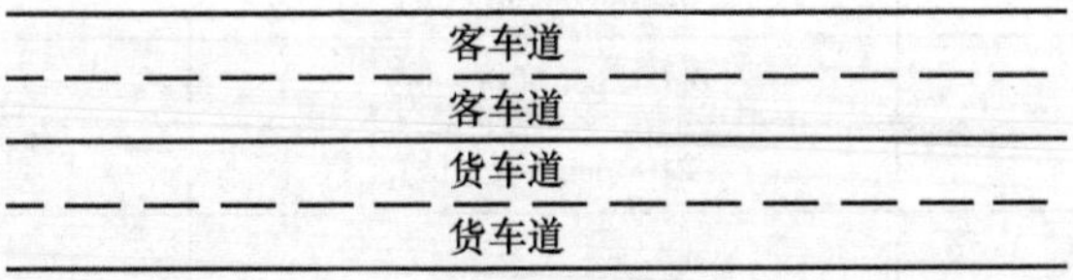

图 14-12　客货分离示意图

2）客货元胞设计

在高速公路中，由于客车与货车的性能差异，货车的行驶速度与限速普遍低于客车，同时，货车车型普遍大于客车。因此，在客货分道的元胞传输模型中，需要考虑客货车交通特性，分别设计相应元胞。

根据客货车流交通特性，设定不同自由流速以区分客货车流，取客车自由流速为 v_f^p，货车自由流速为 v_f^f，由下式可计算出对应元胞长度：

$$l = v_f \times T_s \tag{14-25}$$

如图 14-13 所示，客车道中每个元胞长度为客车以其自由流速 v_f^p 在一个时间步长 T_s 内行驶的距离 l_p；同理，货车道中对应的元胞长度为 l_f。由此可计算得到在长为 L 的路段中，客车道元胞个数 N_c^p 与货车道元胞个数 N_c^f 为：

$$N_c^p = \frac{L}{l_p} \tag{14-26}$$

$$N_c^f = \frac{L}{l_f} \tag{14-27}$$

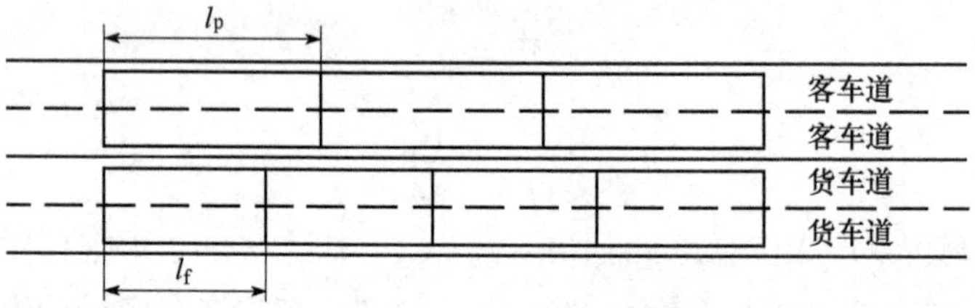

图 14-13　客货分道元胞设计图

14.2.3　案例分析

以总长为 4km 的单向四车道为例，车道布局如图 14-12 所示，内侧两车道为客车专用道，外侧两车道为货车专用道，取 10s 为一个时间步长，以同类型车道宽度总和为一个元胞宽度，即两条客车道组成客车元胞，货车元胞同理。客货车道元胞设置参数如表 14-1 所示。

参数设置　　表 14-1

参　数	客车元胞	货车元胞
自由流速	28m/s	22m/s
元胞长度	280m	220m
元胞个数	15	19
反向波速	10m/s	10m/s
堵塞密度	0.16pcu/(m·ln)	0.16pcu/(m·ln)
临界密度	0.042pcu/(m·ln)	0.05pcu/(m·ln)
饱和流量	2100pcu/(h·ln)	2000pcu/(h·ln)
元胞内车辆换算系数	1	2

案例中车道布局如图 14-14 所示。

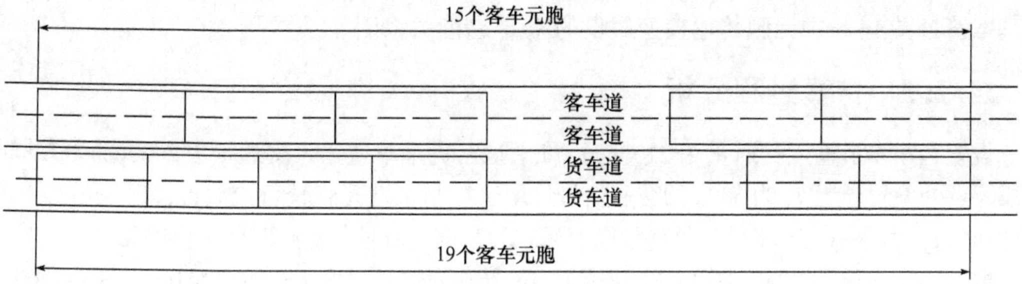

图 14-14　案例车道布局

14.2.4　流量密度关系分析

假设初始路段中车辆数为0,依次仿真不同流入量下的客货分道元胞传输模型,其中客货元胞流入交通量分别以50pcu/(h·ln)为起点,各车道逐次增加50pcu/(h·ln)流入量直至客货元胞分别达到其饱和流量后停止增加,单次仿真时长为3600s,得到道路通畅情况下的流量-密度关系。同时,为模拟拥堵状况下元胞传输模型中的流量-密度关系,在输入流量为元胞饱和流量的前提下,假设在路段终点处建立一个信号灯,以 T_1 为一个信号周期,在周期 T_1 中,t_1 时间段内禁止末端元胞向下游路段发送车辆,在 t_2 时间段内末端元胞保持正常向下游路段发送车辆的能力,其中 $T_1 = t_1 + t_2$,周期 T_1 示意图如图 14-15 所示;通过改变 t_1 与 t_2 在周期 T_1 中所占比例,来模拟不同拥堵程度下的流量-密度关系。案例中,周期 T_1 取500s,通过改变 t_1 与 t_2 间的比值,得到拥堵状况下的流量-密度关系。最终,结合以上仿真结果,得到客货分道元胞传输模型流量-密度关系图如图 14-16 所示。

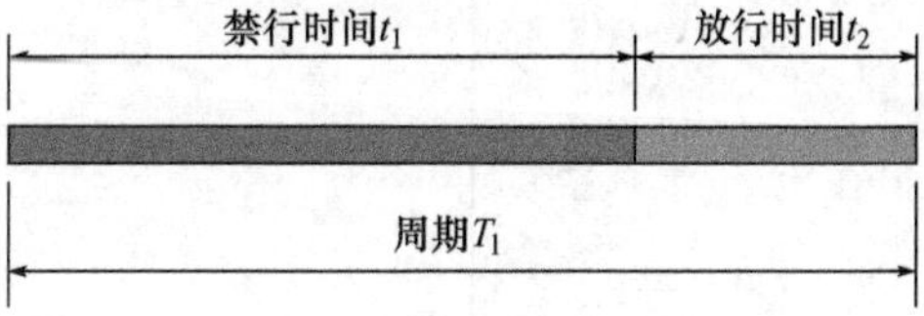

图 14-15　周期 T_1 示意图

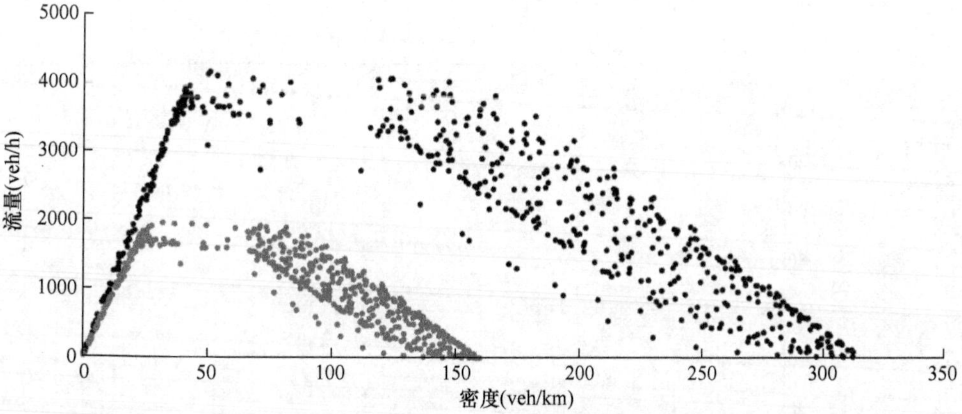

图 14-16　客货分道元胞流量-密度关系图

由图 14-16 可以得到,当路段中交通流密度小于临界密度时,车流量随着路段交通流密度的增大而增大,直到车流量达到饱和流量;当路段因末端信号灯控制进出导致交通拥堵产生时，车流量随交通流密度的增大而减小，直至路段中交通流密度达到阻塞密度时，车流量变为0，基本符合图14-8中元胞传输模型假设的流量-密度关系图。

14.2.5 仿真过程分析

设置客车车道输入交通量为2100pcu/(h · ln)，货车车道输入交通量为2000pcu/(h · ln)，路段终点处设置周期 T_l 为500s的交通信号灯用于控制末端元胞禁行或放行，禁行时间为 t_1、放行时间为 t_2，确定 t_1 与 t_2 时长，研究路段上元胞的密度与流量状态随时间变化情况。

取 t_1 与 t_2 值各为250s，图14-17与图14-18分别为仿真时间 $t=250s$、500s、3250s、3500s时客车道与货车道上各元胞中车辆密度的状况，其中250s为仿真前期禁行结束、放行开始的时间点；500s为仿真前期放行结束、开始禁行的时间点；3250s为仿真后期禁行结束、放行开始时间点；3500s为仿真后期放行结束、开始禁行的时间点。

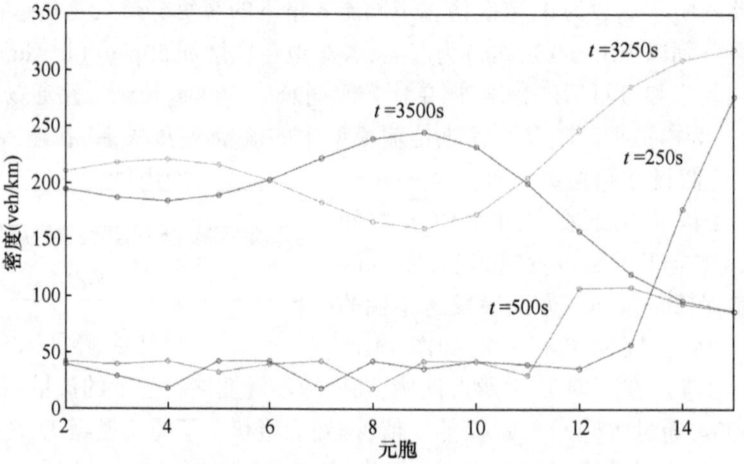

图14-17 客车道元胞密度变化(t_1: t_2 = 1 : 1)

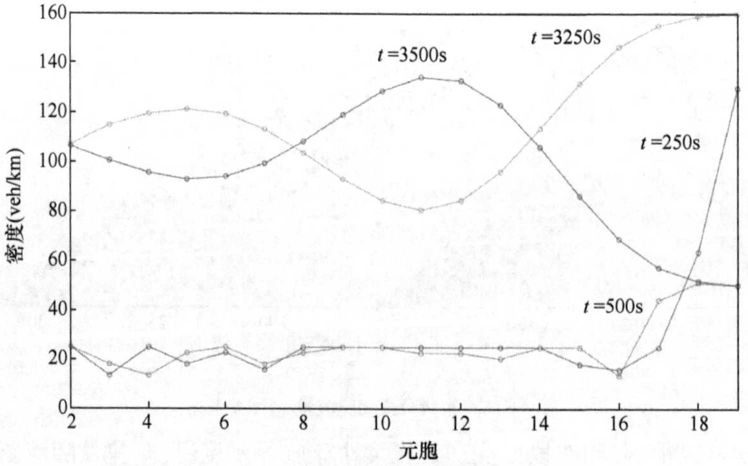

图14-18 货车道元胞密度变化(t_1: t_2 = 1 : 1)

由图14-17与图14-18可知，在仿真前期 $t=250$s 时，由于处于信号灯禁行时间，末端3～4个元胞内车辆密度较高，超过其临界密度，形成了一定的拥堵，但上游元胞受到影响较小，元胞内车辆密度仍在临界密度以内，元胞间车辆仍能以自由流速传送；$t=500$s 时处于放行阶段，末端元胞内车辆密度较 $t=250$s 时有所降低，但由于仿真前期末端元胞中排队车辆较多，在车辆放行后拥堵状况并未消散，末端3～4个元胞内车辆密度仍然高于临界密度；在仿真末期 $t=3250$s 时，信号控制处于禁行状态，由于先前每个周期中排队车辆无法在放行时间中全部离开，拥堵问题不断加重，导致末端元胞达到阻塞密度，且上游元胞也受到较大影响，元胞内密度均超过临界密度，产生较为严重的拥堵；$t=3500$s 时处于放行阶段，末端元胞可向下游路段发送车辆，因此元胞内车辆密度较 $t=3250$s 时有所下降，但上游元胞的拥堵未消散，元胞内车辆密度仍然较高。

图14-19、图14-20分别为客、货车道元胞的时间-密度关系图。客车道取编号2、8、15三个元胞分别代表上游元胞、中段元胞与末端元胞；货车道取编号2、10、19三个元胞分别代表上游元胞、中段元胞与末端元胞。

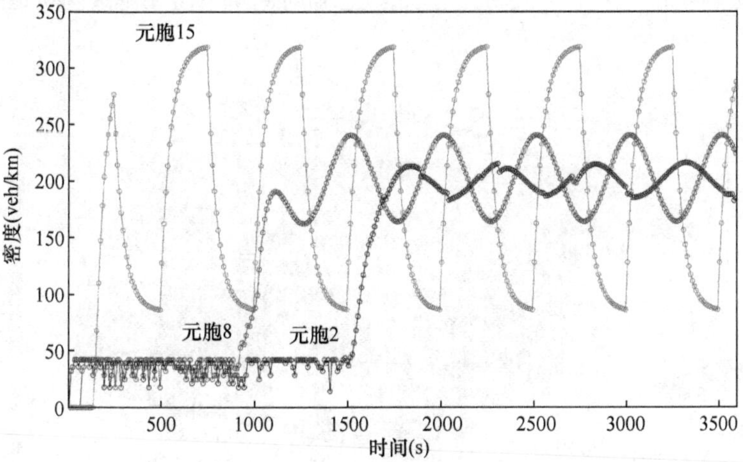

图14-19　客车元胞时间-密度关系图（$t_1:t_2=1:1$）

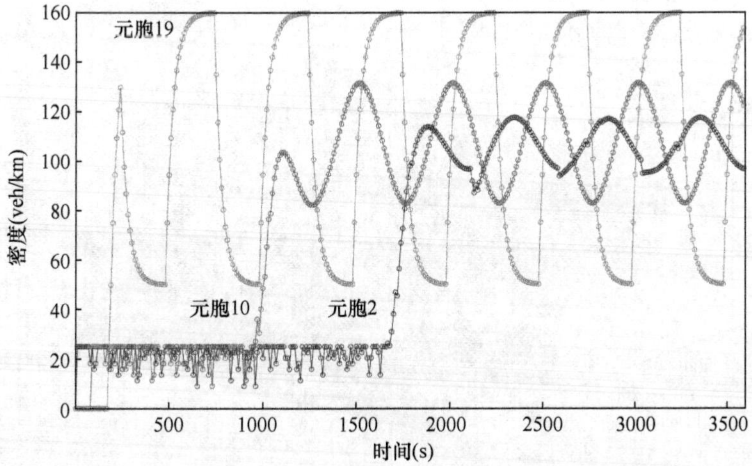

图14-20　货车元胞时间-密度关系图（$t_1:t_2=1:1$）

由图14-19、图14-20可得到车辆元胞时间-密度关系，以客车道为例，仿真初期上游元胞车辆密度较为稳定，元胞2在仿真时间到达1500s前，元胞内车辆密度均小于临界密度，后由于下游元胞拥堵状态向上游传递，元胞内车辆密度开始上升，并在1830s左右达到峰值后，元胞内车辆密度随信号控制周期 T_l 上下波动；中段元胞与上游元胞类似，初期元胞内车辆密度低于临界密度且较为稳定，但中段元胞更早受到下游元胞拥堵影响，元胞内车辆密度在900s左右时开始上升，在1100s左右达到第一个峰值后，开始随周期 T_l 上下波动；末端元胞因直接受到信号灯控制，在仿真前250s的首个禁行时间中，元胞内车辆密度迅速上升，直到进入放行时间后，车辆密度开始快速下降，但其密度仍高于临界密度，在第二段禁行时间中（500～750s），车辆密度最终达到阻塞密度，随后元胞内车辆密度稳定随信号周期 T_l 上下波动，其中，在一个信号周期 T_l 内，末端元胞内车辆密度变化在禁行与放行初期上升或下降速度较快，在随后变化幅度趋于平缓。

图14-21、图14-22分别为客、货车道各元胞内车辆密度随时间变化的三维图，其中 x 轴代表车道中的元胞编号，y 轴代表仿真时间，z 轴代表元胞内车辆密度，由图可直观看出，末端元胞内车辆密度随信号周期 T 上下波动，且拥堵状态随时间从下游元胞逐渐传递到上游元胞。

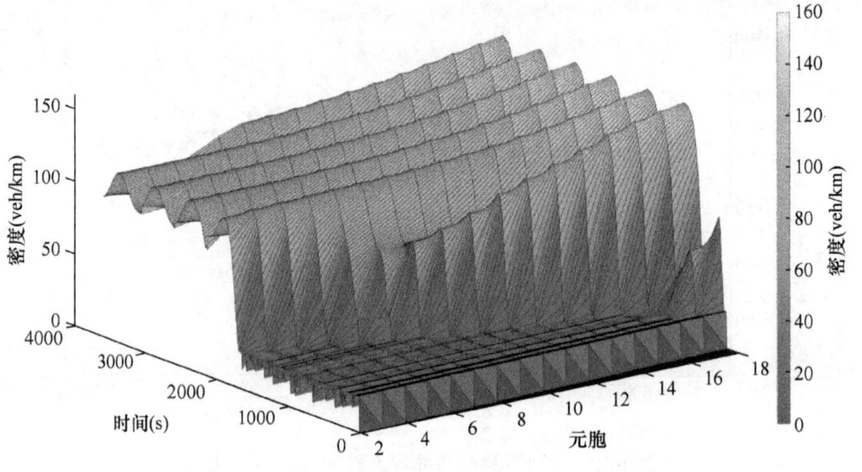

图14-21　客车道元胞密度三维图（$t_1 : t_2 = 1 : 1$）

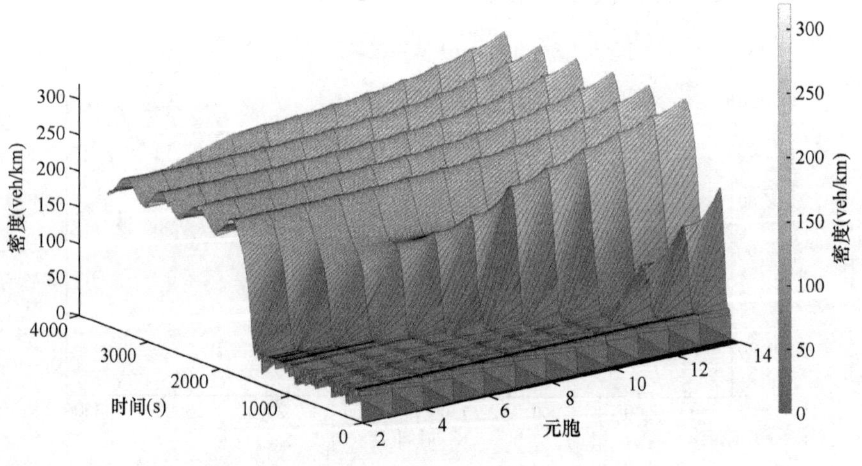

图14-22　货车道元胞密度三维图（$t_1 : t_2 = 1 : 1$）

改变 t_1 与 t_2 间比值，可得到不同比值下客货车道元胞密度三维图，以客车道为例，图 14-23 ~ 图 14-26 分别为 t_1 : t_2 取 1 : 4、1 : 2、2 : 1 与 4 : 1 下元胞密度三维图，由图可观察路段中各元胞内的车辆密度随时间产生的变化。

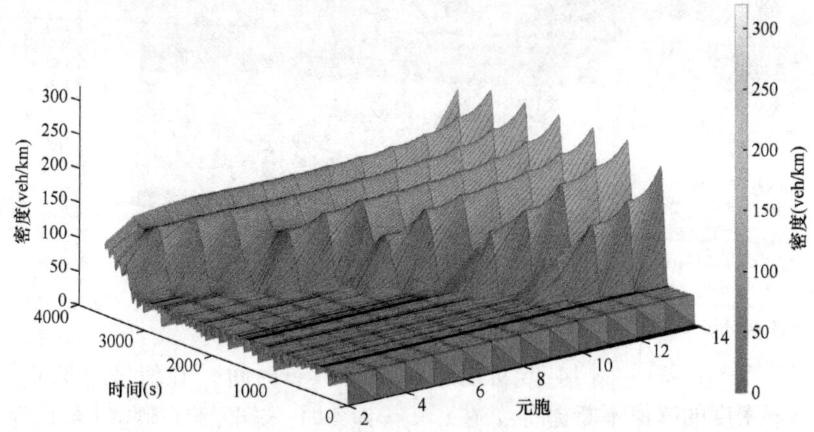

图 14-23 客车道元胞密度三维图（t_1 : t_2 = 1 : 4）

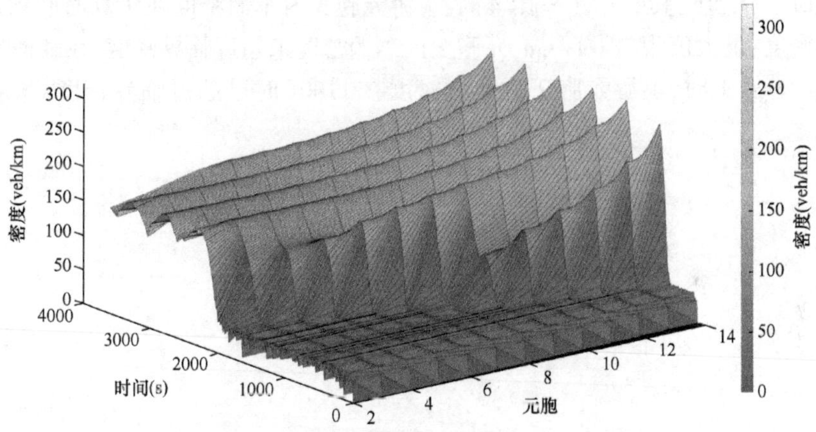

图 14-24 客车道元胞密度三维图（t_1 : t_2 = 1 : 2）

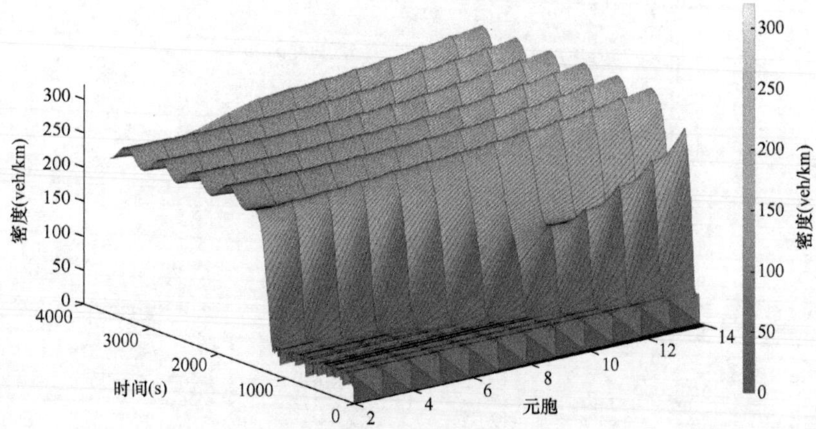

图 14-25 客车道元胞密度三维图（t_1 : t_2 = 2 : 1）

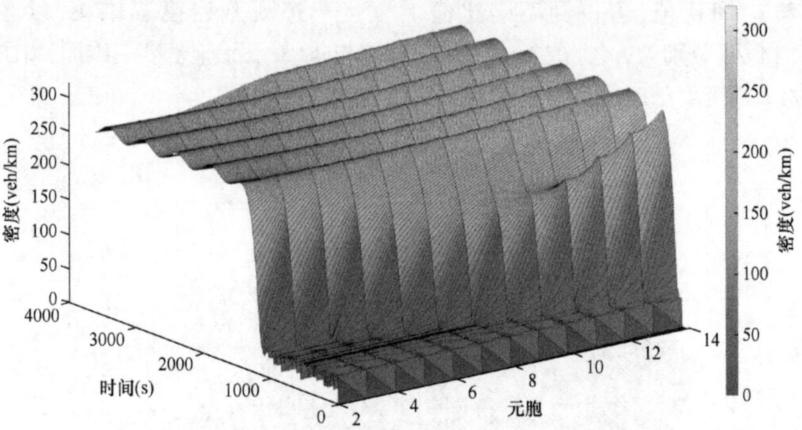

图 14-26　客车道元胞密度三维图(t_1∶t_2 =4∶1)

由图 14-21 与图 14-23～图 14-26 可以看出，随着禁行时间 t_1 在信号周期 T 占比的增加，末端元胞内车辆密度的峰值不断提高，如在 t_1∶t_2 =1∶4 时，末端元胞车辆密度峰值为 230veh/km，而在 t_1∶t_2 =1∶1 时，末端元胞车辆密度峰值已达到阻塞密度 320veh/km，且下游元胞的拥堵更迅速地传递到上游元胞，其中 t_1∶t_2 =1∶4 时，上游元胞 3 内车辆密度在仿真时间到达 3500s 时才超过临界密度，最大值为 78veh/km，元胞 2 内车辆密度未超过临界密度；在其他参数不变情况下，当 t_1∶t_2 =4∶1 时，上游元胞 2 内车辆密度在 1100s 时已超过临界密度，其最大值达到 280veh/km。

第15章

优化算法简介

本章简要介绍本书算例求解时用到的优化算法。

15.1 布谷鸟搜索算法

布谷鸟搜索算法(Cuckoo Search,CS)是由 Yang 等[463]提出的一种群智能优化算法。CS 算法通过模拟布谷鸟的巢寄生育行为,并结合莱维飞行(Lévy flight)的机制来完成寻找最优解的操作,具有参数少、操作简单、易实现和寻优能力强等优点。

15.1.1 巢寄生育特性

布谷鸟具有巢寄生育雏的行为,由宿主代为孵化和育雏。布谷鸟在繁殖期间,首先寻找繁殖期和育雏期相近、雏鸟饮食习惯相似、卵形状和颜色基本相同的鸟类作为宿主。当宿主鸟外出时将自己的卵偷偷产在宿主的鸟巢里,并且为了不被宿主察觉,布谷鸟会将宿主鸟巢中同等数量的卵移走,以确保鸟巢中的卵数量不变或相近。一旦靠宿主鸟孵化的雏鸟孵出,它也有将宿主鸟的雏鸟推出巢外的本性,达到自己的雏鸟独享宿主鸟抚养的目的,从而使自己的雏鸟成活的概率大大增加。一旦布谷鸟的寄生卵被发现,这个卵便会被宿主鸟移走,则布谷鸟寄生繁殖失败。

15.1.2 莱维飞行

在自然界中,动物常以随机或拟随机的方式觅食,而这些随机的方式大多都具有莱维飞行的特征。莱维飞行本质上是一种随机游走过程,由较长时间的短距离飞行和较短时间的长距离飞行组成,其飞行步长服从一个稳定的莱维分布。布谷鸟在飞行时主要以小步长的短距离飞行为主,但是布谷鸟不会停留在一个地方反复搜索,也会有比较大步长的长距离飞行到达另一个地方觅食。在算法搜索前期,大步长有利于增加种群多样性,扩大搜索范围,减少陷入局部最优的可能;搜索后期,小步长有利于提高搜索精度,缩小搜索范围,使得在小范围内收敛于全局最优解。

15.1.3 布谷鸟搜索算法实现过程

为了模拟布谷鸟寻巢寄生的过程,Yang 等假设 CS 算法满足以下三项理想化的状态。

(1)每只布谷鸟每次只产一枚卵,并且随机选择一个鸟巢孵化。

(2)在随机选择的一组鸟巢中,卵最好的鸟巢会被保留到下一代。

(3)可使用的鸟巢数目 n 是固定的,且宿主鸟发现外来卵的概率为 $P_\alpha \in [0,1]$;若宿主鸟发现外来卵,则该卵会被宿主鸟舍弃或重建鸟巢。

假设以上 3 种理想状态成立,布谷鸟搜索鸟巢的位置和路径的更新公式如式(15-1)和式(15-2)。

$$x_i^{t+1} = x_i^t + \alpha \otimes \mathrm{Levy}(\beta) \tag{15-1}$$

其中:

$$\mathrm{Levy}(\beta) = \frac{\phi u}{|v|^{1/\beta}} \tag{15-2}$$

式中:$\mathrm{Levy}(\beta)$——Levy 随机搜索路径;

u,v——服从标准正态分布;

x_i^t——第 i 个鸟巢在第 t 代的位置;

$\otimes$——点乘符号;

α——步长缩放因子,取值一般为 0.01、0.1 或 1;

β——常数,其值的区间为[1,2],一般取 1.5。

在式(15-2)中,$\phi = \left\{ \dfrac{\Gamma(1+\beta) \times \sin\left(\pi \times \dfrac{\beta}{2}\right)}{\Gamma\left(\dfrac{1+\beta}{2}\right) \times \beta \times 2^{(\beta-1)/2}} \right\}^{1/\beta}$,$\Gamma(\quad)$为 Gamma 函数。

在通过式(15-1)进行位置更新后,需比较更新后的鸟巢适应度值,选择适应度更优的解,并根据概率 P_α 最终决定是否要更新鸟巢位置。利用布谷鸟搜索算法求解问题的流程如图 15-1 所示。

根据上述内容,布谷鸟搜索算法的实现过程总结如下。

步骤 1:初始化种群规模、莱维飞行的步长、最大迭代次数以及最大发现概率 P_α 等参数,随机生成鸟巢的初始位置 $x_i(i=1,2,\cdots,n)$,建立目标函数 $f(\vec{X})$,$\vec{X}=[x_1,x_2,\cdots,x_n]^{\mathrm{T}}$。

步骤 2:计算每个鸟巢位置的适应度值,并比较得出最优位置。

步骤 3:按照位置更新式(15-1)对除最优鸟巢以外的其他鸟巢的位置和状态进行更新,计算目标函数值,并与当前最优函数值进行比较,若更优,则更新当前的最优值。

步骤 4:在位置更新后,生成随机数 $r(r \in [0,1])$,将 r 与 P_α 进行比较,若 $r > P_\alpha$,则随机更新一次鸟巢位置,否则保持当前鸟巢位置不变。

步骤 5:检查是否达到最大迭代次数或搜索精度要求,若满足,继续下一步,否则转回步骤 2。

步骤 6:搜索结束,输出全局最优解。

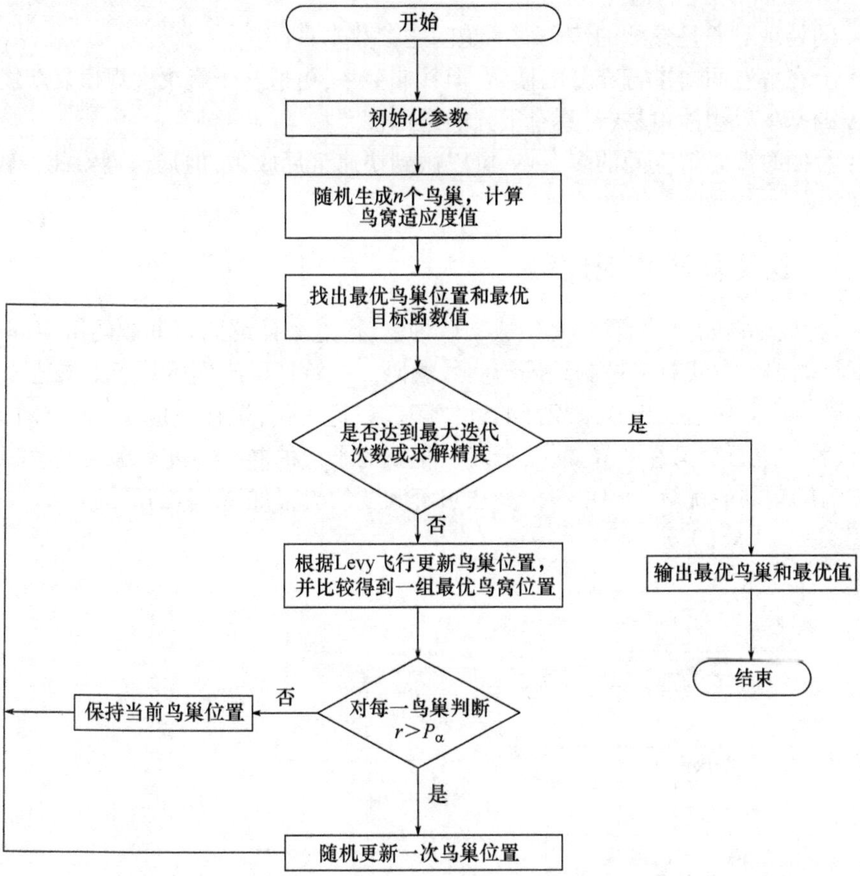

图 15-1　布谷鸟搜索算法流程图

15.2　遗传算法

15.2.1　遗传算法概述

遗传算法(Genetic Algorithm,GA)最早是由 Holland[464] 提出并系统地说明,随后,GA 算法吸引了大量的研究者,其中 Goldberg[465] 建立和完善了整个 GA 体系,并将其成功应用到优化和机器学习领域中。现如今,GA 算法已经被广泛应用于解决各种问题,包括组合优化、机器学习、信号处理、模式识别、自适应控制、人工智能和人工生命等领域。

GA 算法的理论基础来源于达尔文的生物进化论、孟德尔的群体遗传学说和魏茨曼的物种选择学说,是通过模拟自然界中的遗传机制和"适者生存"的生物进化论形成的一种搜索最优解的算法,与传统的搜索算法相比,GA 具有以下特点。

(1)具有自组织、自适应和智能性。遗传算法在进行算法设计时,不需要提前描述出问题的全部特点以及说明对问题不同特点应采取的措施,因而可用来解决复杂的非结构化问题,并具有很好的鲁棒性和广泛的适应性。

(2)GA 的处理对象是参数的编码而不是问题参数本身。

(3)GA 会在解空间内进行充分的搜索,但并非穷举,更适合于解决大规模复杂优化问题。

(4)GA 的基本思想简单易行,具有很强的通用性。

(5)GA 会同时搜索解空间的多个点,可以做到快速全局收敛,但局部搜索能力较差,容易出现早熟现象。

15.2.2 遗传算法实现过程

GA 是一种概率搜索算法,首先是生成初始种群,通过个体编码将问题的解空间映射到编码空间。常见的编码方式有二进制编码与实数编码。初始种群产生后基于生物遗传过程的适者生存和优胜劣汰原理迭代出越来越好的近似解。在每一代,选择适应度较大的个体进入子代,并对子代种群进行交叉和变异操作,最终产生新的子代种群。经过多次迭代后的种群中的最优个体作为问题的最优解。利用遗传算法求解问题的流程如图 15-2 所示。

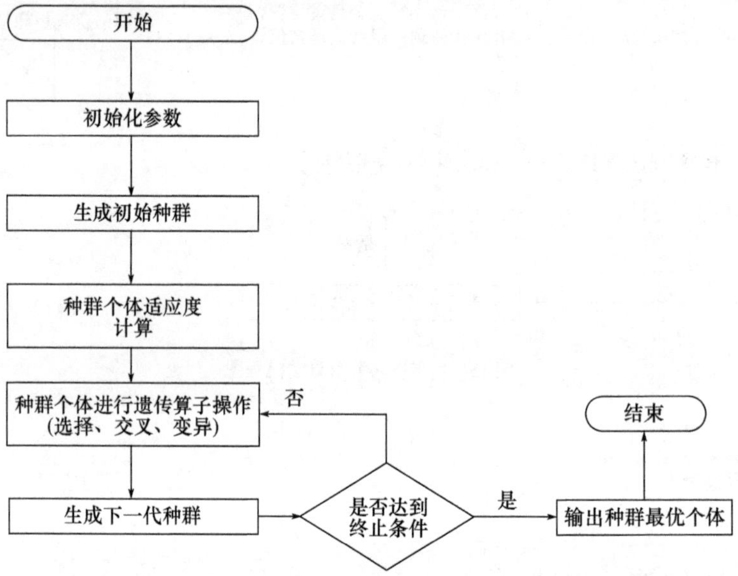

图 15-2 遗传算法流程图

根据上述内容,遗传算法的实现过程总结如下。

步骤 1:针对研究问题建立数学模型,并对算法进行初始化,包括确定种群规模、交叉概率、变异概率和算法终止条件等。

步骤 2:染色体编码,即将模型中的决策变量按十进制或二进制等方式编码成染色体形式。

步骤 3:生成初始种群,即在决策变量的定义域范围内按照种群规模产生个体,并将初始种群作为当前种群。

步骤 4:个体评价,即按照适应度函数计算当前种群中的每一个体的适应度值,一般适应度函数的形式与目标函数相关。根据最大进化代数等条件判断算法是否满足终止条件,若满足,输出最优解;若不满足,则继续步骤5。

步骤5:选择操作,按照选择算子从种群中选择同样数量的个体,这些个体将作为繁衍后代的双亲。常见的选择方法为轮盘赌法,即选择个体的概率与其适应度值的大小成正比。选择操作在GA中十分重要,它集中体现了适者生存这一观点。

步骤6:交叉与变异操作,类似于自然界中染色体的交叉与变异,对选择出的个体重新产生出一个新的种群作为子代种群。一般两个个体交叉的概率较大,而单个个体变异的概率较小。

步骤7:将子代种群作为当前种群,返回步骤4。

15.3 非支配排序遗传算法Ⅱ型(NSGA-Ⅱ)

多目标优化问题是指拥有2~3个冲突的目标函数的优化问题。该类问题的求解往往不是求其中某一目标函数的最优解,而是尽可能求出使所有目标函数都较优或“满意”的最优解。针对此类问题,Deb等[466]提出了非支配排序遗传算法(Non-dominated Sorting Genetic Algorithm,NSGA)。该算法首次将非支配排序的概念引入到了多目标优化问题,并且求解效果表现良好,然而该算法同时也存在计算复杂度高、没有引入精英策略和需要指定一个共享参数的问题。为进一步提高该算法性能,Deb等[394]在NSGA的基础上提出了NSGA-Ⅱ。在保留原算法优点的基础上,NSGA-Ⅱ在以下三方面对NSGA作出了改进:

(1)运用快速非支配排序法,计算复杂度由原本的$O(n^3)$变为$O(n^2)$;

(2)引入精英策略,能够有效保留优秀解;

(3)引入了拥挤距离,无须指定共享参数。

15.3.1 相关概念

1)多目标优化问题的数学描述

多目标优化问题的一般数学模型见式(15-3)。

$$\begin{cases} \min[f_1(\vec{X}),f_2(\vec{X}),\cdots,f_m(\vec{X})] \\ g(\vec{X})\leqslant b \\ \vec{X}=[x_1,x_2,\cdots,x_n]\in R^n \end{cases} \tag{15-3}$$

式中:$f_m(\vec{X})$——第m个目标函数;

$g(\vec{X})$——模型约束条件;

$\vec{X}$——指n维决策向量;

R^n——决策向量的解空间。

2)Pareto 支配

由于多目标优化与单目标优化的差异,所以称多目标优化问题的最优解集为 Pareto 最优解集或 Pareto 最优前沿,其含义是无法在改进任何目标函数的同时不削弱至少一个其他目标函数。最优解集的得出与 Pareto 支配关系有关。

假设$\vec{x}_1$与$\vec{x}_2$是最优解集中的两个解向量,若满足以下条件,则称$\vec{x}_1$支配$\vec{x}_2$:

1)对于每一子目标,$\vec{x}_1$均不比$\vec{x}_2$差,即$f_k(\vec{x}_1) \leqslant f_k(\vec{x}_2)(k=1,2,\cdots,m)$;

2)至少存在一个子目标,使得$\vec{x}_1$比$\vec{x}_2$好,即$\exists l \in (1,2,\cdots,m)$,使得$f_l(\vec{x}_1) < f_l(\vec{x}_2)$。

15.3.2 非支配排序遗传算法(NSGA-Ⅱ)的实现过程

NSGA-Ⅱ主要包括以下几个部分。

(1)快速非支配排序。按照每个解支配其他解的个数确定该解的非支配关系层级,互不支配的解将处于同一层级。具体排序过程如下:

①假设 n_i 为种群中支配个体 i 的个体数量,S_i 为被个体 i 支配的个体集合,对种群中所有个体进行支配关系的比较后,找到 $n_i=0$ 的所有个体,将其存入当前层级 F_{rank} 中;

②对当前层级中的每个个体 i,考察它的支配个体集合 S_i,将 S_i 中的每个个体 j 对应的 n_j 减 1,同时建立新的当前层级 $F_{\text{rank}+1}$;

③对 $n_j=0$ 的每个个体,重复上述分级操作,直至所有个体均被赋予了非支配等级。

(2)计算个体拥挤度。个体的拥挤度是指与当前个体相邻的两个个体之间的目标函数之间的距离,是衡量种群密集程度的依据。拥挤度会在同级比较中作为选择的依据,当需要生成新的父代种群时,由于是按层级排序将个体填充到父代种群中,可能会出现填充完 F_{rank}后,尚未达到种群 N 的数量;而若将 $F_{\text{rank}+1}$层级的个体全部填充,又会使父代种群的个体超过 N。此时需要将 $F_{\text{rank}+1}$中的所有个体进行拥挤度计算,选择拥挤距离大的个体优先填充,直到达到种群 N 的数量。

(3)精英保留策略。即指将父代种群与子代种群合并后再进行非支配排序、拥挤度计算、遗传算子等操作,得到下一代个体。采用精英保留策略后,可以有效地保留父代中的优秀个体。

利用 NSGA-Ⅱ求解问题的流程如图 15-3 所示。

步骤 1:生成个体数为 N 的初始种群,对初始种群进行一次选择、交叉、变异的遗传操作,生成一个子代种群,将该种群与初始种群合并得到一个个体数为 $2N$ 的临时种群。

步骤 2:按照快速非支配排序法对临时种群中的个体划分层级。

步骤 3:计算各个层级个体的拥挤距离。

步骤 4:根据临时种群中每个个体的层级以及拥挤度将其填充到新的父代种群中。

步骤 5:判断是否达到算法终止条件,若达到,则将父代种群中的 Pareto 前沿输出,作为最优解;否则进入下一步。

步骤 6:对新的父代种群进行遗传算子操作得到子代种群,并将子代种群与父代种群合并后得到临时种群,再返回到步骤 2。

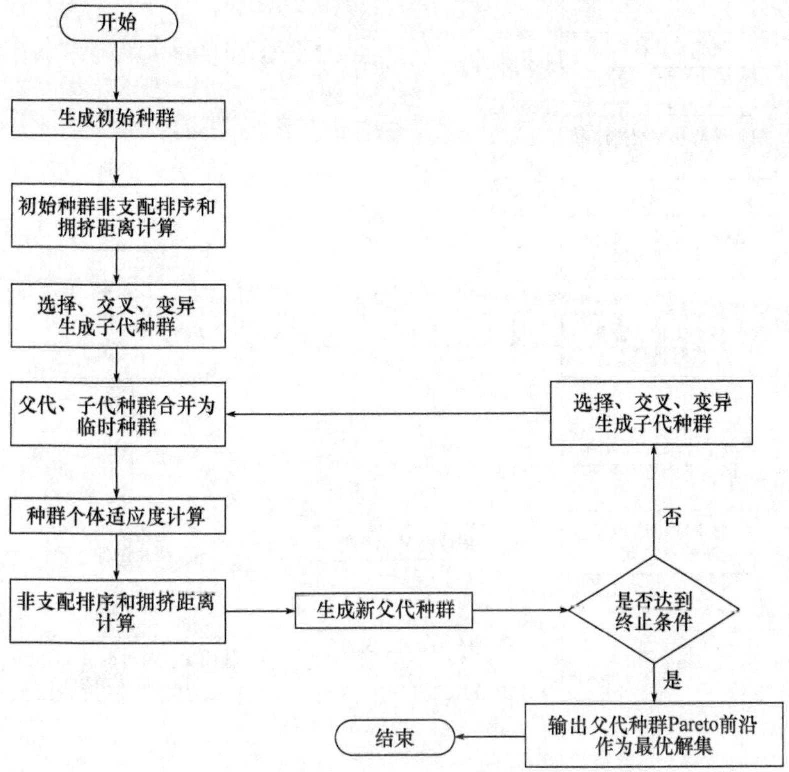

图 15-3 NSGA-Ⅱ流程图

15.4 非支配排序遗传算法Ⅲ型(NSGA-Ⅲ)

NSGA-Ⅱ可以有效处理目标函数维数小于等于 3 的低维优化问题,但是从维数大于 3 开始,种群非支配排序会呈指数增加,优化效率随着维数增加而降低。因此,Deb 等[467-468]在 NSGA-Ⅱ的基础上提出了适用于处理高维的多目标优化问题的进化优化算法 NSGA-Ⅲ。NSGA-Ⅲ与 NSGA-Ⅱ相比,保留上一代算法的大体框架,但是在子代个体的选择机制上发生了改变。NSGA-Ⅱ依据拥挤距离选择临时种群中最后一个需要填充到新父代种群中的非支配层级的较优个体,而 NSGA-Ⅲ则是基于参考点的方法从临时种群中选择较优个体进入新的父代种群。这种选择方式使得算法在解决三个及以上的多目标优化问题时有良好的表现。为了保证解的多样性,可以由用户自定义设计参考点集,也可以采用预定义的结构化参考点集。

对于 NSGA-Ⅲ的实现过程,由于其在整体结构上和 NSGA-Ⅱ差别不大,因此不再具体阐述,将以算法流程图(图 15-4)展现。

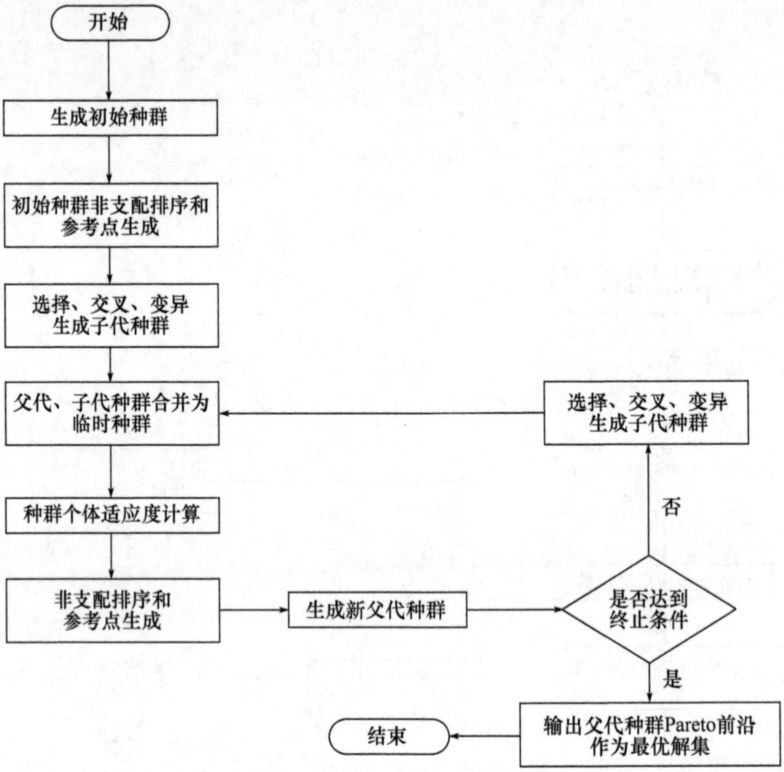

图 15-4　NSGA-Ⅲ流程图

第16章

总结和展望

港口公路集疏运系统作为港口与其辐射范围内的腹地城市的重要纽带，其通畅运行对于提升港口竞争力具有重要意义。因此，研究疏港道路客货交通运行组织与控制优化问题具有重要现实意义。

本书对疏港道路客货车流运行组织与控制问题进行了研究，主要研究结论和成果总结如下。

(1)总结归纳国内外学者对于客货车流交通组织、信号控制、无人驾驶货车及车队的车速引导以及交通仿真的研究现状。

(2)对疏港道路客货车流的交通特性进行研究，主要包括集装箱运输车在交叉口上的交通特征、疏港道路交通特性。

(3)对疏港道路路段和交叉口的客货车流交通组织的设计原则、方法、方案评价、方案适用性分析以及车道数量的确定方法进行研究，并通过实例进行分析。

(4)在货车队列行驶速度引导方案优化部分，首先建立了单辆货车在下游交叉口停车状态的判断方法，其次基于比功率法建立了货车队列车速引导的低碳优化模型。

(5)在信号控制优化方面，建立了疏港道路交叉口的定时信号控制、感应信号控制以及动态信号控制方案优化方法。主要包括定时信号控制方面的疏港道路交叉口客货分离控制方案优化方法、无左转保护相位的单点交叉口信号优化方法、交叉口定周期信号控制多目标优化方法、基于比功率法估计信号控制交叉口排队车辆的尾气排放方法；感应信号控制方面的车流管控模式、相位设置、检测器布设、客货分离感应控制逻辑；动态信号控制方面的交叉口两难区的影响因素及信号控制优化模型，以及环形交叉口信号控制模型。

(6)建立了基于多智能体技术的分布式动态交叉口群协调控制模型、货车队列的信号优先控制模型和货车队列的车速引导与信号优先控制组合优化模型，并对线控制相位差概率模型、交叉口群协调控制相位差优化模型进行了研究。

(7)在疏港道路交通流运行仿真方面，本书在微观仿真方面，考虑了车头间距对跟驰模型的影响，建立了改进的 FVD 模型，并采用 NGSIM 数据对其进行仿真；在宏观仿真方面，介绍了传统元胞传输模型并设计了客货分道方案，且对其进行仿真模拟和分析。

基于以上部分，本书建立了一整套完整、科学、合理的疏港道路客货车流运行组织与控制的优化理论与方法体系，对提升港口道路集疏运系统的精细化管理水平，具有较好的现实意义和应用价值。

未来，随着智慧港口、智慧道路、无人驾驶货车深入发展与应用，车路协同场景将越来越丰富。智慧疏港道路场景的无人驾驶客货车流运行组织与控制问题将是进一步的研究方向。

参考文献

[1] 方琪根.铁路与港口集装箱联运组织模式与方法研究[J].交通运输系统工程与信息,2016,16(02):31-36.

[2] Gumuskaya V,Van J W,Dijkman R,et al. A framework for modelling and analysing coordination challenges in hinterland transport systems[J]. Maritime Economics & Logistics,2020,22:124-145.

[3] Kong,Guo,Yang,et al. Analyzing the Impact of Trucks on Traffic Flow Based on an Improved Cellular Automaton Model[J]. Discrete Dynamics in Nature and Society,2016,2016:1-14.

[4] Kong,Li,Li,et al. Modeling cars and trucks in the heterogeneous traffic based on car-truck-combination effect using cellular automata [J]. Physica A:Statistical Mechanics and its Applications,2021,562(C):125329.

[5] Cheng,Mu,Xu,et al. Research on Truck Traffic Volume Conditions of Auxiliary Lanes on Two-Lane Highways[J]. Sustainability,2021,13(23):13097-13097.

[6] Li,Chen,Xiong,et al. Analysis of Chinese Typical Lane Change Behavior in Car-Truck Heterogeneous Traffic Flow from UAV View[J]. Electronics,2022,11(9):1398-1398.

[7] 杨阳,周国瑞,李石磊,等.大型货运车辆对高速公路交通特性影响研究[J].交通世界,2022(Z1):21-22.

[8] 王京元,葛宏伟,张彬,等.深圳市过境与疏港货运交通特性分析[J].广东公路交通,2009(4):65-68.

[9] 黄浩,黄东,朱方平.广西高速公路网货运交通特性分析[J].西部交通科技,2015(4):79-82.

[10] 郭子坚,方泽兴,王文渊,等.集装箱港区集疏港货运交通随机时变特性仿真研究[J].港工技术,2017,54(5):11-15.

[11] 朱宏佳,田锋.深港跨界货运交通特性分析[C]//品质交通与协同共治——2019 年中国城市交通规划年会论文集.北京:中国建筑工业出版社,2019:3360-3371.

[12] Habib P A. Incorporating lane blockages by trucks in intersection analysis and signal timing [J]. Transportation Research Part A General,1981,15(6):459-464.

[13] Yoo H,Green P. Driver behavior while following cars,trucks,and buses[R]. Michigan: University of Michigan Transportation Research Institute,1999.

[14] Kockelman K M, Shabih R A. Effect of light-duty trucks on the capacity of signalized intersections[J]. Journal of Transportation Engineering, 2000, 126(6): 506-512.

[15] Taylor N. Extending horizontal queuing to whole routes of moving bottlenecks[C]. Strasbourg: European Transport Conference, 2006.

[16] Washburn S S, Cruz-Casas C O. Impact of trucks on signalized intersection capacity[J]. Computer-Aided Civil and Infrastructure Engineering, 2010, 25(6): 452-467.

[17] Yang D, Jin P, Pu Y, et al. Stability analysis of the mixed traffic flow of cars and trucks using heterogeneous optimal velocity car-following model[J]. Physica A Statistical Mechanics & Its Applications, 2014, 395: 371-383.

[18] Kanagaraj V, Srinivasan K, Sivanandan R, et al. Study of unique merging behavior under mixed traffic conditions[J]. Transportation Research Part F Psychology & Behaviour, 2015, 29(2): 98-112.

[19] Gunes S, Goodchild A, Greene C, et al. Evaluating traffic impacts of permitting trucks in transit-only lanes[J]. Transportation research record, 2021, 2675(12): 967-979.

[20] 林航飞,付强,张红军,等.基于移动瓶颈理论的高速公路货车影响对策[J].同济大学学报(自然科学版),2007,35(9):1209-1213.

[21] 王孝坤.上海黄浦商业区客货混合交通流回归分析模型研究[J].交通运输系统工程与信息,2008(03):131-136.

[22] 段绪斌,白子建,钟石泉.港区道路交叉口交通特征分析研究[J].中国市政工程,2014(5):4.

[23] Garber N J, Sarath J. Characteristics of large truck crashes in Virginia[J]. Transportation, 1989, 43(1), 128-148.

[24] Stuster J. The unsafe driving acts of motorists in the vicinity of large trucks[R]. Washington D. C.: Project report prepared for Office of Motor Carrier Research, 1999.

[25] Thomas F, Golob, Amelia C. Truck-involved crashes and traffic levels on urban freeways[C]. Irvine: University of California, 2003.

[26] Saunier N, Sayed T, Lim C. Probabilistic collision prediction for vision-based automated road safety analysis[C]//2007 IEEE Intelligent Transportation Systems Conference. Bellevue: IEEE, 2007: 872-878.

[27] Dong C, Clarke D B, Richards S H, et al. Differences in passenger car and large truck involved crash frequencies at urban signalized intersections: An exploratory analysis[J]. Accident Analysis & Prevention, 2014(62): 87-94.

[28] Chen S, Zhang S, Xing Y, et al. The impact of truck proportion on traffic safety using surrogate safety measures in China[J]. Journal of advanced transportation, 2020(6): 1-15.

[29] 严世同.货车对高速公路安全的影响与对策[J].重庆职业技术学院学报,2006(3):134-136.

[30] 刘柏秀,李刚,肖殿良,等.高速公路货车事故成因及货车专用道分析[J].中国安全科学学报,2008,18(4):157-162.

[31] 张安霞,吴付威,李冠峰,等.高速公路客货混行交通事故模式及预防对策研究[J].交通运输工程与信息学报,2010(4):5.

[32] 覃文文,李欢,李武,等.货车驾驶人驾驶行为与行车安全研究进展[J].交通运输系统工程与信息,2022,22(5):55.

[33] Cate M A,Urbanik T. Another view of truck lane restrictions[J]. Transportation research record,2004,1867(1):19-24.

[34] Moses R,Price G,Siuhi S. Evaluating the Effectiveness of Various Truck Lane Restriction Practices in Florida——Phase Ⅱ. Volume I-Simulation Analysis of Interstate 95 Corridor with Truck Lane Restriction[C]//Plasmas in the Laboratory & in the Universe:New Insights & New Challenges. [S. l. :s. n.],2007:1-161.

[35] Fontaine M D. Effect of truck lane restrictions on four-lane freeways in mountainous areas[J]. Transportation Research Record,2008,2078(1):135-142.

[36] Jorge A,Laval. Effects of geometric design on freeway capacity:Impacts of truck lane restrictions[J]. Transportation Research Part B,2009,43(6),720-728.

[37] Zhao Y,Ioannou P. A Traffic Light Signal Control System with Truck Priority 1[J]. Ifac Papersonline,2016,49(3):377-382.

[38] Ni N,Yang S W,Wang L,et al. Research on Setting Conditions of Expressway Separated Line Between Passenger and Freight Transportation [J]. China Journal of Highway and Transport,2016,29(10):105-117.

[39] Ma J,Cheng L. Vehicle classification and evaluation methods for separating trucks from passengervehicles[C]//CICTP 2016. Shanghai: American Society of Civil Engineers,2016:1122-1133.

[40] Zhou J,Rilett L,Jones E. Sensitivity Analysis of Speed Limit,Truck Lane Restrictions,and Data Aggregation Level on the HCM-6 Passenger Car Equivalent Estimation Methodology for Western U. S. Conditions[J]. Transportation Research Record:Journal of the Transportation Research Board,2019,2673(11):493-504.

[41] Das S,Le M,Pratt M P,et al. Safety effectiveness of truck lane restrictions:A case study on Texas urban corridors[J]. International Journal of Urban Sciences,2020,24(1):35-49.

[42] Reich S,J. Davis M,Catala A,et al. The Potential for Reserved Truck Lanes and Truck ways in Florida[R]. Florida:University of South Florida,2002:1-175.

[43] Burke N,Maze T,Crum M,et al. Dedicated Truck Facilities as Solution to Capacity and Safety Issues on Rural Interstate Highway Corridors[J]. Transportation Research Record Journal of the Transportation Research Board,2007,2008(1):84-91.

[44] Laval,Jorge A. Stochastic Processes of Moving Bottlenecks:Approximate Formulas for Highway Capacity[J]. Transportation Research Record Journal of the Transportation Research Board,2006,1988:86-91.

[45] 万兵.基于VISSIM交通仿真的客货分离条件研究[J].青海交通科技,2018(3):6.

[46] Janson B N,Rathi A. Feasibility of Exclusive Facilities for Cars and Trucks[R]. Tennessee:

Oak Ridge National Lab,1990.

[47] Fang Y,Feng C,Mammar S,et al. An optimal algorithm for automated truck freight transportation via lane reservation strategy[J]. Transportation Research Part C Emerging Technologies, 2013,26:170-183.

[48] 班刚,王静晖.天津城市化地区道路客货分离规划设想[J].综合运输,2011(6):5.

[49] 张春生.客货混行信号交叉口货车专用左转车道设置方法[J].吉林大学学报(工学版), 2012(S1):175-178.

[50] 崔文霖,雷强.城市货运交通对交通速度和延误的影响分析[J].西部交通科技,2014 (10):91-96.

[51] 王新慧.客货车干扰特性及客货分离道路实施条件研究[D].长春:吉林大学,2014.

[52] 蒲文培.山地城市快速路客货分离组织技术研究[D].重庆:重庆交通大学,2020.

[53] 何栋奎.城市道路客货分离改造方案研究[D].南京:东南大学,2020.

[54] Vidunas J E,Hoel L A. Exclusive lanes for trucks and cars on interstate highways. Final report [J]. Transportation Research Record Journal of the Transportation Research Board, 1997, 1576(1):114-122.

[55] Batelle I. Investigation of Potential Safety and Other Benefits of Exclusive Facilities for Trucks [M]. Columbus:Battelle Memorial Institute,2002.

[56] Lord D,Dan M,Whitacre J. Does Separating Trucks from Other Traffic Improve Overall Safety? [J]. Transportation Research Record Journal of the Transportation Research Board,2005, 1922(1922):265-267.

[57] Garber N J,Kinnier H L,Liu Q. Identifying the Safety Impact of Truck Lane Restriction Strategies[C]//World Conference on Transport Research. [S. l. :s. n.],2007:1-168.

[58] Siuhi S,Mussa R. Simulation Analysis of Truck-Restricted and High-Occupancy Vehicle Lanes [J]. Transportation Research Record Journal of the Transportation Research Board, 2007, 2012:127-133.

[59] El-Tantawy S, Djavadian S, Roorda M J, et al. Safety Evaluation of Truck Lane Restriction Strategies Using Microsimulation Modeling[J]. Transportation Research Record:Journal of the Transportation Research Board,2009,2099(1):123-131.

[60] Matthew J,Roorda,Michael Hain. Exclusive Truck Facilities in Toronto,Ontario,Canada[C]. Washington D. C. :Transportation Research Board,2010.

[61] Jie M,Lin C. The PCA Selection Methods of Reform Plans for Separating Trucks from Passenger Vehicles [C]//16th COTA International Conference of Transportation Professionals. Shanghai:American Society of Civil Engineers,2016:1397-1408.

[62] 刘玉民,刘文江,白子建.道路客货分离交通功能实现技术研究[J].交通建设与管理, 2011(11):2.

[63] 刘晨辉.基于货车交通影响的高速公路车道限制研究[D].济南:山东大学,2012.

[64] 柯水平,白子建.客货分离道路交通实施方案评价方法研究[J].城市道桥与防洪,2013 (12):4.

[65] 马捷,李津,程琳.客货分离道路系统的车辆分类标准和评价方法[J].深圳大学学报(理工版),2015,32(5):8.

[66] Zhou J,Rilett L,Jones E. Sensitivity Analysis of Speed Limit,Truck Lane Restrictions,and Data Aggregation Level on the HCM-6 Passenger Car Equivalent Estimation Methodology for Western U. S. Conditions[J]. Transportation Research Record Journal of the Transportation Research Board,2019,2673(11):493-504.

[67] Scott S,Washburn,Carlos O. Impact of Trucks on Signalized Intersection Capacity[J]. Computer-Aided Civil and Infrastructure Engineering,2010,25(6):452-567.

[68] 宗二凯,郑亚亚.港城一体化背景下的货车专用道设置分析[J].交通与运输,2019,35(6):4.

[69] 沙爱民.高速公路客货系统分置建设对策建议与智慧运行模式探讨[J].中国公路学报,2020,33(5):7.

[70] Papageorgiou M,Diakaki C,Dinopoulou V,et al. Review of road traffic control strategies[J]. Proceedings of the IEEE,2003,91(12):2041-2042.

[71] Richard E, Allsop. Estimating the traffic capacity of a signalized road junction [J]. Transportation Research,1972,6(3):245-255.

[72] Yagar S. Capacity of a Signalized Road Junction:Critique and Extensions[J]. Transportation Research,1974,8(2):137-147.

[73] Park B B,Santra P,Yun I,et al. Optimization of Time-of-Day Breakpoints for Better Traffic Signal Control [J]. Journal of the Transportation Research Board, 2004, 1867 (1867): 217-223.

[74] Yin Y. Robust optimal traffic signal timing[J]. Transportation Research Part B-Methodological, 2008,42(10):911-924.

[75] Zhang L H,Yin Y F,Lou Y Y. Robust Signal Timing for Arterials Under Day-to-Day Demand Variations[J]. Journal of the Transportation Research Board,2010(2192):156-166.

[76] 高云峰,徐立鸿,胡华,等.交叉口定周期信号控制多目标优化方法[J].中国公路学报,2011,24(05):82-88.

[77] Smith M. Traffic signal control and route choice:A new assignment and control model which designs signal timings[J]. Transportation Research Part C-Emerging Technologies,2015,58:451-473.

[78] Al Islam S M A B,Hajbabaie A,Aziz H M A. A real-time network-level traffic signal control methodology with partial connected vehicle information[J]. Transportation Research Part C:Emerging Technologies,2020,121:102830.

[79] Yu C,Ma W,Yang X. A time-slot based signal scheme model for fixed-time control at isolated intersections[J]. Transportation Research Part B-Methodological,2020,140:176-192.

[80] Jiang Y,Li S,Shamo D E. A platoon-based traffic signal timing algorithm for major-minor intersection types[J]. Transportation Research Part B-Methodological,2006,40(7):543-562.

[81] 吕斌,牛惠民.随机条件下单点交叉口信号配时优化[J].交通运输工程学报,2010,10

(06):116-120.

[82] Jang K, Kim H, Jang I G. Traffic Signal Optimization for Oversaturated Urban Networks: Queue Growth Equalization[J]. IEEE Transactions on Intelligent Transportation Systems, 2015, 16(4):2121-2128.

[83] 高云峰,胡华.基于比功率法的信号控制交叉口排队车辆尾气排放估计[J].中国公路学报,2015,28(4):101-108.

[84] Osorio C, Wang C. On the analytical approximation of joint aggregate queue-length distributions for traffic networks: A stationary finite capacity Markovian network approach[J]. Transportation Research Part B-Methodological, 2017, 95:305-339.

[85] Mohajerpoor R, Saberi M, Ramezani M. Analytical derivation of the optimal traffic signal timing: Minimizing delay variability and spiliback probability for undersaturated intersections[J]. Transportation Research Part B-Methodological, 2019, 119:45-68.

[86] Guo Q, Li L, Ban X. Urban traffic signal control with connected and automated vehicles: A survey[J]. Transportation Research Part C-Emerging Technologies, 2019, 101:313-334.

[87] Ma W J, Wan L J, Yu C H, et al. Multi-objective optimization of traffic signals based on vehicle trajectory data at isolated intersections [J]. Transportation Research Part C-Emerging Technologies, 2020, 120.

[88] Gao Y F, Liu Y, Hu H, et al. Modeling traffic operation at signalized intersections without explicit left-turn yielding rules with an enhanced cell transmission model[J]. Journal of Advanced Transportation, 2016, 50(7):1470-1488.

[89] Gao Y F, Liu Y, Hu H, et al. Signal optimization for an isolated intersection with illegal permissive left-turning movement [J]. Transportmetrica B-Transport Dynamics, 2019, 7 (1): 928-949.

[90] Wolshon, B., Taylor, W. C.. Analysis of intersection delay under real-time adaptive signal control[J]. Transportation Research Part C-Emerging Technologies, 1999, 7(1):53-72.

[91] Hansen B G, Martin P T, Perrin H J. SCOOT Real-Time Adaptive Control in a CORSIM Simulation Environment[J]. Journal of the Transportation Research Board, 2000, 1727:27-30.

[92] 宋现敏,王殿海,金盛.感应式协调控制下绿信比优化方法[J].吉林大学学报(工学版),2009,39(S2):154-157.

[93] Wang X B, Yin K, Liu H. Vehicle actuated signal performance under general traffic at an isolated intersection [J]. Transportation Research Part C-Emerging Technologies, 2018, 95: 582-598.

[94] 罗小芹,王殿海,金盛.面向混合交通的感应式交通信号控制方法[J].吉林大学学报(工学版),2019,49(3):695-704.

[95] Tonguz O K, Zhang R S. Harnessing Vehicular Broadcast Communications: DSRC-Actuated Traffic Control[J]. IEEE Transactions on Intelligent Transportation Systems, 2020, 21(2): 509-520.

[96] He Q, Head K L, Ding J. PAMSCOD: Platoon-based arterial multi-modal signal control with

online data [J]. Transportation Research Part C-Emerging Technologies, 2012, 20 (1): 164-184.

[97] Feng Y H, Head K L, Khoshmagham S, et al. A real-time adaptive signal control in a connected vehicle environment[J]. Transportation Research Part C-Emerging Technologies, 2015,55:460-473.

[98] Yu C, Sun W, Liu H X, et al. Managing connected and automated vehicles at isolated intersections: From reservation-to optimization-based methods [J]. Transportation Research Part B-Methodological, 2019, 122:416-435.

[99] Guler S I, Menendez M, Meier L. Using connected vehicle technology to improve the efficiency of intersections [J]. Transportation Research Part C-Emerging Technologies, 2014, 46: 121-131.

[100] Guo Y, Ma J Q. DRL-TP3: A learning and control framework for signalized intersections with mixed connected automated traffic[J]. Transportation Research Part C-Emerging Technologies, 2021, 132:103416.

[101] Liu H, Flores C E, Spring J, et al. Field Assessment of Intersection Performance Enhanced by Traffic Signal Optimization and Vehicle Trajectory Planning[J]. IEEE Transactions on Intelligent Transportation Systems, 2022, 23(8):11549-11561.

[102] 张卫华,陆化普,石琴,等. 公交优先的信号交叉口配时优化方法[J]. 交通运输工程学报,2004(3):49-53.

[103] 乔文鑫,王锭. 基于交叉口可靠性的公交优先信号配时优化模型[J]. 交通运输系统工程与信息,2017,17(2):54-59 +67.

[104] Li M, Yin Y F, Zhang W B, et al. Modeling and Implementation of Adaptive Transit Signal Priority on Actuated Control Systems[J]. Computer-Aided Civil and Infrastructure Engineering, 2011, 26(4):270-284.

[105] 马万经,吴明敏,韩宝新,等. 考虑可变速度调节的单点交叉口公交信号优先控制方法[J]. 中国公路学报,2013,26(2):127-133.

[106] 欧诗琪,俞春辉,马万经. 干线信号协调背景下的网联公交实时优先控制方法[J]. 同济大学学报(自然科学版),2022,50(03):339-350.

[107] Das D, Altekar N V, Head K L, et al. Traffic Signal Priority Control Strategy for Connected EmergencyVehicles with Dilemma Zone Protection for Freight Vehicles [J]. Journal of the Transportation Research Board, 2022, 2676(1):499-517.

[108] Little J D C, Kelson M D, Gartner N H. Maxband: a Program for Setting Signals on Arteries and Triangular Networks [J]. Journal of the Transportation Research Board, 1981 (795): 40-46.

[109] Stamatiadis C, Gartner N H. MULTIBAND-96: A Program for Variable-Bandwidth Progression Optimization of Multiarterial Traffic Networks [J]. Journal of the Transportation Research Board, 1996(1554):9-17.

[110] 黄玮,马万经,杨晓光. 两难区安全改善问题的感应控制方法研究[J]. 交通信息与安

全,2009,27(4):75-79.

[111] 丁建梅,王常虹.城市货运干道信号优化控制及其评价方法[J].中国公路学报,2010,23(1):86-92.

[112] Gao Y F,Liu Y,Hui H,et al. Intersection Dilemma-Zone Protection as a Dynamic Signal-Optimization Problem with Model Predictive Control[J]. Journal of Transportation Engineering Part A-Systems,2019,145(11):04019046.

[113] Gao Y F,Hu H,Liu Y. Coordinated Arterial Dilemma Zone Protection Through Dynamic Signal Timing Optimization[J]. IEEE Transactions on Intelligent Transportation Systems,2022,23(6):5434-5445.

[114] Chai H,Zhang H M,Ghosal D,et al. Dynamic traffic routing in a network with adaptive signal control[J]. Transportation Research Part C-Emerging Technologies,2017,85:64-85.

[115] 路婷,贝晓旭,刘桂云.基于交叉口重要度深度搜索的区域信号协调控制方法[J].交通运输系统工程与信息,2018,18(2):80-86.

[116] Noaeen M,Mohajerpoor R,Far B H,et al. Real-time decentralized traffic signal control for congested urban networks considering queue spillbacks[J]. Transportation Research Part C-Emerging Technologies,2021,133:103407.

[117] 卢凯,叶志宏,吴蔚,等.面向协调路径集与双环结构的区域绿波控制模型[J].中国公路学报,2022,35(11):218-227.

[118] 高云峰,胡华,韩皓,等.城市道路交叉口群信号协调控制多目标优化与仿真[J].中国公路学报,2012,25(6):129-135.

[119] Liang X,Guler S I,Gayah V V. A heuristic method to optimize generic signal phasing and timing plans at signalized intersections using Connected Vehicle technology[J]. Transportation Research Part C-Emerging Technologies,2020,111:156-170.

[120] Shaikh P W,El-Abd M,Khanafer M,et al. A Review on Swarm Intelligence and Evolutionary Algorithms for Solving the Traffic Signal Control Problem[J]. IEEE Transactions on Intelligent Transportation Systems,2022,23(1):48-63.

[121] Wang H,Yuan Y,Yang X T,et al. Deep Q learning-based traffic signal control algorithms: Model development and evaluation with field data[J]. Journal of Intelligent Transportation Systems,2021,2021:1-21.

[122] Li Z,Elefteriadou L,Ranka S. Signal control optimization for automated vehicles at isolated signalized intersections[J]. Transportation Research Part C-Emerging Technologies,2014,49:1-18.

[123] Xu B,Ban X J,Bian Y,et al. Cooperative Method of Traffic Signal Optimization and Speed Control of Connected Vehicles at Isolated Intersections[J]. IEEE Transactions on Intelligent Transportation Systems,2019,20(4):1390-1403.

[124] Liu M,Zhao J,Hoogendoorn S P,et al. An optimal control approach of integrating traffic signals and cooperative vehicle trajectories at intersections[J]. Transportmetrica B-Transport Dynamics,2022,10(1):971-987.

[125] 张存保,陈超,严新平.基于车路协同的单点信号控制优化方法和模型[J].武汉理工大学学报,2012,34(10):74-79.

[126] 张存保,冉斌,梅朝辉,等.车路协同下道路交叉口信号控制优化方法[J].交通运输系统工程与信息,2013,13(3):40-45.

[127] Chen S, Sun D. An Improved Adaptive Signal Control Method for Isolated Signalized Intersection Based on Dynamic Programming[J]. IEEE Intelligent Transportation Systems Magazine,2016,8(4):4-14.

[128] Yu C H, Feng Y H, Liu H X, et al. Integrated optimization of traffic signals and vehicle traj-ectories at isolated urban intersections[J]. Transportation Research Part B-Methodological,2018,112:89-112.

[129] Feng Y, Yu C, Liu H X. Spatiotemporal intersection control in a connected and automated vehicleenvironment[J]. Transportation Research Part C-Emerging Technologies,2018,89:364-383.

[130] 戴荣健,丁川,鹿应荣,等.自动驾驶环境下车辆轨迹及交通信号协同控制[J].汽车安全与节能学报,2019,10(4):531-539.

[131] Li W, Ban X. Connected Vehicles Based Traffic Signal Timing Optimization[J]. IEEE Transactions on Intelligent Transportation Systems,2019,20(12):4354-4366.

[132] 赵祥模,张心睿,王润民,等.网联交叉口信号-车辆轨迹协同优化控制方法[J].汽车工程,2021,43(11):1577-1586.

[133] Liu M, Zhao J, Hoogendoorn S, et al. A single-layer approach for joint optimization of traffic signals and cooperative vehicle trajectories at isolated intersections[J]. Transportation ResearchPart-C:Emerging Technologies,2022,134:103-459.

[134] 徐洪峰,陈虹瑾,张栋,等.面向网联汽车环境的单点全感应式信号配时技术[J].吉林大学学报(工学版),2022,52(6):1324-1336.

[135] Liu H, Lu X Y, Shladover S E. Traffic signal control by leveraging Cooperative Adaptive Cruise Control (CACC) vehicle platooning capabilities[J]. Transportation Research Part C-EmergingTechnologies,2019,104:390-407.

[136] Rey D, Levin M W. Blue phase:Optimal network traffic control for legacy and autonomous vehicles[J]. Transportation Research Part B-Methodological,2019,130:105-129.

[137] Hu J, Zhang Z, Feng Y, et al. Transit Signal Priority Enabling Connected and Automated Bu-ses to Cut Through Traffic[J]. IEEE Transactions on Intelligent Transportation Systems,2022,23(7):8782-8792.

[138] 曹宁博,赵利英.路段环境自动驾驶汽车通行权决策方法[J].浙江大学学报(工学版),2022,56(01):118-127.

[139] Islam B A, Ma S, Hajbabaie. Distributed coordinated signal timing optimization in connected transportation networks[J]. Transportation Research Part C-Emerging Technologies,2017,80:272-285.

[140] Beak B, Head K L, Feng Y H. Adaptive Coordination Based on Connected Vehicle Technolo-

gy[J]. Transportation Research Record,2017(2619):1-12.

[141] Guo Y, Ma J Q. SCoPTO: signalized corridor management with vehicle platooning and trajectory control under connected and automated traffic environment[J]. Transportmetrica B-Transport Dynamics,2021,9(1):673-692.

[142] 卢凯,张杰华,邓兴栋,等.基于车速与信号协同优化的区域绿波协调控制模型[J].中国公路学报,2021,34(7):31-41.

[143] Lee J,Park B. Development and Evaluation of a Cooperative Vehicle Intersection Control Algorithm Under the Connected Vehicles Environment[J]. IEEE Transactions on Intelligent Transportation Systems,2012,13(1):81-90.

[144] Yang K D,Guler S I,Menendez M. Isolated intersection control for various levels of vehicle technology:Conventional, connected, and automated vehicles[J]. Transportation Research Part C-Emerging Technologies,2016,72:109-129.

[145] Guo Y,Ma J Q,Xiong C F,et al. Joint optimization of vehicle trajectories and intersection controllers with connected automated vehicles:Combined dynamic programming and shooting heuristic approach [J]. Transportation Research Part C-Emerging Technologies, 2019, 98:54-72.

[146] Hao P,Wu G Y,Boriboonsomsin K,et al. Eco-Approach and Departure (EAD) Application for Actuated Signals in Real-World Traffic[J]. IEEE Transactions on Intelligent Transportation Systems,2019,20(1):30-40.

[147] Niroumand R,Tajalli M,Hajibabai L,et al. Joint optimization of vehicle-group trajectory and signal timing:Introducing the white phase for mixed-autonomy traffic stream[J]. Transportation Research Part C-Emerging Technologies,2020,116:102659.

[148] Zheng F F,Liu C,Liu X,et al. Analyzing the impact of automated vehicles on uncertainty and stability of the mixed traffic flow[J]. Transportation Research Part C-Emerging Technologies, 2020,112:203-219.

[149] 周昭明,黄中祥,袁剑波,等.基于无人驾驶车辆的不同车道模式交通流优化[J].长安大学学报(自然科学版),2021,41(1):103-115.

[150] 张健,吴坤润,杨敏,等.智能网联环境下交叉口双环自适应控制模型[J].吉林大学学报(工学版),2021,51(02):541-548.

[151] Ma W,Li J,Yu C. Shared-phase-dedicated-lane based intersection control with mixed traffic of human-driven vehicles and connected and automated vehicles[J]. Transportation Research Part C-Emerging Technologies,2022,135:103-509.

[152] 王润民,张心睿,赵祥模,等.混行环境下网联信号交叉口车路协同控制方法[J].交通运输工程学报,2022,22(3):139-151.

[153] 杨涛,马玉琴,刘梦,等.智能网联环境下信号交叉口车辆轨迹重构模型[J].西南交通大学学报,2023,2023:1-9.

[154] Webster F V. Traffic signal settings. Technical Paper on Road Research No. 39[R]. London: Her Majesty Stationary Office,1958.

[155] Miller A J. Settings for Fixed-Cycle Traffic Signals[J]. Journal of the Operational Research Society,1963,14(4):373-386.

[156] Highway Capacity Manual[M]. Washington D. C. :TRB,2000.

[157] Akcelik R. Time-dependent Expressions for Delay,Stop Rate and Queue Length at Traffic Signals[R]. Port Melbourne:Australian Road Research Board,1980.

[158] Webster F V, Cobbe B M. Traffic signals. Road research, Technical paper No. 56 [R]. London:Her Majesty's Stationery Office,1966.

[159] Catling I. A time-dependent approach to junction delays[J]. Traffic engineering and control, 1977,18(11):520-523 +526.

[160] Cronje W B. Optimization model for isolated signalized traffic intersections[R]//Transportation research Record 907. Washington D. C. :TRB,National Research Council,1983:80-83.

[161] 冉启武,杨建国,王兆安,等. 基于视频的车辆瞬时停车延误检测[J]. 西安交通大学学报,2007(6):692-696.

[162] Jovanovic A, Teodorovic D. Pre-timed control for an under-saturated and over-saturated isola-ted intersection: a Bee Colony Optimization approach[J]. Transportation Planning & Tech-nology,2017,40(5):1-21.

[163] 蒋贤才,高苏,张龙洋. 一种改进的移位左转车道信号控制方法及其效用分析[J]. 中国公路学报,2019,32(09):152-163.

[164] 赵靖,郑喆,韩印. 排阵式交叉口延误及最佳周期模型[J]. 中国公路学报,2019,32(3):135-144.

[165] 任其亮,谭礼平. 逆向可变车道交叉口信号配时优化方法[J]. 交通运输系统工程与信息,2020,20(4):63-70.

[166] Akcelick R. Traffic Signals: Capacity and Timing Analysis [R]. Australia: Australian Road Research Board,1981.

[167] Wang F,Tang K,Li K,et al. A Group-Based Signal Timing Optimization Model Considering Safety for Signalized Intersections with Mixed Traffic Flows [J]. Journal of advanced transportation, 2019(PT.1):1-13.

[168] Du Y,Shangguan W,Chai L. A Coupled Vehicle-Signal Control Method at Signalized Intersections in Mixed Traffic Environment[J]. IEEE Transactions on Vehicular Technology,2021,PP(99):1.

[169] Ma C , Yu C , Yang X . Trajectory Planning for Connected and Automated Vehicles at Isolated Signalized Intersections under Mixed Traffic Environment[J]. 2021,130:10-33.

[170] Essa M,Sayed T. Traffic conflict models to evaluate the safety of signalized intersections at the cycle level [J]. Transportation Research Part C: Emerging Technologies, 2018, 89(APR.):289-302.

[171] Zhao Y,Petros I. A co-simulation,optimization,control approach for traffic light control with truck priority[J]. Annual Reviews in Control,2019,48:283-291.

[172] Schmocker J D, Ahuja S, Bell M G H. Multi-objective signal control of urban junctions-

Framework and a London case study [J]. Transportation Research Part C, 2008, 16: 454-470.

[173] 马莹莹,杨晓光,曾滢.信号控制交叉口周期时长多目标优化模型及求解[J].同济大学学报(自然科学版),2009,37(6):761-765.

[174] 李瑞敏,陆化普.基于遗传算法的交通信号控制多目标优化[J].长安大学学报(自然科学版),2009,29(3):85-88.

[175] 曹成涛,徐建闽.单交叉口交通多目标控制方法[J].计算机工程与应用,2010,46(16):20-22.

[176] Coelho M C, Farias T L, Rouphail N M. Effect of Roundabout Operations on Pollutant Emissions [J]. Transportation Research Part D,2006,11:333-343.

[177] Jingquan L,Guoyuan W,Ning Z. Investigation of the Impacts of Signal Timing on Vehicle E-missions at an Isolated Intersection [J]. Transportation Research Part D,2011,16:409-414.

[178] Jinpeng L,Yunlong Z. Effect of Signal Coordination on Traffic Emission [J]. Transportation Research Part D,2012,17:149-153.

[179] Jinpeng L,Yunlong Z,Zietsman J. Investigating Emission Reduction Benefit from Intersection Signal Optimization [J]. Journal of Intelligent Transportation Systems, 2013, 17 (3): 200-209.

[180] Abou-senna H,Radwan E,Westerlund K,et al. Using a Traffic Simulation Model (VISSIM) With an Emissions Model (MOVES) to Predict Emissions from Vehicles on a Limited-Access Highway [J]. Journal of the Air & Waste Management Association,2013,63(7):819-831.

[181] 张滢滢,陈旭梅,张潇,等.交通信号控制策略对机动车尾气排放影响的评价[J].交通运输系统工程与信息,2009,9(1):150-155.

[182] 宋国华,于雷.城市快速路上机动车比功率分布特性与模型[J].交通运输系统工程与信息,2010,10(6):133-140.

[183] 廖瀚博,余志,周兵,等.广州市机动车尾气排放特征研究[J].环境科学与技术,2011,35(1):134-138.

[184] 董红召,徐勇斌,陈宁.基于IVE模型的杭州市机动车实际行驶工况下排放因子的研究[J].汽车工程,2011,33(12):1034-1038.

[185] 聂磊,马万经.基于车道等饱和度的交叉口车道功能优化模型[J].同济大学学报(自然科学版),2020,48(1):42-50.

[186] 宋现敏,张明业,李振建,等.动态公交专用道的设置及其仿真分析评价[J].吉林大学学报:工学版,50(5):10.

[187] 梁子君,张卫华,杨伟.基于时空资源优化的交叉口交通流动态控制方法研究[J].合肥工业大学学报(自然科学版),2020,43(9):1240-1249.

[188] 钱国敏,凡俊生,何春光,等.智能网联混行环境下交叉口时空资源配置优化[J].浙江大学学报(工学版),2021,55(7):1-8.

[189] Wong C K,Wong S C,Tong C O. A Lane-based Optimization Method forthe Multi-period A-nalysis of Isolated Signal-controlled Junctions[J]. Transportmetrica,2006,2(1):53-85

[190] 赵靖,周溪召.基于车道控制的交叉口流向及信号组合优化模型[J].计算机应用研究,2016,33(11):3284-3288.

[191] Hao Y,Hu H,Liu Z,et al. Time-Space Integrated Optimization for Intersections with Reversible Lanes and Dedicated Bus Lanes[C]//19th COTA International Conference of Transportation Professionals. [s. l. :s. n.],2019:1869-1881.

[192] Tang Q,Liu H,Bernhard F. Lane-based signal optimization with left turn prohibition in urban road networks[J]. Canadian Journal of Civil Engineering,2018,46(2):73-80.

[193] Tang A Q. Exit lane allocation with the lane-based signal optimization method at isolated intersections[J]. Canadian Journal of Civil Engineering,2020,47(12):1345-1358.

[194] 成卫,张瑾,姜华平.信号交叉口左转保护—许可相位转换阈值研究[J].昆明理工大学学报(理工版),2003,28(6):107-109,116.

[195] Al-kaisy A F,Stewart J A. New approach for developing warrants of protected left-turn phase at signalized intersections[J]. Transportation research part A,2001,35:561-574.

[196] 刘喜明.在城市道路主干线路口增设左转信号灯的建议[J].公路交通科技,1997,14(2):39-44.

[197] McShane W R,Roess R P. Traffic Engineering[M]. New Jersey:Prentice Hall,1990.

[198] Nicholas F F,Sudeep S, Serban C. On-line decisions about permitted/ protected left-hand turns in distributed traffic signal control[J]. Engineering Application of Artificial Intelligence,1997,10(3):315-320.

[199] Mesterton G M. Traffic flow at a T-junction:a sufficient condition for a left-turn lane[J]. Mathl Comput Modelling,1996,24(7):53-57.

[200] Gazis D,Herman R,Maradudin A. The problem of the amber signal light in traffic flow[J]. Operations research,1960,8(1):112-132.

[201] Zegeer C V,Deen R C. Green-extension systems at high-speed intersections[M]. Washington D. C. :Department of Transportation,1978.

[202] Van der Horst A R A, Wilmink A. Drivers' decision-making at signalised intersections: an optimisation of the yellow timing[J]. Traffic Engineering and Control, 1986, 27(12): 615-617.

[203] Liu Y,Chang G L,Tao R,et al. Empirical observations of dynamic dilemma zones at signalized intersections[J]. Transportation Research Record,2007,2035(1):122-133.

[204] Liu Y,Chang G L,Yu J. Empirical study of driver responses during the yellow signal phase at six Maryland intersections[J]. Journal of transportation engineering,2012,138(1):31-42.

[205] Long K,Liu Y,Han L D. Impact of countdown timer on driving maneuvers after the yellow onset at signalized intersections:An empirical study in Changsha,China[J]. Safety science,2013,54:8-16.

[206] Park S Y,Lan C L,Chang G L,et al. Design and predeployment assessment of an integrated intersection dilemma zone protection system[J]. Journal of transportation engineering,2016,142(12):04016063.

[207] Yang X, Chang G L, Zhang Z, et al. Smart signal control system for accident prevention and arterial speed harmonization under connected vehicle environment[J]. Transportation research record, 2019, 2673(5):61-71.

[208] Bonneson J A, Mccoy P T. Traffic detector designs for isolated intersections[J]. Ite Journal-institute of Transportation Engineers, 1996, 66(8):42-47.

[209] Retting R A, Chapline J F, Williams A F. Changes in crash risk following re-timing of traffic signal change intervals[J]. Accident Analysis & Prevention, 2002, 34(2):215-220.

[210] Tarko A, Li W, Laracuente L. Probabilistic approach to controlling dilemma occurrence at signalized intersections[J]. Transportation research record, 2006, 1973(1):55-63.

[211] Chang G L, Franz M L, Liu Y, et al. Design and evaluation of an intelligent dilemma-zone protection system for a high-speed rural intersection[J]. Transportation research record, 2013, 2356(1):1-8.

[212] Feng Y, Zamanipour M, Head K L, et al. Connected vehicle-based adaptive signal control and applications[J]. Transportation Research Record, 2016, 2558(1):11-19.

[213] Wu Y, Abdel-Aty M, Ding Y, et al. Comparison of proposed countermeasures for dilemma zone at signalized intersections based on cellular automata simulations[J]. Accident Analysis & Prevention, 2018, 116:69-78.

[214] Zimmerman K, Bonneson J A. Number of vehicles in the dilemma zone as a potential measure of intersection safety at high-speed signalized intersections[C]//83rd Annual Meeting of the Transportation Research Board. Washington, D. C.: [s. n.], 2004:126-133.

[215] Bonneson J, Middleton D, Zimmerman K, et al. Intelligent detection-control system for rural signalized intersections[R]. Texas: Texas Department of Transportation, 2002.

[216] Sharma A, Bullock D, Peeta S. Estimating dilemma zone hazard function at high speed isola-ted intersection[J]. Transportation research part C: emerging technologies, 2011, 19(3): 400-412.

[217] Machiani S G, Abbas M. Safety surrogate histograms (SSH): A novel real-time safety assessment of dilemma zone related conflicts at signalized intersections[J]. Accident Analysis & Prevention, 2016, 96:361-370.

[218] 王金梅,王兆安,杨建国.困境区域引起的无意闯红灯违规分析[J].公路交通科技, 2005(09):138-141.

[219] Rakha H, El-Shawarby I, Setti J É R. Characterizing driver behavior on signalized intersection approaches at the onset of a yellow-phase trigger[J]. IEEE Transactions on Intelligent Transportation Systems, 2007, 8(4):630-640.

[220] Zhang Y, Fu C, Hu L. Yellow light dilemma zone researches: a review[J]. Journal of traffic and transportation engineering (English edition), 2014, 1(5):338-352.

[221] Savolainen P T, Sharma A, Gates T J. Driver decision-making in the dilemma zone-Exami-ning the influences of clearance intervals, enforcement cameras and the provision of advance warning through a panel data random parameters probit model[J]. Accident Analysis &

Prevention,2016,96:351-360.

[222] Najmi A, Choupani A A, Aghayan I. Characterizing driver behavior in dilemma zones at sig-nalized roundabouts[J]. Transportation research part F:traffic psychology and behaviour, 2019,63:204-215.

[223] Peterson A,Bergh T,Steen K. LHOVRA — a new traffic signal control strategy for isolated junctions[J]. Traffic engineering & control,1986,27(7-8):388-389.

[224] Kronborg P,Davidsson F,Edholm J. SOS-Self Optimising Signal Control:Development and Field Trials of the SOS Algorithm for Self-Optimising Signal Control at Isolated Intersections. [R]. Sweden:TFK Rapport,1997.

[225] Feng Y,Head K L,Ma W. Estimating vehicles in the dilemma zone and application to fixedtime coordinated signal optimization[J]. Transportation Research Record,2014,2439(1):62-70.

[226] Szuyin L,Duenkai C,Rueyshun C. Apply adaptive and cooperative multi-agent system to urban traffic signal control[C]//Proc. of the 1996 IEEE International Conference. 1996:582-589.

[227] Weng X X,Yao S S,Zhu X F. Architecture of multi-agent system for traffic signal control[C]// ICARCV 2004 8th Control, Automation, Robotics and Vision. [S. l: s. n.], 2004: 2199-2204.

[228] Srinivasan D,Choy M C. Cooperative multi-agent system for coordinated traffic signal control [J]. IEE Proceedings-Intelligent Transport Systems,2006,153(1):41-50.

[229] 刘小明,王飞跃.基于Agent的区域交通流协调控制的研究[J].计算机工程,2003,29(9):45-47.

[230] 蔡朝辉,宋靖雁,张毅,等.基于Multi-agent的交通流优化模型[J].公路交通科技,2003,20(1):97-100.

[231] 于德新,杨兆升,王媛,等.基于多智能体的城市道路交通控制[J].吉林大学学报(工学版),2006,36(1):113-0118.

[232] 李振龙,陈德望.交通信号区域协调优化的多智能体博弈模型[J].公路交通科技,2004,21(1):85-88.

[233] 承向军,杨肇夏.基于多智能体技术的城市交通控制系统的探讨[J].北方交通大学学报,2002,26(5):47-50.

[234] 承向军,杜鹏,杨肇夏.基于多智能体的分布式交通信号协调控制方法[J].系统工程理论与实践,2005,25(8):130-135.

[235] 龙科军,高志波,吴伟,等.城市道路干线信号协调控制与车速引导集成优化[J].长安大学学报(自然科学版),2018,38(2):94-102.

[236] Zhao J, Li P. An extended car-following model with consideration of speed guidance at intersections[J]. Physica A:Statistical Mechanics and its Applications,2016,461:1-8.

[237] 贾丰源,李中兵,陈庆东,等.车路协同环境下信号交叉口车速引导策略[J].河北科技大学学报,2017,38(5):432-437.

[238] Tang T Q,Yi Z Y,Zhang J,et al. A speed guidance strategy for multiple signalized intersec-tions based on car-following model[J]. Physica, A. Statistical mechanics and its applica-

tions,2018,496:399-409.

[239] Liu S,Zhang W T,Wu X J,et al. A Simulation System and Speed Guidance Algorithms for Intersection Traffic Control Using Connected Vehicle Technology[J]. Tsinghua Science & Technology,2018,24(2):160-170.

[240] 刘欢,杨雷,邵社刚,等.车路协同环境下信号交叉口车速引导策略[J].重庆交通大学学报(自然科学版),2019,38(12):8-17.

[241] 王云鹏,郭戈.城市交叉口车辆速度与交通信号协同优化控制[J].控制与决策,2019,v.34(11):128-137.

[242] Wu W,Huang L,Du R. Simultaneous Optimization of Vehicle Arrival Time and Signal Timings within a Connected Vehicle Environment[J]. Sensors (Basel,Switzerland),2020,20(1):191.

[243] 徐丽萍,邓明君.基于车路协同环境的信号交叉口车速引导方法[J].交通信息与安全,2021,39(2):9.

[244] Wu W,Ma W J,Long K J,et al. Integrated optimization of bus priority operations in connected vehicle environment[J]. Journal of Advanced Transportation,2016,50(8) :1853-1869.

[245] Wu Z,Tan G,Jie S,et al. A Schedule-based Strategy of transit signal priority and speed guidance in Connected Vehicle environment[C]//IEEE International Conference on Intelligent Transportation Systems. [S. l. :s. n.],2016:2416-2423.

[246] Bie Y,Xiong X,Yan Y,et al. Dynamic headway control for high-frequency bus line based on speed guidance and intersection signal adjustment[J]. Computer-Aided Civil and Infrastructure Engineering,2020,35(2):4-25.

[247] Ji Y,Tang Y,Shen Y,et al. An Integrated Approach for Tram Prioritization in Signalized Corridors[J]. IEEE Transactions on Intelligent Transportation Systems, 2020, 21 (6): 2386-2395.

[248] Gao Q,Zhang S,Chen G,et al. Two-Way Cooperative Priority Control of Bus Transit with Stop Capacity Constraint[J]. Sustainability,2020,12(4):1405.

[249] 罗浩顺,徐良杰,陈国俊,等.结合车速引导的单点交叉口公交优先信号控制方法[J].武汉理工大学学报(交通科学与工程版),2020,44(3):4.

[250] Yang Y,Chen S,Sun J. Modeling and evaluation of speed guidance strategy in Ⅶ system[C]//13th International IEEE Conference on Intelligent Transportation Systems. [S. l. :s. n.],2010:1045-1050.

[251] 李鹏凯,吴伟,杜荣华,等.车路协同环境下多车协同车速引导建模与仿真[J].交通信息与安全,2013,31(2):134-139 + 148.

[252] 安实,姚焓东,姜慧夫,等.信号交叉口绿色驾驶车速控制方法[J].交通运输系统工程与信息,2015,15(5):53-59.1009-6744.

[253] 鹿应荣,许晓彤,丁川,等.连续信号交叉口网联自动驾驶车速控制[J].北京航空航天大学学报,2018,44(11):2257-2266.

[254] 姜慧夫,安实,王健.信号交叉口网联自动驾驶车辆时空轨迹优化控制系统[J].科学技

术与工程,2018,18(20):162-168.
[255] Zhou M, Yu Y, Qu X. Development of an Efficient Driving Strategy for Connected and Automated Vehicles at Signalized Intersections: A Reinforcement Learning Approach[J]. IEEE Transactions on Intelligent Transportation Systems, 2020, 21:433-443.
[256] 陈壮壮,罗莉华.网联自动驾驶车辆通过信号交叉口的速度轨迹优化[J].交通信息与安全,2021,39(4):92-98 +156.
[257] Cai B, Zheng Z, Shangguan W, et al. Unsignalized cooperative optimization control method based on vehicle speed guidance and information interaction[C]//17th International IEEE Conference on Intelligent Transportation Systems (ITSC)[S. l. :s. n.], 2014:57-62.
[258] 林培群,卓福庆,姚凯斌,等.车联网环境下交叉口交通流微观控制模型及其求解与仿真[J].中国公路学报,2015,28(8):82-90.
[259] 常玉林,张成祥,张鹏,等.车联网环境下基于间隙优化的无信号交叉口车速控制方法[J].重庆理工大学学报(自然科学版),2021,35(3):10-17 +60.
[260] Ma Q, Zhang S, Zhou Q. Development of a conflict-free unsignalized intersection organization method for multiple connected and autonomous vehicles [J]. Plos one, 2021, 16(3):e0249170.
[261] Chen S, Sun J, Yao J. Development and simulation application of a dynamic speed dynamic signal strategy for arterial traffic management[C]//2011 14th International IEEE Conference on Intelligent Transportation Systems (ITSC). [S. l. :s. n.], 2011:1349-1354.
[262] 吴伟,马万经,杨晓光.车路协同环境下基于动态车速的相位差优化模型[J].控制理论与应用,2014,31(4):519-524.
[263] Li L, Gan J, Li W. A separation strategy for connected and automated vehicles: Utilizing traffic light information for reducing idling at red lights and improving fuel economy[J]. Journal of Advanced Transportation, 2018, 2018(PT. 4):1-10.
[264] 刘平,李振鹏,蒋平,等.一种新的 V2I 下车速规划与模型预测控制方法[J].重庆交通大学学报(自然科学版),2022,41(7):27-33.
[265] 张建旭,胡帅,金宏意.信号交叉口人机混驾交通流速度控制策略建模[J].系统仿真学报,2022,34(8):1697-1709.
[266] Larson J, Liang K Y, Johansoon K H. A Distributed Framework for Coordinated Heavy-Duty Vehicle Platooning[J]. IEEE Transactions on Intelligent Transportation Systems, 2015, 16(1):419-429.
[267] Li B B. Stochastic modeling for vehicle platoons (I): Dynamic grouping behavior and online platoon recognition[J]. Transportation Research Part B-Methodological, 2017, 95:364-377.
[268] Xu L H, Lu J, Wang C, et al. Cooperative merging control strategy of connected and automated vehicles on highways[J]. Journal of Southeast University (English Edition), 2019, 35(2):220-227.
[269] 张鹏,王扶春,李文权.车路协同环境下干线交叉口货车车速引导模型研究[J].重庆理工大学学报(自然科学版),2021,35(10):16-22.

[270] 薛行健,宋睿,晏克非. 城市快速路匝道合流区车速限制研究[J]. 哈尔滨工业大学学报,2012,44(6):144-148.

[271] Liu H,Kan X,Shladover S E. Modeling impacts of Cooperative Adaptive Cruise Control on mixed traffic flow in multi-lane freeway facilities[J]. Transportation Research Part C-Emerging Technologies,2018,95:261-279.

[272] Wu L N,Ci Y S,Sun Y C,et al. Research on Joint Control of On-Ramp Metering and Mainline Speed Guidance in the Urban Expressway Based on MPC and Connected Vehicles[J]. Journal of Advanced Transportation,2020,2020(9):1-8.

[273] Nasri M I,Bektas T,Laporte G. Route and speed optimization for autonomous trucks[J]. Computers & Operations Research,2018,100:89-101.

[274] 郭洪艳,黄河,尹震宇,等. 高速公路卡车队列行驶非线性滚动优化控制[J]. 吉林大学学报(工学版),2019,49(2):552-561.

[275] Guo G,Wang Q. Fuel-Efficient En Route Speed Planning and Tracking Control of Truck Platoons[J]. IEEE Transactions on Intelligent Transportation Systems, 2019, 20(8):3091-3103.

[276] 罗孝羚,蒋阳升. 智能网联车环境下高速匝道汇入车流轨迹优化模型[J]. 交通运输系统工程与信息,2019,19(4):94-100.

[277] Xie S B,Lang K,Qi S W. Aerodynamic-aware coordinated control of following speed and power distribution for hybrid electric trucks[J]. Energy,2020,209:118496.

[278] 鞠飞,庄伟超,王良模,等. 混合动力汽车经济型巡航的车速规划策略[J]. 浙江大学学报(工学版),2021,55(8):1538-1547.

[279] Khondaker B,Kattan L. Variable speed limit:A microscopic analysis in a connected vehicle environment[J]. Transportation Research Part C-Emerging Technologies,2015,58:146-159.

[280] Jiang Y S,Wang S C,Yao Z H,et al. A cellular automata model for mixed traffic flow considering the driving behavior of connected automated vehicle platoons[J]. Physica A-Statistical Mechanics and Its Applications,2021,582:126262.

[281] 解少博,屈鹏程,李嘉诚,等. 跟驰场景中网联混合电动货车速度规划和能量管理协同控制的研究[J]. 汽车工程,2022,44(8):1136-1143+1152.

[282] 洪家乐,曲大义,贾彦峰,等. 智能网联混合车流的动态特性及稳态控制策略[J]. 公路交通科技 2022,39(3):125-132.

[283] 秦严严,杨金滢,李淑庆. 考虑可变车头时距的智能网联车跟驰模型[J]. 江苏大学学报(自然科学版),2022,43(4):381-385.

[284] 纪艺,史昕,赵祥模. 基于多前车信息融合的智能网联车辆跟驰模型[J]. 计算机应用,2019,39(12):3685-3690.

[285] 史昕,纪艺,赵祥模,等. 基于多前车最优速度与加速度的网联车跟驰模型[J]. 现代电子技术,2020,43(9):135-140.

[286] 吴兵,王文璇,李林波,等. 多前车影响的智能网联车辆纵向控制模型[J]. 交通运输工程学报,2020,20(2):184-194.

[287] Davis L C. Dynamics of a long platoon of cooperative adaptive cruise control vehicles[J].

Physica A-Statistical Mechanics and Its Applications,2018,503:818-834.

[288] 李林恒,甘婧,曲栩,等.智能网联环境下基于安全势场理论的车辆跟驰模型[J].中国公路学报,2019,32(12):76-87.

[289] Chang X,Li H J,Rong J,et al. Analysis on traffic stability and capacity for mixed traffic flow with platoons of intelligent connected vehicles[J]. Physica A-Statistical Mechanics and Its Applications,2020,557:124829.

[290] 石琴,陈沪江,陈一锴.信号交叉口智能网联车车队速度引导策略研究[J].重庆交通大学学报(自然科学版),2021,40(2):47-53.

[291] Bando M,Hasebe K,Nakayama A,et al. Dynamical model of traffic congestion and numerical simulation[J]. Physical review E,1995,51(2):1035.

[292] Helbing D, Tilch B. Generalized force model of traffic dynamics[J]. Physical review E, 1998,58(1):133.

[293] Jiang R,Wu Q,Zhu Z. Full velocity difference model for a car-following theory[J]. Physical Review E,2001,64(1):017-101.

[294] Jin S,Wang D,Tao P,et al. Non-lane-based full velocity difference car following model[J]. Physica A:Statistical Mechanics and Its Applications,2010,389(21):4654-4662.

[295] Yu S,Shi Z. An extended car-following model at signalized intersections[J]. Physica A Statistical Mechanics & Its Applications,2014,407:152-159.

[296] Sy A,Xz A,Zx A,et al. An improved car-following model considering the immediately ahead car's velocity difference[J]. Physica A:Statistical Mechanics and its Applications,2016, 461:446-455.

[297] Peng G,Lu W,He H,et al. Nonlinear analysis of a new car-following model accounting for the optimal velocity changes with memory[J]. Communications in Nonlinear Science and Numerical Simulation,2016,40:197-205.

[298] Zhang G,Sun D H,Zhao M,et al. An extended car-following model accounting for cooperation driving system with velocity uncertainty[J]. Physica A:Statistical Mechanics and its Applications,2018,505:1008-1017.

[299] Xin T,Yi L,Rongjun C,et al. Full velocity difference car-following model considering desired inter-vehicle distance [J]. International Journal of Modern Physics C, 2018, 29(2):1850018.

[300] Gong H,Liu H,Wang B-H. An asymmetric full velocity difference car-following model[J]. Physica A:Statistical Mechanics and its Applications,2008,387(11):2595-2602.

[301] Xu W,Li N,Liang W,et al. Dissipation Characteristics of Vehicle Queue in V2X Environment Based on Improved Car-Following Model[J]. Mathematical Problems in Engineering, 2022,2022:1-17.

[302] Daganzo C F. The cell transmission model:A dynamic representation of highway traffic consistent with the hydrodynamic theory[J]. Transportation Research Part B-Methodological, 1994,28(4):269-287.

[303] Daganzo C F. The cell transmission model, part Ⅱ:network traffic[J]. Transportation Re-

search Part B-Methodological, 1995, 29(2): 79-93.
[304] Daganzo C F, Lin W H, Del Castillo J M. A simple physical principle for the simulation of freeways with special lanes and priority vehicles[J]. Transportation Research Part B- Methodological, 1997, 31(2): 103-125.
[305] Long J, Gao Z, et al. Urban traffic jam simulation based on the cell transmission model[J]. Networks and Spatial Economics, 2011, 11(1): 43-64.
[306] 杨泳,严余松,户佐安,等.城市快速路改进型元胞传输模型及仿真[J].公路交通科技, 2015, 32(6): 135-141.
[307] Hadfi R, Tokuda S, Ito T. Traffic simulation in urban networks using stochastic cell transmission model[J]. Computational Intelligence, 2017, 33(4): 826-842.
[308] 吕彪,谢智宇,康宇翔,等.基于动态分流元胞传输模型的城市道路网络韧性评估[J].交通运输系统工程与信息, 2022, 22(6): 134.
[309] Tuerprasert K, Aswakul C. Multiclass cell transmission model for heterogeneous mobility in general topology of road network[J]. Journal of Intelligent Transportation Systems, 2010, 14(2): 68-82.
[310] Tiaprasert K, Zhang Y, Aswakul C, et al. Closed-form multiclass cell transmission model enhanced with overtaking, lane-changing, and first-in first-out properties[J]. Transportation Research Part C-Emerging Technologies, 2017, 85: 86-110.
[311] Mayakuntla S K, Verma, A. Cell transmission modeling of heterogeneous disordered traffic [J]. Journal of Transportation Engineering, Part A-Systems, 2019, 145(7): 04019027.
[312] 郭宇奇,侯德藻,李一丁,等.异构交通场景下的宏观交通流建模[J].同济大学学报(自然科学版), 2021, 49(7): 949-956 + 912.
[313] Wu Y, Lin Y, Hu R, et al. Modeling and Simulation of Traffic Congestion for Mixed Traffic Flow with Connected Automated Vehicles: A Cell Transmission Model Approach[J]. Journal of Advanced Transportation, 2022, 2022: 8348726.
[314] Chang E. Implementing a cell-based signal control model in Hong Kong[D]. Hong Kong: Hong Kong University of Science and Technology, 1998.
[315] Lo H K. A novel traffic signal control formulation[J]. Transportation Research Part A, 1999, 33(6): 433-448.
[316] Lo H K. A cell-based traffic control formulation: strategies and benefits of dynaic timing plans [J]. Transportation Science, 2001, 35(2): 148-164.
[317] Lo H K, Chow A H F. Control Strategies for Oversaturated Traffic[J]. Journal of Transportation Engineering, 2004, 130(4): 466-478.
[318] Lin W-H. An Enhanced 0-1 Mixed Integer LP Formulation for the Traffic Signal Problem[C]// Proceedings of the 2001 IEEE Intelligent Transportation Systems Conference. Oakland: [s. n.], 2001: 189-194.
[319] Flötteröd G, Nagel K. Some practical extensions to the Cell Transmission Model[C]//Proceedings of the 8th International IEEE Conference on Intelligent Transportation Systems. Vi-

enna:[s. n.],2005:172-177.

[320] Laval J A,Daganzo C F. Lane-changing in traffic streams[J]. Transportation Research Part B,2006,40:251-264.

[321] Binning J C,Burtenshaw G,Crabtree M. TRANSYT 13 User Guide[R]. London:Transport Research Laboratory,2008.

[322] Szeto W Y,Ghosh B,Basu B,et al. Multivariate Traffic Forecasting Technique Using Cell Transmission Model and SARIMA Model[J]. Journal of Transportation Engineering,2009,135(9):658-667.

[323] Karoonsoontawong A,Waller S T. Integrated Network Capacity Expansion and Traffic Signal Optimization Problem:Robust Bi-level Dynamic Formulation[J]. Networks and Spatial Economics,2010,10(4):525-550.

[324] Rohde J,Friedrich B. Traffic Flow Modeling and Offset Optimization in Urban Road Networks with an enhanced CTM and GA[C]//The 12th World Conference on Transport Research. Lisbon:[s. n.],2010:1-9.

[325] Ukkusuri S V,Ramadurai G,Patil G. A robust transportation signal control problem accounting for traffic dynamics[J]. Computers and Operations Research,2010,37:869-879.

[326] Su D, Kurzhanskiy A, Horowitz R. Simulation of Arterial Traffic Using Cell Transmission Model[C]//Transportation Research Board 92nd Annual Meeting. [S. l.: s. n.],2013:13-2387.

[327] He Z,Chen Y,Shi J,et al. Consensus based approach to the signal control of urban traffic networks[J]. Procedia-Social and Behavioral Sciences,2013,96:2511-2522.

[328] Tiriolo M,Adacher L,Cipriani E. An urban traffic flow model to capture complex flow interactions among lane groups for signalized intersections[J]. Procedia-Social and Behavioral Sciences,2014,111:839-848.

[329] Li Z. Modeling arterial signal optimization with enhanced cell transmission formulations[J]. Journal of Transportation Engineering,2011,137(7):445-454.

[330] Flötteröd G,Rohde J. Operational macroscopic modeling of complex urban road intersections[J]. Transportation Research Part B,2011,45:903-922.

[331] Qi H,Wang D,Chen P,et al. Simulation of departure flow profile at stop lines for signal approach spillover[J]. Transportation Research Part C,2013,33:88-106.

[332] Carey M,Balijepalli C,Watling D. Extending the cell transmission model to multiple lanes and lane-changing[J]. Networks and Spatial Economics,2015,15(3):507-535.

[333] Pan T L,Lam W H,Sumalee A,et al. Modeling the impacts of mandatory and discretionary lane-changing maneuvers[J]. Transportation research part C-Emerging technologies,2016,68:403-424.

[334] Ng C,Susilawati S,Samad Kamal M A,et al. Development of Macroscopic Cell-Based Logistic Lane Change Prediction Model[J]. Journal of Advanced Transportation,2021,2021:1-17.

[335] Wang P, Jones L S, Yang Q, et al. Cell transmission model based traffic signal timing in over-saturated conditions[J]. Journal of Central South University, 2013, 20(4): 1129-1136.

[336] Liu S, Wang Z, Jiang H. Signal timing optimisation with the contraflow left-turn lane design using the cell transmission model[J]. Transportmetrica A-Transport science, 2022, 18(3): 1254-1277.

[337] 裴玉龙. 道路交通安全[M]. 北京:人民交通出版社,2007.

[338] 王丽园. VISSIM 仿真参数校正的宏观方法研究[D]. 长沙:长沙理工大学,2014.

[339] Solomon D . Accidents on main rural highways related to speed, drivers, and vehicle[R]. Washington D. C. Bureau of Public Roads, 1964.

[340] 孙凤. 面向交通排放测算的轻重型车比功率分布特性与模型研究[D]. 北京:北京交通大学,2012.

[341] 唐国磊,刘翰卿,王文渊. 集装箱港区疏港道路信号控制交叉口通行能力研究[J]. 重庆交通大学学报(自然科学版),2016,35(4):5.

[342] 唐天杰,陆键,张弛,等. 应用于公路交通减排的最优限速值研究[J]. 现代交通技术,2018,15(1):5.

[343] 陈锦秀,陈小鸿,林航飞.《城市道路平面交叉口规划与设计规程》基本饱和流量与大车校正系数检验研究[J]. 城市交通,2004,12 (3):17-20.

[344] 金春霞,王慧. 跟车模型及其稳定性分析综述[J]. 交通运输系统工程与信息,2001,1(3):220-225.

[345] 周伟,王秉纲. 路段通行能力的理论探讨[J]. 交通运输工程学报,2001,1(2):92-98.

[346] 韩雪艳. 多车道高速公路客货分离设置技术研究[D]. 西安:长安大学,2020.

[347] 潘福全,张丽霞,陆键,等. 无信号平面交叉口机动车冲突点数计算模型[J]. 上海交通大学学报,2013,47(2):259-263.

[348] 吕小峰,周骞,赵星. 基于跟弛模型的多车型混合车流道路通行能力[J]. 长沙理工大学学报(自然科学版),2016,13(2):26-32.

[349] Gallivan S, Heydecker B G. Optimising the control performance of traffic signals at a single junction[J]. Transportation Research Part B, 1988, 22(5): 357-370.

[350] Han B. Optimising traffic signal settings for periods of time-varying demand[J]. Transportation Research Part A, 1995, 30: 207-230.

[351] Heydecker B G. Sequencing of traffic signals[J]. In Proceedings for Mathematics in Transport and Planning and Control, 1992: 57-67.

[352] Heydecker B G. A decomposition approach to signal optimisation in road networks[J]. Transportation Research Part B, 1996, 30: 99-114.

[353] Improta G, Cantarella G. E. Control system design for an individual signalized junction[J]. Transportation Research Part B, 1984, 18(2): 147-167.

[354] Silcock J P. Designing signal-controlled junctions for group-based operation[J]. Transportation Research Part A, 1997, 31: 157-173.

[355] Wong S C. Group-based optimisation of signal timings using the TRANSYT traffic model[J].

Transportation Research Part B,1996,30(3):217-244.
[356] Wong S C,Wong W T, Leung C M, et al. Group-based optimization of a time-dependent TRANSYT traffic model for area traffic control[J]. Transportation Research Part B,2002,36(4):291-312.
[357] Wong C K,Wong S C. Lane-based optimization of signal timings for isolated junctions[J]. Transportation Research Part B,2003,37:63-84.
[358] Wong C K,Wong S C. Lane-based optimization of traffic equilibrium settings for area traffic control[J]. Journal of Advanced Transport,2003,36 (3):349-386.
[359] Wong C K,Wong S C,Tong C O. Lane-based optimization method for multi-period analysis of isolated signal control junctions[J]. Transportmetrica,2006,2(1):53-85.
[360] O'Connor T. Intersection Collision Avoidance Systems Web Page[R]. Savamento:California Center for Innovative Transportation,2004.
[361] Bonneson J A,Messer C J,Fambro D B. Examination of shared lane operations[J]. Transportation Research Record,1988,1194:31-41.
[362] Chai C,Wong Y D. Traffic performance of shared lanes at signalized intersections based on cellular automata modeling[J]. Journal of Advanced Transportation,2014,48:1051-1065.
[363] Findler N V,Surender S,Catrava S. On-line decisions about permitted/ protected left-hand turns in distributed traffic signal control[J]. Engineering Applications of Artificial Intelligence,1997,10(3):315-320.
[364] Giannopoulos G A,Mustafa M A S. Saturation flow and capacity of shared lanes:Comparative evaluation of estimation methods[J]. Transportation Research Record,1996,1555:50-58.
[365] Janson B N,Buchholz K. Modified delay equations for permitted left turns[J]. Journal of Transportation Engineering,1998,124(4):353-361.
[366] Kim J T. Estimation of Uniform Delay of Permitted Left Turns from Exclusive Turn Lanes[J]. Journal of Transportation Engineering,2006,132(9):708-714.
[367] Levinson H S,Prassas E S. Capacity of shared left turn lanes-Comparative analysis[J]. Journal of Transportation Engineering,2001,127(2):132-142.
[368] Lin F B. Saturation flow and capacity of shared permissive left-turn lane[J]. Journal of Transportation Engineering,1992,118(5):611-630.
[369] Liu C,Yu L,Saksit K,et al. Determination of left-turn yellow change and red clearance interval[J]. Journal of Transportation Engineering,2002,128(5):452-457.
[370] Chaudhary N A,Messer C J. PASSER-Ⅳ:A program for optimizing signal timing in grid networks[C]//72nd annual meeting of the Transportation Research Board, Washington, DC:[s. n.],1993:82-93.
[371] Cohen S L,Liu C C. The bandwidth-constrained TRANSYT signal optimization program[J]. Transportation Research Record,1986,1057:1-7.
[372] Gartner N H,Little J D C,Gabbay H. Optimization of traffic signal settings by mixed integer-linear programming, Part Ⅰ: the network coordination problem[J]. Transportation Science,

1975,9:321-343.
[373] Gartner N H,Little J D C,Gabbay H. Optimization of traffic signal settings by mixed integer linear programming, Part Ⅱ: the network synchronization problem[J]. Transportation Science,1975,9:321-343.
[374] Gartner N H,Assmann S F,Lasaga F L,et al. A multi-band approach to arterial traffic signal optimization[J]. Transportation Research Part B,1991,25(1):55-74.
[375] Little J D C,Kelson M D,Gartner N H. MAXBAND:a program for setting signals on arterials and triangular networks[J]. Transportation Research Record,1981,795:40-46.
[376] Lin L T,Tung L W,Ku H C. Synchronized Signal Control Model for Maximizing Progression along an Arterial[J]. Journal of Transportation Engineering,2010,16(8):727-735.
[377] Coll P,Factorovich P,Loiseau I,et al. A linear programming approach for adaptive synchronization of traffic signals[J]. International Transactions in Operational Research,2013,20:677-679.
[378] Li J-Q. Bandwidth Synchronization under Progression Time Uncertainty[J]. IEEE Transactions on Intelligent Transportation Systems,2014,15(2):749-759.
[379] Robertson D I. TRANSYT:A traffic network study tool[R]//RRL Report LR 253. London:Road Research Laboratory,1969:1-44.
[380] Wallace C E,Courage K G,Reaves D P,et al. TRANSYT-7F User's Manual:Technical Report[R]. Gainesville:University of Florida,Gainesville,1988.
[381] Robertson D I,Bretherton R D. Optimizing networks of traffic signals in real-time:the SCOOT method[J]. IEEE Transactions on Vehicular Technology,1991,40:11-15.
[382] Gartner N. OPAC:A demand-responsive strategy for traffic signal control[J]. Transportation Research Record,1983,906:75-81.
[383] Mirchandani P,Head L. A real-time traffic signal control system:architecture,algorithms,and analysis[J]. Transportation Research Part C,2001,9:415-432.
[384] Aboudolas K, Papageorgiou M, Kosmatopoulos E. Store-and-forward based methods for the signal control problem in large-scale congested urban road networks[J]. Transportation Research Part C,2009,17:163-174.
[385] D'Ans G C,Gazis D C. Optimal control of oversaturated store-and forward transportation networks[J]. Transportation Science,1976,10:1-19.
[386] Papageorgiou M. An integrated control approach for traffic corridors[J]. Transportation Research Part C,1995,3:19-30.
[387] Kashani H R,Saridis G N. Intelligent control for urban traffic systems[J]. Automatica,1983,19:191-197.
[388] Liu Y,Chang G L. An arterial signal optimization model for intersections experiencing queue spillback and lane blockage[J]. Transportation Research Part C,2011,19:130-144.
[389] Van den Berg A,Hegyi B,De Schutter,et al. A macroscopic traffic flow model for integrated control of freeway and urban traffic networks[C]//42nd IEEE International Conference on

Decision and Control. Hawaii:[s. n.],2003:2774-2779.

[390] Wu J,Chang G L. An integrated optimal control and algorithm for commuting corridors[J]. International Transactions on Operations Research,1999,6:39-55.

[391] Yu X H,Recker W W. Stochastic adaptive control model for traffic signal systems[J]. Transportation Research Part C,2006,14:263-282.

[392] Lo H,Chang E,Chan Y. Dynamic network traffic control[J]. Transportation Research Part A,2001,35:721-744.

[393] Kalyanmoy D,Samir A,Amrit P,et al. A Fast Elitist Non-dominated Sorting Genetic Algorithm for Multi-objective Optimization:NSGA-Ⅱ[C]//Proceedings of the 6th International Conference on Parallel Problem Solving from Nature. [S. l.:s. n.],2000:849-858.

[394] Deb K,Pratap A,Agarwal S,et al. A Fast and Elitist Multiobjective Genetic Algorithm:NSGA-Ⅱ[J]. IEEE Transactions On Evolutionary Computation,2002,6(2):182-197.

[395] 杨锦冬,彭国雄,郁朝鸣. 信号控制交叉口信号周期时长的灰关联因素分析[J]. 城市轨道交通研究,2000,3:27-29.

[396] Youn-Soo K. Delay, stop and queue estimation for uniform and random traffic arrivals at fixed-time signalized intersections[D]. Virginia:Virginia Polytechnic Institute and State University,2000.

[397] 全永燊. 城市交通控制[M]. 北京:人民交通出版社,1989.

[398] 杭明升. 城市道路交叉口群实时自适应控制若干理论与方法研究[D]. 上海:同济大学,2002.

[399] Frey H,Unal A,Chen J,et al. Methodology for Developing Modal Emission Rates for EPA's Multi-Scale Motor Vehicle and Equipment Emission System[R]. Washington D. C.:US Environmental Protection Agency,2002.

[400] Jimenez-paiacios J L. Understanding and Quantifying Motor Vehicle Emissions with Vehicle Specific Power and TILDAS Remote Sensing [D]. Cambridge: Massachusetts Institute of Technology,1999.

[401] 余志生. 汽车理论[M]. 北京:机械工业出版社,2009.

[402] Pearce C E M. Probabilistic Model for the Behaviour of Traffic at a Roundabout[J]. Transportation Research,Part B:Methodological,1987,21B(3):207-216.

[403] Fouladvand M E, Sadjadi Z, Shaebani M R. Characteristics of vehicular traffic flow at a roundabout[J]. Physical Review E,2004,70(4):046132.

[404] Rahmi A. Capacity and Performance Analysis of Roundabout Metering Signals[C]//2005 TRB Roundabout Conference. [S. l.:s. n.],2005:22-25.

[405] 杨晓光,杨锦冬,边经卫. 大型环形交叉口交通改善设计与控制方法研究[C]//中国城市交通规划协会成立20周年纪念论文集. [出版地不详:出版者不详],1999:83-90.

[406] 杨锦冬,杨晓光,彭国雄. 环形交叉口交通控制模式研究[J]. 公路交通科技,2000,薛昆17(3):47-51.

[407] 薛昆. 十字环形交叉口信号控制理论研究[D]. 上海:同济大学,2003.

[408] Xiaoguang Y, Xiugang L. A Method of Traffic Signal Control for Modern Roundabout[C]//Proceedings of the 2003 IEEE International Conference on Intelligent Transportation Systems. [S. l. : s. n.], 2003: 1094-1100.

[409] Xiaoguang Y, Xiugang L, Kun X. A New Traffic-Signal Control for Modern Roundabouts: Method and Application[J]. IEEE Transactions on Intelligent Transportation Systems, 2014, 5(4): 282-287.

[410] Parsonson P S, Roseveare R W, Thomas J M. Smallarea Detection AtIntersection Approaches[J]. Traffic Engineering, 1974, 44(N5): 8-17.

[411] Katia P. Multiagent Systems[J]. American Association for Artificial Intelligence, 1998, 19(2): 79-92.

[412] Brooks R. A. Intelligence without Representation[J]. Artificial Intelligence, 1991, 47(1-3): 139-159.

[413] Ferguson I A. TOURINGMACHINES: An Architecture for Dynamic, Rational, Mobile Agents[R]. Cambridge: Cambridge University, 1992.

[414] Ferguson I A. Integrated Control and Coordinated Behavior: A Case for Agent Models[M]//In Intelligent Agents: Theories, Architectures, and Languages. New York: Springer-Verlag, 1995: 203-218.

[415] Müller J P, Pischel M. Modeling Interacting Agents in Dynamic Environments[C]//In Proceedings of the Eleventh European Conference on Artificial Intelligence. Chichester: Wiley, 1994: 709-713.

[416] Lander S, Lesser V R, Connell M E. Conflict-Resolution Strategies for Cooperating Expert Agents[C]//In CKBS-90, Proceedings of the International Working Conference on Cooperating Knowledge-Based Systems. New York: Springer-Verlag, 1991: 183-200.

[417] Lewis C M, Sycara K. Reaching Informed Agreement in Multispecialist Cooperation[J]. Group Decision and Negotiation, 1993, 2(3): 279-300.

[418] Yu L, Van Aerde M. Examination of Calibration of Platoon Dispersion Parameters Based on-Link Travel Time Statistics[C]//Transportation Research Board Annual Meeting. WashingtonD. C.: [s. n.], 89-94.

[419] Hesham R, Mohamedreza F. Macroscopic Modeling of Traffic Dispersion: Issues and Proposed Solutions [C]. Washington D. C.: 84th Transportation Research Board Annual Meeting, 2005.

[420] 杨晓光. 城市道路交通设计指南[M]. 北京:人民交通出版社,2003.

[421] 张国强,晏克非,刘有军. 基于平衡分配法的区域 O-D 矩阵反推技术[J]. 中国公路学报,2001,14(1):112-115.

[422] 焦朋朋,陆化普,刘颖,等. 基于交叉路口的动态 OD 反推模型与算法研究[J]. 土木工程学报,2004,37(9):100-103.

[423] 刘颖. 基于路段流量时间序列的动态 OD 反推模型与算法研究[D]. 北京:清华大学,2002.

[424] 李景,彭国雄. 由路段交通量推算 OD 出行量方法研究-基于多路径概率分配模型的迭

代反推法[J].交通运输工程学报,2001,1(2):78-82.

[425] 王正,刘安.平交路口多相位自适应控制的实时OD递算模型[J].同济大学学报(自然科学版),1998,26(2):172-175.

[426] 周和平,晏克非,胡列格.基于随机模拟的遗传算法在OD反推中的应用研究[J].系统工程,2003,21(5):114-119.

[427] Baibing L,Bart De M. Recursive estimation based on the equality-constrained optimization for intersection origin-destination matrices[J]. Transportation Research Part B:Methodological,1999,33(3):203-214.

[428] Michael G H B. The real time estimation of origin-destination flows in the presence of platoon dispersion[J]. Transportation Research Part B:Methodological,1991,25(2-3):115-125.

[429] 唐绍杰.单点、定时、多相位信号配时与渠化[D].上海:同济大学,1993.

[430] 彭国雄,王浩,杨晓光.诱导条件下信号灯相位相序设计[J].中国公路学报,2001,14(4):85-88.

[431] 王浩,彭国雄,杨晓光.相位相序安排与交叉口设计之间的关系[J].公路交通科技,2004,21(2):92-94.

[432] 陈曦.基于交通冲突定量分析的交叉口危险度模型研究[D].北京:北京交通大学,2012.

[433] Gartner N H,Stamatiadis C. Arterial-based control of traffic flow in urban grid networks[J]. Mathematical and computer modelling,2002,35(5-6):657-671.

[434] 刘广萍,裴玉龙,冯岩.城市干道交通信号优化控制方案研究[C]//第七次城市道路与交通工程学术会议论文集.[出版地不详:出版者不详],2002:190-195.

[435] 万绪军,陆化普.线控系统中相位差优化模型的研究[J].中国公路学报,2001(2):101-104.

[436] 陈森发,徐吉谦,陈洪,等.城市主干道交通信号灯模糊线控制的探讨[J].运筹与管理,1998(1):37-43.

[437] 沈国江,孙优贤.城市交通干线递阶模糊控制及其神经网络实现[J].系统工程理论与实践,2004(4):99-105.

[438] 刘智勇,吴今培,李秀平,等.城市交通干线递阶模糊控制[J].公路交通科技,1997(3):19-25.

[439] 魏朗,陈荫三,饭田恭敬.城市主干道交通信号群系统控制的参数优化设计模式及其模拟系统开发[J].交通运输工程学报,2001(1):72-76.

[440] Pillai R S,Rathi A K,Cohen S L. A restricted branch-and-bound approach for generating maximum bandwidth signal timing plans for traffic networks[J]. Transportation Research Part B:Methodological,1998,32(8):517-529.

[441] 杨佩昆,黄文忠,车丕明.城市道路车队离散过程中的交通流模型[J].同济大学学报(自然科学版),1994(3):294-299.

[442] 刘灿齐,杨佩昆.信号灯交叉口车队散布模型与信号灯协调控制[J].同济大学学报(自然科学版),1996(6):636-641.

[443] 全永燊,郭继孚,郑猛,等.我国城市道路车流离散规律初探[J].北京规划建设,2001(1):32-35.

[444] 常云涛,彭国雄.基于遗传算法的城市干道协调控制[J].交通运输工程学报,2003(2):106-112.

[445] 王殿海,汪志涛.车队离散模型研究[J].交通运输工程学报,2001(1):68-71.

[446] Li X,Luo X,He M,et al. An improved car-following model considering the influence of space gap to the response[J]. Physica A:Statistical Mechanics and its Applications,2018,509:536-545.

[447] Kuang H,Xu Z P,Li X L,et al. An extended car-following model accounting for the average headway effect in intelligent transportation system[J]. Physica A:Statistical Mechanics and its Applications,2017,471:778-787.

[448] Thiemann, Christian, Treiber, et al. Estimating Acceleration and Lane-Changing Dynamics from Next Generation Simulation Trajectory Data[J]. Transportation Research Record:Journal of the Transportation Research Board,2008,2088:90-101.

[449] Ma X,Andreasson I. Behavior Measurement,Analysis,and Regime Classification in Car Following[J]. IEEE Transactions on Intelligent Transportation Systems,2007,8:144-156.

[450] Wang K,Yang Y,Wang S,et al. Research on Car-Following Model considering Driving Style[J]. Mathematical Problems in Engineering,2022,2022:1-9.

[451] Coifman B,Li L. A critical evaluation of the Next Generation Simulation (NGSIM) vehicle trajectory dataset[J]. Transportation Research Part B,2017,105:362-377.

[452] Montanino M,Punzo V. Making NGSIM Data Usable for Studies on Traffic Flow Theory:Multistep Method for Vehicle Trajectory Reconstruction[J]. Transportation Research Record,2013,2390(1):99-111.

[453] Li X C,Luo X,He M C,et al. An improved car-following model considering the influence of space gap to the response[J]. Physical A:Statistical Mechanics and its Applications,2018,509:536-545.

[454] 王雪松,孙平,张晓春,等.基于自然驾驶数据的高速公路跟驰模型参数标定[J].中国公路学报,2020,33(5):132-142.

[455] Gipps P G. A model for the structure of lane-changing decisions[J]. Transportation Research Part B:Methodological,1986,20(5):403-414.

[456] Mehood A. Integrated simulation model for driver behavior using system dynamic[D]. Waterloo:University of Waterloo,2003.

[457] Yang Q,Koutsopoulos H N. A microscopic traffic simulator for evaluation of dynamic traffic management systems[J]. Transportation Research Part C:Emerging Technologies,1996,4(3):113-129.

[458] Hidas P. Modelling lane changing and merging in microscopic traffic simulation[J]. Transportation Research Part C:Emerging Technologies,2002,10(5-6):351-371.

[459] Siegel G,Simulog S A,Les Taissounieres H B. A Road Traffic Simulator:Car-Following and

Lane-Changing[C]//European Simulation Multiconference on Simulation & Modelling: Enablers for A Better Quality of Life. [S.l]: SCS Europe, 2000: 214-245.

[460] Zhang Y, Owen L E, Clark J E. Multiregime approach for microscopic traffic simulation[J]. Transportation Research Record, 1998, 1644(1): 103-114.

[461] Hunt J G, Lyons G D. Modelling dual carriageway lane changing using neural networks[J]. Transportation Research Part C: Emerging Technologies, 1994, 2(4): 231-245.

[462] Wu J, Brackstone M, McDonald M. Fuzzy sets and systems for a motorway microscopic simulation model[J]. Fuzzy sets and systems, 2000, 116(1): 65-76.

[463] Yang X S, Deb S. Cuckoo search via levy flight[C]//Proceedings of World Congress on Nature & Biologically Inspired Computing. Washington D. C.: IEEE Publications, 2009: 210-214.

[464] Holland J H. Adaptation in natural and artificial systems[M]. Cambridge: MIT Press, 1975.

[465] Goldberg D E. Genetic Algorithms in Search, Optimization, and Machine Learning[J]. Addison welley, 1989, 1989(102): 36.

[466] Srinivas N, Deb K. Multiobjective function optimization using nondominated sorting in genetic algorithm[J]. Evolutionary Computation, 1994, 2(3): 221-248.

[467] Deb K, Jain H. An evolutionary many-objective optimization algorithm using reference-point-based nondominated sorting approach, Part I: Solving problems with box constraints[J]. IEEE Transactions on Evolutionary Computation, 2014, 18(4): 577-601.

[468] Jain H, Deb K. An evolutionary many-objective optimization algorithm using reference-point-based nondominated sorting approach, Part Ⅱ: Handling Constraints and Extending to an Adaptive Approach [J]. IEEE Transactions on Evolutionary Computation, 2014, 18 (4): 602-622.